"十三五"全国统计规划教材
教育部普通高等教育"九五"国家级重点教材
教育部"国民经济统计学"国家精品课程教材

（第五版）

国民经济核算教程

（国民经济统计学）

杨灿 主编
周国富 副主编

经济类、统计类、管理类专业适用

中国统计出版社
China Statistics Press

图书在版编目(CIP)数据

国民经济核算教程 ：国民经济统计学 / 杨灿主编.
——5 版. —— 北京 ：中国统计出版社，2019.12(2025.7 重印)
“十三五”全国统计规划教材
ISBN 978—7—5037—8894—9

Ⅰ.①国… Ⅱ.①杨… Ⅲ.①国民经济核算—高等学校—教材 Ⅳ.①F222.33

中国版本图书馆 CIP 数据核字(2019)第 168668 号

国民经济核算教程(第五版)

作　　者/杨　灿
责任编辑/姜　洋
封面设计/张　冰
出版发行/中国统计出版社有限公司
通信地址/北京市丰台区西三环南路甲 6 号　邮政编码/100073
电　　话/邮购(010)63376909　书店(010)68783171
网　　址/http://www.zgtjcbs.com
印　　刷/河北鑫兆源印刷有限公司
经　　销/新华书店
开　　本/787×1092mm　1/16
字　　数/500 千字
印　　张/23　1 插页
版　　别/2019 年 12 月第 5 版
版　　次/2025 年 7 月第 3 次印刷
定　　价/68.00 元

国家统计局
全国统计教材编审委员会第七届委员会

出版说明

全国统计教材编审委员会成立于1988年，是国家统计局领导下的全国统计教材建设工作的最高指导机构和咨询机构。自编审委员会成立以来，分别制定并实施了“七五”至“十三五”全国统计教材建设规划，共组织编写和出版了“七五”至“十二五”六轮“全国统计教材编审委员会规划教材”，这些规划教材被全国各院校师生广泛使用，对中国的统计和教育事业作出了积极贡献。自本轮规划教材起，“全国统计教材编审委员会规划教材”更名为“全国统计规划教材”，将以全新的面貌和更积极的精神，继续服务全国院校师生。

《国家教育事业发展“十三五”规划》指出，要实行产学研用协同育人，探索通识教育和专业教育相结合的人才培养方式，推动高校针对不同层次、不同类型人才培养的特点，改进专业培养方案，构建科学的课程体系和学习支持体系。强化课程研发、教材编写、教学成果推广，及时将最新科研成果、企业先进技术等转化为教学内容。加快培养能够解决一线实际问题、宽口径的高层次复合型人才。提高应用型、技术技能型和复合型人才培养比重。

《“十三五”时期统计改革发展规划纲要》指出，“十三五”时期，统计改革发展的总体目标是：形成依靠创新驱动、坚持依法治统、更加公开透明的统计工作格局，逐步实现统计调查的科学规范，统计管理的严谨高效，统计服务的普惠优质，统计运作效率、数据质量和服务水平明显提升，建立适应全面建成小康社会要求的现代统计调查体系，保障统计数据真实准确完整及时，为实现统计现代化打下坚实基础。

围绕新时代中国特色社会主义教育事业和统计事业新特点，全国统计教材编审委员会将组织编写和出版适应新时代特色、高质量、高水平的优秀统计规划教材，以培养出应用型、复合型、高素质、创新型的统计人才。

2015年9月，经李克强总理签批，国务院印发了《促进大数据发展行动纲要》系统部署大数据发展工作，我国各项工作进入大数据时代，拉开了统计教育和统计教材建设的大数据新时代。因此，在完成以往传统统计专业规划教材的编写和出版外，本轮规划教材要把编写大数据内容统计规划教材作为重点工作，以培养新一代适应大数据时代需要的统计人才。

为了适应新时代对统计人才的需要，组织编写出版高质量、高水平教材，本轮规划教材在组织编写和出版中，将坚持以下原则：

1. 坚持质量第一的原则。本轮规划教材将从内容编写、装帧设计、排版印刷等各环节把好质量关，组织编写和出版高质量的统计规划教材。

2. 坚持高水平原则。本轮规划教材将在作者选定、选题编写内容确定、编辑加工等环节上严格把关，确保规划教材在专业内容和写作水平等各方面，保证高水平高标准，坚决杜绝在低水平上重复编写。

3. 坚持创新的原则。无论是对以往规划教材进行修订改版，还是组织编写新编教材，本轮规划教材将把统计工作、统计科研、统计教学以及教学方法、方式的新内容融合在教材中，从规划教材的内容和传播方式上，实行创新。

4. 坚持多层次、多样性规划的原则。本轮规划教材将组织编写出版专科类、本科类、研究生和职业教育类等不同层次的统计教材，并可以考虑根据需要组织编写社会培训类教材；对于同一门课程，鼓励教师编写若干不同风格和适应不同专业培养对象的教材。

5. 坚持教材编写与教材研讨并重的原则。本轮规划教材将注重帮助院校师生学习和使用这些教材，使他们对教材中一些重要概念进一步理解，使教材内容的安排与学生的认知规律相符，发挥教材对统计教学的指导作用，进一步加强统计教材研讨工作，对教材进行分课程的研讨，以促进统计教材的向前发展。

6. 坚持创品牌、出精品、育经典的原则。本轮规划教材将继续修订改版已经出版的优秀规划教材，使它们成为精品，乃至经典，与此同时，将有意识地培养优秀的新作者和新内容规划教材，为以后培养新的精品教材打下基础，把"全国统计规划教材"打造成国内具有巨大影响力的统计教材品牌。

7. 坚持向国际优秀统计教材学习和看齐的原则。不论是修订改版教材还是新编教材，本轮规划教材将坚持与国际接轨，积极吸收国内外统计科学的新成果和统计教学改革的新成就，把这些优秀内容融进去。

8. 坚持积极利用新的教学方式和教学科技成果的原则。本轮规划教材将积极利用数据和互联网发展成果，适应院校教学方式、教学方法以及教材编写方式的重大变化，立体发展纸介质和利用数据、互联网传播方式的统计规划教材内容，适应新时代发展需要。

总之，全国统计教材编审委员会将不忘初心，牢记使命，积极组织各院校统计专家学者参与编写和评审本轮规划教材，虚心听取读者的积极建议，努力组织编写出版好本轮规划教材，使本轮规划教材能够在以往的基础上，百尺竿头，更进一步，为我国的统计和教育事业作出更大贡献。

国家统计局

全国统计教材编审委员会

第五版前言

由厦门大学组织撰写的“国民经济统计学”或“国民经济核算”教材系列，发端于钱伯海先生1982年正式出版的《国民经济综合平衡统计学》。该书在20世纪70年代末即以油印本的形式风行全国高校，并衍生出各种同类教材，将其视为中国现代“国民经济统计学”或“国民经济核算”教材的滥觞亦不为过。钱先生曾在国内多家出版社出版过多种该领域的著作，本教材系列即为其中之一。

本教材自1995年起，先后作为全国统计教材编审委员会“八五”规划教材、教育部普通高等教育“九五”规划国家级重点教材，以及全国统计教材编审委员会“十一五”和“十二五”规划教材，由中国统计出版社出版，曾获得国家统计局颁发的“全国优秀统计教材奖”和教育部颁发的“全国普通高校优秀教材奖”。现根据有关理论和实践的发展再次加以修订和完善，作为全国统计教材编审委员会审定的“‘十三五’全国统计规划教材”出版。

本版教材的主要修订内容涉及：参照近年正式颁布的《中国国民经济核算体系（2016）》和《国民经济行业分类（GB/T 4754—2017）》等重要国家标准核算文献，对教材中相关章节的内容进行更新，并与联合国等机构颁布的国际标准《国民账户体系（SNA2008）》对接；对原教材中有关章节的部分数据资料和文字内容进行必要的更新、订正或修改；对全书各章（尤其是第4章“投入产出核算”）中的公式符号统一进行了更为符合国际上相关主流文献规范的处理；结合SNA等国际标准核算文献的基本原理，以及中国、美国等主要国家的国民核算实践和问题，对相关理论和方法进行更为系统、深入的比较和分析，等等。总之，本版教材基于最新的国民经济核算国际标准和中国国民经济核算方案以及相关的经济统计分类标准，力求充分体现国民经济核算和国民经济统计领域内理论与实践的重要成果和最新进展，更好地为经济、管理和统计等专业的教学与研究服务。

本教材由杨灿担任主编，周国富担任副主编。各章的具体编写分工为：

第 1 章　导论，杨灿（厦门大学，特聘教授、博士生导师）

第 2 章　国民经济分类与核算方法，杨灿

第 3 章　国内生产与国民收入核算，杨灿、孙秋碧（福州大学，教授、博士生导师）

第 4 章　投入产出核算，杨灿

第 5 章　资金流量核算，杨灿

第 6 章　资产负债核算，周国富（天津财经大学，教授、博士生导师）

第 7 章　国际收支与国际头寸核算，周国富

第 8 章　国民经济整体核算——账户体系，杨灿

第 9 章　国民经济价格核算与分析，杨灿

第 10 章　国民经济扩展核算与分析，罗乐勤（厦门大学，教授）

本次教材修订工作由主编承担并完成。借此，衷心感谢全国统计教材编审委员会的宝贵支持以及各位专家同仁长期以来的鼎力襄助。同时还要衷心感谢中国统计出版社教材编辑部的杨映霜编审和姜洋编辑等，他（她）们自始至终的帮助和支持是本教材得以顺利完成和修订重版的必要条件。

为更好地满足课程教学需要，我们将编制、更新与本版教材配套的教学课件等辅助材料。需要参考或使用这些配套材料的师生们请登陆中国统计出版社网站（全国统计教材编审委员会网页）查询下载，或直接与中国统计出版社联系。

本书是厦门大学“国民经济统计学”国家级精品课程教材，并被全国多所高等院校用作“国民经济统计学”或“国民经济核算”课程的教材。本教材的基本定位是面向高等院校经济统计专业和经济管理类各专业本科生；若适当取舍或补充有关专题材料，也可作为硕士、博士研究生层次的教材或教学科研参考用书。本教材部分章节中以星号“*”标注的内容可在教学中酌情取舍，不影响整体结构的前后连贯性。欢迎使用本教材的院校和师生们继续将有关意见和建议反馈给我们，裨便不断修订、补充、更新和完善。谨此致以由衷谢忱！

杨　灿

2019 年 9 月于厦门大学

第四版前言

本书原作为全国统计教材编审委员会审定的高等院校统计学专业“八五”规划教材和教育部普通高等教育“九五”规划国家级重点教材，分别于1995年和2000年由中国统计出版社出版（原书名为《国民经济统计学（国民经济核算原理）》，钱伯海主编，全国多所院校参编）。此后，该书又作为全国统计教材编审委员会“十一五”规划教材由中国统计出版社于2008年再版，书名改为《国民经济核算教程（国民经济统计学）》；参加该版教材编撰和审稿的有厦门大学、上海交通大学、天津财经大学、中南财经政法大学和福州大学等高校专门从事国民经济核算（国民经济统计）教学科研的专家，由杨灿、周国富分别担任正、副主编。该教材出版后曾被全国多所高等院校使用，由本教材主编担任主讲和负责人的厦门大学“国民经济统计学”课程也于2010年被教育部遴选为国家级精品课程。鉴于近年来国内和国际上国民经济核算的理论与实践都取得了巨大进展，本着与时俱进的理念和止于至善的宗旨，我们对原教材进行了全面修订，现作为全国统计教材编审委员会审定的“十二五”规划教材出版。

本次修订力图充分吸收国际上《国民账户体系（SNA2008）》、《国际收支和国际投资头寸手册（BPM6）》以及《环境经济核算体系（SEEA2012）》等重要核算标准的关键更新，并适当反映《中国国民经济核算体系（2014）》的主要变化；本版的具体修订内容遍及全书几乎所有章节（包括基本概念、分类和方法等），同时依据《SNA2008》中设计的典型案例更新了全书的基本账表数据，还因应教学实践的需要以及相关高校师生反馈的信息，对原书中的部分冗余内容作了适当精简或调整。尽管如此，鉴于国民经济核算基本理论框架的相对成熟性，本教材的整体结构和教学体系仍然保持相对稳定。

本次教材修订工作仍由杨灿、周国富主持。周国富参与原书第6章、第7章的修订，并更新全书有关中国核算数据的实证分析内容；罗乐勤负责修订第10章；杨灿负责修订其余各章内容、更新全书的典型案例数据和相关分析说明，并进行加工总撰和文字润饰。其他参编人员对原来承担的章节提供了部分修订建议，郑正喜、陈立双博士协助主编做了部分文字工作。借此，衷心感谢全国统计教材编审委员会的宝贵支持以及各位专家同仁长期以来的鼎力襄助。同时还要衷心感谢中国统计出版社教材编辑部的陈悟朝主任、杨映霜编审和姜洋编辑等，他（她）们自始至终的帮助和支持是本教材得以顺利完成和修订出版的重要条件。

国民经济核算（国民经济统计）是宏观经济分析与管理的重要基础和工具。本教材充分借鉴SNA等国际标准核算文献的理论精髓和现有各种同类教材的优点，密切跟踪国民核算理论和实践的最新前沿发展，在充分展示国民经济五大核算的功能特点及其内在联系的同时，通过国民账户形式将其加以系统整合，兼顾国际标准SNA和中国核算模式两者的特色，并运用中国国民经济核算的最新数据进行富于启发性的案例分析。在本教材的编撰和修订过程中，系统发掘有关参编高校多年来在“国民经济统计学”国家级精品课程和省（市）级精品课程建设中的经验和积累，精选内容，合理编排，突出教学重点，力求在相对有限的篇幅中系统、透彻地阐释国民核算的基本方法原理，并适当兼顾相关的扩展领域。本教材各章之后都附有“本章小结”以及紧扣教学重点的“思考题与练习题”，便利教学；为适应各高校不同课时安排和教学计划的需要，部分章节中以星号（*）标注的内容可在实际教学中酌情取舍，不影响基本结构的前后连贯性。此外，我们还将继续更新、完善与本版教材配套的教学课件和学习指导等辅助材料，需要参考或使用这些配套材料的教师们请与中国统计出版社联系。

本教材自初版至今已经整整20年，三次修订，不断更新；笔者有幸参与本教材建设的整个过程，受益匪浅，感触良多，并深切体会到：国民经济核算作为庞大复杂的体系和博大精深的学问，还有许多领域值得我们不懈努力和继续探索。竭诚欢迎各位专家、广大师生和读者对本教材不吝批评指教，并请将在本教材使用中遇到的问题和有关意见、建议反馈给我们，裨便不断改进和完善，谨此致以由衷谢忱。

杨　灿
2015年1月于厦门大学

第三版前言

本教材原作为全国统计教材编审委员会组织编写的“九五”规划国家级重点教材由中国统计出版社于2000年出版（原书名为《国民经济统计学（国民经济核算原理）》，钱伯海主编）。多年来，曾被全国多所高等院校用作本课程教材或教学参考书，并曾获得教育部颁发的全国普通高校优秀教材二等奖和国家统计局颁发的全国优秀统计教材奖。此次根据理论和实践发展的需要，经过全面修订和充实完善，被列入全国统计教材编审委员会审定的“十一五”规划教材系列重新出版。

本教材旨在系统地介绍和阐述国民经济核算（国民经济统计）的基本方法原理。与国内的同类教材或本书的早前版本相比，它力图体现以下特点：

(1) 理论严谨，体系完整，密切跟踪国民经济核算的前沿发展。本书依据联合国和国际货币基金组织等机构颁布的一系列重要核算文献，结合最新修订的《中国国民经济核算体系》，对国民经济核算的基本框架、概念和原则，以及主要指标和核算方法等进行了系统的归纳、梳理和充实，并给予提纲挈领的理论阐释。尤其对国民核算的诸基本原则进行了系统整理和科学表述，并用以指导各种具体核算方法，试图借此达到以简驭繁的目的。

(2) 精选内容，突出重点，合理组织，便利教学。本书力求在相对有限的篇幅中，系统、透彻地阐释基本方法原理；在突出主要教学内容的同时，适当兼顾相关扩展领域的问题（部分章节中以星号“*”标注的内容可在教学中酌情取舍，不影响整体结构的前后连贯性）。各章之后都附有内容小结以及紧扣教学重点的思考题与练习题，便于教师组织教学和学生复习巩固所学知识。本教材的基本定位是面向高等院校经济管理类各专业本科生；若适当补充部分相关材料，也可作为研究生层次的教材或参考书。建议采用本教材的教师在教研中适当突出国民核算的基本原则、理论和方法，着重培养学生的平衡观念和宏观思维，而不必拘泥于某些枝节问题。

(3) 五大核算与账户体系适当结合。书中充分强调了国民经济五大核算的功能特点及其内在联系，对相应各部分的核算内容进行了新的开掘。例如，在国际收支核算部分中，充实了有关国际收支交易的流量核算和有关国际投资头寸的存量核算内容，并适当考虑资金流量核算与国际收支核算、资产负债核算与国际头寸核算的内在关联。同时，通过国民账户形式将五大核算作为完整核算体系的组成部分加以整合，并对其理论上的关联性和一致性给予充分关注。

(4) 核算与分析、理论方法与数据开发并重。书中以国民核算的数据和框架为基础，探索了宏观经济分析的若干重要领域，如国内生产和投入产出分析、资金流量和资金余缺分析、资产负债和持有损益分析、国际收支和国际头寸分析、经济动态分析和国际经济对比，以及可持续发展测度和社会总供需平衡分析，等等。

本教材由厦门大学、天津财经大学和福州大学等高校从事国民核算或国民经济统计教学科研的数位同仁通力合作、共同完成。各章的具体编写分工为：

第 1 章　导论，杨灿（厦门大学，教授、博士生导师）

第 2 章　国民经济分类与核算方法，杨灿

第 3 章　国内生产与国民收入核算，孙秋碧（福州大学，教授、博士生导师）、杨灿

第 4 章　投入产出核算，张玉哲（厦门大学，博士）、杨灿

第 5 章　资金流量核算，杨灿

第 6 章　资产负债核算，周国富（天津财经大学，教授、博士生导师）

第 7 章　国际收支核算，周国富

第 8 章　国民经济账户体系，杨灿

第 9 章　国民经济价格核算与分析，杨灿

第 10 章　国民经济附属核算与分析，罗乐勤（厦门大学，教授）

本教材由杨灿担任主编，周国富担任副主编，负责全书的整体设计、加工总撰和修改定稿等工作。厦门大学林有、曹小艳等博士研究生协助主编承担了部分文字整理工作。

本教材初稿完成后，曾于 2007 年 11 月中旬在全国统计教材编审委员会、中国统计出版社和厦门大学联合举办的“全国统计教材研讨会”上征求来自各地 30 余所高校统计院系的专家们（恕不一一列名）的意见和建议，这些为本书的修改和完善提供了重要参考，使其增色不少。上海交通大学朱启贵教授（博士生导师）和中南财经政法大学向书坚教授（博士生导师）担任本教材主审。中国统计出版社教材部杨映霜编审和陈悟朝主任等自始至终的关心和帮助是本教材得以顺利完成和及时出版的重要条件。谨此一并表示衷心谢忱！

自厦门大学钱伯海先生在国内率先开设本课程并于1982年出版《国民经济综合平衡统计学》一书算起，“国民经济核算学科”在中国的发展已有四分之一世纪的历史，这一过程恰好与中国国民经济核算体系的改革历程同步，充分见证了新旧核算体系转轨进程中面临的种种困难和问题，也是经济统计领域内理论与实践紧密结合、相互促进的成功范例之一。本书力图继承和借鉴已有的国民经济核算教材的优点，系统总结多年来在该课程教学中的经验和体会，借以充实教材内容，完善体系结构。然而，国民经济核算是一个庞大复杂的体系，国民经济统计学则是一门博大精深的学问，其理论和实践都在日新月异地发展着，尽管各位同仁均以高度敬业的精神为本教材的编写付出了极大努力，但限于水平和时间，书中不足之处仍然在所难免。竭诚欢迎使用本书的各位教师和广大读者们批评指正，裨便我们不断改进和完善。

杨　灿

2007年12月

第二版前言

本书初版作为高等院校统计学专业的“八五”规划教材，出版于1995年，正是我国国民核算制度经国务院批准，进行重大改革，向我国新国民经济核算体系全面转轨的一年。几年来，我国新国民经济核算制度通过反复实践和总结，进行修改和补充，不断地加以充实和完善。另外，随着我国社会主义市场经济的推行，加强宏观经济调控，调控必须有根有据，其主要根据就是国民经济核算。从而使国民经济核算，在社会主义市场经济发展中，被提到愈来愈重要的地位。要求加强国民核算体系的开发与应用，国家统计局逐季乃至逐月发表国民经济核算的部分材料。有鉴于此，本书经过教育部组织专家审核，列入全国500门教材计划，确定从理论与实践的结合上，组织一次大幅度的修订，使之成为一门跨世纪国家级的国民经济统计学教材。

国民经济核算与国民经济理论密切相联系。此前，国务院学位委员会组织研究生专业目录修订，把经济学分为理论经济学与应用经济学两门一级学科，对二级学科作了大量的调整和压缩。新建了“国民经济学”，专门培养国民经济学方向的博士研究生和硕士研究生。国民经济学研究国民经济理论，与国民经济核算一样，都以国民经济整体作为研究对象，研究国民经济运行和发展的规律性，彼此互有分工，一个研究其质的规定性，一个研究其量的规定性。为此，高层次经济人才的培养，需要加强国民经济核算的教学与研究工作。十分缺憾的，作为国民经济核算理论基础的劳动价值论，对什么劳动创造价值和使用价值，在我国理论界就长期存在矛盾和分歧。所有政治经济学教材都坚持物质生产的观点，对服务生产持强烈的批判。现在我国国民核算制度大改革，由原来的物质生产的MPS，改变为包括服务在内，以SNA为主体的我国新国民经济核算体系。但理论界不少学者对此颇有异议，时已多年，有的依然对SNA持否定和批评态度。更重要的是，由于认识上的偏颇，引发了种种误会和误解，这就需要我们在有关章节中，对有关误会误解，从理论上加以阐明和澄清。

为此，本书这次作了大幅度的修改，重大改动主要有两个方面，其一是加强理论建设，其二是在方法上进一步引用1993年SNA和我国新国民经济核算体系。例如第八章，国民经济总体核算——账户体系，不仅从理论上概括介绍了1993年SNA和我国现有的新国民经济核算体系，而且还介绍了原书介绍的部分国家广泛采用的国民账户体系，或者说，介绍了国民经济账户体系的两种模式。

本书分十二章（原来也是十二章），但内容有巨大的变化，大部分重新写过。例如把原来的分类一章去掉，并入另一章，同时考虑国民核算制度的世界性变化。可持续发展是近年来提出的一种系统发展思想，引起联合国和世界各国的重视，党的十五大报告已将可持续发展作为我国未来的发展战略，并努力加以实施。为此，国民核算需要扩大范围，逐步建立以国民经济核算为中心的社会人口、环境生态和科学技术核算为卫星的国民大核算体系，这是长远的打算。本次修改我们增加了一章——资源与环境核算。

全书十二章，主要由厦门大学计统系和国民经济与核算研究所的教师分工研究和撰写，两位博士研究生分写了两章。各章编写分工如下[①]：第一、三章，钱伯海；第二、五章，罗乐勤；第四章，杨缅昆；第六章，邱雅；第七章，陈珍珍；第八、九章，杨灿；第十章，戴亦一；第十一章，朱小斌、杨缅昆；第十二章，尚卫平。由我和杨缅昆、杨灿同志任正副主编，拟定大纲体系并负责最后的加工总纂工作。书稿完成后，由国家统计局教育中心约请专家审稿，即有上海财经大学郑菊生教授、中国人民大学高敏雪副教授、山东经济学院张小斐副教授，他们认真审稿，并提出宝贵意见，修改后才付印出版。为此，本书的完成，集中了较多同志的智慧和努力，包括几所院校专家的努力，在组织审稿和讨论中，国家统计局教育中心教材处同志做了大量的工作，在此一并向他们表示衷心的谢意。

钱伯海

2000年3月

① 原书各章内容分别为：第一章，总论；第二章，国民经济核算的分类、原则与方法；第三章，国民生产、再生产的核算；第四章，投入产出核算；第五章，资金流量核算；第六章，国际收支核算；第七章，资产负债核算；第八章，国民经济总体核算——账户体系；第九章，国民经济价格核算与指数分析；第十章，资源与环境核算；第十一章，国家宏观调控与国民经济核算；第十二章，国际经济对比与国民经济核算。

第一版前言

国民经济是一个有机整体，企业是这个有机整体的细胞。在日以继夜、川流不息的经济运行中，大致可以归结为两个不同层次的运动，一个是企业经济运动，一个是国民经济运动。通过经济运动数量关系的研究，分别形成了两门相对应的统计学科，一门是企业经济统计学，一门是国民经济统计学。与之相对的经济学，有企业经济学与国民经济学。四门经济、统计学科的密切关系，准备在各书的第一章中，进行专门的阐明和探讨。

现代国民经济运动与企业经济运动，以市场为中心、为纽带。市场经济体制的建设和发展，要求加强国民经济和企业经济运行数量关系的研究，加强两门经济统计学科的建设，培养掌握有关经济统计方法理论的人才。1991年5月，国家教委社科司和国家统计局统计干部培训中心在成都市召开了“高等学校统计专业教学改革研讨会”。根据事先广泛的调查研究，经过讨论，确定高校统计学专业设置五门主干课，其中两门分别为国民经济统计学与企业经济统计学。其后，国家教委又正式发文，同意高校统计学专业关于五门主干课程的设置。

国民经济统计即国民经济核算，是以国民经济为整体的核算，是国民经济宏观调控的重要手段和工具。若干年来，一直受到联合国和世界各国的普遍重视，并在联合国的组织领导下，制定了统一的供各国采用的国民经济核算体系SNA。在我国，适应改革开放的需要，国家统计局会同有关部门，经过近十年的努力。根据联合国制定的国民经济核算体系SNA，结合我国的国情国力，制定了我国的新国民经济核算体系（初步方案）。1992年8月，国务院在其《关于实施新国民经济核算体系的通知》中，决定分两步实施。1995年要把我国的国民经济核算，转到新的国民经济核算体系的轨道上去。

推行新国民经济核算体系，是一次重大的改革，比较复杂，需要多方面的知识，而国民核算体系的形成和发展，也经过了相当长期的过程。先后有三位经济学家，因为在国民经济核算方面的贡献，获得了诺贝尔经济学奖金。学习国民经济统计，掌握国民经济核算的理论和方法，就能对国民经济运行过程的数量关系，取得全面而清晰的了解，把握国民经济运行的过程和全貌，从而大大提高国民经济分析研究和宏观经济调控的能力和水平。显然，这不仅对统计学专业是重要的，理所应当地列为它的主干课程，而且对经济学的多数专业，也是必须掌握的知识。现在我国有的经济院校，已经把国民经济核算列为对经济各专业普遍开设的课程。

本教材的编写是和它的姐妹本——企业经济统计学结合进行的，经过了较为长期的酝酿准备过程。1991 年，全国统计教材编审委员会通知各校，提交有关教学大纲。1992 年 8 月，各院校代表集中在厦门市进行讨论。之后，拟出了一个概括各校意见的教学大纲，提交全国统计教材编审委员会进行审议。

1993 年 7 月，在青岛召开全国统计教材编审会，经审查通过，并按照适当集中的原则，确定主编人员。由我和郑菊生、颜日初同志担任正副主编，并分工编写，各章编写人员如下[①]：

第一章	钱伯海	第二章	颜日初
第三章	林擎国	第四章	郑菊生
第五章	杨缅昆	第六章	卢圣喜
第七章	颜日初	第八章	顾人俊
第九章	卞祖武	第十章	杨　灿
第十一章	张鸣芳	第十二章	张　虎

初稿完成后，由正副主编分别进行初步加工；1994 年 8 月，两书的正副主编集中在济南市进行讨论和总纂，以后，又在厦门继续加工。为了方便理解，统一设计了贯穿全书的数据资料，并进行了打印统排，得到任晓阳、宋香荣两同志的协助。可见本书的完成，集中了较多同志的智慧和努力，除了参加本书编写的同志外，还有多所院校编写大纲的同志，前此编写的两本教材的同志；国家统计局黄树民、温明、李毅同志始终关心本书的编写，并参加了讨论，本书也凝结了他们的劳动；最后在厦门加工统排时，前述两同志为之作出了努力。在此，一并向他们致以衷心的谢意。

本书虽有众多院校同志参加工作，并历时较久，但限于作者的水平，缺点和问题在所难免，欢迎广大读者给予批评指正。

钱伯海

1994 年 10 月于厦门

---

① 原书各章内容分别为：第一章，总论；第二章，国民经济分类；第三章，国民经济统计的基本原则与方法；第四章，社会再生产条件统计和资产负债核算；第五章，国民生产统计与投入产出核算；第六章，国民经济分配统计与资金流量核算；第七章，国民经济流通统计；第八章，国民使用统计及国内生产全过程的核算；第九章，对外经济统计与国际收支核算；第十章，国民经济平衡账户；第十一章，国民经济价格统计；第十二章，国民经济综合统计分析。

目　录

第1章 导 论

国民经济核算(国民经济统计)是以国民经济为整体的统计核算体系。本章首先概述国民经济的基本概念、循环流程和分析框架,继而讨论国民经济核算的理论结构和内容体系,归纳并阐发国民经济核算的四项基本原则。这些都属于国民经济核算的基本问题,理解这些知识是掌握后续各章内容的基础和前提。经验表明,国民经济核算是具有严谨逻辑结构的知识体系,准确把握和灵活运用有关基本概念和理论原则,培养科学的宏观思维,并用以指导各种具体核算方法,可达事半功倍、以简驭繁之效果,是学好本课程的关键。

§1.1 国民经济循环及其分析框架

一、国民经济的基本概念

国民经济是一个规模庞大、层次繁多、结构复杂的系统。在这一大系统中,职能各异、数不胜数的经济主体运用各种经济资源、遵循一定的社会分工规则,从事既有区别又有联系、既各司其职又互为条件的经济活动,形成错综复杂的经济关系。因此,从分析的角度,可将"国民经济"这一概念理解为互有联系的两个方面。

首先,从横向看,国民经济包括从事各种经济活动的微观单位——企业单位、政府机构、社团组织和住户,以及常住单位与非常住单位,等等。在分析上,需要将有关经济单位(通常是其中的常住单位)依据一定的功能特征适当分类,形成不同的国民经济部门。据此,我们可以说,国民经济就是各单位、各部门的总和。

其次,从纵向看,国民经济又包括上述经济单位和部门运用各种资源要素所从事的形形色色的经济活动——生产经营、市场交易、收入分配、消费支出、资金融通及资本积累,等等,这些活动彼此衔接、相互影响、不断循环,就形成国民经济的运行过程。据此,我们也可以说,国民经济就是社会再生产各环节的总和,是一个不断循环的宏观经济运行过程。

但是,国民经济又并非上述各单位、各部门与各环节、各要素的简单总和。从系统论的观点看,所有这些方面总是纵横交错、相互渗透、紧密联系的。这里需要特别强调"国民经济"概念的整体性、层次性和内在关联性。在国民经济系统内部,必然存在着一定的结构比例关系和相互作用的机制机理,具体说,就是各单位、各部门、各环节、各要素之间的相互依存和相互作用关系。这些内部关系的具体状况会对国民经济运行的实际效果产生有利或不利的影响,用系统论的语言来说,就有可能使系统的整体功能大于(或小于)系统各组成部分功能的简单总和。

研究国民经济系统的运行状况,就是要考察各单位、各部门所从事的各种经济活动,考察这些经济活动的条件、过程、结果和影响,考察国民经济各环节、各部门以及本国与国外之间的错综复杂的经济联系。这都需要通过国民经济核算搜集、整理大量、丰富的统计资料,据以分析、判断国民经济各部门是否比例协调、各环节是否相互适应,进而实施科学的宏观经济管理与调控。由此可见,国民经济核算是宏观经济管理与调控的重要基础之一。

二、国民经济的循环流程和分析框架

(一)国民经济的两种运动

一般而言,国民经济的循环流程起于产品(货物和服务)的生产,抵于产品的使用(消费、消耗或投资等使用),周而复始;商品流通和收入分配则介于生产和使用环节之间,成为连接两端的中间环节。国民经济循环的四个主要环节之间的关系如图 1—1 所示。

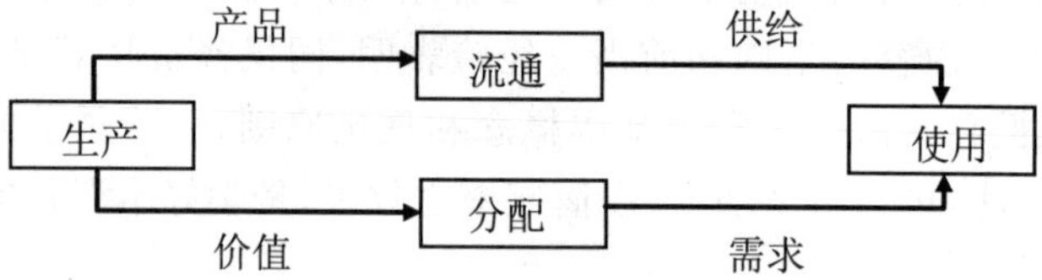

图 1—1　国民经济循环的主要环节

从运动形态上区分,国民经济循环包括两种运动过程。一方面,"生产→流通→使用"这一过程属于国民经济的"实物运动"。因为在这里,社会产品的价值是与其使用价值一起运动的:若商品售出则货币流入,若商品购入则货币流出,也就是说,伴随着实物流通还存在着货币流通,两者相辅相成,但运动方向相反。另一方面,"生产→分配→使用"这一过程则属于国民经济的"价值运动",在这里,社会产品的价值已经与具体的使用价值相对分离。两种运动在脱离生产过程之时相分离,又在进入使用过程之时相汇合,既对立又统一,为我们考察国民经济循环过程提供了两条基本线索。

国民经济的实物运动形成商品市场的供给;价值运动则形成国民经济各部门或各单位的收入,进而形成对各种商品的有支付能力的需求。供给和需求一旦在市场上见面,就有一个"社会总供给"与"社会总需求"之间是平衡还是失衡的问题。这对于国民经济能否正常运行至关重要。倘若社会总供给显著大于社会总需求(供过于求),就会造成市场疲软,产品积压,开工不足,失业增加;而如果社会总供给显著小于社会总需求(供不应求),则又会造成商品匮乏,物价上涨,居民生活水平下降,乃至社会的动荡。进而言之,社会总供需平衡不仅要求总量上平衡,还要求结构上也平衡,总量平衡又以结构平衡为基础。只有在社会供需总量和结构都基本平衡的条件下,才能实现国民经济的良性循环。由此可见,社会总供需平衡是国民经济循环的核心问题之一,宏观经济管理和国民经济核算必须高度关注这一问题。

(二)国民经济的循环框架

以上我们将国民经济循环过程划分为四个主要环节,这只是一种理论描述上的简化。然而,现实经济过程的丰富多样性并非一个高度简化的理论模型所能完全概括。因此,从国民经济核算与分析的角度看,还必须对这一模型给予适当的补充和扩展。

1. 将金融交易(以及资本转移,后详)过程单独引入国民经济循环,或者说,从上述循环框架中分解出来。资金融通对于各部门资金余缺的调节以及社会总需求的形成有着重要作用,是国民经济循环的重要枢纽,也是宏观经济管理与调控的重要对象。而且,资金融通活动作为一种积累性质的经济交易,与一般意义上的收入分配(属于经常交易)有着显著差别。因此,需要以独立于分配环节的形式将其引入国民经济循环(见图 1—2),以便进行国民经济核算和分析。

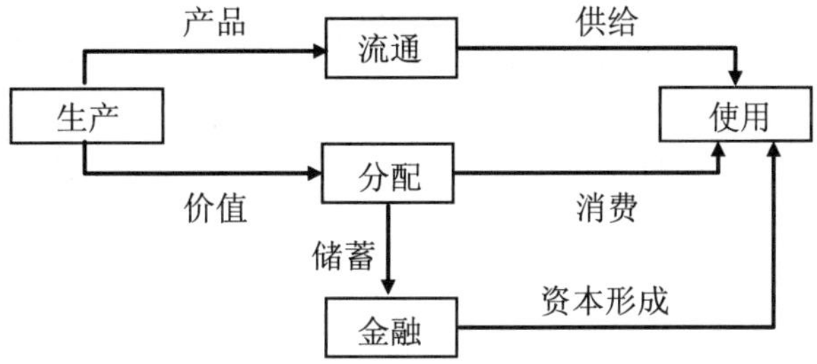

图 1—2 封闭经济系统的循环流程

2. 将对外经济往来引入国民经济循环。国民经济是一个开放的系统,各国经济彼此间存在广泛联系,并通过各种对外经济往来(包括贸易往来、其他经常收支往来和资本金融往来)以及资产负债关系表现出来。一国的对外经济关系不仅影响到国内的市场供需和资金余缺等状况,而且影响到该国的国际经济和政治地位,因此也必须引入国民经济循环的分析框架(见图 1—3,用虚线连接)。

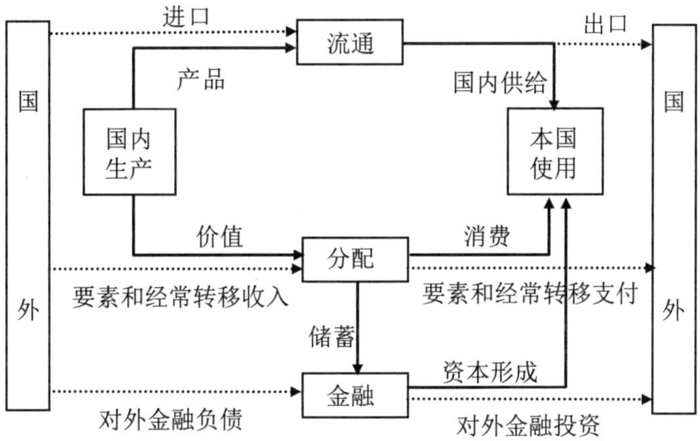

图 1—3 开放经济系统的循环流程

3. 将经济存量因素引入国民经济循环。国民经济循环不应局限于流量过程,它还需要具备相应的资源(包括人力、财力和物力资源)条件,后者首先是作为经济存量存在的。经济存量存在于一定的时点(期初、期末或其他任何考察时点),而经济流量则是对一定时期内的经济现象及其水平的连续测度。在统计上,经济流量(时期指标)具有区别于经济存量(时点指标)的三个特征,即可加性、时间量纲性和统计连续性。在分析上,经济流量与经济存量又是紧密联系的。人们运用既有的存量资源进行经济活动,就形成各种各样的经济流量(一定时期内的生产、收入、消费、投资和金融等流量);而流量运动的结果又会使原有的资源存量发生变化。可以说,没有存量,流量就成了无源之水;而没有流量,存量也就成了无用之物。因此,国民经济循环在数量上就表现为存量与流量的统一,两者相辅相成,必须联系起来加以研究。在宏观经济分析中,通常侧重于考察财力和物力资源的存量状况及其与经济流量的衔接关系(见图 1—4,用双线连接);至于人力资源(或人力资本)的存量状况及其与经济流量的关系,则需在专门的人口和人力资源分析框架中考察,或在扩展的国民财富测度及可持续发展分析框架中适当体现(本书第 10 章中将会对此有所涉及)。

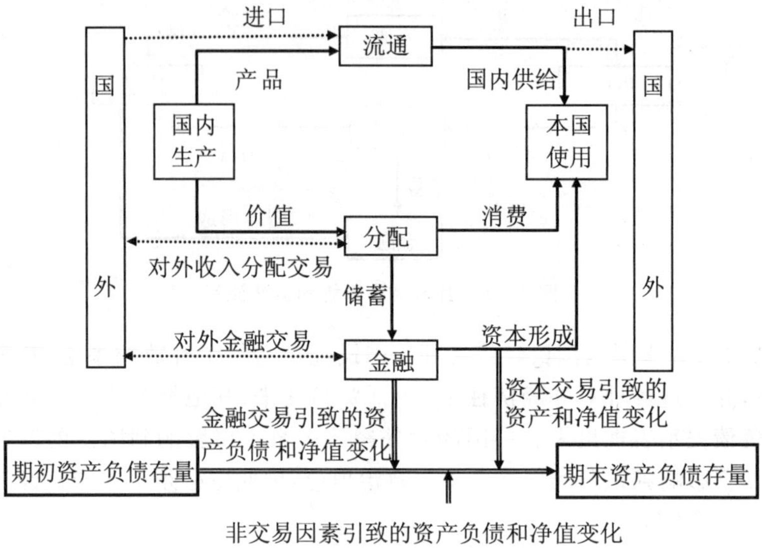

图 1－4　国民经济核算的基本框架

经过以上三方面的扩展与补充，国民经济循环就形成了一幅较为完整的动态图像。据此，我们可以全面考察其条件、过程、结果和影响，从数量上深入探究其规模、结构、内部联系和对外关系，以及各种经济存量与流量的动态衔接关系，为宏观经济管理与调控提供重要的数据支持。

不过，相对于纷繁复杂的国民经济运动过程而言，即便是这样一幅图像也仍然是粗线条的，它所展示的只是国民经济循环的基本脉络。在国民经济核算和分析中，往往还需要进一步补充相关的细节。譬如：生产过程需要反映投入与产出，收入分配可以区分为初次分配与再分配，消费可以划分为个人消费与公共消费，资本形成可以划分出固定资本形成、存货变动和贵重物品净获得等，资本积累过程还需要补充储蓄以外的资本转移以及资本形成以外的其他非金融投资，借以深入考察经济循环过程的细部环节问题；国民经济还需要划分为若干个经济部门或领域，借以考察宏观经济的部门结构和部门间关联，等等。但是，图 1－4 已将国民经济循环的主要环节和基本方面囊括其中，可为国民核算和宏观经济分析提供一个相对完备的基础框架。

三、国民经济管理与国民经济核算

如前所述，国民经济是一个完整的大系统。这个系统不仅规模庞大、结构复杂，而且功能多样。这些功能既有一致性，又有差异性，互相制约，互为条件，共同决定了国民经济的整体运行情况。国民经济管理要抓住根本、兼顾全局，使这些功能适当发挥、相互配合，达到整体最优，保证宏观经济的正常运行和健康发展。因此，国民经济管理的目标必然是多维的，而不是单一的。这些目标应该包括几个方面：

（一）经济增长和可持续发展

经济增长从来就是宏观经济的核心问题之一，通常也是各国政府追求的宏观经济主要目标。经济增长的水平主要通过一定的国民经济产出增长率表现出来。但是，同样的经济增长率目标可以通过不同方式来实现，从而产生不同的后果。理想的经济增长应该导致国民生活水平的提高、社会福利的增进以及国民财富的不断积累。为了保证经济增长的水平，必须将有限的资源适当用于扩大社会生产的规模。然而，单纯外延式的扩大生产规模，并不能真正达到理想的经济增长目标，反而容易引发产出虚增、效率降低、资源浪费和生态环境恶化，以及收入分配不公、贫富差距扩大乃至社会矛盾加剧等一系列负面后果。

人类对于长期片面追求"经济增长"所引发的一系列社会问题进行深刻反思和全面清算的结果，导致了"可持续发展"观念的形成。这标志着当代发展观的重大进步。可持续发展的要义在于：这种发展既要能够满足当代人的各种合理需要，同时又不至于危及后代人满足其需要的能力。依据这一要求，实施可持续发展战略的主要目标就应该包括：(1)实现适度的经济增长；(2)控制人口数量，提高国民素质，开发人力资源；(3)合理开发自然资源，不断开辟新能源和新资源，谋求资源的持续利用；(4)保护环境，治理污染，维护生态平衡；(5)建立公平的分配原则，消除贫困，满足就业和生活的基本要求；(6)推动技术进步，加强社会保障，有效控制各种危险，等等。可见，相对于片面的经济增长观而言，可持续发展观是综合性的，它强调"以人为本"，也即将人类自身置于发展的中心地位，体现了经济、社会、人口、资源、环境、科技等各方面协同发展的全面要求；相对于只考虑到当代人利益的发展观而言，可持续发展观又是长远的、动态的，它体现了"代际公平"和"资源、环境永续利用"的全新思想。

（二）物价稳定

在市场经济条件下，物价的变化常常反映了社会供需等方面的经济状况，同时，它本身又会导致一系列的经济后果，如引起币值的变化、对外贸易的变化、收入与财产的重新分配，等等。因此，物价水平既是监测宏观经济运行情况的最为灵敏的指示器，也是各国政府进行宏观经济管理与调控的重要工具。国民经济的持续稳定发展需要较为稳定的物价水平和物价结构，因此，物价稳定也成为国民经济管理的基本目标之一。

（三）充分就业

就业问题作为宏观经济学核心问题之一的重要性表现在：它与经济的增长、生活水平的改善以及社会福利的提高都有着密切联系。充分就业意味着经济资源的合理利用，从而有利于促进经济增长、改善生活水平、提高社会福利、稳定社会结构。因此，国民经济管理还应以充分就业作为基本目标之一。

（四）收支平衡

国民经济的收支平衡尤其应该关注两个方面：就国内来看，主要指财政收支平衡；就国际来看，则是指国际收支平衡。如果收支失衡，则支大于收形成赤字或逆差，收大于支形成盈余或顺差。从长期来看，持续的、过量的逆差或顺差都将对国民经济运行产生不利影响，终究会以损害经济增长、社会发展、充分就业以及物价稳定为代价。因此，国民经济管理还应将财政收支平衡和国际收支平衡纳入其基本目标。当然，收与支绝对相等也是不现实的，这里的"平衡"并非指收支绝对平衡，而是指相对的、大体的平衡。

以上诸种目标又与社会总供需平衡有着密切的关系。社会需求的规模和层次是在不断发展的，总供需平衡应该建立在不断提高需求满足程度的基础之上。为此，必须做到：充分开发和合理利用各种经济资源（包括人力资源）；扩大生产，降低消耗，提高效率，改善效益，促进整个经济稳定增长；对内搞活，对外开放，开源节流，平衡收支；通过市场机制和经济杠杆不断调整、优化国民经济的产业结构、分配结构和投资结构，等等。只有这些方面都做好了,才能对总供给和总需求的形成过程有效地加以调控,实现社会总供需平衡,保证市场物价的基本稳定和经济社会的正常发展,提高国民经济运行的整体效率。可以说,社会总供需平衡是国民经济综合平衡的集中表现,也是国民经济顺利运行的基础条件。

为了科学地实施国民经济管理,首先必须确定切实可行的发展目标(这些目标应该定质定量、可以操作);其次还必须严密监测国民经济的运行情况,并运用各种杠杆进行宏观经济调控。这些都需要掌握大量、翔实的实际资料,包括关于投入产出、经济增长、收入支出、消费投资、对外往来、资产负债、价格变动等各方面的数据,以期从数量上深刻反映国民经济的规模、结构和内在联系。显然,只有从国民经济整体的角度来搜集、整理并科学地组织大量、丰富的数据资料,对其进行全面、深入的分析、归纳和发掘,才能合理制订国民经济管理的目标,正确把握宏观经济运行的基本状况和发展态势,发现问题,提出对策,真正做到目标可行,判断有据,调控有度。正因如此,国民经济核算(国民经济统计)作为宏观经济管理和分析的重要基础受到世界各国政府的高度重视,同时,也构成了当代经济统计学体系的重要组成部分。

§1.2 国民经济核算的内容体系

一、国民经济核算与国民经济统计

国民经济核算是经济统计的重要构成部分。现代经济统计学包括企业经济统计(或企业经营统计)与国民经济统计两大分支。企业经济(经营)统计从微观角度考察与企业经营管理有关的统计理论和方法,旨在为企业经营管理提供必要的统计数据和有效的分析工具;国民经济统计则从宏观角度考察与国民经济运行有关的统计理论和方法,旨在为宏观经济管理和决策提供数据支持和分析框架。两者之间既有分工,又有联系。

国民经济核算起源于早期的国民收入统计。国民收入统计的核心问题就是怎样科学地计算国民收入等具有关键意义的经济总量。这一工作可以追溯到17世纪后半期由古典政治经济学创始人威廉·配第(W. Petty)运用“政治算术”方法所进行的国民收入估算[①]。威廉·配第因此常被视为国民收入统计的“鼻祖”(也是统计学的创始人之一)。此后,众多学者仿效配第先后估算过有关国家当时的国民收入,其中包括英国学者格利高里·金(G. King)、查尔斯·达维南特(C. Davenant)和经济学家阿瑟·杨格(A. Young)、法国经济学家皮埃尔·布阿吉尔贝(P. Boisguilbert)和弗朗索瓦·魁奈(F. Quesnay),以及著名法国科学家拉瓦锡(A. Lavoisier)等人。

20世纪中叶,著名俄裔美国经济学家西蒙·库兹涅茨(S. Kuznets)曾在《国民收入及其构成》(1941年)和《1869年以来的国民收入》(1946年)等著作中对国民收入的概念、性质和构成进行过深入的理论阐释,归纳了估算国民收入的各种方法(生产法、收入法和支出法),确立了国民收入统计的市场价格标准,基本完成了国民收入统计的理论化和系统化工作,因而被称为“现代国民收入统计之父”。库兹涅茨还运用大量国民收入统计资料进行各国经济

---

① 这些工作主要体现在配第的两本著作《献给英明人士》(1665年)和《政治算术》(1676年)中。参见《配第经济著作选集》,商务印书馆中译本,1981年。

增长的经验研究，因其成果丰硕而获得诺贝尔经济学奖(1971 年)。此外，在 20 世纪 30 至 60 年代，有关经济统计资料的分析理论和方法也获得了长足进展，其中尤其令人瞩目的是：俄裔美国经济学家瓦西里·列昂节夫(W. Leontief)在研究经济结构过程中创立的"投入产出表"分析技术，美国经济学家莫里斯·科普兰(M. Copeland)在研究货币流量过程中制订的"资金流量表"分析技术，美国经济学家雷蒙德·戈德史密斯(R. Goldsmith)在研究储蓄和财富过程中制订的"国民资产负债表"分析技术，以及由英国经济学家詹姆斯·米德(J. Meade)等人所发展的国际收支分析方法。列昂节夫和米德还曾分别于 1973 和 1977 年获得了诺贝尔经济学奖。

略早于库兹涅茨等人利用国民收入数据对宏观经济所进行的"解剖学"研究，著名英国经济学家约翰·梅纳德·凯恩斯(J. M. Keynes)曾运用国民收入的总量概念对宏观经济进行了开创性的"生理学"研究，并在其名著《就业、利息和货币通论》(1936 年)中建立了他的宏观经济理论模型，该模型借助于企业、居民和政府之间的经济流量循环关系，深入考察了支出构成(消费、储蓄和投资等)变动情形下的国民收入决定问题。在凯恩斯的创议和推动下，英国经济学家理查德·斯通(R. Stone)和詹姆斯·米德曾于 40 年代初率先运用复式记账方法为英国财政部编制过一份官方认可的国民收入和支出估计，并出版了被认为是现代应用经济学典范性著作的《国民收入与支出》(1944 年)。此后，理查德·斯通毕其一生主要精力从事国民账户研究，先后主持了经合组织(OECD)及联合国的"国民账户体系"(即国民经济账户体系)标准制订和修订工作，因其贡献卓著也荣获了诺贝尔经济学奖(1984 年)。诺贝尔经济学奖颁奖辞中指出："他(理查德·斯通——引者注)对于国民账户体系的发展作出了基本的贡献，并因而大大增进了应用经济学的分析基础。"据此，我们倒是可以恰如其分地称之为"现代国民账户体系之父"。

由于库兹涅茨和斯通等人所做的重要理论工作，欧美各国的国民收入统计实务在二次大战后取得长足进展，并形成了相对完备的国民经济核算体系。与之大体平行，在苏联、东欧经互会国家以及其他计划经济国家范围内，也发展出了另一种类型的国民经济核算体系。联合国、经合组织、国际货币基金组织(IMF)等国际机构则系统总结上述理论研究和各国政府统计(官方统计)的经验，适时归纳、制订和颁布了有关"国民经济核算体系"的国际标准，旨在充分保障统计数据的质量和统计方法的国际可比性。

需要说明的是，国民核算(National Accounting)即国民经济核算，也被称为社会核算或社会会计(Social Accounting)；在我国，则被称为国民经济统计(National Statistics)。之所以被称作"社会会计"，是因为国民账户体系大量运用了企业会计的核算数据和类似的方法，而且还要从全社会的角度进行综合性的核算。之所以被称作"国民经济统计"，则是因为它与具有悠久传统的"国民收入统计"一脉相承，而且获得了极大的扩充和发展。此外还有一个历史原因，即在 20 世纪 70 年代以前，中国的经济统计学全盘照搬苏联模式，只有部门统计(具体划分为工业统计、农业统计、基建统计、商业物价统计、交通运输统计、劳动工资统计等诸多分支)，没有综合统计；或者即使有，后者也只是各部门或各专业统计的简单拼凑，既重复累赘，又缺乏系统、科学的理论梳理和归纳整合，难以满足国民经济管理的客观需要。经过经济统计学界的长期反思和探索，对上述各部门统计学从宏观角度给予系统的归纳、提炼和整合，逐步形成了一门新的"国民经济综合平衡统计学"。1974 年，厦门大学钱伯海先生率先在高校开设该门课程,数年之内其影响遍及全国,随后正式出版了相应教材[①];但“综合平衡”本来就是国民经济统计的题中应有之义,故此后简化成为现在通用的“国民经济统计学”[②]。国民经济统计学在中国的发展并非一蹴而就,从早期对各部门(专业)统计的简单梳理和归并,到不断借鉴、吸收国际上各种模式的国民经济核算的先进经验和科学成分,极大地充实、丰富了自身的理论和方法体系。相应地,还从微观角度建立了配套的“企业经济统计学”(或企业经营统计学),并在高校开设相应课程和出版教材[③]。因此,如果说我国早期的“国民经济统计(或国民经济综合平衡统计)”与国际上(尤其是欧美国家)的“国民经济核算”还存在较大差异的话,那么到了现在,两者无论在考察和研究的内容、范围、方法及目的等各方面都已呈现出高度的一致性,应该承认,它们之间已经趋同或统一了。当然,广义理解的“国民经济统计”也可以涵盖早期的“国民收入统计”,甚至还可泛及现代某些专门领域的宏观经济统计体系,如国际货币基金组织等制订、颁布的“国际收支和国际投资头寸统计(BPM)”、“政府财政统计(GFS)”和“货币金融统计(MFS)”等体系,这是更为一般的概念。在本教材中,下面将不再刻意区分“国民经济核算”与“国民经济统计”。

简言之,国民经济核算(或国民经济统计)就是以国民经济为整体的统计核算,旨在从宏观的层面考察国民经济运动纵横两个方面的数量规模、构成和内在联系,并为正确研究这些问题提供基本的核算数据、统计方法和分析框架。它构成了现代经济统计的主要部分。与之相对应的另一经济统计分支就是企业经济统计(或企业经营统计)。它们两者之间是宏观与微观的关系,前者以后者为基础,后者又以前者为指导,彼此相辅相成。

事实表明,国民收入统计发展到现代,已经形成了庞大复杂的国民核算体系。后者不同于传统的国民收入统计之处,主要表现在其内容的系统性、方法的严密性和结构的复杂性。现代国民核算已经远远不限于计算少数几个宏观经济总量,同时还必须考察这些总量的形成、结构和关系,并从国民经济各部门、各环节的角度进行多侧面的研究,以便深刻揭示国民经济系统的内、外部循环和相互作用等一系列问题,而所有这些方面都需要借助于一套有效的方法结合在一个完整、统一的体系之中。如此庞大复杂的工作,显然已经不是少数几个经济学家和统计学家所能独立胜任的,这使得国民核算体系的理论研究从一开始就与各国政府或国际机构的核算制度(标准)的制订及其实践紧密联系。这些研究工作与实践活动的积累,曾经形成了世界范围内最具代表性的两大国民核算体系,在理论和实践上影响深远。下面将对它们做简要的介绍。

二、两大国民核算体系及其主要差异

截至20世纪90年代,世界范围的国民核算体系(System of National Accounting)曾经存在过两种极为不同的模式:一种是起源于英、美等国的“国民账户体系”,另一种则是发端于苏联等国的“物质产品平衡表体系”。我国改革开放前后分别采用过这两种核算模式。它们既有国民核算体系的某些共通之处,同时又各自具有极为不同的结构特征。

---

① 钱伯海:《国民经济综合平衡统计学》,中国财政经济出版社,1982年。

② 钱伯海:《国民经济统计学》,中国财政经济出版社,1991年;钱伯海主编:《国民经济统计学》,上海人民出版社,1991年。

③ 钱伯海主编:《企业经济统计学》,上海人民出版社,1991年;钱伯海主编:《企业经济统计学》,中国统计出版社,1995年。

物质产品平衡表体系(System of Material Product Balances,简称MPS)因其发源于苏联和东欧经互会等计划经济国家,故又称"东方体系"。联合国统计机构在1971年颁布其标准文件时则依据其核算形式定名为"国民经济平衡表体系(System of Balances of the National Economy)"。前一名称突出其采用的生产观念是"物质生产",后一名称则表明其采用的核算形式主要是"平衡表"。

MPS的理论基础是:社会生产就是物质生产,只有创造物质产品或者作为物质产品生产过程直接延伸的活动(即农业、工业、建筑业、商业和货物运输业等五大物质生产部门的活动)才是生产活动,其他活动都是非生产活动。这就是所谓的"限制性生产"观念。据此,全部社会产品都是由物质部门生产的,物质产品的价值总和就是社会总产值。因此,MPS着重考察物质产品的再生产过程,即反映物质产品的生产、物质产品价值的分配和再分配、物质产品的使用构成和具体去向,等等。

MPS的基本核算方法就是一般的经济指标和平衡表方法。构成MPS的国民经济平衡表主要包括:(1)综合物资平衡表(社会产品生产、消费和积累平衡表);(2)综合财政平衡表(社会产品和国民收入生产、分配与使用平衡表);(3)劳动力资源平衡表;(4)国民财产平衡表;以及(5)固定资产平衡表等。这套平衡表的核心内容是有关物质产品再生产过程的一些关键指标,如社会总产品或社会总产值(即物质产品总值)、国民收入或社会净产值(即物质产品净值)、国民财产以及物质产品的消耗(物耗)、消费与积累等。各种平衡表之间除了经济指标内涵的关联性之外,不存在复式簿记体系所要求的严格核算对应关系。

国民账户体系(System of National Accounts,简称SNA)①,它是依据欧美发达国家的核算理论和实践制订出来的方法体系,故又称"西方体系";但实际上,除了欧美发达国家以外,世界上绝大多数发展中国家也都参照SNA制订本国的国民经济核算体系。

相对于MPS而言,SNA具有三个显著特点:(1)SNA是依据"综合性生产"观念组织核算的。它认为:人类的各种物质生产和非物质生产活动都是生产活动;换言之,生产的本质不在于是否提供物质产品或货物,而在于是否创造新的使用价值或效用。这使得SNA的生产范围与MPS大不相同,它囊括了所有生产"货物"和提供"服务"的经济部门,这些部门分布于三大产业十分广阔的活动领域内。以此为基础的SNA不仅生产核算范围不同于MPS,而且整个核算结构也明显区别于MPS,两者的这一差异是根本性的。(2)SNA还充分运用了现代经济分析中的投入产出分析、资金流量分析、资产负债分析和国际收支分析等工具,这些都大大扩充了SNA的核算内容和分析领域。(3)顾名思义,SNA是一种以账户形式和复式簿记方法组织起来的国民经济核算体系,这在核算方法上具有显著优越性,能够保证整个核算体系的逻辑严谨,以及基础数据的质量和一致性。

应该说明的是,一种国民核算模式的形成,往往受到历史上某种经济思想的影响,同时,也与相应国家的发展水平,管理体制和社会经济制度等因素有着一定联系。MPS只承认物质生产是生产,不承认非物质生产也是生产,这固然有其理论上的渊源,但另一方面,也与该体系发源国当时的经济发展水平,尤其是服务产业或第三产业的发展水平有着直接的关系。

---

① 在我国,此前许多出版物中一直将SNA译为"国民经济核算体系"(包括《SNA1968》和《SNA1993》的中译本),这样未能适当体现出SNA的基本方法特征及其与MPS的差别;译为"国民(经济)账户体系"显然更为确当。因此,根据联合国统计机构的建议,由中国统计出版社于2012年正式出版的《SNA2008》中译本更名为《2008年国民账户体系》。

随着理论与实践的发展,生产观念从"限制性生产"演化到"综合性生产",国民核算从两大体系并存演进到统一的标准模式,乃是历史的必然。

但是,尽管我国目前已经放弃 MPS 而转轨到 SNA,MPS 作为一种核算体系的理论标本也已被送进了历史博物馆,由于我国曾经先后采用过不同模式的国民核算体系,而且采用 MPS 的历史长达 40 年,MPS 的传统观念(尤其是限制性的物质生产观念)在很多领域还根深蒂固,两种核算体系之间的根本性差异经常被混淆,在理论和分析中也容易引起误解,因此,对于 SNA 和 MPS 的一些基本特征还需要适当把握。尤其是通过两种不同生产观念的比较和鉴别,深入了解国民核算中生产范围划分的不同方式及其对经济总量和核算结构的影响,将有助于正确理解和掌握国民核算的理论与方法(详见本章第 3 节中关于"国民经济核算平衡原则"的论述)。此外,即便在 MPS 适时退出历史舞台之后,也不应将其一概否定。事实上,MPS 在国民核算发展过程中也有其重要的历史贡献,诸如对国民经济按经济类型(所有制)划分的方法、将人口和劳动力资源纳入国民核算的思想,以及在国民核算中率先编制、运用综合物资平衡表的经验(这构成了投入产出表和投入产出分析的雏形),都对现代的国民核算乃至 SNA 产生了不可忽视的影响,切忌将 MPS 说得一无是处。

三、联合国的国民账户体系(SNA)

在详细讲述国民经济核算的有关内容之前,还应简要了解一下联合国 SNA 和中国国民核算体系的形成过程及其内容结构。如前所述,联合国的国民账户体系形成于二次世界大战以后,有关工作直接起源于理查德·斯通和西蒙·库兹涅茨等人所做的大量研究。

截至 20 世纪初期,自由放任的经济思潮在世界范围内还十分盛行。人们普遍相信:在市场经济条件下,有一只无形的手通过价格杠杆可以有效地调节经济、平衡供需。但 20 年代末期因生产过剩而导致的世界经济大萧条,却使得欧美各国生产大幅下降,工厂纷纷倒闭,工人大量失业。1932 年,美国总统罗斯福上任后推行"新政",力图通过宏观管理振兴美国经济;1936 年,凯恩斯的名著《就业、利息与货币通论》问世,他断然否定了自由放任的市场经济的理论基础,主张政府积极干预国家经济生活,通过财政与货币等宏观经济政策刺激需求,从而减轻失业,恢复经济。二战爆发后,英、美各国政府为了筹措战争经费,平衡预算收支,对于系统完整的国民收入与支出统计资料的需求更为迫切。所有这一切,都对国民经济核算体系的产生和发展提供了迫切需求和现实基础。

以此为背景,理查德·斯通积极参与并主持了旧国联(联合国的前身)以及经合组织(OECD)的国民经济核算体系创制工作。1947 年,旧国联曾发布由斯通主持撰写的研究报告《国民收入估算与社会账户编制》;1950 年和 1952 年,经合组织先后发布了《一个简化的国民账户体系》和《标准国民账户体系》两份报告,提出了以账户形式建立国民核算体系的基本构想。及至 1953 年,联合国正式颁布了由斯通主持完成的《国民账户体系和辅助表(SNA1953)》,该报告提出一套包括 6 个账户和 12 个辅助表的体系,用来描述国民经济的生产、消费、积累和对外经济等流量,这标志着 SNA 基本核算框架的初步形成。该体系于 1960 年和 1964 年又先后颁布了两个修订版本。

以上的旧 SNA 只是一个简略的核算体系雏形,故此,联合国统计机构又继续组织各国核算专家对其进行多次修订和增补,并于 1968 年颁布了由斯通亲自主持完成的修订第三版

《国民账户体系(SNA1968)》[①]。这次修订完善了基本概念的定义、国民经济的部门分类以及账户体系的逻辑结构与表达方式,引入了投入产出、资金流量、资产负债以及不变价格核算的有关内容,基本形成了一套内容比较完备、方法比较科学的核算体系。这标志着国民核算理论与实践跃入了一个崭新阶段,初步确立了SNA作为一种国际核算标准的权威地位,它对各国国民核算的发展、核算标准的协调以及核算资料的国际对比都起到了非常积极的作用。以理查德·斯通的理论素养和卓著贡献,《SNA1968》在国民核算发展的历史上具有重要的里程碑意义和理论范本价值,至今仍然值得研究者们借鉴。

在《SNA1968》颁布、推行20多年后,由于世界各国经济情况的变化以及经济分析方法的发展,重新修订SNA的问题又被提到联合国统计委员会的议事日程。这次修订的原则是强调更新内容、澄清概念、完善方法和协调关系,但是,并不打算从根本上改变原有体系的基础框架。修订工作仍由联合国主持,世界银行、国际货币基金组织、经济合作与发展组织、欧洲共同体(即现欧盟)等重要国际机构或组织,国际收入与财富研究会等专业学术团体,以及若干国家的政府统计机构均参与其事。于1991年形成《SNA修订草案》,由联合国秘书处提交各国政府统计机构和有关专家进一步讨论[②];至1993年完成修订工作并正式颁布[③]。《SNA1993》作为第四次修订更新的国际标准核算文件,篇幅庞大,内容丰富,结构复杂,方法规范,同时,还扩展到了人口、劳动力统计以及环境经济综合核算等新的领域,显示出高度的成熟性。该标准体系推行十余年后,对世界各国的国民核算实践以及国民核算方法和宏观经济理论都产生了重大的影响。

当然,国民经济核算的发展也是一个渐进过程,需要与时俱进、不断发展、逐步完善,不可能一劳永逸或尽善尽美。在国民核算领域内,总是存在一些尚未妥善解决的问题或新出现的问题,为此,联合国统计机构、有关国际经济机构以及世界各国的经济和统计学家们一直都在进行着不懈的努力和探索。时隔15年后,联合国等五大国际机构又于2008—2009年间分两次颁布了修订第五版的《国民账户体系(SNA2008)》。这个最新版本针对世界范围内经济发展的新情况和新问题,在保持基本理论框架相对稳定的前提下,进一步完善其核算原则和理论方法。"2008年国民账户体系(SNA2008)承袭了前一版,即1993年国民账户体系(SNA1993)的基本理论框架。不过,根据联合国统计委员会的要求,SNA2008对经济中出现的一些重要的新现象作了处理,对那些日益成为分析焦点的方面进行了详尽的阐述,并对很多问题的核算原则做出了澄清。SNA2008的这些变化使得该核算体系更能够适应新的经济环境、方法研究的进展以及用户的需求。"[④]本书后续的相关部分将主要以《SNA1968》、《SNA1993》和《SNA2008》为依据来介绍和阐述国民核算的理论与方法。

从核算方法和形式的角度看,SNA是一种基于账户形式和复式记账方法的国民经济核算体系。其主体部分是为国民经济及其各部门设置的一套相对完整的账户,包括:生产账户、收入分配账户和收入支配(使用)账户等经常账户,资本账户、金融账户和资产其他变化账户等积累账户,以及期初、期末资产负债表和资产负债变化表。此外,还有为各种产品(货

① 参阅联合国统计处:《国民经济核算体系(SNA1968)》,中国财政经济出版社中译本,1982年。

② 参阅联合国秘书处:《国民经济核算体系(SNA修订草稿,1991)》,全国国民经济核算协调委员会办公室内部印行,1991年。

③ 参阅联合国等:《国民经济核算体系(SNA1993)》,中国统计出版社中译本,1995年。

④ 参阅联合国等:《国民账户体系(SNA2008)》,中国统计出版社中译本,2012年,第658页。

物和服务)的供需平衡设置的产品账户等,再加上其他一些附属账户,就形成相对完整的国民账户体系。

SNA 的账户体系结构庞大复杂,所涉及的领域十分广泛,但就其基本分析功能而言,可以归纳为五个主要领域,即通常所谓"五大核算"。国民经济五大核算的主要内容包括:(1)国内生产与国民收入核算,即围绕国内生产总值这一核心指标,从生产、分配和使用三个方面组织国民再生产过程的整体性核算,借以系统反映国民经济关键总量及其内在联系,故又称 GDP 核算。(2)投入产出核算,即围绕直接生产过程中的投入产出关系,组织国民经济各部门间的产品流量核算,借以从技术经济角度考察国民经济的内在结构和部门间关联。(3)资金流量核算,即围绕国民经济价值运动过程中各部门间的经济收支关系,组织社会资金运动的流量核算,借以反映国民经济分配、消费、投资和金融等过程中的资金运动情况、资金余缺关系及其调节平衡过程。(4)资产负债核算,即针对国民经济及其各部门的财力和物力状况而专门组织的存量核算,借以系统反映国民经济各部门的资产负债规模、结构、相互关系及其变动情况,同时也可反映国民财富的规模、结构和变动情况。(5)国际收支和国际投资头寸核算,即针对各种对外经济往来和对外资产负债关系而专门组织的核算,它是对前述各种核算中有关对外经济交易和对外资产负债关系的内容进行系统归纳的结果,具体又可分

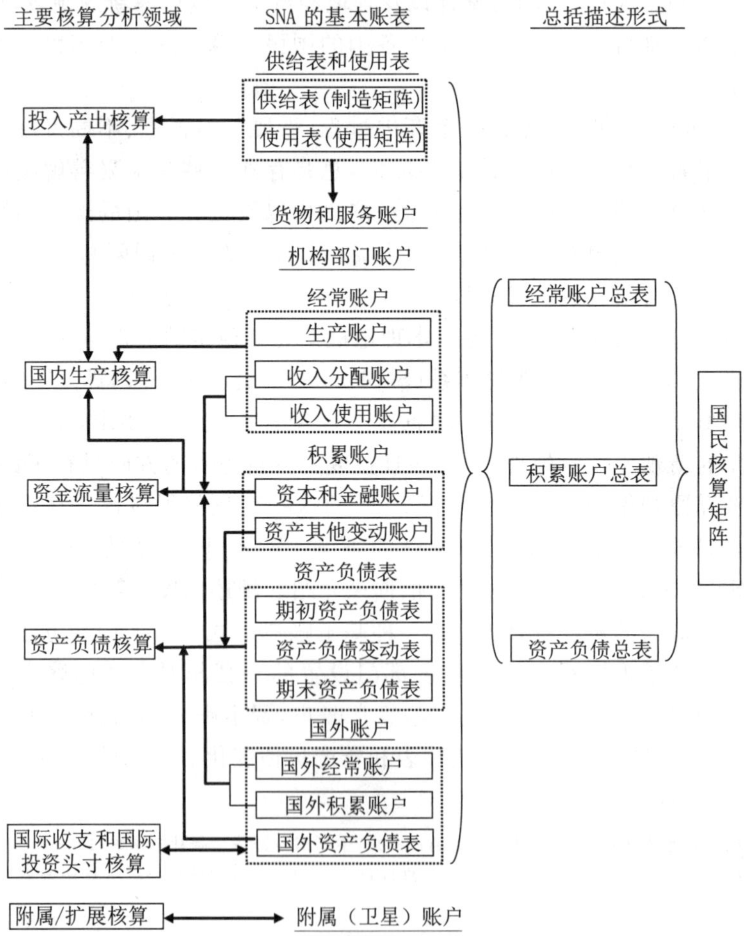

图 1-5 国民账户体系与五大核算之关系

为国际收支(流量)和国际头寸(存量)的核算。分析表明,五大核算既互有分工,又紧密联系,它们彼此间形成了有关“总量与结构”、“流量与存量”、“国内与对外”的三重互补关系,因此,构成了一个相对完备的核算和分析体系。

需要说明的是,SNA 作为一个庞大的账户体系,它可以为五大核算提供基础数据和分析框架(参见图 1—5),但五大核算本身却难以构成完整的账户体系。所谓“五大核算”只是人们从分析角度对 SNA 加以归纳和发掘的结果,两者之间并不能简单地划上等号。非常有趣的是,尽管 SNA 的设计者们极为重视各种账户能否满足五大核算的需要,但在历次的《SNA》文本中却只字不提“五大核算”的概念。这意味着,SNA 作为一种基础性、开放性的核算系统,它可以满足、但又不限于仅仅满足五大核算的需要。换言之,SNA 是一种更为基础的核算框架和核算数据库,它力图满足更为广泛的核算和分析的需要。

总之,SNA 的基本目标是为国民经济核算提供一套内容广泛的概念结构和核算框架。SNA 的设计者将其主要用途概括为以下四个方面:(1)监测国民经济的运行情况;(2)进行宏观经济的实证分析;(3)为制订经济政策和各种管理决策提供依据;(4)为广泛的国际经济对比提供基础,并充当世界各国经济统计体系的协调框架。他(她)们在强调 SNA 作为国际核算标准的普遍适用性的同时,也要求各国在贯彻和实施 SNA 的过程中应采取适当灵活的态度,而不应将 SNA 推荐的有关方法视为一成不变的圭臬。

四、中国的国民经济核算体系

20 世纪 90 年代以前,中国的国民经济核算建立在物质产品平衡表体系(MPS)基础之上,弊端甚多,主要表现为:生产范围太窄,只包括物质生产,不包括非物质生产,因此,不能全面反映国民经济循环全过程的规模、结构和内在联系;核算内容不完整,过分侧重反映物质产品的实物流量,忽略了社会资金运动的全面情况和经济存量,存在很大片面性;核算方法太简单,只是运用一般指标方法和单式平衡表,没有借鉴和运用账户和复式记账、矩阵表和经济模型等现代国民经济核算的有效方法,直接影响到核算数据的质量和经济分析的效果。

20 世纪 80 年代中期开始,随着中国经济改革开放的发展,其国民经济核算体制也逐步向国际通行的核算标准——国民账户体系(SNA)转轨。其间,首先提出“MPS 与 SNA 有机结合”的核算体系模式;此后,随着苏联和东欧经互会的解体,有关国家的核算体制纷纷向 SNA 转辙,MPS 已经名存实亡,中国的国民经济核算体制也开始向 SNA 模式全面转轨。经过反复探讨,于 1991 年末形成《中国国民经济核算体系(试行方案)》(简记为“CSNA1992”);该方案经过试点和论证,于 1992 年由国务院正式向全国发布,并要求从 1992 到 1995 年间分两步完成新旧国民经济核算体系的转轨,这一目标已如期实现。十年后,国家统计局又组织专家对该核算体系进行了修订和调整,重新颁布了《中国国民经济核算体系(2002)》(简记为“CSNA2002”)①。此后又经过十余年的探索和积累,因应联合国等的国际标准《SNA2008》的更新颁布,根据核算理论的发展和我国的实践需要,于 2014 年开始对原有的核算方案进行第二次修订,经过反复论证和研讨,目前一个新的《中国国民经济核算体系

① 参阅中华人民共和国国家统计局:《中国国民经济核算体系(2002)》,中国统计出版社,2003 年。

(2016)》(简记为"CSNA2016")已于 2017 年由国务院正式颁布并逐步实施①。

《中国国民经济核算体系(1992,试行方案)》由"社会再生产核算表"和"经济循环账户"两大部分组成。其中,"社会再生产核算表"又包括有关国民经济五大核算的"基本表"以及八张"补充表",它们都采用平衡表形式进行核算;"经济循环账户"则包括一套相对完整的国民经济账户,旨在采用复式记账的方法进行核算。该方案初步形成了中国新国民经济核算体系所特有的"二元结构"框架。

《中国国民经济核算体系(2002)》是该系列方案在改革、转轨成功后的第一个正式版本,它对原来的"试行方案"进行了改造和整合,由"基本核算表"、"国民经济账户"和"附属表"三部分组成。其中最大的变化是:将"基本核算表"提升到与"国民经济账户"并列的层次;将原来的八张"补充表"简化为两张关于"自然资源"、"人口和人力资源"的平衡表;对账户也进行了部分精简。相对于 CSNA1992 而言,"五大核算"与"国民账户"两部分的地位更为突出,整个新方案的框架设计也更趋简洁、明晰。

最新颁布的《中国国民经济核算体系(2016)》旨在进一步总结我国国民核算体系改革以来的经验和成果,适应新情况,满足新需求,反映新变化。为此,需要适当地调整基本框架,修订基本概念,规范基本分类,改进核算方法,完善核算指标,扩展核算领域。鉴于我国新国民核算体系建立 20 多年来,"五大核算表"的编制和应用取得了长足进展,相形之下,原有方案中的"国民经济账户"过于简单,其基本内容已被五大核算表所涵盖,而且,事实上也很难构成五大核算和其他核算的基础数据库。因此,在新的修订方案中取消了原有的"国民经济账户",使得我国国民核算体系原有的"核算表体系"与"账户体系"并行的二元结构归于一统。另一方面,CSNA2016 在进一步完善原有的五大基本核算的基础上,将 CSNA2002 中的两类"附属核算"改造为五类"扩展核算"。CSNA2016 共有 15 种基本核算表和 12 种扩展核算表(参见图 1—6)。该核算体系方案"确定了一套全面、系统的基本概念、基本分类、核算原则、核算框架、基本指标和基本核算方法,是我国开展国民经济核算工作的标准和规范。根据这个标准核算的一整套国民经济核算数据,相互联系、协调一致,是经济分析的重要依据,是推进国家治理体系和治理能力现代化的重要基础"②。

尽管 CSNA2016 取消了账户模块,但中国的这种以"五大核算表"为主体的国民经济核算体系,在理论上仍然需要以国民账户体系的结构原理作为支撑或基础。因为,国民经济五大核算(或基本核算表)是五个相对独立的核算分支,分别从属于不同的宏观经济分析领域;五大核算在考察内容上相互关联,但在整个核算体系上则不存在严密的逻辑衔接关系。而完整的国民账户体系则是将经济循环过程中各部门、各环节、各方面的大量数据进行系统组织的结果,通过复式记账方法使这些数据勾连环结、融为一体,由此可以提高核算的科学性和一致性,也为探寻国民经济存量与流量循环的全过程提供了基本线索。应该说,如果没有账户体系给予方法上的科学规范,五大核算表和其他附属核算表就仍然是一种松散的"平衡表体系";而如果没有五大核算给予内容上的适当归纳,单纯的账户体系也容易使实际分析问题被淹没在账户和数据的海洋之中。故此,从无论从理论或实践的角度看,为了提高核算和分析的科学水平,五大核算与账户体系的有机结合仍然不失为一条有效途径。也正因如

① 参阅中华人民共和国国家统计局:《中国国民经济核算体系(2016)》,中国统计出版社,2017 年。

② 参阅中华人民共和国国家统计局:《中国国民经济核算体系(2016)》,第一章(综述),中国统计出版社,2017 年。

- 中国国民经济核算体系
  - 基本核算
    - 国内生产总值核算
      - 国内生产总值总表
      - 生产法国内生产总值表
      - 收入法国内生产总值表
      - 支出法国内生产总值表
    - 投入产出核算
      - 供给表（V 表）
      - 使用表（U 表）
      - 纯部门投入产出表
    - 资金流量核算
      - 资金流量表（非金融交易）
      - 资金流量表（金融交易）
    - 资产负债核算
      - 期初资产负债表
      - 资产负债交易变化表
      - 资产负债其他变化表
      - 期末资产负债表
    - 国际收支核算
      - 国际收支平衡表
      - 国际投资头寸表
  - 扩展核算
    - 资源环境核算
      - 自然资源资产核算表（实物量和价值量）
      - 矿产资源供给使用表
      - 林木资源供给使用表
      - 水资源供给使用表
      - 环境保护支出核算表
      - 污染物和废弃物产生和排放实物量核算表
    - 人口和劳动力核算
      - 人口与劳动力资源核算表
      - 劳动投入核算表
    - 卫生核算
      - 卫生总费用表
      - 卫生供给表
      - 卫生使用表
    - 旅游核算
      - 旅游生产核算表
    - 新经济核算
      - （相应核算表）

图 1—6　中国国民经济核算体系的结构(2016)

此，本教材仍然采用五大核算与账户体系适当结合的叙述模式。

五、本教材内容的结构和安排

(一)几种不同的国民经济核算理论结构 *

国民经济核算就是以国民经济为整体的统计核算，它涉及国民经济的各部门、各环节、各要素和各个方面，其内容既丰富又复杂。尽管现在世界各国政府都参照联合国制订的核算标准组织本国的国民经济核算，但由于各国的实际情况和核算传统等方面的差异，其具体核算内容和方法仍然各有不同之处，这种差异必然反映到国民经济核算的理论体系上来。人们依据国民经济核算的具体实践，以不同方式加以提炼和概括，就形成不同的国民经济核算（或国民经济统计）理论结构，其中较有代表性的是如下几种：

1. 以国民经济循环或社会再生产各环节为主线的理论结构。其主要内容包括:再生产条件核算、生产核算、分配核算、流通核算、使用核算,等等。这种内容安排方式的特点是通俗直观,符合一般的经济学观念,且侧重于经济理论分析。但从核算的角度看,其缺点主要表现在:再生产各环节的核算内容比例失当,生产核算过于庞大、臃肿和吃重,而流通核算和使用核算则过于单薄;并且,生产核算与分配、流通、使用诸种核算之间存在许多交叉和重复,不易妥善处理,其中的流通核算又与其他核算在内容上相对游离,难成体系。这种理论结构现在已被扬弃,或者说,被其他改进了的方式所取代。

2. 以国民经济账户为基础的理论结构。主要借助于账户形式来展开其核算内容,包括:产品生产账户、收入分配账户、收入支配账户、积累账户、国外账户和资产负债账户等。这实质上是一种"以方法带问题"的理论体系。这种内容安排方式的优点是核算方法科学,整体结构严谨,数据衔接对应,实际操作性也较强。但如果不从现实分析问题的角度给予必要的理论梳理和归纳,就账户论账户,往往容易陷入账户和数据的海洋之中,难以看清方法的本质。另一方面,单纯的账户体系在某种程度上也会限制根据具体问题制订专门的核算、分析方法,需要与其他核算形式(如平衡表等)适当结合运用。

3. 以国民经济五大核算为主体的理论结构。其主要内容包括:国内生产总值核算(或国内生产与国民收入核算)、投入产出核算、资金流量核算、资产负债核算和国际收支核算等。与上面的安排有所不同,这是一种更为倾向于"以问题带方法"的理论体系。其突出优点是:分析问题明确,核算内容概括,便于理论阐述和实际应用。但这种体系也存在一些缺点,主要表现在:各种核算在内容上相对独立,方法上自成一体,结构较为松散,数据之间缺乏严密、完整的衔接对应关系,整个体系不够严谨。因而,它还需要从整体方法论的角度对各种核算进行必要的整合与规范。

4. 以国民经济运行的主要模块为基础的理论结构。这里可将国民经济统计的基本内容划分为几大模块:(1)资源统计(包括人力资源、自然资源和资产负债等);(2)总量统计(主要涉及 GDP、GNI、EDP、NEW 等指标);(3)过程统计(包括财政税收、货币金融、价格通胀、资金流量统计等);(4)动态统计(涉及经济增长和周期,经济预测和预警等);(5)结构统计(涉及产业、市场、区域、投入产出等方面);(6)国际统计(涉及外贸、国际投资、外债和汇率,国际经济对比、综合国力对比等方面)。事实上,这里强调了国民经济循环的过程与条件、总量与结构、内部与对外、静态与动态等各个侧面。据此,国民经济统计并不完全等同于以 SNA 等为代表的国民经济核算。该种理论结构所涉及的宏观经济统计领域相当广泛,内容也非常丰富;但各部分之间怎样适当分工、衔接,并结成逻辑致密的理论和方法体系,还有待继续开掘和探索。

应该说,以上各种理论结构尽管存在这样那样的差异,但并非完全对立,且各有优劣。它们彼此之间仍然可以相互补充,从不同角度对庞大复杂的国民经济系统及其运行过程给予相对完整的统计描述。因此,根据既往的教材编写和教学实践经验,为了深入浅出地阐发国民经济核算的理论和方法,更好地把握有关的核算和分析问题,本书试图兼取各家之长,对国民核算理论和方法进行提炼、加工和归纳,在叙述方式上采用适当结合的理论结构和内容安排。

(二)本书采用的理论结构和内容安排

国民核算专家卡罗尔·卡森(Carol S. Carson)女士曾经说过,人们对 SNA 的目的有两种不同看法：一种认为国民核算是系统化了的经济统计，因此，SNA 的主要价值在于其分类和定义的一致性，以及关于经济中各组成部分之间的内在联系的显示。这种看法导致对改进基础统计的偏重。另一种看法则强调国民核算旨在为促进经济分析和决策服务，因此，SNA 通过其结构和定义不仅决定了它所能够进行分析的类型，而且影响了经济和社会问题被考虑的方式。这表明，SNA 不仅仅是一个纯粹的账户体系，它还为观察宏观经济和社会问题提供了特定的分析框架。可以说，基于严格一致性分类、定义和结构的账户体系，与针对不同问题领域且具有特定功能划分的五大核算，它们大致体现了这两种有所不同的取向。这两者各有侧重，但不可偏废。

另一方面，作为阐述国民经济核算基本理论和方法的教程，也应该与直接指导统计实务的工作手册、核算规程和制度方案等有所区分，这里应该强调其理论上的科学性、方法上的系统性、结构上的严谨性和叙述上的条理性。因此，国民经济五大核算与账户体系的有机结合仍然是一种适当的选择。出于以上考虑，本教材所采用的理论结构和内容安排如下：

第一部分（第 1—2 章）：讨论国民经济核算的基本问题和基本方法，包括国民经济核算的基本概念、框架、模式和原则，主要分类和账表方法，等等。这些旨在为学习后续章节的具体核算内容打下基础。

第二部分（第 3—7 章）：国民经济五大核算的理论与方法，本书将其归纳为国内生产与国民收入核算、投入产出核算、资金流量核算、资产负债核算，以及国际收支与国际头寸核算。这些内容并不是国民核算的全部，但它们无疑构成了以宏观经济分析为导向的国民核算的核心部分。对于五大核算与国民账户之间的关系，则在下一部分中给予深入的探讨和阐释。

第三部分（第 8 章）：国民经济整体核算——账户体系，该部分以账户形式系统地组织国民经济五大核算和其他方面的基础核算资料，通过复式记账方法使相关数据之间形成致密的衔接对应与合理的逻辑结构，旨在提高国民核算方法的科学性，借以保证国民核算数据的质量。可以说，与五大核算相比，国民账户体系是一个更为基础、完备、严谨的核算数据库。

第四部分（第 9—10 章）：国民经济核算的其他领域，包括国民经济价格核算、经济动态对比和国际经济对比分析、人口资源和人力资本统计，以及可持续发展统计与环境经济核算体系等。这些内容既是国民账户和五大核算在研究领域上的扩展，同时，也是对国民核算资料的进一步开发应用。

§1.3 国民经济核算的基本原则

一、国民经济核算的系统原则

如前所述，现代国民经济核算不同于传统的国民收入统计，它是一个内容完整、结构复杂、方法多样、理论丰富的庞大体系。它以国民经济为整体，旨在从数量上把握宏观经济运行的条件、过程和结果。既反映总量状况，也反映内部结构和比例；既反映一国的经济活动，也反映国际间的经济往来；既反映各种经济交易、经济变动的流量和流向，也反映相应经济存量的规模与成因。这就需要借助于一套有效的方法将大量丰富的核算资料结合在一个完整、统一的核算框架之中，形成完整的国民经济核算体系。只有这样，才能为宏观经济科学管理提供翔实的基础数据和科学的分析基础，充分发挥国民经济核算作为宏观经济管理工具的重要职能。因此，制订和实施国民经济核算体系必须遵循系统分析的基本方法论原则，即系统原则。系统原则在国民经济核算中的运用主要表现为以下三个方面的要求：

（一）整体性

国民经济是一个有机整体，相应地，国民核算就必须从整体上考虑问题，形成一个相对完整的核算体系。这一体系的内容应该能够全面反映国民经济循环的主要数量方面；而在制订国民经济核算的具体方法时，也应该充分运用"宏观思维"，从整体的角度考虑和处理问题，保证核算体系的科学性和内部一致性。

（二）层次性

国民经济是一个多部门、多环节、多层次的有序整体，相应地，国民经济核算就必须对其进行分门别类的研究。为此，需要充分运用各种部门分类、交易分类和统计指标方法组织大量、丰富的核算资料，形成不同层次的核算子系统，在此基础上，构造出层次井然、组织有序的完整的国民经济核算体系。

（三）关联性

国民经济是一个内部联系错综复杂的整体，相应地，国民经济核算就必须充分考虑这些联系，通过具体的核算反映国民经济各部门、各环节、各要素、各方面的数量关系；同时，还要适当反映出国民经济作为一个开放系统与社会人口、科技教育以及资源生态等外部环境系统的交叉关系和相互影响。

二、国民经济核算的平衡原则

（一）生产范围划分的理论依据

国民经济流量循环以生产过程为起点和核心，自然，生产领域与非生产领域的划分也就成为建立国民经济核算体系的基本前提。生产范围一经确定，则国民经济产出的规模和构成、分配的结构和途径、使用的内容和方式等均将随之被相应地规定。生产范围不同，则产出、分配和使用的计量也将显著不同。国民核算体系必须客观地反映社会生产力发展所达到的实际高度，反映全部经济活动成果的水平和状况，反映国民经济循环全过程和各方面的内在联系、本质规律及其发展趋势。因此，审慎而又适当地界定国民经济的生产范围是宏观核算理论中的一个基本问题。

所谓"生产"，一般应指有人的劳动投入其中、并能产生出某种有效成果的活动。确定生产范围的标准，总是与社会劳动的形式及其成果的具体规定性相联系的。劳动形式及其成果的规定，又随着社会经济条件和生产力的发展而不断丰富，随着人类需求层次的提高而日益多样化，人们对于自身活动的"生产性质"的认识也在不断演进、深化。

16 世纪的重商学派认为：只有通过对外贸易增加了本国货币财富的那些出口产业中的活动才是生产活动。这显然是一种十分狭隘的观点。

17 世纪的古典政治经济学和统计学创始人威廉·配第有一句名言："土地为财富之母，而劳动则为财富之父和能动的要素"[①]。他所说的"财富"是指与国家的"岁入"有关的各种收入、财产和货物等；与此相应，只要是劳动与生产资料相结合创造出财富的活动都是"生产"

① 参阅配第：《赋税论》，收入《配第经济著作选集》，商务印书馆中译本，1981 年，第 66 页。

活动。配第据此运用“政治算术”方法实际测算了英国和其他主要欧洲国家的国民收入，并被后人推崇为“综合性”生产观念的鼻祖。

到了18世纪的法国重农主义者弗朗索瓦·魁奈(F. Quesnay)那里，只有农业活动才被视为生产活动，理由是只有农业活动才能创造出新的物质产品，才能在补偿生产过程中的消耗之后形成一部分剩余(纯产品)，而农业之外的其他活动都是“不结果实的”非生产活动①。这相对于配第的综合性生产观念是一种退步。

然而，18世纪后期的古典经济学家亚当·斯密(A. Smith)则对“生产”给出了双重的定义：一方面，生产劳动是同资本相交换的劳动，非生产劳动则是同收入相交换的劳动；另一方面，生产劳动是物化为有形商品的劳动，非生产劳动则是没有物化在特定商品中的劳动②。

19世纪，马克思(K. Marx)发展了亚当·斯密的生产劳动理论：一方面，运用剩余价值学说改造了斯密关于生产劳动的第一个定义，阐述了特定社会形式(或生产方式)下的生产劳动范畴的理论意义；另一方面，充分阐发了更为一般的生产劳动范畴的分析价值。马克思指出：“把‘生产劳动’解释为生产‘商品’的劳动，比起把生产劳动解释为生产资本的劳动来，符合更基本得多的观点。”③当代许多赞成“限制性生产”观念的人往往将这里所说的“商品”简单理解为“物质产品”。但从马克思的分析逻辑看，这里谈到的“商品”不单指有形的商品物(有别于亚当·斯密)，还可以包含无形的服务，即可泛指任何价值与使用价值的统一体。

一般而言，在现代国民核算中，依据“综合性生产”观念确定生产范围是合理的。这不仅是因为它具有充实的理论依据，更为重要的是，由此确定的生产范围具有内容上的完整性和统一性，更为符合现代国民经济管理和宏观经济分析的客观需要。

从历史的角度看，生产的观念本来就不是一成不变的。随着社会经济条件和生产力的发展以及人类文明的进步，人类需求的规模与日俱增，需求的内容和构成日益多样化，满足需求的方式也势必随之不断变化，人类获取财富的手段和积累财富的形式同样也在不断演进，因此，生产观念从“限制性”到“综合性”的发展乃是一种历史的必然。

(二)生产范围对国民核算的制约关系

鉴于生产过程在国民经济运行中的基础和核心地位，生产范围的划分必将对整个国民经济核算的结构产生重大影响。具体地说，就是对国民经济的生产核算、分配核算和使用核算的总量规模和内在比例关系产生根本性的影响，这种影响又是通过对一系列平衡关系的制约表现出来的。

1. 生产范围对经济总量的制约关系

为了便于讨论问题，我们首先忽略对外经济往来，在简化的情况下考察国民经济的再生产流程。在此，只要生产范围确定下来，社会产品就是生产活动的成果，收入分配首先就是产品价值的分配。根据所论问题的性质可知：如果没有其他因素的影响，能够分配的只是生产出来的社会产品的价值，生产多少，也就分配多少，因而，社会产品的生产总额与产品价值的分配总额在数量上应该是相等的。另一方面，社会产品的使用总额是否仍然等于生产或

① 参阅《魁奈经济著作选集》，商务印书馆中译本，1979年。

② 参阅亚当·斯密：《国民财富的性质和原因的研究》上卷，序论和第二篇的第三章《论资本积累并论生产性和非生产性劳动》，商务印书馆中译本，1972年。

③ 参阅《马克思恩格斯全集》第26卷《剩余价值学说史》，人民出版社中译本，1972年，第1分册，第165—166页。

分配的总额呢？我们不妨这样分析：不考虑商品进、出口因素，假如核算期内生产出来的社会产品中，有一部分既未用于本期的消费、也未用于实际的消耗或必要的投资，则这些“积压”下来的产品就会形成“存货”的增加。尽管作为“被动积压”结果的存货增加与作为“主动投资”结果的存货增加性质迥然不同，但在宏观经济核算的层次上，要对这两者进行严格的识别和计量是困难的，因而，通常将它们都视为“存货投资”，这相当于将积压的产品也当作使用，当然，这已经不是正常意义上的“使用”了。只有在实际经济分析中，我们才需要适当区分“意愿的投资”与“非意愿的投资”。

从上述的核算定义出发，我们看到：如果不存在统计误差，国民经济的三个基本总量即产出总量、分配（收入）总量和使用总量，它们在客观上应该是恒等的。这就是通常所谓国民经济核算的“三方等价”原理。它直接表明了生产范围大小对于三个国民经济基本总量的决定性影响，也是构建平衡核算框架的重要基础。

不过，当我们引进对外经济往来时，情况就有所不同了。在这里，生产范围划分方式对国民经济基本总量的影响仍然存在，但是，还有其他一些新的因素也会对有关的经济总量产生相应的影响，如商品的进、出口影响到国内的产品使用总量，对国外的收入分配过程影响到本国的收入总量，等等。这就有可能使得整个国民经济的产出总量、收入总量和使用总量彼此不等或不完全相等。对此，一方面需要通过适当的核算环节区分（针对分配）和核算指标调整（针对使用）维护统计上的平衡结构；另一方面也应强调，相对于各种对外经济因素而言，生产范围的大小仍然是决定国民经济生产、分配和使用总量的主要因素；“三方等价”的内在机制在客观上也仍然发生着作用，只是具体表现形式有所变化罢了。

2. 生产范围对核算结构的制约关系

生产范围对国民核算的影响并非仅限于宏观经济总量的规模或“三方等价”，在更为深层的含义上，它还规定了国民经济核算各环节内部或相互之间的关系，其中主要是分配和使用环节的核算结构关系。

从国民收入分配的角度看，国民核算和宏观经济分析需要区分初次分配与再分配。“初次分配”是指产出价值在其生产领域内部按所投入的有关生产要素进行的直接分配（如生产企业发放工薪、上缴生产税、提取折旧和分配利润等）；初次分配的结果形成有关单位或部门的“原始收入”（亦称为“初始收入”或“初次收入”）。“再分配”则是在初次分配基础上继续发生的收入流程，如政府对工薪等收入征收的个人所得税、对企业利润征收的企业所得税、对居民发放的困难补助和救济金，企业或劳动者个人的社会保险缴款、政府等的社会保险付款，以及常住居民与非常住居民之间的侨汇等；再分配的结果形成有关单位或部门的“派生收入”（亦被译为“二次收入”，但派生收入的概念更为准确）。与初次分配不同，再分配可以发生在生产领域内部，也可以发生在生产与非生产领域之间，但是，即使发生在生产领域内部，它也不是对生产过程所投入的有关生产要素直接进行的分配。

可见，生产范围划分方式和结果的不同，势必影响到初次分配与再分配、原始收入与派生收入的界限。例如，在 MPS 的框架下，教育部门是非生产部门，居民支付的教育费用就是再分配，教育部门用这些派生收入来支付教师的工资就是更次一级的再分配了；但在 SNA 的框架下就完全不同，依据“综合性生产”观念，教育部门是生产部门，则居民支付的教育费用就是购买服务产品的支出，教育部门用这些收入来支付教师的工资就不是再分配，而是初次分配了。

从产品使用的角度看，国民核算和宏观经济分析还需要区分中间使用与最终使用。“中间使用”是指产品生产出来之后，又在社会生产过程中被进一步加工或被一次性地消耗掉；中间使用的产品就是“中间产品”，如各种原材料、燃料动力、办公耗用品和其他低值易耗品等。“最终使用”则是指产品一旦生产出来之后，在核算期内就不再被继续加工，它们或者是完全脱离生产领域作为消费品来使用，或者是留在社会生产领域内部继续周转，但不是作为劳动对象被一次性地消耗掉，而是作为劳动手段（固定资产）在长期的生产过程中持续地发挥作用、作为补充的存货满足后续时期生产上的有关需求、作为贵重物品（珍贵物品）满足保值增值或鉴赏的需要，或者是被出口到国外（无论具体用途如何，都脱离了本国的生产系统）；最终使用的产品都是“最终产品”。

显然，中间产品与最终产品的区分，在很大程度上也是由生产范围的划分来决定的。例如，按 MPS 的理解，金融部门是非生产部门，它所消耗的电力和办公用品就是最终产品；按 SNA 的理解则不同，金融部门成了生产部门（而且还是很重要的服务生产部门），它所消耗的电力和办公用品就不再是最终产品，而是中间产品了。

综上所述，生产范围的划分方式和划分结果，确实会对整个国民经济核算的总量平衡关系和内部结构关系产生不容忽视的重大影响。这种内在的制约机制和由此形成的平衡关系，事实上已经构成国民经济核算的重要方法论基础。国民经济核算的整体框架和具体方法应该满足和体现这一基本方法论的要求，为此必须制订并实施国民经济核算的有关基本原则。

3. 国民经济核算的平衡原则

国民经济核算是一个完整的体系，为了保证该核算体系的逻辑一致性，就必须维持一定的总量平衡关系和内部结构关系。可以说，在任何相对完整的国民经济核算体系中，上述要求都应该得到适当的体现（在这一点上，SNA 和 MPS 概莫能外）。也只有依靠一整套科学的平衡核算方法给予保障，我们才有可能做到这一点。这些核算方法在理论上的高度概括，就是厦门大学钱伯海教授提出的如下“国民经济核算平衡原则”[①]：

> 生产范围划在哪里，产出指标就算到哪里，使用指标也算到哪里，初次分配与再分配、原始收入与派生收入、中间消耗与最终使用就在哪里分界。

该原则也称作国民核算的“整体原则”。平衡原则贯穿于国民经济核算的全过程，是国民经济核算中最为重要的方法论原则，因而，需要全面、深入地把握其科学内涵。

完整地理解，国民经济核算平衡原则包含了既相互关联、又有所区别的两层含义：一是要求国民经济诸环节的核算保持总量平衡，即社会生产的产出总量、初次分配的来源总量和社会产品的使用总量三者都与生产范围保持一致、相互平衡；二是要求国民经济诸环节的核算保持结构平衡，即分配核算和使用核算的内部划分与生产范围、生产核算彼此协调，衔接对应，避免矛盾。

依据平衡原则，在任何一种科学的国民经济核算体系中，生产范围一旦确定下来，那么，产出指标就只能在该生产范围内加以计算；进而，作为社会产品的价值运动形式，初次分配的来源、范围和规模就被相应地规定，初次分配与再分配、原始收入与派生收入之间的界限

① 参阅钱伯海：《国民经济综合平衡统计学》，中国财政经济出版社 1982 年版，第 93 页；钱伯海：《国民经济核算的平衡原则》，中国社会科学，1984(3)，第 21—30 页；以及，钱伯海：《正确认识社会产品、国民收入的生产、分配和使用》，经济研究，1983(8)，第 50—53 和 38 页。

也被相应地规定;最后,使用环节的经济总量也只能是生产出来的社会产品,并且社会产品的中间使用与最终使用之间的划分也直接依赖于生产范围的界定。因此,遵循国民经济核算的平衡原则,将能够从根本上保证整个核算的总量平衡与结构平衡。

应该注意到,前述的 SNA 与 MPS 两大核算模式在生产范围、核算内容和核算方法等方面存在诸多差异,但它们都共同遵循了国民经济核算的平衡原则,有着共同的平衡核算方法论基础。大量的理论和实践都表明,正确理解国民经济核算的平衡原则,对于指导国民经济核算的理论和实践,对于把握宏观经济运行的内在数量关系,都具有重要的方法论意义[①]。

三、国民经济核算的主体原则

(一)常住单位与非常住单位的界定

国民经济核算不同于企业经济核算的特点之一,就是它必须适当界定整个国民经济总体的范围。这种界定又是建立在"常住经济单位"范畴基础之上的。

所谓"常住经济单位",是指在本国的经济领土上具有经济利益中心的机构单位[②],简称"常住单位"。这里需要明确两个基本概念:(1)一国的"经济领土"不完全等同于通常的地理疆土或政治领土,前者在后者的基础上,还要加上一些本国在国外的"领土飞地",其中主要包括驻外使领馆、新闻和移民机构、科学考察站、援外机构和军事基地等所在的空间范围;另一方面,又要减去其他国家和各种国际组织在本国的类似的领土飞地。(2)某一机构单位即使在本国经济领土上从事了某种经济活动,仍然不足以作为它是一个常住单位的依据,它还必须在该领土上具有某种"经济利益中心",也即拥有相对固定的活动场所(如厂房、设施、住宅等),并在当地长期(至少一年)从事某种经济活动。

概括起来,一个机构单位的"常住属性"具体取决于"空间"和"时间"两方面的界定。"空间属性"强调,一个机构单位是否在本国的经济领土上从事生产、消费和投资等经济活动;"时间属性"则进一步强调,该机构单位是否相对长期地在本国的经济领土上从事经济活动。可见,只有将空间属性(经济领土)与时间属性(经济利益中心)两者有机地结合起来,才能适当地确定一个机构单位是否本国的常住经济单位。

根据定义,一国经济领土之内的土地和建筑物的所有者,总是在该国拥有经济利益中心,因而,即使这些所有者在该国没有进行任何其他的经济活动,它们也被视为该国的常住经济单位。换言之,一国经济领土范围内的所有土地和建筑物都归常住单位拥有,有关土地和建筑物的买卖或实物转移等交易都是在常住单位之间进行的。

在实际经济生活中,常住经济单位可以是主要从事生产经营活动的机构单位(即常住生产者),也可以是仅仅参与消费和分配等活动的机构单位(即常住居民户)。这些都是从活动

---

① 在最早发布的《中国国民经济核算体系(试行方案)》中,论及有关生产范围扩大对新、旧两种国民核算体系的影响问题时这样写道:"尽管新体系与原有体系的生产范围不同,但二者都始终严格遵循着生产范围划到哪里,生产成果就算到哪里,中间投入和最终使用也就算到哪里,初次分配和再分配,原始收入与派生收入也就在哪里分界的整体原则。按照这一原则,新体系的中间投入和最终使用既包括物质产品(货物和物质性服务)的使用,也包括服务(非物质性服务)的使用。而原有体系的中间投入和最终使用只限于物质产品的使用,即货物和物质性服务的使用。"(引自 1991 年 12 月国家统计局印行的《中国国民经济核算体系(试行方案)》,第 39 页)这也充分说明了平衡原则(整体原则)对于中国国民经济核算理论和实践的指导意义。

② "机构单位"是基本经济单位的一种类型,包括通常的工商企业、金融机构、政府机构、社团组织和居民户,等等。作为国民核算中最重要的分类单位之一,其具体定义详见第 2 章。

参与者（交易者）的角度来观察的常住单位。若从所有者的角度看，常住经济单位又可以作为资产、财产和其他生产要素（如劳动力）的拥有者或债务的承担者，它们有权适当地处置或运用相关的资产、财产和生产要素，并由此获得相应的收入。在国民经济核算中，为了从不同角度观察和分析常住单位的经济活动与经济状况，往往需要对其进行适当的部门分类。

与常住经济单位相对应的概念就是“非常住经济单位”，简称“非常住单位”。它们或者不处于本国的经济领土上，或者在本国的经济领土上不具有经济利益中心。对于非常住单位通常不需要进行部门分类。

特别地，一个国际组织（如联合国或国际货币基金组织）的经济领土就是它的全部领土飞地，这个特殊的“经济总体”就是同一类型的国际组织机构的集合。并且，任何国际组织机构都不是其所在国的常住单位。

就现实情况而言，我们可以判定：一国境内的外资企业是该国的常住单位，而该国在境外的直接投资企业则是非常住单位；外国驻该国的使领馆和新闻机构是非常住单位，而该国的驻外使领馆和新闻机构则是常住单位；常住单位在经济领土以外的生产活动仍然属于该经济总体的生产活动，而非常住单位在经济领土之内的生产活动则不属于该经济总体的生产活动。后一类情况的常见实例有，各国之间的跨国航运、进出口机器设备的安装调试，以及由国际专家或顾问组承担的考察和咨询服务，等等。

（二）国民经济总体与国外的界定

在核算上，一国的所有常住单位构成相应的“国民经济总体”，简称“经济总体”或“总体”；而所有与常住单位发生经济往来或存在经济联系的非常住单位之集合则构成“国外”。“国外”是与“国民经济总体”相对应的。

应该注意到，国民核算中的“国外”概念与日常用语的含义有所不同：(1)这里的国外还包括了处于一国地理领土范围之内的外国使领馆、新闻和移民机构等非常住单位，它是一个经济核算概念，而不是一个地理、政治或主权范围的概念。(2)国外并非泛指所有的非常住单位，而是仅仅包含与本国发生经济交易或存在资产负债关系的那部分非常住单位。

为了便于组织核算，通常将“国外”视同为一个部门，并与“总体”内的各个部门相并列，借此可以组织适当的平衡核算，或验证相关核算数据之间的平衡关系。但严格地说，国外并不是一个真正的国民经济部门，因而，当我们从特定经济总体（或国民经济各部门）的角度计算诸如“国内生产总值”和“国民总收入”等宏观经济指标时，国外是不能包含在内的。

（三）国民经济核算的主体原则

“常住单位”与“非常住单位”都是国民经济活动的主体。在国民经济核算中，只有依据“经济领土”和“经济利益中心”双重规定对其加以适当区分，并进而界定“国民经济总体”与“国外”，才能保证其核算主体和核算内容的完整性和一致性。故“常住属性”是一个重要的基础范畴，由此形成国民经济核算的一系列基本规则，我们可将其归纳为如下的“国民经济核算主体原则”：

> 国民经济核算以在本国的经济领土上具有经济利益中心的“常住单位”为基本主体，着重考察其全部经济活动的条件、过程、结果及其结构关系。一国的全体常住单位构成“经济总体”，并须依其属性特征划分为不同经济部门；非常住单位只有在与所论经济总体发生经济交易或存在资产负债等经济关系时，才被纳入核算范围，并构成相应的“国外”部分。

该核算原则是依据 SNA 等国际标准核算文献以及世界各国长期的国民核算实践经验加以归纳、提炼和概括的结果[①]。

依据上述“主体原则”,国民经济核算必须全面考察常住单位所从事的各种生产、分配、消费、投资和融资等经济活动,以及由此引发的对外经济往来;全面考察常住单位从事有关活动所需要的各种经济条件(即人力、财力和物力资源),以及由此形成的对外经济关系。非常住单位(或国外)所从事的一般生产、消费和非金融投资等活动通常不属于国民经济核算的考察对象(因为这些活动在核算上独立于所论经济总体),而它们所从事的分配和金融活动以及它们所持有的资产负债存量中,也只有与所论经济总体发生了国际收支关系或债权债务关系的那一部分,才能构成国民经济核算的对象。

在国民经济核算中,尽管常住单位与非常住单位、国民经济总体与国外的概念已被明确无误地加以界定,但主体原则的运用方式却并不是一成不变的。国民经济核算的主体原则归根到底是为实际分析服务的,考虑到分析上的不同需要,这里仍然具有相当的灵活性。有关主体原则的运用问题,后面还将继续讨论。

四、国民经济核算的计量原则

(一)记录时间原则——权责发生制

在经济核算实践中,分别应用着两种不同的记录时间确定规则,即收付实现制和权责发生制,两者各有特点,分别适用于不同性质的核算。

收付实现制(又称“现金制”)以现金或其他资产的实际流入、流出情况为准,在相关款项实际收付的时间记录核算资料。这样做的好处是核算手续较为简便,同时也避免了对各种非货币流量(如自产自用、实物分配等)估计的问题。过去,收付实现制主要应用于企业会计核算和政府财政统计(国际货币基金组织近年制订颁布的《政府财政统计手册(GFS)》已经改变这一传统做法),但一般而言,它并不适用于宏观层面的经济核算。因为,国民经济核算着重要反映的是一定时期各种经济活动和交易的数量关系及其影响,而实际收付发生的时间与经济活动或交易发生的时间可能不同,若按收付实现制就难以正确地描述核算期内国民经济的流量水平和存量状况,也不能适当反映国民经济的许多非货币流量及其重要影响。

权责发生制(又称“应计制”)以权益的形成或责任的发生为准,依据应收应付的原则记录核算资料。它所强调的是:一种经济价值(或权益)一旦被创造出来,或者被转换、转移、交换、消耗以致发生了变化,就应该对其进行核算,并且应该在经济价值(或权益)实际发生变化的时刻记录有关的资料。因此,权责发生制所要求的记录时间与实际经济活动或交易发生的时间相一致;而且,依据权责发生制还可对各种非货币流量进行适当核算。国民经济核算要求采用权责发生制,这是保证其核算内容的完整性和一致性的重要原则。

权责发生制规则在国民经济核算和企业会计核算中都被广泛地运用,但是,宏观与微观两种核算对于这一规则的具体运用方式并不完全相同。在企业会计核算中,主要通过设置专门的“预提”或“待摊”费用等账户,部分地贯彻权责发生制规则。

---

① 在国内外经济和统计界,一种十分流行的通俗解释是将国民经济核算主体原则区分为“国土(属地)”和“国民(属民)”双重原则。但这是一种严重的误解,有悖于国民经济核算的理论和实践。具体问题详见第 3 章中关于“国内生产”与“国民收入”概念的讨论。

在国民经济核算中，权责发生制要求对再生产各环节的有关流量统一按经济交易实际发生或经济权益实际形成的时间进行完整记录。例如，对于生产活动，货物的产出应在其被创造出来时加以核算，且不仅包括期内已经生产出的产成品，还包括半成品和在制品的期末库存增加（个别行业例外），而不论这些产品是否出售和取得收入；服务的产出则应在服务实际提供时加以核算，而不论是否收取了服务费用；中间投入的核算不能按购入消耗品的时间、而要按实际投入消耗品的时间记录有关资料。对于收支项目，则应按其收入权益或支付责任的实际形成时间记录资料，例如，在核算产出的同时，就要相应地依照应计制标准记录应得（或应付）的利润、税金和工资等；而由企业代扣代缴的社会保险金，则必须同时记录为员工的劳动报酬收入。另一方面，国民经济核算在利用企业会计和政府财政统计等资料时，往往还需要根据权责发生制规则进行必要的调整或校正。正确地运用权责发生制规则，有助于维护生产、分配与使用以及收入与支出在核算关系上的一致性，体现国民经济核算平衡原则的基本要求。

（二）计价原则——现行市场价格

为了保证宏观层面的统计框架逻辑严谨和核算数据协调一致，国民经济核算还必须遵循统一的计价原则。国民经济核算中的基本计价原则，就是尽可能地按核算期的现行市场价格对有关的经济流量和经济存量进行估价。

对于各种经济交易，如产出、消耗、消费、资本形成和证券交易等，原则上应采用实际交易时的市场价格核算其流量，这里的市场价格可以是产品销售价格，市场服务价格（服务费）、消耗品、机器设备、库存物资和消费品的购买价格，以及股票和债券的发行或交易价格，等等。即使是生产出来但尚未出售的产品，也应比照相应商品的现行市场价格进行适当估价。其他如易货贸易、实物报酬、实物转移等非货币交易也应作类似方式的处理。一些内部交易，如企业自制固定资产以及自给性货物和服务的生产等，若没有可资比照的市场价格，也可按照生产它们所需的成本费用估价。至于政府等非营利部门提供的非市场服务，通常并未直接收取相应的费用，且没有可资参照的市场价格，通常只能以其活动过程的实际费用作为估价标准。

对于有形的“货物”来说，市场价格有“生产者价格”与“购买者价格”之分，后者与前者的差额就是商业、运输等费用（货物流通费用）；两者实际上代表了分别从生产者和使用者角度观察到的市场价格。对于服务产品来说，其生产与使用同步进行，因而两种市场价格通常一致。在国民经济核算中，一般说，当我们从生产的角度计量产出时，多采用生产者价格来计价；而当我们从使用的角度计量支出时，多采用购买者价格来计价。

在核算货物的进、出口时，市场价格就体现为一定的口岸价格，主要包括“离岸价格”和“到岸价格”两种形式，两者之间的差额就是外贸货物的运输和保险等费用；实践中，各国海关统计通常是以离岸价格计量出口，而以到岸价格计量进口，但在国民经济核算中，则必须统一以离岸价格计量进口和出口。

对于各种非交易的流量，如地下资源的经济发现和消失、黄金的货币化和非货币化等，其估价方式可以采用流量项目本身的标价，也可参照类似交易的市场价格，或专门测算其个别价格。

除了经济流量而外，在国民核算中，对于经济存量（主要是资产负债存量）也必须按现行市场价格估价。在企业会计核算中，资产负债存量通常是按“原始价格”或“历史成本”计量的。固然,原始价格实际上也就是有关的资产负债形成之时的现行市场价格,但由于存在价格变动,若以原始价格计量核算期某一时点的资产负债存量,却是在以往的许多不同时间形成并累积下来的有关资产负债的原始价格之总和,至多只能说明某一经济主体为取得有关资产所累计开支的费用。由于前后计价标准不统一,这样得到的存量总额在经济分析上是缺乏实际意义的。为此,就必须按统一的"重置价格"(即资产负债的现行市场价格)进行存量核算,这要求对不同时间形成的资产(负债)进行重估价。

各种资产负债的估价和重估价问题存在一定程度的相似性和共通性,当然,不可避免地也会存在若干差异。在国民经济核算实践中,针对各种资产或负债存量的形成特点,往往需要分别采用不完全相同的估价或重估价方法。由于固定资本周转过程的特殊性(价格变动与折旧、更新交织在一起),它的估价和重估价问题就显得更困难一些。

由于国民核算中的流量和存量都是基于现期市场价格的测度,为了保证两者之间严密的核算关系,即"期初存量→期内流量→期末存量"的衔接关系,需要将有关资产负债项目的期内价格变动作为"持有损益"引入核算框架,这本身也是一种非交易的流量。

除了市场价格而外,在国民经济核算的部分领域(如投入产出核算)中,还适当运用了基本价格或要素价格等不同于市场价格的计价标准。这些也属于基本计价规则之外的特殊情况和灵活处理。总之,在国民经济核算中,到底采用何种价格,应该考虑核算对象的性质特点,以及分析的目的和要求,同时,还应根据国民经济核算平衡原则的要求,从整体的角度加以考虑。有关具体问题,在后续章节中将会补充说明。

(三)数据汇总原则

任何统计核算都需要汇总大量数据。在国民经济核算中,数据汇总需要考虑两个方面的问题,由此形成相应的规则。采用何种方式或规则进行汇总,需要根据数据的来源情况和分析要求适当选择。

1. 加总与合并

在汇总有关国民经济的各种收入分配流量、金融交易流量以及金融资产与负债存量等数据时,常常需要考虑"加总"与"合并"两种方式,它们分别遵循不同的汇总规则。

以国民核算中的金融流量数据为例。所谓"合并"就是指:对于同一组机构单位(可以分别是机构部门、子部门或国民经济总体),将它们彼此之间的金融资产与金融负债的流量相互抵销,只反映它们与系统(或子系统)外部的金融流量。合并的作用在于,忽略给定的一组机构单位内部的金融流量、凸现对外部的金融流量,而不同层次上的合并则可以说明不同的问题。譬如,在经济总体层次上的合并,旨在强调本国与国外的金融往来;而在机构部门层次上的合并,则可以突出资金剩余部门与资金短缺部门之间的融资关系,并强调金融部门的中介作用;此外,在金融公司子部门层次上的合并,还可以进一步反映各金融系统之间的复杂关系。对于金融资产与负债也可考虑类似的合并处理。

与"合并"有所不同,所谓"加总"则是指:将同一组机构单位彼此之间的金融资产与金融负债的流量(或存量)保留下来,不予抵销,借以完整地反映系统内、外部的金融流量(或存量)。显然,如果要系统地反映整个国民经济中金融市场的规模或结构,数据汇总就不宜采用合并的方式,那样将会损失部分有用信息,而应采用加总的方式。加总的作用由此可见一斑。

在国民核算中,"合并"与"加总"的方式不仅分别用于处理金融流量和存量,也可用于处理收入分配等流量，其基本原理是共通的，这就是：系统内各单位间的收支流量或资产负债存量是否相互抵销。在分析的层面上，适当的合并可以简化核算数据、突出中心问题。但作为基础数据库的国民核算体系，仍然应该强调加总的方式。

2. 取总额与取净额(轧差)

这里的“取总额”与“取净额(轧差)”有些类似于前述的“加总”与“合并”，但仍然有所不同：“加总”与“合并”是就系统内各单位(部门)之间的相对关系而言的；“取总额”与“取净额”则是就某个单位(部门)自身的情况，或者，任意两个单位(部门)之间的情况而言的。此外，两者在具体汇总操作方面也存在一些差异。

仍以国民核算中的金融数据为例。在“取总额”的情形下，某个单位(或部门)同一项金融工具的资产方与负债方是被分别记录的，并且，同一项资产(或负债)的增加与减少也被分别记录、不予抵销。“取净额(轧差)”则有两种方式：(1)将同一项金融资产(或负债)的增加与减少相抵后记录为净增加；或者，(2)将同一项金融工具的资产方与负债方相抵后记录为净资产或净负债。比较而言，前一种取净额方法通常只适用于流量，后一种取净额方法则适用于流量和存量。但从经济分析的角度看，后一种取净额的方式会损失许多有用的金融交易信息，而取总额的方式则能够提供更为详尽、完备的核算数据。由于国民经济核算通常是从宏观角度来搜集和组织各种数据资料的，有些金融流量往往还需要利用资产负债存量来加以推算，因此，某种程度的取净额又是不可避免的。

一般的折衷方法就是：对于部分金融交易或其他经济交易流量，采用第一种取净额的方式记录有关数据。常见的情形如，在金融资产(或负债)的增加与减少相抵后分别记录“金融资产的净获得”与“金融负债的净发生”，在生产税与政府对生产者的补贴(负的生产税)相抵后记录“生产税净额”，在存货的增加与减少相抵后记录“存货变动”，在固定资本形成总额与固定资本消耗(负的固定资本形成)相抵后记录“固定资本形成净额”，等等。在各种宏观经济统计体系中(如SNA、MFS、GFS等)，一般避免采用第二种取净额方式(但也曾经见之于个别国家的资金流量核算)。为了保证数据的完整性，有时，还在给出取净额结果的同时，列示被“轧差”的原数据。例如，在“净出口”之下列出“出口”和“进口”，在“固定资本形成净额”下列示“固定资本形成总额”与“固定资本消耗”，在“对外净债权”下列出“对外债权”和“对外负债”，等等。

综上所述，加总与合并、取总额与取净额(轧差)都是国民核算中汇总数据的备选方式。为了保证数据的完整性和分析的普适性，原则上，国民核算应适当保留加总和取总额的数据；即便为了简化数据和突出核心问题需要采用合并或取净额的方式，也应该将其控制在一定的范围或层面上。例如，在中国国民经济核算体系中，对于各部门内部的金融交易流量和资产负债关系采用合并的方式汇总数据，而对于各部门之间的类似数据则采用加总的方式汇总数据；特别地，对于金融部门内部涉及央行与其他金融机构之间的金融交易，也采用加总的方式汇总数据。这些都是国民核算中遵循数据汇总原则的具体表现。

作为国民经济核算(国民经济统计)课程的导论部分，由于尚未涉及专门的核算领域，本章中关于国民经济的基本概念、国民经济核算的体系结构和基本原则等内容的说明还比较抽象、概括，有待在后续章节中结合具体核算应用给予进一步的补充和阐发。

【本章小结】

1. 国民经济是一个内部联系纵横交错的大系统:横向包括从事经济活动的各单位、各部门;纵向则包括生产、分配、使用等经济运行环节,以及"条件一过程一结果"的不断循环过程。据此建立的国民经济循环框架可以作为国民经济核算与分析的基本切入点。

2. 国民经济统计起源于早期的国民收入统计,演进为现代的国民核算,其内容和方法体系都获得了空前的发展。国民核算就是以国民经济为整体的统计核算,旨在从宏观的层面考察国民经济运动纵横两个方面的数量规模、构成和内在联系,为此提供基本的核算数据、统计方法和分析框架。现代国民核算已经形成了庞大复杂的体系(国民核算体系),它构成经济统计的主要部分,也是宏观经济管理与分析的重要基础和工具。

3. 在世界范围内,曾经存在两大模式的国民核算体系,即国民账户体系(SNA)和物质产品平衡表体系(MPS)。两者之间存在着重要差异,也有着某种共同的方法论基础(如平衡原则)。我国曾经长期沿用 MPS,现在已转轨到 SNA;但对两大核算体系的异同关系仍应结合平衡原则等适当把握。

4. 从分析角度看,国民核算主要包括五个领域,即"国民经济五大核算"。它们之间既有分工,又有联系,构成了相对完备的核算和分析体系,也是国民核算的主体内容。国民账户体系则提供一套更为科学、严谨的核算方法。

5. 国民核算应遵循系统分析的一般原则。国民核算"平衡原则"和"主体原则"构成其重要的方法论基础和基本核算规范,对此应该准确把握、融会贯通,并灵活运用。此外,关于核算时间的权责发生制、关于经济流量和存量计价标准的现行市场估价,以及关于数据汇总方式的"加总"和"取总额"等,都是贯穿于国民核算的基本要求和规则,应该适当理解和应用。

【思考题】

1—1 何谓"国民经济"?它包括哪两个紧密联系的方面?

1—2 为何说社会总供需平衡是国民经济循环的核心问题之一?

1—3 怎样理解国民经济统计、国民收入统计与国民经济核算三者之间的关系?

1—4 何谓国民经济核算?国民账户体系(SNA)与物质产品平衡表体系(MPS)两大模式之间有何主要区别?又有何共性?

1—5 何谓"国民经济五大核算"?它们之间有何分工与联系?

1—6 "国民经济五大核算"与"国民账户体系"之间是否平行的关系,或者,能否相互取代?为什么?

1—7 试述中国国民经济核算体系的基本框架和内容,并比较它与 SNA 的关系。

1—8 国民经济核算系统原则的基本要求是什么?

1—9 何谓"国民经济核算平衡原则",其基本内涵是什么?"国民核算平衡原则"与"三等价原则"是否等价?

1—10 在国民核算中,产品积压是作为什么总量来核算的?产品积压是否会导致生产总量与使用总量失衡？为什么？

1—11 何谓国民收入的“初次分配”和“再分配”？试举例说明（结合SNA和MPS中的典型事例），这种区分与生产范围有何联系？

1—12 何谓社会产品的“中间使用”和“最终使用”？试举例说明（结合SNA和MPS中的典型事例），这种区分与生产范围有何联系？

1—13 何谓“常住经济单位”？怎样理解“常住经济单位”的空间规定和时间规定，其基本含义是什么？

1—14 试判断下述经济单位是否我国的常住经济单位：①境内国有企业；②境内外资企业；③境外中资企业；④外国驻中国的使领馆；⑤中国驻外的新闻机构；⑥国际组织派驻中国的办事机构；⑦中国在外的远洋货轮。

1—15 在国民经济核算中，“经济总体”和“国外”应该怎样界定？“国民核算的主体原则”是怎样表述的？其要点是什么？

1—16 在国民核算中，确定数据记录时间的基本原则是什么？有何具体要求？

1—17 在国民核算中，确定流量和存量计价标准的基本原则是什么？有何具体要求？

1—18 国民核算中有关记录时间和计价标准的原则与企业会计有何不同？

1—19 试比较“合并”与“加总”这两种数据汇总方式。在国民经济核算中，一般要求采用何种方式汇总数据？

1—20 试比较“取总额”与“取净额”这两种数据汇总方式。在国民经济核算中，一般要求采用何种方式汇总数据？

1—21 试举例说明“合并”与“加总”、“取总额”与“取净额”这两组数据汇总方式有何不同。

第 2 章　国民经济分类与核算方法

对国民经济进行科学的分类是国民核算和宏观经济分析的重要前提条件。本章首先介绍国民经济分类的基本问题和一般方法；继而着重考察国民经济核算中的各种重要分类方法，包括有关国民经济活动主体的产业部门分类与机构部门分类，以及有关国民经济活动客体的经济流量分类与资产负债分类；最后介绍国民经济核算中的基本方法和平衡账表。这些基本的分类与核算方法构成后续各章的基础。

§2.1　国民经济分类的基本方法

国民经济核算需要对其核算主体和客体分别进行科学的分类，包括较为一般的经济或统计分类，以及国民核算所特有的分类。任何科学分类都有一些共同的方法论问题，国民经济分类（尤其是国民经济核算的分类）则还有着某些专门的要求和特点。

一、国民经济分类的基本问题

从数量上研究国民经济，不仅要把握其静态总量，还要探寻其内部结构、数量关系和动态循环过程，这就必须对国民经济进行分类。通过分类，旨在将大量、丰富的国民经济核算资料分门别类地加工整理，使之条理化、系统化。也只有以科学的国民经济分类为基础，才能正确地说明国民经济各部门、各环节、各要素、各方面的相互联系和比例关系，进而深刻地反映出国民经济的内在结构机制和运行规律性。因此，国民经济分类是国民经济核算和宏观经济分析的基础性工作。

分类方法在许多学科领域中都占有举足轻重的地位，如动物学和植物学就是这样，国民经济核算尤其如此。国民经济分类既不是一个纯经验性、实务性的操作问题，也不是一个简单、枯燥的概念问题。事实上，许多较为重要的分类方法都以一定的经济理论和实证研究作为分析基础。因而，国民经济分类方法也随着经济理论和分析技术的逐渐成熟而不断发展和完善。

从历史上看，对国民经济进行分类的尝试在经济理论和经验分析中早就存在了。但这一问题引起广泛关注并获得大量专门研究，还是二战以后的事。尤其国民核算体系和国际经济对比研究的兴起，促使国民经济分类方法沿着科学化、系统化和标准化的方向获得了长足进展。当今世界上许多国家都制订了专门的国民经济分类标准。联合国统计机构和其他国际组织为协调各国的统计工作和分类标准，便于各种资料的国际对比，还制订了若干重要的国际分类标准。所有这些都有力地推进了有关国民经济分类的研究。

统计分类作为统计学的基本方法之一，是根据研究任务的要求和研究对象的特点，按某种标志将许多基本元素或单位划分为若干类别或组成部分。统计分类一般涉及分类标志、分类对象和分类单位三个基本问题，而这些都取决于特定的分类目的。国民经济分类也是如此。

"分类标志"是对事物进行分类的基本标准或依据。分类标志的确定是分类问题的关键,它应该刻画出被分类的事物在某一方面(或某些方面)的基本特征和差异,而这些特征和差异正是分析目的所要强调的。国民经济分类的标志通常所反映的都是事物的经济特征,如一个单位或部门从事何种经济活动、生产何种产品、如何筹集和运用资金,一种产品具有哪些经济用途,一种交易包含哪些经济内容、形成哪些经济流量,等等。一定的分类标志和分类对象(以及分类单位)结合起来,就形成相应的国民经济分类。

"分类对象"是指对什么事物或现象、过程进行分类,它界定分类的总体范围。国民经济分类的对象可以是从事经济活动的主体(如各种各样的企业、机构、团体、居民户等),也可以是经济活动本身的性质、内容或其结果(如各种各样的经济交易、资产、负债和产品等)。分类对象是由许许多多的不同个体组成的,分类的目的就在于:将这些个体中性质不同或差别较大者划分开来,而将性质相同或相近者归并在一起。符合这种要求的分类就是具有"同质性"的分类。然而,如果被分类的个体本身在性质上就是很不纯粹的,那就很难保证分类的同质性;因而,需要适当确定分类的基本单位。

"分类单位"则是对事物具体划分和归类时的基本单位。在对国民经济的活动主体进行分类时,分类单位的适当确定显得尤为必要。由于一个经济主体常常从事若干种性质不同的活动,故而只有将其适当分解为性质相对单纯的基本分类单位,才能满足经济分析上的要求。有关国民经济核算中具体分类单位的界定问题,留待下一节中详细说明。

国民经济的分类并不是单一的、绝对的、固定不变的,而是多层次的、相对的、不断演进的。一方面,根据考察对象和研究目的不同,可以选择不同标志、从不同角度对国民经济进行分类,形成比较完整的国民经济分类体系。另一方面,国民经济的结构本身也是随着社会生产力水平和社会经济制度的不断发展而变化的,因而,国民经济分类和分类体系也要适时地反映出这种变化。

二、国民经济的一般理论分类

在经济分析理论中,常常将全部国民经济生产活动划分为两大部类、两大领域或各种经济类型。

(一)两大生产部类的划分

国民经济两大生产部类的分类标志是产品的基本经济用途。据此,生产生产资料的经济部门属于第一部类(Ⅰ),而生产消费资料的经济部门则属于第二部类(Ⅱ)。在马克思的社会再生产理论中,两大部类的划分具有重要意义,在此基础上,马克思曾经论证了作为社会再生产必要条件的两大部类平衡条件:

$$\text{Ⅰ}(V+M)\begin{cases}=\text{Ⅱ}C, & \text{简单再生产}\\ >\text{Ⅱ}C, & \text{扩大再生产}\\ <\text{Ⅱ}C, & \text{萎缩再生产}\end{cases} \tag{2-1}$$

其后,列宁(V. I. Lenin)又进一步将第一部类划分为"制造生产资料的生产资料的生产(Ⅰa)"和"制造消费资料的生产资料的生产(Ⅰb)"两个子部类,据此论证了技术进步条件下生产资料生产的优先增长问题。

社会再生产所要求的内在比例关系是客观存在的。但国民经济两大生产部类的划分只是一种理论抽象,它适合于理论分析的需要。在实际经济生活中,由于同一种产品可能存在不同的经济用途,既有可能用作消费资料,也有可能用作生产资料,这就需要将生产该种产品的企业或部门分别划归不同的部类中。在我国,曾经利用农业、轻工业和重工业三者的关系来近似地反映两大部类比例,也即将重工业(以及建筑业)看作第一部类,而将农业和轻工业看作第二部类,这只是一种近似,而且只对两大货物生产部门进行了划分。

(二)两大生产领域的划分

国民经济两大生产领域的分类标志是:生产活动的产品形态及其他有关特征。具体又有两种不同的划分方式。

1. 物质生产与非物质生产的划分

依据各种生产活动的产品形态及其在社会再生产中的地位,国民经济生产活动被划分为物质生产(Material Production)和非物质生产(Nonmaterial Production)两大领域。农业、工业(含采掘业和制造业等)、建筑业直接生产有形的物质产品,它们属于"物质生产领域(或部门)";商业、货物运输业和邮电(通讯)业本身并不生产物质产品,但其活动常常被视为物质产品生产过程的直接延伸,故也被作为"物质性服务部门"划归"物质生产领域";其他各种服务部门则都属于"非物质生产领域"(见图 2—1)。

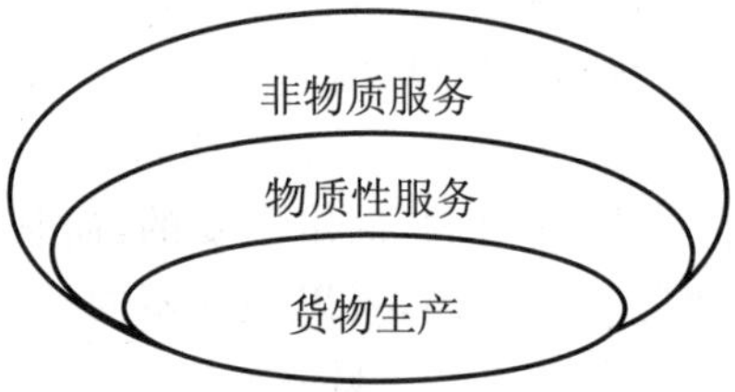

图 2—1 物质与非物质生产的关系

应该指出,在国民核算中,"物质生产部门"与"非物质生产部门"的划分原来是 MPS 所使用的概念。而在 MPS 看来,只有物质生产才是生产,"非物质"生产就是"非生产"。这种界定显然有很大的局限性。现在,依据"综合性生产"观念来理解,就应该说,物质生产和非物质生产都是生产,只是两者分别属于不同类型的生产而已。

划分国民经济两大生产领域的实际分析意义在于,适当强调物质生产的基础地位,进而深入考察两大生产领域的结构比例关系。从历史上看,物质生产活动作为人类最为基本的生产活动或生存手段一直占有重要地位,而非物质生产活动的产生和发展又总是以物质生产水平的充分提高为基础的。不过,在这种意义上,物质生产与非物质生产的划分,完全可以由货物生产与服务生产的分类来代替,而后一种分类也更为直截了当、更为简明实用一些。

2. 货物生产与服务生产的划分

这种划分单纯考虑产品的形态特征,并不强调一种服务活动与物质产品的再生产流程有无直接关系。

在现代经济分析和国民核算中,所谓"货物(Goods)"是指一切具有物质存在形态的产品,包括农业、采掘业、制造业、电气水业和建筑业的产品;"服务(Services)"则是指其他一切不具有物质存在形态、只能以活动形式提供某种使用价值或效用的产品。货物是生产活动的成果;服务则既是一种生产活动,又是该种活动的成果,两者已经合而为一了。

从存在形态看，货物作为生产成果是一种独立存在的实体，其生产者能够确立对它们的经济所有权，并在生产结束后通过单独交易（销售或转让等）转移其所有权。服务作为生产活动不是能够确立其所有权的独立存在实体，无法脱离生产过程单独交易；生产过程一旦完成，它们必定已经提供给使用者了。从使用特点来看，货物一般是可以贮存的（至少理论上是如此），因而其生产、流通和使用过程可以分离；服务则相反，它是不可贮存的，其生产、流通和使用过程同步进行，同时完成，生产多少也就使用了多少。

货物与服务的以上区分看似明确，但经济生活的丰富多样性有时也会模糊其界限。例如，在 SNA2008 中，还引入了一类特殊的"知识载体产品（Knowledge-Capturing Products，KCP）"，作为一种"货物化的服务"，其属性就介于货物与服务之间。"知识载体产品是指那些以消费单位能重复获取知识的方式而提供、存储、交流和发布的信息、咨询和娱乐。生产这些产品的产业……包括生产一般或专业信息、新闻、咨询报告、电脑程序、电影、音乐等的产业。这些产业的产出可以确定所有权，它们经常存储于一个实物（无论是纸质媒体还是电子媒体）之中，而这些实物可以像普通货物一样进行交易。它们具有货物的很多特征，例如可以确定这些产品的所有权并可以重复使用它们。无论将这些产品定性为货物还是服务，它们都具备基本的共同特征，即可以由一个单位生产并提供给另一个单位，从而使劳动分工和市场的出现成为可能。"（SNA2008，6.22[①]）

从经济分析的角度看，无论货物还是服务，其再生产过程中都存在着供需失衡的可能性（但表现形态有所不同）；尽管在核算的意义上，它们的生产和使用总是平衡的。

在市场经济条件下，货物和服务的大部分都成了用于交换的"商品（Commodities）"；但整个经济体系中仍然存在着非市场性的生产活动，如农民自产自用产品的生产和政府部门公共物品的提供。因此，严格说，"商品"与"非商品"、"货物"与"服务"是两组不同的概念，两种不同的区分[②]。商品包含服务，货物也不一定就是商品，它们之间存在着相互交叉的关系。

（三）经济类型的划分

依据经济类型（成分）或资产归属（所有制形式）将国民经济的有关总量加以划分，这本来是 MPS 长期沿用的传统分类。但从 SNA1993 开始，也借鉴这种方法并作为其分析框架的一个组成部分，足见经济类型的划分对于深入研究一国的社会经济结构仍然具有不可替代的作用。

由于各国的社会经济成分及其结构差别较大，SNA 推荐的经济类型划分也相对简略，其重点在于适当区分出国民经济的三种成分，即本国公营经济、国内私营经济和国外控制经济。各国需要依据其具体国情制订更为完整的经济类型划分标准。

我国的国民核算和经济管理历来重视经济类型分类。在 1992 年由国家统计局和国家工商行政管理局共同制订、颁布的《关于经济类型划分的暂行规定》中，曾将经济类型划分为以下九种：国有经济，集体经济，私营经济，个体经济，联营经济，股份制经济，外商投资经济，港、澳、台投资经济，其他经济。1998 年又对上述分类进一步加以梳理、规范和完善，重新颁布了《关于统计上划分经济成分的规定》，其分类结果和代码如图 2－2 所示。图中，集体经

① 这里的"SNA2008，6.22"，表示引自《SNA2008》的第 6 章第 6.22 段。以下类此。

② 但在人们的习惯用语中，常常用"商品和服务"来指称全部的产品，这种提法不够严谨，也容易引起误解和混淆，应予厘正。

济包括股份合作企业；国有经济、集体经济和私有经济都属于本国（经济总体）控制的经济。

- 公有经济（1）
  - 国有经济（11）
  - 集体经济（12）
- 非公有经济（2）
  - 私有经济（21）
  - 港澳台经济（22）
  - 外商经济（23）

图 2—2 中国的经济类型（成分）分类

在国民核算、经济管理和宏观分析中，可以有选择地运用以上经济类型（成分）分类。例如，在产出、销售收入和GDP核算中，对于联营、合资等包含多种经济成分的企业，可以按其实收资本中各种经济成分所占比例划分有关的经济总量；对于各种农业生产单位，则可按其使用的土地（含水面）的归属分别划归国有、集体和私有经济。

三、国民经济的产业级次分类

国民经济产业级次的划分是以"综合性生产"观念为基础的分类方法。它是自20世纪初开始，经济学家们研究"经济增长"问题的产物。此前，"第一产业"和"第二产业"的用语已经开始出现于新西兰和澳大利亚等地，在此基础上，英国经济学家费希尔（A. Fisher，时任新西兰奥塔哥大学教授）于1935年首先提出了"第三产业"的概念；1940年，另一位英国经济学家科林·克拉克（Colin G. Clark）则在《经济进步的条件》一书中较为完整地归纳和厘定了"三次产业"分类方法。此后，库兹涅茨等著名学者纷纷运用相应的分类方法，对经济增长和经济结构问题进行了大量的实证研究，取得重要成果。这些使得三次产业的分类方法在世界范围内迅速传播，并在国民经济核算和宏观经济分析领域内被人们广泛运用。

对于大量实际资料的经验研究表明：世界各国的经济发展都显示出一种规律性现象，即随着社会生产力水平的不断提高，劳动力资源总是由第一产业向第二、三产业转移（克拉克法则）；不仅劳动力是如此，而且，第二、三产业的产值在整个国民经济中所占的份额也是随之不断上升的（库兹涅茨法则）。

产业级次分类是一个较为复杂的问题。不同研究者考虑问题的角度往往不尽相同，不同国家制订和采用的具体分类方式也互有出入。从分类标志来看，它主要是依据各种生产活动出现的历史时序及其满足人类需求的层次，此外，还要适当兼顾各种生产活动的劳动对象的特点和产品的形态等因素。一般认为，第一产业包括最早出现的人类生产活动领域，即采集业和种植业、狩猎业和畜牧业等，其劳动对象是各种自然物质资源（人与自然界直接进行物质交换），其产品满足人们最基本的生存或生活需求（衣食需求或温饱需求等），其生产则多受"收益递减规律"的支配；第二产业是随着第二次社会大分工而逐渐发展起来的生产领域，其产品满足人类进一步的需求，其生产则受"规模收益递增"规律的支配；第三产业是在第一和第二产业发展基础上，社会分工和劳动专业化进一步发展的结果，其产品均以服务活动的形态存在，生产过程与使用过程同步进行，可以满足人们更大范围、更高层次的需求（享受或发展需求等），其生产则不受明显的收益增减规律支配。尽管如此，在具体划分产业级次时，人们还是得出了一些不同的结果（见表2—1）。

表 2—1 产业级次分类对照表

	费希尔分类法	克拉克分类法	库兹涅茨分类法	经合组织分类法	中国分类法
农 业	Ⅰ	Ⅰ	Ⅰ	Ⅰ	Ⅰ
采掘业	Ⅰ	Ⅰ或Ⅱ	Ⅱ	Ⅱ	Ⅱ
制造业	Ⅱ	Ⅱ	Ⅱ	Ⅱ	Ⅱ
电气水业	—	—	Ⅱ	Ⅱ	Ⅱ
建筑业	Ⅱ	Ⅲ	Ⅱ	Ⅱ	Ⅱ
运输通讯业	Ⅲ	Ⅲ	Ⅱ	Ⅲ	Ⅲ
商业、旅馆业	Ⅲ	Ⅲ	Ⅲ	Ⅲ	Ⅲ
金融、保险业	Ⅲ	Ⅲ	Ⅲ	Ⅲ	Ⅲ
其他服务业	Ⅲ	Ⅲ	Ⅲ	Ⅲ	Ⅲ

应该说明的是，在三次产业分类的框架内，各种不同的划分结果都可以找到一定的理论依据。原始农业是最早出现的人类生产活动，现代农业则是人类利用生物机能，通过劳动控制或强化生物的生长过程，以期取得满足人类基本需要的产品的生产活动，农业的基本生产资料是土地、水域等自然资源，农业生产过程则是自然再生产与经济再生产的统一，不管从哪一方面看，它们划归第一产业都是毫无疑义的。但是，其他一些生产活动的性质就较为复杂了。

譬如，原始采掘业和原始农业一样，也是最早出现的人类生产活动，现代采掘业的活动发端于第二次社会大分工，但就其以自然资源为劳动对象生产初级产品而言，可以同农业一起划归第一产业；不过，就其经济再生产过程独立于自然再生产过程的特征而言，它又是区别于农业的，因而可以作为工业生产的第一阶段与制造业一起划归第二产业。

再如建筑业，就其劳动对象性质和产品形态而言，都类似于工业，理应划归第二产业；但一些研究者依据其历史时序的先后和满足人类需求的层次，使其在产业分类上区别于工业（划归第三产业），也是不无道理的。

至于运输通讯业，其形成独立产业的历史时序和产品的特殊形态，本身就显示出产业归属上的差别，划归第三产业本来似乎是很自然的；然而考虑到历史上运输通讯业与物质产品生产有着非常密切的关系，因而作为物质性服务划归第二产业，这在具体的个案研究中也不失为一种有用的处理方法。

但是，从国民经济管理和核算分析实践的角度看，仍然需要有一个统一规范、国际可比的产业级次分类标准。综合各个方面，所谓产业的“级次”，其最为本质的规定应该就是各种产业活动发展的历史时序及其满足人类需求的层次，因而它构成这一分类的主要标志，其他标志都只是辅助标志。据此，兼顾再生产过程的特征而将采掘业划归第二产业，兼顾产品形态的特征而将建筑业划归第二产业、将运输通讯业划归第三产业，都是较为可取的。同时，这也符合国际上的分类规范，具有较好的可比性。

中国分别于 1985 年、2003 年和 2012 年三次颁布《三次产业划分规定》，其中：第一产业为农业（包括农、林、牧、渔业）；第二产业为工业（包括采掘业、制造业、电力、热力、燃煤气及水的生产和供应业）和建筑业；第三产业为除第一、第二产业以外的其他各业。但为使第三产业与服务业保持范围一致，在中国现行的《三次产业划分规定》中已将原属第一产业的农、林、牧、渔服务业，原属第二产业的开采辅助活动（采矿业）以及金属制品、机械和设备修理业

(制造业)分别剥离出来,统一划归第三产业。

值得注意的是,随着人类文明的进步,国民经济产业结构也在不断演进、升级,科学、技术等知识因素在生产投入中所占有的比例越来越大,知识和信息作为重要的生产要素正在越来越多地取代各种物质资源而发挥作用。人们普遍意识到,这种以知识为基础的经济不仅能够极大地满足人类更高层次的需求,而且在本质上又是符合"可持续发展"这一重要战略要求的。因此,有人预言,未来的经济将是"知识经济",也即建立在知识信息的生产、分配和使用基础之上的新型经济体系。随着知识经济时代的到来,知识信息的生产与提供将会进一步从其他产业活动中分离出来,形成专门的产业,并不断发展壮大,从而有可能成为新的国民经济产业支柱。果真如此,则国民经济的产业级次分类还将向更高的层次发展。

§2.2 产业部门分类与机构部门分类

产业部门分类和机构部门分类是国民经济核算中经常运用的两种重要部门分类。前者的分类对象是国民经济的所有生产经营单位,后者的分类对象则是参与国民经济活动的所有经济单位(包括生产经营单位以及单纯的收入获得者和消费者),此外,两者的分类单位、分类标志也有所不同,因而,分别适用于不同的国民经济核算和分析领域。下面分别加以介绍和说明。

一、基层型单位与产业部门分类

(一)生产活动的类型

国民经济产业的分类对象是从事各种生产经营活动的全体常住经济单位,其分类标志则是有关单位所从事的生产经营活动的经济性质(简称"生产活动性质")。这里的"生产活动性质"既要体现作为生产经营活动成果的产品的性质,也要适当体现产品生产过程的投入结构和生产工艺等方面的主要特征。譬如,从产出的角度考虑,需要区分货物与服务的生产,农产品(如粮食)与工业品(如钢铁)的生产,采掘业产品(如原煤)与制造业产品(如焦炭)的生产,以及不同用途的类似产品(如工业酒精与医用酒精)的生产,等等。倘若同一种产品还可以通过不同的生产工艺和消耗结构来提供,就还需要从投入方面给予适当区分,如电力生产可以划分为火力发电、水力发电、核力发电、风力发电和燃油发电,食糖生产可以区分为甘蔗制糖和甜菜制糖,盐的生产也可以依其生产工艺的不同区分为海盐、矿盐、井盐和湖盐,等等。

由于现实经济中普遍存在着同一单位生产不同产品,或同一产品以不同的投入方式(包括生产工艺和消耗结构等)生产的复杂情况,为了适当确定产业部门分类的基本单位,就需要适当区分实际经济单位所从事的生产活动的类型。各种生产经营单位所从事的生产活动可以区分为三种类型,即主要活动、次要活动和辅助活动。

主要活动生产主要产品,同时还可能伴生出一些副产品。主要生产活动的特征是,其产品的增加值(即总产出与中间消耗的差额,后详)份额高于其他任何一种生产活动。次要活动生产其他的一般次要产品,这些产品的增加值份额应明显低于主要生产活动。主要活动所提供的主要产品和副产品合称"联产品",主要活动的副产品和次要活动的产品都属于"次要产品"。

辅助活动则为主要活动和次要活动的顺利进行创造条件或提供辅助性服务，如生产单位内部的会计核算、厂内运输、对外公关、产品推销、原材料的采购与储存、设备的保养与修理、生产经营场所的清扫和维护，以及保安和监督等。通常，对于主要活动和次要活动必须核算其投入与产出；而辅助活动所提供的服务不单独计量产出，其投入（各种材料、用品、固定资产和人力的消耗）则计入相应主要活动或次要活动的投入之中。

各种生产活动及其与产品的关系如图 2—3 所示。

生产活动	产品	
主要活动（联产品）	主要产品	
	副产品	次要产品
次要活动	一般次要产品	
辅助活动	不单独核算产出和投入	

图 2—3 生产活动与产品的关系

在实际经济生活中，每个单独的生产经营单位都必须从事一种主要生产活动，通常还会从事一些次要生产活动，各种辅助生产活动则是伴随着主要或次要生产活动所必然发生的。而主要生产活动的性质，就成为确定基本分类单位并对这些单位进行具体划分的依据。

（二）基层型单位的定义

在国民经济核算中，为了进行有关生产技术方面的分析（如部门联系分析等），要求相应的部门分类具有较高的同质性，为此需要对实际的生产经营单位进行划分，得到适当的分类单位。

每个生产经营单位都要从事一定类型的生产活动，不同生产活动的差别就表现为产出和投入的差别。从这一点考虑，如果一个单位本身（或经过适当划分后的更小单位）只从事一种或主要从事一种生产活动，那么它就是一个“产业活动单位”或“活动类型单位”。

另一方面，每个生产经营单位都有一定的生产活动场所或地点，不同地点的生产活动往往在经营决策和生产核算上具有相对独立性。从这一点考虑，如果一个单位本身（或经过适当划分后的更小单位）只在一个地点从事生产活动，那么它就是一个“地域性单位”或“地点单位”。

将以上的活动类型与活动地点两个方面结合起来，就得到基层型单位的一个完整定义。“基层型单位（Establishment-Type Unit）”是指：在一个地点从事一种非辅助性生产活动，或者，从事几种生产活动但具有一种主要活动的生产经营单位。原则上，具有两种或两种以上主要生产活动的单位应该划分为两个或多个基层型单位。国民经济产业分类的基本单位就是指从事一定生产经营活动的基层型单位。

为了适当保证国民经济产业部门分类的同质性和有效性，要求分类单位的经济活动性质相对单纯，并具备分析上所需要的基础核算资料。也就是说，一个基层型单位（产业活动单位）应该同时具备以下基本条件：(1)具有一定场所，从事一种（或主要从事一种）生产经营活动；(2)具有生产经营决策权，相对独立地组织生产、经营和业务活动；(3)具备一定的生产经营或财务会计等核算资料。在实践中，有些企、事业单位的经济活动性质比较单一，因而它们本身就是产业活动单位；但对于另一些从事两种以上生产经营活动的经济单位（如大型联合企业等），就需要进一步划分，才能得到产业分类所要求的基层型单位（产业活动单位）。

在具体划分确定“基层型单位”时，应该注意：(1)基层型单位可以是一个企业，也可以是企业的一部分；(2)一个生产经营单位生产的次要产品规模如果接近于主要产品，那么，原则上应该考虑对其进一步划分；(3)经过划分得到的基层型单位应该能够掌握和提供基本的投入产出资料，因此，一个不能提供上述资料的生产车间不能构成独立的基层型单位；(4)任何一种辅助性的生产活动都不能构成一个独立的基层型单位。

（三）联合国的《国际标准产业分类》(ISIC)

国民经济的产业部门，是由许多从事相同或相近的主要生产活动的基层型单位（产业活动单位）所组成的部门。它是依据主要生产活动性质对基层型单位（产业活动单位）进行分类的结果。

产业部门分类是最为基本、最为重要的国民经济分类。与产业级次分类相比，国民经济产业分类更为系统、完备。事实上，产业分类构成了产业级次分类和其他重要国民经济部门分类的基础[①]。世界各国和有关国际组织都制订了专门的产业分类标准，其中最具权威性和

表 2—2　国际标准产业分类与中国国民经济行业分类对照表

国际标准产业分类（ISIC，Rev. 4，2008）		中国国家标准行业分类（GB/T4754—2017）	
门　类	产业名称	门　类	行业名称
A	农业（含畜牧狩猎业）、林业和渔业	A	农、林、牧、渔业
B	采矿和采石	B	采矿业
C	制造业	C	制造业
D	电、煤气、蒸气和空调供应	D	电力、热力、燃气及水生产和供应业
E	供水；污水处理、废物管理和补救	E	建筑业
F	建筑业	F	批发和零售业
G	批零贸易；机动车辆和摩托车修理	G	交通运输、仓储和邮政业
H	运输和储存	H	住宿和餐饮业
I	食宿服务活动	I	信息传输、软件和信息技术服务业
J	信息和通讯	J	金融业（含保险业）
K	金融和保险活动	K	房地产业
L	房地产活动	L	租赁和商务服务业
M	专业和科技活动	M	科学研究和技术服务业
N	行政和支助服务活动	N	水利、环境和公共设施管理业
O	公共行政和国防；强制性社会保障	O	居民服务、修理和其他服务业
P	教育	P	教育
Q	人体健康和社会工作活动	Q	卫生和社会工作
R	艺术、娱乐和文娱活动	R	文化、体育和娱乐业
S	其他服务活动	S	公共管理、社会保障和社会组织
T	家庭作为雇主或自用的生产活动	T	国际组织
U	国际组织和机构的活动		

① 产业部门分类本来并非国民经济核算特有的分类。在 SNA1968 中，产业部门分类的概念相当于“活动部门分类”。但那里的“活动部门”不仅包括作为市场生产者的“产业部门”，以及作为非市场服务生产者的政府部门和非营利机构部门，还包括居民户（其中相当一部分是作为单纯的收入获得者和消费者的居民户）；而且，“活动部门”的具体划分结果和分析意义也与现行的产业部门分类存在差异。自 SNA1993 颁布以来，“产业部门分类”已逐渐取代了原有的“活动部门分类”，并在国民经济核算体系的完整框架内获得了长足发展，尤其是关于基本分类单位（基层型单位）及其生产活动性质的界定更为明确、严谨，产业分类体系及其功能定位也日益完善、合理。

影响力的就是由联合国组织制订的《所有经济活动的国际标准产业分类(International Standard Industrial Classification of All Economic Activities)》[①],简称《国际标准产业分类(ISIC)》。该标准采用四级分类方法,分别为门类(Section)、大类(Division)、中类(Group)和小类(Class),具有多层次的结构,便于灵活地分解和归并,满足各国的国民经济核算、国际经济对比和宏观经济管理等各种需要。

联合国的 ISIC 的雏形出现于 1948 年;此后根据时代的发展,分别于 1958 年、1968 年、1989 年和 2008 年进行了四次修订。现行的《国际标准产业分类》修订第四版(ISIC Rev. 4)首先将国民经济划分为 21 个门类(见表 2—2 左部),然后再依次划分为 88 个大类、238 个中类和 420 个小类。

尽管联合国的 ISIC 作为一种国际核算规范,适当兼顾了各国的经济现实和国际对比需要,因而具有较好的通适性。但 ISIC 并不等同于各国的产业分类,它只是一个参照性的国际标准文件。世界各国实际采用的产业分类还需根据本国的具体国情和核算基础适当厘定,它们与 ISIC 之间难免存在着些许差异,但都必须满足基本的国际可比性要求。

(四)中国的《国家标准行业分类》(GB/T4754)

国民经济"产业分类"在中国通常称作"行业分类"(而产业分类则多指"产业级次"),它也经历了一个较长的演变过程。20 世纪 50 年代,中国曾将国民经济行业划分为 9 个门类,1982 年扩充为 15 个门类。1984 年首次颁布的国家标准《国民经济行业分类和代码》(GB/T4754—84)包含 13 个门类;1994 年修订颁布的国家标准(GB/T4754—94)包含 16 个门类;2002 年和 2011 年两次重新修订颁布的国家标准(GB/T4754—2002 和 2011)都将国民经济划分为 20 个门类(具体类别和排序有所不同)。现行国家标准《国民经济行业分类》(GB/T4754—2017)的门类划分仍为 20 个,具体参见表 2—2 右部;门类以下再依次划分为 97 个大类、473 个中类和 1381 个小类,形成完整的四级分类体系。该标准对应于联合国的《国际标准产业分类(ISIC Rev. 4)》,尽管与后者并非完全等效,但两者的所有小类都能够直接或间接地相互匹配,且可以通过适当程序进行资料转换,故基本能够满足国际经济对比的需要。就此而言,中国现行的"国民经济行业分类"已具备较好的国际可比性。

在联合国的《国际标准产业分类》(ISIC)和中国的《国家标准行业分类》(GB/T4754)中,所有门类均以英文字母标识,以下的大类采用两位数编码、中类采用三位数编码、小类采用四位数编码(所有编码均不重复)。例如,在中国的《国家标准行业分类》(GB/T4754—2017)中,"计算机整机制造"小类的行业代码为 C3911,表示它属于"制造业"(C 门类)中的"计算机、通信和其他电子设备制造业"(39 大类)、"计算机制造"(391 中类);而在《国际标准产业分类》(ISIC Rev. 4)中,相应产业的代码为 C2620,表示它属于"制造业"(C 门类)中的"计算机、电子和光学产品的制造"(26 大类)、"计算机和周边设备的制造"(262 中类,以下不分小类,即该中类等同于 2620 小类)。相对而言,中国的产业(行业)分类更为细致、具体(尤其是中类和小类),这有助于提升其操作性和可比性。

值得注意的是,在联合国的产业分类标准(ISIC)中专门设有一个"国际组织和机构"门类,因为它需要普遍适用于各个国家(SNA 称之为"民族国家")或国际组织(准国家)范围内的产业分类。在中国的行业分类(GB/T4754—2002、2011 和 2017)中也有一个"国际组织"

① 国内一些文献中将这里的"产业(Industry)分类"译作"工业分类",有所不妥。

门类,但对于一个特定的国家而言,“国际组织”并非该国的常住单位(如同外国驻该国的使领馆一样),也即不属于相应的经济总体范围,这在国民核算和分析中就应该与常住单位区别对待[①]。例如,在进行中国的第三产业或服务业统计时,作为非常住单位的外国使领馆和“国际组织”等机构都不应纳入我国的核算总体和有关经济总量的核算范围。

中国的国民经济行业分类作为对全社会经济活动进行的标准分类,适用于在计划、统计、财政、税收、工商行政等宏观和部门管理中对经济活动划分行业类别,也适用于在社会经济研究和微观管理中对经济活动进行分类观察。作为一种基础的统计分类,它为国民经济核算和各项专业统计按照经济活动特征观察事物提供了完整且详细的分类依据。

在国民经济核算和分析中运用着各种不同的部门分类。产业部门分类主要用于同生产技术、产业结构和部门间产品流量等分析有关的领域,这些分析领域对部门分类的同质性要求较高。但是,由于基层型单位在投入和产出两方面还不是完全同质的,因而,产业部门也不是完全同质的“纯部门”。也就是说,在实际分析中,通过产业部门分类所提供的只是一些具有一定同质性的基础核算资料,这些资料往往还要依据分析要求进行相应的加工或调整。此外,在国民经济核算的其他领域内,应用更为广泛的还是下面的“机构部门”分类。

二、机构型单位与机构部门分类

(一)机构单位的定义和类型

与产业部门分类有所不同,机构部门分类本来就是国民经济核算特有的部门分类。机构部门的分类单位是机构型单位,它与基层型单位有着不同的界定。

在国民经济核算中,“机构型单位(Institutional-Type Unit)”可以是生产经营单位,也可以是从事其他非生产活动的经济单位,但它们一般必须具备以下基本条件:(1)独立从事一定的经济活动(生产、收支、消费、投资等),并对这些活动具有决策权;(2)独立地拥有和处置资产、承担债务,并能与其他经济单位进行交易;(3)具有较为完备的核算资料,能够独立地编制资产负债表,或者,根据需要有可能编制出满足分析要求的基本核算资料。因此,“机构型单位”的定义可以概括为:能够独立地拥有资产、承担债务,从事经济活动并与其他单位进行交易的经济单位。

在现实经济生活中,存在着两种典型的机构型单位:一种是具有法人或准法人资格的经济实体,如企业或事业单位、机关、团体等,它们通常必须是独立核算的经济单位;另一种则是由个人组成的住户,它们主要从事各种收支和消费活动,可能还从事一部分住宅建设以及个体经营等生产活动。后者通常不具备完整(甚至基本)的核算资料,需要通过专门调查来搜集或估算。

(二)SNA 的机构部门划分

国民经济的机构部门,是由一组从事相同或相近的经济活动、具有相同或相近的财务决策特征的机构型单位所组成的部门。它是依据经济活动种类和财务收支性质,对机构型单位进行分类的结果。

机构部门的划分,一般需要体现各种经济活动在有关生产与非生产、金融与非金融、政

① 参阅杨灿等:《国家标准行业分类应否设立“国际组织”门类——关于完善“国民经济行业分类(GB/T 4754)”的研讨》,厦门大学学报(哲学社会科学版),2014(6)。

府与非政府、营利与非营利等方面的具体属性，在财务收支上的重要差别，以及在活动职能、行为方式、经济类型等方面的状况。据此，可以进行不同层次的机构部门分类。SNA2008的机构部门分类及其代码见图2—4。

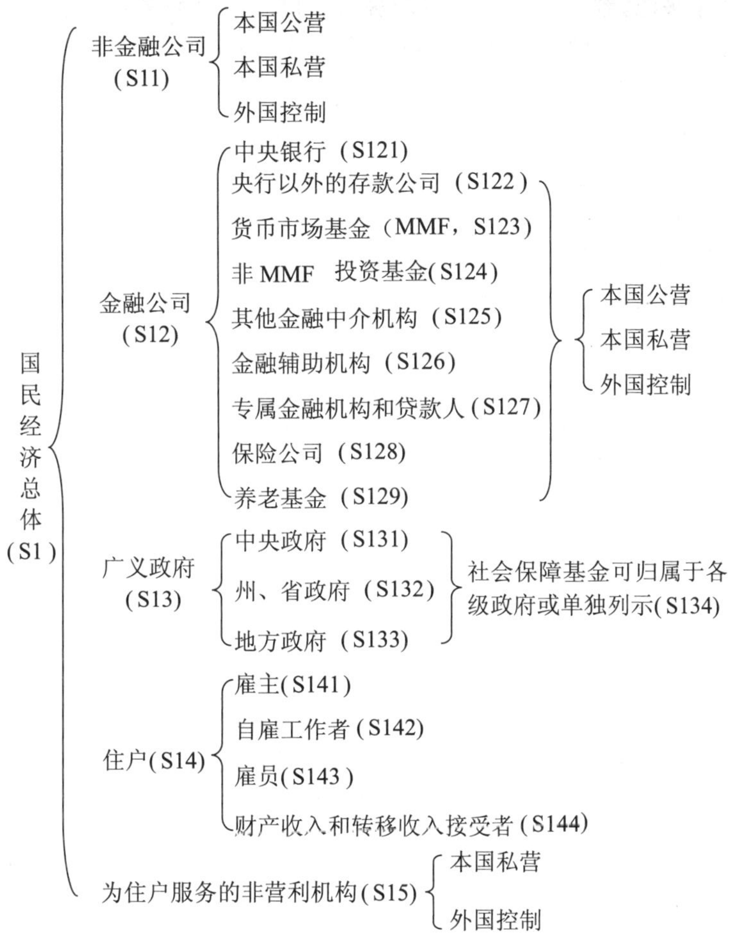

图2—4 SNA2008的机构部门分类

如图2—4所示，联合国等的SNA在第一层次上将国民经济总体(S1)划分为五大机构部门，即：

(1)非金融公司部门(S11)。包括各行各业的非金融公司和准公司企业。它们主要从事各种市场性的货物生产或服务活动(也可能从事部分自给性的生产活动)，通过出售产品或收取服务费用来弥补其生产经营过程中的开支，获得收益，维持其生产活动的不断进行。非金融公司部门没有消费行为。

(2)金融公司部门(S12)。包括各种金融公司和准公司企业。它们从事各种市场性的金融服务活动，包括金融中介活动、金融风险管理、流动性转换和其他辅助性金融活动。由于提供金融服务通常要接受严格的监管，金融公司通常不会提供其他的货物和非金融服务。它们通过直接或间接地收取服务费来弥补其生产经营过程中的开支，获得收益，维持其生产活动的不断进行。金融公司部门也没有消费行为。

(3)广义政府(一般政府)部门(S13)。包括各级政府及其职能部门、由政府资助和控制的非营利机构,以及由政府主办的社会保障基金组织。它们主要从事各种非市场性、非营利性的公共服务活动(如公共行政管理与宏观经济管理、公共秩序与社会治安、外交与国防事务、市政工程与基础设施事务、文教卫生事务等),通常并不直接收取服务费用,而是通过税收和拨款获得资金来源,维持其活动的不断进行。由于政府服务主要是作为一种“公共物品”向全体居民或企业提供的,无法确定明确的使用者,因而在核算上,政府部门同时还是自身提供的公共服务的消费者。除了一般的生产和消费之外,有关政府机构(如财政部门和社会保障基金组织)还从事一些重要的国民收入初次分配和再分配活动。

(4)住户部门(S14)。包括所有的常住居民户和不具备准公司条件的非法人企业。它们的主要身份是消费者和劳动者(可以是自营劳动者或领取报酬的劳动者),同时参与收入分配,还可以从事商品生产、投资融资以及其他任何种类的经济活动。

(5)为住户服务的(私人)非营利机构部门(S15)。包括各种民间组织或社团组织,如学会、工会、党团、消协、文化馆站、体育俱乐部、教堂、寺庙、宗教团体、慈善机构等。它们分别从事种类繁多的非市场、非营利性生产活动,直接以居民作为服务对象,其活动的主要资金来源不是销售收入或服务费用,而是来自居民、企业或政府的捐赠和其他无偿转移。在核算上,为住户服务的非营利机构部门的产出直接作为消费支出,然后再以实物转移的形式计入居民的实际最终消费。

相对于经济总体而言的国外(S2),本身并不是一个真正的机构部门。理论上,国外也可按上述方式进行机构部门分类,但还须加上不属于任何国家的“国际组织”。不过在实践中,除非有特殊需要,一国的国民核算通常是无须对“国外”进行部门(机构部门或产业部门)分类的。

应该说明的是,生产活动有市场性和非市场性、营利性和非营利性的区分,这两种区分的内涵是有所不同的。市场性生产活动通过出售产品或收取服务费用来弥补开支、获取利益,非市场性生产活动则在一般情况下既不出售产品,也不收取服务费。另一方面,营利性的生产活动以追求利润为主要目的(虽然它们不一定都能盈利),非营利性生产活动则不以创造和获取利润为主要目的(尽管它们的活动也可能获利)。然而,非营利性生产活动不一定就是非市场性的活动,相反地,还存在着市场性的非营利生产活动。

两种非营利机构的区别在于:“市场性非营利机构”以有经济意义(能够适当平衡供需)的价格提供服务或出售产品,它们的活动如果有亏损,可以通过企业、政府和居民的捐赠来筹集资金,并适当运用所拥有的资金,由此获得可观的财产收入,弥补由于价格偏低而造成的收费不足;它们的活动也可能有盈利,但这种盈利不能分配给有关的资助者,只能用于扩大其活动的规模和提高其活动的质量。市场性非营利机构的典型实例是各种为住户服务的收费学校、医院等,以及为工商企业服务的商会、同业公会或联合会、实验室或研究所等,类似于学校、医院收取的学费、医疗费等,后一类机构从服务对象方面募集到的资金其实也是一种服务费用。在 SNA 中,这类市场性的非营利机构都划归非金融公司或金融公司部门。“非市场性非营利机构”则是以免费方式或无经济意义的价格提供服务或货物,它们所需的活动资金基本上来源于各种捐赠和其他资助。其中,一类主要受政府资助并受政府控制,政府有权任命这些机构的主要管理人员,从而对其总体决策和行为规则实施有效的影响,故在 SNA 中,它们被划归广义政府部门;另一类则广泛获得社会各界的资助,且其管理和运作相对独立于政府和企业部门,它们就单独形成一个机构部门(为住户服务的非营利机构部门)。

(三)中国国民核算体系的机构部门划分

SNA的机构部门分类对于世界各国的国民核算无疑具有一般性的指导意义。在较早的中国国民核算体系中,机构部门曾被简化为四个,即:非金融企业部门、金融机构部门、政府部门和住户(居民)部门。新近修订的《中国国民核算体系(2016)》增加了一个"为住户服务的非营利机构部门",与SNA保持一致。但这只是第一层次的机构部门分类。

为了满足实际分析的需要,上述的机构部门分类还可进一步细化,进行多层次的划分。譬如,其中的金融机构部门就可根据中国的情况具体划分为:

(1)银行部门。包括:中央银行(中国人民银行);政策性银行(国家开发银行、农业发展银行、进出口银行等);商业银行(国家控股商业银行如工商银行、农业银行、建设银行、中国银行等,股份制商业银行如交通银行、光大银行、民生银行、兴业银行、发展银行、招商银行、华夏银行、中信实业银行等,其他商业银行如城市商业银行、投资银行、住房储蓄银行、城乡信用社、城市合作银行等);其他存款机构(邮政储蓄机构、企业集团财务公司、汽车金融公司等)。

(2)保险部门。包括:人寿保险公司、非人寿保险公司和保险辅助机构等。

(3)证券部门。包括:证券交易所、债券发行公司、期货交易公司,以及证券投资、咨询和资信评估机构等。

(4)其他金融部门。包括:信托投资公司、金融租赁公司、金融担保机构,以及典当行等。

类似地,其他机构部门(非金融企业部门、政府部门、住户部门和非营利机构部门)也需要依据实际情况适当细分。

三、产业部门与机构部门分类的比较

国民核算中的产业部门和机构部门两种分类是根据不同的现象和不同的分析需要而分别设置的,它们在分类对象、分类标志和分类单位等方面都存在差别。

就分类对象而言,产业部门分类是从生产的角度对经济总体进行的划分,故其分类的范围只限于全体常住生产者;而机构部门分类则是从各种经济收支和财务决策的角度对经济总体进行的划分,故其分类的范围必须包括全体常住经济单位(既包括生产者,也包括纯粹的消费者)。可见,机构部门的实际分类范围大于产业部门分类。

就分类标志和分类单位而言,产业部门的分类标志强调各部门内部在生产活动性质上的相对一致性,因而它所要求的分类单位是较能保证经济活动单纯性或同质性的基层单位;机构部门的分类标志则强调各单位在处理收支流量、进行财务决策等行为方面的同类性,以及资产负债结构特征的相似性等,它所要求的分类单位就必须是内部核算制度较为完备、具有财务决策权并能独立地拥有资产、承担债务的机构单位。

就现实情况而言,如果基层型单位划分得较细,其规模小于相应的机构型单位,它就不一定能够独立地拥有资产、承担债务,或者,自主地从事经济活动并与其他单位进行交易,此外,它也不一定具备较为完整的内部核算基础。通常,机构型单位与基层型单位之间存在着某种隶属关系,也就是说,一个机构型单位可以包含若干个从事不同生产活动的完整的基层型单位,而一个基层型单位则必定从属于某个机构型单位,且只能从属于一个机构型单位。如果一个独立核算企业只从事一种主要生产活动,那么,它就既是一个机构型单位,也是一个基层型单位,这时,两种分类单位是完全对等的。

在实际划分国民经济部门时,有三种情况常常导致分类结果的差异:(1)不具有法人或准法人资格的政府企业,它们不是一个完整的机构单位,但可以作为一个相对独立的基层单位,因此,在机构部门分类中,它们属于政府部门,而在产业部门分类中,则要划归政府以外的其他产业部门;(2)由住户举办的不具有法人或准法人资格的企业(个体经济),基于类似上面的理由,它们在产业部门分类中属于相应的生产部门(如商业、饮食业、修理业、缝纫业、运输业等),而在机构部门分类中则同作为消费者的居民一起划归住户部门;(3)住户为自己所进行的生产活动(如农民自产自用的农副产品的生产),它们尽管是一种非市场性的经济活动,但仍然属于国民经济的生产范畴,只是这种生产活动是与农民自身的消费活动紧密联系的,彼此的经济收支往往也很难区分,故在产业部门分类中这种为自己的生产活动划归相应的农业部门,而在机构部门分类时则划归住户部门。

理论研究和实践经验充分证明:在一个科学、完整的国民经济核算体系中,适当地将机构部门和产业部门两种分类结合运用是有益的。机构部门分类较为适合于有关收支流量、金融流量以及资产负债存量的核算,产业部门分类则更为适合于有关社会生产过程的产业结构和技术经济联系的核算,因为后一方面的问题要求分类单位在活动性质上更为纯粹、同质。当然,所谓基层型单位的同质性也不是绝对的,不过相对于机构型单位较为纯粹罢了,由此得到的活动部门分类还不是严格意义上的"纯部门"即产品部门,后者将在投入产出核算中专题介绍。

目前,在国民核算体系中分别采用不同的部门分类已成为一种趋势。在这方面,SNA的发展经验值得参考和借鉴。在SNA中,产业部门分类仅被有限度地运用于同投入产出核算有关的供给表和使用表(或生产账户和收入形成账户)。因为从分析意义上说,这种部门分类的真正作用即在于探寻社会生产过程中蕴涵的相对纯粹且较为稳定的技术经济联系,将其用于投入产出核算功效十分显著,倘若再用于更为广泛的核算领域,则必要资料的获取和划分就会存在困难,而且其分析作用并不十分显著。与此形成对照的是,机构部门分类则被广泛应用于其他领域或国民经济循环全过程的核算。这显然与两种部门分类的对象范围不同有关:产业部门分类只是对国民经济中的生产活动主体进行分类,机构部门分类则是对全部经济活动(既包括生产活动、也包括消费等非生产活动)的主体进行分类,这就决定了SNA的部门核算必然要倚重于机构部门。SNA从机构部门角度组织完整的国民核算的方式具有显著的优越性。

§2.3 经济流量分类与资产负债分类

以上分类侧重于从经济活动主体的角度进行划分,本节则专门介绍经济活动客体的分类方法和分类标准。考察国民经济循环,必须探寻其前因后果和内在结构关系,因而,还需要适当地划分各种经济流量和经济存量。

一、经济流量和经济交易的分类

从核算角度看,"经济流量"反映经济价值的产生或消失、获得或处置、转移或交换等,它涉及有关经济主体(单位、部门或总体)的物量或价值的总量或构成的变化。经济流量受多种因素的影响,归纳起来,不外乎经济交易因素和非交易因素,它们分别形成"交易流量"和交易之外的"其他经济流量(非交易流量)";但大多数经济流量都属于交易流量,如产出、消耗、工薪、税收、利息、购进、出售、消费、投资、存款、贷款,以及出口和进口,等等。下面分别予以说明。

(一)经济交易流量及其分类

"经济交易"是实际发生在机构单位之间或机构单位内部的各种经济活动。大部分经济交易都是在机构单位之间依照一定的协议或程序进行的,如商品的购销、工薪的支付、税款的收缴、资金的借贷、股票的买卖、货物或服务的进出口,等等。还有一些仅仅发生在机构单位内部的经济活动或业务事项,也属于经济交易的范畴(内部交易)。如产品的生产,尽管是在企业内部进行的活动,但生产过程中投入的各种要素(原材料、机器设备、资金和劳动力等)却是外部交易的结果,生产出来的产品也需要通过外部交易实现;而企业自制设备的固定资本形成也作为一种交易,因为这与购入同类设备的固定资产形成极为相似;资本消耗则纯粹是通过有关固定资产折旧的内部转账机制实现的交易。

在国民核算中,将从事各种交易的经济主体统称为"交易者"。一般而言,各种机构单位(政府、企业和住户,常住和非常住单位)就是最基本的交易主体。这与机构单位所具有的三个属性是分不开的:(1)它们能够做出经济决策和从事经济活动,并承担由此产生的经济和法律责任;(2)它们有权处置有关产品或资产;(3)它们能够为了自身利益而承担债务以及现在或将来的义务,并与其他机构单位订立合同。当然,由机构单位构成的机构部门或机构单位所包含的基层单位,也可以构成核算上的或事实上的交易者。

交易和交易者都是国民经济核算中的基本概念。因为交易反映了市场经济活动的基本内容,具有相对规范的形式和结构,通过交易可以跟踪有关交易者之间错综复杂的经济关系及其影响。国民核算必须研究交易者之间的交易内容及其有机联系,故交易构成了国民经济核算的基本研究对象。

交易一般是依据机构单位间的协议或约定进行的。这意味着机构单位对交易应该是预先知情的,且得到了参与交易者的认可。但知情和认可并不意味着两个单位一定是自愿地进行交易,因为有些交易具有法规或法理上的强制性(约束性)。如有关税收或社会保险收支的交易,政府与纳税者或劳动者之间有一个强制性的协议,即便纳税者或劳动者并不完全自愿,但有关收支活动仍然是双方知情且认可的,仍被视为交易。

发生在机构单位之间的经济交易有两种情况。一种是存在对等支付基础的交易,如购买货物或服务需要支付货款或费用,使用劳动力必须支付报酬,发行债券筹集资金必须承担债务等。另一种则是不存在对等支付基础的交易,如所得税的缴纳、社会援助福利或救济的提供、侨汇的收支以及资本转移的收支等。根据国民核算的有关规则,不同的交易有时需要作不同的核算处理。

交易可能存在于国民经济循环的各个环节,其具体形式林林总总,不胜枚举。下面对国民经济核算中涉及的几种主要交易略加区分和说明:

1. 有偿货币交易与易货交易。前者是指一方向另一方提供货物、服务、劳动或资产,作为回报得到货币对应物;一般涉及货物和服务的消费或投资支出、证券的获得、工薪支付、利息和红利等支付的双边交易都属于该种类型。后者则是指交易者双方以某种对等的方式互相提供货物、服务或非金融资产。在市场经济条件下,有偿货币交易遍及国民经济循环的生产、分配和使用等各个环节,且占有绝大比重。

2. 实物报酬与其他实物支付。实物报酬是指以货物和服务形式支付给劳动者的报酬，如膳食和饮料、住房服务和住宿设施，以及提供劳动者个人使用的车辆服务等。其他实物支付则是指实物报酬以外的各种以货物或服务形式代替货币形式所做出的支付，如土地承租者可以其部分实物收成向土地管理者支付土地地租，某些国家还允许住户通过捐赠名画或其他贵重物品的方式缴纳遗产税等。

3. 现金转移，包括经常性现金转移与积累(资本)性现金转移。前者是指交易的一方向另一方提供非积累性的通货或可转让存款，但未获得任何对应物，如企业或居民对政府缴纳的所得税，政府或企业对居民的生活补贴或救济金，以及侨汇等；后者则是指所转移的通货或存款是用于积累目的(也即会直接引起交易双方资产或负债的变化)，如政府向国有企业提供的投资补助金，或机构单位之间(包括常住单位与非常住单位之间)的债务撤销。经常转移属于收入再分配，而资本转移则不属于收入分配。

4. 实物转移。它是指一方向另一方提供货物、服务或非金融资产等而不获得对应物作为回报的交易。包括实物赠与、慈善捐赠、实物社会转移、投资补助和债务撤销等。例如国际救援中的药品、食品和帐篷等均为实物转移。类似于现金转移，实物转移也可区分为经常性实物转移和资本性实物转移两种。

通过各种交易的适当分解、组合，就可以得到相应的交易分类。从大的方面看主要有：依交易是否以货币为媒介，有“货币交易”与“非货币交易”之分；依交易双方是否有对等支付，有“非转移交易”与“无偿转移”之分；依交易是否直接影响到交易者的资产或负债的变化，有“积累交易”与“经常交易”之分；依交易是否通过金融市场、运用金融工具，是否直接影响到交易者的金融资产或负债的变化，有“金融交易”与“非金融交易”之分；在积累交易中还有“资本交易”与“金融交易”之分。当然，更为系统的交易分类就需要综合考虑多种因素特征和分类标志了(详见后面的表2—3)。

(二)其他经济流量及其分类

一定的经济交易必然形成相应的经济流量，但并非任何经济流量都是经济交易的结果，还有一些“非交易因素”会形成“其他经济流量(非交易流量)”。在核算上，这些非交易因素通常都会直接引起资产或负债的变动，因而都属于“积累性”因素，其流量可以径称为“其他积累流量”。

非交易因素的种类各异，国民核算只考虑那些对经济流量产生可见影响的较为重要的因素。它们通常被归纳为两类，即纯粹的数量因素和价格因素。

1. 资产或负债的外生物量变动。非交易因素所直接导致的资产或负债的数量(数额)上的变化称作“外生物量变动(其他物量变动)”，这里假定资产或负债的价格因素保持不变。例如：可资利用的资产或资源的经济出现与消失，战争和重大自然灾害等引起的资产损失，政府或其他机构对资产的无偿没收，黄金的货币化或非货币化，以及分类引起的结构变动等。

2. 资产或负债的持有损益。即使在资产或负债数量并未变化的情况下，价格、利率和汇率等因素变动的影响，也会引起资产或负债实际价值量的增减，这称作资产或负债的“持有损益”。由于价格因素引起的资产或负债的账面价值的变化称作“名义持有损益”，它又可分解为“实际持有损益”和“中性持有损益”(有关概念和核算问题将在第6章中详述)。

交易流量加上非交易流量(其他积累流量)就构成了国民核算所研究的全部经济流量，它们共同描述了从期初到期末的相应经济存量的总变化情况。

国民经济核算必须对各种交易和非交易流量分门别类地加以考察。在联合国等的《SNA2008》中，将全部经济交易和非交易流量划分为五大类，即：产品(货物和服务)交易、非生产资产交易、分配和资本转移交易、金融交易，以及非交易性质的其他(积累)流量。有关内容详见表2—3。

表2—3　SNA2008的经济交易和非交易流量分类

一、产品(货物和服务)交易(P)	养老金权益变化调整(D8)
产出(P1)	资本转移(D9)
中间消耗(P2)	**四、金融交易(F)**
最终消费支出(P3)	货币黄金和特别提款权(F1)
实际最终消费(P4)	通货和存款(F2)
资本形成总额(P5)	债务性证券(F3)
货物和服务出口(P6)	贷款(F4)
货物和服务进口(P7)	股权和投资基金份额(F5)
二、非生产资产交易(NP)	保险、养老金和标准化担保计划(F6)
自然资源的获得减处置(NP1)	金融衍生工具和雇员股票期权(F7)
合约、租约和许可的获得减处置(NP2)	其他应收应付账款(F8)
商誉和营销资产的购买减销售(NP1)	**五、其他(积累)流量(K)**
三、分配和资本转移交易(D)	资产的经济出现(K1)
雇员报酬(D1)	非生产资产的经济消失(K2)
生产税和进出口税(D2)	巨灾损失(K3)
补贴(D3)	无偿没收(K4)
财产收入(D4)	未另分类的其他物量变化(K5)
所得税等经常税(D5)	分类的变化(K6)
社会缴款和社会福利(D6)	名义持有损益(K7)
其他经常转移(D7)	

以上交易流量分类按照国民经济循环的逻辑顺序经过适当组合，就可以体现出上述的经常交易与积累交易、金融交易与非金融交易，以及金融交易与资本交易的区分。其基本关系如图2—5所示。

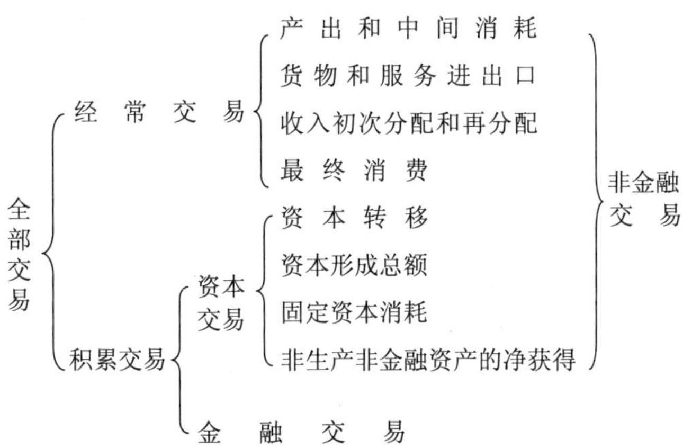

图2—5　经济交易及其流量的核算分类

二、经济存量和资产负债的分类

(一)经济存量与经济资产的概念

经济存量的概念在第1章中已经有所涉及,它一般反映机构单位或经济总体在某一时点持有的资产、负债以及其他经济资源的状况,通俗地说,就是人、财、物力资源的持有状况。国民经济资产负债核算中着重考察财力和物力资源的状况,为此,需要明确界定经济资产的概念并进行适当的资产负债分类。

国民核算中所考察的"资产"主要是"经济资产"。所谓"经济资产",简单说,就是指那些能够为其经济所有者带来某种经济收益的资源或权益。SNA2008认为:"资产是一种价值储备,代表经济所有者在一定时期内通过持有或使用某实体所产生的一次性或连续性经济利益。它是价值从一个核算期向另一个核算期结转的载体。"(SNA2008,3.30)

作为经济核算和经济分析意义上的资产概念,它有两个基本特征:(1)任何一种经济资产都必须具有明确的经济所有者,尚未明确经济所有权的资源不是经济资产;(2)任何资源要成其为经济资产,它还必须具有经济利用价值,也即能够为其所有者带来一定的经济收益,没有经济利用价值的资源也不是经济资产。据此,诸如环境、声誉、技能等资源或禀赋并不被认为是经济资产,因为基于所有权视角,它们在本质上没有经济意义。

与经济交易和流量的分类有所不同,资产与负债的分类是关于经济存量的分类。然而,经济存量又是与经济流量紧密联系的,这在核算上就表现为,资产和负债的变化是由积累交易和非交易积累流量决定的,因而,关于资产负债存量的分类与相关的积累流量(尤其是金融流量)分类存在很多共通之处。

资产负债分类是国民经济核算中重要的基础分类之一。科学的资产负债分类便于我们统一地观察国民经济存量与流量循环的全过程,更为完整地把握其来龙去脉,辨别其性质特征,探寻其成因结果。国民经济核算中的资产负债分类与企业会计核算中的相应分类存在一些相似之处,不过由于它们各自的核算范围和核算特点不同,两者之间又有差异。资产负债分类的具体方式和结果,又是随着国民核算的发展而发展的,其内容构成也在日益丰富和完善之中。

经济资产的具体内容十分庞杂,表现形式多种多样,在国民经济核算和分析中必须对其进行科学、系统的分类。下面分别说明金融和非金融两类重要经济资产的划分方法。

(二)金融资产与负债的分类

全部经济资产首先可以依其基本属性的不同划分为"金融资产"与"非金融资产"。"金融资产"是指以货币信用的形式产生和存在的各种资产,"非金融资产"则是指以其他实物或非实物的形态存在的资产。金融资产与非金融资产各自的形成过程和存在方式互不相同,因此,在有关的交易流量核算和经济存量核算中,必须分门别类地加以处理;尤其在资产负债表中,两类资产的存量必须明确区分,以便深入考察国民经济及其各部门的资产负债结构。

金融资产通常可以按金融工具(金融手段)分类,在SNA2008中主要包括:货币黄金和特别提款权,通货和存款,债务性证券,贷款,股权和投资基金份额,保险、养老金和标准化担保计划,金融衍生工具和雇员股票期权,以及其他应收、应付账款等。有时还可划分为短期金融资产和长期金融资产。有关分类项目的具体内容留待后续章节详细说明。

各种金融资产大都具有“债权”的特征，它们代表了一种要求其他经济单位按照事先约定的条件给予偿付的经济权利（经济求偿权或索取权）。在这种情形下，“金融负债（或债务）”就构成“金融债权”的对应体（可视为“负资产”）。但也有个别金融资产不具有“债权”的属性，如“货币黄金”，它只是单方面的资产，没有对应的负债方。至于“特别提款权”，以前也是作为类同于货币黄金的单方面金融资产处理，但在SNA2008和BPM6中已将其界定为IMF所有成员国的共同负债，在核算中记录为持有国的资产，“国外”的负债。又如“公司股票”，一般也不能要求偿付，严格说并不形成上述的“债权”与“债务”关系（有别于“债务性证券”）；但在核算中，为了考察方便，通常将发行股票的公司看成形式上的“负债方”，在这里，投资者所持有的相应“债权”并不代表固定的偿付价值，而只是对公司的盈利和净值的某种权利。此外，按照惯例，当我们在广义上使用“金融资产”一词时，它也可以包含有关各种“金融负债”，而且，金融负债的分类方式与其对应的金融资产是相同的。

（三）非金融资产的分类

1. 生产资产与非生产资产

全部非金融资产依其产生或形成方式的不同，划分为生产资产和非生产资产。“生产资产”又称“人造资产”或“产品资产”，是指通过人类的生产活动、作为某种“产品”创造出来的有形或无形的经济资产，其中既包括核算期生产出来的资产，也包括以前任何时期生产出来的资产。而“非生产资产”则是指那些自然界天然存在、具有经济利用价值的自然资源，以及其他不是通过生产活动、不是以产品形式创造发明出来的无形非生产资产（包括可转让的合约、租约和许可，以及购买的商誉和营销资产等）。

生产资产与非生产资产的另一区别是：前者被消耗或损毁后还可以通过生产过程再次复制出来，而后者被消耗或损毁后一般不能依照原产生过程重新复制（非再生性）。故从经济总体的角度考察，除非有大的资源发现，大多数非生产资产的非再生性特点决定了它在总量上会不断耗减，故非金融资产的增长主要应依赖于生产资产的增长，通过各期产出的积累来实现。

应该注意，“生产资产”既可以由生产者持有、用于生产目的，也可以由非生产者持有、用于非生产目的（当然，“非生产资产”也具有类似的属性）；前者如生产过程中使用的机器设备和待用的库存原材料等，后者如消费者拥有的金银珠宝和古玩等贵重物品。这表明，一种资产是不是生产资产，与它由谁持有、用于何种目的并没有必然的联系[①]。

划分生产资产与非生产资产，既是进行宏观经济分析的需要，也是科学地组织平衡核算的要求。依据国民核算的平衡原则，社会产品的生产与使用应该口径一致、总量平衡，这就要求对生产资产的形成（作为产品使用的一部分）给予专门核算，而将非生产资产单独反映。这具体表现为：以产品使用方式实现的生产资产的积累，通过固定资本形成、存货变动等项目加以核算；而以买卖土地和其他非生产资产的方式实现的资产积累，则单独进行核算处理。生产资产的积累与非生产资产的积累之和，就是全部的“非金融投资（非金融积累）”。

2. 有形资产与无形资产

全部非金融资产依其存在形态的不同（是否具有外在的实物形态），划分为有形资产和

① 在中国，曾经采用过按资产的持有者和使用目的划分“生产资产”与“非生产资产”的分类方法。这与现代国民核算和《SNA》中通行的上述资产分类概念具有不同意义。

无形资产。顾名思义,所谓"有形资产"是指各种具有一定外在实物形态的资产;而"无形资产"则是指那些不具有特定外在形态、但能代表某种权益(或能提供某种未来收益)的资产。有形资产除了包括作为生产资产的存货、机器设备和各种建筑物、构筑物等,还包括作为非生产资产的自然资源。类似地,无形资产也包括作为生产资产的研究与开发、计算机软件和数据库、资本化的矿藏勘探和评估费用、文学艺术品原作,以及作为非生产资产的商誉和营销资产等。

与此有关的问题是:金融资产究竟属于有形资产还是无形资产?值得注意的是,在联合国的《SNA1968》中,曾将金融资产作为无形资产的一类,以与"非金融无形资产"相对应①;相反地,也有个别会计学家将金融资产划归有形资产类别②。但在现行的SNA和企业会计核算中,通常将金融资产独立于有形资产和无形资产作为专门的一类。

在最新修订的《SNA2008》中似乎已经不再强调"有形资产"与"无形资产"的划分,但这种区别本身还是客观存在的,也有一定的分析意义,仍然需要适当理解和把握。

3. 固定资产与存货和贵重物品

非金融的生产资产还可以进一步依其价值周转特性的不同区分为固定资产与非固定资产(即存货和贵重物品)。"固定资产"可以在生产过程中长期使用,其价值是通过逐期消耗、逐期转移的方式实现周转的;"存货"资产一旦动用(销售或消耗),则通常是一次性地实现其价值周转;贵重物品并不直接用于一般的生产或消费目的,因而具有不同于固定资产和存货的价值周转方式。

SNA中定义:固定资产是生产过程中被反复或连续使用一年以上的生产资产(包括货物或服务)。(SNA2008,10.11,10.33)在此,有关固定资产的分类属性,应强调以下三点:

(1)从资产形成的角度看,固定资产必须是生产过程的产出,它不包括各种非生产资产(如土地和地下矿藏等)。究其原因,一则由于"固定资本形成"已被限定为产品的使用,它是通过产品积累而形成的资本品,故不能包含非生产资产;再则由于非生产资产的使用或者没有耗减,或者即使有耗减,一般也不能按固定资产的方式获得补偿,所以,它们在经济分析上具有完全不同的特点。但需要说明的是,在某些特殊情况下,也可能有一部分人类生产活动(如土地改良等)通过作用于自然物而使原有的非生产资产增值,这时,自然资产的改良或追加的价值部分在核算上理应视为固定资产。

(2)从资产持有和使用的角度看,固定资产只能是生产者为了生产目的而持有的资产(在这一点上,存货也具有类似的性质),换言之,非生产者持有的任何资源都不成其为固定资产。譬如同样一些耐用品(如汽车或家具等),当它们由企业(作为生产者)持有时是固定资产,而由居民(作为消费者)持有时就成为消费品了。至于居民住宅为何作为固定资产,有待下一章说明。

(3)从资产价值周转的角度看,固定资产还必须是能够在生产过程中反复使用的资产,其使用价值一次性投入生产过程,而其价值则逐渐损耗、逐期转移、逐步得到补偿,而生产资产的中存货和贵重物品则不具备这样的特点。由上可知,固定资产之为固定资产,不仅仅是因为它具有耐用性,而且是因为它作为生产资产具有客观的价值,又能够通过生产过程逐次

① 参阅联合国统计处:《国民经济核算体系(SNA1968)》,中国财政经济出版社1982年中译本,第564页。

② 参阅葛家澍、林志军:《现代西方财务会计理论》,厦门大学出版社1990年版,第143页。

转移其价值,以特殊的价值周转方式实现资产本身的再生产。

固定资产包括:(1)住宅、其他建筑和构筑物、机器和设备、武器系统和培育性生物资源(培育资产)等"有形固定资产";(2)非生产资产所有权转移费用;以及(3)研究与开发(R & D)、计算机软件和数据库、资本化的矿藏勘探和评估费用、文学艺术品原作等"知识产权产品"。后面的(2)和(3)两部分通常也称为"无形固定资产"。与此相应,在核算积累交易流量中的固定资本形成和资产负债存量中的固定资产时,应该将上述有形和无形的固定资产都适当地包括在内。

存货是指在核算期或较早时期生产的,由生产单位拥有并准备继续用于生产、销售或交付其他单位等用途的生产资产。它包括库存的原材料、用品和产成品,在途或待售的商品物资,生产过程中的在制品(含培育性生物资源的在制品),以及军事存货等。存货一般体现为货物,但诸如未完成的建筑图纸或已完成正等待依此来开始建造的建筑图纸等,则被 SNA 界定为"服务存货"的在制品和制成品。(SNA2008,10.12)

贵重物品是指主要不是用于生产或消费,而是在一段时间内作为价值贮藏手段持有的、具有相当大价值的资产(货物)。这些贵重物品既非一般的生产用原材料,也非普通的消费品或耐用消费品,而是兼具鉴赏和保值增值等功用的珍藏物。贵重物品包括由各类机构部门所持有的贵金属、宝石、艺术品和文物古董等。

(四)全部经济资产的分类体系

在 SNA 中,上述各种资产分类概念被有机地结合起来,形成一个相对完备的经济资产分类体系(见表 2—4)。该分类首先将全部资产划分为金融资产和非金融资产,然后分别在两大类别中进行多级划分(其中,非金融资产下面最多作了五级划分,金融资产下面最多作了三级划分,这些细分类只是推荐的参照标准,各国可以根据具体国情加以调整)。至于金融负债(LF)的分类,则大体与金融资产(AF)的分类相对应。

综合表 2—4 中有关非金融生产资产和全部金融资产的分类,在分析上,还可以考虑"长期资产"与"流动资产"的划分。前者包括各种固定资产和长期(一年以上)的金融资产,后者则包括各种存货资产和短期的金融资产。两类资产在经济周转的"流动性"程度上存在显著差异,经过适当区分后,便于进行资产负债的内部结构分析。

需要补充说明的是,在现行的国民核算体系中,通常只对具有经济利用价值的"经济资产"进行核算,这样旨在保证核算体系的严谨性和数据来源的可靠性,但其他非经济的自然资源和生态资源就被忽略了。从保证经济和社会可持续发展的要求来看,传统经济核算中的这种资产概念还存在明显欠缺,主要表现为:其中的生产资产和金融资产等内容十分完整,而自然资源则仅仅考虑了已经探明、具有实际经济利用价值的那一部分(非生产性经济资产);在核算中也没有适当考虑经济生产活动对于自然条件和生态环境的负面影响。有鉴于此,在更为广阔的环境经济分析领域内,还需依据可持续发展的思想,对现有国民经济核算的资产范畴、核算结构和核心指标进行必要的扩展、调整与补充,使之进一步完善,有关问题将在本书的第 10 章中加以讨论。总之,国民核算中的经济流量和资产负债分类是一个重要而又复杂的问题。正确地制订和运用有关的分类概念,有助于完善核算结构、提高分析水平。

表 2－4　SNA2008 的全部经济资产分类

资产分类
一、非金融资产（AN）
非金融生产资产（AN1）
固定资产（AN11）
住宅（AN111）
其他建筑和构筑物（AN112）
非住宅建筑（AN1121）
其他构筑物（AN1122）
土地改良（AN1123）
机器和设备（AN113）
运输设备（AN1131）
信息和通讯设备（AN1132）
其他机器设备（AN1133）
武器系统（AN114）
培育性生物资源（AN115）
重复提供产品的动物资源（AN1151）
重复提供产品的植物资源（AN1152）
非生产资产所有权转移费用（AN116）
知识产权产品（AN117）
研究与开发（AN1171）
矿藏勘探与评估（AN1172）
计算机软件与数据库（AN1173）
计算机软件（AN11731）
数据库（AN11732）
娱乐、文学或艺术品原作（AN1174）
其他知识产权（AN1179）
存货（AN12）
材料和用品（AN121）
在制品（AN122）
培育性生物资源在制品（AN1221）
其他在制品（AN1222）
制成品（AN123）
军事存货（AN124）
供转售的货物（AN125）
贵重物品（AN13）
贵金属和宝石（AN131）
古董和其他艺术品（AN132）
其他贵重物品（AN139 ）
非金融非生产资产（AN2）
自然资源（AN21）
土地（不含土地改良价值，AN211）
矿物与能源储藏（AN212）
非培育性生物资源（AN213）
水资源（AN214）
其他自然资源（AN215）
无线电频谱（AN2151）
其他（AN2152）
合约、租约和许可（AN22）
可交易的经营租赁（AN221）
自然资源使用许可（AN222）
从事特定活动的许可（AN223）
货物与服务的未来排他性权利（AN224）
购买的商誉与营销资产（AN23）
二、金融资产（AF）
货币黄金和特别提款权（AF1）
货币黄金（AF11）
特别提款权（AF12）
通货和存款（AF2）
通货（AF21）
可转让存款（AF22）
其他存款（AF29）
债务性证券（AF3）
短期证券（AF31）
长期证券（AF32）
贷款（AF4）
短期贷款（AF41）
长期贷款（AF42）
股权和投资基金份额（AF5）
保险、养老金和标准化担保计划（AF6）
金融衍生工具和雇员股票期权（AF7）
其他应收应付账款（AF8）

§2.4　国民经济核算的基本方法

国民经济核算中运用着多种统计方法，其中最为基本的就是分类法、指标法和平衡法。大量丰富的统计分类和经济指标，以及各类指标间错综复杂的勾稽对应、数量平衡关系，又需要通过适当的统计表或账户形式获得科学表达。这些就构成国民经济核算中的基本方法和形式。理解和掌握国民经济核算的分类、指标、账表及其平衡原理，有助于正确应用各种统计方法和数量模型进行经济分析。

一、经济指标法

在各种经济核算尤其是统计核算中，分类方法和指标方法都是基本的核算方法。国民核算也不例外。在国民核算中，通过一系列高度概括的宏观经济统计指标，对经济循环的全过程和全貌给予定量描述，这些指标也是制订国民经济发展目标和实施管理与调控的重要依据。

国民核算指标是对宏观经济现象或过程的数量水平与数量特征的综合反映。它以一定的经济理论范畴作为基础，同时，又是理论范畴的具体化。一个科学的指标必须具备可量性、综合性和操作性的特点，据此，才能制订出适当的指标计算方法，并适用于相应的经济分析问题。

不同领域的国民核算需要运用不同的指标，这些指标彼此之间即相互区别、又相互联系，构成一个庞大的指标群体。从循环过程来观察，这些指标包括生产指标、分配指标、消费和积累指标等，以及各种资产负债和其他经济存量指标。每一方面的指标构成一个较小的指标群，同时形成多层次的递阶结构。在每个或大或小的指标群中，通常都存在着一个或数个关键性的核心指标。如生产指标群的核心指标是增加值（对于各部门）或国内生产总值（对于经济总体），分配指标群的核心指标是原始总收入和可支配总收入（对于各部门），或者国民总收入和国民可支配总收入（对于经济总体），消费和积累指标群的核心指标则是经济总体及其各部门的总消费、总储蓄和总投资。有关指标的具体内容和核算、分析方法将在后续章节中详述。

二、平衡法与平衡表

（一）统计平衡法及其特点和种类

统计平衡法是研究客观现象之间数量对等或制约关系（即平衡关系）的一种重要方法。国民经济循环过程本身存在着种种对立统一的关系，例如：供给与需求，收入与支出，投入与产出，生产与使用，出口与进口，资产与负债，流量与存量，期初与期末，等等，它们之间在统计上常常表现出某种数量上的对应关系。统计平衡法旨在以客观现象或过程中诸方面的数量平衡关系为对象，对其给予科学的描述和分析。平衡法在国民核算中被广泛应用，且具有一般方法论的指导意义。

统计平衡法具有三个基本特点：(1)数量性，即以现象或过程的数量特征为对象；(2)关联性，即以统计分类和统计指标为基础，对诸种现象或过程的数量关系进行分析；(3)平衡性，即依据一定规则对事物的两个（或多个）相关方面同时进行记录和计算，并以各类指标之间的数量对等或总量平衡关系为其表现形式。统计平衡法体现了国民核算平衡原则的基本要求，也构成许多宏观经济模型和数量分析方法的基础。

在国民核算中，统计平衡法的内容和形式多种多样。主要包括各种经济流量和存量间的静态平衡或动态平衡，例如，整体与局部、收入与支出、生产与使用、来源与运用、资产与负债，以及条件、过程和结果之间的数量平衡。有些经济指标本来并不存在数量对等关系，但它们之间的差额却具有显著分析意义，故可将这种差额作为统计平衡项，以期达成核算和分析上的数量对等关系。例如,经济学中的收入与消费之差是储蓄,由此定义了:可支配收入＝消费＋储蓄;又如,国内生产核算中的产出与消耗之差是增加值,故可定义:总产出＝中间消耗＋增加值。此外,资产、负债和净值三者之间也有类似的平衡关系。

统计平衡法在国民核算中主要通过平衡关系式、平衡表、账户体系或经济数量模型等形式加以表达,它们之间互有联系。本章下面简要介绍平衡表和账户体系两种形式,其他形式则在后续各章中结合有关核算内容加以说明和运用。

(二)统计平衡表及其种类

国民核算包括种类繁多的核算分类和指标群体,这些分类和指标之间互相联系、互相衔接,只有赋予适当的核算形式,才能建立起完整、统一、科学、严谨的国民经济核算体系,为经济分析奠定重要基础。理论和实践都充分证实,平衡核算的方法乃是一种最为有效的核算方法。它能够深刻反映和揭示国民经济诸方面、诸环节、诸要素之间的内在联系。只有借助于适当的平衡结构,国民经济内部的数量关系才能严密地表达出来。在国民核算中,平衡核算的具体实现主要有平衡表和账户体系两种形式。

"平衡表"是一种反映相关现象或过程的总量平衡关系的专门统计表。若将反映现象或过程的数量对等关系的两组(或多组)统计指标按一定顺序和结构排列成表格,就构成统计平衡表。它要求表内必须反映现象或过程的数量平衡的两个方面,例如:

$$\text{来源(或收方)总计}=\text{运用(或支方)总计} \tag{2—2}$$

$$\text{期初存量}+\text{期内流入量}=\text{期内流出量}+\text{期末存量} \tag{2—3}$$

这是统计平衡表的基本特点。在这样一张平衡表中,来源与运用两方的具体项目内容各不相同,但总量上却必须保持平衡;当两方的总量不等时,就需要设置专门的"平衡项"或"误差项",实现表内的统计平衡。

平衡表的设计是以经济现象或过程本身内在的平衡关系为基础的,或者说,它力图反映现实存在的某种数量平衡关系。作为一种基本的平衡核算形式,平衡表在许多经济核算和分析领域都获得了极为广泛的应用。

统计平衡表从其表式结构看,有收付式、并列式和矩阵式(棋盘式)之分;从其平衡方式看,又有单式平衡与复式平衡之分。所谓"单式平衡"仅指表内的总量平衡,而"复式平衡"则包括表内的总量平衡和表外的勾稽对应。以上两种划分之间存在一定的交叉关系。一般说,收付式或并列式平衡表既可用于反映单式平衡,也可用于反映复式平衡;矩阵式平衡表则专门用于反映复式平衡。其基本关系如表2—5所示。

表2—5　平衡表的种类及其相互关系

	收付式	并列式	矩阵(棋盘)式
单式平衡	单式收付平衡表	单式并列平衡表	—
复式平衡	收付式账户 (平衡账户)	并列式账户(账户 总表或综合经济账户)	矩阵式平衡表 或矩阵式账户

这些平衡表式各有其特点和优点,也有相应的适用范围和局限性。在实际应用时,须根据核算和分析要求适当选择。下面分别加以说明。

(三)收付式平衡表

这种平衡表反映单一对象的数量平衡关系，是最简单、也是最基本的平衡表。通常采用左收右支的结构，左方表现各种来源项目及其数量，右方表现各种使用项目及其数量，左右两方总计平衡(见表2—6)。

表2—6 钢材来源与使用平衡表 单位:万吨

来源		使用	
期初库存	500	国内使用	4650
国内生产	4100	出口	220
进口	840	损失	3
		期末库存	567
来源合计	5440	使用合计	5440

收付式平衡表也可以采用上下排列的结构，上方表现各种来源项目及其数量，下方表现各种使用项目及其数量，来源与使用仍然应该总量平衡，但在表中一般不设置来源(使用)方的合计栏。这种表式主要用于表现不同时间的平衡表资料(见表2—7)，或者，用于表现来源与使用项目的有关分组资料。

表2—7 钢材来源与使用平衡表 单位:万吨

年份	2011	2012	2013
一、期初库存	500	567	630
二、国内生产	4100	4500	4650
三、进口	840	920	850
四、国内使用	4650	5140	5220
五、出口	220	215	227
六、损失	3	2	2
七、期末库存	567	630	683

当涉及三组(或更多)数据的总量平衡关系时，还可采用上下、左右混合排列的收付式平衡表。《中国国民经济核算体系》中的“国内生产总值核算表”(详见第3章举例)就是采用这种形式编制的。

收付式平衡表的主要优点有:(1)表式简洁灵活，编制相对容易;(2)平衡关系单一且直观易懂。但若要深入刻画各平衡项目(对象和指标)间多维的、错综复杂的数量对应关系，就必须采用更为完整的平衡表形式了。若适当引入复式记账规则，还可以通过一系列的收付式平衡表描述账户体系的数据内容。

(四)并列式(或一览式)平衡表

这种平衡表同时反映多个对象的数量平衡关系，可以看成是多个收付式平衡表的并列。通常在主栏(横行标题位置)表示不同的对象，而在宾栏(纵列标题位置)表示不同的来源和使用指标项目。这种表式便于观察、对比同类现象的数量平衡关系，在一定条件下，还可以进行必要的资料汇总。表2—8就是用这种形式编制的“主要商品资源与使用平衡表”。

表 2—8 主要商品资源与使用平衡表

	单位	来源			使用			
		期初库存	国内生产	进口	国内使用	出口	损失	期末库存
粮食								
棉花								
原油								
煤炭								
钢材								
水泥								
木材								
……								

并列式平衡表所表现的内容比较丰富,但其结构并不复杂,基本平衡关系与收付式平衡表是相同的。通过适当引入复式记账规则,还可以在一张并列式平衡表中表达账户体系的数据内容。《中国国民经济核算体系(2016)》中的"资金流量表"、"资产负债表"、"国际投资头寸表"、生产法和收入法的"国内生产总值表"等基本核算表,以及多种扩展核算表,就都是采用这种形式编制的。

(五)矩阵式(或棋盘式)平衡表

与前面两种平衡表相比较,矩阵式(或棋盘式)平衡表具有一些不同的特点。矩阵式平衡表也有若干个行列,也能够同时表现多个对象的数量平衡关系,然而,它不是把各个对象的平衡关系简单地并列起来加以反映,而是要深刻地揭示出各个对象之间可能存在的纵横交错的数量平衡关系。

矩阵式平衡表通常具有相同的行数和列数(有时也可以略有不同),且其行列内容的排序方式彼此相同或基本对应。因此,行列对应,形式对称,这是矩阵表的第一个特点。矩阵表的另一个更为本质的特点,就是对于表格的行、列方向分别规定了不同的含义:横行方向通常代表流出及其去向,纵列方向则相应代表流入及其来源(这种规定适用于实物流量,对于价值流量通常采用相反的规定)。这样,处在纵横交叉的位置上的一个表值,就可能同时具有双重的含义,它既是一项流出或使用(从横向看),又是一项流入或来源(从纵向看)。矩阵表的第三个特点是表内存在纵横交错的严密平衡关系。这主要包括两个方面:一是对应行、列的外部总计平衡,二是所有行列的内部总计平衡。前者是定义的结果,后者则是各种流量相互作用的必然。这些平衡关系为我们深入研究现象的内部流量和内在联系提供了基础。

例如,我们假设有 A、B、C 三个地区以及国外之间相互发生商品贸易往来,其输出、输入流量如表 2—9 所示。据此可以观察和验证上述特点和平衡关系。

棋盘式平衡表的雏形,最早见之于苏联中央统计局 20 世纪 20 年代编制的国民经济平衡表。此后,瓦西里·列昂节夫对其加以改造和完善,编制出国民经济的投入产出表,并运用现代数学方法据以建立模型,进行经济结构分析,大大扩展了矩阵表的应用领域,提高了经济分析的科学水平。联合国等颁布的《SNA》和《中国国民经济核算体系》中的"投入产出表"(详见第 4 章)都是采用这种形式编制的。

表 2—9 地区间商品输出入平衡表(数例)

		输入地					入超	合计
		A 地区	B 地区	C 地区	国外	小计		
输出地	A 地区	—	460	140	20	620	—	620
	B 地区	200	—	300	30	530	125	655
	C 地区	350	170	—	40	560	—	560
	国外	40	25	35	—	100	—	100
	小计	590	655	475	90	1810	125	—
出超		30	—	85	10	125	—	—
合计		620	655	560	100	—	—	1935

三、复式记账法与账户体系

(一)收付式账户(平衡账户)

平衡核算的另一种形式是经济账户。账户本来是企业会计的基本工具,国民核算借鉴了微观核算的这一有效工具并加以改造,赋予它新的含义和特点。因而,国民经济账户与企业会计账户又是有所不同的。

账户的基本结构是包含借方和贷方两个部位(至少在观念上是如此),它们分别表明不同类别的经济交易、经济变化或经济事项;账户资料的记录还必须遵循"有借必有贷,借贷必相等"的复式薄记规则。在这一点上,国民经济账户与企业会计账户是相同的。但是,为了掌握国民账户的结构原理,仅仅了解这些表面上的相似之点仍然远远不够。

企业会计账户与国民经济账户的性质差异根源于两者考察对象的不同:前者是从个别资金运动的角度,考察企业内部的经济活动及其对资产负债状况的影响;后者则是从社会资金运动的角度,考察国民经济的循环过程。因此,两者在账户主体的确定、账户体系的设置、复式记账规则的运用以及具体的核算操作程序等方面,都有显著不同之处(有关问题详见第8章),两种账户体系的指标内容和平衡结构也存在很大差异。

国民账户是一种"平衡账户",它既有账户的特点,又有平衡表的特征。然而,这并不意味着它是统计平衡表与企业会计账户两者的简单拼凑,而是国民经济平衡核算方法与复式薄记规则的有机结合。国民账户既要保持表内平衡,又要适当地建立表外平衡,前者由经济现象本身的内在联系和相应的核算分析框架所规定,后者则是以复式薄记规则为基础的。

简而言之,国民账户的设计和编制应注意两个要点:

(1)依据国民经济的循环过程设置不同的账户。国民账户体系中最为基本的流量账户应包括产品生产账户、收入分配账户、收入支配(消费支出)账户、积累账户和国外(对外经济)账户等。每个账户核算某一方面的内容,账户的结构是左借右贷(或左支右收),借贷两方应保持总计平衡。

(2)以科学的账户设置为基础,运用复式记账规则,对各种经济交易、经济流量或经济存量进行归类和记录,形成借贷对应、勾连环结的核算数据系统。

例如,引用第1章中的国民核算框架,如图2—6所示,假定有某时期国民经济流量循环的下述资料：国内生产总值1854单位[①]，进口货物和服务499单位，出口货物和服务540单位，最终消费支出1399单位，资本形成总额414单位，得自国外的要素收入和经常转移收入合计67单位，对外支付的要素收入和经常转移合计95单位，得自国外的资本转移和借入合计48单位，对外支付的资本转移和贷出合计61单位。这些数据和框图表现了一个高度简化的国民经济循环流程。依据有关经济循环流量数据，我们可以编制出5个基本的国民经济账户（见表2—10a至表2—10e）。

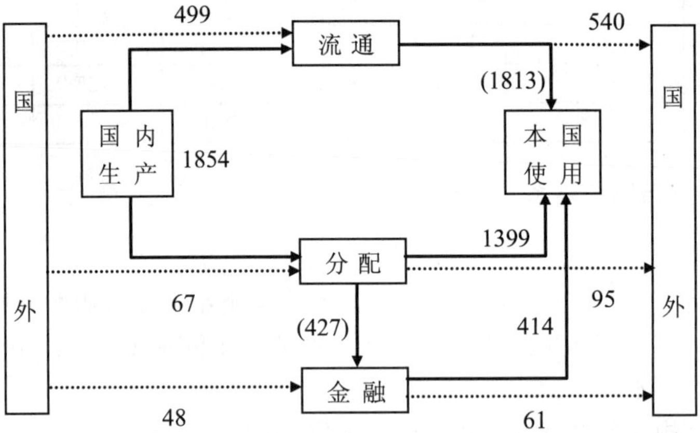

图2—6　国民经济流量循环的图例

表2—10a　生产账户

借方		贷方	
1. 国内生产总值(6)	1854	3. 最终消费支出(11)	1399
2. 进　口(17)	499	4. 资本形成总额(15)	414
		5. 出　口(20)	540
合　计	2353	合　计	2353

表2—10b　分配账户

借方		贷方	
8. 对外支付的要素收入和经常转移收入(18)	95	6. 国内生产总值(1)	1854
9. 国民可支配总收入(10)	1826	7. 得自国外的要素收入和经常转移收入(21)	67
合　计	1921	合　计	1921

表2—10c　支配账户

借方		贷方	
11. 最终消费支出(3)	1399	10. 国民可支配总收入(9)	1826
12. 国民总储蓄(13)	427		
合　计	1826	合　计	1826

① 为便于参阅重要核算文献并兼顾数据结构的严谨、一致，贯穿本教材始终的一个基本案例的全部数据均引自联合国等的《国民账户体系(SNA 2008)》。有关数据均为价值量，但忽略其具体货币单位形式。读者不妨将其直观地理解为适当数额的人民币元或美元等单位，如百亿元或十亿美元等。

表 2—10d 积累账户

借 方		贷 方	
15. 资本形成总额(4)	414	13. 国民总储蓄(12)	427
16. 对外支付的资本转移和贷出(19)	61	14. 得自国外的资本转移和借入(22)	48
合 计	475	合 计	475

表 2—10e 国外账户

借 方		贷 方	
20. 出 口(5)	540	17. 进 口(2)	499
21. 得自国外的要素收入和经常转移收入(7)	67	18. 对外支付的要素收入和经常转移收入(8)	95
22. 得自国外的资本转移和借入(14)	48	19. 对外支付的资本转移和贷出(16)	61
合 计	655	合 计	655

这些账户尽管非常简单，但是每个账户都描述了国民经济循环过程的一个重要方面：生产账户反映社会产品的供给来源与使用去向，分配账户反映收入初次分配和再分配的基本流量及其结果，支配账户反映消费支出和经常性的收入结余（储蓄）情况，积累账户反映实物投资、资本转移和金融交易的情况，最后，国外账户则归纳反映与上述各种活动有关的对外经济往来。在账户中，所有数据通过复式记账方法彼此借贷对应，勾连环结，形成一个相对完整的国民账户体系（账户中每个项目的借贷对应关系，在其后的括号里标示出来，以便观察）。

概括起来，国民经济平衡账户除了具备收付式平衡表的一般特点外，还具有下面的主要优点：表内总计平衡，表外借贷对应，数据相互验证，便于观察分析。当然，任何一种核算或分析方法都不是尽善尽美的。

（二）并列式和矩阵式账户

普通的收付式账户简单明了，但当账户较多、项目较细时，运用复式记账规则记录资料将会十分繁琐，且账户之间的结构关系也不易完整把握。为此，可以分别考虑：

1. 利用并列式平衡表的特点，通过两列（或两行）代表一个账户（一般是部门账户），并将不同账户平行排列，以便系统地反映整个账户体系的内容和结构。这种账户形式即“综合经济账户（经济账户总表）”，它在《SNA1993》和《SNA2008》中被作为整个账户体系的主要描述形式。有关内容留待第 8 章中介绍。

2. 利用矩阵表的特点，通过不同的行列代表不同的账户、不同的方向分别表示账户的借方和贷方，将整个账户体系在一张矩阵表中完整地显示出来，建立起相应的国民核算矩阵（又称社会核算矩阵，或社会会计矩阵）。例如，我们可以将上面的五个账户用一张矩阵表进行完整描述（见表 2—11）。

表 2—11 国民核算矩阵

	生 产	分 配	支 配	积 累	国 外	合 计
生 产			1399	414	540	2353
分 配	1854				67	1921
支 配		1826				1826
积 累			427		48	475
国 外	499	95		61		655
合 计	2353	1921	1826	475	655	

国民核算矩阵是一个行列数量相等、排序相同、形式完全对称的表格,在结构上,它具有三个基本规定:(1)每一对行列代表一个账户;(2)横行表示账户的贷方,纵列表示账户的借方(行贷列借);(3)表中任一非空元素既是一个账户的借方项目(所在列),又是另一相关账户的贷方项目(所在行),具体经济含义由其所处的位置决定。例如,在表2－11中,第二行和第二列分别代表"收入分配账户"的贷方与借方,第二行中第一列的元素(1854)既是生产过程所形成的国内生产总值,又是收入初次分配的基本价值来源;而第二列中第三行的元素(1826)既是分配过程最终形成的国民可支配总收入,又是收入支配(消费或储蓄)的基本来源。在国民核算矩阵中,各个位置的经济含义是相对固定的,因此,应该注意并了解不同行列位置的核算规定,这样才能较好地把握整个账户体系的内在结构和脉络。

利用矩阵表来描述国民账户体系,具有以下的主要特点和优点:(1)简化账户资料的记录过程(化复式记账为单式记账,但仍能保持复式记账的含义);(2)反映账户项目之间的借贷对应关系和整个账户体系的逻辑结构;(3)便于对账户体系和核算结构进行分解、归并和其他变换处理;(4)便于核算资料的开发运用和数学处理。

相对于一般的统计平衡表,国民账户不仅强调表内的平衡,同时还兼顾了表外的衔接,因而具有更为严谨的核算结构,这对于提高核算资料的准确性和内部一致性能够起到重要作用。正因如此,世界各国核算专家与各主要国际组织在这方面做了大量研究,终于形成了当今最具权威性的国际标准——《国民账户体系(SNA)》。当然,国民账户也有其局限性,由于它对核算数据的准确性和完整性要求较高,使得对于某些经济活动难以采用严格的账户形式来组织核算。特别是限于现有的核算基础和数据来源,国民账户在中国的实际应用还存在若干问题。

在国民核算中,除了上述各种基本方法之外,还经常运用经济模型法(如投入产出模型、资金流量模型等)、经济指数法以及其他许多方法。有关问题将在后续章节中结合具体核算分析内容加以介绍。

【本章小结】

1. 国民经济分类是国民核算和分析的重要基础。国民经济的一般分类包括:两大部类或两大生产领域的划分、产业级次的划分,以及经济类型的划分等。两大部类是一种经济理论的划分,实际操作中存在诸多困难;两大生产领域的划分是关于货物与服务、物质与非物质生产的分类;国民经济产业级次的划分是依据产业形成的历史时序等标志进行的一种概要性产业分类,它对于研究国民经济增长问题和产业结构的演进都具有重要意义;经济类型划分则是从生产资料(资产)所有制角度对国民经济结构的描述。

2. 产业部门和机构部门分类是最为重要的国民经济部门分类。它们的分类对象、分类单位、分类标志和分析功能都有所不同。两者既有区别,也有联系。在国民经济核算的某些专门领域中,还需要运用产品部门等分类方法。

3. 产业部门分类是依据主要生产活动性质对基层型单位(产业活动单位)进行的分类,生产活动性质需要兼顾"产出"和"投入"两方面。产业部门是由许多从事相同或相近的主要生产活动的基层型单位(产业活动单位)所组成。产业部门分类通常采用"四级分类法",它是最为基础的国民经济部门分类。

联合国的《国际标准产业分类(ISIC)》作为一种国际核算规范，适当兼顾了各国的经济现实和国际对比需要。在中国，产业部门分类被称作“行业分类”，且现行的“国民经济行业分类”与 ISIC 基本匹配。

4. 机构部门分类是依据经济活动种类和财务收支性质对机构型单位进行的分类，着重体现各种经济活动及其在财务决策和财务收支上的重要差别。机构部门是由一组从事相同或相近的经济活动、具有相同或相近的财务决策特征的机构型单位所组成。机构部门分类是贯穿于国民核算各环节的重要部门分类。

SNA 的五大机构部门分别是：非金融公司、金融公司、广义政府、住户，以及为住户服务的非营利机构部门。中国的机构部门与此基本类同。

5. 经济流量反映经济价值的产生或消失、获得或处置、转移或交换等，它涉及有关经济主体的物量或价值的变化。经济流量包括交易流量和非交易流量。经济交易是实际发生在机构单位之间或机构单位内部的各种经济活动。从事交易的经济主体称为交易者，而机构单位(政府、企业和住户，常住和非常住单位)则是最为基本的交易主体。交易和交易者都是国民核算中的基本概念。

6. 经济资产是能够为其所有者带来某种经济收益的资源或权益，它有两个基本特征：具有明确的经济所有者，且能够为其所有者带来经济收益。全部经济资产包括金融和非金融资产。金融资产可按金融工具分类，且大都具有“债权”性质；负债则是金融债权的对应体，其分类方式与对应的金融资产相同。但也有特殊的金融资产(货币黄金)只是单方面的资产，没有对应的负债方。非金融资产可划分为生产资产与非生产资产、有形资产与无形资产，以及固定资产与非固定资产(存货和贵重物品)等。

7. 统计分类法、指标法和平衡法都是国民核算的基本方法，它们还需通过适当的平衡账表获得科学表达。平衡表是反映相关现象或过程的总量平衡关系的专门统计表。其表式结构有收付式、并列式和矩阵式之分，其平衡方式有单式平衡与复式平衡之分，两种划分之间存在交叉。国民账户(平衡账户)是平衡表与复式薄记规则的有机结合，它兼具账户和平衡表的特征。国民账户也有收付式、并列式和矩阵式之分。

【思考题】

2—1 为何需要进行国民经济分类，其作用何在？

2—2 从国民核算的主体和客体两方面可以进行哪些主要分类？两者之间又有何联系？

2—3 国民经济分类中经常用到的分类标志有哪些？

2—4 国民经济分类的一般方法有哪些？其各自的分类标志是什么？

2—5 货物生产与服务生产有何异同？

2—6 有人认为，服务的生产与使用同步进行，服务产品不能贮存，生产多少就使用多少，故服务业生产不存在供需失衡问题。这样说对不对？

2—7 国民经济三大产业的分类标志是什么？为何有的国家将采掘业划归第二产业，而有的又将其划归第一产业？

2—8 产业部门分类为何要以基层型单位作为分类单位？基层型单位的基本特征是

什么?

2—9　机构部门分类为何要以机构型单位作为分类单位?机构型单位的基本特征是什么?

2—10　联合国的产业部门分类与中国的国民经济行业分类有何异同?

2—11　什么是经济交易?经济交易与经济流量是何种关系?

2—12　经常交易与积累交易的主要区别是什么?

2—13　什么是经济存量?它与经济流量之间有何联系?

2—14　什么是经济资产?经济资产必须满足哪两个基本条件?

2—15　什么是非金融资产?简述非金融资产的主要分类方式。

2—16　什么是生产资产和非生产资产?试举例说明。

2—17　什么是有形资产和无形资产?试举例说明。

2—18　什么是固定资产,其基本属性是什么?

2—19　试判断,下列项目中哪些是固定资产,哪些不是?为什么?

(1)土地和耕地,原始森林和人造森林;

(2)果树、葡萄园、橡胶园和为砍伐而栽种的树木,役畜、奶牛、产毛绵羊和为宰杀而饲养的牲畜;

(3)企业用车和居民私车,厂房和居民自有自用住宅;

(4)企业购置并使用的财务软件和设计软件,企业的研究与开发(R & D)支出,企业购买的商誉和营销资产以及由此发生的所有权转移费用;

(5)文学和艺术品原作及其工业复制品。

2—20　什么是贵重物品?它与固定资产、存货有何不同?

2—21　什么是金融资产?简述金融资产的主要分类方式。

2—22　金融资产与金融负债之间是何关系?能否说,“所有金融负债都有相应的金融资产,所有金融资产也都有相应的金融负债”?

2—23　并列式平衡表与棋盘式(矩阵式)平衡表的主要差异是什么?

2—24　从平衡原理的角度看,收付式平衡表与收付式账户的差别是什么?

2—25　第三产业与服务业之间是何种关系?试从分类标准和分类结果的角度加以讨论。

第 3 章　国内生产与国民收入核算

国民经济的循环流程包括生产、分配和使用等基本环节。本章针对这三个环节讨论有关宏观经济总量的指标概念、核算方法及其相互关系，重点说明国民经济生产和分配的综合测度问题。国民核算的平衡原则和主体原则等将为有关核算提供重要的方法论指导。

§3.1　国内总产出核算

一、生产核算的范围与国内总产出

在国民经济的循环过程中，生产和分配居于重要地位。有关国民经济的生产总量和收入总量是最为关键的宏观经济总量。而生产环节又处于分析的起点，其核算内容丰富、方法复杂，且直接制约着其他环节的核算方式和核算结果，因而，国民经济生产核算也就构成整个国民经济核算的起点和基础。

（一）生产核算及其相关范畴

生产过程就是投入产出过程，其投入是各种生产要素（劳动和资本等），其产出则是各种形态（货物和服务）、各种来源（农业、工业、建筑业和不同服务行业）、各种用途（消费、消耗、积累和出口）的产品，对此必须组织系统、完整的国民经济生产核算。依据国民核算的平衡原则，生产核算还必须与收入分配核算、产品使用核算相互衔接，保持总量平衡和结构适应的关系。

在国民经济循环过程中（参见图 1—4），对于生产环节与其他环节的关系还需要进一步准确把握。首先，流通活动本身就属于生产，必须纳入生产核算的范围。（就此而言，无论 SNA 或 MPS 概莫能外）。其次，在“综合性生产”的框架内，某些收入分配和资本转移活动（由社会保险基金和政府财政部门等运作）以及各种资金融通活动（由金融部门运作）也属于生产，必须纳入生产核算的范围。我们在图 1—4 中将“流通”、“分配”和“金融”等环节相对独立出来，旨在直观地加以描述和帮助理解。其实，这些“流通”、“分配”和“金融”环节的活动具有双重性：一方面，它们作为专门化的服务促成了相应的“商品流（流通）”、“收入流（分配）”和“资金流（金融）”的运动，因而具有生产性；另一方面，这些服务活动又有其生产成果，形成新的“产出流”，即服务活动本身的价值，这些“产出流”并非就是上述的“商品流”、“收入流”和“资金流”，需要分别考察。正如力作用于物体使其运动，但力的做功并非运动着的物体本身一样。举例说，某银行运作 100 亿元的存、贷款资金（形成相应的“资金流”），但其金融服务的产出价值并非就是 100 亿元，而只是比例于 100 亿元的某个相对有限的数额（存、贷款服务费）。因此，将流通、分配和金融服务所促成的商品、收入和资金流量相对独立于生产过程加以描述也是顺理成章的。

对于国民经济核算中的“国内生产范围”应该怎样具体界定，下面将给予进一步的理论分析和解释。

(二)国内生产范围的确定

依据国民核算的主体原则,国民经济生产核算只须考察常住单位的生产活动,也即以常住生产者(从事生产活动的常住单位)为其核算主体。本国的全体常住单位所从事的生产活动就是“国内生产”,其生产成果则属于“国内产出”。非常住单位本身的生产活动不直接影响到常住单位(或其经济总体)的经济状况,故无须加以考察,也不能计入本国的国内产出。至于非常住单位向常住单位提供的货物和服务,可作为进口给予适当反映。

一般而言,“综合性生产”观念所界定的国内生产范围囊括了第一、二、三产业的全部领域,其中:第一、二产业主要从事货物生产,第三产业则从事服务活动。在此,生产的本质特征之一就是能够提供某种使用价值(效用),而且所提供的货物或服务本身还须具有某种获得社会认可的价值。为此,在实际界定国内生产的范围时,还需要补充并遵循两个具体规则;当然,也需要考虑个别、特殊的例外。

1.“市场性”规则

该规则要求:国民经济生产核算应对全部市场性生产活动的有效成果计量产出。所谓“市场性”是指生产的产品是否打算通过市场销售或直接收取服务费等方式来实现。根据这一要求,住户部门中个别家庭内部的自我服务(如烹饪食品、缝纫服装、制作家具、擦洗地板、修理汽车等),尽管也能提供一定效用,同时,尽管也要消耗或使用来自市场的其他产品,但不能计入国内产出。一旦家庭内部的自我服务转化为营业性(市场性)服务活动,如饮食业、缝纫业、修理业或有酬家庭服务业(包括家政公司和个体家政服务人员)的活动,理论上就必须将其纳入生产范围并核算产出了。这也是世界各国国民核算的通例。

2.“社会性”规则

该规则要求:国民经济生产核算还应对各种社会性生产活动的有效成果计量社会产品。在市场经济的社会劳动分工体系中,客观上总是存在着一些截然不同于家庭内部自我服务的非市场、非营利性的服务活动,即社会公共服务和其他非营利服务,其活动主体就是政府部门和私人(民间)非营利机构。这些部门的活动尽管不符合“市场性”的要求,但作为整个社会服务体系的重要组成部分,它们具有任何市场性生产活动所不能替代的特殊作用,故仍然必须纳入生产核算。应该说,社会性与市场性要求在此还是有所区别的:若符合市场性要求,一般也符合社会性要求;但若符合社会性要求,未必就符合市场性要求。可见,社会性要求实际上涵盖了市场性要求(或者说比后者更为宽泛)。

在当今世界各国的国民经济生产核算中,都适当地遵循了市场性或社会性规则的要求。然而,有规则的地方就会有例外。应该注意到,在世界各国的核算实践中,出于现实经济情况的差异、经济福利分析的要求以及核算数据的国际可比性等考虑,往往还须将国内生产的范围适当扩展到个别非市场、非社会的活动领域。这里主要涉及:(1)农民自给性的粮食等食物的生产(以及各种自给性的货物生产);(2)住户自有住宅的使用(即家庭内部自我提供的住房服务,但不含其他自给性的家庭服务)。之所以这样处理,目的在于更为客观地衡量国内生产、居民消费和社会福利的实际水平。由于不同国家、不同时期的经济生活社会化、市场化程度存在着差异,在进行有关指标的国际对比或历史对比时,需要通过这种方式保持资料的“可比性”,满足经济和福利分析的实际需要。

然而,“住户家庭内部的其他自我服务”与上述的第二种例外情况极为相似,为何它就不能被纳入国内生产的范围呢？是否因为该问题对于国民经济生产核算不重要？显然不是。这一点可由下面的事实直观说明：就某些国家的情形而言，若有一半左右的劳动适龄妇女从事家庭劳动（其中绝大多数是没有报酬的家庭自我服务），这就关系到该国大约四分之一的人力资源所从事的活动是否属于生产范围、其活动成果是否计入国内产出。事实上，人们早就认识到家庭自我服务的这种重要性，经济学家们也早就试图将其纳入他们所设计的各种“经济福利指标”之中。但在历经数次更新的SNA等国际核算标准中，住户家庭内部的其他自我服务始终未被纳入国民经济生产范围。原因何在？问题的症结就在于：一方面，自有住房服务以外的各种无酬家庭服务的内容范围难以具体界定，且作为非市场活动不仅缺乏适当的市场估价标准，甚至不具备必要的成本核算资料，因而要对其进行生产核算面临着难以解决的实际困难。国民核算必须适当强调数据的客观性和分析的稳健性，故难以将其纳入生产范围。更为重要的是，一旦将住户家庭内部的其他自我服务都纳入生产范围，则经济学中生产与消费（非生产）的区分将会随之淡化或消失，经济统计学中消费与消耗的界限将会随之改变，就业与失业之间的界限也将趋于消失，产出、消耗和消费等基本宏观经济数据势必发生重大改变，乃至整个经济史或许将需要重写一遍。综合权衡以上后果显然是弊大于利。因此，除了自有住房服务之外，“住户家庭内部的其他自我服务”不宜都纳入“国民核算的生产范围”；但这并不排除在国民核算的核心框架之外，可以通过某种扩充或附属核算的形式对其进行专门的经济福利测度和生活质量分析。

（三）国内总产出及其构成

国内总产出是指一定时期内经济总体（或国民经济各部门、所有常住单位）的全部产出之和。国内总产出的实物构成可从不同角度考察：从产品形态看，它包括货物与服务；从实现方式看，它包括商品（经过市场流通）与非商品（不经过市场流通）；从经济用途看，它又包括生产资料与消费品，或中间产品与最终产品。

从价值的角度看，国内总产出又是一定时期内经济总体生产的各种产品的完全价值之和。其价值构成为：(1) 生产资料转移价值 c，包括固定资本消耗 c_1（即劳动手段转移价值）和中间消耗 c_2（即劳动对象转移价值）；(2) 雇员报酬 v，以及作为生产税和营业盈余的 m。$c+v+m$ 就是各生产单位（或生产部门）的“产出（总产出）”，而 c_1+v+m 则称作各生产单位（或生产部门）的“增加值”。据此，国内总产出的价值构成可以表为：

$$\sum(c_2+c_1+v+m)=C_2+C_1+V+M=C+V+M \tag{3-1}$$

式中，小写字母表示各单位（或部门）的产出价值构成，大写字母则表示经济总体的产出价值构成，左边是对所有常住单位或机构（产业）部门求和。

作为一个宏观经济生产指标，国内总产出是由经济总体各部门、各单位的产出构成的。由于各部门、各单位之间存在着相互提供、相互消耗产品的技术经济联系，于是每一部门或单位的产出价值中，通常都会包括一些由其他部门或单位提供的消耗品转移价值。因此，国内总产出只是一个有关国民经济生产过程的“总周转量”指标，它能够表明全社会生产活动的外在规模，也能够用于国民经济各部门间的投入产出分析，但不能说明国民经济生产活动的最终成果和内在质量。解决后一方面的问题还有赖于其他更为重要的宏观经济指标。

二、货物总产出的基本核算方法

货物总产出是由国民经济的农业、工业（包括采掘业、制造业和电气水业）以及建筑业三大部门提供的，三大部门的生产过程和生产成果具有不同特点，因而核算总产出的方法也有所不同，通常可以采用“企业法”和“产品法”。

(一)企业法和产品法的基本原理

企业法又称工厂法，其方法原理是：以单个的企业作为基本统计单位，按其生产经营活动的最终成果计算总产出；在同一企业内部(如各生产车间或各工序流程之间)不能重复计算被消耗品(中间投入或劳动对象)的转移价值，但在不同企业之间则允许类似的被消耗品转移价值的重复计算。

与企业法不同，产品法的基本原理是：以具体产品为统计对象，凡是某一生产过程的预期有效成果(通常就是统计目录中规定的产品)，无论是否属于有关经济单位的最终生产活动成果，均应计入该单位的总产出。

两种方法的主要区别是：依据企业法，一个经济单位(企业)生产出来的产品如果是准备出售，就要作为该企业的最终成果计算总产出，而如果作为消耗品自用(自制设备除外)，则一般就不是企业的最终成果，也不能计入其总产出；但依据产品法，一个经济单位(企业)生产出来的产品只要被列为统计对象，则无论出售还是自用，都要计入该单位的总产出。

(二)企业法和产品法的应用领域

国民经济各部门采用什么方法核算总产出，需要适当考虑有关生产过程在产出和投入方面的特点，以及与此相应的各种核算方法的适用性。但是，对于同一部门的同类生产活动，原则上应采用统一的方法核算总产出，以便维护产出计量的相对一致性。为保证生产核算方法的合理性，这里应采用产业部门分类，当然也可在此基础上再将其转换为机构部门的核算数据。

1. 农业总产出的核算

由于农业生产的产品种类相对较少(尤其基层农业生产单位的产品更为单纯)，其生产的周期较长，且季节性和连续性也很强。故农业生产的《产品目录》较易制订，按季节分期分批地计算或调查有关各种农产品的数量，并按相应的价格(不变价格或现行价格)计算农业总产出，是一种相对简便的方法。故我国的农业总产出采用“产品法”进行核算。

我国按产品法核算的农业总产出主要包括两大部分：一是“产成品”，以实际生产量(如粮食产量、林产品产量、牲畜出栏头数等)乘以相应的产品价格计算其产出；二是“在产品”，即大牲畜和多年生林木等动植物的生长量。由于后一部分农业产出严格按实际情况计算有困难，通常需做适当的简化处理。例如，对于生猪的在产品价值，可用期内增加的存栏头数按成猪的半价折合计算；对于林木的在产品价值，则可用林木培育面积按一定单价和比例折算。

2. 建筑业总产出的核算

建筑业的情形与农业存在部分的相似，但其生产周期往往更长，且具有流动施工、产品固定、单位产品价值量较大等特点，计算总产出也采用产品法。不过，由于建筑安装业的产品在形态、性能、造价等方面千差万别，难以确定统一的“产品目录”和“价格标准”，故在产品法的具体运用上又与农业略有不同。

建筑业总产出主要包括建筑、安装工程价值和有关的勘察设计价值，建筑物和设备的大修理价值等。

3. 工业总产出的核算

工业的情形与农业、建筑业显著不同。工业产品种类繁多，质量等级差异大，产品的更新换代快(新产品层出不穷,老产品不断改进、升级或被替代、淘汰),生产周期的长短参差不齐(甚至相差极为悬殊),且生产过程中半成品、在制品的数量规模和加工程度也各不相同,故很难制订完整、规范的《工业产品目录》,也很难调查和搜集其完整的产品数量资料。因此,采用"产品法"核算工业总产出一般较为困难。在中国,工业总产出迄今为止都是采用"企业法"核算的。也正因为企业法主要用于计算工业企业的总产出,它才被称作"工厂法"。

我国按企业法核算的工业总产出主要包括三大部分:(1)企业的产成品和已出售的半成品价值;(2)已完成的工业性作业价值;(3)期末比期初增加的半成品和在制品价值(生产周期较短的企业一般可忽略不计)。

尽管如此,用"企业法"计算工业总产出而用"产品法"计算农业总产出,并非一种必然的选择或最佳的方案。这在相当程度上是我国的经济统计全盘借鉴苏联等当时采用的核算方法的结果,因而不可避免地受到 MPS 和欧洲大陆国家根深蒂固的传统核算思想的某种影响。由此引发的工农业两大货物生产领域产出核算方法的不一致、不可比问题,会在一定程度上影响到相关领域的核算和分析(如产业结构和产业关联分析)的效果。对此还需要进一步研究。

(三)企业法和产品法的核算案例

总产出不论采用上述何种方法来核算,从全社会来看,其中都不可避免地存在着转移价值的重复计算问题。为便于说明,让我们考察一个高度简化的案例。

假设:棉农种植棉花(总价值 100 单位),纺织工将其纺成棉纱(200 单位)、织成坯布(350 单位),印染工再将其染成色布(450 单位),最后缝纫工将其缝制成服装(950 单位),整个生产序列至此完结。我们不妨暂时忽略工、农业产出核算方法的前述选择,并引进两种假设:(1)所有这些生产环节或工序都集中在一个生产单位(企业)中完成;(2)各个生产环节或工序分别由不同的生产单位(企业)来完成。现在,分别采用"企业法"和"产品法"核算所有工序环节的总产出,得到的结果如表 3－1 所示。下面据此核算总产出。

表 3－1 不同假设下按两种方法核算的工农业总产出

	用企业法核算的总产出	用产品法核算的总产出
假设(1):一个企业完成所有工序环节	总产出＝服装产出＝950	总产出＝棉花产出＋棉纱产出＋坯布产出＋色布产出＋服装产出＝2050
假设(2):不同企业完成各个工序环节	总产出＝棉花产出＋坯布产出＋色布产出＋服装产出＝1850	总产出＝棉花产出＋棉纱产出＋坯布产出＋色布产出＋服装产出＝2050

显然,若采用"企业法"核算,在"一个企业完成所有工序环节"的假设条件下,例中的工农业总产出(950 单位)不存在任何重复计算。但在"不同企业完成各个工序环节"的假设条件下,得到的结果(1850 单位)就存在着被消耗品的大量重复计算,其中:棉花被后续生产环节重复计算三次(共 100×3 单位),坯布的追加价值又被重复计算二次(共 250×2 单位),色布的追加价值再被重复计算一次(100 单位),重复计算共计 900 单位。有关计算过程详见表 3－2。这里的所谓"重复计算",是指它们并未增加社会最终生产成果的总量,只是虚增产出而已。本例说明,这种虚增(重复计算)的程度是与生产过程的社会分工(生产组织的结构分化)程度直接相关的。一般说,社会生产的组织结构(或作为企业法基本核算单位的"企业")划分得越细,重复计算的程度就越高。

表 3－2　四个企业的工农业总产出计算表(企业法)

生产企业	c_2	c_1+v+m	$c+v+m$
棉农(棉花)		100	100
纺织厂(棉纱、坯布)	100	250	350
印染厂(色布)	350	100	450
制衣厂(服装)	450	500	950
合　计	900	950	1850

注:本例中设定棉花生产的中间消耗为零只是一种分析上的简化,实际情况不会如此。

另一方面,若采用"产品法"核算总产出,则两种假设条件下得到的结果完全相同(见表 3－1 的最后一列),这表明产品法不受生产过程的社会分工之影响。然而,是否需要将棉花、棉纱、坯布、色布和服装等均作为"产品"来核算,却是直接影响到最后统计结果的至关重要的因素。在本例中,若对所有五种产品按"产品法"计算工农业总产出(2050 单位),其重复计算的程度(共 1100 单位)就超过了采用"企业法"的情况(如表 3－3 所示)。但若将计算产出的产品限制为棉花、棉纱、色布和服装四种(不包括坯布),工农业总产出就是 1700 单位(重复计算共 750 单位);若将产品限制为棉花和服装两种,则工农业总产出就是 1050 单位(重复计算仅 100 单位)。

表 3－3　五种产品的工农业总产出计算表(产品法)

产　品	c_2	c_1+v+m	$c+v+m$
棉　花		100	100
棉　纱	100	100	200
坯　布	200	150	350
色　布	350	100	450
服　装	450	500	950
合　计	1100	950	2050

可见,采用"产品法"也存在着重复计算、虚增产出的问题,与"企业法"不同的只是:其程度取决于作为产出统计对象的"产品"种类的多寡。在"产品"种类太多,以至于在同一企业中存在着两种以上的产品被列为统计对象时(如上例表 3－3 中,纺织厂的棉纱和坯布都作为统计对象),"产品法"的重复计算程度就会超过"企业法"。

总之,用"企业法"计算总产出有不同企业之间的重复计算,同一企业内部不允许重复计算,全社会的重复计算程度取决于"企业"划分的程度;用"产品法"计算总产出则有不同产品之间的重复计算,且同一产品或同一企业内部仍然允许重复计算(如农场自产自用的种子、饲料,发电厂自产自用的厂用电等),全社会的重复计算程度取决于作为统计对象的"产品"种类的多寡。两者的重复计算程度孰高孰低不能一概而论,需要具体情况具体分析。特别地,若将"产品法"中的"产品"规定为各个基本生产单位的最终活动成果,则上述两种总产出核算方法之间的差异就随之消失。

三、服务总产出的基本核算方法

在国民经济系统中,服务业的领域十分广阔,它所包含的具体产业门类林林总总,各具特点,因而其总产出的核算方法也灵活多样,主要有:追加价值法、营业收入法、服务费用法和成本费用法，等等。分述如下：

(一)追加价值法

这种方法主要用于计算商业和货物运输业的服务总产出。这两个部门的基本劳动对象都是有形的产品(货物)，通过商业购销和货物运输(流通性服务活动)，这些产品才得以从生产者手中抵达使用者手中，而商业和运输业则对这些产品在原有的价值上追加了新的价值，据此，就可以计算两个部门的总产出。追加价值法的要点是：在计算有关部门或企业的总产出时，不能包括被流通货物的原有价值，而只能计算新追加的价值部分。实际核算时，商业部门通常依据所经营商品的“购销差价”或相关资料计算总产出，而运输部门则依据运输费用(货运收入)计算总产出。

(二)营业收入法

该方法广泛运用于各种营业性服务企业的服务总产出核算，如旅馆业、旅游业、生活服务业、信息咨询业，以及实行企业化经营管理的文化教育、卫生和科技服务等行业。营业收入法与价值追加法有所不同。例如，在旅馆业的总产出中，属于转售的商品(如烟、酒、饮料等)按购销差价计算，这与商业部门的追加价值法相同；属于加工制作的食品(如饭菜、点心等)则按其全部价值计算，这又类似于工业产值的计算了；只有真正的旅馆业服务(如客房服务等)，才是按营业收入法计算的。

(三)服务费用法

该方法与营业收入法类似，但主要用于各种单独项目的服务产出核算。这里所谓的“服务费用”包括各种形式的佣金、手续费、交易费和其他服务费。如有酬家庭服务等就是此法核算产出的。有酬家庭服务不同于居民的自我服务，前者已经成为一种社会性、市场性产活动，并有实际的服务费用收支，因而应该计算产出。

(四)成本费用法

该方法主要用于核算政府部门和非营利机构部门的总产出(主要是服务)。这些部门的基本特点是：(1)其服务活动不以“营利”为主要目的(这并非说它们实际上绝对没有盈利)，因而，它们所提供的服务或者是免费的，或者仅以象征性的、无经济意义的价格(低于市场价格、甚至低于成本价格的标准)收取费用；(2)这些部门从事服务活动的主要资金来源是国家财政的拨款以及民间募集的资金；(3)国家财政资金的主要来源是国家税收，但是税收本身不能作为对提供和享用服务产品的直接收费，因为税收的有无并不说明是否享用了这种服务，税收的多少也不说明享用这种服务的多少。所以，服务事业和政府部门的服务总产出无法依据市场价格计量，通常只能以相应的成本价格估算总产出，其中主要包括中间消耗、雇员报酬和固定资本消耗，以及少量的生产税净额(主要是产品税以外的其他生产税)，一般不包括或很少包括营业盈余(在核算上，假定这些部门从事非市场性生产活动的营业盈余为零；但它们也可能从事一部分市场性的非营利生产活动，这些次要活动可能有实际盈利，从而存在少量的营业盈余)。

(五)虚拟推算和抽样推断方法

上述各种方法适用于比较规范的服务行业的产出核算。但在实践中，直接利用现有资料核算产出往往存在困难，就需要运用适当方法加以推算。例如，对于有酬的居民家庭服务，就可以通过对城镇居民的抽样调查进行推算。至于居民自有住房的虚拟服务则有所不同，自有住房的使用既不是市场性的服务活动，也没有实际的房租收支，但为了便于进行居民消费水平和社会福利的比较研究，多数国家都将其纳入生产范围并计算产出，通常参照相应的市场房租或估算的住房成本(包括房屋折旧与维护费用之和)确定一个“虚拟房租”作为自有住房服务产出，这些数据也可以通过专门的住户抽样调查来搜集和估计。

四、金融和保险服务总产出的核算方法 *

金融保险业是第三产业中的重要部门，随着金融市场和金融体系的不断发展深化，它们在整个国民经济中占有的规模和地位也日益显著。但其产出的核算方法比较特殊、复杂，是国民经济核算中的一个难点问题。这里试简要剖析其基本核算原理。

(一)金融服务总产出的核算(不含保险业)

金融业所从事的主要活动是融通社会资金，也即以各种方式(如吸收存款等)吸纳社会资金，再以适当的方式(如发放贷款等)和必要的规模将其提供给需要资金的部门，这种活动我们称作“金融中介服务”。此外，金融公司也从事其他一些“辅助金融服务”，譬如办理货币汇兑和银行结算，为外汇交易提供咨询，担任投资理财顾问或贷款、证券等交易的经纪人，管理证券发行，以背书、票据和类似工具提供担保服务，为金融市场提供基础设施，提供保险箱服务，等等。金融业的收入来源，一是有关金融资产的利息收入(贷款利息)与金融负债的利息支出(存款利息)两者之差(净利息收入)，再就是通过从事金融中介活动和辅助金融活动所收取的服务费(手续费或佣金等)。两者之中，前者是主要的，占有绝大比重。依照传统的理解，金融业在从事存款和贷款这类金融中介活动时似乎并未向存款者或贷款者收取任何服务费，而其利息收支在性质上完全属于“财产收入”的收支，按理说也不能直接作为金融业的产出计量；于是，金融业的总产出就只包含其从事存贷款以外的金融中介活动和辅助金融活动的服务收费。如若再从这样得到的总产出中减去全部金融活动的各种日常消耗和其他有关费用开支，这时就会出现一种悖理现象：金融业的增加值通常变成一个负值，而其营业盈余则是一个更大的负值。但是，常识告诉我们，金融业并不是那种依靠政府补贴或拨款才得以维持其存在和发展的非营利部门，金融业存在于市场之中，同其他营业性生产部门一样，金融业也必须通过营利活动来维持自身的存在与发展。由此引出了怎样适当计量金融业的总产出的问题①。

从产出计量的角度看，金融中介服务产出与政府服务产出有着本质区别。金融活动不是非市场活动，金融中介服务的提供和享用也不可能是无偿的，它必须获得相应的服务费支付，只不过就存、贷款中介服务而言，这种支付关系表现得较为隐蔽、复杂罢了。但是透过现象看本质，通过深入的理论分析我们可以得到相应的金融中介服务的产出测度，这就是所谓“间接测算的金融中介服务费(FISIM)”。事实上，由于金融部门除了利息收支和其他辅助服务收费之外，并不具备其他完整的产出核算资料，因而，在 SNA 和我国的国民核算体系方案中，都是采用下面的近似公式计算存贷款类的金融中介服务总产出：

$$\begin{aligned}\begin{matrix}\text{间接测算的金}\\\text{融中介服务费}\end{matrix} &= \begin{matrix}\text{银行实收}\\\text{贷款利息}\end{matrix} - \begin{matrix}\text{银行实付}\\\text{存款利息}\end{matrix} + \left(\begin{matrix}\text{存款}\\\text{总额}\end{matrix} - \begin{matrix}\text{贷款}\\\text{总额}\end{matrix}\right) \times \begin{matrix}\text{参考}\\\text{利率}\end{matrix}\\ &\approx \begin{matrix}\text{银行实收}\\\text{贷款利息}\end{matrix} - \begin{matrix}\text{银行实付}\\\text{存款利息}\end{matrix} = \begin{matrix}\text{金融业净}\\\text{利息收入}\end{matrix}\end{aligned} \tag{3-2}$$

① 参阅杨灿：《金融核算理论问题研究》，统计研究，1995(3)；《金融核算疑难问题辨析》，统计研究，1999(3)。

怎样理解这一公式，关键在于能否深刻地认识现实经济过程中所自然形成的错综复杂的收支关系及其内在机制。

我们知道，在实际经济生活中，银行等金融机构通常是对不同类型的借款人和存款人分别规定高、低不同的利率，并收取或支付数量不等的利息，这就是我们所能直接观察到的利息收支形式。对此，我们不妨这样提出问题：如果上述的利息收支属于纯粹的财产收入关系，那么，为何同一档次的存、贷款利率会有显著不同，并且通常总是贷款利率高于存款利率呢？传统的观念无法解释这个悖论。但是，透过现象来分析，这实质上不过是将所有的存、贷款首先适用统一的利率(以便衡量财产收入数额)，然后再按照所提供的金融服务向各有关对象收取相应数额服务费用的一种简便易行的替代方法。从操作意义上说，金融机构在此一方面以降低存款利率的方式，从应支付给存款人的利息(财产收入)中扣除了一笔数额相当的服务费用，另一方面又以抬高贷款利率的方式，在应向借款人收取的利息(财产收入)上添加了一笔数额相当的服务费用；这样做的好处是大大简化了对于不同服务对象(存、贷款人)分别收取服务费用的繁琐手续。用公式来表示上述交易过程，就是：

$$\begin{matrix}\text{银行实付}\\\text{存款利息}\end{matrix}=\begin{matrix}\text{银行应付}\\\text{财产收入}\end{matrix}-\begin{matrix}\text{存款服}\\\text{务费用}\end{matrix} \tag{3-3}$$

$$\begin{matrix}\text{银行实收}\\\text{贷款利息}\end{matrix}=\begin{matrix}\text{银行应收}\\\text{财产收入}\end{matrix}+\begin{matrix}\text{贷款服}\\\text{务费用}\end{matrix} \tag{3-4}$$

以上分析表明，金融业的利息收入并非全部都属于财产收入，而其利息支出又并非应支付财产收入的全部；只有按照某种不含服务费的“参考利率”收取或支付的那部分利息(这称作“SNA利息”，以区别于实际的存款利息和贷款利息)才是纯粹意义上的财产收支，超过或扣除的部分则属于对金融中介服务的付费。SNA曾经推荐，在金融市场发育较成熟、组织较规范的条件下，银行同业间的放款(拆借)利率或中央银行的放款利率，可以作为以上参考利率的一个令人满意的近似值，也就是说，这些参考利率被认为是不包含金融中介服务费因素的。一种更为简便的方法则是，用相应存款利率与贷款利率的简单算术平均数作为参考利率的适当估计值。

依据以上分析，我们可以推导出间接测算的金融中介服务费(FISIM)的标准计算公式和近似计算公式。现在，无论对于每一金融企业或金融子行业，还是整个金融部门，都有：

$$\begin{matrix}\text{存款服}\\\text{务费用}\end{matrix}=\begin{matrix}\text{银行应付}\\\text{财产收入}\end{matrix}-\begin{matrix}\text{银行实付}\\\text{存款利息}\end{matrix}=\begin{matrix}\text{存款}\\\text{总额}\end{matrix}\times\begin{matrix}\text{参考}\\\text{利率}\end{matrix}-\begin{matrix}\text{银行实付}\\\text{存款利息}\end{matrix} \tag{3-5}$$

$$\begin{matrix}\text{贷款服}\\\text{务费用}\end{matrix}=\begin{matrix}\text{银行实收}\\\text{贷款利息}\end{matrix}-\begin{matrix}\text{银行应收}\\\text{财产收入}\end{matrix}=\begin{matrix}\text{银行实收}\\\text{贷款利息}\end{matrix}-\begin{matrix}\text{贷款}\\\text{总额}\end{matrix}\times\begin{matrix}\text{参考}\\\text{利率}\end{matrix} \tag{3-6}$$

$$\begin{aligned}\begin{matrix}\text{间接测算的金}\\\text{融中介服务费}\end{matrix}&=\begin{matrix}\text{存款服}\\\text{务费用}\end{matrix}+\begin{matrix}\text{贷款服}\\\text{务费用}\end{matrix}=\begin{matrix}\text{银行实收}\\\text{贷款利息}\end{matrix}-\begin{matrix}\text{银行实付}\\\text{存款利息}\end{matrix}\\&\quad+\left(\begin{matrix}\text{存款}\\\text{总额}\end{matrix}-\begin{matrix}\text{贷款}\\\text{总额}\end{matrix}\right)\times\begin{matrix}\text{参考}\\\text{利率}\end{matrix}\end{aligned} \tag{3-7}$$

从全社会看，当“存款总额＝贷款总额”近似成立时，显然就得到：

$$\text{FISIM}\approx\text{银行实收贷款利息}-\text{银行实付存款利息} \tag{3-8}$$

但要注意这个简化公式的应用条件。对于全社会的所有金融行业而言，可以期望其存款总额与贷款总额或者近似相等,或者从长期看存在着某种使两者相等的内在机制和趋势,故上述简化公式可以近似匡算出存贷款类金融中介服务的产出。不过,若仅仅是就某个金融企业而言,由于其存、贷款总额通常显著不等,这个公式是无效的。

以上分析表明:存贷款类金融中介服务产出的核算方法,是建立在对实际利率的形成机制及其内在本质的理论分析基础之上的,这就为我们从利息收支关系的角度核算金融活动的总产出提供了必要的理论依据。在实际核算中,再综合考虑金融业从事其他中介服务和辅助服务活动的产出成果(直接收取的服务费),就得到下面的金融业总产出计算公式:

$$\text{金融业总产出} \approx \text{金融业净利息收入} + \text{其他金融服务费} \tag{3—9}$$

此外,金融部门中主要从事货币政策管理等活动的中央银行子部门的产出核算也有其特点(包括非市场性的公共服务产出、市场性的金融中介服务产出,以及介于市场和非市场之间的金融监管服务产出),相关核算方法问题请参阅《SNA2008》(6.151 至 6.156 段),此处从略。

(二)保险服务总产出的核算

广义的金融业还包括保险业,其总产出的核算也有特殊性。保险服务的基本作用在于,通过在不同机构单位之间或不同时期之间的资金再分配分散风险。其一般程序是:首先,保险公司(承保人)从住户或企业(投保人)那里收取一定的保险费;然后,作为回报,承保人在指定的时间或时期内向投保人支付事前协议的保险金,或者,当保险单上载明的意外事故发生时,向投保人支付赔偿金。保险可以分为两种类型:一种是人寿保险(简称"寿险"),其特点是到期总得支付保险金,但具体金额可以固定,也可以依据承保方经营效益的好坏而有所变化(后者属于"分红"性质的寿险);另一种则是非人寿保险(简称"非寿险"),其特点是,只有在指定的时期内发生保单所规定的意外事故时,才需要支付赔偿金,否则就无须支付。

依据综合性生产观念,保险服务是一种生产活动,而且是一种营利性的市场生产活动,因而应该计算其产出。同其他金融服务一样,保险服务也必须收取相应的服务费用,这些服务费用也就是对其产出的计量。但是,保险公司核算期的全部保险费收入(实际保费或已收保费)并不代表当期的实际保险服务产出,因为,其中除了属于当期保险责任的实收保费(已赚保费)外,相当大的部分属于对后续时期的预收保费(未满期保费),后者被用于补充特别为此设立的"保险专门准备金"。在这里,我们有:

$$\text{实收保费} = \text{当期实际保费总收入} - \text{未满期保费} \tag{3—10}$$

保险专门准备金包括各种未满期保费和未决索赔准备金。作为承保人在未来时期对投保人进行赔偿的准备,这些专门准备金在核算上被视为投保人的一笔金融资产(预付款)。保险专门准备金的数额应为多少,是否需要追加或补充,这并不是任意确定的,而是取决于保险公司承担未来风险责任的大小。如果当期收取的保险费全部属于本期的保险责任,保险专门准备金就无须增加;如果当期收取的保险费中只有一部分属于本期的保险责任,还有相当部分属于未来时期的保险责任,则保险专门准备金就需要相应地增加。由此可见,在保险部门核算期收取的全部保险费中,实际上只有属于当期保险责任的那个部分(实收保费)才与保险服务的产出有关,作为增加保险专门准备金的预收部分则不能用来计量当期的保险服务产出。

进一步看,实收保费又要用于支付属于当期保险责任的索赔,显然,索赔本身属于保险服务费的对冲项目。不仅如此，实收保费扣除本期索赔之后的余额，还得用于支付开展保险服务的各种消耗和其他日常开支，并且，保险业作为营利性的市场服务行业，在正常情况下，其收取的服务费应该保证在收支相抵后还能获得一定的盈利。经验表明，保险业各期实际支付的索赔金额经常超过其实收保费，如果仅仅依据实收保费与当期索赔的差额来计算保险服务产出，这个产出就很可能是一个负值，更不用说它的增加值和营业盈余了，这显然是不合理的。

事实上，保险公司作为营利性的市场生产者，在精算保费标准时，已经充分考虑到了利用保险专门准备金进行各种投资所能获得的相应收益，包括投资于存款和债券的利息，投资于股票的红利，投资于土地的地租，以及投资于房地产业的营业盈余等。透过现象看本质，问题的关键就在于，保险专门准备金是投保人的资产，由此获得的收益本来应该归属于投保人，承保人占有这些收益，就等于从投保人方面获得了一笔“追加的保险费”。正是由于有了这笔追加保费，保险公司才能够以收抵支并获得盈利，得以不断地运营下去。因此，保险服务的总产出，可以通过其资金“来源”与“运用”的平衡关系（见表 3—4）加以推算。

表 3—4 保险业资金来源与运用平衡表

运　　用	来　　源
保险专门准备金的变化	实际保费总收入
已生（应付）索赔	保险专门准备金的投资收益（追加保费）
保险服务总产出	

由表 3—4 可见，保险服务总产出就是资金来源与运用的一个平衡项，其平衡关系应为：

$$\begin{aligned}\begin{matrix}\text{保险服务}\\ \text{总 产 出}\end{matrix} &= \left(\begin{matrix}\text{实际保费}\\ \text{总收入}\end{matrix} - \begin{matrix}\text{保险专门准}\\ \text{备金的变化}\end{matrix}\right) + \begin{matrix}\text{保险专门准备}\\ \text{金的投资收益}\end{matrix} - \begin{matrix}\text{已生}\\ \text{索赔}\end{matrix} \\ &= \text{实收保费} + \text{追加保费} - \text{已生索赔} \qquad (3-11)\end{aligned}$$

在止常风险情况下，用以上公式测算保险服务产出是合理且可行的。但是，所谓“正常风险”其实只是一种理想化的情形。实际发生的风险和由此导致的赔付经常处于波动之中。尤其是在发生异常灾难的情况下，非寿险的巨额赔付可能导致按上述公式计算的产出很小甚至为负数的结果。由于巨灾损失是一种非交易性质的外生物量变化，如果直接从作为交易结果的产出中抵扣，将使得非寿险服务产出与实际情形明显不一致。考虑到巨灾情况下保险公司的服务量应该是上升的，按上述适用于“正常风险”的公式计算的非寿险服务产出的不合理性就显得更为突出。为避免此类问题，在 SNA2008 中修订完善了非寿险产出的计算公式：

$$\text{非寿险产出} = \text{实收保费} + \text{追加保费} - \text{调整后已生索赔} \qquad (3-12)$$

式中，“调整后已生索赔”就代表在正常风险条件下预期的赔付水平。有关非寿险产出的各种估算方法和后续问题可参阅《SNA2008》和相关文献[①]，此处从略。

与一般金融业的产出核算相类似，在实际核算整个保险业的总产出时，不限于利用以上公式计算保险服务产出，还要适当考虑保险业从事其他辅助性服务活动所收取的费用。

① 参阅杨灿、曹小艳：《非人寿保险核算问题研究》，统计研究，2009(9)。

应该说明的是,上面讨论的保险都是由保险公司承保的“商业保险”或“营业性保险”。此外,广义的保险还包括各种社会保险或标准化担保计划。与投保人自愿参与的商业保险不同,社会保险是通过第三方(如政府、企业、工会和雇主等)的干预迫使或促成投保人参加、以防止意外事故发生所造成困难的一种保险;其中主要是由政府举办的“社会保障基金”,另外可能还有一些由企业或社团举办的社会保险计划。在国民核算中,这些社会保险活动若作为由政府(或雇主)直接管理和运作的非营利性生产活动,其提供服务的产出一般可按成本费用法核算(类似于一般政府产出的核算方法);若作为由雇主委托保险公司管理的社保计划则应按保险公司收取的服务费计算。同时,它们运作的有关社保收支(社会保险缴款和社会保险福利)又作为收入再分配处理。

§3.2　国内生产总值与生产净值核算

一、中间产品与最终产品

国内总产出依其经济用途的性质不同,也即是在经济总体的生产系统内部继续周转,还是结束产品本身的生产过程、进入使用领域,划分为中间产品和最终产品两大类别。有关概念在第1章中曾经提到过,为便于后续的讨论,这里再对它们给出明确的界定和说明。

“中间产品”就是核算期生产、又在期内被消耗或进一步加工的生产资料。中间产品的实物构成包括:生产过程中消耗掉的各种原材料、辅助材料、燃料、动力、低值易耗品和为生产的有关服务活动,等等。

“最终产品”则是核算期生产且在期内未被消耗或加工、可供最终使用的产品。最终产品的实物构成包括:(1)核算期生产的消费品(有关货物和服务);(2)核算期生产的用于资本形成的产品(固定资本形成、存货变动和贵重物品净获得,主要是货物);(3)用于出口的产品(有关货物和服务)。最终产品的货币表现有时也被称为“社会最终产值”,其价值构成为:

$$\sum(c+v+m)=C+V+M \qquad (3-13)$$

但这里与式(3-1)有所不同,即左边不是对所有常住单位,而是对所有最终产品求和。因此,该式的结果必然小于式(3-1),两者之差就是中间产品份额。

为了正确区分中间产品与最终产品,应该注意以下三个方面的问题:

(一)应从全社会或经济总体的角度区分

一种产品究竟属于中间产品还是最终产品,不应根据产品本身的完成程度来区分,而应从全社会的角度,根据产品的实际经济用途来确定。煤矿的产品就是煤,如果在生产过程中被用作燃料或原料,它是中间产品;如果被居民用来烧饭取暖,或者,用于增加生产部门的库存、用于出口等,则是最终产品。可见,这里的最终产品就是“社会最终产品”,有别于“企业最终产品”。

(二)应与生产范围的划分方式相结合

中间产品与最终产品的具体划分和计量内容也同生产范围的确定方式有直接关系。例如,在SNA中,中间产品和最终产品两者都包含货物和服务的内容,生产部门消耗掉的货物和服务属于中间产品,其他产品则属于最终产品;而在MPS中,中间产品和最终产品两者都只包含货物和物质性服务(不含非物质服务)的内容,并且,只有物质生产部门消耗掉的货物和物质性服务才是中间产品,非物质生产部门消耗掉的货物和物质性服务则被划归到最终产品(消费品)中去了。这些都是贯彻国民经济核算平衡原则的必然结果。

(三)应适当区分最终产品与增加值的概念

最终产品是整个社会生产的最终成果,社会生产的每一环节都对最终产品的形成有所贡献,但又并非每一个生产单位或部门都能够提供相应的最终产品。例如,一个冰箱厂生产的是电冰箱,一个炼焦厂生产的是焦炭。假设冰箱不被进一步加工改制,则冰箱厂的全部产品都是最终产品;再假设焦炭也不被用作增加库存或出口,则炼焦厂的全部产品都是中间产品。显然,这两个企业的生产活动都会创造增加值,但每个企业创造多少增加值,与其是否提供或提供多少社会最终产品并非一码事。不过,我们仍有充足的理由用每个生产单位(或部门)的增加值来衡量它们对社会最终产品贡献份额的多少。

对于整个经济总体来说,所有最终产品的价值之和与所有常住单位(或部门)的增加值之和这两者之间存在着平衡机制。我们不妨考虑一个"封闭型"的国民经济系统,在这里,所有部门提供的中间产品之和总是等于所有部门消耗的中间产品之和,进而导出以下基本结论:从使用角度看的社会最终产品的价值总额恒等于从生产角度看的国民经济各部门的增加值之和。后面我们还将看到,同样的结论对于"开放型"的经济系统仍然成立。这就是运用平衡原则和宏观思维考察国民经济循环流量的必然结果,对于整个再生产过程的核算具有重要意义。在国民核算与宏观经济分析中,需要充分重视和适当运用这种宏观思维。

二、国内生产总值核算

国内生产总值(GDP)就是由本国全体常住生产者所创造的社会最终产品的价值总量。它等于国内总产出扣除全部中间消耗之后的余额。理论上,国内生产总值可以分别从生产、分配和使用三个环节,采用三种不同的方法加以计算。

(一)生产法

生产法的基本原理是:首先分别计算国民经济各部门的总产出和中间消耗;再从总产出中扣除相应的中间消耗,求得各部门的增加值;最后,汇总所有部门的增加值,得出国内生产总值[①],即:

$$\text{GDP}=\sum(\text{各部门的总产出}-\text{该部门的中间消耗})=\sum\text{各部门的增加值} \quad (3-14)$$

总产出的核算方法已如前述,因此,生产法的关键就是如何正确核算各部门的中间消耗。这里应该特别注意以下三个方面:

1. 中间消耗与总产出的计算口径必须一致

依据平衡原则,中间消耗必须是对社会产品的使用。原则上说,只有(凡是)在国民经济范围内计算了产出、又在生产过程中被消耗了的产品项目,才能(就要)计算中间消耗。例如,按照"企业法",工业企业自产自用的原材料未计算产出,也就不能计算中间消耗。否则,

---

① 在核算实践中,GDP并不总是等于各部门增加值之和,这里涉及生产税(产品税)的具体征收和记录方式。为简化讨论,突出基本核算原理,本书不考虑影响GDP与增加值总和之间关系的个别细节问题。与此有关的国民核算计价标准方面的更为深入的讨论,可参阅SNA等相关文献,以及《国民经济核算教程(国民经济统计学)》(杨灿主编,中国统计出版社,2008年,第三版),第9章,第370－372页。

中间消耗就成了无源之水,无本之木,违反平衡原则。而按照“产品法”,农业生产单位自产自用的种子、饲料等计算了产出,也就必须计算中间消耗。如果中间消耗与总产出的计算口径不一致,就会引起使用额与生产额不平衡。不过,在实际核算中,进口的原材料等尽管没有计入国内总产出,但仍被作为中间消耗处理,对此需要在使用核算中加以平衡。

2. 中间消耗必须是对社会产品的生产性使用

在许多企业内部,常常存在着生产性的消耗与福利性的开支,需要适当区分和处理。福利性的开支主要有企业免费向员工提供的实物产品,企业为员工支付的医疗保健和福利设施等费用。原则上说,只有生产性的消耗才是中间消耗,而福利性的开支则是“消费”,两者不能混淆。

3. 中间消耗还必须是生产过程中的消耗性使用

完整地看,对社会产品的生产性使用包括消耗性使用和积累性使用。原则上说,只有在生产过程中被一次性消耗掉的产品才属于中间消耗;固定资本形成、库存物资增加、贵重物品积累等都不能计入中间消耗,否则,就会造成中间消耗虚增而增加值相应减少,直接影响到国内生产总值的总量和构成。譬如,工业企业的设备大修理和技术改造支出、购进而尚未使用的原材料,农业生产中的垦荒、造林和改良土壤等支出,这些都属于资产形成,不能算作中间消耗。

需要补充说明的是,增加值有两种概念:通常所指的是包含固定资本消耗的“总增加值”;总增加值扣除固定资本消耗之后,就得到“净增加值”。

(二)分配法(收入法)

分配法的基本原理是:首先从收入初次分配的来源(收入形成)角度计算国民经济各部门的增加值;然后,汇总所有部门的增加值,得出国内生产总值,即:

$$\text{GDP}=\sum \text{各部门的增加值构成要素之和}=\sum \text{各部门的增加值} \qquad (3-15)$$

从收入形成角度看,增加值由四个要素构成:

1. 雇员报酬(劳动者报酬)

这是雇员(劳动者)通过参加生产活动而获得的各种货币与实物报酬。具体包括:工薪、奖金、各种津贴和补贴;企业为雇员支付的社会保险和由职工福利基金中开支的公费医疗费;雇员股票期权;农民和其他自营职业者的货币收入(仅指劳动者报酬);以及实物劳动报酬或实物形式的其他初次分配等。

需要注意的是,该项指标在 SNA 中称作“雇员报酬”,而在中国国民经济核算体系(CSNA)中则称作“劳动者报酬”,两者的经济意义基本相同,但具体的核算处理有所不同,有关差异和问题将在第 5 章第 2 节中专门说明。

2. 生产税净额

“生产税”是企业等单位因从事生产经营活动而向政府缴纳的税金或规费。一般认为,生产税表面上是由企业缴纳的,但企业又会通过提高产品价格的方式将实际的税负转嫁给购买者,因而尽管企业是名义上的“纳税人”,但产品的最终购买者和使用者才是真正的税负承担者,故生产税以前也被称作“间接税”。顺带说明,与生产税(间接税)相应的是对所得、财产等直接征收并由纳税人实际负担的“收入税(直接税)”;在国民核算中,生产税是收入形成和初次分配的内容,而所得税、财产税和其他经常税(直接税)则属于收入再分配的内容。

生产税又包括产品税和其他生产税两大部分。

(1)产品税。这是企业等单位因生产、销售、购买、转让、使用或以其他方式处置产品而向政府缴纳的税金。产品税的多少一般是与产品数额直接相关的,它可按产品的数量单位计征,也可按产品价值总额的一定比例计征。产品税名目繁多,一般有三种类型:一是增值税,即在产品的不同生产阶段由有关企业比例于其产品增值程度而缴纳的税金(企业缴纳的增值税只是其产品的销项税金与中间消耗和资本形成上的进项税金之差);二是进出口税,包括进口关税和其他进口税、出口关税和其他出口税;三是其他产品税,包括增值税以外的一般营业税和销售税、对特种货物和服务征收的产品税、金融交易和资本交易税,以及由公营公司或政府企业从专卖专营所获得的垄断利润中上缴政府的专项收入等。

(2)其他生产税。这也是对企业等从事生产经营活动征收的税金,但与产品税不同,主要表现为纳税额与产品多少没有直接关系;另一方面,它又不同于企业所得税和公司利润税,后者是对收入征收的税金,而且是比例于收入额来征收的。其他生产税一般是对生产过程中所使用的特定资源,以及特定种类的活动、交易等征收的税金,且无论生产经营活动是否盈利,都须缴纳相关税金。主要包括:企业因使用土地、房屋和其他建筑物以及劳动力而缴纳的税金,企业缴纳的营业执照税、车船牌照税、养路费、排污费、交易印花税和水电附加费,以及对于从事国际旅游、国际汇款等活动的机构所征收的国际交易税,等等。

与生产税相反,“政府补贴”是由政府给予各企业、部门的生产补贴(在我国,主要是价格补贴、亏损补贴和出口退税等)。它可以视为“负的生产税”,正、负生产税相抵之后的差额就是“生产税净额”。理论上说,生产补贴依其是否与产品数量有关,同样可以划分为“产品补贴”和“其他生产补贴”两大部分,因而,产品税减去与之相应的补贴就得到“产品税净额”,其他生产税减去与之相应的补贴则得到“其他生产税净额”,两者之和就是全部“生产税净额”。

3. 固定资本消耗

这是为补偿核算期内固定资本损耗而计提的折旧基金。应该说,固定资本折旧基金本质上也是一种补偿基金,将其计入国内生产总值本身也是一种重复计算。但从实际核算的角度看,要正确测定完全没有重复的社会最终产值,有赖于准确计算出生产过程中的固定资本损耗。然而,固定资本损耗的性质本身决定了它是很难客观地加以计量的(实际计提的折旧也只是一种粗略的近似)。因此,完全没有重复的社会最终产值(即扣除资本消耗后的社会最终产值)尽管在分析意义上更为纯粹,却不如含有部分重复计算的国内生产总值指标来得客观、稳健。两者不能相互取代,而 GDP 在核算上具有更为基础的地位。

4. 营业盈余

这就是从生产部门的总产出中扣除中间消耗、固定资本消耗、雇员报酬、生产税净额之后的剩余部分。与上面三项不同,营业盈余本身并不是一项分配收入,而是核算上定义的一个平衡项。当然它也会转化为企业留利和投资人分红等财产收入,在某种程度上代表各部门的经济效益。营业盈余有两种概念,通常所指的是不包含固定资本消耗的“净营业盈余”,净营业盈余与固定资本消耗之和就是“总营业盈余”。

上述核算 GDP 的生产法和分配法都是从国民经济各部门入手,通过汇总各部门增加值来计算国内生产总值,因而可以统称为“部门法”或“增加值法”。在增加值和 GDP 核算中,可以采用产业部门分类,也可以采用机构部门分类。前者便于统一核算方法和进行产业结构分析,后者则有利于整个核算体系的前后衔接。我国目前采用产业部门分类进行增加值和 GDP 核算，SNA 则两者并用。

（三）使用法（支出法）

与核算 GDP 的生产法和分配法不同，使用法的基本原理是：从全社会（而不是各部门）的角度入手，直接将国内产出中各类货物和服务的最终使用额加总起来，求得国内生产总值。

但在实际经济生活中，无论是作为最终使用的消费、投资和出口，还是作为中间使用的消耗，都有可能部分地包含了进口商品的使用（该部分未计入国内总产出）。而进口商品并非国内产出，由此将使得最终产品使用额大于其生产额，必须依据平衡原则加以适当调整。从宏观总量平衡的角度看，我们有：

$$\text{国内总产出}+\text{货物和服务的进口}=\text{中间消耗}+\text{国民消费}+\text{资本形成总额}+\text{货物和服务的出口} \tag{3-16}$$

适当移项整理后，即得从使用法角度的核算国内生产总值的基本公式：

$$\text{国内生产总值}=\text{国内总产出}-\text{中间消耗}=\text{国民消费}+\text{资本形成总额}+\text{货物和服务净出口} \tag{3-17}$$

依据上式核算国内生产总值时，也必须充分考虑国民经济核算平衡原则的要求。

1. 国民消费（国民总消费）

这包括满足当前居民个人的物质和精神生活需要以及社会公众对安全、秩序等“公共物品”需要的全部货物和服务。国民消费可以按两种方式划分：(1)按“最终消费支出”划分为住户部门消费支出、非营利机构部门消费支出和政府部门消费支出；其中，住户部门消费支出都属于个人消费支出，非营利机构部门消费支出大多属于个人消费支出，政府部门消费支出则可分为个人消费支出和公共消费支出。(2)按“实际最终消费”划分为住户部门实际最终消费（实际个人消费），以及政府部门和非营利机构部门实际最终消费（实际公共消费）。

“住户部门最终消费支出”应包括各种耐用和非耐用消费品的购买额（但不包括居民购置房屋和贵重物品的支出）、对各种生活性服务的支出、已计入产出的实物劳动报酬，以及自产自用的产品和自有住房的虚拟房租等。“住户部门实际最终消费（实际个人消费）”则还应包括由政府部门、非营利机构部门承担开支并以“实物（非货币）”形式转移给住户的所有货物和服务，即政府部门和非营利机构部门的最终消费支出中属于个人消费支出的部分。后面这两类实物转移尽管无须由住户来开支，但最终享用者却是住户，故必须计入住户的实际最终消费。

“政府部门最终消费支出”减去政府对住户的上述实物经常转移（即政府部门的个人消费支出），就得到“政府部门实际最终消费（政府部门的实际公共消费）”。后者是指由政府提供的各种社会公共服务，这些服务属于“公共物品”，其特点是通常只能以无偿的方式向全社会或部分公众提供，因为没有非常具体的服务对象和相应的服务费收支计算使用额，故只能以政府部门作为核算主体记录公共消费。

“非营利机构部门最终消费支出”减去其对住户的上述实物经常转移（即非营利机构部门的个人消费支出），就得到“非营利机构部门实际最终消费（该部门的实际公共消费）”，其性质与政府的实际公共消费类似，但比例极小，两者之和就是全社会的实际公共消费。

尽管上述三个部门的最终消费支出与实际最终消费通常存在差异，但这种差异只是结构性的，换言之，所有三个部门的最终消费支出总额与实际最终消费总额应该是恒等的。

2. 资本形成总额（非金融生产资产的总投资）

这是用于形成新的资产、满足未来的生产与生活需要的产品数额，包括固定资本形成、存货变动和贵重物品净获得。其中，固定资本形成是含折旧的"总额"。

固定资本形成总额从实物内容看，包括各类房屋（含居民建房）、建筑物、机器设备、武器系统、培育性生物资源和知识产权产品（无形固定资产）的净获得等；从资金来源看，包括由基本建设投资和其他资金形成的新增固定资产，由更新改造资金形成的固定资产，以及由大修理资金形成的固定资产。

存货变动则包括商业部门和国家物资储备部门的商品、物资的库存净增加额（期初、期末差额），以及各生产部门的材料和用品、制成品和在制品的期末净增加额。

贵重物品是由各机构单位或部门作为价值贮藏手段持有的资产，包括各种贵金属、宝石、文物古董和珠宝首饰等。通过各种经济交易（买卖和转让等）净增加的贵重物品也属于资本形成总额的内容。

需要说明的是，上述各种使用额指标原则上都必须按照常住单位的标准进行计算。据此，居民消费是指常住居民的全部消费，它应该包括常住居民在本国经济领土以内或以外的全部消费，但不能包括非常住居民的消费（即使是在本国经济领土之内的消费）；同理，资本形成也应该包括常住单位从国外购买的投资品，但不包括非常住单位在国内购买的投资品。这些内容在有关货物和服务的进、出口核算中必须作出相应的处理。

3. 货物和服务净出口

这里的出口包括常住者对非常住者提供的全部货物和服务的总额，进口则包括常住者从非常住者获得的全部货物和服务的总额。应该注意，在国内生产核算中，进出口既包括有形的货物贸易，也包括无形的服务贸易，这与以往国际贸易和国际收支统计中习用的概念（仅指"有形贸易"的"对外贸易"）明显不同。此外，这里的进出口不仅包括常住单位与非常住单位之间通过买卖行为的商品交换，还包括它们相互提供的无偿实物转移，以及常住单位在国外的直接购买（进口）和非常住单位在国内的直接购买（出口）。

（四）GDP 核算诸方法之间的关系

依据国民核算的"三方等价"原理，分别采用上述三种方法计算的国内生产总值理论上应该相等。但在核算实践中，由于各种方法的资料来源不同，推算方式和依据不同，数据加工或换算的方式不同，以及资料搜集过程中难以避免的遗漏、重复和其他误差、偏差，往往会使三方面的实际计算结果出现差异，这在一定程度上是允许的。遇到这种情况，多以生产法或收入法（分配法）的计算结果为准，通过"统计误差"项目调整支出法（使用法）的计算结果；鉴于生产法和收入法是针对部门的核算方法，这也便于我们对国内生产总值进行部门结构分析①。

值得注意的是，由于"非规范经济（未被观察经济、地下经济）"在世界范围内的普遍存

① 在美国现行的国民核算中，GDP 侧重于按支出法（使用法）核算。按收入法（分配法）计算的 GDP 称作"国内总收入（GDI）"。GDI 是从另一角度核算的 GDP。理论上说，GDP 与 GDI 测度的经济内涵是相通的，其核算结果也应该相同。但由于存在统计误差，美国的 GDP 与 GDI 通常不等；而且这种统计误差可能同时存在于 GDP 的不同核算方法中。或许正是由于这个原因，在美国商务部经济分析局（BEA）发布的国民核算数据中，还专门计算了一个"GDP 与 GDI 之均值（Average of GDP and GDI）"指标，旨在调和"统计误差"对 GDP 和 GDI 两者的影响，以便用于相关的经济分析。

在,其活动结果势必对国民经济核算产生一定的影响。非规范经济最为显著的特征就是其隐蔽性,通常情况下,要掌握或搜集它们的产出和投入资料都非常困难;但这些生产活动又必然产生相应的收入分配效果,其产品一般也要投入市场、满足需求。因此,对于这些非规范经济活动,在核算中可能存在的突出问题是:计算使用指标时,客观上已经包括或部分包括了它们的市场份额,但计算生产指标时却在很大程度上漏算了它们的产出份额。显然,这将导致国民经济生产指标偏小,降低生产法的准确性,破坏生产额与使用额的平衡。有关非规范经济的测算是国民核算理论中的一个难点问题,已经引起核算界和经济分析人员的适当关注,值得进行专门研究。

三、国内生产净值核算

国内生产净值(NDP)等于国内生产总值减去国民经济各部门在核算期内的固定资本消耗之和。固定资本消耗本质上属于生产资料的转移价值,包含在社会最终产值之中,也是一种重复计算。因此,也可以说,国内生产总值是一个包含了部分重复计算的社会最终产值指标,而国内生产净值则是一个没有任何重复计算的社会最终产值指标。类似于 GDP,国内生产净值也可采用三种方法核算。

(一)生产法

依据这种方法,国内生产净值等于国民经济各部门的"净增加值"之和,而净增加值则等于总产出扣除中间消耗和固定资本消耗。

(二)分配法

依据这种方法,国内生产净值仍然等于国民经济各部门的净增加值之和,而净增加值则是雇员报酬、生产税净额和营业盈余三者之和。

(三)使用法

依据这种方法,国内生产净值等于全社会的总消费、资本形成净额和净出口三者之和,而资本形成净额则等于资本形成总额减去固定资本消耗(或等于固定资本形成净额、存货变动及贵重物品净获得三者之和)。

国内生产总值(GDP)和国内生产净值(NDP)的核算方法相近,但两者的分析意义有所不同,且前者是国民核算的基础和核心指标。两者互为补充、相得益彰。

此外,在 MPS 和我国以往的国民经济核算中,常常计算一个特殊的"国民收入(社会净产值或物质产品净值)"指标,它就是"五大物质生产部门"的净产值之和(MPS 口径的生产净值)。该指标等于五大部门的总产出减去它们的物耗(物质产品中间消耗和固定资本损耗)。但由于生产范围的差别和平衡原则的作用,该指标并不简单地等于 SNA 框架中五大物质部门的生产净值(净增加值之和)。

四、国内生产总值核算表

国内生产总值核算内容丰富、方法多样、功能显著,为此,需要编制相应的核算表,以便系统地归纳和反映其基本数据结构和核算关系。

《中国国民经济核算体系》就包含了一套"国内生产总值核算表",其中"国内生产总值总表"的框架结构如表 3—5 所示(作为数例,表中主要数据取自《SNA2008》)。作为一张统计平衡表,该表主要反映国内生产总值的生产、分配与使用三个环节的基本总量平衡和结构平衡关系。表的左方为“生产法”和“分配法”的结果，右方为“使用法”的结果和“统计误差”，左右两方总计平衡。

表 3—5 国内生产总值总表

生产法和分配法	金额	使用法	金额
一、生产法国内生产总值	1854	一、支出法国内生产总值	1854
(一)国内总产出	3737	(一)最终消费	1399
(二)中间消耗(减)	1883	1. 实际个人消费	1230
二、收入法国内生产总值	1854	(1)农村居民消费	830
(一)雇员报酬	1150	(2)城镇居民消费	400
(二)生产税净额	191	2. 实际公共消费	169
1. 生产税	194	(二)资本形成总额	414
2. 生产补贴(减)	3	1. 固定资本形成总额	376
(三)固定资本消耗	222	2. 存货变动	28
(四)营业盈余	291	3. 贵重物品净获得	10
		(三)货物和服务净出口	41
		1. 出口	540
		2. 进口(减)	499
		二、统计误差	0

除了“总表”而外，还有三张分表，它们分别是：(1)生产法国内生产总值表，其中，分别按三大产业和产业门类详细分解各部门的总产出、中间消耗和增加值；(2)收入法国内生产总值表，其中，分别按三大产业和产业门类详细分解各部门的雇员报酬、生产税净额、固定资本消耗、营业盈余和增加值；(3)支出法国内生产总值表，其中，对城镇和农村的居民消费分别按消费品类别进行分解，对固定资本形成按内容构成进行了分解。

在国民经济五大核算中，国内生产总值核算居于重要地位，因此，国内生产总值核算表也就成为我国国民核算体系“基本核算表”部分的核心表式。利用有关数据，可以对国民经济运行的基本状况和态势给出概要性描述和评价，为宏观经济分析和管理提供重要依据。

§3.3 国民收入与可支配收入核算

一、国内生产与国民收入

在国民经济核算中，除了上述的“国内生产总值(GDP)”等指标外，还经常用到“国民生产总值(GNP)”等指标。后者现在改称为“国民总收入(GNI)”，但国民生产总值作为一个曾经非常流行的指标概念影响很大。两类经济总量指标的真实含义及其异同关系常常引起误解，需要适当甄别。

若从上述两类指标的字面意义入手，就引出如下常见的通俗解释：国内生产总值是按“国土原则”或“属地原则”计算的最终产品指标，而国民生产总值则是按“国民原则(常住原则）”或“属民原则”计算的最终产品指标。这种理解非常流行，见诸国内外经济学或统计学教科书、辞书和其他经济统计文献，但在理论和实践上却是不准确、欠严谨的，不仅曲解了国民核算的主体原则，而且容易产生误导作用，有必要给予辨析和澄清。

依据国民核算的主体原则，任何关于经济总体的总量指标都应该是以全体常住单位为主体来核算的。若分别就生产、分配、消费、储蓄和财产（财富）等领域来考察，就形成了诸如国内（国民）生产、国民收入、国民消费、国民储蓄以及国民财富等指标。“国内生产总值”和“国民生产总值”作为这样的两个综合总量，同样应该遵循上述主体原则，也即都应该是对全体常住单位或同一经济总体来计算的。但为何一个叫做“国内”、另一个叫做“国民”呢？其实，从指标的核算意义和相互间的换算关系看，两者的差异主要缘于“常住生产者所从事的生产”与“常住生产要素所获得的收入”的不同。

简单说，“常住生产要素”就是本国常住单位所拥有的各种生产要素（劳动力和资本等）。在经济现实中，由于存在着生产要素的国际间流动，就有可能出现如下的情况：常住单位的生产活动不限于使用常住生产要素（如境内外资企业使用国外的资金和技术管理人员），反之，常住生产要素的使用范围也不限于常住单位的生产活动（如境外中资企业使用本国的资金和技术管理人员）。换言之，本国的常住生产者可以使用国外的生产要素，本国的生产要素也可以被非常住生产者所使用。这就需要从不同的角度加以核算：国内生产总值以活动主体的常住属性（是否常住生产者）为基础，而国民生产总值则以生产要素的常住属性（是否常住生产要素）为归属。这样解释的依据就是实践中通用的指标换算公式：

$$\begin{matrix}\text{国民生}\\\text{产总值}\end{matrix}=\begin{matrix}\text{国内生}\\\text{产总值}\end{matrix}+\begin{matrix}\text{得自国外的}\\\text{净要素收入}\end{matrix}=\begin{matrix}\text{国内生}\\\text{产总值}\end{matrix}+\left(\begin{matrix}\text{得自国外}\\\text{要素收入}\end{matrix}-\begin{matrix}\text{对外支付}\\\text{要素收入}\end{matrix}\right) \qquad (3-18)$$

为便于理解式（3－18），请参看图 3－1。国内生产总值（A）与国民生产总值（B）是两个互有交叉的集合。两者的不同之处在于两个方面：(1)差集 B-AB，即得自国外的要素收入（常住生产要素参与国外生产所获得的收入）；(2)差集 A-AB，即对外支付的要素收入（非常住生产要素参与国内生产所获得的收入）。由式（3－18）可知，正是它们决定了 GDP 与 GNP 之间的数量差异。据此推论，A 与 B 之共同部分（交集 AB），就应表示由本国的常住生产要素从事国内生产所创造的成果（最终产品）。

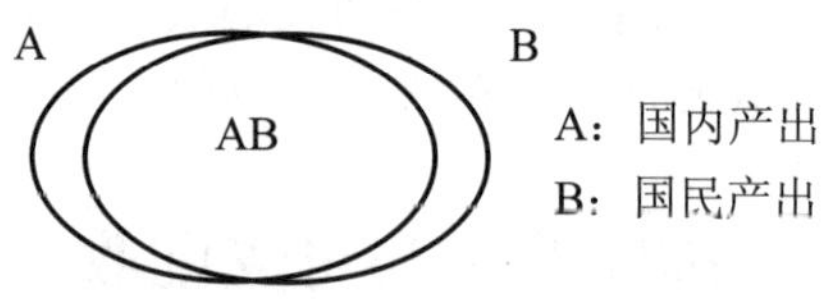

图 3－1　国内产出与国民产出之关系

根据上面的分析，可将国内生产总值与国民生产总值两个集合重新组合如下：

$$A=AB+(A-AB), \qquad B=AB+(B-AB) \qquad (3-19)$$

用文字形式来表述式（3－19），也即：

$$\begin{matrix}\text{国内生}\\\text{产总值}\end{matrix}=\begin{matrix}\text{常住单位使用常住生产}\\\text{要素所创造的生产成果}\end{matrix}+\begin{matrix}\text{常住单位使用非常住生产}\\\text{要素所创造的生产成果}\end{matrix}$$

$$\begin{matrix}\text{国民生}\\\text{产总值}\end{matrix}=\begin{matrix}\text{常住单位使用常住生产}\\\text{要素所应提供的收入}\end{matrix}+\begin{matrix}\text{非常住单位使用常住生}\\\text{产要素所应提供的收入}\end{matrix}$$

这表明:国内生产总值就是常住单位使用各种生产要素(包括常住和非常住要素)从事生产活动的成果,或者说,就是由本国全体常住单位所创造的最终生产成果(这与本章上一节的定义是一致的);而国民生产总值则是常住生产要素因参与国内和国外的生产活动而从其成果中占有的份额,或者说,就是本国全体常住单位因提供生产要素所获得的收入。两者都是基于同样的经济总体(全体常住单位)范畴,这是它们的共性,也体现了国民核算主体原则的统一性(而不是双重的"属地"和"属民"原则);但由于各自观察问题的角度不同,分别对国民经济循环的不同环节核算"生产"和"收入"就有着性质的差异。

可见,GDP 与 GNP 之间本来是"生产"与"收入"的差别,或者说,是"常住单位的生产活动成果"与"常住单位获得的要素收入"之间的差别,但过去在指标的命名上却被不适当地标识为"国内"与"国民"的区别,这就是问题的症结,也是导致误解的根源之一。因此,《SNA1993》建议:将"国民生产总值(GNP)"更名为"国民总收入(GNI)"①,而"国内生产总值(GDP)"则维持原名。这样,GDP 与 GNI,一个是"生产",另一个是"收入",界限分明。至于"国内"与"国民"其实并无区别,指标使用习惯使然而已,两者指称的实为同一"经济总体"。

对此,我们不妨引用《SNA1993》中的一段话给予说明:"由于国内生产总值与国民总收入都是加总同一组常住机构单位的增加值或原始收入余额得到的,所以,将其中一项称为'国内',而将另一项称为'国民'就没有正当理由。两种加总值都与经济总体有关。两者之间的差别不在于覆盖范围,而在于一项核算产出、另一项核算收入。两者都有同等资格被称为'国内'或'国民'。"②这一方面充分体现了 GDP 与 GNI(GNP)之间的真实关系,同时也启示我们,在解释国民核算指标的内涵时切忌望文生义,过于追求通俗而失去严谨性。

二、国民收入初次分配核算

(一)初次分配与国民总收入

如前所述,国民经济的价值运动包括收入分配过程。分配的形式是各种收入的支付与获取,根据这些收入支付的性质和方式的不同,收入分配过程区分为初次分配和再分配。

"初次分配"指产品价值在生产领域内部进行的直接分配,它所提供的收入是各经济主体得自生产活动的"原始收入":劳动者因提供生产服务而获得雇员报酬,财产所有者因提供资金、资产等而获得财产收入,企业因运用各种生产要素组织生产活动而获得相应赢利,政府则因其特殊的地位和作用而对生产经营活动收取生产税,如此等等。"再分配"是指初次分配之后的所有收入转移过程,它所提供的各种收入是由有关原始收入转化生成的"派生收入"。初次分配与再分配、原始收入与派生收入的划分是经济分析上的重要概念,这些区分有利于更为深入地研究整个分配过程的结构及其不同层面的结果。

这里首先考察收入初次分配过程。从国民经济各部门的角度看,收入初次分配首先是增加值的各组成部分按照生产要素的最初投入来源进行的分配,这一过程通常称作"收入形成"。在这一过程中,"雇员报酬"从各生产部门流向住户部门,"生产税净额"从各生产部门

① 在中国现行的国民核算中,已经用 GNI 取代了原来的 GNP。但由于概念使用习惯等原因,在美国现行的国民核算中,仍然沿用 GNP 的指标名称(而未采用 SNA 的 GNI)。例如,美国商务部经济分析局(BEA)发布的国民核算数据中就同时包含 GDP 和 GNP 两个指标,后者再通过固定资本消耗和统计误差调整过渡到国民收入(NI)指标。

② 参阅联合国等:《国民经济核算体系(SNA 1993)》,第 7.17 段,中国统计出版社中译本,1995 年,第 169 页。

流向政府部门,“固定资本消耗”和“营业盈余”则仍然留在原来的生产部门中。但是,初次分配至此并未结束,因为还有财产收入的分配需要考虑。

“财产收入”是指各经济单位或部门之间由于相互提供(借用或租用)资金、资产等生产要素的使用权而产生的原始收入。如利息、投资收益、地租、地下资源开发权的使用费等,这些都属于财产收入。显然,国民经济各部门之间都可以相互提供资金和资产,因而,在初次分配过程中,财产收入的具体流向表现得最为错综复杂,任何两个部门之间都有可能存在财产收入的支付关系。但是,应该注意,财产收入不包含由于资产所有权的转让或买卖而产生的收入,如土地买卖收支;此外,理论上说,金融业与其他各部门之间的利息收支也不是纯粹的财产收入,其中还包含了一部分金融中介服务费用,这些服务费用已经计入金融业的总产出,严格说,只有扣除了这些服务费用的有关利息收支才属于财产收入。

整个国民收入初次分配的基本过程可以概括为:各部门以其增加值为分配的初始来源,在经过雇员报酬、生产税净额和财产收入等形式的一系列收支关系后,形成各自的初次分配结果,即原始收入。注意,这里的原始收入有别于各种“初分配收支”的一般概念,而是指初分配的最终结果,为区别起见,也称作“原始收入余额”。没有扣除固定资本消耗的原始收入(余额)就是“原始总收入”,可用公式表为:

$$\begin{matrix}\text{某部门原始}\\\text{总收入余额}\end{matrix}=\begin{matrix}\text{该部门}\\\text{增加值}\end{matrix}+\begin{matrix}\text{该部门获得的各}\\\text{种初次分配收入}\end{matrix}-\begin{matrix}\text{该部门支付的各}\\\text{种初次分配收入}\end{matrix}\qquad(3-20)$$

或者说,各部门的原始总收入等于其增加值加上初次分配收支差额。相应地,扣除了固定资本消耗的原始收入(余额)就是“原始净收入”。

如果从初分配过程将国民经济各部门的原始总收入(余额)加总起来,我们就会看到:在有关初次分配流量的汇总过程中,本国所有常住单位之间的收入与支出在总量上是相互抵销的;只有发生在常住单位与非常住单位之间的收、支流量才会影响到整个国民经济的原始收入总量。显然,这个结果就是前面给出的“国民总收入”指标:

$$\begin{matrix}\text{各部门原始}\\\text{总收入之和}\end{matrix}=\begin{matrix}\text{各部门增}\\\text{加值之和}\end{matrix}+\begin{matrix}\text{各部门获得的初}\\\text{次分配收入之和}\end{matrix}-\begin{matrix}\text{各部门支付的初}\\\text{次分配收入之和}\end{matrix}\qquad(3-21)$$

$$\text{GNI}=\text{GDP}+\begin{matrix}\text{得自国外的初分配}\\\text{收入(或要素收入)}\end{matrix}-\begin{matrix}\text{对外支付的初分配}\\\text{收入(或要素收入)}\end{matrix}\qquad(3-22)$$

由此可见,从初次分配的角度看,国民总收入与按收入法计算的国内生产总值之间的差异主要表现为核算环节和内容的不同。国内生产总值只是从收入初次分配来源的角度核算了增加值的构成(收入形成),没有考虑初次分配收入的去向和有关对外收支,也没有进一步考虑财产收入的初次分配过程;而国民总收入则完整地包括了整个收入初次分配过程的基本结果。这也表明,国民总收入是一个更为重要的国民经济分配(初次分配)指标,但仍然不能否定国内生产总值在生产核算和整个国民核算中的基础和核心地位。

(二)国民净收入与国民收入(NI)

“国民净收入(NNI)”旧称“国民生产净值(NNP)”,它等于国民总收入减去国民经济各部门的固定资本消耗之和。国民总收入和国民净收入两者所核算的内容都是初次分配与原始收入,差别在于,前者核算的是包含了折旧因素的“原始总收入”,后者核算的则是扣除了折旧因素的“原始净收入”,也即有:

$$\text{国民净收入(NNI)}=\text{各部门原始净收入之和}=\text{国民总收入(GNI)}-\text{固定资本消耗}=\text{国内生产净值(NDP)}+\text{得自国外的净要素收入} \quad (3-23)$$

顺带说明，在欧美某些国家的国民收入统计中，还有一种狭义的“国民收入(NI)”指标。其内容主要包括雇员报酬、个人租赁收入、业主收入、公司经营利润和其他财产收入等。这种狭义的“国民收入”在数量上大致等于国民净收入(国民生产净值)减去全部生产税(间接税)净额。关于这两种指标之间的关系，曾有一种比较流行的看法认为：国民收入(NI)就是按要素成本计算的国民净收入(NNI)，而后者则是按市场价格计算的国民收入(NI)。也就是说，两者所计量的指标内容基本相同，只是计价标准稍有差别而已。但各国的具体计算方法略有出入，不同历史时期的计算方法前后也有变化和调整。美国现行的国民收入核算已调整为类似于 SNA 的国民净收入(NNI)，其具体计算方法为：

$$\begin{aligned}\text{国民收入(NI)}&=\text{国民生产总值(GNP 或 GNI)}-\text{固定资本消耗}-\text{统计误差}\\&=\text{国民生产净值(NNP 或 NNI)}-\text{统计误差}\end{aligned} \quad (3-24)$$

三、国民收入再分配核算

上面讨论的只是国民收入初次分配过程的有关核算问题，接下来考察收入再分配过程。

在宏观经济分析中，最常用到的“收入”概念就是可支配收入或国民可支配收入。所谓“可支配收入”，是指经济总体各单位或部门在一定核算期内通过初次分配和再分配最终获得、可以自主支配的全部收入；而“国民可支配收入”则是指一国的所有常住单位或所有机构部门的可支配收入之和。

收入再分配过程以初次分配为基础，在此，有关的原始收入又以特定的形式、通过特定的途径转化为派生收入，而且一种派生收入也有可能再次转化为另一种新的派生收入。例如，在住户得到的雇员报酬(原始收入)中，有一部分会以收入税(所得税)或社会保险缴款的形式缴纳给政府；而政府得到的收入税(派生收入)、社保缴款和生产税(原始收入)中，又会有一部分以补助、救济等社会福利的形式转移给居民。国民经济再分配核算围绕这些内容进行深入全面的考察，其关键性指标就是“可支配收入”，它反映整个再分配过程的基本结果。在数量上，可支配收入等于原始收入加上再分配收支差额；再分配的内容则根据生产范围的界定方式之不同而不同。

依据“限制性生产”观点，只有物质生产是生产，各种非物质生产活动和相应的经济收支都成为再分配活动和再分配收支，因而，MPS 再分配核算中就包括了“金融再分配”和“非金融再分配”两大部分内容，前者指的是通过金融中介的资金融通过程，后者则包括其他收入转移和非物质服务费用的支付过程。相对而言，MPS 的初次分配核算内容就较为简单。

依据“综合性生产”观点，随着生产范围从物质生产领域扩大到非物质生产领域，初次分配的范围也相应扩大；相对而言，再分配的核算内容主要限于社会保险收支和其他转移支付关系，后者主要包括收入获得者所支付的收入税(含所得税、利润税、财产税等)，以及各种经常性的非税转移支付(如侨汇、捐赠、救济和其他社会福利等)。尤其值得注意的是，金融已成为一种专门的服务(生产)活动，而不是收入再分配(MPS 的“金融再分配”)。

国民核算不仅要对再分配明确区分税收转移和非税转移，同时，还要对全部无偿转移明确区分经常(现期)转移和资本转移。对此，SNA 中做过如下的界定：“区别资本转移和无偿现期转移所采用的主要标准是利用转移的目的，支付的基础和来源，以及从支付或接受者观点来看的转移发生的次数。”[①]概括起来，经常转移与资本转移的区别主要表现在使用目的和发生频率两个方面：资本转移直接用于积累目的，直接影响到接受者的资产负债水平，它通常是一次性的、不规则地发生的；经常转移则可以自由地运用于消费支出和其他经常性支出，或作为储蓄结余下来，它通常是较有规则地经常发生的。在国民经济分配核算中，只有经常转移项目才属于再分配的内容，而资本转移直接为积累活动提供资金来源，在性质上属于积累交易(应该放在“积累账户”或“资金流量表”的“资本交易”部分中加以考察，后详)。尤其值得注意的是，政府部门的财政收支并非全部都是再分配收支，其中既有初分配收支(如生产税和政府补贴)，也有再分配收支(如收入税和社会援助福利)，此外，投资补助形式的财政拨款则属于积累交易中的资本转移。

经过收入再分配过程之后，国民经济各部门从初次分配中得到的原始收入或增加、或减少；原始收入加上再分配收支差，就是各部门的可支配收入，它代表着收入初次分配和再分配全过程的最终结果。没有扣除固定资本消耗的可支配收入就是“可支配总收入”，可用公式表为：

$$\text{某部门可支配总收入}=\text{该部门原始总收入}+\text{该部门获得的各种再分配收入}-\text{该部门支付的各种再分配收入} \qquad (3-25)$$

或者说，各部门的可支配总收入就等于其原始总收入加上再分配收支差额。相应地，扣除了固定资本消耗的可支配收入就是“可支配净收入”。

将国民经济各部门(或所有常住单位)的可支配收入加总起来，就得到国民可支配收入。但是，当我们对所有部门的可支配收入进行汇总计算时，又会看到：本国各常住单位之间的再分配收、支流量总是相互抵销的(例如，劳动者上缴所得税会减少居民部门的收入而相应增加政府部门的收入)；只有发生在常住单位与非常住单位之间的再分配收、支流量，才会影响到整个国民经济的可支配收入数量。

国民可支配收入也可以用两种方式计量：一种是包含固定资本消耗因素的“国民可支配总收入(GNDI)”指标，另一种是扣除了折旧因素的“国民可支配净收入(NNDI)”指标。由上可知，它们的计算方法分别是：

$$\begin{aligned}\text{国民可支配总收入(GNDI)}&=\text{各部门的可支配总收入之和}=\text{国民总收入(GNI)}+\text{得自国外的净经常转移}\\&=\text{国内生产总值(GDP)}+\text{得自国外的净要素收入}+\text{得自国外的净经常转移}\end{aligned} \qquad (3-26)$$

$$\text{国民可支配净收入(NNDI)}=\text{各部门的可支配净收入之和}=\text{国民可支配总收入(GNDI)}-\text{固定资本消耗} \qquad (3-27)$$

可支配收入一经形成，接下来就要考察收入的支配(使用)过程。在实际经济生活中，可支配收入既可用于消费，也可用于投资。在国民经济核算和宏观经济分析中，必须将消费性开支与投资性开支区分开来，以便进一步考察实物投资活动的资金来源与资金需要是否平衡及其余缺调剂过程。因而，在可支配收入的支配核算中，只对消费开支进行具体核算。各部门的可支配收入与消费支出的差额就是“储蓄”，它也有两种口径：包含固定资本消耗因素

① 参阅联合国统计处：《国民经济核算体系(SNA1968)》，第7.77段，中国财政经济出版社中译本，1982年，第355页。

的"总储蓄"与扣除折旧因素的"净储蓄"。国民经济各部门(或所有常住单位)的储蓄之和定义为"国民储蓄",它代表着本国所有常住经济单位的储蓄总规模。国民储蓄同样分为"国民总储蓄"和"国民净储蓄"两种形式。

储蓄指标实质上就是全部经常性收支(包括初次分配收支、再分配收支和消费支出)的最终差额,也即核算上的"经常差额",它直接影响到整个国民经济或各部门的财富或财产水平的变化。同时,储蓄也是进行非金融投资的重要自有资金来源(另一来源就是资本转移)。在实际经济运作过程中,各部门的储蓄与本部门的投资,或者,国民储蓄与所有部门的投资,两方面通常难以平衡。一则可能某些部门(如住户)拥有大量储蓄,但却不需投资或不需全部用于投资,形成"资金剩余";再则也可能某些部门(如企业)需要大量投资,而又苦于没有储蓄或没有足够的储蓄,形成"资金短缺"。整个国民经济的情形与此类似。非金融投资的资金余缺必须通过金融交易进行调剂和弥补,从而形成不同部门之间或本国与国外之间的各种资金流量,有关这一过程的核算属于第 5 章(资金流量核算)的内容。

四、国内生产与国民收入指标体系

国内生产与国民收入核算是关于整个国民经济的生产、分配和使用的总量核算,它综合反映了宏观经济最为基本的数量方面,便于我们把握国民经济运行过程的结果和全貌;而其他四大核算都是国内生产与国民收入核算在某一方面的扩展或补充。因此,国内生产与国民收入核算在国民经济五大核算中处于中心地位。

国内生产与国民收入核算着重考察一些关键性的宏观经济总量指标,这些指标既相互区别,又相互联系,形成一个"国内生产与国民收入指标体系",其中最为重要的核心指标就是国内生产总值。

国内生产总值是一个高度概括的宏观经济总量指标,它综合反映了国民经济各部门共同提供的社会最终产品的生产和使用情况及其价值形成过程。通过这一指标的三种计算方法,建立起诸多宏观经济指标的核算关系,其中包括:总产出与中间消耗,固定资本消耗、雇员报酬、生产税净额与营业盈余,总消费、总投资、商品出口与进口,等等。据此,我们可以进行有关产出与消耗的经济效益分析,有关国家(政府)、集体(企业)与个人(居民)三者之间分配关系的分析,以及有关投资与消费等方面的比例关系的分析。同时,在核算体系中,国内生产总值还是计算其他生产、分配和使用指标的基础。

在生产核算领域内,国内总产出也是一项不可忽视的指标。尽管它存在种种不足,如重复计算问题、不能反映社会生产最终成果的真实水平,等等,但却构成了国内生产总值核算的重要基础,也是进行投入产出核算和分析、研究国民经济结构的必不可少的基本工具。

国民总收入和国民可支配总收入都是国民经济分配核算的关键指标,前者反映初次分配过程的结果,后者反映再分配过程的最终结果,它们在宏观经济分析中都具有重要应用。在国民总收入和国民可支配总收入的形成过程中,包含了国民经济各部门之间以及本国与国外之间的大量初次分配和再分配收支关系,同时,对国民可支配总收入进行支配(消费开支)的结果,又形成国民总消费和国民总储蓄,后者构成整个国民经济投资活动的主要资金来源,因而,关于国民经济分配过程的核算也是部门间的资金流量核算的重要基础。

国内生产与国民收入指标体系不仅包括上述各种"总值"指标,此外还有相应的"净值"

指标,即:国内生产净值、国民净收入、国民可支配净收入、国民净储蓄和资本形成净额等。这些指标从生产和分配的角度看,没有包含固定资本的转移价值和重复计算因素,从收入支配和产品使用的角度看,则没有包含折旧基金及其运用,因而,它们在分析上具有更为纯粹的意义。但由于国民经济各部门在固定资本消耗计算方面存在的问题和差异,也使得这些指标在稳健性和客观性等方面稍有不足。

总之,关于国内生产和国民收入的各种指标是一个完整的体系。我们不仅要了解各项主要指标的具体经济含义,而且需要把握它们彼此之间的性质关联和数量关系。这样,才能在宏观经济分析和管理中正确而又娴熟地加以运用。

§3.4 国内生产总值核算数据的分析应用*

通过本章前几节的学习,我们对国内生产与国民收入核算的内容及其在国民核算体系中的核心地位已有深入了解。国内生产总值是一个高度概括的宏观经济总量指标,它综合反映了国民经济各部门共同提供的社会最终产品的生产和使用情况及其价值形成过程。通过这一指标的三种计算方法,建立起了诸多宏观经济指标的核算关系。下面将结合中国的国民经济核算数据[①],介绍国内生产总值等指标的基本分析方法(有关国民收入分配等核算数据的分析,留待第 5 章中与资金流量核算资料的分析结合进行)。

一、产业结构的现状分析

所谓产业结构,一般是指经济活动中各产业部门所占有的份额。关于一个国家或地区产业结构的具体形态,以及演进过程中出现的新情况和新问题,一直是宏观经济的重点问题之一。利用生产法 GDP 核算提供的各产业部门数据可以对此做一个初步分析。鉴于总产出指标存在较多的重复计算,且越是下游产业重复计算越多,故一般以各产业部门增加值占 GDP 的份额来衡量产业结构。

表 3－6 给出了中国 1978－2013 年间若干年份三大产业增加值占 GDP 的份额。不难看出:这一期间,我国第一产业的 GDP 占比大幅下降,2013 年已降到 10.01%;第二产业所占份额在 20 世纪 80 年代有所下降,但从 90 年代开始回升,到 2006 年达到最高的 47.95%,然后开始下降,2013 年仅为 43.89%;第三产业所占份额在 2000 年以前上升较快,然后基本稳定在 40%强的水平,2009 年以后所占份额才有明显的提升,至 2013 年 GDP 占比已达 46.1%,超过第二产业居三大产业之首。总地看,近 30 多年我国的产业结构已从改革开放初期的"二、一、三"结构演变为今天的"二、三、一"结构,基本符合经济发展和产业结构演进的一般规律。

---

① 在本节中,凡未注明数据来源者,均引自相应年份出版的《中国统计年鉴》(中国统计出版社)以及国家统计局的《国民经济和社会发展统计公报》(中央政府门户网站 www.gov.cn)。

表 3—6　1978 年以来我国各产业增加值占 GDP 的份额　　单位：%

年份	各产业增加值占 GDP 份额				年份	各产业增加值占 GDP 份额			
	合计	第一产业	第二产业	第三产业		合计	第一产业	第二产业	第三产业
1978	100	28.19	47.88	23.94	2006	100	11.11	47.95	40.94
1980	100	30.17	48.22	21.60	2007	100	10.77	47.34	41.89
1985	100	28.44	42.89	28.67	2008	100	10.73	47.45	41.82
1990	100	27.12	41.34	31.54	2009	100	10.33	46.24	43.43
1992	100	21.79	43.45	34.76	2010	100	10.10	46.67	43.24
1995	100	19.96	47.18	32.86	2011	100	10.04	46.59	43.37
2000	100	15.06	45.92	39.02	2012	100	10.09	45.32	44.59
2005	100	12.12	47.37	40.51	2013	100	10.01	43.89	46.09

二、宏观经济效益的对比分析

宏观经济效益（即国民经济总体效益）是指一定时期国民经济产出和与投入的对比关系。当投入一定时，产出越多，则经济效益越好；反之，则经济效益越差。宏观经济效益是评价经济增长质量的一个重要方面。

利用生产法 GDP 的核算数据，容易计算出全国及各产业部门的增加值率，从而对相应时期的宏观经济效益作出客观评价。例如，2000、2007 和 2010 年我国各产业部门的增加值率（＝增加值/总产出＝1－中间投入率）如表 3－7 所示。

表 3—7　我国各产业部门的增加值率　　单位：%

年　　份	2000	2007	2010
国民经济各产业合计	35.9	32.5	32.2
第一产业：农、林、牧、渔业	57.8	58.6	58.5
第二产业	28.0	23.3	22.2
采矿业	57.9	47.3	45.2
食品、饮料制造及烟草制品业	31.5	24.4	21.1
纺织、服装及皮革产品制造业	26.3	20.7	20.0
其他制造业	33.6	30.8	26.7
电力、热力及水的生产和供应业	40.6	28.6	25.6
炼焦、燃气及石油加工业	24.9	17.9	19.8
化学工业	24.2	20.3	19.4
非金属矿物制品业	29.6	27.5	21.9
金属产品制造业	20.0	19.8	18.0
机械设备制造业	24.0	19.2	18.2
建筑业	26.8	23.1	26.1
第三产业	49.2	53.5	55.1
运输仓储邮政、信息传输、计算机服务和软件业	51.5	49.5	42.8
批发零售贸易、住宿和餐饮业	43.4	52.5	59.7
房地产业、租赁和商务服务业	45.8	60.7	58.9
金融业	74.4	68.9	65.0
其他服务业	47.8	48.9	55.0

从表 3－7 可以看出，第一、二、三产业的增加值率相差较大。其中，就同一年份而言，第一产业的增加值率最高，第三产业次之，第二产业最低。之所以出现这种情况，主要原因是：

相对于第一、三产业，第二产业(特别是工业)的内部分工较细，按企业法计算的工业总产出和与之对应的中间消耗在各生产环节(各工业企业)之间均存在较多的重复计算，从而大大降低了其增加值率。可见，关于增加值率的比较，不太适合在各产业之间进行，而较为适合对同一产业做纵向(不同时间)或横向(不同地区)的对比。如果在综合的层面(包括所有三大产业)比较增加值率，则应适当考虑各个时期(纵向比较时)和各个地区(横向比较时)的产业结构不同的影响。作为例子，该表同时给出了2000、2007和2010年三个代表性年份各产业部门的增加值率。可以看出，在此期间第三产业的增加值率呈明显的上升趋势，第二产业的增加值率则呈明显的下降趋势，而第一产业的增加值率仅在2000—2007年期间有所上升。由于在此期间第二产业的产值比重最大，所以，各产业加权平均之后，国民经济整体的增加值率也呈下降的趋势。

此外，还可将GDP同劳动投入、资本投入等进行对比，计算各种生产率指标(劳动生产率和资本产出率等)，来评价宏观经济效益。但这些比较也只适合就同一产业来进行。如果在综合的层面(包括所有三大产业)比较劳动生产率或资本产出率，还应适当考虑各个时期(纵向比较时)和各个地区(横向比较时)的产业结构不同的影响。

若将GDP与同时期的能源消耗总量对比，就得到用以评价一个国家或地区的能源利用效率的单位GDP能耗指标(吨标准煤/万元)：

$$\text{单位 GDP 能耗}=\frac{\text{能源消耗总量}}{\text{GDP}} \tag{3—28}$$

据报道，2012年我国一次能源消费量为36.2亿吨标准煤，消耗了全世界20%的能源；单位GDP能耗是世界平均水平的2.5倍，美国的3.3倍，日本的7倍，同时高于巴西、墨西哥等发展中国家[①]。而据世界银行统计，早在2009年中国的CO_2排放量已达7687.1百万吨，远高于美国的5299.6百万吨，位居世界第一[②]。如何控制能耗和减少CO_2排放，已成为我国急需解决的一个问题。为此，我国政府已向国际社会承诺，到2020年单位GDP的CO_2排放量在2005年基础上降低40%～45%，并将单位GDP能耗的降低率作为今后考核各级政府落实节能减排措施的一个重要考核指标[③]。

三、要素成本结构的变化分析

利用收入法GDP核算数据，可对GDP(及各产业部门增加值)在各种要素之间的初次分配比例进行分析，也即要素成本结构分析。若将劳动者报酬视为个人所得、生产税净额视为国家所得、总营业盈余(含折旧)视为集体所得，则要素成本的结构也就体现了初次分配中的国家、集体和个人三者的关系。

如表3—8所示，2000年以来我国的要素成本结构大致分为两个阶段：在2000至2007年间，劳动者报酬在GDP中所占的份额下降了11.64个百分点，生产税净额所占份额基本不变，而净营业盈余所占份额则上升了12.23个百分点；而从2008年开始，劳动者报酬在

① 详见《21世纪经济报道》，2013年11月30日。

② 引自《国际统计年鉴2013》。

③ 引自《国务院批转节能减排统计监测及考核实施方案和办法的通知》，载于http://www.gov.cn/zwgk，2007年11月23日。

GDP 中所占的份额有一个明显的提高，生产税净额所占份额也提升了近 1 个百分点，相应地，固定资产折旧和净营业盈余所占的份额则都有所下降。

表 3—8 我国收入法 GDP 的构成 单位：%

年 份	国内生产总值	劳动者报酬	生产税净额	固定资产折旧	营业盈余
2000	100.00	51.38	14.16	15.40	19.06
2005	100.00	41.40	14.12	14.93	29.56
2006	100.00	40.61	14.16	14.56	30.67
2007	100.00	39.74	14.81	14.16	31.29
2008	100.00	47.79	16.12	13.84	22.26
2009	100.00	46.62	15.20	13.51	24.67
2010	100.00	45.01	15.24	12.87	26.88
2011	100.00	44.94	15.61	12.92	26.54
2012	100.00	45.59	15.89	12.86	25.66

针对前一个阶段，中国社会科学院工业经济研究所在其编写的《中国企业竞争力报告(2007)——盈利能力与竞争力》中也注意到了这一事实，即：从 1990 至 2005 年的 15 年间，我国的劳动者报酬占 GDP 的比重从 53.4%降至 41.4%，下降了 12 个百分点；而同期营业余额占 GDP 的比重则从 21.9%升至 29.6%。据分析，这种"利润侵蚀工资"的现象不仅表现在非国有企业员工收入长期低于经济增长的速度，而且表现在国有企业大量使用临时工等体制外员工，以降低用人成本。由此提出：国民收入分配向资本所有者倾斜的迹象值得关注！

那么，如何看待后一阶段要素成本结构方面的变化？我们认为，这主要与产业结构的演进有关。因为一个国家或地区的要素成本结构是其各产业部门要素成本结构的加权平均数，表 3—8 所体现出来的要素成本结构变化，实际上是各部门要素成本结构变化和产业结构变化共同作用的结果。如表 3—9 中所示，2000 年我国第一产业的劳动者报酬占其增加值的比重为 88.12%，远高于第二、三产业；而第一产业的营业盈余占其增加值的比重为 4.99%，远低于第二、三产业。类似地，2000 年我国第三产业的劳动者报酬占其增加值的比重为 46.40%，也高出第二产业近 11 个百分点；而第三产业的营业盈余占其增加值的比重为 18.89%，低于第二产业近 5 个百分点。到 2007 年，第一产业的劳动者报酬占其增加值的比重进一步提高到 94.84%，与国家减免农业税、进而其生产税净额所占比重进一步下降有直接的关系；第三产业的营业盈余占其增加值的比重有明显提高，则与第三产业的内部构成特别是现代服务业的比重进一步提升有关；但总的来看，仍以第一产业的劳动者报酬占其增加值的比重较高，而以第二、三产业的营业盈余占其增加值的比重较高，各产业要素成本结构的对比关系并未发生大的改变。而表 3—6 告诉我们，自 2007 年以来第一产业所占份额未再进一步下降；第三产业所占份额则有明显的提升，2013 年甚至超过了第二产业；第二产业所占份额反而有所下降。这固然与这一时期农产品涨价幅度较大，同时工业受国际金融危机的冲击更大有关，但产业结构的这种变化客观上对经济总体的劳动者报酬所占比重回升、营业盈余所占比重下降产生了不容忽视的影响。实际上，在 2000—2007 年间，第一产业增加值在 GDP 中的份额下降了 4.29 个百分点，第二产业增加值的份额则提高了 1.42 个百分点，第三产业也提高了 2.87 个百分点。劳动者报酬比重较高的第一产业份额的下降，以及营业盈余比重较高的第二、三产业份额的提高,无疑也是前一阶段经济总体的劳动者报酬所占比重显著下降的一个重要原因。

表 3—9　我国三大产业收入法 GDP 的构成　　单位:%

	2000 年				2007 年			
	总计	第一产业	第二产业	第三产业	总计	第一产业	第二产业	第三产业
增加值	100.00	100.00	100.00	100.00	100.00	100.00	100.00	100.00
劳动者报酬	47.58	88.12	35.17	46.40	41.36	94.84	34.20	35.84
生产税净额	18.32	2.89	24.65	16.35	14.48	0.17	20.08	11.14
固定资产折旧	15.26	4.00	16.86	18.36	14.00	4.99	13.50	17.17
营业盈余	18.85	4.99	23.33	18.89	30.15	0.00	32.22	35.86

那么,究竟是什么原因导致了三大产业要素成本结构的显著不同呢?首先,中国的第一产业(农业)仍属于典型的劳动密集型产业,而第二产业则基本属于资本密集型产业,故第一产业的劳动者报酬比重必然最高,第二产业的营业盈余比重也必然最高。表 3—9 的数据显示,随着第三产业中现代服务业比重的提升,第三产业的营业盈余比重也有提高的趋势。其次,中国的农业生产主要以农户为基本经营单位,根据我国目前采用的 GDP 核算方法,其收入的大部分被以个体经营收入的形式计入劳动者报酬(而不是像 SNA 那样作为独立于"雇员报酬"和"营业盈余"的"混合收入"处理),这也加大了第一产业的劳动者报酬比重。在最新修订的中国国民核算体系(CSNA2016)中,有关"劳动者报酬"的核算方法已经有所改进。

四、消费与投资的比例关系分析

消费与投资都属于产品的最终使用,但两者又有显著的差异:当期的最终消费是为了满足人们当前的物质文化生活需要和公共需要;而资本形成则是为了扩大生产规模、满足未来消费扩大的需要。所以,在 GDP 给定的情况下,用于当前消费的多,用于投资和扩大生产规模的就必然少,经济增长和未来消费增长的速度就慢;反之,用于投资的多,则可用于当前消费的就少,这在经济发展水平和收入水平都较低的时期也会带来许多问题。因此,计算和分析一定时期消费与投资的比例关系,具有重要的意义。

表 3—10 显示了我国 2000—2012 年间若干年份的支出法 GDP 数据,并以此为基础计算了相应年份的最终消费率和资本形成率,即:

$$\text{最终消费率}=\frac{\text{最终消费支出}}{\text{国内生产总值}}\times 100\% \qquad (3-29)$$

$$\text{资本形成率}=\frac{\text{资本形成总额}}{\text{国内生产总值}}\times 100\% \qquad (3-30)$$

从表 3—10 的最后两列不难看出,2000 年以来,中国的最终消费率基本呈下降的趋势,而资本形成率则大致呈上升的趋势。特别是自 2007 年以来,最终消费率一直在 50%以下徘徊;而资本形成率则一直处于高位,不仅远远高于西方国家的水平,也高于 20 世纪 90 年代中期我国经济过热时的投资率,其中的原因值得深入思考。

表 3—10　我国 2000—2012 年间若干年份的支出法国内生产总值

年　份	支出法国内生产总值(亿元)				最终消费率(%)	资本形成率(%)
	合　计	最终消费支　出	资本形成总　额	货物和服务净　出　口		
2000	98749.0	61516.0	34842.8	2390.2	62.3	35.3
2005	187423.4	99357.5	77856.8	10209.1	53.0	41.5
2006	222712.5	113103.8	92954.1	16654.6	50.8	41.7
2007	266599.2	132232.9	110943.2	23423.1	49.6	41.6
2008	315974.6	153422.5	138325.3	24226.8	48.6	43.8
2009	348775.1	169274.8	164463.2	15037.0	48.5	47.2
2010	402816.5	194115.0	193603.9	15097.6	48.2	48.1
2011	472619.2	232111.5	228344.3	12163.3	49.1	48.3
2012	529238.4	261832.8	252773.2	14632.4	49.5	47.8

五、经济增长的贡献率分析

经济增长是指生产成果的增加，经济增长率则是指生产成果相对于基期增加的百分比。一般用 GDP 来衡量一定时期的生产总量，经济增长率也就是一个国家或地区的 GDP 增长率。

但在具体计算一个国家或地区的 GDP 增长率时，还必须剔除报告期和基期价格水平不同的影响。通常所讲的经济增长率是指剔除了价格变动影响之后的实际经济增长率；而未剔除价格因素影响的增长率则是名义经济增长率。两者关系如下：

$$\text{实际经济增长率}=\frac{\text{名义经济增长率}+1}{\text{物价指数}}-1 \qquad (3-31)$$

表 3—11　2000—2013 年我国的实际经济增长率　　单位：%

年　份	2000	2001	2002	2003	2004	2005	2006
实际 GDP 增长率	8.4	8.3	9.1	10.0	10.1	11.3	12.7
年　份	2007	2008	2009	2010	2011	2012	2013
实际 GDP 增长率	14.2	9.6	9.2	10.4	9.3	7.7	7.7

如表 3—11 所示，自 2000 年以来我国经济继续保持较快增长速度，其中有近一半的年份经济增长速度都在 10%以上。尽管受国际金融危机的影响，自 2008 年以来经济增长速度有所下滑，特别是 2012 和 2013 年连续两年的经济增长速度均在 8%以下，从世界范围来看，这一增长速度仍是很高的(详见下文)。那么，这种快速增长是怎样实现的？哪些产业增长更快，对经济增长的贡献和拉动作用更大呢？对此，可以通过各产业对经济增长的贡献率和拉动量进行对比分析。计算公式如下：

$$\text{某产业对经济增长的贡献率}(\%)=\frac{\text{该产业增加值的增量}}{\text{GDP 的增量}}\times 100\% \qquad (3-32)$$

$$\text{某产业对经济增长的拉动量(百分点)}=\text{GDP 增长率}\times\text{该产业的贡献率} \qquad (3-33)$$

表 3—12 显示，各产业对经济增长的贡献率在不同年份间稍有波动，但第一产业的贡献率最小(平均为 4.85%)，第二产业的贡献率最大(平均为 52.17%)，第三产业居中(平均为

42.98%）。从各产业拉动经济增长的百分点来看，第一产业平均每年拉动经济增长 0.48 个百分点，第二产业平均每年拉动经济增长 5.23 个百分点，第三产业平均每年拉动经济增长 4.32 个百分点。

表 3—12　三大产业对我国国内生产总值增长的贡献和拉动作用

年份	第一产业		第二产业		第三产业	
	贡献率（%）	拉动量（百分点）	贡献率（%）	拉动量（百分点）	贡献率（%）	拉动量（百分点）
2000	4.43	0.37	60.80	5.13	34.77	2.93
2001	5.08	0.42	46.70	3.88	48.22	4.00
2002	4.57	0.41	49.80	4.52	45.68	4.15
2003	3.36	0.34	58.51	5.87	38.13	3.82
2004	7.80	0.79	52.23	5.27	39.92	4.03
2005	5.61	0.63	51.11	5.78	43.27	4.89
2006	4.78	0.61	50.04	6.34	45.18	5.73
2007	2.99	0.42	50.70	7.18	46.31	6.56
2008	5.73	0.55	49.25	4.75	45.02	4.34
2009	4.48	0.41	51.94	4.79	43.58	4.02
2010	3.85	0.40	56.84	5.94	39.32	4.11
2011	4.61	0.43	51.61	4.80	43.77	4.07
2012	5.72	0.44	48.71	3.73	45.56	3.49

此外，我们还可以利用支出法 GDP 的核算资料，从最终需求入手，分析比较“三大需求”（消费需求、投资需求和净出口需求）对我国经济增长的贡献和拉动作用（计算原理与上类似）。计算结果显示（如表 3—13），在 2010 年之前，我国经济的快速增长主要靠投资拉动；在国际金融危机爆发之前，外贸顺差的贡献也不小；而消费需求对我国经济增长的拉动作用则略显不足。近年来，为了抵消出口增长乏力的影响，我国注重了内需对经济增长的拉动作用，消费需求对我国经济增长的贡献率有明显提升。

表 3—13　三大需求对国内生产总值增长的贡献和拉动作用

年份	最终消费支出		资本形成总额		货物和服务净出口	
	贡献率（%）	拉动量（百分点）	贡献率（%）	拉动量（百分点）	贡献率（%）	拉动量（百分点）
2000	65.1	5.5	22.4	1.9	12.5	1.0
2001	50.2	4.2	49.9	4.1	−0.1	0.0
2002	43.9	4.0	48.5	4.4	7.6	0.7
2003	35.8	3.6	63.3	6.3	0.9	0.1
2004	39.0	3.9	54.0	5.5	7.0	0.7
2005	39.0	4.4	38.8	4.4	22.2	2.5
2006	40.3	5.1	43.6	5.5	16.1	2.1
2007	39.6	5.6	42.4	6.0	18.0	2.6
2008	44.2	4.2	47.0	4.5	8.8	0.9
2009	49.8	4.6	87.6	8.1	−37.4	−3.5
2010	43.1	4.5	52.9	5.5	4.0	0.4
2011	56.5	5.3	47.7	4.4	−4.2	−0.4
2012	55.0	4.2	47.1	3.6	−2.1	−0.1

六、区域差距和国际对比分析

中国是一个疆域辽阔的大国，由于受自然气候、资源环境、经济基础、区位条件和政策条件等多种因素的影响，各地区经济发展存在着一定程度的失衡。因此，关注我国的地区差距走势并对区域经济发展提出有针对性的政策建议，已成一个重要研究领域。

在衡量地区经济发展水平方面，一种简捷的做法是计算人均地区生产总值，在此基础上计算各种地区差距指标。为简单起见，在表 3－14 中，我们仅对 2012 年人均地区生产总值排在前 10 位和后 10 位的地区进行对比。可以看出，人均地区生产总值排在前 10 位的地区中，有 8 个来自东部地区，1 个属于东北地区（辽宁），1 个来自西部地区（内蒙古）；而人均地区生产总值排在后 10 位的地区中，有 6 个来自西部地区，3 个来自中部地区（河南、江西、安徽），1 个来自东部地区（海南）。人均地区生产总值最高的天津和最低的贵州相差近 4.7 倍，表明我国经济发展水平的东西差距仍然非常悬殊。

表 3－14　2012 年人均地区生产总值排在前 10 位和后 10 位的地区

排在前 10 位的地区			排在后 10 位的地区		
地　区	人均地区生产总值（元）	位次	地　区	人均地区生产总值（元）	位次
天　津	93173	1	海　南	32377	22
北　京	87475	2	河　南	31499	23
上　海	85373	3	四　川	29608	24
江　苏	68347	4	江　西	28800	25
内蒙古	63886	5	安　徽	28792	26
浙　江	63374	6	广　西	27952	27
辽　宁	56649	7	西　藏	22936	28
广　东	54095	8	云　南	22195	29
福　建	52763	9	甘　肃	21978	30
山　东	51768	10	贵　州	19710	31

以 SNA 为国际标准的国民经济核算体系，同样为国际经济对比提供了极大的方便。尽管各国的国民核算水平参差不齐，但都能提供本国的 GDP 等基本经济总量和经济增长速度方面的数据。

表 3－15 给出了 2005－2012 年间中国和世界主要国家的 GDP 增长率。可以看出，近年来中国的经济增长速度不仅远高于西方发达国家，也高于印度、韩国、泰国、越南等周边国家。与经济持续高速增长相对应，近年来中国经济总量在世界上的位次也有显著提升，从 1978 年的第 10 位，1990 年的第 11 位，逐步上升到 2000 年的第 6 位，2005 年的第 4 位，而从 2010 年开始已稳居世界第 2 位。

表 3－15　中国和世界主要国家 GDP 环比增长率的比较　　单位:%

	2005	2009	2010	2011	2012
世界经济体系	4.58	－0.59	5.22	3.95	3.15
中　国	11.31	9.21	10.45	9.30	7.80
印　度	9.05	5.04	11.23	7.75	3.99
日　本	1.30	－5.53	4.65	－0.57	2.00
韩　国	3.96	0.32	6.32	3.63	2.02
泰　国	4.64	－2.33	7.81	0.08	6.44
越　南	8.44	5.32	6.78	5.89	5.02
加拿大	3.11	－2.80	3.17	2.57	1.84
美　国	3.07	－3.07	2.39	1.81	2.21
法　国	1.83	－3.15	1.66	1.69	0.03
德　国	0.84	－5.07	4.02	3.10	0.87
意大利	0.93	－5.49	1.72	0.37	－2.37
俄罗斯	6.39	－7.80	4.50	4.30	3.40
英　国	2.77	－3.97	1.80	0.92	0.17
澳大利亚	3.11	1.42	2.62	2.44	3.58

【本章小结】

1. 国民经济的循环流程包括生产、分配和使用等基本环节。国内生产与国民收入核算是关于整个国民经济的生产、分配和使用的总量核算,旨在反映国民经济运行各环节的基本数量方面。其中,生产总量核算是起点和基础,并直接制约着分配和使用环节的核算。

2. 国内总产出是最基本的生产总量指标。其中,货物总产出的核算方法主要有产品法和企业法,如农业和建筑业总产出核算采用产品法,工业总产出核算采用企业法等。服务业因其具体行业门类繁多,总产出的核算方法也各不相同,主要有追加价值法、营业收入法、服务收费法、成本费用法等。金融保险业作为特殊的服务部门,其总产出的核算方法也有自身的特点。

3. 国内生产总值(GDP)是由本国全体常住生产者所创造的社会最终产品的价值总量,也是最重要的宏观经济总量指标。国内生产总值采用生产法、分配(收入)法、使用(支出)法三种方法计算。理论上,三种方法的计算结果应相等。核算 GDP 必须明确中间产品与最终产品的区分,同时还要注意相关的净值指标。国内生产总值减去全社会的固定资本消耗,即为国内生产净值(NDP)。

4. 国民经济的价值运动包括收入分配过程。根据这些收入支付的性质和方式的不同,收入分配过程区分为初次分配和再分配。“初次分配”是产品价值在生产领域内部进行的直接分配,它所提供的收入是各经济主体得自生产活动的“原始收入”,各部门初次分配的结果是“原始收入余额”;再分配是在初次分配基础上进一步发生的收入分配,其核算内容主要包括各种单方面的转移支付关系,各部门再分配的结果是“可支配收入”。从经济总体来看,收入初次分配形成国民总收入,收入再分配形成国民可支配总收入。此外,宏观经济分析中还用到国民净收入、国民可支配净收入和狭义国民收入(NI)等指标。

5. 国内生产与国民收入核算综合反映了宏观经济最为基本的数量方面,其结果形成了一个"国内生产与国民收入指标体系",便于我们把握国民经济运行过程的结果和全貌,有关内容在国民经济五大核算中处于中心地位,在宏观经济管理和分析中具有重要的开发和利用价值。为保证有关指标在核算和分析上的科学性,必须遵循国民经济核算的平衡原则和主体原则。

【思考题与练习题】

3—1 国民经济生产核算的范围应该如何界定?

3—2 试从国民经济核算关于生产范围界定的角度说明,为何居民购置并自用的车辆和冰箱等属于耐用消费品,而居民购置并自用的住宅却属于固定资产?

3—3 简述国内总产出的概念及其构成。

3—4 货物总产出的基本核算方法有哪几种?它们分别用于哪个(些)产业(行业)?

3—5 简述企业法和产品法的基本原理及其相应的应用领域。

3—6 简述服务总产出的基本核算方法。

3—7 如何理解金融业总产出的核算方法?

3—8 中间产品与最终产品的划分依据是什么?

3—9 什么是国内生产总值?试写出从生产、分配(收入)和使用(支出)角度计算国内生产总值的基本公式。

3—10 简述如何正确核算各部门的中间消耗。

3—11 如何理解几种GDP核算方法实际计算结果的差异?

3—12 简述国内生产总值和国内生产净值之间的关系。

3—13 简述国内生产总值总表的基本结构。

3—14 怎样理解国内生产总值与国民总收入之间的关系?

3—15 什么是收入初次分配?收入初次分配过程的结果是什么?

3—16 什么是收入再分配?收入再分配过程的结果是什么?

3—17 简述国内生产与国民收入指标中总值指标与净值指标的关系,并举例说明。

3—18 已知某地区的如下国民核算资料:

(1)农业总产出280亿元,其中农民自产自用粮食价值35亿元;中间消耗62亿元。

(2)工业总产出1160亿元,其中企业间重复计算价值为238亿元;中间消耗340亿元。

(3)建筑业总产出326亿元;中间消耗83亿元。

(4)运输邮电业总产出188亿元;中间消耗35亿元。

(5)贸易及餐饮业总产出237亿元;中间消耗68亿元。

(6)金融业存款利息支付90亿元,贷款利息收入215亿元(该地区存贷款总额基本平衡),其他金融服务费收入70亿元;中间消耗20亿元。

(7)其他营利服务部门的营业收入452亿元;中间消耗85亿元。

(8)政府部门支付的雇员报酬3亿元,固定资本消耗2亿元,中间消耗1亿元。

(9)其他非营利服务部门的经常性业务支出530亿元,固定资本消耗相当于经常性业务支出的10%;中间消耗76亿元。

(10)全地区最终消费支出为1987亿元,资本形成总额为626亿元,自外地购入商品32亿元,向外地输出商品75亿元。

试根据上述资料分别用生产法和支出法计算该地区的生产总值(即地区GDP)。

3—19　已知有关报告年国民经济资料如下:国内生产总值940亿元,固定资本消耗58亿元,来自国外要素收入净额1.2亿元,来自国外经常转移净额0.5亿元。试计算报告年的以下指标:(1)国内生产净值;(2)国民总收入;(3)国民净收入;(4)国民可支配总收入;(5)国民可支配净收入。

3—20　已知某地区非金融公司部门增加值总计980亿元,支付雇员报酬417亿元,上缴生产税102亿元,从政府获得生产补贴3.5亿元,支付银行利息等财产收入63亿元,获得国债利息、红利等财产收入28亿元,用于职工生活困难补助支出6亿元,支援灾区捐款4亿元,上缴所得税65.8亿元。试计算该地区非金融公司部门的总营业盈余、原始总收入(余额)和可支配总收入。

3—21　给出基于SNA生产口径的下表核算资料(表3—16):

表3—16　国内生产总值及其使用表

生产法与分配法	合计	物质生产部门	非物质部门	使用法	合计	物质产品	非物质服务
一、总产出	25663	22916	2747	一、总支出	25663	22916	2747
二、中间消耗	14239	13231	1008	二、中间使用	14239	13324	915
1. 物质产品消耗	13324	12531	793	1. 物质部门使用	13231	12531	700
2. 非物质服务消耗	915	700	215	2. 非物质部门使用	1008	793	215
三、国内生产总值	11424	9685	1739	三、国内生产总值	11424	9592	1832
1. 固定资产折旧	1202	948	254	1. 总消费	7273	5475	1798
2. 雇员报酬	5681	4898	783	2. 总投资品	4372	4372	0
3. 生产税净额	1681	1447	234	3. 出口	1571	1528	43
4. 营业盈余	2860	2392	468	4. 减:进口	−1792	−1783	−9

试分别用生产法、分配法和使用法计算MPS口径的“物质产品净值(国民收入)”指标,并观察三种方法给出的结果是否符合“三方等价”的要求。通过以上计算,谈谈生产范围不同对SNA和MPS基本核算指标的影响,以及你对“国民核算平衡原则”的理解。

第 4 章　投入产出核算

社会生产是一个复杂的大系统，各部门之间通过相互提供产品、相互消耗产品形成密切的技术经济联系；这种联系受客观条件制约，具有一定的数量界限和规律，需要制订和运用专门的统计方法来加以研究。投入产出核算就是以适当的国民经济部门分类为基础，通过专门的平衡表和消耗系数描述各部门之间错综复杂的投入一产出数量关系，并建立相应的经济数学模型来分析这种数量关系。这种方法不仅可以深刻揭示经济体系中的产业关联或部门关联，而且在诸如价格、能源、环境和教育等许多领域中都发挥着重要的作用，是现代经济分析、预测、计划和管理的必要手段。本章概述投入产出表的编制和修订、投入产出模型的构建，以及投入产出法在经济分析中的若干基本应用。

§ 4.1　产业关联与投入产出表

一、投入产出法及其产生和发展

（一）产业关联性与投入产出核算

生产过程本身是一个投入一产出过程。每种生产活动都会提供一定种类的产品，而为了进行生产又必须投入一定数量的各种生产要素，包括作为劳动对象的各种消耗品、作为劳动工具或手段的各种固定资产，以及作为生产过程的主体和能动要素的劳动力。劳动对象、劳动手段和劳动力三者结合起来就形成现实的生产过程，这一过程常常表现为：劳动力通过劳动手段作用于劳动对象，生产出所希望得到的产品。作为社会生产过程的成果，产出的价值就是由各种投入要素所决定的：劳动对象的消耗和固定资产的损耗需要由产品价值得到补偿，劳动力的使用和生产资金的注入也需要由产品价值支付相应的报酬，此外，作为社会环境资源的维护者和公共服务的提供者，政府还要对产品的生产征收相应的生产税或支付一定的生产补贴。在形成产品价值的各种投入要素中，相对于中间投入（被消耗掉的劳动对象）而言，固定资本消耗、雇员报酬、生产税净额和营业盈余等则属于生产过程的最初投入。

在商品经济条件下，任何企业或部门从事产品生产的主要目的，都不仅仅是为了满足自身的需要，而是为了满足全社会的需要，包括作为消费品满足生活的需要，也可以作为消耗品或固定资产满足生产的需要。另一方面，任何企业或部门从事生产活动所需投入的产品中，都有相当部分（通常是大部分）来自其他企业或部门。因此，在社会产品的生产过程中，各企业、各部门之间既相互提供产品，又相互消耗和使用产品，它们都是统一的社会再生产过程的一个环节，各自发挥着一定的职能与作用。

各企业、各部门之间相互提供、相互消耗产品的活动，使得整个国民经济生产体系内部结成一种错综复杂的投入一产出关系。这种关系受制于现实的社会生产水平和工艺技术条件，因而有着一定的数量界限和数量规律。对此进行专门的核算和分析，可以深入反映国民经济各部门之间客观存在的技术经济联系,为宏观经济分析和国民经济管理提供重要的参考和依据。

概括地说,“投入产出核算”就是以科学的国民经济部门分类为基础,通过适当的统计平衡表和技术经济系数描述各部门间错综复杂的投入产出数量关系,并利用数学方法(主要是矩阵代数方法)建立经济模型,进行相应的分析和预测。作为这样一种专门的统计核算和经济分析方法,它又被称作“投入产出法”、“产业关联分析法”或“部门联系平衡法”。

(二)投入产出法的产生和发展

从历史上看,投入产出分析的思想可谓源远流长。早在法国重农主义经济学家魁奈的著名“经济表”和马克思的“社会再生产理论”中,就已经包含了把国民经济作为一个整体进行产业关联分析的思想萌芽。19 世纪晚期,莱昂·瓦尔拉斯(Léon Walras)的“一般均衡理论模型”更为深入地触及了国民经济各部门之间的关联性问题。

20 世纪 20 年代初,苏联中央统计局编制的社会产品棋盘式平衡表中非常具体地描述了部门间的产品流量关系,这事实上为投入产出法的产生奠定了直观的经验基础。及至 20 世纪 30 年代,俄裔美国经济学家瓦西里·列昂节夫受到上述思想和工作的启发,开始研制更为完善的投入产出表,创造性地运用矩阵代数等数学工具建立专门的经济模型,并据以进行美国经济结构的投入产出数量分析,形成了一套较为完整的投入产出分析技术与方法。在经济学界引起了关注和讨论,但由于种种原因尚未获得广泛的实际应用。

第二次世界大战后,各国政府为了加强对宏观经济的控制和干预,迫切需要一种比较精确而又能够实际操作的经济数学方法。投入产出法自然引起人们更为广泛的关注,并被广泛应用到经济管理的实践中去。在此后的半个多世纪中,投入产出法无论是在基本原理、方法技术,还是在应用领域等各方面都获得了长足的发展,形成现代经济分析技术的一个重要分支,也是数量经济学的重要组成部分。

在国民经济核算领域,无论 SNA 还是过去的 MPS,都把投入产出核算作为整个核算体系的重要组成部分,而且赋予其重要的方法论意义。美国是在 1964 年将投入产出法引入其国民核算体系,联合国则在 1968 年将其引入 SNA。目前,世界上有上百个国家编制投入产出表。在中国,国家计算中心等机构曾于 1974—1976 年试编过全国 61 种产品的实物型投入产出表(1973 年数据),国家统计局等部门则于 1982 年编制了全国 146 种产品的实物型投入产出表和 26 个部门的价值型投入产出表(1981 年数据)。依据新国民经济核算制度的规定,我国自 1987 年起每隔五年(即逢二或逢七的年份)通过专门调查方法编制新的投入产出“基准表”,其间(逢五或逢十的年份)还要通过局部修订方法编制投入产出“延长表”。

二、投入产出法的部门分类

投入产出法是基于国民经济部门分类的经济分析方法。因此,进行投入产出核算与分析,首先必须制订适当的国民经济部门分类。

(一)产品部门及其特征

从分析要求上说,投入产出法必须强调各生产部门在投入和产出两方面的纯粹性和同质性。因为,只有在投入和产出两方面都具有相当程度同质性的部门,才会具有较为显著且稳定的技术经济特征,才能据以确定系数、建立模型,进行较为精确的部门关联分析。所以,投入产出分析必须采用满足上述同质性要求的产品部门分类。“产品部门”是一种“纯部门”，它必须具备以下的基本特征：

(1)产品种类的同质性，即一个产品部门只能生产同一种或同一类产品。如果在实际经济活动中，钢铁部门还生产了焦炭，炼焦部门还生产了煤气，汽车制造部门还生产了飞机部件，如此等等，也就是说一个部门除了生产本部门的主要产品之外，还生产了其他次要产品，那么，就必须把次要产品(上述的焦炭、煤气和飞机部件等)的产出划归到作为主要产品来生产它们的相应部门。

(2)投入结构和生产工艺的同质性，即在同一产品的生产过程中，所有生产单位采用的都是基本相同或相似的投入结构和生产工艺。如果在实际经济活动中，食糖生产部门同时使用了甜菜制糖和甘蔗制糖两种不同的投入结构和生产工艺，电力部门同时使用了水力发电、火力发电、核力发电、风力发电、燃油发电、地热发电和潮汐发电等不同的生产工艺，那么，原则上说，就应该把不同投入结构和生产工艺的生产活动(尽管生产的是同一种产品)划归到不同的产品部门。不过，对于投入结构和生产工艺的这种区分并不是绝对的，而是相对的。例如，在细分类的层次上，水电、火电、核电、风电和油电等可以分别划归不同的产品部门，但在综合分类的层次上，它们仍然属于同一个电力生产部门。

此外，对于同一种产品往往还要区分不同的经济用途，如煤炭产品就既可以用作生产消耗(燃料或原料等)，也可以用作生活消费(烧饭或取暖等)，还可以用于存货投资(增加储备)，前一种属于中间消耗，后面两种则属于最终使用。从经济分析的角度看，这种区分无疑是有意义的，但在投入产出核算中，这种区分并不通过产品部门分类来反映，而是通过有关指标的设置来加以反映。

(二)产品部门与产业部门的关系

产业部门与产品部门的相似之处在于：它们都是从生产的角度进行的部门分类，都要适当考虑各部门在投入和产出两方面的同质性，具有相同或相近的分析目的和分析要求。两者的不同之处则在于：产业部门并不是完全满足同质性要求的“纯部门”。因为，在产业部门分类的情形下，客观上还存在着“同一部门生产不同产品(主要产品和次要产品)”，或者，“同一产品采用不同的投入结构或生产工艺来生产”这样的事实；只有产品部门才是真正的纯部门，它符合“同一部门只生产一种或一类产品”，并且，“同一种产品都采用相同的投入结构和生产工艺来生产”这样的要求。

有一种看法认为，产业部门是一种粗略的产品部门分类，而产品部门则是一种细致的产业部门分类；产业部门如果不断地细分下去，最终就会变成产品部门。这其实是一种误解。产业部门是不可能无限制地划分下去的，因为它是对基层型单位进行分类的结果；一个基层型单位必须能够提供基本的、较为完整的投入和产出核算资料，否则，它就不能成为一个实际的分类单位了。由于一个基层型生产单位仍然可能生产不同的产品，或者，采用不同的投入结构和生产工艺来生产同一种产品，从而，据此划分的产业部门就不可能成为真正的纯部门。这里又引出了两种部门分类的另一个不同之处：产业部门是对具体分类单位实际划分的结果；而产品部门则不同，它没有具体的分类单位，而是对实际核算资料进行分解、重组或数学推导的结果。可见，产品部门其实是对经济现实的一种合理抽象。

产品部门、产业部门和机构部门分类，组成了一个相对完备的国民经济核算部门分类体系，它们各自具有不同的地位和作用。从生产核算同质性的角度看：产品部门是真正的纯部门；机构部门的同质性最低；产业部门介于两者之间，其同质性显著高于机构部门，但仍然不是纯部门。在国民经济核算中,需要将不同的部门分类有机地结合起来,分别应用于不同的分析研究领域。

(三)产品部门划分的方式

在投入产出分析中,为了进行完整的产品部门分类,也可以参照"产业部门"分类标准中有关部门的名称来确定产品部门,并根据分析需要和核算条件来确定产品部门划分的粗细程度。但仍应注意到,"产品部门"与"产业部门"是两种既相似、又不同的部门分类方法。

从产品部门的分类标准可以看出,其同质性与部门划分的粗细程度有着密切关系。若要保证产品种类和消耗结构完全相同,就必然要将产品部门划分得相当细,理论上,应该将各类产品的每个品种、每种规格、每种生产工艺或消耗结构都划分为单独的产品部门,这样得到的部门分类当然非常纯粹,但从核算操作的角度看是难以做到的。

实际上,投入产出分析中的产品部门划分得过粗或过细各有利弊。部门划分越细,同质性就越好,系数越精确,模型的效能也越高,但资料搜集的难度却更大,编表的成本更高,且投入产出表中的数据填满率也较低。反之,部门划分越粗,同质性就越差,系数越不精确,模型的分析结果也越粗糙,但资料搜集却相对容易,编表的成本较低,且投入产出表中的数据填满率较高。因此,在核算实践中,产品部门划分的程度不可能像产业部门那样细致、完整,而应根据分析需要与核算条件适当权衡,兼顾精确性与可行性,这是投入产出核算中划分产品部门的一般原则。例如,在中国的国民核算实践中,编制 2017 年投入产出表时就划分了 149 个二级产品部门,42 个一级产品部门,在《中国统计年鉴》上公布资料时则更为简化(通常只有 17 个部门)。

三、投入产出表的种类和结构

(一)投入产出表的种类

在产品部门确定之后,就可以制订专门的平衡表式,将国民经济各部门之间错综复杂的投入产出关系完整、科学地反映出来,并据以进行投入产出分析。

投入产出表(又称部门联系平衡表)是以产品部门分类为基础的棋盘式平衡表,用于反映国民经济各部门的投入和产出、投入的来源和产出的去向,以及部门与部门之间相互提供、相互消耗产品的错综复杂的技术经济关系。

投入产出表的具体形式多种多样:按计量单位不同,可分为价值型投入产出表和实物型投入产出表;按表式结构不同,可分为对称型(即纯部门的)投入产出表和 U-V 型投入产出表;按所反映的资料范围不同,可分为全国投入产出表、地区投入产出表和企业投入产出表,以及将不同国家或地区的投入产出表适当整合并连接而成的区域间投入产出表;按所考察的时间期限不同,可分为静态投入产出表和动态投入产出表;按进口产品与同类本国产品的使用(中间使用和最终使用)是否合并数据,可以分为竞争型投入产出表和非竞争型投入产出表。上面这些都是考察产品生产过程的投入产出表,随着投入产出分析技术的应用推广,还可以编制其他领域的投入产出表,如固定资产投入产出表、能源投入产出表、人口投入产出表、教育投入产出表、环境污染投入产出表,等等。

各种投入产出表中最有代表性、最为完善、分析技术上也最为成熟的,就是价值型、对称型的静态全国产品投入产出表。其基本结构如表 4-1 所示(这里给出的是竞争型投入产出表)。

表 4—1 全国价值型投入产出表

		投入部门					最终产品	总产出
		部门1	部门2	…	部门 n	小计		
产出部门	部门1	x_{11}	x_{12}	…	x_{1n}	$\sum x_{1j}$	f_1	q_1
	部门2	x_{21}	x_{22}	…	x_{2n}	$\sum x_{2j}$	f_2	q_2
	⋮	⋮	⋮	⋱	⋮	⋮	⋮	⋮
	部门 n	x_{n1}	x_{n2}	…	x_{nn}	$\sum x_{nj}$	f_n	q_n
	小计	$\sum x_{i1}$	$\sum x_{i2}$	…	$\sum x_{in}$	$\sum\sum x_{ij}$	$\sum f_i$	$\sum q_i$
最初投入	固定资本消耗	d_1	d_2	…	d_n	$\sum d_j$		
	雇员报酬	v_1	v_2	…	v_n	$\sum v_j$		
	生产税净额	s_1	s_2	…	s_n	$\sum s_j$		
	营业盈余	m_1	m_2	…	m_n	$\sum m_j$		
	增加值	y_1	y_2	…	y_n	$\sum y_j$		
总投入		q_1	q_2	…	q_n	$\sum q_j$		

注:为避免与部门下标相混淆,表中固定资本消耗(c_1)简记为 d 。

(二)投入产出表的四大象限

在表 4—1 中,暂时不考虑作为合计数的“总投入”行与“总产出”列以及生产部门的“小计”栏,可将投入产出表划分为四大象限(如图 4—1 所示),各个象限分别表达了特定的经济内容。

Ⅰ. 中间流量 $\mathbf{X}=(x_{ij})_{n\times n}$	Ⅱ. 最终产品 $\mathbf{f}=(f_1,\cdots,f_n)'$
Ⅲ. 最初投入 $\mathbf{y}'=(y_1,\cdots,y_n)$	(Ⅳ)

图 4—1 投入产出表的四大象限

“第Ⅰ象限”位于投入产出表的左上角,又称“中间产品”或“中间消耗”象限,它具有严格的棋盘式结构,是整个投入产出表的核心部分。该象限的横行标题和纵栏标题是名称相同、排序也相同的产品部门,横行为提供中间产品的部门,纵栏为消耗中间产品的部门,表中每项数据都具有“产出”与“消耗”的双重含义,借以反映各部门之间相互提供和相互消耗中间产品的复杂数量关系。综合起来看,各行数据所表明的是某个部门生产的产品分配给有关各部门(包括本部门)作为中间产品使用的情况,各列数据所表明的则是某个部门为生产产品而消耗有关各部门(包括本部门)中间产品的情况。通过部门间的产品流量,可以深刻反映出国民经济内部的技术经济联系。第Ⅰ象限的所有数据组成如下的“中间流量矩阵”(也

可称为"中间产品矩阵"或"中间消耗矩阵")①:

$$\mathbf{X}=(x_{ij})_{n\times n}, \qquad x_{ij}\geqslant 0 \tag{4-1}$$

"第Ⅱ象限"位于投入产出表的右上角,又称"最终产品"或"最终使用"象限。该象限的横行标题为各产品部门,纵栏标题为最终产品,根据需要还可以进一步细分为消费、投资和净出口等最终使用项目。它表明各部门提供最终产品的数量和构成情况。第Ⅱ象限的所有数据组成如下的"最终产品列向量":

$$\mathbf{f}=(f_1,f_2,\cdots,f_n)' \tag{4-2}$$

"第Ⅲ象限"位于投入产出表的左下角,又称"最初投入"或"增加值"象限。该象限的横行标题为最初投入(增加值)及其各组成部分,纵栏标题为各产品部门。它表明各部门的最初投入(增加值)数量及其构成。第Ⅲ象限的所有数据组成如下的"最初投入(增加值)行向量":

$$\begin{cases}\mathbf{d}'=(d_1,d_2,\cdots,d_n), & d_i\geqslant 0\\ \mathbf{v}'=(v_1,v_2,\cdots,v_n), & v_i>0\\ \mathbf{s}'=(s_1,s_2,\cdots,s_n)\\ \mathbf{m}'=(m_1,m_2,\cdots,m_n)\\ \mathbf{y}'=(y_1,y_2,\cdots,y_n)\end{cases} \tag{4-3}$$

$$\mathbf{y}'=\mathbf{d}'+\mathbf{v}'+\mathbf{s}'+\mathbf{m}' \tag{4-4}$$

"第Ⅳ象限"位于投入产出表的右下角,但在投入产出核算中暂时空缺。理论上说,借用投入产出表的框架结构和分析思路,对该象限作出适当扩充和处理后,可以反映国民经济的原始收入分配、收入再分配和资本金融往来等情况,但这些本身已不属于投入产出分析的内容,故此处从略。后面有关章节将会有所涉及。

(三)投入产出表的两个方向

投入产出表的上述三个象限又可按纵横方向组合成两张大表:一张是"横表",由Ⅰ、Ⅱ两个象限构成,它反映各部门的产出及其使用去向,即"产品分配"过程;另一张是"竖表",由Ⅰ、Ⅲ两个象限组成,它反映各部门的投入及其提供来源,即产品生产的"价值形成"过程。竖表与横表相互交错重叠,就形成完整的投入产出表。横表和竖表各自都存在一定的平衡关系,彼此之间在总量上又是相互制约的,从而为投入产出表的建模分析提供了基础。

四、投入产出表的平衡关系

投入产出表内部存在多种平衡关系。从各行或各列来看,有三种重要的基本平衡关系,它们是:

(一)各行的平衡

从横表看,这表现为:中间产品+最终产品=总产出,即

① 在本教材中,我们约定:大写粗体字母表示矩阵,小写粗体字母表示向量,小写斜体字母表示标量。特别的,$\mathbf{i}\equiv(1,\cdots,1)'$为单位列向量或求和列向量;$\hat{\mathbf{i}}\equiv\mathrm{diag}(\mathbf{i})\equiv\mathbf{I}$为单位矩阵。其余符号依此类推。

$$\begin{cases}(x_{11}+x_{12}+\cdots+x_{1n})+f_1=q_1\\(x_{21}+x_{22}+\cdots+x_{2n})+f_2=q_2\\\quad\vdots\\(x_{n1}+x_{n2}+\cdots+x_{nn})+f_n=q_n\end{cases}\tag{4-5}$$

上式可以简写为：

$$\sum_{j=1}^{n}x_{ij}+f_i=q_i,\qquad i=1,2,\cdots,n$$

或用矩阵形式表为：

$$\mathbf{Xi}+\mathbf{f}=\mathbf{q},\qquad \mathbf{i}=(1,1,\cdots,1)'$$

在投入产出分析理论中，由式(4－5)给出的行的平衡关系通常称作“产品平衡方程”，它表明：任何一个部门的总产出都等于它向各部门提供的中间产品之和再加上最终产品。

(二)各列的平衡

从竖表看，这表现为：中间投入＋最初投入(增加值)＝总投入，即

$$\begin{cases}(x_{11}+x_{21}+\cdots+x_{n1})+y_1=q_1\\(x_{12}+x_{22}+\cdots+x_{n2})+y_2=q_2\\\quad\vdots\\(x_{1n}+x_{2n}+\cdots+x_{nn})+y_n=q_n\end{cases}\tag{4-6}$$

上式也可以简写为：

$$\sum_{i=1}^{n}x_{ij}+y_j=q_j,\qquad j=1,2,\cdots,n$$

或用矩阵形式表为：

$$\mathbf{i}'\mathbf{X}+\mathbf{y}'=\mathbf{q}',\qquad \mathbf{X}'\mathbf{i}+\mathbf{y}=\mathbf{q}$$

由式(4－6)给出的列的平衡关系通常称作“价值平衡方程”，它表明：任何一个部门的总投入都等于该部门的各种中间投入之和再加上最初投入(增加值)。

应该注意的是，在上述两种平衡关系中，行的平衡(横表的平衡)无论对于价值型投入产出表或者实物型投入产出表均能成立；因为每行表示的是同一种产品，它们的价值量和实物量都可以直接加总。但列的平衡(竖表的平衡)只适用于价值型投入产出表，不适用于实物型投入产出表；因为在同一列中包含了不同的产品，而不同产品的实物量是不能直接加总的，故实物表不存在列的平衡关系或方程。这一点正是价值表与实物表在平衡分析原理方面的主要差别。

(三)各行、列的对应平衡

分别从横表和竖表两个方向看，这表现为：各部门总产出＝该部门总投入，也即

$$\sum_{j=1}^{n}x_{kj}+f_k=q_k=\sum_{i=1}^{n}x_{ik}+y_k,\qquad k=1,2,\cdots,n\tag{4-7}$$

或者用矩阵形式表为：

$$\mathbf{Xi}+\mathbf{f}=\mathbf{q}=\mathbf{X}'\mathbf{i}+\mathbf{y}$$

这一关系表明:产品平衡方程和价值平衡方程虽然是相对独立的,但从经济分析意义来说,两者之间又相互制约,客观上存在着一定的数量平衡关系。

另一方面,根据式(4—7),从投入产出表所有行列(即所有产品部门)的角度看,显然应该有:

$$\sum_{i=1}^{n}\sum_{j=1}^{n}x_{ij}+\sum_{i=1}^{n}f_{i}=\sum_{j=1}^{n}\sum_{i=1}^{n}x_{ij}+\sum_{j=1}^{n}y_{j} \tag{4—8}$$

即:所有部门的总产出=所有部门的总投入

$$\sum_{i=1}^{n}\sum_{j=1}^{n}x_{ij}=\sum_{j=1}^{n}\sum_{i=1}^{n}x_{ij} \tag{4—9}$$

即:所有部门的中间产品=所有部门的中间消耗,从而有:

$$\sum_{i=1}^{n}f_{i}=\sum_{j=1}^{n}y_{j} \tag{4—10}$$

该式再次表明了:所有部门提供的最终产品之和与它们所创造的增加值(最初投入)之和在数量上是相等的,尽管每个部门所提供的中间产品价值与其消耗的中间产品价值、所提供的最终产品价值与其创造的增加值通常不等,也即

$$\sum_{j=1}^{n}x_{kj}\neq\sum_{i=1}^{n}x_{ik},\qquad k=1,2,\cdots,n$$
$$f_{k}\neq y_{k},\qquad k=1,2,\cdots,n$$

换言之,只有在所有产品部门的层次上,才存在上述的平衡关系。

§4.2 技术经济系数和投入产出模型

一、几种中间消耗概念

依据投入产出表的资料进行建模分析,还必须确定有关的消耗或投入系数,这些系数旨在通过一定的投入产出比例反映出各部门之间相对稳定的技术经济联系,故可统称为“技术经济系数”。这样的技术经济系数不止一种,它们的经济分析意义也不完全相同,分别用于不同方面的建模分析。为此,首先需要区分几种不同的中间消耗概念。

(一)直接消耗

“直接消耗”即在某种产品的生产过程中,能够直接观察到的对有关各种产品的第一轮消耗。例如,在炼钢过程中消耗了生铁和电力,在炼铁过程中消耗了焦炭和电力,在炼焦过程中消耗了原煤和电力,在采煤过程中消耗了坑木和电力,等等,这些都属于有关产品生产过程的直接消耗;不仅如此,在发电过程中还要直接消耗电力本身(厂用电),在粮食生产过程中还要直接消耗粮食本身(种子粮)。

(二)间接消耗

与直接消耗不同,“间接消耗”是在某种产品的生产过程中,通过被消耗品的媒介关系而形成的对有关各种产品的消耗。如上面的实例中,炼钢过程直接消耗了生铁和电力,通过生

铁又间接消耗了焦炭和电力(第一轮间接消耗),通过焦炭进一步间接消耗了原煤和电力(第二轮间接消耗),通过原煤还间接消耗了坑木和电力(第三轮间接消耗),如此等等。

间接消耗具有如下一些特征:(1)传递性。间接消耗不是直接观察到的第一轮的消耗,而是通过被消耗品的传递关系形成的消耗。(2)层次性。间接消耗根据传递关系的不同而有不同的层次。(3)无限性。社会生产的内部循环过程无始无终,所以,间接消耗的传递关系是永无止境的。(4)收敛性。在极限的意义上,间接消耗的不断传递过程本身是收敛的,正因如此,全部间接消耗才有可能实际计算。

需要注意的是,间接消耗与直接消耗的区分又是相对的。如上例,从钢铁生产的角度看,原煤和坑木的消耗是间接消耗,而从焦炭或原煤生产的角度看,上述消耗就是直接消耗了。

(三)完全消耗

简单地说,"完全消耗"就是对某种产品的直接消耗与所有各轮次间接消耗之总和。明确了直接消耗和间接消耗的概念,也就明确了什么是完全消耗。容易理解,完全消耗通常大于直接消耗。但是应该注意到,当一个部门对某种产品没有直接消耗时,却仍然可能对它有间接消耗,因为其他某个相关部门可能会对该种产品有直接消耗。理论上说,只有当所有部门都不直接消耗某种产品(如建筑产品)时,对该种产品的直接消耗和间接消耗才会同时为零。

直接消耗、间接消耗和完全消耗是对中间消耗概念的进一步区分,这种区分是就具体产品的生产过程而言的,它在投入产出分析中具有重要意义。

二、直接消耗系数和增加值系数

(一)直接消耗系数

"直接消耗系数"是指某部门(j 部门)每生产一单位产出对有关部门(i 部门)产品的直接消耗量。通常把直接消耗系数记作 a_{ij},其计算公式为:

$$a_{ij}=\frac{x_{ij}}{q_j},\qquad i,j=1,2,\cdots,n \tag{4-11}$$

直接消耗系数的基本作用就在于反映各种产品生产之间的技术经济联系,即各部门之间投入与产出的关系,据此可以由总产出推算出各种中间消耗,进而推算出最终产品。它既是投入产出建模分析的重要参数,也是计算其他消耗系数的基础数据。

所有 n^2 个直接消耗系数按投入产出表中的相应顺序和位置纵横排列起来,就组成"直接消耗系数矩阵",这可以利用投入产出表第Ⅰ象限的数据(中间流量矩阵)和总投入(总产出)向量直接求得:

$$\mathbf{A}=(a_{ij})_{n\times n}=\mathbf{X}\hat{\mathbf{q}}^{-1}=\begin{pmatrix} x_{11} & x_{12} & \cdots & x_{1n} \\ x_{21} & x_{22} & \cdots & x_{2n} \\ \vdots & \vdots & \ddots & \vdots \\ x_{n1} & x_{n2} & \cdots & x_{nn} \end{pmatrix}\begin{pmatrix} q_1^{-1} & 0 & \cdots & 0 \\ 0 & q_2^{-1} & \cdots & 0 \\ \vdots & \vdots & \ddots & \vdots \\ 0 & 0 & \cdots & q_n^{-1} \end{pmatrix} \tag{4-12}$$

其中,$\hat{\mathbf{q}}$ 为向量 $\mathbf{q}$ 的对角化矩阵。根据直接消耗系数矩阵 $\mathbf{A}$,还可以构造出一个形如($\mathbf{I}-\mathbf{A}$)

的新矩阵,称作矩阵 **A** 的"列昂节夫矩阵"(其中 **I** 为单位矩阵)。它在投入产出分析中起着重要作用。

直接消耗系数作为一种技术经济分析指标,其取值范围受到一定的约束,具有以下特点:

(1) $0 \leqslant a_{ij} < 1$,也即每个直接消耗系数必须是小于1的非负数。当该系数为零时,表示 j 部门对 i 部门的产品没有直接消耗。但是,直接消耗系数不能等于 1,因为在通常情况下(若生产税和营业盈余非负),这样就意味着 j 部门的生产没有任何最初投入,而且只有唯一的一种中间投入,这从经济意义上说是悖理的,故不能成立。

(2) $0 < \sum_{i=1}^{n} a_{ij} < 1$,也即直接消耗系数矩阵的列和必须是小于 1 的正数。如果它等于零,表示相应部门没有对任何产品的中间消耗;而如果它等于 1,则表示相应部门没有任何最初投入。这两种情况显然都是不合理的。

直接消耗系数的以上两个取值特点,可以保证列昂节夫矩阵(**I**-**A**)为满秩(可逆)的,这将进一步保证有关的投入产出模型存在有经济意义的解。

以上讨论的都是价值型投入产出表计算的直接消耗系数。对于实物表,也可以依照类似的方式定义系数。记以实物单位计量的中间流量矩阵和总产出向量为:

$$\mathbf{X}^* = (x_{ij}^*)_{n \times n}, \qquad x_{ij}^* \geqslant 0 \tag{4-13}$$

$$\mathbf{q}^* = (q_1^*, q_2^*, \cdots, q_n^*)', \qquad q_i^* \geqslant 0 \tag{4-14}$$

则可将"实物型直接消耗系数" α_{ij} (或记作 a_{ij}^*)定义为:

$$\alpha_{ij} = \frac{x_{ij}^*}{q_j^*}, \qquad i,j = 1,2,\cdots,n \tag{4-15}$$

显然,实物型直接消耗系数与价值型直接消耗系数之间存在如下的数量关系:

$$a_{ij} = \frac{p_i}{p_j} \cdot \alpha_{ij}, \qquad i,j = 1,2,\cdots,n \tag{4-16}$$

也即价值型直接消耗系数,等于实物型直接消耗系数乘以投入价格与产出价格之比率。

(二)最初投入系数和增加值系数

比照直接消耗系数,还可以定义各种"最初投入系数"和"增加值系数",它们分别表明各部门每生产一单位产出所需的有关最初投入,或所创造的增加值数量。其计算公式分别为:

$$\text{固定资本消耗系数:}\quad \bar{d}_j = \frac{d_j}{q_j}, \qquad j = 1,2,\cdots,n \tag{4-17}$$

$$\text{雇员报酬系数:}\quad \bar{v}_j = \frac{v_j}{q_j}, \qquad j = 1,2,\cdots,n \tag{4-18}$$

$$\text{生产税系数:}\quad \bar{s}_j = \frac{s_j}{q_j}, \qquad j = 1,2,\cdots,n \tag{4-19}$$

$$\text{营业盈余系数:}\quad \bar{m}_j = \frac{m_j}{q_j}, \qquad j = 1,2,\cdots,n \tag{4-20}$$

$$增加值系数：\qquad \bar{y}_j = \frac{y_j}{q_j}, \qquad j = 1,2,\cdots,n \tag{4-21}$$

若用矩阵表示各种最初投入系数，则有：

$$\mathbf{A}_y = \begin{pmatrix} \bar{d}_1 & \bar{d}_2 & \cdots & \bar{d}_n \\ \bar{v}_1 & \bar{v}_2 & \cdots & \bar{v}_n \\ \bar{s}_1 & \bar{s}_2 & \cdots & \bar{s}_n \\ \bar{m}_1 & \bar{m}_2 & \cdots & \bar{m}_n \end{pmatrix} = \begin{pmatrix} d_1 & d_2 & \cdots & d_n \\ v_1 & v_2 & \cdots & v_n \\ s_1 & s_2 & \cdots & s_n \\ m_1 & m_2 & \cdots & m_n \end{pmatrix} \begin{pmatrix} q_1^{-1} & 0 & \cdots & 0 \\ 0 & q_2^{-1} & \cdots & 0 \\ \vdots & \vdots & \ddots & \vdots \\ 0 & 0 & \cdots & q_n^{-1} \end{pmatrix} \tag{4-22}$$

容易看出，增加值系数与各种最初投入系数之间存在如下的数量关系：

$$\bar{y}_j = \bar{d}_j + \bar{v}_j + \bar{s}_j + \bar{m}_j \quad 或 \quad \bar{\mathbf{y}} = \bar{\mathbf{d}} + \bar{\mathbf{v}} + \bar{\mathbf{s}} + \bar{\mathbf{m}} \tag{4-23}$$

而与前面的直接消耗系数之间则应该存在如下的关系：

$$\bar{y}_j + \sum_{i=1}^{n} a_{ij} = 1, \qquad \bar{y}_j = 1 - \sum_{i=1}^{n} a_{ij} \tag{4-24}$$

三、完全消耗系数和完全需求系数

(一)完全消耗系数

1. 完全消耗系数的定义

与直接消耗系数不同，"完全消耗系数"是指某部门(j 部门)生产单位最终产品对有关部门(i 部门)产品的完全消耗量，其中既包括直接消耗量，也包括各次间接消耗量。记完全消耗系数为 $\bar{l}_{ij}$，其公式就是：

$$\bar{l}_{ij} = \frac{完全消耗量}{最终产品量} = 直接消耗系数\ a_{ij} + 间接消耗系数 \tag{4-25}$$

可见，完全消耗系数从另一角度反映了各种产品生产之间的技术经济联系，据此可以由最终产品推算出各种中间消耗，进而推算出总产出。但是，这一理论公式还不能用于实际计算，其中的关键问题是怎样确定间接消耗系数。

2. 完全消耗系数的计算

为了计算完全消耗系数，我们可以这样考虑：假如已知 j 部门对有关各部门 $k(=1,2,\cdots,n)$ 的直接消耗系数 a_{kj}，又知道 k 部门对 $i(=1,2,\cdots,n)$ 部门的直接消耗系数 a_{ik}，则 j 部门生产单位最终产品对 i 部门的第一轮间接消耗就是 $\sum_{k=1}^{n} a_{kj}a_{ik}$；进一步地，假如还知道 k 部门对各有关部门 $s(=1,2,\cdots,n)$ 的直接消耗系数 a_{sk}，以及 s 部门对 $i(=1,2,\cdots,n)$ 部门的直接消耗系数 a_{is}，则 j 部门生产单位最终产品对 i 部门的第二轮间接消耗就是 $\sum_{k=1}^{n}\sum_{s=1}^{n} a_{kj}a_{sk}a_{is}$。依此类推，可以得到 j 部门对 i 部门的所有各轮间接消耗，于是就有：

$$\bar{l}_{ij} = a_{ij} + \sum_{k=1}^{n} a_{kj}a_{ik} + \sum_{k=1}^{n}\sum_{s=1}^{n} a_{kj}a_{sk}a_{is} + \cdots + \sum_{k=1}^{n}\sum_{s=1}^{n}\cdots\sum_{z=1}^{n} a_{kj}a_{sk}\cdots a_{iz} + \cdots \tag{4-26}$$

这个完全消耗系数的公式看起来较复杂，将其表为矩阵形式更为简便。现在，我们记完全消耗系数矩阵为：$\bar{\mathbf{L}} = (\bar{l}_{ij})_{n\times n}$，则由上式可得：

$$\bar{\mathbf{L}} = \mathbf{A} + (\mathbf{A}^2 + \mathbf{A}^3 + \cdots + \mathbf{A}^t + \cdots) \tag{4-27}$$

式中，括号内的各项就是各次间接消耗系数矩阵，或者说，$\mathbf{A}^t$ 就是第 $t-1$ 次间接消耗系数矩阵。显然，只要上面这个矩阵无穷级数是收敛的，就可以据此计算出完全消耗系数。

由数学理论可知，列昂节夫矩阵 $(\mathbf{I}-\mathbf{A})$ 在其经济意义的限制下（$a_{ij} \geqslant 0$ 且 $\sum_{i=1}^{n} a_{ij} < 1$）总是满秩（可逆）的；且其逆矩阵与完全消耗系数矩阵之间存在简单的对应关系，这是因为：

$$\mathbf{I} + \bar{\mathbf{L}} = \mathbf{I} + \mathbf{A} + \mathbf{A}^2 + \mathbf{A}^3 + \cdots = \sum_{t=0}^{\infty} \mathbf{A}^t$$

$$(\mathbf{I}-\mathbf{A})(\mathbf{I}+\bar{\mathbf{L}}) = (\mathbf{I}-\mathbf{A})\sum_{t=0}^{\infty} \mathbf{A}^t = \mathbf{A}^0 = \mathbf{I} \tag{4-28}$$

从而得到：

$$(\mathbf{I}-\mathbf{A})^{-1} = \mathbf{I} + \bar{\mathbf{L}} \tag{4-29}$$

该式的左边是 $\mathbf{A}$ 的“列昂节夫逆矩阵”，右边则是完全消耗系数矩阵与单位矩阵之和。据此，就得到完全消耗系数矩阵的计算公式：

$$\bar{\mathbf{L}} = (\mathbf{I}-\mathbf{A})^{-1} - \mathbf{I} \tag{4-30}$$

可见，只要给出直接消耗系数矩阵 $\mathbf{A}$，通过构造其列昂节夫矩阵 $(\mathbf{I}-\mathbf{A})$ 并求逆，然后减去单位矩阵 $\mathbf{I}$，就可以计算出所有的完全消耗系数。

设有一个高度简化的价值型投入产出表（见表 4－2），据此可以利用有关公式计算直接消耗系数和完全消耗系数。

表 4－2　简化的价值型投入产出表

		投入部门				最终产品	总产出
		部门 1	部门 2	部门 3	小计		
产出部门	部门 1	0	200	450	650	350	1000
	部门 2	300	0	300	600	1400	2000
	部门 3	0	800	0	800	700	1500
	小计	300	1000	750	2050	2450	4500
增加值		700	1000	750	2450		
总投入		1000	2000	1500	4500		

由表 4－2 中的资料计算直接消耗系数，得到：

$$\mathbf{A} = \mathbf{X}\hat{\mathbf{q}}^{-1} = \begin{pmatrix} 0 & 200 & 450 \\ 300 & 0 & 300 \\ 0 & 800 & 0 \end{pmatrix} \begin{pmatrix} 1000 & 0 & 0 \\ 0 & 2000 & 0 \\ 0 & 0 & 1500 \end{pmatrix}^{-1} = \begin{pmatrix} 0 & 0.1 & 0.3 \\ 0.3 & 0 & 0.2 \\ 0 & 0.4 & 0 \end{pmatrix}$$

相应的列昂节夫矩阵为：

$$\mathbf{I}-\mathbf{A} = \begin{pmatrix} 1 & 0 & 0 \\ 0 & 1 & 0 \\ 0 & 0 & 1 \end{pmatrix} - \begin{pmatrix} 0 & 0.1 & 0.3 \\ 0.3 & 0 & 0.2 \\ 0 & 0.4 & 0 \end{pmatrix} = \begin{pmatrix} 1 & -0.1 & -0.3 \\ -0.3 & 1 & -0.2 \\ 0 & -0.4 & 1 \end{pmatrix}$$

列昂节夫矩阵的基本特征是：主对角线上的元素恒为正值，其他元素则均为负值或零。进一步计算完全消耗系数，得到：

$$\bar{\mathbf{L}}=(\mathbf{I}-\mathbf{A})^{-1}-\mathbf{I}$$

$$=\begin{pmatrix}1 & -0.1 & -0.3\\ -0.3 & 1 & -0.2\\ 0 & -0.4 & 1\end{pmatrix}^{-1}-\begin{pmatrix}1 & 0 & 0\\ 0 & 1 & 0\\ 0 & 0 & 1\end{pmatrix}=\begin{pmatrix}0.077 & 0.258 & 0.375\\ 0.351 & 0.171 & 0.340\\ 0.141 & 0.468 & 0.136\end{pmatrix}$$

3. 完全消耗系数的经济解释＊

现在，我们来讨论上面计算得到的直接消耗系数和完全消耗系数的经济意义。由直接消耗系数的计算过程可以看出：

$$a_{12}=\frac{x_{12}}{q_2}=\frac{200}{2000}=0.1$$

显然，它表示第二部门每生产 1 亿元的产出需要直接消耗第一部门提供的 0.1 亿元的中间产品。其分析意义直观而又明确。但是，从完全消耗系数的计算过程却不容易看出这一点，例如，$b_{12}=0.258$，那么，它能否表明第二部门每生产 1 亿元的最终产品所需完全消耗的第一部门产品呢？对此，我们不妨具体验证一下。

为简便计，假定给出的初始需求是第二部门应生产 1000 亿元的最终产品（其他部门暂不考虑最终产出），则可以利用上面的有关直接消耗系数，逐一计算由此引起的对各部门产品的直接消耗量和间接消耗量（参见表 4－3）。

（1）第二部门对第一部门的直接消耗量为：1000×0.1＝100 亿元，第二部门对第三部门的直接消耗量为：1000×0.4＝400 亿元；在本例中，第二部门对本部门没有直接消耗。

（2）为了提供以上两种直接消耗品，对第一部门的第一轮间接消耗量为：400×0.3＝120 亿元，对第二部门的第一轮间接消耗量为：100×0.3＋400×0.2＝110 亿元；在本例中，对第三部门没有第一轮间接消耗。

（3）为了提供以上的第一轮间接消耗品，对第一部门的第二轮间接消耗量为：110×0.1＝11 亿元，对第二部门的第二轮间接消耗量为：120×0.3＝36 亿元，对第三部门的第二轮间接消耗量为：110×0.4＝44 亿元；

（4）为了提供以上的第二轮间接消耗品，对第一部门的第三轮间接消耗量为：36×0.1＋44×0.3＝16.8 亿元，对第二部门的第三轮间接消耗量为：11×0.3＋44×0.2＝12.1 亿元，对第三部门的第三轮间接消耗量为：36×0.4＝14.4 亿元；

其他各轮次间接消耗量依此类推。再将直接消耗量与各轮次间接消耗量加总起来，就得到了第二部门提供 1000 亿元最终产品所引起的对各部门的完全消耗量。

利用表 4－3 的结果，依据定义公式可以计算出第二部门对各部门（包括本部门）的完全消耗系数：

$$\bar{l}_{12}=\frac{258}{1000}=0.258,\qquad \bar{l}_{22}=\frac{171}{1000}=0.171,\qquad \bar{l}_{32}=\frac{468}{1000}=0.468$$

显然，这与上面通过矩阵求逆方法得到的完全消耗系数矩阵中第二列的结果相同，从而验证了该系数的经济含义。也就是说，完全消耗系数与直接消耗系数不同，它是相对于最终产品而言的,说明完全消耗与最终产品的数量比例关系。

表 4—3 完全消耗计算表

		产品部门		
		部门 1	部门 2	部门 3
初始需求		0	1000	0
直接消耗		100	0	400
各轮次间接消耗	1	120	110	0
	2	11	36	44
	3	16.8	12.1	14.4
	4	5.53	7.92	4.84
	5	2.244	2.627	3.168
	6	1.2131	1.3068	1.0508
	7	0.44592	0.57409	0.52272
	8	0.214225	0.238320	0.229636
	9	0.092723	0.110195	0.095328
	⋮	⋮	⋮	⋮
完全消耗		258.000	171.000	468.000
完全需求		258.000	1171.000	468.000

(二)完全需求系数

完全需求是与完全消耗紧密联系但又互相区别的概念。所谓“完全需求”是指某部门生产一定数量的最终产品对有关各部门的初始需求(即作为诱发因素对本部门提出的最终产品需求,亦可称为最终需求)与完全消耗的总和。具体说:对本部门而言,完全需求是初始需求与完全消耗之和;对其他部门而言,完全需求就是完全消耗。在上面的实例中,第二部门生产 1000 亿元最终产品对本部门形成的完全需求为:1000(初始需求或最终需求)+171(完全消耗)=1171 亿元,而对第一部门的完全需求就是相应的完全消耗 257 亿元,对第三部门的完全需求也是相应的完全消耗 468 亿元。

“完全需求系数”就是指某部门(j 部门)生产单位最终产品对有关部门(i 部门)产品的完全需求量,即完全需求量与最终产品量之比。记完全需求系数为 l_{ij},其公式就是:

$$l_{ij} = \frac{\text{完全需求量}}{\text{最终产品量}} \tag{4—31}$$

对于本部门($i=j$),有:

$$l_{ij} = \frac{\text{初始需求量} + \text{完全消耗量}}{\text{最终产品量}} = 1 + \text{完全消耗系数} \tag{4—32}$$

对于其他部门($i \neq j$),则有:

$$l_{ij} = \frac{\text{完全消耗量}}{\text{最终产品量}} = \text{完全消耗系数} \tag{4—33}$$

可见,完全需求系数就是列昂节夫逆矩阵中的相应元素,也即:

$$\mathbf{L} = (l_{ij})_{n \times n} = \bar{\mathbf{L}} + \mathbf{I} = (\mathbf{I} - \mathbf{A})^{-1} \tag{4—34}$$

$$\text{其中:} l_{ij} = \begin{cases} 1 + \bar{l}_{ij}, & i = j \\ \bar{l}_{ij}, & i \neq j \end{cases}$$

总之,完全需求系数矩阵与完全消耗系数矩阵的区别就在于,它们各自主对角线上的对应元素相差一个单位的本部门最终产品,而其他所有元素都是相同的。

四、投入产出基本模型

根据投入产出表的平衡关系和以上有关的技术经济系数,可以建立各种投入产出模型,其中,基本的模型包括投入产出行模型和投入产出列模型。

(一)投入产出行模型

这是依据投入产出表各行的平衡关系和直接消耗系数(或完全消耗系数)建立的模型,用于考察总产出与最终产品、中间产品之间的数量平衡关系。

从投入产出表各行的平衡关系(即产品平衡方程)出发,有:

$$\sum_{j=1}^{n} x_{ij} + f_i = q_i, \qquad i=1,2,\cdots,n$$

引入直接消耗系数:$x_{ij}=a_{ij}q_j$,进一步得到:

$$\begin{cases}(a_{11}q_1+a_{12}q_2+\cdots+a_{1n}q_n)+f_1=q_1\\(a_{21}q_1+a_{22}q_2+\cdots+a_{2n}q_n)+f_2=q_2\\\vdots\\(a_{n1}q_1+a_{n2}q_2+\cdots+a_{nn}q_n)+f_n=q_n\end{cases} \tag{4-35}$$

写成矩阵形式就是:

$$\begin{pmatrix}a_{11}&a_{12}&\cdots&a_{1n}\\a_{21}&a_{22}&\cdots&a_{2n}\\\vdots&\vdots&\ddots&\vdots\\a_{n1}&a_{n2}&\cdots&a_{nn}\end{pmatrix}\begin{pmatrix}q_1\\q_2\\\vdots\\q_n\end{pmatrix}+\begin{pmatrix}f_1\\f_2\\\vdots\\f_n\end{pmatrix}=\begin{pmatrix}q_1\\q_2\\\vdots\\q_n\end{pmatrix} \tag{4-36}$$

或者简记为:$\mathbf{Aq}+\mathbf{f}=\mathbf{q}$,由此得到如下的"产品流量模型":

$$\mathbf{f}=(\mathbf{I}-\mathbf{A})\mathbf{q} \quad 或 \quad \mathbf{q}=(\mathbf{I}-\mathbf{A})^{-1}\mathbf{f}=\mathbf{Lf} \tag{4-37}$$

该模型表明了总产出与最终产品之间的基本平衡关系,据此,可以由总产出推算最终产品,或者反过来,由最终产品推算总产出。这是基本的投入产出行模型。

在掌握了总产出的前提下,还可以进一步推算各部门之间的中间产品流量。依据直接消耗系数的定义:

$$\mathbf{A}=(a_{ij})_{n\times n}=\mathbf{X}\hat{\mathbf{q}}^{-1}$$

从而有:

$$\mathbf{X}=\mathbf{A}\hat{\mathbf{q}} \tag{4-38}$$

也即:

$$\begin{pmatrix}x_{11}&x_{12}&\cdots&x_{1n}\\x_{21}&x_{22}&\cdots&x_{2n}\\\vdots&\vdots&\ddots&\vdots\\x_{n1}&x_{n2}&\cdots&x_{nn}\end{pmatrix}=\begin{pmatrix}a_{11}&a_{12}&\cdots&a_{1n}\\a_{21}&a_{22}&\cdots&a_{2n}\\\vdots&\vdots&\ddots&\vdots\\a_{n1}&a_{n2}&\cdots&a_{nn}\end{pmatrix}\begin{pmatrix}q_1&0&\cdots&0\\0&q_2&\cdots&0\\\vdots&\vdots&\ddots&\vdots\\0&0&\cdots&q_n\end{pmatrix}$$

这就是“中间流量模型”,也称作“中间产品模型”或“中间消耗模型”。编制该模型所需的资料与投入产出行模型相同,它可以看作是行模型的一个推论。

(二)投入产出列模型

这是依据投入产出表各列的平衡关系和增加值系数(或中间投入系数)建立的模型,用于考察总投入(总产出)与中间投入(中间消耗)、最初投入(增加值)之间的数量平衡关系。

从投入产出表各列的平衡关系(即价值平衡方程)出发,有:

$$\sum_{i=1}^{n} x_{ij} + y_j = q_j, \qquad j = 1, 2, \cdots, n$$

同样,引入直接消耗系数:$x_{ij} = a_{ij} q_j$,就得到:

$$\begin{cases} (a_{11} + a_{21} + \cdots + a_{n1}) q_1 + y_1 = q_1 \\ (a_{12} + a_{22} + \cdots + a_{n2}) q_2 + y_2 = q_2 \\ \qquad \vdots \\ (a_{1n} + a_{2n} + \cdots + a_{nn}) q_n + y_n = q_n \end{cases} \tag{4-39}$$

写成矩阵形式就是

$$\begin{pmatrix} \sum_{i=1}^{n} a_{i1} & 0 & \cdots & 0 \\ 0 & \sum_{i=1}^{n} a_{i2} & \cdots & 0 \\ \vdots & \vdots & \ddots & \vdots \\ 0 & 0 & \cdots & \sum_{i=1}^{n} a_{in} \end{pmatrix} \begin{pmatrix} q_1 \\ q_2 \\ \vdots \\ q_n \end{pmatrix} + \begin{pmatrix} y_1 \\ y_2 \\ \vdots \\ y_n \end{pmatrix} = \begin{pmatrix} q_1 \\ q_2 \\ \vdots \\ q_n \end{pmatrix} \tag{4-40}$$

现在,对价值型投入产出表定义:直接消耗系数矩阵第 j 列的列和就称作 j 部门的“中间投入系数”,记为 $a_{\cdot j}$,即有

$$a_{\cdot j} = \frac{\sum_{i=1}^{n} x_{ij}}{q_j} = \sum_{i=1}^{n} a_{ij} = 1 - \bar{y}_j, \qquad j = 1, 2, \cdots, n \tag{4-41}$$

相应地,记各部门的中间投入系数对角矩阵为:

$$\mathbf{\Lambda} = \begin{pmatrix} a_{\cdot 1} & 0 & \cdots & 0 \\ 0 & a_{\cdot 2} & \cdots & 0 \\ \vdots & \vdots & \ddots & \vdots \\ 0 & 0 & \cdots & a_{\cdot n} \end{pmatrix} = \begin{pmatrix} \sum_{i=1}^{n} a_{i1} & 0 & \cdots & 0 \\ 0 & \sum_{i=1}^{n} a_{i2} & \cdots & 0 \\ \vdots & \vdots & \ddots & \vdots \\ 0 & 0 & \cdots & \sum_{i=1}^{n} a_{in} \end{pmatrix} \tag{4-42}$$

则上式就可以简记为:$\mathbf{\Lambda q} + \mathbf{y} = \mathbf{q}$,由此得到如下的“价值形成模型”:

$$\mathbf{y}=(\mathbf{I}-\mathbf{\Lambda})\mathbf{q} \quad 或 \quad \mathbf{q}=(\mathbf{I}-\mathbf{\Lambda})^{-1}\mathbf{y} \tag{4-43}$$

式中的$(\mathbf{I}-\mathbf{\Lambda})$就是各部门的“增加值系数对角矩阵”。上面的模型表明了总投入(总产出)与最初投入(增加值)之间的基本平衡关系,据此,可以由总投入(总产出)推算最初投入(增加值),或者反过来,由最初投入(增加值)推算总投入(总产出)。这是基本的投入产出列模型。

应该说明,上述的投入产出行模型和列模型各有不同的适用性。其中,投入产出行模型无论对于价值型投入产出表或者实物型投入产出表都是适用的;而列模型则只适用于价值型投入产出表,不适用于实物型投入产出表,因为,对于实物型的直接消耗系数矩阵不能求列和,故不能建立这种形式的列模型。

§4.3 投入产出表的编制和修订方法

一、两个分析假定和两种编表方法

(一)投入产出分析的两个基本假定

利用上节给出的有关模型,只要掌握了所需的数据资料,我们就可以进行各种投入产出分析。但是,任何经济模型方法通常都有一定的假定条件。投入产出分析方法的成立有赖于两个重要的基本假定:一是“同质性”假定,二是“比例性”假定。

1.“同质性”假定,这是指:国民经济各部门以特定的投入结构和工艺技术来生产特定的产品,且不同产品之间没有替代现象。从核算上讲,这一假定就是要求具备按纯部门(即产品部门)划分的各种投入和产出资料。

2.“比例性”假定,这是指:国民经济各部门的某种投入与其产出成一定的比例(这些比例通过各种技术经济系数表现出来),也即各种投入与产出之间存在较为稳定的“线性函数”关系。尽管严格地说,由于存在着规模经济因素,各种投入与产出之间的关系不可能完全是“线性的”[①],但从操作意义考虑,在一定的生产规模范围内近似地接受“线性”假定还是可取的;一旦生产规模发生了足以显著影响到技术经济系数的变化,那就必须对这些系数进行适当的修订了。

进一步看,“同质性”假定与“比例性”假定两者的要求又是共通的:之所以要求同质性,就是为了保证比例性。“同质性”是“比例性”的基础,“比例性”则是“同质性”的归宿。只有满足一定程度的同质性要求,各部门的投入与产出之间才会存在较为稳定的比例关系;如果同质性要求得不到满足,也即得不到纯部门(产品部门)的数据资料,那么,由于各部门生产了不同种类的产品,或者使用了不同的投入结构、工艺技术来生产产品,则其投入产出比例关系就会随着部门内部的生产结构的变化而变化,在情况严重时,就将导致投入产出分析方法失效。例如,若将水电与火电合并在一个部门中,就无法较为精确地反映电力产出与煤炭消耗之间的真实技术经济关系。

可见,为了满足两个基本假定,理论上说,投入产出分析所依据的数据资料应该是按“产品部门”划分的。然而,在现实经济生活中,既不存在纯粹的产品部门,也不存在能够据以实际划分产品部门的分类单位。从这个意义上说,“产品部门”其实只是一种满足给定分析要

① 在经济分析史上,这一点曾经成为投入产出方法实际应用推广的一个严重障碍。

求的理论抽象。国民经济部门分类不可能直接划分出产品部门,或者,直接提供有关产品部门的投入与产出核算资料。因此,在国民经济核算中,怎样适当地编制出所需要的投入产出表,自然就成为投入产出核算的一项重要内容。

(二)纯部门投入产出表的两种编制方法

为了编制出符合分析要求的纯部门投入产出表,一般可以考虑两种不同的方法,即直接分解法和间接推导法。两种方法具有不同的特点,需要根据具体情况选择运用。

1. 直接分解编表法

直接分解法的基本思路是:首先全面调查搜集各企业的、各部门的投入产出资料,然后对有关资料按纯部门的要求逐一进行分解,最后由综合部门将分解得到的数据编制成所需的投入产出表。

直接分解法的编表过程围绕着四个主要问题进行,即:(1)按纯部门的标准分解各部门不同产品的产出,再将分解得到的结果组合成相应产品部门的产出;(2)按"投入跟着产出走"的原则分解各部门的各种中间投入和最初投入,再将其归并到相应的产品部门中去;(3)从全社会的角度确定各种产品的最终使用数额,包括消费、投资和净出口的总量和构成;(4)最后,对上述各项资料按投入产出表的结构关系进行综合平衡,要求:中间投入+最初投入=总投入,中间产品+最终产品=总产出,总投入=总产出,并据以编制出纯部门的投入产出表。其中,前两个问题是直接分解法的核心。从方法上说,第一个问题相对容易解决,第二个问题则难度很大;从实际操作看,直接分解法需要处理数量庞大的全面资料,工作量十分可观。为此,可以采用下面的间接推导法(即 U-V 表法)。

2. 间接推导编表法

与直接分解法不同,间接推导法的基本思路是:首先,以国民核算中各产业部门的实际投入产出资料为基础,建立专门的 U-V 型投入产出表;然后,依据该表的平衡关系,引入适当的工艺技术假定,运用数学方法推算出符合分析要求的投入产出表。

间接推导法的特点在于:(1)它无须各企业、各部门对大量的原始核算数据进行繁锁的"纯部门"分解,而只要求它们提供国民经济核算的基础资料,包括反映其各类产品数量和各类投入数量的有关资料;(2)它不像直接分解法那样,把经过纯部门分解的数据直接汇总成纯部门的投入产出表,而是通过技术假定和数学模型,由 U-V 表间接推导出纯部门的投入产出表。因此,如果具备适当的基础数据,这种方法操作起来更为简便一些。

二、用间接推导法编制投入产出表 *

(一)U-V 型投入产出表的结构

作为间接推导法基础的 U-V 型投入产出表是根据国民经济核算资料的特点设计出来的。在核算实践中,按产业部门提供或搜集的投入产出资料具有以下的特点:

(1)对于各产业部门的产出,我们能够确定其产品种类和各类产品的数量,但是无法确知这些产品的使用去向。因为,同一产品具有不同的经济用途,并且,同一种产品还可以由不同的部门来进行生产。

(2)对于各产业部门的投入,我们能够确定其具体种类(是中间投入还是最初投入,是使用何种产品进行的中间投入,或使用何种要素进行的最初投入等),但是,往往难以明确区分这些投入分别被用于哪些产品的生产,有关的中间投入又是由哪些部门提供的。因为,同一部门可能生产了不同的产品，而同一产品又可以由不同的部门来生产和提供。

根据上述特点，可用两张表描述国民经济各产业部门的投入和产出核算资料，并据以编制出一种新的U-V型投入产出表。

1. 投入表

该表主要反映国民经济各产业部门的中间投入和最初投入(见表4—4)，包括：各产业部门所消耗的各种中间产品流量资料，即“消耗矩阵”：$\mathbf{U}=(u_{ij})_{n\times m}$，其中，$n$ 为产品部门个数，m 为产业部门个数；以及，各产业部门的最初投入(增加值)向量：$\mathbf{z}'=(z_1,z_2,\cdots,z_m)$。

2. 产出表

该表主要反映国民经济各产业部门所提供的各种产品流量(见表4—5)，即“制造矩阵”：$\mathbf{V}=(v_{ij})_{m\times n}$。应该注意到，制造矩阵与消耗矩阵的行、列部门安排方式恰好相反，通常称消耗矩阵是“产品×部门”型的，而制造矩阵则是“部门×产品”型的。

表4—4 投入表

		产业部门				中间产品
		1	2	…	m	
产品部门	1	u_{11}	u_{12}	…	u_{1m}	$\sum u_{1j}$
	2	u_{21}	u_{22}	…	u_{2m}	$\sum u_{2j}$
	⋮	⋮	⋮	⋱	⋮	⋮
	n	u_{n1}	u_{n2}	…	u_{nm}	$\sum u_{nj}$
最初投入		z_1	z_2	…	z_m	
总投入		g_1	g_2	…	g_m	

表4—5 产出表

		产品部门				总产出
		1	2	…	n	
产业部门	1	v_{11}	v_{12}	…	v_{1n}	g_1
	2	v_{21}	v_{22}	…	v_{2n}	g_2
	⋮	⋮	⋮	⋱	⋮	⋮
	m	v_{m1}	v_{m2}	…	v_{mn}	g_m
总产出		q_1	q_2	…	q_n	
最终产品		f_1	f_2	…	f_n	

在表4—4和表4—5中，“消耗矩阵”和“制造矩阵”是最为基本的核算数据。只要掌握了这两项资料，就可以很容易地推算出各产业部门的最初投入和总投入(总产出)，以及各产品部门的总产出和最终产品。

3. U-V型投入产出表

为了从整体上把握各产业部门与各产品部门之间相互交错的投入产出关系，还须将投入表和产出表中的有关数据适当组合起来，形成U-V型的投入产出表(见表4—6)。正如上面已经指出过的，在这大张表中，消耗矩阵(U表)和制造矩阵(V表)是其核心部分，表中的其他数据都可以由这两个矩阵推算或生成。

表4—6 U-V型投入产出表

		产品部门				产业部门				最终产品	总产出
		1	2	…	n	1	2	…	m		
产品部门	1	(X)				u_{11}	u_{12}	…	u_{1m}	f_1	q_1
	2					u_{21}	u_{22}	…	u_{2m}	f_2	q_2
	⋮					⋮	⋮	⋱	⋮	⋮	⋮
	n					u_{n1}	u_{n2}	…	u_{nm}	f_n	q_n
产业部门	1	v_{11}	v_{12}	…	v_{1n}						g_1
	2	v_{21}	v_{22}	…	v_{2n}						g_2
	⋮	⋮	⋮	⋱	⋮						⋮
	m	v_{m1}	v_{m2}	…	v_{mn}						g_m
最初投入		(y′)				z_1	z_2	…	z_m		
总投入		q_1	q_2	…	q_n	g_1	g_2	…	g_m		

显然，在 U-V 型投入产出表中，只要通过适当方法推导出纯部门的中间流量矩阵 **X** 和最初投入(增加值)向量 $\mathbf{y}'$，就可以得到形如表 4－1 的对称型标准投入产出表。为此，必须考察 U-V 型投入产出表的平衡结构，并制订和运用有关的技术经济系数。

需要说明的是，U-V 型投入产出表不仅是推导对称型投入产出表的基础，同时，它也是分析国民经济各种产品的总供给与总需求、各个产业的总投入与总产出之间关系的重要工具，因此，还具有相对独立的分析应用价值。

(二)U-V 表的平衡关系和分析系数

1. U-V 型投入产出表的平衡关系

与标准型投入产出表有所不同，U-V 型投入产出表存在以下的基本平衡关系：

(1)产品供给方程：

$$q_j = \sum_{i=1}^{m} v_{ij}, \qquad j = 1,2,\cdots,n \tag{4－44}$$

它表明同一种产品是由哪些产业部门生产供应的，各产业部门分别生产供应了多少。

(2)产品分配方程：

$$q_i = \sum_{j=1}^{m} u_{ij} + f_i, \qquad i = 1,2,\cdots,n \tag{4－45}$$

它表明同一种产品是由哪些产业部门消耗的，各产业部门分别消耗了多少，以及还有多少用作最终产品。

以上两个关于产品部门的方程可以用矩阵形式统一表述为：

$$\mathbf{q} = \mathbf{V}'\mathbf{i} = \mathbf{U}\mathbf{i} + \mathbf{f} \tag{4－46}$$

(3)部门产出方程：

$$g_i = \sum_{j=1}^{n} v_{ij}, \qquad i = 1,2,\cdots,m \tag{4－47}$$

它表明同一产业部门生产了哪些产品，各种产品分别生产了多少。

(4)部门投入方程：

$$g_j = \sum_{i=1}^{n} u_{ij} + z_j, \qquad j = 1,2,\cdots,m \tag{4－48}$$

它表明同一产业部门分别消耗了哪些产品，各种产品分别消耗了多少，以及各产业部门还有多少最初投入。

以上两个关于产业部门的方程也可以用矩阵形式统一表述：

$$\mathbf{g} = \mathbf{V}\mathbf{i} = \mathbf{U}'\mathbf{i} + \mathbf{z} \tag{4－49}$$

2. U-V 型投入产出表的分析系数

U-V 型投入产出表不仅与标准型投入产出表有着不同的平衡结构，而且据此定义出来的技术经济系数也有着不同的分析性质。

(1) 产业部门的“混合消耗系数”，又称“部门消耗系数”。它表明 j 部门每生产一单位的

“混合产品”对 i 产品的直接消耗量，公式为：

$$c_{ij}=\frac{u_{ij}}{g_j},\qquad \begin{matrix} i=1,2,\cdots,n \\ j=1,2,\cdots,m \end{matrix} \tag{4-50}$$

$$\text{或：}\mathbf{C}=(c_{ij})_{n\times m}=\mathbf{U}\hat{\mathbf{g}}^{-1}$$

应该注意到，产业部门的混合消耗系数与产品部门的直接消耗系数之间存在一个重要差别：直接消耗系数 a_{ij} 是一个纯部门的消耗系数，即一种产品对一种产品的直接消耗系数；而混合消耗系数 c_{ij} 则是一个混部门的消耗系数，即一个产业部门生产一组混合产品对某种产品的直接消耗系数。但两种消耗系数的取值特点是一样的，也即有：

$$0\leqslant c_{ij}<1\,,\qquad 0<\sum_{i=1}^{n}c_{ij}<1$$

当系数取值为零时，表示该产业部门不直接消耗某种产品。

(2) 产业部门的“生产构成系数”。它表明在 j 部门的总产出中第 i 种产品所占的比重，公式为：

$$d_{ij}=\frac{v_{ji}}{g_j},\qquad \begin{matrix} i=1,2,\cdots,n \\ j=1,2,\cdots,m \end{matrix} \tag{4-51}$$

$$\text{或：}\mathbf{D}=(d_{ij})_{n\times m}=\mathbf{V}'\hat{\mathbf{g}}^{-1}$$

生产构成系数的取值特点是：

$$0\leqslant d_{ij}\leqslant 1,\qquad \sum_{i=1}^{n}d_{ij}=1$$

当系数取值为零时，表示该产业部门不生产某种产品；取值为 1 时，则表示该产业部门只生产一种或一类产品。

(3) 产业部门的“市场份额系数”。它表明在 j 产品的供给总量中由 i 部门所占有的份额，公式为：

$$e_{ij}=\frac{v_{ij}}{q_j},\qquad \begin{matrix} i=1,2,\cdots,m \\ j=1,2,\cdots,n \end{matrix} \tag{4-52}$$

$$\text{或：}\mathbf{E}=(e_{ij})_{m\times n}=\mathbf{V}\hat{\mathbf{q}}^{-1}$$

市场份额系数的取值特点是：

$$0\leqslant e_{ij}\leqslant 1,\qquad \sum_{i=1}^{n}e_{ij}=1$$

当系数取值为零时，表示某产业部门不生产该种产品；取值为 1 时，则表示该产品全部都是由一个产业部门生产的。

为了推导纯部门的投入产出表，需要从适当的工艺技术假定出发，综合利用以上的有关方程和系数。

(三)技术假定和推导方法

1. 两种技术假定

由 U-V 型投入产出表推导标准型投入产出表,关键就是要将各产业部门的投入转移到相应的产品部门中去。为此,需要根据不同产品的生产过程的特点,分别运用两种技术假定(或工艺假定):

(1)产品技术假定。即假定同一种产品由不同的部门来生产时,其消耗结构是相同的。

(2)部门技术假定。即假定同一个部门在生产几种不同的产品时,其消耗结构是相同的。

在现实经济中,许多产品的生产过程符合或近似符合产品技术假定。例如,钢铁部门生产焦炭与炼焦部门生产焦炭,两者的消耗结构基本相同;汽车工业生产飞机引擎与飞机工业生产同一产品,两者的消耗结构也基本相同。但是,另一些产品的生产过程可能更符合部门技术假定。例如,炼焦部门在生产焦炭的过程中连带生产了煤气,则焦炭与煤气的实际消耗结构基本相同,而炼焦厂生产煤气(次要产品)的消耗结构则与煤气厂生产同样产品(主要产品)的消耗结构有很大不同。

应该注意到,两种技术假定的实际经济含义是互不相同的,甚至可以说是对立的。按照产品技术假定:不同部门生产同一产品的消耗结构相同,那么,就隐含着同一部门生产不同产品的消耗结构可以不同。而按照部门技术假定:同一部门生产不同产品的消耗结构相同,那么,也就隐含着不同部门生产同一产品的消耗结构可以不同。实际上,两种假定不会同时成立。

2. 运用产品技术假定推算纯部门投入产出表

在实际生活中,由于不同部门生产同种产品的消耗结构可能相同,也可能不同,为了表明这种情况,我们引进一个记号。记 j 部门生产一单位 k 产品对 i 产品的直接消耗量为 $a_{ik}^{(j)}$,则 j 部门生产所有各种产品对 i 产品的全部直接消耗就应为:

$$u_{ij}=\sum_{k=1}^{n}a_{ik}^{(j)}v_{jk} \tag{4-53}$$

从而,j 部门对 i 产品的混合消耗系数为:

$$c_{ij}=\frac{u_{ij}}{g_j}=\frac{\sum_{k=1}^{n}a_{ik}^{(j)}v_{jk}}{g_j}=\sum_{k=1}^{n}a_{ik}^{(j)}d_{kj} \tag{4-54}$$

依据产品技术假定,不同部门生产同一种 k 产品的消耗结构应该相同,也即:

$$a_{ik}^{(1)}=a_{ik}^{(2)}=\cdots=a_{ik}^{(m)}=a_{ik} \tag{4-55}$$

这样,就得到如下的结果:

$$c_{ij}=\sum_{k=1}^{n}a_{ik}^{(j)}d_{kj}=\sum_{k=1}^{n}a_{ik}d_{kj} \tag{4-56}$$

或:$\mathbf{C}=\mathbf{AD}$, $\mathbf{A}=\mathbf{CD}^{-1}$

可见,当产业部门的混合消耗系数和生产构成系数已知,且生产构成系数矩阵 **D** 为可逆

方阵时,依据产品技术假定,利用下面的公式就可以推导出编制纯部门投入产出表或建立有关模型所需要的各种流量和系数资料:

$$\begin{cases}\mathbf{A}=\mathbf{C}\mathbf{D}^{-1}=\mathbf{U}\hat{\mathbf{g}}^{-1}\hat{\mathbf{g}}(\mathbf{V}')^{-1}=\mathbf{U}(\mathbf{V}')^{-1}\\ \mathbf{X}=\mathbf{A}\hat{\mathbf{q}}=\mathbf{U}(\mathbf{V}')^{-1}\hat{\mathbf{q}}\\ \mathbf{y}=\mathbf{q}-\mathbf{X}'\mathbf{i}\\ \bar{\mathbf{y}}=\hat{\mathbf{q}}^{-1}\mathbf{y}\end{cases} \tag{4—57}$$

3. 运用部门技术假定推算纯部门投入产出表

对于实际生产过程符合部门技术假定的情形,我们也可以作类似的讨论。现在记 k 部门生产一单位 j 产品对 i 产品的直接消耗量为 $a_{ij}^{(k)}$,则所有部门在生产 j 产品过程中对 i 产品的全部直接消耗就应为:

$$x_{ij}=\sum_{k=1}^{m}a_{ij}^{(k)}v_{kj} \tag{4—58}$$

从而,第 j 个产品部门对第 i 种产品的直接消耗系数为:

$$a_{ij}=\frac{x_{ij}}{q_j}=\frac{\sum_{k=1}^{m}a_{ij}^{(k)}v_{kj}}{q_j}=\sum_{k=1}^{m}a_{ij}^{(k)}e_{kj} \tag{4—59}$$

依据部门技术假定,同一个 k 部门生产各种不同产品的消耗结构应该相同,也即:

$$a_{i1}^{(k)}=a_{i2}^{(k)}=\cdots=a_{in}^{(k)}=c_{ik} \tag{4—60}$$

这样,就得到如下的结果:

$$a_{ij}=\sum_{k=1}^{m}a_{ij}^{(k)}e_{kj}=\sum_{k=1}^{m}c_{ik}e_{kj} \tag{4—61}$$

或:$\mathbf{A}=\mathbf{C}\mathbf{E}$

可见,只要产业部门的混合消耗系数和市场份额系数已知(无论这些系数矩阵是否为方阵或是否可逆),依据部门技术假定,则利用下面的公式也可以推导出编制纯部门投入产出表或建立有关模型所需要的各种流量和系数资料:

$$\begin{cases}\mathbf{A}=\mathbf{C}\mathbf{E}=\mathbf{U}\hat{\mathbf{g}}^{-1}\mathbf{V}\hat{\mathbf{q}}^{-1}\\ \mathbf{X}=\mathbf{A}\hat{\mathbf{q}}=\mathbf{U}\hat{\mathbf{g}}^{-1}\mathbf{V}\\ \mathbf{y}=\mathbf{q}-\mathbf{X}'\mathbf{i}\\ \bar{\mathbf{y}}=\hat{\mathbf{q}}^{-1}\mathbf{y}\end{cases} \tag{4－62}$$

依据不同的技术假定推算出有关各种流量数据之后,就可以按下面的形式组装成为纯部门的投入产出表(见图 4—2),并据以建模型和分析。

	产品部门	最终产品	总产出
产品部门	$\mathbf{X}$	$\mathbf{f}$	$\mathbf{q}$
增加值	$\mathbf{y}'$		
总投入	$\mathbf{q}'$		

图 4—2　推算后组装的纯部门投入产出表

下面,试通过一个简化的数例来说明纯部门投入产出表的推导过程。假如通过调查得到的 U-V 型投入产出表资料(见表 4—7)。下面分别运用两种工艺技术假定推导纯部门的投入产出表。

表 4—7　U-V 型投入产出表(数例)

		产品部门			产业部门			最终产品	总产出
		1	2	3	1	2	3		
产品部门	1				10	50	0	40	100
	2				20	40	70	180	310
	3				20	80	10	100	210
产业部门	1	90	20	0					110
	2	0	280	40					320
	3	10	10	170					190
最初投入					60	150	110		
总投入		100	310	210	110	320	190		

(1)产品技术假定下的推导。由式(4—57),有:

$$\mathbf{A}=\mathbf{U}(\mathbf{V}')^{-1}=\begin{pmatrix}10 & 50 & 0\\ 20 & 40 & 70\\ 20 & 80 & 10\end{pmatrix}\begin{pmatrix}90 & 0 & 10\\ 20 & 280 & 10\\ 0 & 40 & 170\end{pmatrix}^{-1}$$

$$=\begin{pmatrix}10 & 50 & 0\\ 20 & 40 & 70\\ 20 & 80 & 10\end{pmatrix}\begin{pmatrix}0.0111 & 0.0001 & -0.0007\\ -0.0008 & 0.0036 & -0.0002\\ 0.0002 & -0.0008 & 0.0059\end{pmatrix}$$

$$=\begin{pmatrix}0.0710 & 0.1807 & -0.0148\\ 0.2030 & 0.0865 & 0.3947\\ 0.1598 & 0.2810 & 0.0329\end{pmatrix}$$

$$\mathbf{X}=\mathbf{A}\hat{\mathbf{q}}=\begin{pmatrix}0.0710 & 0.1807 & -0.0148\\ 0.2030 & 0.0865 & 0.3947\\ 0.1598 & 0.2810 & 0.0329\end{pmatrix}\begin{pmatrix}100 & 0 & 0\\ 0 & 310 & 0\\ 0 & 0 & 210\end{pmatrix}$$

$$=\begin{pmatrix}7.10 & 56.01 & -3.11\\ 20.30 & 26.80 & 82.89\\ 15.98 & 87.11 & 6.91\end{pmatrix}$$

$$\mathbf{y}=\mathbf{q}-\mathbf{X}'\mathbf{i}=\begin{pmatrix}100\\310\\210\end{pmatrix}-\begin{pmatrix}43.38\\169.92\\86.69\end{pmatrix}=\begin{pmatrix}56.62\\140.08\\123.31\end{pmatrix}$$

由此可以得到纯部门的投入产出表(见表 4—8)。

表 4—8 纯部门投入产出表(依产品技术假定推导)

		产品部门			最终产品	总产出
		1	2	3		
产品部门	1	7	56	−3	40	100
	2	20	27	83	180	310
	3	16	87	7	100	210
最初投入		57	140	123		
总投入		100	310	210		

(2)部门技术假定下的推导。由式(4—62),有:

$$\mathbf{X}=\mathbf{U}\hat{\mathbf{g}}^{-1}\mathbf{V}=\begin{pmatrix}10&50&0\\20&40&70\\20&80&10\end{pmatrix}\begin{pmatrix}110&0&0\\0&320&0\\0&0&190\end{pmatrix}^{-1}\begin{pmatrix}90&20&0\\0&280&40\\10&10&170\end{pmatrix}$$

$$=\begin{pmatrix}8.18&45.57&6.25\\20.05&42.32&67.63\\16.89&74.16&18.95\end{pmatrix}$$

$$\mathbf{A}=\mathbf{X}\hat{\mathbf{q}}^{-1}=\begin{pmatrix}8.18&45.57&6.25\\20.05&42.32&67.63\\16.89&74.16&18.95\end{pmatrix}\begin{pmatrix}100&0&0\\0&310&0\\0&0&210\end{pmatrix}^{-1}$$

$$=\begin{pmatrix}0.0818&0.1470&0.0298\\0.2005&0.1365&0.3221\\0.1689&0.2392&0.0902\end{pmatrix}$$

$$\mathbf{y}=\mathbf{q}-\mathbf{X}'\mathbf{i}=\begin{pmatrix}100\\310\\210\end{pmatrix}-\begin{pmatrix}45.12\\162.05\\92.83\end{pmatrix}=\begin{pmatrix}54.88\\147.95\\117.17\end{pmatrix}$$

由此可以得到另一个纯部门的投入产出表(见表 4—9)。

表 4—9 纯部门投入产出表(依部门技术假定推导)

		产品部门			最终产品	总产出
		1	2	3		
产品部门	1	8	46	6	40	100
	2	20	42	68	180	310
	3	17	74	19	100	210
最初投入		55	148	117		
总投入		100	310	210		

可见,不同的技术假定给出的结果也会有所不同。值得注意的是:产品技术假定的推导公式要求 U-V 型投入产出表的生产构成系数矩阵 **D** 为可逆方阵(这首先就要求产品部门分类与产业部门分类相互对应),而部门技术假定则没有这么严格的要求。

另一方面,若误用技术假定,就会导致推算失真。譬如,按产品技术假定推导的结果,有可能出现负的直接消耗系数和中间流量(如上例中的 a_{13} 和 x_{13} 为负数)。遇到这样的情况,就需要适当考虑部门的划分方式,或采用下面的"混合技术假定"进行推算。

4. 两种技术假定的结合运用——混合技术假定

以上介绍的是在一定技术假定下推导纯部门投入产出表的基本原理。在经济现实中,不可能全部产品的生产都符合一种技术假定,通常是多数产品较为适合产品技术假定,但仍有部分产品更适合部门技术假定。因此,具体运用时需要适当区别对待。

严格说,无论"产品技术假定"抑或"部门技术假定"都不可能完全符合实际,据以推算的结果都具有某种程度的近似性。因此,提高投入产出表编制质量的根本途径还是细化产业部门分类的"分类单位",改善基础核算资料的"同质性"。如果产业部门分类的同质性不够好,又不适当地运用了有关技术假定,就有可能出现"负消耗"或"多消耗"的问题:前者是指推算结果中出现负值的消耗,这通常是由于不适当地运用了产品技术假定所造成的;后者则是指推算结果中出现某部门不该有的直接消耗,这通常是由于不适当地运用了部门技术假定所造成的。

解决以上问题,除了通过细化分类单位提高产业部门分类的同质性而外,还可将两种技术假定结合起来考虑,对一部分产品施行产品技术假定的推算,而对另一部分产品则施行部门技术假定的推算,这就是所谓的"混合技术假定"。

设完整的 U-V 型投入产出表中,各部门生产的一部分产品适合产品技术假定,其制造矩阵记为 $\mathbf{V}_1$;而另一部分则适合部门技术假定,其制造矩阵记为 $\mathbf{V}_2$。可将完整的制造矩阵划分为两个部分:

$$\mathbf{V} = \mathbf{V}_1 + \mathbf{V}_2 \tag{4-63}$$

相应地,设定所需的技术经济系数分别为:

$$\mathbf{C} = \mathbf{U}\hat{\mathbf{g}}^{-1}, \quad \mathbf{D}_1 = \mathbf{V}'_1\hat{\mathbf{g}}_1^{-1}, \quad \mathbf{E}_2 = \mathbf{V}_2\hat{\mathbf{q}}^{-1} \neq \mathbf{V}_2\hat{\mathbf{q}}_2^{-1} \tag{4-64}$$

依据 U-V 型投入产出表的平衡关系和有关技术假定,可以得到纯部门投入产出表的直接消耗系数矩阵应为①:

$$\mathbf{A} = \mathbf{C}[\mathbf{D}_1^{-1}(\mathbf{I} - \hat{\mathbf{r}}) + \mathbf{E}_2] \tag{4-65}$$

$$\text{其中:} \mathbf{r} = \mathbf{E}'_2\mathbf{i}$$

这就是 U-V 型投入产出表的"混合工艺解"。

显然,要使上面的公式有解,$\mathbf{D}_1$ 和 $\mathbf{E}_2$ 必须是同阶方阵,且 $\mathbf{D}_1$ 可逆。如果这些条件不满足,可以考虑采用另一种方法求解。仍然保持原来的制造矩阵分块方式,但重新设定:$\mathbf{C} = \mathbf{U}\hat{\mathbf{g}}^{-1}$,$\mathbf{D}_1 = \mathbf{V}'_1\hat{\mathbf{g}}^{-1} \neq \mathbf{V}'_1\hat{\mathbf{g}}_1^{-1}$,$\mathbf{E}_2 = \mathbf{V}_2\hat{\mathbf{q}}_2^{-1}$,可解得:

① 公式推导过程可参阅联合国统计处:《国民经济核算体系(SNA1968)》,第三章附录,中国财政经济出版社 1982 年中译本。

$$\mathbf{A} = \mathbf{C}(\mathbf{I} + \mathbf{E}_2\mathbf{D}_1 - \hat{\mathbf{s}})^{-1}\mathbf{E}_2 \tag{4-66}$$

其中：$\mathbf{s} = \mathbf{D}'_1\mathbf{i}$

这里并不要求 U-V 型投入产出表的任何技术经济系数矩阵是方阵或可逆方阵。

在求解出纯部门投入产出表的直接消耗系数矩阵 **A** 之后，利用前述的有关公式可以很容易地推导出建模分析所需要的其他有关流量和系数资料：

$$\mathbf{X} = \mathbf{A}\hat{\mathbf{q}}, \qquad \mathbf{y} = \mathbf{q} - \mathbf{X}'\mathbf{i}, \qquad \bar{\mathbf{y}} = \hat{\mathbf{q}}^{-1}\mathbf{y}$$

有关混合技术假定的计算举例这里从略。

三、投入产出表的修订方法 *

如前所述，由于投入产出表的编制工作量十分繁重，编制周期一般较长（通常为 5 年），五年期间还需要对有关系数和流量进行适当修订，以便延长原表的使用期限（即编制“延长表”），或解决专门的预测分析问题。投入产出表修订的核心内容是直接消耗系数，修订的方法主要有数学方法和非数学方法两大类。

（一）重点系数修订法

重点系数修订法（或局部修订法）是最重要的非数学修订方法。其要点是：在原有投入产出表的直接消耗系数矩阵中，选择少数数值相对较大的“重点消耗系数”并加以修订，借此达到事半功倍的效果。这里的“重点消耗系数”通常采用中间流量权重法确定。首先，对各项中间流量计算以下指标：

$$s_{ij} = \frac{x_{ij}}{\sum_{i=1}^{n}\sum_{j=1}^{n} x_{ij}} \tag{4-67}$$

这里显然有 $\sum_{i=1}^{n}\sum_{j=1}^{n} s_{ij} = 1$；然后按 s_{ij} 从大到小进行累计，选择达到 80%或 90%之前的那些直接消耗系数作为“重点消耗系数”；对这些“重点消耗系数”进行专门调查并加以修订即可。

以上，在选定重点系数时，也可对原有直接消耗系数矩阵中的各元素 a_{ij} 从大到小进行累计。但这样得到的重点系数，可能与上面按中间流量得到的结果有所不同。因为，除非所有产业部门的产出都相同，否则，直接消耗系数 $a_{ij}(i, j = 1, \cdots, n)$ 与中间流量 $x_{ij}(i, j = 1, \cdots, n)$ 的大小排序就会有所不同。

在对重点消耗系数进行修订时，一般可采用统计上常用的德尔斐法（Delphi Method，即专家调查法）①。鉴于直接消耗系数的变化主要是由技术经济条件决定的，因此需要向有关专家和技术人员进行调查。德尔斐法是采用通讯方式向有关专家发出调查表，征询他们对未来直接消耗系数变动情况的意见。专家调查通常要进行数轮，每轮都需要对有关专家的意见进行综合整理，再将相对集中的意见反馈给每个专家，请他们做下一轮的推断和分析。由于信息反馈是采用匿名的形式，每个专家可以据此修改（或坚持）原来的意见。经过若干

① 该方法由美国兰德公司于 20 世纪 40 年代首先采用，特别适合高度复杂或理论不完善、数据不确定之现象的调查。它具有专家匿名性、多轮反馈性和意见收敛性等特点，故对许多问题能给出比较准确、一致的结果。

次的调查、综合、反馈、再调查，一般可得到在某种程度上较为一致的直接消耗系数修订结果。此种形式的重点系数修订法又称作“专家调查法”。

实践表明，重点系数的个数一般并不很多(通常只占全部 n^2 个系数的10%或更少，且部门分类越细，所占比重越小)，但对应的累计中间投入却占到整个中间投入的极大比重，对其进行专家调查，可掌握系数变化的基本情况，同时，又能适当限制调查的范围，减轻工作量。这相当于“重点调查”与“专家调查”的结合。

重点系数修订法面临的主要问题是：(1)若只对部分系数加以修订，就无法反映全部系数的变动。有鉴于此，对于其他非重点系数，也可采用某种分类或平均变动比率加以调整。(2)所谓“重点消耗系数”也是变化的，过去的“重点”未必现在还是重点，反之，过去的非重点，也未必不会成为现在的重点。为此，可在专家调查过程中充分注意搜集有关重点系数迁移变化的情况。

(二)RAS法

1. RAS法的基本原理

RAS法又称作投入产出表的“适时修订法”，是最重要的数学修订方法。它首先由著名经济和核算专家理查德·斯通于20世纪60年代提出(RAS法由此得名)，后经不断改进和完善，形成“改进的RAS法”和“TRAS”法等。其主要优点是：能够根据少量核算或调查资料得到修订结果，且修订工作量较小。

RAS法的基本思路是：影响投入产出表中直接消耗系数变化的具体原因尽管多种多样、千差万别，但归纳起来不外乎“替代影响”和“制造影响”两类因素，前者是指中间投入因相互替代而发生了变化，后者则指产品制造过程因技术进步和管理完善而降低了中间消耗；借助于一定的简化假设，通过有限的基本国民经济生产和使用核算数据作为控制数，就可以适当推算出从基期到报告期的直接消耗系数或中间流量的变化情况；同时，还可顺带确定各种产品的“替代影响”和各个部门的“制造影响”程度。

例如，假定原直接消耗系数为0.3，三年后由于替代影响使其降低25%，又由于制造影响使其降低10%，则新的直接消耗系数就应为：

$$0.75\times0.3\times0.9=0.2025。$$

一般有：

$$a_{ij}^{(t)}=r_{ij}\cdot a_{ij}^{(0)}\cdot s_{ij},\qquad i,j=1,2,\cdots,n \tag{4—68}$$

式中，r_{ij} 和 s_{ij} 分别为 t 时期 i 部门消耗 j 部门产品的“替代乘数”和“制造乘数”。

若将上式用矩阵形式表达，就有：

$$\mathbf{A}_t=(r_{ij}\cdot a_{ij}^{(0)}\cdot s_{ij})_{n\times n} \tag{4—69}$$

式中：

$$\mathbf{A}_0=(a_{ij}^{(0)})_{n\times n},\qquad \mathbf{A}_t=(a_{ij}^{(t)})_{n\times n},\qquad \mathbf{R}=(r_{ij})_{n\times n},\qquad \mathbf{S}=(s_{ij})_{n\times n}$$

它们分别为基期和核算期的直接消耗系数矩阵，以及替代乘数矩阵和制造乘数矩阵。显然，若要全面掌握 $2n^2$ 个替代乘数和制造乘数是十分困难的。为此，需要引入适当的经济假定，使问题简化。

根据理查德·斯通所做的经济分析,可以考虑以下假定:同一横行的所有部门都具有大致相同的替代影响,即 $r_{ij}=r_i(i,j=1,\cdots,n)$;而同一纵列的所有部门都具有大致相同的制造影响,即 $s_{ij}=s_j(i,j=1,\cdots,n)$。这一假定的直观经济意义是:由于产品替代的原因,所有部门对同一产品的中间消耗都按相同的比例变化;且由于技术和管理的原因,同一部门对所有产品的中间消耗水平都按相同的比例变化。也即:

$$\mathbf{R}=\begin{pmatrix} r_1 & \cdots & r_1 \\ \vdots & \ddots & \vdots \\ r_n & \cdots & r_n \end{pmatrix},\qquad \mathbf{S}=\begin{pmatrix} s_1 & \cdots & s_n \\ \vdots & \ddots & \vdots \\ s_1 & \cdots & s_n \end{pmatrix} \tag{4-70}$$

在这些假定下,依据矩阵的乘法规则,就有:

$$\begin{cases} \mathbf{A}_t=(a_{ij}^{(t)})_{n\times n}=(r_{ij}\cdot a_{ij}^{(0)}\cdot s_{ij})_{n\times n}=(r_i\cdot a_{ij}^{(0)}\cdot s_j)_{n\times n}=\hat{\mathbf{r}}\mathbf{A}_0\hat{\mathbf{s}} \\ \hat{\mathbf{r}}=\mathrm{diag}(r_1,\cdots,r_n),\qquad \hat{\mathbf{s}}=\mathrm{diag}(s_1,\cdots,s_n) \end{cases} \tag{4-71}$$

现在,只须掌握 n 个替代乘数和 n 个制造乘数即可完成整个系数矩阵的修订,这就大大简化了修订工作量,且可利用比较容易获得的核算或调查数据作为控制数,适当估计出 $2n$ 个替代乘数和制造乘数。

2. RAS 法的实施方式

RAS 法的实施方式是:根据基期(即 0 年)的直接消耗系数矩阵以及其他可获得的核算(或调查)控制数据,建立适当的控制方程,求解出相应时段的替代乘数和制造乘数,并据以预测直接消耗系数矩阵和中间流量的未来变化。

考虑核算期(即 t 年)的中间流量矩阵 $\mathbf{X}_t=(x_{ij}^{(t)})_{n\times n}$,其中的各个元素 $x_{ij}^{(t)}$ 一般是未知的。但是,其行和(即所有部门消耗的同一种产品)与列和(即同一个部门消耗的所有产品)数据却是较容易获得的。据此,就可给出 RAS 法的基本求解公式①:

$$\begin{cases} \mathbf{u}_t-\hat{\mathbf{r}}(\mathbf{A}_0\hat{\mathbf{q}}_t)\mathbf{s}, & \mathbf{v}_t{}'=\mathbf{r}'(\mathbf{A}_0\hat{\mathbf{q}}_t)\hat{s} \\ \mathbf{A}_t=\hat{\mathbf{r}}\mathbf{A}_0\hat{\mathbf{s}}, & \mathbf{X}_t=\mathbf{A}_t\hat{\mathbf{q}}_t=\hat{\mathbf{r}}\mathbf{A}_0\hat{\mathbf{q}}_t\hat{\mathbf{s}} \end{cases} \tag{4-72}$$

式中:$\mathbf{u}_t$ 为$\mathbf{X}_t$ 的行总和向量(列向量),$\mathbf{v}_t{}'$ 为 $\mathbf{X}_t$ 的列总和向量(行向量)。由此,只要掌握了基础核算数据 $\mathbf{A}_0$,$\mathbf{q}_t$,$\mathbf{u}_t$ 和 $\mathbf{v}_t$,就可通过上述方程组联立求解出未知的 $\hat{\mathbf{r}}$,$\hat{\mathbf{s}}$,$\mathbf{X}_t$ 和 $\mathbf{A}_t$。

通常利用迭代法求解以上问题,其基本步骤是:以两组控制数($\mathbf{u}_t$ 和 $\mathbf{v}_t$)为基础,对基期矩阵($\mathbf{A}_0$ 或 $\mathbf{X}_0$)交替地沿着各行和各列逐次按比例调整,推算未知的核算期矩阵($\mathbf{A}_t$ 或 $\mathbf{X}_t$),直至其行和及列和分别收敛到有关控制数据。故此,RAS 法又称作"双边比例调整法"。

例如,给出某国基期的三部门直接消耗系数矩阵,现期的总产出向量以及中间流量矩阵的行列控制数如下(其中用符号表示的矩阵元素为未知数据):

① 有关公式推导过程如下:

$$\begin{cases} \mathbf{u}_t\equiv\mathbf{X}_t\mathbf{i}=\mathbf{A}_t\hat{\mathbf{q}}_t\mathbf{i}=(\hat{\mathbf{r}}\mathbf{A}_0\hat{\mathbf{s}})\hat{\mathbf{q}}_t\mathbf{1}=\hat{\mathbf{r}}(\mathbf{A}_0\hat{\mathbf{q}}_t)\mathbf{s} \\ \mathbf{v}'_t\equiv\mathbf{i}'\mathbf{X}_t=\mathbf{i}'\mathbf{A}_t\hat{\mathbf{q}}_t=\mathbf{i}'(\hat{\mathbf{r}}\mathbf{A}_0\hat{\mathbf{s}})\hat{\mathbf{q}}_t=\mathbf{r}'(\mathbf{A}_0\hat{\mathbf{q}}_t)\hat{\mathbf{s}} \end{cases}$$

注意,两个对角阵相乘时可以交换其先后顺序。

$$
\mathbf{A}_0=\begin{pmatrix}0.250 & 0.333 & 0\\ 0.150 & 0.167 & 0.100\\ 0.100 & 0.167 & 0.150\end{pmatrix}
\qquad
\begin{array}{c|ccc|cc}
\mathbf{X}_t & \mathbf{A} & \mathbf{B} & \mathbf{C} & \mathbf{u}_t & \mathbf{q}_t\\
\text{A} & x_{11}^{(t)} & x_{12}^{(t)} & x_{13}^{(t)} & 160 & 200\\
\text{B} & x_{21}^{(t)} & x_{22}^{(t)} & x_{23}^{(t)} & 150 & 400\\
\text{C} & x_{31}^{(t)} & x_{32}^{(t)} & x_{33}^{(t)} & 120 & 300\\
v_t & 100 & 250 & 80 & &
\end{array}
$$

(1)假定所有技术条件均不变(即 $\mathbf{A}_t=\mathbf{A}_0$,不存在替代影响和制造影响),推算核算期的中间流量矩阵,再加以验证和调整。有:

$$
\begin{array}{rccc|ccc}
 & & & & u^{(0,0)} & u_t & r_i^{(1)}=u_{ti}\div u_i^{(0,0)}\\
\hat{\mathbf{X}}_t^{(0,0)}\equiv\mathbf{A}_0\hat{\mathbf{q}}_t= & 50 & 133.3 & 0 & 183.3 & 160 & 0.873\\
 & 30 & 66.7 & 30 & 126.7 & 150 & 1.184\\
 & 20 & 66.7 & 45 & 131.7 & 120 & 0.911\\
v^{(0,0)} & 100 & 266.7 & 75 & & &
\end{array}
$$

此时,$\mathbf{u}^{(0,0)}\neq\mathbf{u}_t,\mathbf{v}^{(0,0)}\neq\mathbf{v}_t$,可见上述“所有技术条件均不变”的假定与实际控制数不符,需要适当引入替代和制造影响因子。通过计算初步的行乘数(替代乘数)$r_i^{(1)}$,并用于调整基期的直接消耗系数矩阵,可使得行平衡,但列仍不平衡(见下面),故还需继续调整。

$$
\begin{array}{rccc|c}
 & & & & u^{(1,0)}=u_t\\
\hat{\mathbf{X}}_t^{(1,0)}\equiv\hat{\mathbf{r}}^{(1)}\mathbf{A}_0\hat{\mathbf{q}}_t= & 43.6 & 116.4 & 0 & 160\\
 & 35.5 & 79.0 & 35.5 & 150\\
 & 18.2 & 60.8 & 41.0 & 120\\
v^{(1,0)} & 97.3 & 256.2 & 76.5 & \\
v_t & 100 & 250 & 80 & \\
s_j^{(1)}=v_t\div v_j^{(1,0)} & 1.027 & 0.976 & 1.046 &
\end{array}
$$

(2)计算列乘数 $s_j^{(1)}$(即制造乘数,见上面),并用于调整的直接消耗系数矩阵,可以使得列平衡,但行又不平衡,故需再次计算行乘数 $r_i^{(2)}$。

$$
\begin{array}{rccc|ccc}
 & & & & u^{(1,1)} & u_t & r_i^{(2)}=u_{ti}\div u_i^{(1,1)}\\
\mathbf{X}_t\equiv\hat{\mathbf{r}}^{(1)}\mathbf{A}_0\hat{\mathbf{q}}_t\hat{\mathbf{s}}^{(1)}= & 44.8 & 113.6 & 0 & 158.4 & 160 & 1.010\\
 & 36.5 & 77.1 & 37.1 & 150.7 & 150 & 0.966\\
 & 18.7 & 59.3 & 42.9 & 120.9 & 120 & 0.992\\
v^{(1,1)}=v_t & 100 & 250 & 80 & & &
\end{array}
$$

(3)如此反复进行横行和纵列的调整,直至所推算矩阵的行和、列和等于相应的控制数:$\mathbf{u}^{(k)}=\mathbf{u}_t,\mathbf{v}^{(k)}=\mathbf{v}_t$,或误差小于给定范围,迭代即可停止。此时有:

$$
\begin{cases}\mathbf{A}_t=\hat{\mathbf{r}}\mathbf{A}_0\hat{\mathbf{s}}, & \mathbf{X}_t=\mathbf{A}_t\hat{\mathbf{q}}_t=\hat{\mathbf{r}}\mathbf{A}_0\hat{\mathbf{q}}_t\hat{\mathbf{s}}\\ \hat{\mathbf{r}}=\hat{\mathbf{r}}^{(1)}\hat{\mathbf{r}}^{(2)}\cdots\hat{\mathbf{r}}^{(k)}, & \hat{\mathbf{s}}=\hat{\mathbf{s}}^{(1)}\hat{\mathbf{s}}^{(2)}\cdots\hat{\mathbf{s}}^{(k)}\end{cases}\tag{4—73}
$$

对于上例,最后的推算和修订结果分别为:

$$\mathbf{X}_t=\begin{pmatrix}44.8 & 113.6 & 0\\ 36.5 & 77.1 & 37.1\\ 18.7 & 59.3 & 42.9\end{pmatrix},\quad \mathbf{r}=\begin{pmatrix}0.884\\ 1.177\\ 0.902\end{pmatrix},\quad \mathbf{s}=\begin{pmatrix}1.025\\ 0.974\\ 1.054\end{pmatrix}$$

$$\mathbf{A}_t=\begin{pmatrix}0.2240 & 0.2840 & 0\\ 0.1825 & 0.1928 & 0.1237\\ 0.0935 & 0.1483 & 0.1430\end{pmatrix}$$

需要补充的是，RAS 法还有另一种实施程序（RAS-2 法），其基本公式为：

$$\mathbf{X}_t \equiv \hat{\mathbf{r}}\mathbf{X}_0\hat{\mathbf{s}},\qquad \mathbf{A}_t=\mathbf{X}_t\hat{\mathbf{q}}_t^{-1}=\hat{\mathbf{r}}\mathbf{X}_0\hat{\mathbf{q}}_t^{-1}\hat{\mathbf{s}} \tag{4-74}$$

这里直接从 $\mathbf{X}_0=\mathbf{A}_0\hat{\mathbf{q}}_0$（而不是 $\mathbf{A}_0\hat{\mathbf{q}}_t$）开始迭代，故比上述过程的计算来得简便。作为一种机械的简单调整方法，它所给出的 $\mathbf{A}_t$ 和 $\mathbf{X}_t$ 与上面相同，但所得行、列乘数 $\mathbf{r}$ 和 $\mathbf{s}$ 则会有所不同（因为它们采用了不同的方式来定义替代乘数和制造乘数）。一般建议采用前一种程序（RAS-1 法）。

3. RAS 法的修订效果

关于 RAS 法的效果和存在的问题，英国的 M. O. L. 巴卡拉克曾在其题为《双边比例矩阵和投入产出变动》[①]的专著中给予讨论，得到以下重要结果：

（1）无论先施行行调整或列调整，该法都会给出唯一解：$\mathbf{r}$，$\mathbf{s}$，$\mathbf{A}_t$ 和 $\mathbf{X}_t$；

（2）若在基期矩阵中某一元素为零，则在最后推导出的矩阵中它仍然为零（即不会导致“多消耗”）；

（3）在最后推导出的矩阵中不会出现负值（即不会出现“负消耗”）；

（4）经验表明，其迭代计算过程会很快收敛。

RAS 法给出的结果一般会比未修订的数据更接近实际情况，但误差仍然存在（且误差大小与划分部门数的多少有关），故还需要进一步改进。

4. 改进的 RAS 法

对 RAS 法加以改进的基本依据是：核算期的中间流量矩阵（或直接消耗系数矩阵）并非一个完全未知的黑箱，实际情况可能是，至少其中部分重要数据是已知（或可以通过简易的调查获知）的。若能充分利用这些已知的重要辅助信息，就可以改进 RAS 法的估计过程，得到更好的修订结果。

改进的 RAS 法的基本要点是：设核算期某些重点消耗系数（或中间流量）已由国民核算或专家调查法确定，则可先将这些元素作为调整过程的外生因素排除在基础矩阵之外（即令其为零），同时将其数值从相应的行、列控制数中扣除；待对其余元素用前述的普通 RAS 法作出修正之后，再将它们移入最后得到的完整矩阵之中。实质上，这是将简单 RAS 法与国民核算和专家调查有机结合的结果。

改进的 RAS 法优点表现在，不仅推算得到的中间流量矩阵的行、列和分别等于给定的控制数，而且若干重要系数（或中间流量）与实际情况是完全吻合的。这就大大改善了修订工作的精度。有关改进的 RAS 法的具体计算数例和操作方法从略，读者可通过完成本章的

---

① 剑桥大学出版社，1969 年。转引自联合国统计署：《投入产出表和分析》，中国社会科学出版社，1981 年中译本，第 79—80 页。

一个相应练习题加深理解。

各种 RAS 法的关键问题是尽可能精确地掌握有关的行、列合计控制数（以及部分重要的中间流量或消耗系数），这在很大程度上有赖于国民经济核算所提供的基础资料，如产业部门和产品部门的产出、最初投入和最终需求等，RAS 法的有关行、列控制数通常可以作为差额由这些向量推算出来。

除了 RAS 法外，投入产出表的数学修订方法还有平均增长率法和拉格朗日待定系数法等，但其规范性和适用性一般都不如 RAS 法。

§4.4 投入产出法的应用和拓展

一、研究产业结构及其关联程度

投入产出法的应用领域非常广泛，并且仍在不断扩展和深化之中。就目前情况来看，其主要应用包括三个方面的内容，即研究国民经济的产业结构及其关联程度、编制和修订宏观经济计划以及研究价格水平和价格变动影响。

国民经济的产业结构和比例关系涉及各方面的内容，具体表现形式也多种多样。利用投入产出表和有关模型进行分析，可以深入了解国民经济各部门的地位和作用。这里试归纳说明其基本内容。

（一）最终需求及其变化对各部门产出和投入结构的影响

1. 分析最终需求及其变化对国民经济各部门产出结构的影响

“最终需求”即全社会对最终产品的需求，有时也被称作“初始需求”（相对于它所诱发的中间产品需求而言），这两者并不矛盾，只是观察问题的角度有所不同。为了生产出所需的最终产品，各有关部门还必须提供相应数量的中间产品，作为生产过程的投入。从这个意义上说，对于最终产品的需求是“初始的”需求，而对于中间产品的需求则是“派生的”需求。在一个给定的经济系统中，初始需求的规模和构成一旦确定，则派生需求的规模和构成也被确定，进而国民经济各部门的产出规模和构成随之被相应地确定，这一点是由部门间的技术经济联系所决定的。因此，利用投入产出表和有关模型，可以分析最终需求及其变化对国民经济各部门产出结构的影响。

最终需求包括消费需求、投资需求和净出口需求三大部分，它们的数量规模和内容构成各不相同，因而各自对国民经济生产结构产生不同的影响。为便于分析，首先引入符号：

$$\mathbf{f}=\mathbf{f}^{(1)}\text{（消费需求）}+\mathbf{f}^{(2)}\text{（投资需求）}+\mathbf{f}^{(3)}\text{（净出口需求）} \tag{4-75}$$

相应地，记：

$$\mathbf{q}=\mathbf{q}^{(1)}\text{（消费需求引致）}+\mathbf{q}^{(2)}\text{（投资需求引致）}+\mathbf{q}^{(3)}\text{（净出口需求引致）} \tag{4-76}$$

根据投入产出行模型（产品流量模型），就有：

$$(\mathbf{q}^{(1)},\mathbf{q}^{(2)},\mathbf{q}^{(3)})=(\mathbf{I}-\mathbf{A})^{-1}(\mathbf{f}^{(1)},\mathbf{f}^{(2)},\mathbf{f}^{(3)})=\mathbf{L}(\mathbf{f}^{(1)},\mathbf{f}^{(2)},\mathbf{f}^{(3)}) \tag{4-77}$$

这样得到的分析指标：

$$\mathbf{q}^{(k)}=(\mathbf{I}-\mathbf{A})^{-1}\mathbf{f}^{(k)}=\mathbf{L}\mathbf{f}^{(k)},\qquad q_i^{(k)}=\sum_{j=1}^{n}l_{ij}f_j^{(k)},\qquad i,k=1,2,\cdots,n \tag{4-78}$$

通常称为第 k 种最终需求对第 i 部门的“生产诱发额”，而相应的“生产诱发度（生产诱发系数）”则为：

$$\mathbf{q}^{(k)}=\frac{(\mathbf{I}-\mathbf{A})^{-1}\mathbf{f}^{(k)}}{\mathbf{i}'\mathbf{f}^{(k)}}=\frac{\mathbf{L}\mathbf{f}^{(k)}}{\mathbf{i}'\mathbf{f}^{(k)}},\qquad q_i^{(k)}=\frac{\sum_{j=1}^{n}l_{ij}f_j^{(k)}}{\sum_{j=1}^{n}f_j^{(k)}},\qquad i,k=1,2,\cdots,n \tag{4-79}$$

据此，可以测算并分析最终需求及其变化对国民经济各部门产出结构的影响。这也是基于列昂节夫逆阵的加权产业关联测度的一种形式。

2. 分析最终需求及其变化对国民经济各部门的投入结构的影响

这一分析可以利用上面的有关结果。先引入有关符号：

$$\mathbf{X}=\mathbf{X}^{(1)}(\text{消费需求引致})+\mathbf{X}^{(2)}(\text{投资需求引致})+\mathbf{X}^{(3)}(\text{净出口需求引致}) \tag{4-80}$$

$$\mathbf{y}=\mathbf{y}^{(1)}(\text{消费需求引致})+\mathbf{y}^{(2)}(\text{投资需求引致})+\mathbf{y}^{(3)}(\text{净出口需求引致}) \tag{4-81}$$

依据投入产出法的中间流量模型，有

$$(\mathbf{X}^{(1)},\mathbf{X}^{(2)},\mathbf{X}^{(3)})=\mathbf{A}(\hat{\mathbf{q}}^{(1)},\hat{\mathbf{q}}^{(2)},\hat{\mathbf{q}}^{(3)})=\mathbf{AL}(\mathbf{f}^{(1)},\mathbf{f}^{(2)},\mathbf{f}^{(3)}) \tag{4-82}$$

另一方面，依据投入产出列模型，则有

$$\begin{aligned}(\mathbf{y}^{(1)},\mathbf{y}^{(2)},\mathbf{y}^{(3)})&=(\mathbf{I}-\mathbf{\Lambda})(\mathbf{q}^{(1)},\mathbf{q}^{(2)},\mathbf{q}^{(3)})\\&=(\mathbf{I}-\mathbf{\Lambda})\mathbf{L}(\mathbf{f}^{(1)},\mathbf{f}^{(2)},\mathbf{f}^{(3)})\end{aligned} \tag{4-83}$$

据此，可以测算并分析最终需求及其变化对国民经济各部门的中间投入结构和最初投入结构的影响。

（二）产业关联效应的测度和分析

1. 产业关联测度和关键产业甄别

投入产出表深刻地反映了国民经济各部门之间错综复杂的技术经济联系，据此，可以从产业关联的角度定量分析各部门在国民经济中的地位和作用，为制订产业政策和调整产业结构提供重要参考。这里需要利用有关的技术经济系数计算相应的产业关联效应，我们仅以两个重要的产业关联系数为例加以说明。

设有国民经济各部门的完全需求系数矩阵资料如表 4－10。表中列出了完全需求系数矩阵的各行行和与各列列和，它们分别具有不同的分析意义。

完全需求系数矩阵各列列和的分析含义是：当某个产品部门新增加一单位最终产品时，所引起的对各部门的完全需求之和。这代表着一个部门对国民经济各部门所施加的需求拉动影响。而完全需求系数矩阵各行行和的分析含义则是：当国民经济各部门都新增加一单位最终产品时，所引起的对某个产品部门的完全需求之和。这代表着一个部门所感应到的国民经济各部门的需求拉动影响。为便于各行和、列和之间相互比较，需要计算所有行和（列和）的平均数：

表 4－10 完全需求系数分析表

		消耗部门				行和
		1	2	…	n	
被消耗部门	1	$l_{11}=1+\bar{l}_{11}$	$l_{12}=\bar{l}_{12}$	…	$l_{1n}=\bar{l}_{1n}$	$\sum_{j=1}^{n} l_{1j}$
	2	$l_{21}=\bar{l}_{21}$	$l_{22}=1+\bar{l}_{22}$	…	$\bar{l}_{2n}=l_{2n}$	$\sum_{j=1}^{n} l_{2j}$
	⋮	⋮	⋮	⋱	⋮	⋮
	n	$l_{n1}=\bar{l}_{n1}$	$l_{n2}=\bar{l}_{n2}$	…	$l_{nn}=1+\bar{l}_{nn}$	$\sum_{j=1}^{n} l_{nj}$
列和		$\sum_{i=1}^{n} l_{i1}$	$\sum_{i=1}^{n} l_{i2}$	…	$\sum_{i=1}^{n} l_{in}$	$\sum_{i=1}^{n}\sum_{j=1}^{n} l_{ij}$

$$\frac{1}{n}\sum_{i=1}^{n}\sum_{j=1}^{n} l_{ij}=\frac{1}{n}\sum_{j=1}^{n}\sum_{i=1}^{n} l_{ij}=\frac{1}{n}\mathbf{i'Li} \tag{4－84}$$

并以此为基础,确定各部门的产业关联分析参数。它们分别是:

(1)影响力系数。这是根据完全需求系数矩阵的各列列和数据所确定的分析指标,计算公式为:

$$\boldsymbol{\gamma}=\frac{\mathbf{L'i}}{\frac{1}{n}\mathbf{i'Li}}=(\gamma_1,\gamma_2,\cdots,\gamma_n)', \qquad \gamma_j=\frac{\sum_{i=1}^{n} l_{ij}}{\frac{1}{n}\sum_{j=1}^{n}\sum_{i=1}^{n} l_{ij}}, \qquad j=1,2,\cdots,n \tag{4－85}$$

该系数表示:某个产品部门对于国民经济各部门施加的需求拉动影响的相对水平。当系数 γ 大于 1 时,表示该部门的影响力超过各部门的平均水平;小于 1 时,则表示该部门的影响力低于各部门的平均水平。一般认为,少数影响力系数最大的部门是国民经济的“龙头产业”,它们对整个经济具有重要的牵引作用。当这些龙头产业生产水平滞后时,优先发展这些产业,可以起到带动一般产业的显著作用。

(2)感应度系数。这是根据完全需求系数矩阵的各行行和数据所确定的分析指标,计算公式为:

$$\boldsymbol{\delta}=\frac{\mathbf{Li}}{\frac{1}{n}\mathbf{i'Li}}=(\delta_1,\delta_2,\cdots,\delta_n)', \qquad \delta_i=\frac{\sum_{j=1}^{n} l_{ij}}{\frac{1}{n}\sum_{i=1}^{n}\sum_{j=1}^{n} l_{ij}}, \qquad i=1,2,\cdots,n \tag{4－86}$$

该系数表示:某个产品部门感受到国民经济各部门需求拉动影响的相对程度。当系数 δ 大于 1 时,表示该部门的被影响程度超过各部门的平均水平;小于 1 时,则表示该部门的被影响程度低于各部门的平均水平。一般认为,少数感应度系数最大的部门是国民经济的“基础(或制约)产业”,它们对整个经济具有重要的制约作用。当这些产业的生产水平滞后时,就会形成经济发展的瓶颈,严重制约国民经济各部门的发展,因此,在制订产业政策时必须优先考虑，给予适当倾斜。

例如，依据《中国1997年投入产出表》[①]中的17个部门资料计算（结果见表4－11），在20世纪末，我国国民经济各部门中影响力系数最大的五个重要龙头产业分别是：制造业中的金属产品制造业、机械设备制造业、化学工业、建筑业，以及纺织、缝纫和皮革产品制造业；而五个感应度系数最大的重要基础产业分别是：机械设备制造业、化学工业、金属产品制造业、采掘业和农业。可见，金属产品制造业、机械设备制造业和化学工业三者无论就其影响力抑或感应度来看，都是至为重要的产业。

表4－11 中国1997年17部门的产业关联效应测度结果

产品部门	部门代码	影响力		感应度	
		系数值	排序	系数值	排序
农业	01	0.7559	16	1.1743	5
采掘业	02	0.8702	14	1.4206	4
食品制造业	03	1.0001	9	0.6955	14
纺织、缝纫及皮革产品制造业	04	1.1207	5	1.0528	8
其他制造业	05	1.0509	8	1.0578	7
电力及蒸汽、热水生产和供应业	06	0.9395	10	0.7718	11
炼焦、煤气及石油加工业	07	1.0968	6	0.7360	13
化学工业	08	1.1558	3	1.6641	2
建筑材料及其他非金属矿物制品业	09	1.0817	7	0.7901	10
金属产品制造业	10	1.2412	1	1.4555	3
机械设备制造业	11	1.2094	2	1.8461	1
建筑业	12	1.1513	4	0.4691	17
运输邮电业	13	0.8518	15	0.8825	9
商业饮食业	14	0.8882	13	1.0979	6
公用事业及居民服务业	15	0.9139	12	0.7510	12
金融保险业	16	0.7479	17	0.6604	15
其他服务业	17	0.9246	11	0.4745	16

此外，影响力系数最小的五个产业分别是（依逆序排列，下同）：金融保险业、农业、运输邮电业、采掘业，以及商业饮食业；感应度系数最小的五个产业则分别是：建筑业、其他服务业、金融保险业、食品制造业，以及炼焦、煤气及石油加工业。怎样说明这些产业部门的地位，需要注意一些问题。

2. 产业关联系数的应用问题 *

上述的影响力系数和感应度系数作为投入产出分析的工具之一，用于考察产业结构无疑具有显著意义。然而，在计算这些指标和观察其排序结果时，还须注意不被特定方法的分

① 数据来源于《中国统计年鉴2001》。这里之所以不采用更新的《中国投入产出表》数据，是为了便于下面说明有关分析方法的问题。

析角度和隐含前提所迷惑，避免产生误解和歧义[①]。

(1)投入产出分析是从技术经济联系的角度研究部门关联的方法体系，而这里所谓的"技术经济联系"仅限于部门间的产品流量关系。我们注意到，在上例对各产品部门计算的影响力和感应度系数中，金融业都是排在末尾几名(倒数第一和第三)的位置上。但这并非表明金融部门与其他行业的经济关联性不显著。事实上，金融业在现代经济中扮演着非同寻常的角色，与其他各部门之间的关联影响极为重要，其地位怎么强调也不过分；不过，这些关联影响和重要性又很难通过各种消耗系数体现出来。毕竟，部门间的经济联系是多方面的，技术经济联系只是其中的一种(尽管是非常重要的一种)，此外还有部门间的财务收支和资产负债关系，以及其他方面的相互影响和相互制约关系；不同的经济联系需要不同的度量方法，后者显然无法通过投入产出的技术经济系数给予适当度量。这并未否定投入产出方法本身的有效性，只是提示我们在数据分析中应该适当正视这一问题。

(2)进一步看，常规投入产出方法所分析的技术经济联系又侧重于各部门间的"产出流量(相互提供产品)"和"投入流量(相互消耗产品)"两个方面。这里所谓的"投入"或"消耗"仅指"中间投入(中间消耗)"，换言之，部门间相互提供、相互消耗中间产品的交易已被纳入技术经济联系的考察范围，而部门间相互提供、相互损耗最终产品(固定资产)的交易则被不适当地排除在这种技术经济联系的视野之外。因此，像建筑业这样的特殊部门，其影响力系数名列前茅，但感应度系数却相对很低(本例中是最低)，这是方法本身的局限性使然。

(3)上述各种测度方法给出的重要性系数仅从中间消耗的角度说明了部门间关联的相对强度，而非实际作用的强度或绝对力度。事实上，个别经济地位并不十分重要、甚至总量规模很小的产业，其影响力系数却可能异常地大(在实际数据分析中此类情况时有发生)。问题就在于，某个产业具有极大的影响力系数并不一定表明它在整个经济系统中就真正具有举足轻重的牵引作用，除非我们假定(或实际情况恰好是)各部门的产出(总产出或最终产出)完全相等。如若不是这样，则该部门对国民经济各部门的绝对影响力度就应按其产出的多寡计算"加权形式的影响力系数"。基于类似的理由，感应度系数也应采用适当的加权形式计算。

二、编制和修订宏观经济计划

(一)编制和安排宏观经济计划

利用投入产出方法编制宏观经济计划的主要特点就在于：从对最终产品的初始需求出发，安排国民经济的生产规模和产业构成。这样编制计划目标明确，方法科学，可以适当兼顾经济总量与产业结构、最终产品与中间产品等方面的关系，是宏观经济管理的重要手段。

为了利用投入产出方法编制宏观经济计划，首先，必须取得基期的投入产出表资料，计算相应的消耗系数，并根据计划期可能发生的变化对有关系数作出适当修订或预测；其次，必须根据经济增长目标和产业结构要求，确定社会最终产品的总量和构成；然后，就可以运用投入产出行模型(产品流量模型)计算各部门的总产出，并据以安排国民经济生产计划，计

① 以下有关讨论请参阅杨灿：《产业关联系数的测度方法及其应用问题探析》，统计研究，2005(9)。

算公式为：

$$\mathbf{q}_t=(\mathbf{I}-\mathbf{A}_t)^{-1}\mathbf{f}_t=\mathbf{L}_t\mathbf{f}_t \tag{4-87}$$

式中，$\mathbf{A}_t$ 为经过适当修订后的计划期直接消耗系数矩阵，$\mathbf{L}_t$ 为相应的完全需求系数矩阵，$\mathbf{f}_t$ 为计划要求的最终产品向量，$\mathbf{q}_t$ 为计算得到的计划期各部门总产出向量。

例如，给出某年国民经济各产品部门的生产情况如表4－12。假定计划期要求国内生产总值增长10％，最终产品结构调整为：甲部门占15％，乙部门占45％，丙部门占40％。则计划期的国内生产总值应为：5440×110％＝5984亿元。由此可以推算出各部门提供的最终产品分别为：

甲部门：5984×15％＝ 897.6亿元

乙部门：5984×45％＝2692.8亿元

丙部门：5984×40％＝2393.6亿元

表4－12　各产品部门生产情况表

	总产出		最终产品	
	数额(亿元)	比重(％)	数额(亿元)	比重(％)
甲部门	1600	15.27	920	16.91
乙部门	5000	47.71	2490	45.77
丙部门	3880	37.02	2030	37.32
合计	10480	100.00	5440	100.00

进一步预测得到计划期三个部门的直接消耗系和完全需求系数矩阵分别为：

$$\mathbf{A}_t=\begin{pmatrix}0.2&0.2&0.1\\0.3&0.4&0.2\\0.1&0.1&0.1\end{pmatrix},\qquad \mathbf{L}_t=\begin{pmatrix}1.490&0.544&0.287\\0.831&2.034&0.544\\0.258&0.287&1.203\end{pmatrix}$$

根据以上给出的条件，可以利用式(4－87)计算得到计划期各部门的总产出应为：

$$\mathbf{q}_t=\mathbf{L}_t\mathbf{f}_t=\begin{pmatrix}1.490&0.544&0.287\\0.831&2.034&0.544\\0.258&0.287&1.203\end{pmatrix}\begin{pmatrix}897.6\\2692.8\\2393.6\end{pmatrix}=\begin{pmatrix}3489.27\\7525.18\\3883.92\end{pmatrix}$$

可知，为了实现计划要求的经济增长和产业调整目标，国内总产出应该达到14898.37亿元，即增长42.16％，其中，各部门的生产计划安排应为：甲部门总产出须增长118.08％(最终产品则须减少2.43％)；乙部门总产出须增长50.50％(最终产品须增长8.14％)；丙部门总产出仅须增长0.10％(最终产品则须增长17.91％)。当三个部门的最终产品份额分别为15％、45％和40％时，它们各自的总产出份额分别为23.42％、50.51％和26.07％。这些计算结果显然与简单的直观判断形成极大反差，足见利用投入产出法编制宏观经济计划的必要性和重要性。

(二)检验或修订宏观经济计划

投入产出法并不是编制宏观经济计划的唯一手段。当原来的计划是采用其他方式编制

时,也可以运用投入产出方法对有关计划指标的合理性与协调性进行检验,必要时作出适当的修订。这里主要有下面几种情况:

(1)当原有的计划已经安排了各部门的总产出数额时,可以利用投入产出模型检验由此提供的最终产品能否适应实际社会需求(包括总量和构成上的适应),或者,能否达到一定的GDP增长目标。其基本计算公式为:

$$\mathbf{f}_t = (\mathbf{I} - \mathbf{A}_t)\mathbf{q}_t \qquad (4-88)$$

式中,$\mathbf{q}_t$ 为原计划期给出的各部门总产出向量,$\mathbf{f}_t$ 为各部门可能提供的最终产品向量。

(2)当原有的计划已经安排了GDP和各种最终产品的数额时,可以利用投入产出模型计算各部门相应需要完成的总产出,并检验各部门原来安排的生产增长目标能否与计算结果相衔接。其基本计算公式仍然类同于式(4—87):

$$\mathbf{q}_t = (\mathbf{I} - \mathbf{A}_t)^{-1}\mathbf{f}_t = \mathbf{L}_t\mathbf{f}_t$$

在这里,$\mathbf{f}_t$ 为计划要求的最终产品向量,$\mathbf{q}_t$ 为计算得到的计划期各部门总产出向量。

(3)当计划执行过程中,由于情况变化,出现了供给方或需求方的缺口时,也可以利用投入产出方法调整原有的生产计划指标。其基本计算公式为:

$$\Delta\mathbf{q}_t = (\mathbf{I} - \mathbf{A}_t)^{-1}\Delta\mathbf{f}_t = \mathbf{L}_t\Delta\mathbf{f}_t \qquad (4-89)$$

式中,$\Delta\mathbf{f}_t$ 为需要调整的最终产品向量(增减量),$\Delta\mathbf{q}_t$ 为各部门总产出的相应调整量。

假如在前面例子的计划实施过程中,根据分析预测得知:甲、丙两部门的最终产品可能分别出现100和50亿元的供给缺口(供不应求),而乙部门的最终产品则可能出现80亿元的需求缺口(供过于求),需要调整原来的生产计划安排。运用投入产出模型式(4—89)计算得到:

$$\Delta\mathbf{q}_t = \mathbf{L}_t\Delta\mathbf{f}_t = \begin{pmatrix} 1.490 & 0.544 & 0.287 \\ 0.831 & 2.034 & 0.544 \\ 0.258 & 0.287 & 1.203 \end{pmatrix}\begin{pmatrix} 100 \\ -80 \\ 50 \end{pmatrix} = \begin{pmatrix} 119.83 \\ -52.42 \\ 62.99 \end{pmatrix}$$

也即,在原有计划的基础上,甲部门需要追加119.83亿元的总产出,丙部门也需要追加62.99亿元的总产出,但乙部门需要削减52.42亿元的总产出。这样调整后,GDP可望增长11.29%,各部门最终产品的份额将分别为16.48%、43.16%和40.36%。

三、研究价格水平及其变动影响*

价格问题对于宏观经济管理的重要性表现在:一方面,价格水平和价格结构是否合理直接关系到国民经济能否持续、稳定地发展;另一方面,适当的价格管理和价格政策也是宏观经济调控的重要手段。由于国民经济各部门之间客观上存在着相互提供、相互消耗产品的复杂联系,不同产品的价格又是互相影响的,形成一套价格体系。某种(或某部分)产品的价格变化,会通过影响其他产品成本变化的方式,进而对有关产品的价格产生直接或间接的影响。为此,需要从国民经济整体的角度科学地计量和测定价格水平,并分析价格变动的波及影响,投入产出模型可以用于这一领域的研究。

(一)价格测算模型的建立

前面给出的基本投入产出模型还不能直接用于价格的测算和分析,为此,需要对其进行必要的拓展和改造。依据价值型投入产出表各列的平衡关系：

$$\sum_{i=1}^{n} x_{ij} + y_j = q_j, \qquad j = 1,2,\cdots,n$$

引入实物单位计量的中间消耗和总产出流量，以及相应的实物型直接消耗系数，有：

$$x_{ij} = p_i x_{ij}^*, \qquad x_{ij}^* = \alpha_{ij} q_j^*, \qquad q_j = p_j q_j^* \tag{4-90}$$

上式可变形为：

$$q_j^* \sum_{i=1}^{n} p_i \alpha_{ij} + y_j = p_j q_j^*, \qquad j = 1,2,\cdots,n \tag{4-91}$$

将该式的两边同除以实物产量 q_j^*，再定义一个“按实物产量计算的增加值系数”(注意这与按产值计算的增加值系数有所不同)：

$$\tilde{y}_j = \frac{y_j}{q_j^*}, \qquad j = 1,2,\cdots,n \tag{4-92}$$

就得到：

$$\sum_{i=1}^{n} p_i \alpha_{ij} + \tilde{y}_j = p_j, \qquad j = 1,2,\cdots,n \tag{4-93}$$

将其展开表示，有：

$$\begin{cases} \alpha_{11} p_1 + \alpha_{21} p_2 + \cdots + \alpha_{n1} p_n + \tilde{y}_1 = p_1 \\ \alpha_{12} p_1 + \alpha_{22} p_2 + \cdots + \alpha_{n2} p_n + \tilde{y}_2 = p_2 \\ \qquad\qquad \vdots \\ \alpha_{1n} p_1 + \alpha_{2n} p_2 + \cdots + \alpha_{nn} p_n + \tilde{y}_n = p_n \end{cases} \tag{4-94}$$

写成矩阵形式就是

$$\begin{pmatrix} \alpha_{11} & \alpha_{21} & \cdots & \alpha_{n1} \\ \alpha_{12} & \alpha_{22} & \cdots & \alpha_{n2} \\ \vdots & \vdots & \ddots & \vdots \\ \alpha_{1n} & \alpha_{2n} & \cdots & \alpha_{nn} \end{pmatrix} \begin{pmatrix} p_1 \\ p_2 \\ \vdots \\ p_n \end{pmatrix} + \begin{pmatrix} \tilde{y}_1 \\ \tilde{y}_2 \\ \vdots \\ \tilde{y}_n \end{pmatrix} = \begin{pmatrix} p_1 \\ p_2 \\ \vdots \\ p_n \end{pmatrix} \tag{4-95}$$

我们定义：实物型直接消耗系数矩阵为

$$\mathbf{\Omega} = \begin{pmatrix} \alpha_{11} & \alpha_{12} & \cdots & \alpha_{1n} \\ \alpha_{21} & \alpha_{22} & \cdots & \alpha_{2n} \\ \vdots & \vdots & \ddots & \vdots \\ \alpha_{n1} & \alpha_{n2} & \cdots & \alpha_{nn} \end{pmatrix} \tag{4-96}$$

则上式可以表为：

$$\mathbf{\Omega}' \mathbf{p} + \tilde{\mathbf{y}} = \mathbf{p} \tag{4-97}$$

这样，就得到如下的“价格测算模型”：

$$\begin{cases}\tilde{\mathbf{y}}=(\mathbf{I}-\mathbf{\Omega}')\mathbf{p}=(\mathbf{I}-\mathbf{\Omega})'\mathbf{p}\\ \mathbf{p}=(\mathbf{I}-\mathbf{\Omega}')^{-1}\tilde{\mathbf{y}}=[(\mathbf{I}-\mathbf{\Omega})^{-1}]'\tilde{\mathbf{y}}\end{cases} \tag{4-98}$$

该模型表明:任何部门的产品价格都是由单位中间投入成本和单位最初投入成本两大部分组成的,而各部门之间错综复杂的投入产出关系又使不同产品的价格相互制约、相互影响,结成一个有机联系的价格体系。

理论上说,依据所得到的模型,可以分析价格变化对增加值的影响,或者,测算最初投入成本的变化对价格的影响。但在实践中,编制完整的实物型投入产出表却面临种种问题:一方面,许多服务产品没有适当的实物计量单位,难以纳入实物型投入产出表;另一方面,实物产品种类繁多,资料搜集困难,编制工作量十分庞大。有鉴于此,实物型投入产出表一般很少编制,或者即便编制,通常也只包括数量有限的主要产品。因此,要将上述理论模型直接付诸应用存在诸多障碍。一般采用变通方式处理:即以价值型投入产出表的直接消耗系数和增加值系数代替相应的实物型系数,再以价格资料进行适当调整;而且,为了排除价格变动对系数的影响,最好采用固定价格编制价值型投入产出表。这样,就得到如下的价格测算"应用模型":

$$\begin{cases}\bar{\mathbf{y}}\approx(\mathbf{I}-\mathbf{A}')\mathbf{p}=(\mathbf{I}-\mathbf{A})'\mathbf{p}\\ \mathbf{p}\approx(\mathbf{I}-\mathbf{A}')^{-1}\bar{\mathbf{y}}=[(\mathbf{I}-\mathbf{A})^{-1}]'\bar{\mathbf{y}}\end{cases} \tag{4-99}$$

值得注意的是,由于价值型的直接消耗系数与增加值系数之间客观上存在着相互制约的内在联系,因而有:

$$(\mathbf{I}-\mathbf{A}')\mathbf{i}=\mathbf{i}-\mathbf{A}'\mathbf{i}=\begin{pmatrix}1-\sum_{i=1}^{n}a_{i1}\\ 1-\sum_{i=1}^{n}a_{i2}\\ \vdots\\ 1-\sum_{i=1}^{n}a_{in}\end{pmatrix}=\begin{pmatrix}\bar{y}_1\\ \bar{y}_2\\ \vdots\\ \bar{y}_n\end{pmatrix}=\bar{\mathbf{y}} \tag{4-100}$$

由此推得上述应用模型的一个特殊性质,即:

$$\mathbf{p}\approx(\mathbf{I}-\mathbf{A}')^{-1}\bar{\mathbf{y}}=\mathbf{i} \tag{4-101}$$

这个性质在一定程度上限制了模型的分析应用。它表明:用价值型技术经济系数近似建立起来的价格测算应用模型,其实不能用于绝对价格水平的测算分析,至多只能用于不同产品价格变动比率的相对分析。也即需要采用下面的实际分析形式:

$$\Delta\mathbf{p}\approx(\mathbf{I}-\mathbf{A}')^{-1}\Delta\bar{\mathbf{y}}=[(\mathbf{I}-\mathbf{A})^{-1}]'\Delta\bar{\mathbf{y}} \tag{4-102}$$

在这里,价格变动量的对比基数应为 1。下面具体讨论模型的实际应用问题。

(二)价格测算模型的应用

根据前面给出的国民经济三大产品部门的价值型投入产出表(见表 4-2)中有关数据,进一步划分出最初投入各要素的数值,计算得到各种技术经济系数,列在表 4-13 中。

表 4－13 技术经济系数资料

		直接消耗系数 A			完全需求系数 L			最初投入和增加值系数				
		1	2	3	1	2	3	$\bar{d}$	$\bar{v}$	$\bar{s}$	$\bar{m}$	$\bar{y}$
产品部门	1	0	0.1	0.3	1.077	0.258	0.375	0.10	0.40	0.08	0.12	0.70
	2	0.3	0	0.2	0.351	1.171	0.340	0.10	0.25	0.05	0.10	0.50
	3	0	0.4	0	0.141	0.468	1.136	0.10	0.20	0.07	0.13	0.50
合 计		0.3	0.5	0.5	—	—	—	—	—	—	—	—

1. 最初投入变动对价格的影响分析

$$\Delta \mathbf{p}=[(\mathbf{I}-\mathbf{A})^{-1}]'\Delta \bar{\mathbf{y}}=[(\mathbf{I}-\mathbf{A})^{-1}]'(\Delta \bar{\mathbf{d}}+\Delta \bar{\mathbf{v}}+\Delta \bar{\mathbf{s}}+\Delta \bar{\mathbf{m}}) \qquad (4-103)$$

例如，若第一、二部门的雇员报酬系数分别提高 5％和 8％，其他条件保持不变，则依据模型，可以测算出各部门产品价格的变动率应为：

$$\begin{aligned}\Delta \mathbf{p}&=[(\mathbf{I}-\mathbf{A})^{-1}]'\Delta \bar{\mathbf{v}}\\&=\begin{pmatrix}1.077 & 0.351 & 0.141\\0.258 & 1.171 & 0.468\\0.375 & 0.340 & 1.136\end{pmatrix}\begin{pmatrix}0.40\times 5\%\\0.25\times 8\%\\0\end{pmatrix}=\begin{pmatrix}0.02856\\0.02858\\0.01430\end{pmatrix}\end{aligned}$$

也即：第一部门价格上涨 2.86％，第二部门价格上涨 2.86％，第三部门价格上涨 1.43％。

若所有各部门的雇员报酬系数都提高 8％，则各部门产品价格的变动率应为：

$$\begin{aligned}\Delta \mathbf{p}&=[(\mathbf{I}-\mathbf{A})^{-1}]'\Delta \bar{\mathbf{v}}\\&=\begin{pmatrix}1.077 & 0.351 & 0.141\\0.258 & 1.171 & 0.468\\0.375 & 0.340 & 1.136\end{pmatrix}\begin{pmatrix}0.40\times 8\%\\0.25\times 8\%\\0.20\times 8\%\end{pmatrix}=\begin{pmatrix}0.043740\\0.039164\\0.036976\end{pmatrix}\end{aligned}$$

也即：第一部门价格上涨 4.37％，第二部门价格上涨 3.92％，第三部门价格上涨 3.70％。

2. 产品价格变动的波及影响分析

(1)价格变动波及影响的基本测算模型

不失一般性，设投入产出表中前 m 种产品的价格首先调整或变动，由此波及影响到其他产品的价格，引起新的变动。记：

$$\mathbf{p}^{(1)}=\begin{pmatrix}p_1\\p_2\\\vdots\\p_m\end{pmatrix},\quad \mathbf{p}^{(2)}=\begin{pmatrix}p_{m+1}\\p_{m+2}\\\vdots\\p_n\end{pmatrix},\quad \bar{\mathbf{y}}^{(1)}=\begin{pmatrix}\bar{y}_1\\\bar{y}_2\\\vdots\\\bar{y}_m\end{pmatrix},\quad \bar{\mathbf{y}}^{(2)}=\begin{pmatrix}\bar{y}_{m+1}\\\bar{y}_{m+2}\\\vdots\\\bar{y}_n\end{pmatrix}$$

$$\mathbf{L}'=[(\mathbf{I}-\mathbf{A})^{-1}]'=\begin{pmatrix}\mathbf{L}_{11} & \mathbf{L}_{12}\\\mathbf{L}_{21} & \mathbf{L}_{22}\end{pmatrix}'=\begin{pmatrix}\mathbf{L}'_{11} & \mathbf{L}'_{21}\\\mathbf{L}'_{12} & \mathbf{L}'_{22}\end{pmatrix}=\begin{pmatrix}\mathbf{H}_{11} & \mathbf{H}_{12}\\\mathbf{H}_{21} & \mathbf{H}_{22}\end{pmatrix}$$

则可以利用矩阵分块法将价格测算模型表为：

$$\mathbf{p}=\begin{pmatrix}\mathbf{p}^{(1)}\\ \mathbf{p}^{(2)}\end{pmatrix}=[(\mathbf{I}-\mathbf{A})^{-1}]'\,\bar{\mathbf{y}}=\begin{pmatrix}\mathbf{H}_{11} & \mathbf{H}_{12}\\ \mathbf{H}_{21} & \mathbf{H}_{22}\end{pmatrix}\begin{pmatrix}\bar{\mathbf{y}}^{(1)}\\ \bar{\mathbf{y}}^{(2)}\end{pmatrix} \tag{4-104}$$

右边分块计算,得到:

$$\begin{cases}\mathbf{p}^{(1)}=\mathbf{H}_{11}\bar{\mathbf{y}}^{(1)}+\mathbf{H}_{12}\bar{\mathbf{y}}^{(2)}\\ \mathbf{p}^{(2)}=\mathbf{H}_{21}\bar{\mathbf{y}}^{(1)}+\mathbf{H}_{22}\bar{\mathbf{y}}^{(2)}\end{cases} \tag{4-105}$$

上式中,$\mathbf{p}^{(1)}$ 给定,$\mathbf{p}^{(2)}$、$\bar{\mathbf{y}}^{(1)}$ 和 $\bar{\mathbf{y}}^{(2)}$ 未知,求解得到:

$$\begin{cases}\bar{\mathbf{y}}^{(1)}=\mathbf{H}_{11}^{-1}(\mathbf{p}^{(1)}-\mathbf{H}_{12}\bar{\mathbf{y}}^{(2)})\\ \mathbf{p}^{(2)}=\mathbf{H}_{21}\mathbf{H}_{11}^{-1}(\mathbf{p}^{(1)}-\mathbf{H}_{12}\bar{\mathbf{y}}^{(2)})+\mathbf{H}_{22}\bar{\mathbf{y}}^{(2)}\end{cases} \tag{4-106}$$

或者:

$$\begin{cases}\Delta\bar{\mathbf{y}}^{(1)}=\mathbf{H}_{11}^{-1}(\Delta\mathbf{p}^{(1)}-\mathbf{H}_{12}\Delta\bar{\mathbf{y}}^{(2)})\\ \Delta\mathbf{p}^{(2)}=\mathbf{H}_{21}\mathbf{H}_{11}^{-1}(\Delta\mathbf{p}^{(1)}-\mathbf{H}_{12}\Delta\bar{\mathbf{y}}^{(2)})+\mathbf{H}_{22}\Delta\bar{\mathbf{y}}^{(2)}\end{cases} \tag{4-107}$$

上式仅包含两组方程,实际上无法解出三组未知变量,因此,需要引入某种假定。设 $\bar{\mathbf{y}}^{(2)}$ 在调价前后固定不变(也即 $\Delta\bar{\mathbf{y}}^{(2)}=0$),则上式就可以简化为:

$$\begin{cases}\Delta\bar{\mathbf{y}}^{(1)}=\mathbf{H}_{11}^{-1}\Delta\mathbf{p}^{(1)}=(\bar{\mathbf{L}}_{11}^{-1})'\Delta\mathbf{p}^{(1)}\\ \Delta\mathbf{p}^{(2)}=\mathbf{H}_{21}\mathbf{H}_{11}^{-1}\Delta\mathbf{p}^{(1)}=\bar{\mathbf{L}}'_{12}(\bar{\mathbf{L}}_{11}^{-1})'\Delta\mathbf{p}^{(1)}\end{cases} \tag{4-108}$$

这就是利用投入产出法考察产品价格变动波及影响的基本公式,据此可以进行各种测算分析。

(2)一种产品价格变动波及影响的测算

在上述测算模型(4-106)中,特别地,若只有一种产品的价格首先发生变动(不失一般性,设首先变动价格的是第一部门的产品),则有:

$$\mathbf{L}_{11}=l_{11}=1+\bar{l}_{11},\qquad \mathbf{L}_{12}=(l_{12},l_{13},\cdots,l_{1n})=(\bar{l}_{12},\bar{l}_{13},\cdots,\bar{l}_{1n})$$

第一种产品价格变动对其他产品价格的波及影响为:

$$\Delta\mathbf{p}^{(2)}=\mathbf{L}'_{12}(\mathbf{L}_{11}^{-1})'\Delta\mathbf{p}^{(1)}=\mathbf{L}'_{12}\frac{\Delta p_1}{l_{11}} \tag{4-109}$$

也即有:

$$\Delta\mathbf{p}^{(2)}=\begin{bmatrix}\Delta p_2\\ \Delta p_3\\ \vdots\\ \Delta p_n\end{bmatrix}=\begin{bmatrix}l_{12}\\ l_{13}\\ \vdots\\ l_{1n}\end{bmatrix}\frac{\Delta p_1}{l_{11}} \tag{4-110}$$

例如,若第一部门的产品价格提高 10%,则对其他部门产品价格的波及影响应为:

$$\Delta\mathbf{p}^{(2)}=\begin{pmatrix}\Delta p_2\\ \Delta p_3\end{pmatrix}=\begin{pmatrix}l_{12}\\ l_{13}\end{pmatrix}\frac{\Delta p_1}{l_{11}}=\begin{pmatrix}0.258\\ 0.375\end{pmatrix}\times\frac{0.1}{1.077}=\begin{pmatrix}0.023955\\ 0.034819\end{pmatrix}$$

也即:第二部门的产品价格将会提高 2.40% ,而第三部门的产品价格将会提高 3.48% 。

(3)多种产品价格变动波及影响的测算

例如,若第一部门的产品价格提高 10%,第二部门的产品价格提高 5%,则对其他部门(即第三部门)产品价格的波及影响应为:

$$\begin{aligned}\Delta \mathbf{p}^{(2)} &= \mathbf{L}'_{12}(\mathbf{L}_{11}^{-1})'\Delta \mathbf{p}^{(1)} = \mathbf{L}'_{12}(\mathbf{L}'_{11})^{-1}\Delta \mathbf{p}^{(1)} \\ &= (0.375 \quad 0.340)\begin{pmatrix}1.077 & 0.351\\ 0.258 & 1.171\end{pmatrix}^{-1}\begin{pmatrix}0.10\\ 0.05\end{pmatrix} \\ &= (0.375 \quad 0.340)\begin{pmatrix}1.000334 & -0.29984\\ -0.22040 & 0.920034\end{pmatrix}\begin{pmatrix}0.10\\ 0.05\end{pmatrix} \\ &= 0.040037\end{aligned}$$

也即:第三部门的产品价格将会提高 4% 。

假若改变上面的条件,设第一部门的产品价格提高 10%,第三部门的产品价格降低 10%,则对其他部门(即第二部门)产品价格的波及影响就应为:

$$\begin{aligned}\Delta \mathbf{p}^{(2)} &= \Delta p_2 = (0.258 \quad 0.468)\begin{pmatrix}1.077 & 0.141\\ 0.375 & 1.136\end{pmatrix}^{-1}\begin{pmatrix}0.1\\ -0.1\end{pmatrix} \\ &= (0.258 \quad 0.468)\begin{pmatrix}0.970445 & -0.12045\\ -0.32035 & 0.920043\end{pmatrix}\begin{pmatrix}0.1\\ -0.1\end{pmatrix} \\ &= -0.02991\end{aligned}$$

也即:第二部门的产品价格将会降低 2.99%。

应该注意到,利用投入产出模型来研究部分产品价格变动的波及影响,仍然依赖于一系列的假定条件,譬如:首先,假定部分产品价格的变化不会引起其他产品最初投入比例的变化;其次,假定在中间产品的价格发生变化时,各生产部门没有采取降低有关消耗的措施,仍然维持原有的消耗系数;第三,假定产品价格变化没有引起明显的供求关系变化,也不会由此引起新一轮的价格变化,等等。这些条件能够在多大程度上得到满足,直接影响到测算分析的效果。而且,即使所有这些假定条件都得到了满足,在利用价值型投入产出表的资料来计算有关系数并据以进行价格测算时,所得到的结果仍然只是一种近似的结果。

最后顺带说明,在本章的各种技术经济系数计算和投入产出建模分析中,需要较多地用到数据矩阵和向量的运算方法(后面部分章节中也有类似的情况),这些通过常用的电子表格或数据处理软件就容易实现。为节省篇幅和突出基本原理,本教材中没有专门给出有关软件的操作说明和具体举例,但在课程学习和练习过程中应该经常使用这些软件工具。如在 Excel 中,适当调用以下基本函数就可以完成本章中的绝大部分计算工作:

- 矩阵(或向量)转置:TRANSPOSE(array)
- 矩阵(方阵)求逆:MINVERSE(array)
- 两个行列匹配的矩阵(或向量)相乘:MMULT(array1, array2)
- 求数据的简单算术平均数:AVERAGE(number1,number2,...)
- 数据求和:SUM(array)
- 数据的加权求和:SUMPRODUCT(array1,array2)
- 求某个数值在一组数中的排名:Rank(number, ref, order)

请注意：在计算矩阵（或向量）形式的结果时，先选定适当的输出区域（与输出矩阵或向量的行列数相同）；再键入（或选定）所用函数和输入数据的区域；最后，同时按下“Ctrl＋Shift＋Enter”三联键，这样才能得到完整的计算结果。若只按一个回车键“Enter”，就只会给出输出矩阵（或向量）左上角的一个值；遇到这种情况，只须调出原函数，重按一次三联键即可。

投入产出法作为一种重要的经济核算的分析方法，其理论和应用仍在不断发展。目前，有关理论发展的主要趋势是从静态、线性的标准投入产出模型，向动态、非线性的投入产出模型扩展。部分研究还试图将经济存量因素引入原有的投入产出流量模型。

【本章小结】

1. 投入产出核算是在产品部门分类的基础上，编制投入产出表，计算技术经济系数，建立投入产出模型，系统考察国民经济部门结构和产业关联的一种专门的统计和数量经济分析方法。又称作“投入产出法”、“产业关联分析法”或“部门联系平衡法”。

2. 根据“同质性”和“比例性”两个基本假设，投入产出核算必须采用产品部门分类。与“产业部门”或“机构部门”不同，产品部门是一种纯部门，它必须兼顾生产活动在“产出”和“投入”两方面的同质性，借此保证投入产出分析的有效性。

3. 投入产出表是矩阵式平衡表的一种典型形式，用于反映各部门间相互提供、相互消耗产品的错综复杂的技术经济关系。投入产出表可分为价值型表和实物型表，对称型表和U-V型表，全国表、地区表和企业表，静态表和动态表，以及产品表、固定资产表、能源表、人口表和环境表，等等。其中最有代表性的是价值型、对称型的静态全国产品投入产出表，它由四大象限或两张大表组成，构成纵横交错的严密平衡关系。

4. 投入产出分析需要运用各种技术经济系数，包括直接消耗系数、中间投入系数、最初投入系数、完全消耗系数和完全需求系数等，它们之间互有联系，可以用于各种产业关联分析。而直接消耗系数是最基本的技术经济系数。依据投入产出表的平衡关系和有关技术经济系数，可以建立各种投入产出分析模型，主要有行模型（产品流量模型）和列模型（价值形成模型）等。

5. 对称型（纯部门）投入产出表的编制可以采用直接分解法和间接推导法。投入产出表的修订方法可分为数学方法和非数学方法两大类，主要有重点系数修订法和RAS法。间接推导编表法和RAS修订法都需要利用适当的经济假定。

6. 利用投入产出技术经济系数和有关模型，可以研究产业结构及其关联程度、编制和修订宏观经济计划、研究价格水平变动的影响因素及其波及效果等问题，为经济管理和分析提供重要而又科学的工具。

【思考题与练习题】

4—1　什么是投入产出法？它有什么主要特点？

4—2　为什么对称投入产出表要以产品部门为部门？如何划分部门？

4—3　投入产出表各个象限的经济内容是什么？

4—4 对称投入产出表和U-V表分别有哪些平衡关系？反映什么经济内容？

4—5 基本的技术经济系数有哪些？其经济意义是什么？如何计算？

4—6 直接消耗系数有什么特点？完全消耗系数有什么特点？

4—7 完全消耗系数与完全需求系数有何异同？

4—8 投入产出模型的基本假定是什么？为什么要做这些假定？

4—9 编制纯部门投入产出表有哪些方法？其基本思想是什么？

4—10 在运用U-V表法(间接推导法)分解产业部门的产出和投入时，为什么误用产品技术假定可能导致消耗为负数(负消耗)，而误用部门技术假定可能导致虚增的消耗(多消耗)？请举例说明。以上问题应该怎样解决？

4—11 为什么要修订直接消耗系数？有哪些修订方法？

4—12 采用RAS-1法和RAS-2法修订投入产出表时，"替代乘数"和"制造乘数"有哪两种定义方式？其经济分析意义有何差别？

4—13 什么是影响力系数和感应度系数？可以做什么分析？

4—14 如何分析最终需求及其变化对国民经济各部门的产出结构和投入结构的影响？

4—15 利用投入产出方法，可以从哪些角度出发进行经济规划？其优劣何在？

4—16 实物型投入产出模型与价值型投入产出模型在价格分析中有何不同？

4—17 假设国民经济分为农(农业)、轻(轻工业)、重(重工业)、其他4个部门，通过调查取得以下资料(单位：亿元)：

(1)农业总产出1200，轻工业总产出1560，重工业总产出2040，其他总产出1200；

(2)农业生产中消耗农产品70.2，轻工业产品2，重工业产品31.3，其他31.3；

(3)轻工业生产中消耗农产品174.4，轻工业产品451，重工业产品217.8，其他251.2；

(4)重工业生产中消耗农产品149.3，轻工业产品26.3，重工业产品876.2，其他270.7；

(5)国内生产总值2801.3，其中，各部门提供的最终产品分别为：农业673.7，轻工业988.2，重工业677.3。

要求：(1)利用上述资料编制如下的投入产出表(表4—14)；(2)计算直接消耗系数矩阵。

表4—14 投入产出表

		投入部门					最终产品	总产出
		农业	轻工	重工	其他	小计		
产出部门	农业							
	轻工							
	重工							
	其他							
	小计							
增加值								
总投入								

4—18 根据给定的资料，完成下列投入产出表(表4—15，写出计算过程)。

表 4—15 投入产出表

		投入部门				最终产品	总产出
		1	2	3	4		
产出部门	1	60					
	2						
	3						200
	4					164	
增加值			648				
总投入							

$$\mathbf{A}=\begin{pmatrix}0.10 & 0.10 & 0.05 & 0.05\\ 0.13 & 0.30 & 0.35 & 0.15\\ 0.03 & 0.01 & 0.03 & 0.05\\ 0.05 & 0.05 & 0.08 & 0.10\end{pmatrix}$$

4—19 设国民经济分为三个部门，其总产出分别为 3040、3500 和 4460 亿元，直接消耗系数矩阵为：

$$\mathbf{A}=\begin{pmatrix}0.3108 & 0.2598 & 0\\ 0 & 0.1706 & 0.2217\\ 0.1389 & 0 & 0.3920\end{pmatrix}$$

试求：(1)中间流量矩阵；(2)各部门的增加值；(3)各部门的最终产品数量。

4—20 设国民经济分为农业部门、工业部门和其他产业部门。已知：(1)农业部门生产农产品 170 单位、工业品 20 单位、其他产品 10 单位，消耗农产品 15 单位、工业品 35 单位、其他产品 15 单位；(2)工业部门生产农产品 30 单位、工业品 350 单位、其他产品 20 单位，消耗农产品 25 单位、工业品 185 单位、其他产品 30 单位；(3)其他部门生产农产品 10 单位、工业品 10 单位、其他产品 140 单位，消耗农产品 8 单位、工业品 40 单位、其他产品 16 单位。试根据给定条件：

(1)编制 U-V 型投入产出表(利用相应的平衡关系进行必要推算)，并计算各产业部门的混合消耗系数、生产构成系数和市场份额系数；

(2)运用产品技术假定推算纯部门的国民经济投入产出表；

(3)运用部门技术假定推算纯部门的国民经济投入产出表；

(4)比较并说明：基于以上两种技术假定得到的纯部门投入产出表有何不同，在实际应用中需要注意什么问题。

4—21 假设国民经济分为农业、工业、建筑业、运输邮电业、商业、其他服务业 6 个部门，其基期总产出(单位：亿元)和完全消耗系数资料如下：

$$\bar{\mathbf{L}}=\begin{pmatrix}0.0815 & 0.2607 & 0.1481 & 0.0941 & 0.2167 & 0.0666\\ 0.0357 & 0.4626 & 0.3975 & 0.1766 & 0.1560 & 0.1697\\ 0 & 0 & 0 & 0 & 0 & 0\\ 0.0763 & 0.4964 & 0.8947 & 0.1964 & 0.1085 & 0.2460\\ 0.0458 & 0.2782 & 0.0841 & 0.0378 & 0.0632 & 0.0496\\ 0.0715 & 0.1330 & 0.0610 & 0.0288 & 0.1830 & 0.2393\end{pmatrix},\quad \mathbf{q}=\begin{pmatrix}2760\\ 1650\\ 1900\\ 980\\ 1250\\ 2050\end{pmatrix}$$

要求：(1)计算各部门的影响力系数，并做简要的分析说明；(2)计算第 2 部门的感应度系数；(3)若报告期农业总产出增长 10%，则各产业的最终产品以及 GDP 将增加多少亿元？(4)若报告期运输邮电业的价格提高 10%，其他部门的价格将发生多大的变化？

4—22　给出某期实物型投入产出表和系数资料如下(表 4—16)：

表 4—16　投入产出表

			中间使用			最终产品	总产出
			甲	乙	丙		
中间投入	甲	(吨)		200	450	350	1000
	乙	(件)	300	400	250	1550	2500
	丙	(箱)	200			800	1000
增加值	雇员报酬(元)		500	1125	2000		
	其他部分(元)		160	275	600		

$$\mathbf{A}^* = \begin{pmatrix} 0 & 0.08 & 0.45 \\ 0.3 & 0.16 & 0.25 \\ 0.2 & 0 & 0 \end{pmatrix}, \qquad (\mathbf{I}-\mathbf{A}^*)^{-1} = \begin{pmatrix} 1.1407 & 0.1086 & 0.5405 \\ 0.4753 & 1.2357 & 0.5228 \\ 0.2281 & 0.0217 & 1.1081 \end{pmatrix}$$

要求：根据上表资料分别计算三个部门的产品价格。(提示：可利用 $\mathbf{p}=[(\mathbf{I}-\mathbf{A}^*)^{-1}]'\tilde{\mathbf{y}}$)

4—23　已知基期的直接消耗系数矩阵为：

$$\mathbf{A}_0 = \begin{pmatrix} 0.20 & 0.10 & 0 \\ 0.20 & 0.40 & 0.29 \\ 0 & 0.11 & 0.12 \end{pmatrix}$$

利用 RAS 法对直接消耗系数进行修订，通过迭代，得各次行乘数和列乘数如下：

$$\mathbf{r}_1 = \begin{pmatrix} 0.9853 \\ 1.1011 \\ 1.0092 \end{pmatrix}, \qquad \mathbf{r}_2 = \begin{pmatrix} 0.9053 \\ 0.9987 \\ 0.9659 \end{pmatrix}, \qquad \mathbf{r}_3 = \begin{pmatrix} 0.9896 \\ 0.9276 \\ 1.0162 \end{pmatrix}$$

$$\mathbf{s}_1 = \begin{pmatrix} 1.0984 \\ 0.9876 \\ 0.9699 \end{pmatrix}, \qquad \mathbf{s}_2 = \begin{pmatrix} 1.0025 \\ 0.9911 \\ 0.9987 \end{pmatrix}$$

根据以上资料，试求总的替代乘数和制造乘数，以及经过修订的核算期直接消耗系数矩阵 $\mathbf{A}_t$。

4—24　根据本章正文中有关 RAS-1 法举例的数据资料，以及下面给出的基期中间流量矩阵，试改用 RAS-2 法修订投入产出表的各项基本数据，并与 RAS-1 法给出的结果比较，说明两者有何异同。

$$\mathbf{X}_0 = \begin{pmatrix} 50 & 100 & 0 \\ 30 & 50 & 20 \\ 20 & 50 & 30 \end{pmatrix}$$

4—25　假定在上题中，已知核算期的 $x_{21}^{(t)}=40$，其他情况不变。试用改进的 RAS-1 法修订原投入产出表的各项基本数据，并与本章正文中采用普通 RAS-1 法得到的结果相比较，看看有无明显改进。

4—26　给出直接消耗系数矩阵 **A** 和完全需求系数矩阵 **L** 如下,其中部分元素未知:

$$\mathbf{A}=\begin{pmatrix}0.15 & a_{12} & 0.17\\ 0.20 & 0.10 & 0.20\\ 0.05 & 0.25 & 0.13\end{pmatrix},\quad \mathbf{L}=\begin{pmatrix}1.265 & 0.299 & 0.316\\ 0.318 & 1.262 & 0.352\\ l_{31} & 0.380 & 1.269\end{pmatrix}$$

试用适当方法分别求出矩阵中的 a_{12} 和 l_{31}。

4—27　请依据《中国统计年鉴 2018》中的"2015 年 17 部门中国投入产出表"资料:(1)计算各部门的影响力系数和感应度系数(计算结果保留 4 位小数,填入给出的表 4—17 中,下同),并据以甄别国民经济的关键产业。【以下为选做内容】进而讨论:(2)如果要考察国民经济各部门间的直接产业关联,应该怎样计算影响力系数和感应度系数?试给出计算结果。(3)如果要兼顾各部门的规模效应考察产业关联(完全关联或直接关联),应该怎样计算影响力系数和感应度系数?试给出计算结果。(4)综合比较以上计算结果,给出相应的经济解释或分析结论。(本题可使用 Excel 或 WPS 等软件计算并作答)

表 4—17　中国 2015 年 17 部门的产业关联效应测度结果

产品部门	部门代码	影响力		感应度	
		系数值	排序	系数值	排序
农、林、牧、渔业	01				
采矿业	02				
食品、饮料制造及烟草制品业	03				
纺织、服装及皮革产品制造业	04				
炼焦、燃气及石油加工业	05				
化学工业	06				
非金属矿物制品业	07				
金属产品制造业	08				
机械设备制造业	09				
其他制造业	10				
电力、热力及水的生产和供应业	11				
建筑业	12				
运输仓储邮政、信息传输、计算机服务和软件业	13				
批发零售贸易、住宿和餐饮业	14				
房地产业、租赁和商务服务业	15				
金融业	16				
其他服务业	17				

第 5 章　资金流量核算

资金流量核算是以整个社会资金运动过程作为研究对象的核算，主要围绕收入分配、消费支出、非金融投资和资金融通等经济交易，考察社会资金的流向、流量、余缺及其调剂平衡等问题。资金流量表的编制和分析等构成本章的核心内容。

§5.1　资金流量核算的概念和范围

一、资金流量核算的产生与发展

资金流量核算（又称资金循环核算）是以整个社会的资金运动过程作为研究对象的核算，是国民核算体系的重要组成部分。资金流量核算主要围绕收入分配、消费支出、非金融投资和资金融通等经济交易，考察社会资金的流向、流量、余缺及其调剂平衡等问题。通过资金流量核算，旨在较为完整地把握国民经济循环的内部结构和相互联系，深入研究其运行机制和内在规律性，以便为宏观经济管理与调控提供必要依据。资金流量核算的实现方式是编制资金流量表，借以反映一定时期内各种经济交易引起的资金增减变化。

资金流量核算是适应现代商品经济和金融市场的发展以及政府调控管理等方面的要求而发展起来的一种宏观经济分析技术。宏观经济管理必须考虑社会总供需平衡，其中，储蓄与投资的关系是一个重要问题。在国民经济普遍需求不足的情况下，再生产循环过程难以为继。自由放任主义的经济学说期望通过一个曲折、痛苦的市场调节过程自行恢复正常的经济运行，凯恩斯主义则力主国家直接干预经济生活，通过“赤字财政”政策刺激投资需求，使储蓄转化为投资，进而带动消费需求，扩大就业，增加供给，最终实现供需平衡。储蓄转化为投资需要一定的金融媒介和渠道，而且，单纯的财政政策也难以有效地解决现实经济问题，必须同时辅以适当的宏观货币政策。因此，客观上需要对国民经济各部门的收入来源、收入使用、储蓄水平、投资规模以及融资过程等（也即社会资金运动）进行系统全面的追踪考察，于是资金流量核算便应运而生。

资金流量核算的主要创立者是美国经济学家、康乃尔大学教授莫里斯·科普兰。1944 年，他应美国经济研究局之邀对有关货币流量的资料进行统计归纳和描述。1947 年初，科普兰在美国经济学年会上提出《通过美国经济跟踪货币流通》一文，得到经济学界的关注；同年，另一位美国经济学家韦斯利·米切尔（W. C. Mitchell）在《支付流量：概念和数据的初步调查》一文中首次使用“资金流量”的概念，并提出从总体上考察社会资金流量的设想。1952 年，科普兰在积数年研究成果的基础上发表专著《美国货币流量研究》，公布了他所编制的美国货币流量（资金流量）表及其分析模型，并就资金流量表与美国的国民收入和生产账户之间的关系进行了探讨。其后，美国联邦储备委员会的有关专家们在运用资金流量核算方法时又对某些方面作了局部的修改，并于 1955 年编制出版了《美国的资金流量：1939－1953

年》。由于宏观经济管理的需要,从 20 世纪 50 年代开始,日本、英国、加拿大等市场经济国家也相继引入并开展了资金流量核算。联合国的《SNA1968》首次引入资金流量核算的内容和框架,此后又进一步充实和完善了资金流量核算,并将其置于更为重要的位置。

二、经济交易与资金流量核算

前已说明(见本书第 2 章),经济交易包括实际发生在机构单位之间或机构单位内部的各种经济活动。经济交易有八种主要类型,还可按一定方式进行归并或重组,得出相应的交易分类。

《SNA2008》将全部经济交易和非交易流量按其对象性质不同划分为五类(参见表 2—3):(1)产品(货物和服务)交易(P 类),这是指发生在生产者、消费者和投资者之间的货物或服务的销售、购买等经济行为,如产出、中间消耗、最终消费支出、实际最终消费、资本形成总额,以及货物和服务进、出口等。(2)非生产资产交易(NP 类),包括自然资源的获得减去处置,合约、租约和许可的获得减去处置,以及商誉和营销资产的购买减去销售。(3)分配和资本转移交易(D 类),包括收入的初次分配和再分配,养老金权益变化调整,以及资本转移。(4)金融交易(F 类),这是指涉及金融资产或负债变化的各种交易,按金融工具分类,包括货币黄金和特别提款权,通货和存款,债务性证券,贷款,股权和投资基金份额,保险、养老金和标准化担保计划,金融衍生工具和雇员股票期权,以及其他应收/应付账款等。(5)其他(积累)流量(K 类),这是指能够直接引起资产、负债或净值变化的各种非交易流量,包括资产的经济出现、非生产资产的经济消失、巨灾损失、无偿没收、未另分类的其他物量变化、分类的变化、名义持有损益等。

资金流量核算中的“资金流量”只考虑经济交易流量,非交易流量(如资源的经济发现或消失、价格变动引起的资产负债持有损益、分类引起的结构变化等)不属于本章考察的范围。

经济交易作为机构单位或部门相互之间的经济活动,实质上反映了机构单位或部门之间的经济流量关系。国民经济各部门之间的经济流量关系又包括两种类型:一种是部门间的产品流量关系,另一种则是部门间的资金流量关系。如果说,部门间的产品流量关系属于国民经济实物运动的范畴,那么,部门间的资金流量关系就属于国民经济价值运动的范畴了。实物运动与价值运动既紧密联系、又相对独立。作为产品流量,它实质上表明的是国民经济各部门之间相互提供、相互消耗产品的技术经济联系,通过投入产出核算可以深入研究这种关系;而资金流量所表明的则是国民经济各部门之间的各种经济(财务)收支关系,必须通过专门的核算来加以研究。

经济交易不仅包括经济总体内部各机构单位或机构部门之间发生的经济往来,也包括常住单位与非常住单位之间或本国与国外之间发生的经济往来,后者即对外经济交易活动。因此,资金流量事实上包含了有关国际收支的交易流量,但后者的核算方法具有一定特殊性(涉及核算主体、项目分类和分析框架等方面)。在经济统计实践中,除了一般的资金流量核算,还对发生在常住单位与非常住单位之间的经济交易和资金流量关系专门设置了国际收支核算。因此,资金流量核算与国际收支核算既有所交叉,又各有分工或侧重。

三、资金流量核算的范围和模式

资金流量核算中的“资金”泛指国民经济总体及其各部门的资金。由于具体分析目的、研究方式、核算基础等方面的不同,资金流量核算又可以针对不同的资金运动范围采用不同的模式来组织进行。理论上说,资金流量核算依其范围不同可以分为以下三种模式。

(一)金融交易核算模式

这种模式的资金流量核算只考虑各种金融交易流量,不考虑非金融交易流量,编制出来的是一种纯粹的"金融流量表"。这种模式的资金流量表通常是由一些国家的中央银行独立编制,主要适用于那些国民经济管理基础比较薄弱且统计组织系统比较松散的国家。其特点是:有关的基础统计资料相对完整,编制工作较为简单,时效性强,可以按季或按月编制。

这种模式的资金流量核算对于金融部门进行货币流量管理具有一定作用。但从国民经济核算的角度看,它与其他核算之间协调不够,且没有适当反映金融交易与非金融交易之间的内在联系。此外,各国央行在核算实务中采用的分类方法与国民核算差别较大。故在国民经济核算中,通常不采用这种模式。

(二)全部积累交易核算模式

这种模式将资金流量核算的范围从金融交易扩展到了资本交易(储蓄、资本转移和非金融投资)的领域,涵盖了全部金融和非金融积累交易,能够较好地反映非金融投资所需资金的来源与运用情况,以及金融交易与资本交易之间的互补关系,这无疑增强了资金流量表的宏观经济分析功能。相对于第一种模式而言,其编表所需的资料较多,时间较长,难度也稍大,所采用的部门分类和其他统计分类也要与国民经济核算的有关标准保持一致,因而,这种类型的资金流量表,通常由各国货币当局(央行)与国家统计部门共同编制。美国和英国的实务部门就采用这种模式编制资金流量表,一般按年编制,也可以按季编制(如美国)。

(三)积累交易与经常交易综合核算模式

这种模式通常以国民经济各部门的增加值作为核算的初始值,既考虑金融往来和非金融投资等积累交易,又考虑收入分配和消费支出等经常交易,将金融交易与资本交易、积累交易与经常交易结合起来,更为完整地反映了各部门投资资金的来源和形成过程以及运用和调剂情况。

理论上说,这种模式的资金流量核算应该具有很强的分析功能(科普兰最初制订的资金流量表就是这种模式);但相应地,其编表所需的资料更多,时间更长,难度也更大,通常需要以非常完备的国民经济核算(最好是国民账户体系)为基础。在实践中,加拿大等国采用这种模式编制资金流量表。我国的资金流量表也属于这种类型。

此外,还有另一种更为宽泛的模式(模式四),就是将生产过程中各部门间的投入产出关系也纳入资金流量核算。但从国民经济五大核算的角度看,这种模式的资金流量核算与投入产出核算内容重复,且部门分类也不一致,故本章讨论的"资金流量核算"采用上述的第三种模式①。

§5.2 非金融交易的资金流量核算

资金流量核算的内容涉及经常交易、资本交易和金融交易。本节专门讨论有关非金融

① 但在国民账户体系中,仍然可以通过综合经济账户中的交易流量账户部分适当体现出第四种模式的资金流量核算内容。详见本书第8章第3节。

交易(含经常交易和资本交易)的资金流量核算问题。在《中国国民经济核算体系(CSNA2002)》以及更早的核算体系方案中,该部分被称作"实物交易"资金流量,因概念欠准确容易引起误解;自 CSNA2016 起,该部分内容已经更改为"非金融交易"资金流量。

一、收入初次分配核算

收入初次分配是指生产过程创造的增加值在参与生产过程各要素之间进行的分配和因生产而向政府做出的支付。收入初次分配的对象是生产成果——增加值,参与初次分配的主体是各种生产要素的所有者以及作为社会管理者的政府,分配的原则是生产要素对生产成果的创造所作贡献的大小,分配的数量取决于各所有者拥有生产要素的数量和质量。

在收入初次分配过程中,居民个人因对生产过程提供了活劳动而得到雇员报酬,政府因对生产过程的宏观管理以及履行社会管理职能而获得生产税净额。从增加值中扣除劳动者所得的报酬、政府所得的生产税净额以及企业为弥补固定资本消耗而提取的折旧后,剩余部分则是企业应得的营业盈余。如果企业赢利,营业盈余表现为正数;若企业亏损,营业盈余表现为负数。但营业盈余只是初次分配过程中的一个核算平衡项,而不是初次分配的结果。初次分配还要考虑各机构单位之间因转让金融资产和有形非生产资产的使用权而形成的财产收入支付关系。初次分配的结果形成各机构单位(或部门)的原始收入(余额)。有关这些收入初次分配项目的内容在第 3 章的分配法 GDP 和国民总收入核算中已经讨论过,这里不再复述,而仅从资金流量核算的角度给予必要补充。

(一)雇员报酬(劳动者报酬)

雇员报酬,在我国的国民核算中称为"劳动者报酬"(但两者之间略有差异,后详),其资金流向一般是由有关的生产部门流往住户部门,资金的流量则与雇员(劳动者)提供劳动的时间、强度和复杂程度等因素直接相关。显然,这一分配过程的结果是减少有关生产部门的收入,而增加住户部门的收入。

(二)生产税净额

生产税的资金流向是由各生产部门流往政府税务部门,分配的结果是减少各生产部门的收入,而增加政府部门的收入。政府补贴作为一种"负的"生产税,其资金流向和分配结果则相反。

就整体而言,生产税可以看成是政府部门因为运用所掌握的社会资源、为生产过程直接或间接地提供公共服务而获得的收入。但是,由于政府服务是一种"公共物品",对于这种服务产品的享用不具有"排他性",在一个企业享用这种服务时,其他的企业或住户也可以同时享用。因此,政府服务通常无法确定明确的受益者和享用比例,单个生产企业或部门所缴纳的生产税数额与其享用的政府服务很难保持一定的比例;只有对所有企业或所有生产部门,生产税才能看成是政府由于提供公共服务而获得的收入。

(三)固定资本消耗

折旧基金的提取数额通常与固定资本损耗(包括有形和无形损耗)程度成一定比例,但这本身并不形成部门间的资金流量,而只是一种部门内部的交易流量(SNA 2008 将其归入"产品交易"类别),在核算上表现为转账关系,它既不增加、也不减少任何部门的实际收入。

(四)营业盈余或混合收入

与上述三个项目不同,营业盈余不是一个收支或交易项目,而是收入初次分配过程中的一个剩余项或平衡项。在此,增加值首先被分配为雇员报酬、生产税净额和固定资本消耗,剩余下来的部分就是营业盈余,这些收入初次分配过程在核算上称作"收入形成",营业盈余就是收入形成过程的平衡项。与固定资本消耗类似,营业盈余也不形成部门间的资金流量,在核算上表现为转账关系。但两者在性质上又有所不同:固定资本消耗在转账后就是属于本部门的收入;而营业盈余则不完全是,其中还包括了应分配的红利、应支付的利息以及应缴纳的所得税等其他初分配和再分配数额。这表明,营业盈余其实是一个具有混合性质的剩余项或平衡项。

在国民经济核算中,住户部门的收入形成过程比较特殊。住户部门不仅是消费者,而且包括作为生产者的非公司非法人企业(如我国的个体经营单位,不含准公司、准法人企业)。这种非公司非法人企业(个体经济)的特点是:业主及其家庭成员在其中从事自营性劳动,却无须领取任何薪酬(雇员报酬);其经营收入(总产出)在扣除中间消耗、固定资本消耗和生产税净额(以及能够适当划分的雇员报酬)之后,剩余下来的是一个混合项目,它包括了相当于自营职业者的劳动报酬和营业盈余这样的因素,但又无法明确地加以区分,为严谨起见,SNA 为它设立了一个专门的核算项目即"混合收入"。

应该注意到,中国国民核算体系中的"劳动者报酬"与 SNA 中的"雇员报酬"存在着差异:SNA 将自营职业者的劳动报酬和营业盈余两者并作"混合收入"单独处理(因为两者实际上很难区分),因此,其雇员报酬中不包括这些收入。而中国国民核算中的劳动者报酬则不同,此前包括雇员报酬和自营职业者的全部混合收入(后者含自营职业者的劳动报酬和营业盈余);但在《中国国民核算体系(2016)》中,已明确规定将自营职业者(个体经营户)的混合收入按一定比例划分为劳动者报酬和营业盈余①。因此,我国更新后的"劳动者报酬"指标范畴更接近于 SNA 的"雇员报酬"了,但两者之间在是否包括自营职业者的劳动报酬这一点上仍然存在差异。尽管如此,以下为简明起见,如非特别需要,本书将不加区分地使用"雇员报酬"和"劳动者报酬"两个概念,且在列示有关核算资料时,将住户部门的"混合收入"与纯粹的"营业盈余"合在一起,与其他部门的"营业盈余"并列,以避免单独列示"混合收入"这样的特殊项目之繁。

(五)财产收入

在第 3 章中提到"财产收入"时,为简便起见,我们只是给出其一般概念。这里还要更为严格地讨论其核算规定,以便适当区分作为服务费的"营业租赁收入"与纯粹的"财产收入"。

所谓"财产收入",是指一个机构单位因向其他机构单位提供金融资产或自然资源(土地和地下资源等)的使用权而获得的收入(但不包括因提供生产资产和自然资源以外的非生产资产的使用权而获得的营业租赁收入,后详)。在《SNA2008》中,财产收入分为利息、公司已分配收益(包括红利和准公司收益提取)、外国直接投资的再投资收益、其他投资收益支付(以上均属于"投资收益"),以及地租等类别。在《CSNA2016》中,财产收入简单划分为投资收入(即投资收益)和地租两部分②。投资收入包括金融资产所有者将其资产交由其他机构单位支配而获得的利息、红利等收入;地租收入则包括自然资源所有者将其资源交由其他机构单位支配而获得的相应收入。

---

① 参阅中华人民共和国国家统计局:《中国国民经济核算体系(2016)》,第 17 页,中国统计出版社,2017 年。

② 参阅中华人民共和国国家统计局:《中国国民经济核算体系(2016)》,第 27 页,中国统计出版社,2017 年。

1. 利息。这是指因持有存款、债务性证券、贷款和其他应收账款等金融资产而应获得的收入。在实际经济交易中,银行与存、贷款者之间的利息收支包括了金融中介服务费的影响(参见第3章第1节的有关内容),为准确起见,核算时需要对其中的服务费用适当调整之后再作为利息处理。

2. 公司已分配收益。这是指发行股票的公司向其股东分配的利润。其中,红利是指股东将资金交由公司支配而应获得的一种财产收入,它包括公司分配给股东或所有者的一切利润,不论是以现金还是以派发股形式出现,但不包括派发的奖励股(这代表公积金和未分配利润形式的自有资金的资本化)。准公司收益提取是指准法人企业业主从企业收益中提取的作为业主投资报酬的收入,实质上也是一种特殊的红利。

3. 外国直接投资留存(或再投资)收益。这是针对外国直接投资企业虚拟的财产收入流量,并未形成外商的实际财产收入。一般先将留存收益看作按外国投资者的权益比例已分配的财产收入,然后由外商将其再投资到企业中。

4. 其他投资收益支付。其他投资收益包括属于投保人的投资收益、养老金权益的应付投资收益以及属于投资基金股东集体的投资收益。属于投保人的投资收益是指保险公司利用保险准备金购买金融资产、土地或地下资产等获得的财产收入,从本质上看是投保人将资金使用权让渡给保险公司而产生的收益,理应属于投保人;但在实际运作过程中,保险公司并不将这笔财产收入支付给投保人。为此国民经济核算对这部分收入做了改道转向处理(改变交易流程):首先,假定这部分收入已经支付给投保人;然后,再由投保人支付给保险公司,视为追加缴纳的保险费或增加在保险公司的专门准备金。前一过程记为收入初次分配(即这里的"属于投保人的投资收益"),后一过程则记录为收入再分配或金融投资。养老金权益的应付投资收益的记录方法与属于投保人的投资收益类似。属于投资基金股东集体的投资收益包括红利支付和属于股东的留存收益,其中后者的记录方法与外国直接投资的再投资收益的记录方法相同。

5. 地租,即自然资源地租,主要包括土地地租和地下资产地租。"土地地租"是指土地所有者从土地承租人那里应收取的财产收入,其形式可以是现金,也可以是实物。"地下资产地租"是指地下资产所有者因出让地下资产开采权而应收取的财产收入,也称为"特许权使用费"。但有关生产资产(机器设备、房屋或其他建筑物等)的租金以及自然资源以外的非生产资产的"使用费"则作为购买租赁服务处理;这表明,在国民核算中,并非任何由财产(资产)带来的收入都属于财产收入;只有那些本身不属于营业租赁(服务活动)范畴的收入才是财产收入。换言之,财产收入只是因转让财产使用权而获得的收入,不是因提供租赁服务而获得的收入。据此,财产收入就被限定为由于拥有和转让金融资产和自然资源的使用权而获得的收入。

在财产收入核算中,应注意以下问题:(1)财产收入作为一种要素收入,其支付来源可以是企业的营业盈余或住户的混合收入,也可以是雇员报酬等其他初次分配收入,正因如此,财产收入的分配才需要独立于"收入形成"过程,在核算上单独处理。(2)与通常的营业租赁不同,融资租赁(金融租赁)实质上是一种变相的借贷关系,其"租金"应视为偿还贷款和支付利息,只有扣除贷款服务费后的利息部分才属于出租人获得的财产收入(承租人支付的财产收入)。(3)财产收入不包括因出售或以其他方式转让财产"所有权"而获得的收入,如出卖土地或机器设备、抛售股票、撤销债务等,这些分别属于资本交易和金融交易的内容。(4)财产收入在SNA中属于初次分配范畴，而在以往的MPS中则相反，被划归收入再分配的项目，由于我国先后采用过两种不同核算模式，因此在性质上应避免混淆。

在资金流量核算中，财产收入可以是任意两个部门之间的收支流量，其分配结果是减少某一部门的收入，而增加另一部门的收入。

综合以上，增加值在通过各种形式的初次分配之后，就形成各机构单位或机构部门的“原始总收入(余额)”。用简单的公式来说明这一过程，就是前面给出的式(3－20)：

$$\frac{\text{某部门原始}}{\text{总收入余额}}=\frac{\text{该部门}}{\text{增加值}}+\frac{\text{该部门获得的各}}{\text{种初次分配收入}}-\frac{\text{该部门支付的各}}{\text{种初次分配收入}}$$

原始总收入扣除固定资本消耗，就得到各部门的“原始净收入(余额)”。本国所有部门(经济总体)的原始总收入就是“国民总收入(GNI)”，而经济总体的原始净收入就是“国民净收入(NNI)”。这些指标已在第3章介绍。

二、收入再分配核算

经过收入初次分配以后形成的原始收入还不是各部门可以自由支配用于消费和储蓄的收入，还需要在初次分配的基础上进行再次分配。收入再分配是指在收入初次分配的基础上通过现金或实物转移所实现的收入分配活动。与初次分配不同，收入再分配的参与者不是以生产活动参与者的身份出现的，获得再分配收入的单位或部门无须为此提供任何生产要素或生产服务。因此，再分配所形成的收入通常是一些没有对等支付的经常性无偿转移。收入再分配的结果是形成各个机构单位或机构部门的可支配总(净)收入。

(一)转移收支的分类

转移是交易的一种形式，是指某一机构单位(或部门，下同)向另一机构单位提供货物、服务或资产，但不从后者那里收取任何货物、服务或资产作为相应回报的交易。换言之，转移支付是“单方面的”、“无偿的”。由转移所产生的收入和支出称为转移收支。转移收支可作以下分类：

1. 按转移目的分——经常转移与资本转移

经常转移亦称现期转移，是指经常地和有规律地发生并会影响转移双方现期收入水平和消费水平的无偿转移。经常转移主要有三种类型：与所得和财产等有关的经常税(收入税)、社会缴款和社会福利、其他各种经常转移。

资本转移是指转让资产所有权、而不涉及现期收入的转移支付。这种转移会通过减少转出方的资产、增加接受方的资产，直接影响转移双方的投资水平或财富水平。资本转移通常数额较大，发生既不经常也无规律可循。

国民经济核算中之所以要区分经常转移和资本转移，主要是因为经常转移与现期收入和消费有关，需要在收入分配和收入支配中予以反映；而资本转移因与投资或积累有关，需要在资本交易中予以反映。两者的性质和影响明显不同。但有时各部门之间(特别是在广义政府和其他部门之间)可能发生一种混合性质的转移支付，即转移的一方将其视为经常转移，而另一方则将其视为资本转移。譬如，遗产税的支付，住户可能认为是资本转移，而政府却认为是经常转移。当出现这种不一致情况时，只要明显地涉及交易某一方的资本转移，那么，就应该视其为双方的资本转移。这就是转移分类中的“资本转移优先”原则：交易只要涉及资产所有权的转移或与某一交易者的资产增减有关，就是资本转移，否则就是经常转移。

2. 按转移形式分——现金转移与实物转移

现金转移的具体形式就是“现金”（这里特指通货或可转让存款）；实物转移的具体形式则可以是货物、服务、其他非金融资产或“现金”以外的其他金融资产。无论经常或是资本转移，都存在着现金转移与实物转移的区分。

实物转移和现金转移的核算记录方式不同。现金转移只须一次性地记录为经常转移或资本转移即可，而实物转移则要视为两次交易进行记录（改变交易流程）。例如，机构单位甲将一定数额的普通货物或机器设备无偿提供给机构单位乙，其具体记录方法应为：首先，虚拟一笔甲单位向乙单位提供的等额现金转移；然后，再记录一笔乙单位从甲单位购买了相应货物。这些购买可根据所提供实物的具体类别相应记录为乙单位的消费或资本形成。

（二）收入再分配的主要项目

1. 收入税（直接税）

收入税也称直接税，是指对各种初次分配收入（如工资、奖金、利润、分红等）、有关财产项目以及其他对象所征收的经常性税赋。它由纳税人实际负担，通常不能转嫁。收入税包括所得税、财产税和其他经常税三种。

（1）所得税。包括对居民或个体经济征收的“个人所得税”和对公司企业征收的“企业所得税”（如公司利润税），以及各种资本收益税和博彩税等。

（2）财产税。这是根据各机构单位拥有的财产或净值数额定期征收（通常是每年一次）的税目，包括对土地和房屋征收的房地产税、对公司企业的资产净值征收的资产税（或净值税），以及对其他贵重物品（珠宝和古董等象征财富的资产）征收的财产税。

（3）其他经常税。这些税收通常也是定期征收的，常见的税目种类有：对住户或居民个人征收的人头税，对居民个人（而非企业）征收的车船牌照税、枪支执照税、护照费、诉讼费、机场建设费，以及对特定项目征收的个人支出税（如消费税），等等。

2. 社会福利和社会缴款

社会福利是指为了维持居民当前和未来的福利而在机构单位之间发生的经常转移，其收入方是住户部门，而支出方则是政府（或企业等）。社会福利包括社会保险福利和社会援助福利两种类型，前者以社会缴款为基础或前提。

（1）社会保险（保障）福利和社会缴款。“社会保险（保障）福利”主要是由政府通过社会保险基金（社会保障计划）向居民提供的福利，此外可能还有一些由企业或社团举办的“社会保险计划”。属于社会保险福利的项目主要有失业金、退休金、养恤金、抚恤金以及医疗卫生保险等。居民获得社会保险福利须事先支付“社会缴款”，这一点与商业保险类似。但与投保人自愿参与的商业保险不同，社会保险通常是强制性的。在国民核算中，社会保险是非营利性生产活动（其服务产出通常按成本费用法计算），其有关社保收支分别作为收入再分配或金融交易处理；商业保险则是市场性、营利性生产活动（其服务产出按资金平衡法核算），其有关保险收支分别属于收入初次分配、收入再分配或金融交易。

社会缴款有实际缴款、虚拟缴款和追加缴款之分，根据缴款主体的不同，SNA将其划分为以下几种类型：

- 雇主实际社会缴款，是指雇主为使其雇员能够享受社会福利而向社会保障基金或其他社会保险计划缴纳的款项。由于该缴款是为雇员的利益而支付的，因此，在国民核算中，应先将其记录为雇员报酬，再记录为住户的社会缴款。这在核算处理上也属于“改变交易流程”。

- 雇主虚拟社会缴款，这主要适用于雇主自己管理的养老和非养老计划。理论上等于该社保计划的管理成本和福利增益与获得的全部实际缴款之差额，但实际上比较难以估算。其核算流程的处理方式类似于雇主实际社会缴款。
- 住户实际社会缴款，是指雇员、自我雇佣者或未受雇佣者直接向社会保障基金或其他社会保险计划所支付的社会缴款。
- 住户追加社会缴款，是指在核算期内住户持有的社会保险权益所产生的财产收入，也即收入初次分配账户中记录为社会保险管理者应付给住户的财产收入。

社会保险缴款的资金流向是由住户部门流往政府、金融公司和非金融公司等部门，而社会保险福利的资金流向则相反。这一转移过程使各部门的收入此消彼长。

(2)社会援助(救济)福利。这是指在社会保险计划之外由政府部门或非营利机构向住户支付的经常转移，无须以居民事先支付社会缴款为前提。而且，社会援助的运作通常没有像社会保险那样严密、完整的组织和计划。属于社会救济福利的项目主要有政府及其他各单位对居民提供的各种困难补助、救济金、助学金、免费提供的货物和服务等。

在现实生活中，社会援助或救济既可以是现金形式的，也可以是实物形式的。但在国民核算中，所谓“社会援助福利”仅限于现金形式的转移，其资金流向一般是由政府部门或非营利机构部门流往住户部门。至于实物形式的社会援助和救济，则须作为“实物社会转移(实物再分配)”单独考察，这只是一种分析上的补充，并不影响国民收入再分配的基本总量。

3. 其他经常转移

其他经常转移具体包括：政府部门内不同级单位之间的经常转移(如经常性的财政上缴和下拨)，本国政府与外国政府及国际组织之间的经常转移(如提供的援助、捐赠，缴纳的会费等)，以及不同机构单位之间发生的其他经常转移(如侨汇等)。SNA2008 对此设立了五类项目：非寿险保费净额，非寿险索赔，广义政府内部的经常转移，国际合作中的经常转移，以及杂项经常转移。在核算实践中，其他经常转移项目可能涉及各种财政拨款，如行政管理费、国防和武装警察部队经费、科教文化事业经费、社会福利事业费、城市维护和环境保护费等，但财政拨款中用于积累的部分不是经常转移，应予扣除。

综合以上，原始收入在通过各种形式的再分配之后，就形成各机构单位或机构部门的“可支配收入”。用公式来说明这一过程，就是前面给出的式(3－25)：

$$\begin{matrix}\text{某部门可支}\\\text{配总收入}\end{matrix}=\begin{matrix}\text{该部门原}\\\text{始总收入}\end{matrix}+\begin{matrix}\text{该部门获得的各}\\\text{种再分配收入}\end{matrix}-\begin{matrix}\text{该部门支付的各}\\\text{种再分配收入}\end{matrix}$$

可支配总收入扣除固定资本消耗，就得到各部门的“可支配净收入”。本国所有部门(经济总体)的可支配总(净)收入就是“国民可支配总收入(GNDI)”或“国民可支配净收入(NNDI)”。这些指标也已在第 3 章介绍。

三、收入支配(使用)核算

(一)收入支配及其核算的含义

收入支配(或收入使用)就是指有关部门运用其可支配收入满足消费需要和形成储蓄的过程。国民经济生产活动的最终目的是为居民个人和社会公众提供各种最终消费的货物和服务。只有将可支配收入用来购买这些货物和服务，生产活动的目的才能得以实现。但是，可支配收入不可能全部用于当期的最终消费支出，必须留下一部分收入，用于满足当期的非金融投资需要或未来时期的各种需要,该部分未被消费掉的收入就是储蓄。因此,收入支配过程在经济学上就表现为:收入-消费=储蓄;其核心问题则是关于最终消费的核算。

依据各机构部门的职能分工和行为特征,金融公司和非金融公司部门不存在最终消费。因此,收入支配核算旨在系统反映和描述住户、政府部门以及非营利机构部门如何将其可支配收入在最终消费和储蓄之间进行配置,并测算其最终消费支出、实际最终消费以及储蓄的总量和结构。

社会产品包括各种货物和服务。有些货物和服务既可以作为中间使用,也可以作为最终消费。例如,同样是电力,生产过程中的耗电是中间使用,而居民生活中的耗电则是最终消费;同样是客运服务,居民个人以雇员身份外出办事所享用的客运服务是中间使用,而居民个人外出旅游享用的客运服务则是最终消费。要准确地核算最终消费,必须就享用的货物和服务的目的作出明确区分,以避免混淆,不重不漏。一般而言,供中间使用的货物和服务属于生产核算的对象,而当期积累下来用于增加财产以扩大生产规模的货物则属于资本交易核算的对象,只有用于满足居民个人和社会公众当期最终消费需要的货物和服务才是消费核算的对象,它们在核算上的归属分别是中间消耗、资本形成和最终消费。为此,必须注意以下问题。

(二)收入支配核算应注意的问题

鉴于消费核算在收入支配核算中所处的核心地位,这里需要特别说明计算最终消费指标时应注意的若干问题。

1. 居民消费应该包括一般耐用消费品的内容。居民购买的耐用消费品(如车辆、家电和家具等)并不完全用于满足当前的需要,但在核算上通常都将其全部列入核算期的居民消费。

2. 居民消费应该包括自有住房的虚拟服务价值。居民建造或购置住房是一种投资行为(因为自有住房服务是一种生产活动),相应的资本形成不能作为消费支出。但产出计量中已经包含了居民自有住房服务的虚拟产出(同时也计入了居民收入),根据平衡原则,相应的“虚拟房租”也应作为居民消费来处理。

3. 居民消费应该包括自产自用产品和实物劳动报酬。这也是国民核算平衡原则的要求。但实物劳动报酬不应包括因工作需要而提供给员工的货物和服务(如工作服和公车服务等),这些属于中间消耗,不能计入居民的收入和消费。

4. 居民消费还应该包括他们支付的金融中介服务费和保险服务费等费用。理论上说,通过适当分解利息收支和保险收支可以得到这些服务费用。尽管在实际核算时,它们常常被忽略不计,但其重要性已经日益凸显。

5. 政府部门和非营利机构部门的产出(主要是服务)在使用上都属于消费。但是,其中由住户实际支付了货物和服务费用的部分应该计入居民的消费支出,余下的部分才属于政府部门或非营利机构部门的消费支出。另一方面,政府部门和非营利机构部门的消费支出中还包括用于购买市场产出(货物或服务)并免费提供给住户的部分。也即:政府部门或非营利机构部门的最终消费支出包括由它们实际承担费用支出、然后直接提供给住户的全部(包括市场和非市场)货物和服务,但不含住户部门承担了费用支出的部分。

6. 政府部门或非营利机构部门的消费支出并不都是它们自身的实际最终消费(实际公共消费),因为其中还包括了对住户部门免费提供的个人货物和服务。后者应作为对住户部门的现期实物社会转移(实物再分配)处理,并进入住户部门的实际最终消费(实际个人消费)。

经济总体中住户、政府和非营利机构部门的最终消费支出(或实际最终消费)之和,就是“国民总消费”,它表明整个国民经济的消费规模和水平。其中,经济总体的“个人消费支出”(分别由住户、政府和非营利机构三个部门支付)或“实际个人消费”(全部由住户部门享用)也就是通常所说的“居民消费(居民个人消费)”,它具有特别重要的分析意义。

四、资本交易核算

资本交易和金融交易都属于积累的内容,而积累还包括其他涉及资产或负债变化的非交易内容。在国民经济核算中,所谓“积累”是指影响到各机构部门或经济总体的资产负债水平的所有经济交易活动和经济变化过程。因此,“积累核算”实质上是一种有关资产负债变动情况的核算,或者说,是关于那些直接影响到资产负债存量水平的经济流量的核算,这里不仅要考察引起资产负债变化的交易流量,而且要考察引起资产负债变化的各种非交易流量。在本章中,只涉及积累的交易流量部分,非交易流量则留待有关资产负债核算的章节中讨论。

资本交易就是非金融的积累交易,包括资本筹集和非金融投资两个方面。“资本筹集”旨在为各种积累活动提供资金来源,而“非金融投资”则是对筹集到的资金的一种运用。

(一)资本筹集核算

广义的资本筹集包括通过金融交易进行的筹资活动。仅从资本交易的角度看,资本筹集主要考虑储蓄和资本转移这两个积累资金的重要来源。

1. 储蓄

储蓄是各单位、各部门或经济总体的全部经常性收支的最终平衡项,也即各经济主体通过当期的有关生产、分配和消费等活动,最终结余下来可以用于积累的经济资源。储蓄本身并不是一种经济交易(也不形成部门间的资金流量),而是全部经常交易的结果。储蓄有两种不同的计量方式,即“总储蓄”和“净储蓄”,差别仅在于是否包含固定资本消耗。储蓄作为一种自有资金,它是财富积累的重要源泉之一,另一来源就是资本转移。

2. 资本转移

前已说明,资本转移区别于经常转移,它是一个机构单位向另一机构单位无偿提供用于积累的资金或实物的交易。资本转移也有现金转移和实物转移两种形式。现金资本转移直接增加获得转移者的“现金”(通货或可转让存款);实物资本转移则直接增加获得转移者的非金融资产(存货除外)、“现金”以外的其他金融资产,或者,抵消获得转移者的负债(债务撤销)。实物资本转移也要通过“改变交易流程”的方式进行两次记录:先虚拟一笔现金资本转移,再记录一笔非金融投资或金融交易。资本转移的主要形式有三类:

(1)资本税和资本转移税。这是指政府财政部门对机构单位所拥有的资产或净值不定期地征收的税款,以及当机构单位之间发生资产转移时所征收的税款。前者如政府对房地产开发商征收的土地增值税,后者如遗产税、赠与税等。

(2)投资补助。这是指由本国政府或国外政府以现金或实物形式向常住或非常住机构单位提供的,用于获得固定资产的全部或部分资金,包括转移的机器设备,或直接提供的房屋与其他建筑物。一般情况下投资补助与具体的投资项目联系在一起。如果投资项目持续很长时间,现金形式的投资补助可能要分期支付,但仍属于资本转移(而不是经常转移)。

目前在我国,投资补助包括投资性财政拨款和由各业务部门管理的建设基金支出,即财政拨款中用于基本建设、更新改造和固定资本形成的其他部分,以及用于生产性建设的专用基金,如电力建设基金、铁路建设基金、三峡工程建设基金。这些资料分别取自"预算内财政决算表"和"预算外资金收支决算表"中属于资本转移科目的"固定资产支出"。

(3)其他资本转移。除上述各项之外,资本转移的具体类别还很多,包括:经债权人和债务人共同协商取消的债务(相当于债权人向债务人转移一笔资金专门用于偿还债务,但债权人方面被迫的坏账注销不在此列);对不属于保险范围的重大意外事件的赔偿(如对核泄漏或石油泄漏所造成的污染和损害的赔款,战争赔款等);为弥补在两年或更长时间里累计的巨额营业亏损,由政府部门对企业的转移支付;为弥补在两年或更长时间里累计的巨额赤字支出,由中央政府向下级政府机构的转移支付;遗产继承或机构单位之间的巨额赠与;住户或企业对非营利机构的大额捐赠,以提供固定资本形成的资金(如对大学捐资用于修建图书馆、体育馆和实验室),等等。

资本转移分为"应收资本转移"和"应付资本转移",各部门应收额与应付额之差就是"资本转移净额(净收入)"。从经济总体来看,国内各机构部门之间的应收资本转移之和等于应付资本转移之和,因此,影响一国资本转移净额的只是它对国外的应收资本转移和应付资本转移之差额。

应该注意到,资本转移并不影响各有关部门的储蓄,但各部门的"资本转移净收入"与"净储蓄"一起,构成了积累资金来源中的自有资金部分。它们无论是被用于非金融投资还是金融投资,最终都将引起该部门的资产负债净值的等额变动,这些也就是各种经济交易所能引起的资产负债净值的全部变动,资产负债净值的其余变动都可归因于非交易因素。

(二)非金融投资核算

从资金运用的角度看,资本交易就是各种非金融投资,包括"资本形成"和"其他非金融投资(非生产非金融资产的净获得)",其中,资本形成是主要部分,包括固定资本形成、存货变动以及贵重物品净获得,它们的核算内容和核算方法各有特点,下面分别予以讨论。

1. 固定资本形成

"固定资产"是指可在生产中反复或连续使用一年以上的有形或无形生产资产。它不仅包括建筑物、机器和设备、武器系统,还包括能够反复提供货物或服务的果园、奶牛等培育性生物资源(培育资产),以及能在生产中反复使用的软件、数据库或文学艺术品原件等知识产权产品(无形固定资产)。

"固定资本形成"是指核算期内通过经济交易在固定资产上发生的积累。"固定资本形成总额"等于生产者在核算期内获得的固定资产价值减处置的固定资产价值,再加上生产活动实现的非生产资产价值的某些增加部分。固定资产的"获得"包括购置的固定资产、由实物资本转移获得的固定资产以及生产者自产自用的固定资产。固定资产的"处置"则视为负的资本形成,包括出售的固定资产、以实物资本转移方式转出的固定资产以及报废清理的固定资产。固定资产的获得按获得者向处置者支付的价格加上获得者承担的各种资产所有权转移费用之和来估价;而固定资产的处置则按获得者向处置者支付的价格减去后者承担的各种资产所有权转移费用之差来估价。

固定资本形成具体包括以下三个方面:

(1)有形固定资本形成。它等于下列资本货物的获得减处置(净获得)。

- 住房,既包括自用或供他人居住的固定房屋,也包括用作住户主要住所的船舶、房车、活动房屋以及与住房有关的建筑物如汽车库等。在国民核算中,经济领土内的一切房屋和其他建筑物都视为由常住单位所拥有。如果其所有者在其他方面不具有常住单位的资格,就要设立一个"名义常住单位"作为房产的拥有者,它同时对非常住单位承担了一笔负债。

- 其他建筑和构筑物,包括非住宅建筑、其他构筑物和土地改良。其中,非住宅建筑是指除住房以外的各种房屋如厂房、办公楼、宾馆酒楼等,包括固定装置、设施和设备等建筑物的组成部分;其他构筑物是指除房屋以外的构筑物,如桥梁、铁路、公路、隧道、管道、港口、机场、水坝、街道、下水道等;土地改良是指其他能够极大改良土地的数量、质量或生产率,或者防止土地退化等方面的投资支出。
- 机器和设备,包括交通设备,信息、计算机和通信设备(ICT 设备),以及其他机器和设备。
- 武器系统,包括诸如军舰、潜艇、军用飞机、坦克等大型军事装备,以及导弹运载工具和发射架等交通设备和其他设备。一次性使用的常规武器弹药如子弹、炸弹、导弹、火箭等不作为固定资产,而属于军事存货。然而某些具有高度毁灭性力量的弹道导弹或核武器,尽管也是只使用一次的物品,但由于可以持续提供威慑入侵者的服务,因此也应作为武器系统的一部分划归固定资产。"武器系统"在《SNA2008》中首次被确认为固定资产,纳入固定资本形成核算,并单独列为一类。
- 培育性生物资源(培育资产),是指在一年以上的时间里反复或连续用于生产其他货物或服务的牲畜和树木,包括果园、茶园、橡胶园、棕榈树、奶牛、役畜、种畜、产毛绵羊等。但为宰杀而饲养的牲畜和为砍伐而栽种的树木等,都不在此列。培育性生物资源(培育资产)具有固定资产的所有基本特征,它对应于非生产资产中的"非培育性生物资源"。

在有形固定资本形成中,包括用于这些资产的翻新、改建和大修理等重大改善方面的支出,但不包括被计入中间消耗的一般维修性支出。

(2)有关"知识产权产品"的资本形成。知识产权产品(Intellectual Property Products,IPP)是《SNA2008》中新设立的固定资产范畴,它扩展了原有的无形固定资产的内容范围,包括:研究和开发的支出或成果(新增项目)、矿藏勘探和评估、计算机软件和数据库(后者为新增项目),以及娱乐、文学或艺术品原件等其他知识产权产品。知识产权产品具有这样的特征(SNA2008,10.98):其大部分价值都是靠脑力劳动形成的,也即它们是研究、开发、调查或创新的成果;这些行为会产生知识,开发者能够销售这些知识,或者在生产中使用这些知识来获利;因为通过法律或其他保护手段,这些知识的使用是受到限制的;一旦知识的使用为其所有者创造了某种垄断利润,知识就成为了资产;如果知识不再受保护,或者由于后来的发展而过时了,它就不再是资产。可见,知识产权产品在很多方面具有固定资产的基本性质,但又区别于一般的固定资产。不过,原先在《SNA1993》中,作为研发(R & D)成果的"专利性实体"是被划归"非生产资产"类别的,而专利使用费支出却又被视为对服务的支付。《SNA2008》认为这是一个矛盾(SNA2008,附录 A3.48)。现在,"由于 R & D 费用包含在资本形成中,因此专利实体不再构成 SNA 的资产。取而代之的是,要把专利权协议看作一种获准使用 R & D 的法律协议。专利权协议是许可证的一种形式,要将其视为对服务和资产获得的支付来处理。"(SNA2008,10.105)

(3)非生产资产所有权转移费用。这包括在非生产资产交易过程中由获得者和处置者支付的运输安装费、对中间商和其他人员支付的费用、应缴纳的资产所有权转让税等。这些所有权转移费用与非生产资产的获得和处置需要分别核算,其原因在于:尽管它们不具有独立的资产形态,不能单独识别,但却属于生产过程的产出(根据平衡原则,需要相应地核算其使用);又因其在生产过程中的作用(随同非生产资产一起)往往延续多年,具备固定资产的基本属性,故应纳入固定资本形成的核算(SNA2008 将其划归无形固定资本)。与此有所不同,生产资产的所有权转移费用则是作为资产本身的价格构成部分计入相应资本形成的。

以上有形固定资本形成、无形固定资本形成(包括知识产权产品和非生产资产所有权转移费用)之和,就是完整的“固定资本形成总额”,减去固定资本消耗就得到“固定资本形成净额”。

2. 存货变动

作为资本形成之组成部分的存货变动,它所反映的只是存货资产的获得与处置的差额,也即由于核算期内的各种经济交易所引起的存货资产的净增加量(流量),它并不是存货资产在期初、期末之间的全部变动差额(因为这一变动差额还受到其他非交易因素的影响)。存货资产的变动依其来源和用途大体可以别为四类:

(1)材料和用品存货的变化。材料和用品是指企业持有并准备作为生产过程的中间投入的所有货物。材料和用品种类繁多,主要有库存的原材料、辅助材料和燃料动力、供组装的部件、不属于低值易耗品的办公用品和其他用品,库存备用的低值易耗品,库存待用的半成品,库存备用的机器设备等。材料和用品中不包括企业作为贵重物品获得的艺术品、贵金属或宝石的储备。

(2)制成品和在制品存货的变化。制成品是指企业生产且不准备进一步加工的货物。在制品则是指企业生产、尚未达到交货或出售程度而需进一步加工的货物。在制品可以具有不同的形式,如生长中的庄稼、正在加工的零配件、部分摄制完成的电影产品、部分编制完成的计算机程序等。相对于生产或制作周期较短的产品而言,对周期较长的产品(如农产品、船舶、飞机、住宅、计算机软件等)生产过程进行在制品核算显得尤为必要。

(3)转售货物存货的变化。转售货物是指诸如批发商或零售商等企业所持有的待售货物。持有待转售货物的企业除了运输货物、对货物进行储存、分类、清洗和包装外,不能以其他方式对货物进行改造。

(4)军事存货的变化。军事存货是指武器系统中供一次性使用的物品,如子弹、炸弹、导弹、火箭等常规性武器弹药;不包括大规模杀伤性武器,如弹道导弹或核武器等。

3. 贵重物品净获得

贵重物品,是指作为价值贮藏手段而获得和持有的资产,它既非用于生产也非用于消费。持有贵重物品旨在保值和增值。贵重物品既包括不准备用作中间投入的宝石和贵金属,如钻石、非货币黄金、白金、白银等,也包括被承认为艺术品和古玩的绘画、雕塑等,还包括用宝石和贵金属制成的珠宝和收藏品等其他贵重物品。贵重物品获得的估价方法是按获得者向处置者支付的价格加上获得者承担的各种资产所有权转移费用来计算的;贵重物品处置的估价方法则按获得者向处置者支付的价格减去后者承担的各种与资产所有权转移有关的费用来计算。获得的贵重物品价值减去处置的贵重物品价值,就是贵重物品净获得。

以上的固定资本形成总额、存货变动与贵重物品净获得三者之和,就是“资本形成总额”,减去固定资本消耗就得到“资本形成净额”。

4. 非生产资产净获得

(1)自然资源的净获得。它包括土地、矿物和能源储藏、非培育性生物资源、水资源,以及无线电频谱等其他自然资源的净获得,即其获得与处置之差额。其中,土地仅指地面本身,包括覆盖其上的土层和地表水域(如水库、湖泊、河流等内陆水域);但不包括修建或培育于土地之上的各种生产资产(房屋或其他建筑物,土地上的果园、树林和其他作物等),也不包括地下矿藏、非培育生物资源和地下水资源。土地交易的双方都必须是有关国家的常住单位，否则就必须设立一个名义常住单位，故从经济总体来看，购买土地的总额必然等于出售土地的总额，也即经济总体的土地的净获得恒为零。另外，矿物和能源等地下资源储藏因生产目的进行采掘而发生的耗减，不应作为地下资源处置看待，而应作为资产数量其他变化看待。

(2)合约、租约和许可的净获得。在《SNA2008》中有四类合约、租赁和许可被视为经济资产：可交易的经营租赁、自然资源使用许可、从事特定活动的许可、货物和服务的未来排他性权利。合约、租约和许可的净获得即其获得与处置之差额。

(3)商誉和营销资产的净购买。商誉之所以具有价值，是基于一个企业的潜在购买者愿意或准备支付一笔超过该企业可单独识别和估价的资产净值的额外费用。营销资产则是指诸如品牌、报头、注册商标、公司标识和域名等资产项目。商誉和营销资产的净购买即其购销差额。

由于非生产资产所有权转移费用已经在资本形成(固定资本形成)中核算，因此，非生产资产交易中获得方和处置方都按相同的价值记录。

以上的资本形成总额与非生产资产净获得两者之和，就是完整的"非金融总投资"，减去固定资本消耗就得到"非金融净投资"。

(三)资本交易差额的核算

如上所述，储蓄和资本转移构成资本交易的资金来源，而资本形成和其他非金融投资则构成资本交易的资金运用，来源与运用的差额就是如下的"净贷出(或净借入)"指标：

$$\begin{aligned}\begin{matrix}\text{净贷出}\\(\text{净借入})\end{matrix} &= \text{总储蓄} + \left(\begin{matrix}\text{应收资}\\\text{本转移}\end{matrix} - \begin{matrix}\text{应付资}\\\text{本转移}\end{matrix}\right) - \left(\begin{matrix}\text{资本形}\\\text{成总额}\end{matrix} + \begin{matrix}\text{其他非}\\\text{金融投资}\end{matrix}\right)\\ &= \text{净储蓄} + \left(\begin{matrix}\text{应收资}\\\text{本转移}\end{matrix} - \begin{matrix}\text{应付资}\\\text{本转移}\end{matrix}\right) - \left(\begin{matrix}\text{资本形}\\\text{成净额}\end{matrix} + \begin{matrix}\text{其他非}\\\text{金融投资}\end{matrix}\right) \qquad (5-1)\end{aligned}$$

该指标实质上是全部非金融交易(包括投入与产出、初次分配与再分配、收入支配与资本转移等)的累计差额，它表明了经济总体或各部门在整个非金融交易中的资金余缺情况。而经济总体或各部门的这些资金余缺必须通过金融交易才能得到适当的弥补和调剂。

§5.3 金融交易核算和资金流量表

一、金融交易的核算内容

金融交易是影响到金融资产和负债变化的各种经济交易，这在国民经济核算中属于积累的范畴。金融交易核算主要描述和反映由交易因素引起的金融资产和负债的变化情况，非交易因素引起的变化不属于金融交易核算以及资金流量核算的内容。

金融资产和负债种类繁多，随着金融市场的不断创新和金融结构的不断深化，还将会越来越多样化。国民经济核算必须通过科学的分类方法对其加以计量和研究。在资金流量(和资产负债)核算中，依据资产的流动性以及债权人与债务人之间经济关系的法律特征，通常将金融资产和负债划分为以下八类金融工具：

(一)货币黄金和特别提款权

1. 货币黄金。通常是指由一国的中央银行或中央政府所持有或控制的作为储备资产

(国际支付手段)的黄金。在国民核算与分析中,只有货币黄金才是金融资产,商品黄金则不是金融资产。具体说,政府部门持有的非储备黄金、央行以外的金融机构持有的非储备黄金,以及其他机构部门作为贮藏手段持有的黄金,这些都属于生产性非金融资产中的贵重物品;企业部门作为原材料持有的黄金则属于存货资产。作为贵重物品或存货资产的黄金都是"商品黄金"。

2. 特别提款权。这是指由国际货币基金组织创立并分配给各成员国,用以补充其现有储备的一种国际储备资产。它代表了持有者获得其他储备资产的某种无条件、有保障的权利。获得特别提款权的国家持有的是一笔金融资产,但分配特别提款权的国际货币基金组织并不因此承担任何债务。特别提款权在指定的范围内(各成员国和有关国际组织之间)可以用于偿还债务、提供贷款、购买其他成员国的货币、弥补国际收支逆差等。

货币黄金是没有对应负债方的国际储备资产。但货币黄金和特别提款权的交易是指发生在各国货币当局(或政府)之间的黄金和特别提款权的买卖与转让,这些交易分别记录为本国货币当局(或政府)和国外的金融资产增减变化。而特别提款权的分配或撤销则分别记录为本国货币当局金融资产的增减和国外负债的增减。

(二)通货和存款

1. 通货。这是指可以作为支付手段进入流通的各种货币,包括本币与外币、纸币与硬币,但不包括作为储备资产的金币(这属于货币黄金)。由货币当局持有或有效控制的外汇资产可以用作国际支付手段,因而也是一种储备资产。

2. 可转让存款。这是指能够不受限制地按票面价值兑换现金或以支票、转账单等方式自由转让的各种存款。在我国,主要是各种活期储蓄和活期存款。

3. 其他存款。包括除可转让存款以外的所有存款和其他类似于存款的衍生金融资产(例如,各国对国际货币基金组织持有的不以贷款为凭证的债权)。

(三)债务性证券

这里包括种类繁多的证券,常见者如公司债券、国库券、信用票据、商业汇票和银行汇票等。与股票不同,这些证券具有对称的债权与债务关系,通常能够给债权人提供固定的财产收入(其数额多少与债务人的收益无关),许多债券的持有者还可以无条件地要求到期偿还本金。

(四)贷款

包括常住或非常住金融公司对企业、政府和住户提供的各种贷款,本国货币当局对国际货币基金组织提供的贷款,由于融资租赁关系而形成的变相贷款,其他以不可转让单据作为凭证的金融资产。贷款的债权人是金融部门,其债务人则可以是所有各机构部门或国外。

(五)股权和投资基金份额

作为金融资产中的一个独立类别,股权和投资基金份额的特点是:"债权人(投资者)"对"债务人(发行者)"并不拥有要求无条件偿付的权利,因而不存在严格的债权、债务对应关系;在这里,投资者实际上拥有的只是对公司的盈利或净值的索取权,而投资者的收益又是与公司的收益相联系的。属于这一类别的股票包括各种上市或未上市的优先股、普通股,企业内部股份和参股证等权益文件,以及属于法人企业本身(除了属于其所有者的权益之外)的净权益等。投资基金是将投资者的资金集中起来投资于金融或非金融资产的集体投资。在《SNA2008》中,投资基金份额的增加应做如下处理:先记录为对基金份额持有者的分配,然后在金融账户中记录为持有者的再投资。

(六)保险、养老金和标准化担保计划

作为一类特殊的金融资产，保险、养老金和标准化担保计划都是金融公司以分散风险为目的进行财富调节或收入再分配的形式。保险、养老金和标准化担保计划适用的准备金有五种，它们是非寿险专门准备金、寿险和年金权益、养老金权益、养老金经理人的养老基金债权和标准化担保代偿准备金。建立这些准备金的目的是到期对投保人和参加者提供相应的保险金或养老金等。因此，这些准备金原则上应被视为住户(投保人和参加者)的资产，它们是保险公司和社保基金等的负债。保险公司和社保基金等代表投保人和参加者运用这些资金进行投资，在作为财产收入分配给参与者的投资收入中，有一部分会作为额外缴款增加准备金。

(七)金融衍生工具和雇员股票期权

金融衍生工具是与某种特定的金融工具、指标或商品挂钩的金融工具，通过金融衍生工具，特定的金融风险本身就可以在金融市场上交易。金融衍生工具包括两大类：期权合约和远期类合约。雇员股票期权则是雇主与雇员在某个授权日签订的一种协议，据此在未来约定的时间(含权日)或紧接着的一段时间(行权期)内，雇员能以约定的执行价格购买约定数量的雇主股票。雇员股票期权交易按股票期权的价值记入金额账户，作为收入初次分配中雇员报酬的对应方。

(八)其他应收应付账款

这包括所有不属于上述类别的其他应收应付账款，如商业信用、工程预付款，以及与税收、分红、租金、工薪、社会缴款、证券买卖等交易项目有关的应收或应付账款。

以上的金融工具分类普遍适用于各国的资金流量核算和资产负债核算。但在实际经济分析中，还可以根据具体情况和要求考虑其他补充分类。如长期金融资产与短期金融资产的分类等。此外，由于各国的金融市场结构不同，制度安排存在诸多差异，以及金融市场的创新、计算机和通讯手段的进步以及市场竞争的作用，新的衍生金融工具层出不穷，有关金融工具的分类标准还需要不断完善。

在金融交易核算中，将所有各类工具的“金融资产净获得”与“金融负债净发生”相冲抵，就得到全部金融交易的差额，即经济总体或各部门的“净金融投资(或净金融负债)”。同“净贷出(或净借入)”一样，它们都是储蓄投资(资金余缺)分析和资金流量分析中的关键指标。

二、各环节资金流量的核算关系

以上不同环节的资金流量是紧密联系的，正是由于这种联系，才形成了完整的社会资金运动过程。通过追踪考察各环节的资金流量，我们得以深入了解国民经济循环过程中错综复杂的内部关系，也即国民经济各部门之间以及常住单位与非常住单位之间在资金运动各环节上的流量关系。

(一)非金融交易的核算流程

非金融交易包括经常交易和资本交易。在资金流量核算中，国民经济各部门都以“增加值”作为经常交易的初始流量，相应地，经济总体则以“国内生产总值”作为初始流量。但是，就国外(相关非常住单位的集合)而言，在核算上有意义的不是其增加值，而是与本国之间在全部货物和服务上发生的贸易差额(不限于有形“贸易差额”)；在资金流量核算中，这个差额应该作为国外的经常交易初始流量。图 5－1 显示的是各机构部门、经济总体和国外的非金融交易基本流程,它们各有不同特点。

	机构部门	经济总体	国外
初分配	增加值	国内生产总值	国外贸易差额
	＋初分配收入	＋初分配收入	＋初分配收入
	－初分配支出	－初分配支出	－初分配支出
再分配	原始总收入	国民总收入	↓
	＋再分配收入	＋再分配收入	＋再分配收入
	－再分配支出	－再分配支出	－再分配支出
支配	可支配总收入	国民可支配总收入	国外经常差额
	－最终消费支出	－最终消费支出	↓
资本交易	总储蓄	国民总储蓄	
	＋应收资本转移	＋应收资本转移	＋应收资本转移
	－应付资本转移	－应付资本转移	－应付资本转移
	－资本形成总额	－资本形成总额	
	－非生产资产净获得	－非生产资产净获得	－非生产资产净获得
	部门净贷出	本国净贷出	国外净贷出

图 5－1　非金融交易的资金流程

1. 各机构部门的非金融交易流程

从部门增加值开始,通过部门之间以及与国外之间的收入初次分配;得到部门的原始收入;又通过部门之间以及与国外之间的收入再分配,得到部门的可支配收入。收入分配结束后,进入收入支配过程,住户、政府和非营利机构将其部分收入用于消费支出,余下的部分即为相应部门的储蓄;金融和非金融公司两个部门没有消费,它们的可支配收入直接转化为储蓄。经常交易至此结束,各部门的储蓄就是它们的经常交易差额或经常结余,这也是它们进行积累的重要资金来源。在资本交易过程中,某些部门彼此之间或与国外之间可能发生资本转移,各部门的净储蓄与资本转移净获得两者之和,构成了它们从事金融和非金融投资的全部自有资金来源,同时也将最终影响到相应部门资产负债表上净值的变化;全部自有资金在用于资本形成和其他非金融投资之后,可能出现剩余,形成部门的净贷出,也可能出现短缺,形成部门的净借入。一般而言,整个住户部门通常是资金剩余部门,而整个非金融公司部门通常是资金短缺部门(当然不排除个别住户可能出现资金短缺,或个别企业出现资金剩余的情况);政府部门在量入为出的情形下是资金剩余部门,但在入不敷出,通过发行公债弥补赤字的情形下则是资金短缺部门;金融部门地位特殊,其基本职能是融通社会资金,而不是从事其他生产活动,它通常并不需要像非金融公司部门那样进行大规模的非金融投资,通常资金来源与运用大体能够平衡,即使不平衡,其余缺程度也不会像住户部门或非金融公司部门那么显著。

2. 经济总体的非金融交易流程

从国内生产总值开始,通过与国外之间的收入初次分配,得到国民总收入;又通过与国外之间的收入再分配,得到国民可支配收入;然后由各有关部门(住户、政府和非营利机构)进行消费。国民可支配收入扣除国民消费支出,余下的部分即为国民储蓄,它是经济总体的经常交易差额或经常结余(注意这不是国际收支平衡表上的经常差额);再通过与国外之间发生的资本转移,就形成经济总体从事金融和非金融投资的全部自有资金来源,这同时也将最终影响到经济总体的资产负债表上净值的变化。在进行了资本形成和其他非金融投资之后,整个经济总体可能出现资金剩余,形成对国外的净贷出,也可能出现资金短缺,引起从国外的净借入。

3. 国外部分的非金融交易流程

作为与本国发生经济往来和核算关系的所有非常住单位的集合,"国外"的非金融交易相对简单,其基本流程是:从全部货物和服务的贸易差额开始,通过与本国之间的要素收入分配和经常转移收支,得到国外与本国交易的经常差额(即国际收支平衡表上的本国经常差额的相反数);再通过与本国之间发生的资本转移,以及非生产资产的买卖(这只包括引起经济领土变化的土地买卖、其他自然资源的买卖,以及有关合约、租约和许可以及商誉和营销资产的买卖,实际上前两类交易极少发生),就形成国外对本国的净贷出或净借入(它是本国的净借入或净贷出的相反数)。显然,就国外而言,其非金融交易完全不涉及最终消费和资本形成,因而对国外计算的"原始收入"和"可支配收入"就只具有形式上的意义(它们在资金流量表中还起到总计平衡的作用);此外,国外的经常差额和资本转移净获得两者之和也会引起其资产负债表上净值的等额变化(这与经济总体的情形类似)。

(二)金融交易的核算流程

金融交易涉及各种各样的金融工具,其流量、流向丰富多样。在现代经济条件下,金融交易和金融流量对整个国民经济的运行起到了日益重要的影响。

金融交易不仅构成积累交易的第二个部分,同时,从全部经济交易的角度看,金融交易与非金融交易又是紧密联系、相互补充的两大类别。在国民经济核算中,将各种非金融交易所形成的收入累计数和支出累计数相抵(也即将各种非金融交易所形成的收支差额累计起来),最后得到的就是资本交易中的"净贷出(或净借入)",而这些资金余缺最终必将通过金融交易得到弥补或调剂,换言之,金融交易的差额最终平衡了所有非金融交易的差额。无论对各机构部门、经济总体还是国外,都有下面的恒等式:

$$\text{净贷出(或净借入)}=\text{净金融投资(或净金融负债)} \tag{5-2}$$

从这个意义上说,有关金融交易的核算不仅专门反映了国民经济循环过程中举足轻重的金融流量,事实上,它也构成了全部经济交易核算的终结。

三、标准式资金流量表的结构和编制

(一)部门资金流量表的结构

国民经济资金流量表有三种形式,即标准式资金流量表、账户式资金流量表和投入产出式资金流量表。前两种资金流量表的内容和作用基本相同,在形式上稍有差异。本节介绍标准式资金流量表(投入产出式资金流量表下节介绍)。资金流量表可以对某个机构部门编制,也可以就国民经济所有部门和国外来编制,后者又是以前者为基础的。

单个机构部门的资金流量表的框架结构如表 5－1 所示。显然,它具有收付式账户的基本特征。表中将全部资金流量按交易类型划分,并分别反映各类交易的来源方、运用方和平衡项;不同层次的资金流量或交易项目,通过相应的核算平衡项彼此衔接起来。

在表 5－1 中,尽管资本交易的平衡项与金融交易的平衡项实质上是同一个指标,但两者在资金流量表的不同部分中所处的位置是不同的：净贷出（或净借入）是资本交易来源方减去运用方的差额（贷方差额），安排在资金流量表中资本交易部分的运用方；而净金融投资（或净金融负债）则是金融交易运用方减去来源方的差额（借方差额），安排在资金流量表中金融交易部分的来源方。

表 5—1　部门资金流量表

		资金运用(U)	资金来源(S)
非金融交易	初次分配	初次分配支出 原始收入	增加值 初次分配收入
	再分配	再分配支出 可支配收入	原始收入 再分配收入
	收入支配	最终消费支出 储蓄	可支配收入
	资本交易	资本形成 非生产资产净获得 净贷出（或净借入）	储蓄 资本转移净获得
金融交易		金融资产净获得	金融负债净发生 净金融投资（或净金融负债）

在被划分出来的资金流量的每一个环节或层次上，都有一个平衡项，因为每一类交易的收支流量通常都是不平衡的。从经济分析的角度看，这些平衡项本身都是重要的指标；从交易流程的角度看，某个核算环节的平衡项依次又是下一个核算环节的来源方，而最后两个环节（资本交易和金融交易）的平衡项彼此相等，以此结束整个交易流程的核算。如果将相互连接的任何两个交易环节合并起来，就会减少其中的一个平衡项；如果对整个资金核算流程都不划分环节，则所有的平衡项都会相互抵销，也即：全部交易的来源合计与运用合计永远是总量平衡的。

（二）国民经济资金流量表的结构

将国民经济各机构部门和国外的资金流量表并列起来，就得到系统反映部门间经济交易和关系的完整的资金流量表（见表 5—2）。该表具有“标准式”资金流量表的基本特征，即采用“交易项目×机构部门”的结构。表中数据取自联合国《SNA2008》中有关各部门的账户。

由国民经济资金流量表（表 5—2）可以看出：国内各机构部门均从增加值开始考察初次分配流量（整个经济总体则从国内生产总值 1854 单位开始），增加值扣除支付的雇员报酬和生产税净额之后，余下的部分就是各部门的营业盈余（混合收入）与固定资本消耗之和，即总营业盈余（总混合收入），这些数据在表中没有显示出来，但容易算出：非金融公司部门的总营业盈余为 292 单位，金融部门的总营业盈余为 46 单位，政府部门的总营业盈余为 27 单位，住户部门的总营业盈余和总混合收入共为 145 单位，非营利机构部门的总营业盈余为 3 单位。这些反映了各机构部门的收入形成情况，然后进入其他收入初次分配流程：表中一方面反映了各部门在财产收入上发生的收支流量，同时也反映了政府部门收到各部门缴纳的生产税净额（191）。初次分配的结果给出各部门的原始总收入和国民总收入（1864）。通过在收入税、社会缴款和社会福利以及其他经常转移项目上的再分配收支，又给出各部门的可支配总收入和国民可支配总收入（1826）。收入分配流程至此结束。

资金流量表的收入支配部分主要反映住户、政府和非营利机构三个部门的最终消费支出，这分别为1015、352和32单位，国民总消费则为1399单位。从核算原理上说，各部门或经济总体的可支配总收入减去相应的消费支出就是它们的总储蓄。但在SNA的收入支配核算中，还要考虑一项特殊的分配交易流量，即“养老金权益变化调整”[①]，表5－2中给出的是经调整后的总储蓄数据。

资金流量表的资本交易部分全面反映各部门的资本转移和非金融投资情况。其中，资本转移可以发生在本国各部门之间，也可以发生在常住单位与非常住单位之间；作为生产资产积累的资本形成则都是由常住单位进行的，各机构部门的资本形成总额分别为308、8、38、55和5单位，经济总体的资本形成总额为414单位；土地的交易只能发生在常住单位之间，其他非生产非金融资产的买卖通常也是发生在常住单位之间，由于一方的购入或获得同时就是另一方的售出或处置，因而所有部门的净获得之和为零。各部门的总储蓄加上资本转移净获得，再减去资本形成总额和其他非金融投资，就得到反映其资金余缺状况的净贷出（正值）或净借入（负值）。表中显示，非金融公司和政府都是资金显著短缺的部门，而住户则是主要的资金剩余部门，此外，金融部门和非营利机构部门的资金略有短缺；经济总体内各部门相互调剂资金余缺之后，仍有10单位的剩余，这就是经济总体对国外的净贷出，也即国外的净借入（－10）。

资金流量表的金融交易部分全面反映各部门的金融交易情况。金融交易不仅可以调剂资本交易的资金余缺，它本身也是一种重要的投资方式，因此，金融交易的实际规模比单纯补充资本交易、调剂资金余缺所需的规模要大得多。各部门参与融资和投资的途径、方式和规模在表5－2中已经清楚地体现出来。每一部门在所有金融工具上的资产净获得减去负债净发生，就是它的净金融投资（或净金融负债），若没有统计误差，这与相应部门的净贷出（或净借入）是等值的，表中给出的数据可以具体验证。还应注意到，在各种金融工具中，关于货币黄金和特别提款权的金融交易都记录在资产方（本例中假定该类金融工具的交易均为特别提款权交易，不存在货币黄金交易），且这类交易都是发生在常住单位（本国货币当局或政府部门）与非常住单位（国外货币当局或政府部门）之间的，一方的资产获得，必然就是另一方的资产处置，因而，在总计栏中，所有部门（含国外）在该类项目上的净获得之和恒为零。

国外的资金流量表反映非常住单位与常住单位之间的所有经济交易流量（这些也是国际收支平衡表所要专门考察的内容），其结构与国内各机构部门的资金流量表基本类似，差别主要有三个方面：一是初始流量（贸易差额）不同；二是通常不反映与实物流量直接联系的资金流量，如最终消费支出和资本形成等；三是个别平衡项（包括国外的“原始总收入”和“可支配总收入”）本身没有经济分析意义，在表中只起到衔接和平衡的作用。

将国民经济各机构部门的资金流量表综合起来，就得到经济总体的资金流量表。如果综合编表过程是采用“合并”的方式进行的，则各机构部门之间的内部交易流量就会全部抵销，最后得到的只是常住单位与非常住单位之间的综合交易流量，所以，这样编制出来的经济总体资金流量表与国外资金流量表基本是互为镜像的，也即：在同一交易流量项目上，本国的来源方数据就是国外的运用方数据，反之亦然；只有在消费支出、资本形成和部分平衡项目上才是例外。但为了分析的需要，通常并不“合并”各机构部门之间的交易流量，而是采

① 有关内容可参阅《SNA2008》，第9.20至9.25段。

表 5—2　国民经济资金流量表（标准式）

	交易和平衡项	非金融公司		金融公司		广义政府		住户		非营利机构		经济总体		国外		合计	
		运用	来源	运用	来源	运用	来源	运用	来源	运用	来源	运用	来源	运用	来源	运用	来源
收入初分配	增加值＊或GDP/国外贸易差额		1331		94		126		155		15		1854		-41		1813
	雇员报酬	986		44		98		11	1154	11		1150	1154	6	2	1156	1156
	生产税净额＊＊	53		4		1	191	-1		1		191	191			191	191
	财产收入	134	96	168	149	42	22	41	123	6	7	391	397	44	38	435	435
	原始总收入/国民总收入	254		27		198		1381		4		1864		-51		1813	
收入再分配	原始总收入/国民总收入		254		27		198		1381		4		1864		-51		1813
	所得税、财产税等经常税	24		10		0	213	178		0		212	213	1	0	213	213
	净社会缴款		66		213		50	333	0		4	333	333	0	0	333	333
	实物社会转移以外的社会福利	62		205		112		0	384	5		384	384	0	0	384	384
	其他经常转移	12	6	62	62	136	104	71	36	2	36	283	244	16	55	299	299
	可支配总收入/国民可支配总收入	228		25		317		1219		37		1826		-13		1813	
收入支配	可支配总收入/国民可支配总收入		228		25		317		1219		37		1826		-13		1813
	最终消费支出					352		1015		32		1399				1399	
	养老金权益变化调整	0		11		0			11	0		11	11	0	0	11	11
	总储蓄/国外经常项目差额	228		14		-35		215		5		427		-13		414	
资本交易	总储蓄/国外经常项目差额		228		14		-35		215		5		427		-13		414
	资本转移	16	33	7	0	34	6	5	23	3	0	65	62	1	4	66	66
	资本形成总额	308		8		38		55		5		414				414	
	非生产资产获得减处置	-7		0		2		4		1		0				0	0
	净贷出（＋）/净借入（－）	-56		-1		-103		174		-4		10		-10		0	
金融交易	净金融投资（＋）/净金融负债（－）		-56		-1		-103		174		-4		10		-10		0
	金融资产净获得/负债净发生	83	139	172	173	-10	93	189	15	2	6	436	426	47	57	483	483
	货币黄金和特别提款权			-1								-1		1		0	
	通货和存款	39		10	65	-26	37	64		2		89	102	11	-2	100	100
	债务性证券	7	6	66	30	4	38	10	0	-1	0	86	74	9	21	95	95
	贷款	19	21	53	0	3	9	3	11	0	6	78	47	4	35	82	82
	股权和投资基金份额	10	83	28	22	3		66		0		107	105	12	14	119	119
	保险、养老金和标准化担保计划	1		7	48	1	0	39		0		48	48	0	0	48	48
	金融衍生工具和雇员股票期权	3	3	8	8	0	0	3	0	0	0	14	11	0	3	14	14
	其他应收/应付款	4	26	1	0	5	9	4	4	1	0	15	39	10	-14	25	25

＊ 此处的增加值不含产品税净额133，也即为"基本价格的增加值"。GDP＝各部门市场价格增加值之和＝各部门基本价格增加值之和＋产品税净额。

＊＊ 限于基础数据来源，各机构部门支付的生产税净额未包含产品税净额（仅为其他生产税净额）。

用简单加总的方法进行资料综合，这样得到的经济总体资金流量表中的交易项目，就不仅反映对外交易流量，同时还包含了经济总体内部的交易流量。不过，对照表中同一行的国外数据，我们仍然不难将其分解为内部交易流量和对外交易流量两个部分。例如，在“财产收入”一行中，经济总体的收入共计 397 单位，支付共计 391 单位，而国外的财产收入为 38 单位，支付为 44 单位，这就表明：在经济总体获得的财产收入中，有 44 单位是由国外支付的，而在经济总体支付的财产收入中，又有 38 单位是对国外支付的；余下的 353（＝397－44 或 391－38）单位就是经济总体内部的常住单位（机构部门）之间相互支付的财产收入。类似地，在“金融资产净获得与负债净发生”一行中，容易看出：在经济总体新增的 437 单位的金融债权中（此处略去非债权类的货币黄金，下同），有 57 单位是由国外承担的负债，而在经济总体新增的 426 单位的负债中，又有 46 单位是由国外持有的债权；另外 380（＝437－57 或 426－46）单位则是常住单位（机构部门）之间的金融资产（债权）和负债流量。

（三）资金流量表的平衡关系

资金流量表是一张纵横交错的核算表，表内数据彼此关联、相互制约，存在着两种类型的平衡关系。

1. 资金来源和资金运用的纵向平衡（内部平衡）

对于任何一个机构部门、整个经济总体或国外，只要有资金来源就必然有其运用，有资金运用也必须有其来源，因而，它们各自的资金来源总额与运用总额应该是总量平衡的。不仅如此，如果我们对全部交易划分类别或层次，并引入相应的平衡项，还可以进一步考察其内部平衡结构，也即不同核算层次之间的衔接平衡关系（最终表现为非金融交易差额与金融交易差额的对等关系）。这些平衡关系前面已通过表 5－1 给予显示和说明。

2. 资金来源和资金运用的横向平衡（外部平衡）

这种平衡关系只存在于所有部门（国民经济总体和国外）的合计水平上，具体包括三个方面：

（1）对于每一种纯粹的资金流量（不包括消费支出和非金融投资等与实物交易直接联系的资金流量），其资金来源合计恒等于资金运用合计；尽管对于单个机构部门、整个经济总体或国外，每一类交易上的来源与运用通常都是不平衡的。例如，在“雇员报酬”这一交易上，经济总体和国外的收入总计是 1156 单位，支出总计也是 1156 单位；但经济总体在该项目上的收与支分别为 1154 和 1150 单位，而国外在该项目上的收与支分别为 2 和 6 单位，单个机构部门的情形也与此类似。又如，在“金融资产与负债”这一交易上，经济总体和国外的金融资产净获得共计 483 单位，负债净发生同样也是 483 单位；但经济总体在该项目上的资产净获得与负债净发生分别为 426 和 436 单位，而国外在该项目上的资产净获得与负债净发生则分别为 57 和 47 单位。

（2）对于有关实物交易的资金流量，在经济总体和国外的总计水平上，也存在着一定的平衡关系。例如，虽然国民总储蓄（427 单位）与经济总体的资本形成总额（414 单位）一般不会相等，国外的经常差额也没有对应的资本形成，但国民总储蓄与国外经常差额的总计（414 单位）恒等于资本形成总计。这是因为，在经济总体和国外的总计水平上，获得的资本转移与支付的资本转移恒等，金融资产净获得与负债净发生也恒等，储蓄就成为非金融积累的唯一资金来源；又由于非生产非金融资产的净获得之和恒为零，资本形成就成为非金融积累的唯一资金运用，因而，在这一水平上，“储蓄”恒等于“投资”。这也使得经济总体的净贷出（10 单位）与国外的净借入（－10 单位）互为相反数，两者的合计恒为零，这就意味着：在经济总体与国外的合计水平上,既没有资金剩余,也没有资金短缺,它们的非金融交易资金来源与资金运用是恒等的。

(3)至于那些不属于交易流量的核算平衡项,尽管不存在来源与运用的对应平衡,但在不同环节、不同层次的总计水平上,仍然存在严格的核算衔接关系。这主要体现为:所有部门的初始流量(包括增加值与进出口差额)之和(1813 单位),恒等于原始总收入之和(1813 单位)以及可支配总收入之和(1813 单位),这是因为:所有部门的初次分配收入与支出是恒等的,再分配收入与支出也是恒等的。应该指出,这里的"国外原始总收入"和"国外可支配总收入"两个项目本身并没有独立的经济分析意义,但它们在资金流量表中起着衔接平衡的作用,因而也是不可缺少的。

由此可见,资金流量表作为一种严谨的核算形式,它既受制于各部门内部的平衡关系,又受制于各部门之间的平衡关系。表中任何一项数据的变动,都会在纵横两个方向上引起牵一发而动全身的连锁效应。这就是通常所谓"资金流量表的连锁特性"。

(四)资金流量表的编制方式

资金流量核算是一种重要的宏观经济分析工具,然而,国民经济资金流量表的编制却是一项十分庞大、复杂的核算工作。因为,编制资金流量表需要掌握大量的数据资料,而这些资料又需要运用各种各样的方法来搜集、甄别、推算、归纳和整理,工作量非常可观,技术要求也很高。

在各国的核算实践中,资金流量表的编制方式并不完全相同。通常都是兼顾分析要求和核算基础,在需要与可能之间作出适当的选择,从而形成各具特色的编表方式。

1. 我国资金流量表的编制方式

根据我国现阶段的核算基础和条件,目前主要通过直接分解各种宏观经济流量的方式来编制资金流量表。其基本思路是:在现有核算的基础上,广泛搜集和充分利用有关专业的统计资料,以及财政、税收、工商、金融、外贸、外汇管理等业务部门的会计、统计和其他核算资料;依据资金流量核算的部门分类和交易分类要求,对有关各种核算资料进行审核和甄别、分解和归并、调整和整理、推算和补充,然后进行组装与平衡,最后编制成所需要的资金流量表。

这种直接分解宏观经济流量的方式,优点是能够直接利用现有的各种专业和部门核算资料,无须另行展开全面调查,容易操作,且时效性也较强。在我国现有的核算基础和条件下,较为适合国家综合统计部门采用。但这种编表方式由于受到既有资料的限制,反映问题一般较为粗略,尤其对于一些特殊部门和特殊问题,难以按照国民经济核算的要求适当处理。故从长远看,这种方式仍然只是一种过渡性的方法。

2. 国外资金流量表的编制方式

基于 SNA 框架,编制资金流量表可以采用账户方式,为此,需要首先编制有关各部门的收入与支出账户、储蓄与投资账户,等等,然后将其归纳起来得到国民经济的资金流量表。

另一种方式是首先编制各部门的资产负债表,然后由期初、期末的资产或负债差额推算出核算期内的有关金融和非金融投资流量,据以编制出所需的资金流量表,这其实是账户方式的一个变种。但由资产负债表推算资金流量表也存在一些不足之处。譬如,期初、期末的资产或负债差额只能反映金融资产和负债的变化以及非金融资产的变化,不能反映有关收入分配和支配的情况,因而据此无法编制出完整的资金流量表;此外,期初、期末的资产或负债差额并非都是由于经济交易引起的资金流量，其他如价格的变化、资源的发现、资产的重大损失等非交易因素也会产生影响，而后面这些变化则不属于资金流量核算的范畴。而且，由于资产负债的价格变化引起的持有损益本身也是一个非常复杂的核算问题，需要通过另外的方式给予专门处理。从某种意义上说，编制国民资产负债表较之编制资金流量表要来得更为困难一些，各国在宏观层次上的资产负债核算一般也相对薄弱。所以，完全依靠这种方式很难编制出高质量的资金流量表。当然，这并不否定通过资产负债存量推算个别资金流量指标的可行性与合理性。

总之，编制资金流量表的最好方式，还是首先编制各部门的完整账户。通过一整套账户，可以规范核算结构，沟通数据关系，提高数据质量，进而促进整个核算体系朝着科学化的方向不断完善。这是联合国设计 SNA 的一个基本思路，也应该是今后我国资金流量表编制工作的一个发展方向。

四、标准式资金流量表的分析应用 *

（一）资金流量表的开发应用领域

资金流量表提供了极为丰富的国民经济核算资料，可以满足多方面的分析需要。其一般分析领域有：

1. 资金来源和运用分析。即从收入分配、收入支配、资本交易和金融交易的角度，分别考察各机构部门、经济总体和国外的资金来源和资金运用情况，以及原始收入、可支配收入和储蓄等重要指标的形成过程。

2. 资金流量和流向分析。即在以上分析的基础上，深入考察各机构部门之间、经济总体与国外之间在各种经济交易上的收支流量和流向，充分揭示社会资金运动的来龙去脉及其平衡关系。

3. 资金余缺分析。以上述分析为基础，进一步从整体角度考察各机构部门和经济总体在积累过程中的资金余缺情况，以及资金余缺的调剂和弥补过程，具体揭示社会资金怎样通过各种金融交易从资金剩余部门流向资金短缺部门；并反映在这一过程中，各种金融中介、金融工具和财政金融政策分别发挥了怎样的作用，彼此是否协调，存在什么问题，等等。

4. 资金流量的结构和比率分析。主要分析投资率或消费倾向的水平、非金融投资的内部结构和部门分布，以及金融交易流量的内部结构和部门分布等。

（二）中国资金流量表的分析举例

根据本章以上的理论说明，我们试以 2011 年的中国资金流量表（见表 5－3 和表 5－4）为主，适当结合其他年份的资金流量数据[①]，按收入初次分配、收入再分配、收入支配、资本交易和金融交易的先后顺序，对中国的社会资金运动过程做一扼要分析。需要说明的是，在原有的《中国国民经济核算体系》中，经济总体的机构部门分类仅含四个部门，未单独划分出“为住户的非营利机构部门”。

---

① 根据财政部提供的全口径财政收支详细资料、国家外汇管理局修订后的国际收支平衡表数据，以及部分交易项目编制方法的调整，国家统计局对 2000－2009 年实物交易资金流量表进行了系统的修订。详见《中国统计年鉴 2012》。

表 5—3　2011 年中国资金流量表(非金融交易)

单位:亿元

	非金融企业		金融机构		政府		住户		经济总体		国外		合　计	
	运用	来源	运用	来源	运用	来源	运用	来源	运用	来源	运用	来源	运用	来源
1. 增加值/净出口		274841.1		24958.3		40363.3		132941.4		473104.0		−12163.3		460940.7
2. 劳动者报酬	98610.2		8062.5		34400.0		80385.5	222423.8	221458.2	222423.8	1070.1	104.5	222528.4	222528.4
3. 生产税净额	57843.2		2906.3		300.8	62270.8	1220.5		62270.8	62270.8			62270.8	62270.8
4. 财产收入	44709.3	21175.5	40060.0	43429.2	6788.9	10922.6	8329.6	18853.2	98930.2	93422.9	8247.8	13755.1	107178.0	107178.0
(1)利息	23905.6	19571.9	37656.3	42808.7	6156.0	4135.4	8287.3	15913.6	76005.1	82429.6	6706.1	281.7	82711.2	82711.2
(2)红利	16449.8	1541.7	1145.8	620.4		2391.0		1110.8	16638.0	4706.3	1541.7	13473.4	18179.7	18179.7
(3)地租	3033.2					3075.5	42.3		3075.5	3075.5			3075.5	3075.5
(4)其他	1320.7	61.9	1257.9		632.9	1320.7		1828.9	3211.5	3211.5			3211.5	3211.5
5. 初次分配总收入		94853.9		17358.6		72066.9		284282.9		468562.4				
6. 经常转移	16933.2	1069.8	5490.5	3311.1	34189.6	52325.8	31817.9	33307.5	88431.2	90014.3	3589.1	2006.1	44438.9	44438.9
(1)收入税	13367.0		3402.6			22823.8	6054.1		22823.8	22823.8			22823.8	22823.8
(2)社会保险缴款					5416.4	27217.6	21801.2		27217.6	27217.6				
(3)社会保险福利					20363.9			20363.9	20363.9	20363.9				
(4)社会补助	144.7				7444.2			7588.8	7588.8	7588.8			7588.8	7588.8
(5)其他经常转移	3421.5	1069.8	2087.9	3311.1	965.1	2284.5	3962.6	5354.8	10437.1	12020.2	3589.1	2006.1	14026.3	14026.3
7. 可支配总收入		78990.5		15179.2		90203.2		285772.6		470145.4				470145.4
8. 最终消费					63154.9		168956.6		232111.5				232111.5	
(1)居民消费							168956.6		168956.6				168956.6	
(2)政府消费					63154.9				63154.9				63154.9	
9. 总储蓄		78990.5		15179.2		27048.3		116816.0		238033.9		−9204.7		228829.2
10. 资本转移	2005.3	6219.4			6230.7	2425.6	57.3		8293.3	8645.1	363.0	11.3	8656.3	8656.3
(1)投资性补助		6219.4			6219.4				6219.4	6219.4			6219.4	6219.4
(2)其他	2005.3				11.3	2425.6	57.3		2073.9	2425.6	363.0	11.3	2436.9	2436.9
11. 资本形成总额	147080.4		400.1		23868.4		56995.3		228344.3				228344.3	
(1)固定资本形成总额	137961.0		400.1		23433.6		53887.3		215682.0				215682.0	
(2)存货增加	9119.4				434.8		3108.0		12662.3				12662.3	
12. 非生产资产净获得	23626.2				−9033.2		−14593.0							
13. 净贷出	−87502.0		14779.1		8408.1		74356.4		10041.4		−9556.5		484.9	

表 5—4 2011 年中国资金流量表(金融交易)

单位:亿元

	非金融企业		金融机构		政府		住户		经济总体		国外		合 计	
	运用	来源	运用	来源	运用	来源	运用	来源	运用	来源	运用	来源	运用	来源
1. 净金融投资		−44271		−1318		10178		48644		13234		−13234		0
2. 资金运用合计	66790		194721		20363		74140		356014		25258		381272	
3. 资金来源合计		111061		196038		10185		25496		342780		38492		381272
(1)通货	555		153	6162	123		4961		5792	6162	370		6162	6162
(2)存款	41373		5396	113415	19763		47690		114222	113415	2219	3026	116442	116442
(3)证券公司客户保证金	−4020		−571	−6511	−35		−1840		−6466	−6511	−45		−6511	−6511
(4)贷款		66963	95764	1442		1691		25496	95764	95592	1245	1417	97009	97009
(5)未贴现的银行承兑汇票	10271	10271	10271	10271					20542	20542			20542	20542
(6)保险准备金	931			5242		2107	6417		7348	7348			7348	7348
(7)金融机构往来			2308	4188					2308	4188	6172	4291	8480	8480
(8)准备金			36154	36154					36154	36154			36154	36154
(9)证券	−157	19397	18758	−3927	112	6142	2484		21196	21611	343	−71	21540	21540
(10)证券投资基金份额	860		376	2282	416		606		2258	2282	24		2282	2282
(11)库存现金			1072	1042					1072	1042		30	1072	1072
(12)中央银行贷款			−727	−727					−727	−727			−727	−727
(13)其他(净)	8808		4139	26753	−16		13823		26753	26753			26753	26753
(14)直接投资	3211	14224							3211	14224	14224	3211	17435	17435
(15)其他对外债权债务	4958	2466	−3428	252		246			1530	2965	2965	1530	4495	4495
(16)国际储备资产			25057						25057			25057	25057	25057
(17)国际收支误差与遗漏		−2259								−2259	−2259		−2259	−2259

注:原表将“净金融投资”的数据安排在运用方,此处根据该指标的经济意义和平衡关系将其转到来源方。

1. 收入初次分配环节的资金流量分析

（1）初次分配收支的流量和流向分析

初次分配收支主要表现为劳动者报酬、生产税净额、财产收入等。由表5－3可知，2011年中国的住户部门总共得到劳动者报酬222423.8亿元。从其来源看，非金融企业部门支付98610.2亿元，位列第一；住户部门自身支付80385.5亿元，位列第二；政府部门支付34400亿元，位列第三；而金融机构支付的劳动者报酬最少，仅为8062.5亿元，不到政府部门的1/4；另有965.6（＝1070.1－104.5）亿元为来自国外的劳动者报酬净额。从这些数据不难判断：一是我国的政府部门依然庞大；二是我国的金融部门相对于非金融企业部门而言规模偏小；至于住户部门自身支付了数额巨大的劳动者报酬，其中的原因在第3章中已做分析。对于生产税净额也可作类似分析，不再赘述。下面着重分析财产收入的主要类型和流量、流向。

如表5－3，我国的财产收入类型主要为利息和红利，两者分别占全部财产收入的88.23%和5.04%；其他财产收入（含土地地租）所占比重很小（仅为6.73%）。分部门看，非金融企业部门是最大的财产收入支付部门，尽管其获得的财产收入并不小，但收支相抵之后仍然是最大的财产收入净流出部门；金融机构的财产收支规模都很大，但收支差额较小；住户部门的财产收入流量也较大，且收大于支，是最大的财产收入净流入部门；政府的财产收入收支规模都较小，但近年收大于支，与往年的情况稍有不同。

各机构部门财产收入流量的以上特征，是由其在国民经济中所扮演的角色所决定的：非金融企业是主要的生产和投资主体（下面还要具体分析），需要融入大量资金，因此需要以利息和红利等形式向资金贷出者支付大量财产收入；金融机构主要发挥金融中介的作用，一方面要大量吸收存款，另一方面又要把资金贷放出去，因而会发生大量的利息收支；住户部门是最主要的储蓄主体（具体分析后详），需要将资金以存款、购买股票和债券等形式融通出去，因而会获得大量的财产收入；政府部门的财产收入流量主要表现为财政存款的利息收入和兑付国债时的利息支出，而且净利息收入一般为负，但是由于我国政府获得的红利和地租逐年稳步增加，致使从2005年开始我国政府的财产收入净额由负转正。

（2）初次分配收入的部门结构分析

为分析初次分配的总效果及初次分配后各部门对收入的占有关系，我们分别就GDP和GNI的部门结构进行对比。容易看出，非金融企业部门的增加值占GDP的58.1%；其次是住户部门，其增加值占GDP的28.1%；政府部门的份额为8.5%；金融机构部门的份额最少，仅占5.3%。

经过初次分配后，GNI的部门分布结构发生了很大变化：住户部门由于得到大量劳动报酬和财产收入，成为占有原始总收入余额（即初次分配总收入）最多的部门（占60.7%）；非金融企业部门在支付了劳动报酬、生产税净额和财产收入之后，其占有的原始总收入余额排在第二位（占20.2%）；政府部门由于得到了大量的生产税净额，其占有的原始总收入余额较其创造的增加值要大（占15.4%）；金融机构的初次分配行为与非金融企业类似，也要支付劳动报酬和生产税净额，从而使其占有的原始总收入余额下降为3.7%。

2. 收入再分配环节的资金流量分析

（1）再分配收支的流量和流向分析

再分配收支表现为各种经常转移。由表5－3可知，2011年中国的资金流量表主要列示了收入税、社会保险缴款、社会保险福利、社会补助等几项主要的经常转移。其中,社会保险缴款数额最大(27217.6 亿元),全部为住户部门的支出和政府部门的收入;收入税次之(22823.8 亿元),分别来自非金融企业部门(13367.0 亿元)、住户部门(6054.1 亿元)和金融机构部门(3402.6 亿元),且全部为政府部门得到;与社会保险缴款对应的社会保险福利位列第三(20363.9 亿元),全部为政府部门的支出和住户部门的收入;政府和非金融企业发放给住户的社会补助合计为 7588.8 亿元。

近年中国的再分配收支结构正在发生一些微妙的变化。表 5—5 对此作了对比。可以看出,在 2008—2011 年间,政府部门的收入税在全社会经常转移总收入中所占的比重有下降趋势,从 28.2%下降为 25.4%;而社会保险缴款所占份额则有明显的上升趋势,从 26.1%上升为 30.2%。这一降一升,直接导致了两者在政府乃至全社会经常转移总收入中的位次变化,社会保险缴款已上升为全社会数额最大的一项经常转移。相应地,同期住户部门收入的社会保险福利在全社会经常转移总收入中的份额从 18.9%上升为 22.6%;而社会补助所占份额则有一个明显的下降趋势,已从 2008 年的 9.8%下降为 2011 年的 8.4%。这些都表明我国社会保障体制和收入再分配机制正在发生某种深刻的变化。

表 5—5 2008—2011 年中国的再分配收支结构

	2008 年		2009 年		2010 年		2011 年	
	绝对额(亿元)	比重(%)	绝对额(亿元)	比重(%)	绝对额(亿元)	比重(%)	绝对额(亿元)	比重(%)
经常转移收入合计	52483.3	100.0	58975.0	100.0	71478.3	100.0	90014.3	100.0
收入税	14897.9	28.4	15486.2	26.3	17680.8	24.7	22823.8	25.4
社会保险缴款	13696.1	26.1	16115.6	27.3	20584.5	28.8	27217.6	30.2
社会保险福利	9925.1	18.9	12302.6	20.9	16207.2	22.7	20363.9	22.6
社会补助	5156.9	9.8	6246.0	10.6	6137.5	8.6	7588.8	8.4
其他经常转移	8807.3	16.8	8824.6	15.0	10868.2	15.2	12020.2	13.4

(2)可支配总收入的部门结构分析

为分析再分配的总效果以及再分配后各部门对可支配总收入的占有关系,我们试就 GNI 和 GNDI 的部门结构进行对比。观察可知,若单纯从四大机构部门的层面来看,经过收入再分配之后,各部门的收入变化不大,非金融企业和金融机构部门的收入稍有减少,而政府和住户部门的收入则稍有增加。但这并不意味着收入再分配对我国的收入差距没有起到任何调节作用,而主要是机构部门划分太粗的缘故。实际上,在城乡居民之间、高收入与中低收入阶层之间存在广泛的收入再分配行为,在不同地区之间、中央政府与地方政府之间也都存在大量的转移支付,但这些发生在子部门之间的经常转移收支无法在四大机构部门的宏观层面反映出来。这就启示我们,要对纷繁复杂的收入再分配收支流量进行有价值的分析,还必须对我国现有的资金流量表做进一步细分,包括部门的细分和交易的细分。

3. 收入支配环节的资金流量分析

收入支配环节是指有关部门运用其可支配收入满足消费需要和形成储蓄的过程。利用有关收入支配的资金流量资料,既可对住户部门的平均消费倾向及其变化进行分析,也可对国民总储蓄的部门结构及其变化进行分析。

(1)住户部门的平均消费倾向分析

平均消费倾向等于最终消费与可支配总收入之比。统计数据显示,2000 年比利时、西班牙、瑞典、瑞士、英国等西方发达国家住户部门的平均消费倾向分别高达 86.9%、89.3%、97.1%、88.2%和 95.0%。表 5—6 却表明,在 2000—2011 年期间我国住户部门的平均消费倾向不仅远低于这些西方国家,而且有一个明显的下降趋势,从 2000 年的 68.9%下降为 2010 年的 57.9%和 2011 年的 59.1%。其中固然有边际消费倾向随收入水平提高而递减的规律在发挥作用,但另一个更为主要的原因也许还应归结于中国人传统的节俭习惯,以及由收入预期所决定的预防性储蓄偏高、购房支出偏高(购房支出在核算上不是消费,而是投资)等。

表 5—6　2000—2011 年中国住户部门的平均消费倾向

年　份	2000	2003	2005	2008	2010	2011
可支配总收入(亿元)	66538.7	87268.4	112910.2	185926.3	243121.7	285772.6
最终消费(亿元)	45854.6	57649.8	72958.7	111670.4	140758.6	168956.6
平均消费倾向(%)	68.9	66.1	64.6	60.1	57.9	59.1

(2)国民总储蓄的部门结构分析

一般来说,在市场经济国家,住户部门是主要的储蓄主体,其未消费收入在国民总储蓄中的比重最高。表 5—7 的数据表明,目前我国也基本属于这种情况,在 2000—2011 年间的所有年份住户部门都是第一大储蓄主体,其次是非金融企业部门。但是,住户部门的占比在 2000—2008 年间下降了近 11 个百分点,近几年才有所回升;非金融企业部门的占比也呈明显的下降趋势,在 2000—2011 年间下降了近 13 个百分点。相反,政府部门的占比逐年攀升,其占国民总储蓄的份额从 2000 年的—3.6%上升为 2008 年的 11.3%,然后基本稳定在 10%以上的水平。这可能与 2000 年前后我国采取扩大内需的积极财政政策,从而存在一定的经常性预算赤字,而后期随着国力的增强,财政体制也逐步从生产财政向公共财政转型有关。另外,金融机构在国民总储蓄中的比重最小,但也呈明显的上升趋势。不过需要注意的是,这里所讨论的储蓄范畴与金融机构持有的储蓄存款余额或储蓄存款增加额有着本质的区别。

表 5—7　2000—2011 年中国国民总储蓄的部门结构　　单位:%

年　份	2000	2003	2005	2008	2010	2011
国民总储蓄	100.0	100.0	100.0	100.0	100.0	100.0
非金融企业	46.3	41.4	42.9	39.5	34.6	33.2
金融机构	1.4	4.9	3.6	4.3	6.3	6.4
政府	—3.6	3.3	7.2	11.3	10.0	11.4
住户	55.9	50.4	46.3	44.8	49.1	49.1

4. 资本交易环节的资金流量分析

资本交易是非金融交易的重要组成部分和最后一个环节。在此,各部门以自身的储蓄(和少量资本转移)作为自有资金进行各种非金融投资。所以,利用资本交易环节的资金流量核算数据,我们既可分析非金融投资的部门结构,甄别国民经济中的主要投资主体;也可对各部门的资金余缺状况进行分析。

(1)非金融投资的部门结构分析

表 5－8 的数据表明,我国的非金融投资主要是由非金融企业部门完成的,多年保持在60%以上的水平,是最主要的投资主体。但 2000－2005 年间政府部门和住户部门的非金融投资支出份额都有所提高,非金融企业部门的份额稍有下降。特别是随着住户部门住房投资的增加,2005 年其非金融投资份额一度达到 28.1%。后来受国家对房地产行业的调控和国际金融危机等因素的影响,非金融投资的部门结构稍有波动,但投资的主体格局并未发生根本性的改变。

表 5－8　2000－2011 年中国资本形成的部门结构　　单位:%

年　份	2000	2003	2005	2008	2010	2011
资本形成总额	100.0	100.0	100.0	100.0	100.0	100.0
非金融企业	69.0	65.0	61.0	69.1	67.0	64.4
金融机构	0.3	0.1	0.1	0.1	0.2	0.2
政府	8.6	11.2	10.8	10.9	11.8	10.5
住户	22.1	23.7	28.1	19.8	21.0	25.0

(2)资金余缺的形成分析

在资本交易环节,储蓄和资本转移净额一起构成可用于投资的自有资金来源,而资本形成和其他非金融投资则构成资金的具体运用,来源与运用的差额就是反映本期交易产生的"资金余缺"的"净贷出(或净借入)"指标。该差额必须通过金融交易才能得到适当的弥补和调剂,所以从另一方面看,也叫做"净金融投资"。

但是,表 5－3 和表 5－4 中同一部门的"净贷出"与"净金融投资"数额不一样,国内合计数也是如此。这是由统计误差造成的。假设金融交易部分的资金流量数据的准确性相对要高一些,我们就用表 5－4 中的数据来分析资金余缺。显然,住户是经济总体中最主要的资金剩余部门,而非金融企业则存在巨额的资金缺口。至于金融机构和政府部门,一般情况下资金余缺的规模都很小。

值得注意的是,当一国内部各部门的资金余缺相抵后仍有差额时,这种资金余缺必须通过国际金融市场来调剂。自 2000 年以来,我国对外的"净金融投资"除个别特殊年份为负(2003 年为－3725.6 亿元,该年我国爆发了"非典"疫情)之外,其他年份均为正,这说明目前我国的资金是相当充裕的,除可以满足国内非金融投资的需要之外,还有大量资金可以投资于海外市场。联系到近年我国的外汇储备同样呈迅猛增长之势,在某种意义上可以说,我国已经成功地摆脱"储蓄缺口"和"外汇缺口"的约束,自改革开放以来通过引进外资来弥补"两缺口"的任务已经基本完成。

5. 金融交易环节的资金流量分析

经济总体或各部门在非金融交易环节产生的资金余缺,都需要通过金融交易来进行调剂。利用金融交易环节的资金流量数据,既可从经济总体的角度分析一定时期金融投资的部门结构和资产结构,也可从特定的经济主体角度分析其融通资金和调剂余缺的渠道。

(1)金融投资的部门结构分析

2011 年,中国国内各部门的金融资产净增加 356014 亿元。其中,金融机构为 194721 亿元,占 54.7%,数额最大;住户为 74140 亿元,占 20.8%,排在第二位;非金融企业的占比与住户非常接近，为 66790 亿元，占 18.8%；政府净增加的金融资产为 20363 亿元，仅占 5.7%。类似也可分析金融负债交易的部门结构。

金融投资呈现这样一种部门结构与各部门在金融交易中的地位和作用是密不可分的。金融机构起着金融中介作用，金融交易是其主要业务活动，所以，其金融投资和负债的数额巨大；住户和非金融企业部门分别以资金的主要供应方和需求方出现在金融市场上，两者的金融交易量接近，也很容易理解；而政府的主要职能决定了它不可能频繁地进行金融交易。

(2)金融投资的资产结构分析

我国的资金流量表将金融交易按资产类型分为 16 类(见表 5－4)。可以看出，2011 年中国金融投资的资产类型主要是存款、贷款、准备金(指各金融机构在中央银行的存款及缴存中央银行的法定准备金)、国际储备资产和证券。其中，又以存款和贷款为主，二者合计占全部金融投资的 59.0%。这说明，2011 年我国的金融结构仍以间接融资为主。

6. 资金余缺的调剂分析

由于住户一般是经济中最主要的资金剩余部门，而非金融企业则存在巨额的资金缺口，故需要重点考察这两个部门是如何调剂资金余缺的。

(1)非金融企业部门的融资渠道分析

由表 5－4 可知，2011 年我国非金融企业融资的主要渠道是贷款，占融资总额的 60.3%；其次是通过发行证券融资，占融资总额的 17.5%；而外商直接投资已退居第三位，占融资总额的 12.8%。这说明，2011 年我国非金融企业的融资渠道仍以间接融资为主，但直接融资额已有较大幅度的提升；而随着我国资金面的逐渐宽裕，利用外资正从追求数量向追求质量转变。除此之外，还有 2.2%的其他对外债务。但是，也有 2259 亿元的资金去向不明(占融资总额的－2.0%)，被归入“国际收支误差与遗漏”。

(2)住户部门的投资渠道分析

住户部门作为最大的资金剩余部门，其金融投资渠道是否通畅，可供选择的金融工具是否多样化，同样可以反映一个国家一定时期金融市场的发育程度和金融体系的完善程度。表 5－4 显示，2011 年我国住户部门主要采用存款方式调剂剩余资金，占其金融投资总额的 64.3%；其次是“其他”，估计主要是民间借贷和购买各种理财产品，总共占其金融投资总额的 18.6%；第三是采取投资保险的方式，保险准备金占其金融投资总额的 8.7%；第四是增加手持现金，占 6.7%；而证券投资排在第五位，仅占住户金融投资总额的 3.4%。这就再次说明，2011 年我国的金融体系仍以间接融资为主，主要的金融工具是通货、存款和贷款；而当时的证券市场依旧低迷，几乎丧失了融资功能。现在情况有所变化。

§5.4 金融投入产出分析和三维金融流量表＊

一、金融投入产出表及其构成

如前所述，在国民经济循环过程中，存在着两种部门间流量，即产品流量和资金流量。对于部门间的产品流量，人们已经成功地运用投入产出方法进行了各种测算和分析。很自然地，类似的分析思想也被引入了资金流量核算与分析的领域。这一工作是由英国经济学家理查德·斯通率先作出的。这样做的结果，一是可以利用投入产出表的形式观察部门间的金融流量及其与储蓄、投资的关系，二是通过建立数学模型还可以进行各种经济分析和预测。

金融投入产出表(又称“金融流量矩阵表”)与一般标准式或账户式资金流量表的不同之处在于：在形式上，它是一种更为规范、对称的矩阵表；在范围上，它只限于考察积累过程的资金筹集和运用情况(或者专门用于考察收入分配过程)。

金融投入产出表的结构与 U-V 型投入产出表极为相似(当然也存在差异，这些差异决定了它们各自的分析模式是有所不同的)。这里只不过是借助于简单的类比，把“投入”解释为资金的“流入”，把“产出”解释为资金的“流出”，按照这种理解并遵循投入产出表的惯例，以横向表达流出量，纵向表达流入量，就得到相应的金融投入产出表。假设考察 n 个机构部门(这里包含国外)和 m 种金融工具的资金流量情况，则相应的金融投入产出表如表 5—9 所示。

表 5—9 金融投入产出表

		机构部门				金融投资				非金融投资	总计
		1	2	…	n	1	2	…	m		
机构部门	1					a_{11}	a_{12}	…	a_{1m}	e_1	w_1
	2					a_{21}	a_{22}	…	a_{2m}	e_2	w_2
	⋮					⋮	⋮	⋱	⋮	⋮	⋮
	n					a_{n1}	a_{n2}	…	a_{nm}	e_n	w_n
金融负债	1	l_{11}	l_{12}	…	l_{1n}						l_1
	2	l_{21}	l_{22}	…	l_{2n}						l_2
	⋮	⋮	⋮	⋱	⋮						⋮
	m	l_{m1}	l_{m2}	…	l_{mn}						l_m
储蓄		z_1	z_2	…	z_n						
总计		x_1	x_2	…	x_n	a_1	a_2	…	a_m		

构成金融投入产出表的基本数据是以下四组矩阵和向量：

1. 金融投资矩阵：$\mathbf{A}=(a_{ij})_{n\times m}$，其中，$a_{ij}$ 表明 i 部门通过第 j 种金融工具净获得的金融资产。

2. 金融负债矩阵：$\mathbf{L}=(l_{ij})_{m\times n}$，其中，$l_{ij}$ 表明 j 部门通过第 i 种金融工具净发生的负债。

3. 非金融投资列向量：$\mathbf{e}=(e_1,e_2,\cdots,e_n)'$，它表明各部门的非金融投资水平。

4. 储蓄行向量：$\mathbf{z}'=(z_1,z_2,\cdots,z_n)$，它表明各部门的储蓄水平(此处含资本转移净获得)。

由以上基本数据又进一步派生出其他四组具有分析意义的合计数据(见表 5—9)。依据金融投入产出表的平衡关系，并制订和利用相应的金融分析系数，可以建立模型进行测算、分析。

二、金融投入产出表的平衡关系和分析系数

(一)金融投入产出表的平衡关系

与一般投入产出表类似，在金融投入产出表内部也存在着一系列的平衡关系，其中主要有：

1. 总投资的横向平衡。这里的“总投资”既包括通常所指的非金融投资，也包括金融投

资,即有:

$$\sum_{j=1}^{m} a_{ij} + e_i = w_i, \qquad i = 1,2,\cdots,n \tag{5-3}$$

或:$\mathbf{Ai} + \mathbf{e} = \mathbf{w}$

式中,$\mathbf{i} = (1,1,\cdots,1)'$ 为单位列向量(或求和列向量)。

2. 总负债的纵向平衡。这里的"总负债"既包括对其他经济主体的金融负债,也包括本部门的储蓄和资本转移净获得(所谓"内部负债"),即有:

$$\sum_{i=1}^{m} l_{ij} + z_j = x_j, \qquad j = 1,2,\cdots,n \tag{5-4}$$

或:$\mathbf{i}'\mathbf{L} + \mathbf{z}' = \mathbf{x}'$,也即:$\mathbf{L}'\mathbf{i} + \mathbf{z} = \mathbf{x}$

3. 总投资与总负债的对应平衡。也即每个部门的资金来源(总负债)等于资金运用(总投资):

$$x_k = w_k, \qquad k = 1,2,\cdots,n \tag{5-5}$$

或:$\mathbf{x} = \mathbf{w}$

4. 每种金融工具的金融投资与金融负债的对应平衡。即有:

$$a_k = l_k, \qquad k = 1,2,\cdots,m \tag{5-6}$$

或:$\mathbf{a} = \mathbf{l}$

由后面两个平衡关系式还可以进一步推论:所有部门(含国外)的储蓄之和恒等于非金融投资之和,即有

$$\sum_{k=1}^{n} z_k = \sum_{k=1}^{n} e_k \tag{5-7}$$

这个性质我们在前面已经对一般资金流量表讨论过了。

(二)金融投入产出表的分析系数

对金融投入产出表进行建模分析,有赖于制订和利用以下各种系数:

1. 金融结构系数。包括金融投资结构系数和金融负债结构系数,它们分别表明各部门总投资或总负债的内部结构情况。

(1)金融投资结构系数:

$$a_{ij}^{*} = \frac{a_{ij}}{w_i}, \qquad \begin{matrix} i = 1,2,\cdots,n \\ j = 1,2,\cdots,m \end{matrix} \tag{5-8}$$

或:$\mathbf{A}^{*} = (a_{ij}^{*})_{n\times m} = \hat{\mathbf{w}}^{-1}\mathbf{A}$

(2)金融负债结构系数

$$l_{ij}^{*} = \frac{l_{ij}}{x_j}, \qquad \begin{matrix} i = 1,2,\cdots,m \\ j = 1,2,\cdots,n \end{matrix} \tag{5-9}$$

或:$\mathbf{L}^{*} = (l_{ij}^{*})_{m\times n} = \mathbf{L}\,\hat{\mathbf{x}}^{-1}$

2. 金融分布系数。包括金融投资分布系数和金融负债分布系数，与金融结构系数不同，它们分别表明每种金融工具的金融投资或负债总额在各部门之间的分布情况。

(1)金融投资分布系数

$$a_{ij}^{**}=\frac{a_{ij}}{a_j},\qquad \begin{array}{l}i=1,2,\cdots,n\\ j=1,2,\cdots,m\end{array} \tag{5—10}$$

$$\text{或：}\mathbf{A}^{**}=(a_{ij}^{**})_{n\times m}=\mathbf{A}\,\hat{\mathbf{a}}^{-1}$$

(2)金融负债分布系数

$$l_{ij}^{**}=\frac{l_{ij}}{l_i},\qquad \begin{array}{l}i=1,2,\cdots,m\\ j=1,2,\cdots,n\end{array} \tag{5—11}$$

$$\text{或：}\mathbf{L}^{**}=(l_{ij}^{**})_{m\times n}=\hat{\mathbf{l}}^{-1}\mathbf{L}$$

应该注意到，金融结构系数和金融分布系数在取值上具有不同的特点。因为金融结构系数是针对总投资(或总负债)计算的，而总投资(或总负债)中除了金融投资(或负债)之外，还包含非金融投资(或储蓄)，故有：

$$\sum_{j=1}^{m}a_{ij}^{*}\leqslant 1,\text{当 }\mathbf{e}\geqslant 0\ ;\qquad \sum_{i=1}^{m}l_{ij}^{*}\leqslant 1,\text{ 当 }\mathbf{z}\geqslant 0 \tag{5—12}$$

但对于金融分布系数，总有：

$$\sum_{j=1}^{n}l_{ij}^{**}\equiv 1\ ;\qquad \sum_{i=1}^{n}a_{ij}^{**}\equiv 1 \tag{5—13}$$

金融结构系数和金融分布系数在经济上也常常受到不同因素的影响。例如，在宏观经济调控过程中，银行利率的调整对金融结构系数会产生较为显著的影响，而产业倾斜政策的实施则会对金融分布系数产生更为直接的影响。当然，这种区分是相对的。

三、金融投入产出模型及其应用问题

金融投入产出模型(资金流量模型)是依据金融投入产出表的平衡关系和有关系数建立起来的，该模型旨在探明积累过程中储蓄与投资、金融负债与金融投资、资金来源与资金运用诸现象之间的数量关系。其基本建模思想是：如果已经掌握的金融结构系数和金融分布系数是相对稳定的，就可以借鉴投入产出分析的一般原理，通过模型测算出各部门的储蓄(或非金融投资)变动对有关资金流量的影响。可见，该模型也是建立在某种“比例性假定”基础之上的。

根据给定资料条件和分析要求的不同，可以建立两种金融投入产出模型：

(一)测算储蓄变动影响的模型

如果给出各部门的储蓄向量：$\mathbf{z}'=(z_1,z_2,\cdots,z_n)$，依据金融投入产出表的平衡关系和有关系数定义，容易推导：

$$\mathbf{x}=\mathbf{L}'\mathbf{i}+\mathbf{z}=(\hat{\mathbf{l}}\mathbf{L}^{**})'\mathbf{i}+\mathbf{z}=(\mathbf{L}^{**})'\mathbf{a}+\mathbf{z}$$

其中：

$$\mathbf{a}=\mathbf{A}'\mathbf{i}=(\hat{\mathbf{w}}\mathbf{A}^{*})'\mathbf{i}=(\mathbf{A}^{*})'\mathbf{w} \tag{5-14}$$

代入上式,有:

$$\mathbf{x}=(\mathbf{L}^{**})'(\mathbf{A}^{*})'\mathbf{w}+\mathbf{z}=(\mathbf{L}^{**})'(\mathbf{A}^{*})'\mathbf{x}+\mathbf{z}$$

$$\mathbf{x}-(\mathbf{L}^{**})'(\mathbf{A}^{*})'\mathbf{x}=\mathbf{z},\qquad [\mathbf{I}-(\mathbf{L}^{**})'(\mathbf{A}^{*})']\mathbf{x}=\mathbf{z}$$

整理后得到:

$$\mathbf{x}=[\mathbf{I}-(\mathbf{L}^{**})'(\mathbf{A}^{*})']^{-1}\mathbf{z} \tag{5-15}$$

从而得到结论:当金融投资结构系数和金融负债分布系数已知且相对稳定时,可由各部门的储蓄测算出其他有关资金流量。测算模型为:

$$\begin{cases}\mathbf{x}=\mathbf{w}=[\mathbf{I}-(\mathbf{L}^{**})'(\mathbf{A}^{*})']^{-1}\mathbf{z}\\ \mathbf{a}=\mathbf{l}=(\mathbf{A}^{*})'\mathbf{w}\\ \mathbf{A}=\hat{\mathbf{w}}\mathbf{A}^{*},\qquad \mathbf{L}=\hat{\mathbf{l}}\mathbf{L}^{**}\\ \mathbf{e}=\mathbf{w}-\mathbf{A}\mathbf{i}\end{cases} \tag{5-16}$$

(二)测算非金融投资变动影响的模型

如果给出的是各部门的非金融投资向量:$\mathbf{e}=(e_1,e_2,\cdots,e_n)'$,依据金融投入产出表的平衡关系和有关系数定义,同样可以推导:

$$\mathbf{w}=\mathbf{A}\mathbf{i}+\mathbf{e}=\mathbf{A}^{**}\hat{\mathbf{a}}\mathbf{i}+\mathbf{e}=\mathbf{A}^{**}\mathbf{a}+\mathbf{e}=\mathbf{A}^{**}\mathbf{l}+\mathbf{e}$$

其中:

$$\mathbf{l}=\mathbf{L}\mathbf{i}=\mathbf{L}^{*}\hat{\mathbf{x}}\mathbf{i}=\mathbf{L}^{*}\mathbf{x} \tag{5-17}$$

代入上式,有:

$$\mathbf{w}=\mathbf{A}^{**}\mathbf{L}^{*}\mathbf{x}+\mathbf{e}=\mathbf{A}^{**}\mathbf{L}^{*}\mathbf{w}+\mathbf{e}$$

$$\mathbf{w}-\mathbf{A}^{**}\mathbf{L}^{*}\mathbf{w}=\mathbf{e},\ (\mathbf{I}-\mathbf{A}^{**}\mathbf{L}^{*})\mathbf{w}=\mathbf{e}$$

整理后得到:

$$\mathbf{w}=(\mathbf{I}-\mathbf{A}^{**}\mathbf{L}^{*})^{-1}\mathbf{e} \tag{5-18}$$

从而得到结论:当金融投资分布系数和金融负债结构系数已知且相对稳定时,也可由各部门的非金融投资测算出其他有关资金流量。测算模型为:

$$\begin{cases}\mathbf{w}=\mathbf{x}=(\mathbf{I}-\mathbf{A}^{**}\mathbf{L}^{*})^{-1}\mathbf{e}\\ \mathbf{a}=\mathbf{l}=\mathbf{L}^{*}\mathbf{x}\\ \mathbf{A}=\mathbf{A}^{**}\hat{\mathbf{a}},\qquad \mathbf{L}=\mathbf{L}^{*}\hat{\mathbf{x}}\\ \mathbf{z}=\mathbf{x}-\mathbf{L}'\mathbf{i}\end{cases} \tag{5-19}$$

(三)金融投入产出模型的应用问题

为便于理解金融投入产出模型的具体分析运用,现利用前面的资金流量表资料,给出五个部门($n=5$)和四类金融工具($m=4$)的简化金融投入产出表。这五个部门依次是:1. 非金融公司，2. 金融公司，3. 政府，4. 住户和非营利机构，5. 国外；四类金融工具依次是：1. 通货和存款，2. 贷款，3. 股权和其他证券，4. 其他金融资产或负债。有关数据详见表 5－10。

表 5－10　金融投入产出表数例

		机构部门					金融投资				非金融投资	总计
		1	2	3	4	5	1	2	3	4		
机构部门	1						39	19	17	8	301	384
	2						10	53	94	15	8	180
	3						－26	3	7	6	40	30
	4						66	3	75	47	65	256
	5						11	4	21	11	0	47
金融负债	1	0	65	37	0	－2						100
	2	21	0	9	17	35						82
	3	89	52	38	0	35						214
	4	29	56	9	4	－11						87
储蓄		245	7	－63	235	－10						414
总计		384	180	30	256	47	100	82	214	87	414	

依据表中资料计算得到各种金融分析系数矩阵，包括：

（1）金融投资结构系数矩阵：

$$\mathbf{A}^{*}=\hat{\mathbf{w}}^{-1}\mathbf{A}=\begin{pmatrix}0.1016 & 0.0495 & 0.0443 & 0.0208\\ 0.0556 & 0.2944 & 0.5222 & 0.0833\\ -0.8667 & 0.1000 & 0.2333 & 0.2000\\ 0.2578 & 0.0117 & 0.2930 & 0.1836\\ 0.2340 & 0.0851 & 0.4468 & 0.2340\end{pmatrix}$$

（2）金融负债结构系数矩阵：

$$\mathbf{L}^{*}=\mathbf{L}\hat{\mathbf{x}}^{-1}=\begin{pmatrix}0 & 0.3611 & 1.2333 & 0 & -0.0426\\ 0.0547 & 0 & 0.3000 & 0.0664 & 0.7447\\ 0.2318 & 0.2889 & 1.2667 & 0 & 0.7447\\ 0.0755 & 0.3111 & 0.3000 & 0.0156 & -0.2340\end{pmatrix}$$

（3）金融投资分布系数矩阵：

$$\mathbf{A}^{**}=\mathbf{A}\hat{\mathbf{a}}^{-1}\begin{pmatrix}0.3900 & 0.2317 & 0.0794 & 0.0920\\ 0.1000 & 0.6463 & 0.4393 & 0.1724\\ -0.2600 & 0.0366 & 0.0327 & 0.0690\\ 0.6600 & 0.0366 & 0.3505 & 0.5402\\ 0.1100 & 0.0488 & 0.0981 & 0.1264\end{pmatrix}$$

（4）金融负债分布系数矩阵：

$$\mathbf{L}^{**}=\hat{\mathbf{I}}^{-1}\mathbf{L}=\begin{pmatrix}0 & 0.6500 & 0.3700 & 0 & -0.0200\\ 0.2561 & 0 & 0.1098 & 0.2073 & 0.4268\\ 0.4159 & 0.2430 & 0.1776 & 0 & 0.1636\\ 0.3333 & 0.6437 & 0.1034 & 0.0460 & -0.1264\end{pmatrix}$$

假定这些金融系数在所考察的时期范围内是相对稳定的，我们试利用上面给出的金融投入产出模型进行测算分析。

1. 假如经过分析确定，未来时期各部门的储蓄可望达到以下水平：

$$\mathbf{z}'=(250,\quad 50,\quad 10,\quad 30,\quad -20)$$

则根据模型(5—16)可以测算储蓄变动对其他资金流量的影响。我们首先计算以下的逆矩阵：

$$[\mathbf{I}-(\mathbf{L}^{**})'(\mathbf{A}^{*})']^{-1}=\begin{pmatrix}1.1254 & 0.6722 & 0.0174 & 0.4737 & 0.6648\\ 0.1378 & 1.4611 & -0.3729 & 0.5055 & 0.6275\\ 0.0788 & 0.2828 & 0.7526 & 0.2524 & 0.3202\\ 0.0261 & 0.1223 & -0.0021 & 1.0620 & 0.0946\\ 0.0654 & 0.3578 & -0.0207 & 0.1692 & 1.2613\end{pmatrix}$$

然后，依次测算各种有关的资金流量：

$$\mathbf{x}=\mathbf{w}=[\mathbf{I}-(\mathbf{L}^{**})'(\mathbf{A}^{*})']^{-1}\mathbf{z}=(316,\quad 106.4,\quad 42.5,\quad 42.6,\quad 13.9)'$$

$$\mathbf{a}=\mathbf{l}=(\mathbf{A}^{*})'\mathbf{w}=(15.4,\quad 52.9,\quad 98.2,\quad 35)'$$

$$\mathbf{A}=\hat{\mathbf{w}}\mathbf{A}^{*}=\begin{pmatrix}32.1 & 15.6 & 14.0 & 6.6\\ 5.9 & 31.3 & 55.6 & 8.9\\ -36.9 & 4.3 & 9.9 & 8.5\\ 11.0 & 0.5 & 12.5 & 7.8\\ 3.3 & 1.2 & 6.2 & 3.3\end{pmatrix}$$

$$\mathbf{L}=\hat{\mathbf{I}}\mathbf{L}^{**}=\begin{pmatrix}0 & 10.0 & 5.7 & 0 & -0.3\\ 13.5 & 0 & 5.8 & 11.0 & 22.6\\ 40.8 & 23.9 & 17.4 & 0 & 16.1\\ 11.7 & 22.5 & 3.6 & 1.6 & -4.4\end{pmatrix}$$

$$\mathbf{e}=\mathbf{w}-\mathbf{Ai}=(247.7,\quad 4.7,\quad 56.7,\quad 10.8,\quad 0)'$$

2. 假如经过分析确定，未来时期各部门的非金融投资水平可望达到：

$$\mathbf{e}=(300,\quad 20,\quad 60,\quad 30,\quad 0)'$$

同样，根据模型(5—19)也可以测算出非金融投资的变动对其他资金流量的影响。首先计算以下的逆矩阵：

$$(\mathbf{I}-\mathbf{A}^{**}\mathbf{L}^{*})^{-1}=\begin{pmatrix}1.1254 & 0.2939 & 1.0091 & 0.0391 & 0.5347\\ 0.3151 & 1.4611 & 1.6971 & 0.0860 & 1.3704\\ 0.0014 & -0.0621 & 0.7526 & -0.0002 & -0.0132\\ 0.3158 & 0.7190 & 2.1541 & 1.0620 & 0.9218\\ 0.0814 & 0.1638 & 0.5017 & 0.0174 & 1.2613\end{pmatrix}$$

然后，分别测算有关各种资金流量：

$$\mathbf{w}=\mathbf{x}=(\mathbf{I}-\mathbf{A}^{**}\mathbf{L}^{*})^{-1}\mathbf{e}=(405.2,\quad 228.2,\quad 44.3,\quad 270.2,\quad 58.3)'$$

$$\mathbf{a}=\mathbf{l}=\mathbf{L}^{*}\ \mathbf{x}=(134.6,\quad 96.8,\quad 259.4,\quad 105.5)'$$

$$\mathbf{A}=\mathbf{A}^{**}\hat{\mathbf{a}}=\begin{pmatrix} 52.5 & 22.4 & 20.6 & 9.7 \\ 13.5 & 62.6 & 113.9 & 18.2 \\ -35.0 & 3.5 & 8.5 & 7.3 \\ 88.8 & 3.5 & 90.9 & 57.0 \\ 14.8 & 4.7 & 25.5 & 13.3 \end{pmatrix}$$

$$\mathbf{L}=\mathbf{L}^{*}\hat{\mathbf{x}}=\begin{pmatrix} 0 & 82.4 & 54.7 & 0 & -2.5 \\ 22.2 & 0 & 13.3 & 17.9 & 43.4 \\ 93.9 & 65.9 & 56.1 & 0 & 43.4 \\ 30.6 & 71.0 & 13.3 & 4.2 & -13.6 \end{pmatrix}$$

$$\mathbf{z}=\mathbf{x}-\mathbf{L}'\mathbf{i}=(258.5,\quad 8.9,\quad -93.1,\quad 248.1,\quad -12.4)'$$

通过观察可知，以上测算结果基本反映了有关各部门在从事金融交易和非金融投资方面的行为特征，因而可以给予较为合理的经济解释。但是，测算结果的精确性仍然取决于：所运用的金融系数是否稳定，或者，具有何种程度的稳定性。

应该注意到，尽管金融投入产出表及其模型与一般投入产出表及其模型极为相似，但它们之间仍然存在一些差异。这主要表现在三个方面：

（1）部门分类方式不同。一般投入产出表采用产业部门分类和产品部门分类，而金融投入产出表则采用机构部门分类和金融工具分类，这是由它们各自的研究对象和研究目的的差别所决定的。

（2）模型构造方式不同。投入产出分析是以纯部门的“产品×产品表”为基础，计算有关消耗系数并据以建立模型的，因而，它必须将U-V型投入产出表转换为纯部门投入产出表，舍此就无法进行建模和分析。金融投入产出表的建模方式则不同，它通常不必进行类似的表式转换。

（3）模型分析条件不同。前已指出，投入产出分析有效的基本条件之一是比例性假定成立，该假定要求各部门的投入与产出成一定比例，或者说，要求两者之间存在简单的线性关系。金融投入产出模型同样存在一个类似的比例性假定。这一假定能否成立或在多大程度上成立，直接关系到有关模型的合理性及有效性。在投入产出分析中，由于有纯部门分类作为同质性的保证，也由于生产工艺技术水平的相对稳定，比例性要求通常能够较好地得到满足。但在金融投入产出分析中则有所不同，由于所采用的机构部门分类并不能充分保证有关金融流量的纯粹性，更由于各种金融工具之间存在着较高的可替代性，从而诸如利率调整、税收政策、产业政策和金融体制变革等经济因素，都会显著地影响到有关金融流量的结构或分布状况，这些都使得模型分析所要求的比例性假定一般很难得到满足。事实上，即使是在同样规模的金融流量条件下，也完全有可能形成不同的金融结构系数和分布系数。因此，在实际应用中，对于金融投入产出模型的适用性必须进行适当的检验。

四、三维金融交易流量表

上面介绍的矩阵式的金融投入产出表本质上还是“二维”的金融交易流量表，其核心数据是分机构部门和金融工具的“金融投资矩阵（机构部门×金融工具）”和“金融负债矩阵（金融工具×机构部门)”。这里反映了各机构部门通过不同金融工具所进行的各种金融交易(金融投资或金融负债),也即机构部门与金融工具之间的直接联系,但却无法适当体现机构部门与机构部门之间的直接金融联系。有鉴于此,在 SNA 等核算文献中,还设计了一种“三维”形式的金融交易矩阵表[①],以便更为详尽地反映机构部门间的金融交易流量。

所谓“三维金融交易流量表”,实质上不过是按各种金融工具分别设置的一整套“机构部门×机构部门”型金融交易流量表的汇编。理论上,在每种金融资产(或负债)工具上,都可能存在 n 个债权部门与 n 个债务部门之间的金融交易(若没有交易则数据为零);换一个角度看,对于每个机构部门,都可能通过 m 种金融工具中的某一种,与 n 个机构部门中的某一个发生金融交易(进行金融投资或金融负债)[②]。将所有这些数据适当地组织并整合在一张表格中,就可得到三维形式的金融交易流量表,其理论框架可由表 5—11 给予描述。

表 5—11 的上半部分(双线以上)展示了三维表的主体结构,即各机构部门间通过不同种类金融工具所进行交易的流量。与二维表不同的是,它既反映资金的来源部门(金融投资机构部门或债权部门),也反映资金的承受部门(金融负债机构部门或债务部门),而二维形式的金融交易流量表对于金融投资只反映资金的来源部门,对于金融负债则只反映资金的承受部门。

表 5—11 三维金融交易流量矩阵表

金融投资机构部门	金融负债机构部门	金融工具				总 计
		1	2	…	m	
1	1 2 ⋮ n					
2	1 2 ⋮ n					
⋮	⋮					
n	1 2 ⋮ n					
1 2 ⋮ n	所有部门					
所有部门	1 2 ⋮ n					
所有部门	所有部门					

① 在联合国的《SNA(1991 年修订稿)》中首次引入这种核算形式,在 SNA1993 和 SNA2008 中则进一步改进了有关核算表式。

② 对于金融资产或负债的存量,亦可作类似的观察。参阅本教材的第 6 章第 2 节。

表 5－11 的下半部分（双线以下）列示了对债权部门或（和）债务部门分别求和的数据，这就相当于上述二维金融流量表的金融负债矩阵和金融资产矩阵。

表 5－11 的最后一列实质上是一个对所有金融工具求和之后得到的“机构部门×机构部门”型金融交易流量矩阵，只是改变了一下矩阵表资料的排列方式（将矩阵“拉直”成列向量）而已，这实质上是另一种类型的二维表（有别于本节前述的金融投入产出表）。

制订三维形式的金融交易流量表的目的在于：不仅要在表中反映各机构部门的金融资产或金融负债的结构，而且还要追溯金融流量的来源部门（债权部门）和去向部门（债务部门），也即在债权部门和债务部门之间建立直接的金融联系，深化有关金融交易的部门关联性分析。就此而言，这种形式的金融流量表具有一定的分析价值，但在理论和应用上仍然存在一些值得探讨的问题[①]。

从实际应用的角度看，完整地编制上述的三维表所需篇幅和规模必然十分庞大，为此须作适当简化。通常是以“机构部门×金融工具”或“金融工具×机构部门”型的二维表为基础，根据分析需要，在其中的各类金融工具下面引入相应的部门分类（不同工具之下可以考虑繁简有别的部门分类），这样可以得到“简化的三维金融交易流量表”。其表格结构形如表 5－12。

表 5－12　三维金融交易流量表

<table>
<tr><th colspan="10">金融投资部门</th><th rowspan="3">金融工具类型和债务/债权人分类</th><th colspan="10">金融负债部门</th></tr>
<tr><th rowspan="2">国外</th><th rowspan="2">非营利机构</th><th rowspan="2">住户</th><th rowspan="2">政府</th><th rowspan="2">非金融公司</th><th colspan="5">金融公司</th><th colspan="5">金融公司</th><th rowspan="2">非金融公司</th><th rowspan="2">政府</th><th rowspan="2">住户</th><th rowspan="2">非营利机构</th><th rowspan="2">国外</th></tr>
<tr><th>合计</th><th>保险公司</th><th>非银行机构</th><th>商业银行</th><th>中央银行</th><th>中央银行</th><th>商业银行</th><th>非银行机构</th><th>保险公司</th><th>合计</th></tr>
<tr><td></td><td></td><td></td><td></td><td></td><td></td><td></td><td></td><td></td><td></td><td>1. 黄金和特别提款权
2. 通货和存款
(1)常住者
(2)非常住者</td><td></td><td></td><td></td><td></td><td></td><td></td><td></td><td></td><td></td><td></td></tr>
<tr><td></td><td></td><td></td><td></td><td></td><td></td><td></td><td></td><td></td><td></td><td>3. 债务性证券
a. 短期
(1)非金融公司
(2)金融公司
(3)政府
(4)住户
(5)非营利机构
(6)国外
b. 长期(分组同上)</td><td></td><td></td><td></td><td></td><td></td><td></td><td></td><td></td><td></td><td></td></tr>
<tr><td></td><td></td><td></td><td></td><td></td><td></td><td></td><td></td><td></td><td></td><td>4. 贷款
a. 短期(分组同上)
b. 长期(分组同上)</td><td></td><td></td><td></td><td></td><td></td><td></td><td></td><td></td><td></td><td></td></tr>
<tr><td></td><td></td><td></td><td></td><td></td><td></td><td></td><td></td><td></td><td></td><td>……</td><td></td><td></td><td></td><td></td><td></td><td></td><td></td><td></td><td></td><td></td></tr>
</table>

注：限于篇幅，本表中间一栏仅列示部分金融工具和相应的机构部门分类。

① 有关三维表的讨论，可参阅杨灿：《宏观经济核算论》，中国统计出版社，1996 年，第 145－148 页。

这种简化形式的三维金融交易流量表可以看作是由左右两大部分组成。第一部分如表5—12的左侧和中间部分所示,用于记录各机构部门(含国外)按金融投资工具和债务部门交叉分类的金融投资流量。在表的左侧顶端横向排列进行金融投资的机构部门,在表的中间纵向排列各种金融投资工具类型,并对每种金融工具按相应的债务机构部门进行二次分组,该部分可以称为“三维金融投资流量表”。

第二部分如表5—12的右侧和中间部分所示,用于记录各机构部门(含国外)按金融负债工具和债权部门交叉分类的金融负债流量,在表的右侧顶端横向排列承担金融负债的机构部门,在表的中间纵向排列各种金融负债工具类型,并对每种金融工具按相应的债权机构部门进行二次分组,该部分可以称为“三维金融负债流量表”。将它与左边的“三维金融投资流量表”在金融工具分类部位上重叠交叉,就组合成一张相对完整的“三维金融交易流量表”。

根据三维金融交易流量表是分金融工具的“部门×部门”型金融流量表的汇编这一特点,在实践中,可以通过循序渐的方式开展编制工作,即首先选择个别重要的金融工具,编制局部的“三维金融投资流量表”和“三维金融负债流量表”;随着编制经验的不断积累和金融市场的不断完善,再逐步增加入编的金融工具种类,直至将多数乃至全部金融工具都纳入完整的三维表中。这为实际编制三维金融交易流量表提供了较为可行的途径和相当的灵活性,也符合SNA所推荐的方案,即根据各国的具体情况“有选择地增加分析的第三维”。

【本章小结】

1. 资金流量核算是关于整个社会资金运动的核算,主要围绕收入分配、消费支出、非金融投资和资金融通等经济交易,考察社会资金的流向、流量、余缺及其调剂平衡等问题,旨在从价值运动的角度较为完整地把握国民经济循环的内部结构和相互联系。

2. 资金流量核算依其考察的交易范围不同有三种模式:金融交易核算模式、全部积累交易核算模式、积累交易与经常交易综合核算模式。其中,第三种模式具有很强的分析功能,中国的资金流量核算属于这种模式。本章也采用这种模式讨论资金流量核算。

3. 资金流量核算涵盖了经常交易、资本交易和金融交易。其中,前二者又统称为非金融交易。因此,这种模式的资金流量核算的基本内容又可分为两部分:非金融交易的资金流量核算和金融交易的资金流量核算。

4. 非金融交易的资金流量核算,按资金运动过程依次包括收入初次分配核算、收入再分配核算、收入支配核算、资本交易核算等内容,其最终账户平衡项为“净贷出”。金融交易的资金流量核算,专门反映由金融交易(按金融工具的流动性和债权债务关系等标准划分为七大类)引起的金融资产和负债的变化,其最终账户平衡项为“净金融投资”(在《中国国民经济核算体系》中,金融交易和非金融交易的最终平衡项都统称为“净金融投资”)。“净贷出”与“净金融投资”理论上应该相等,但实际核算时存在统计误差;它们不仅是连接资金流量核算两大部分的枢纽,而且体现了非金融交易的资金余缺必须通过金融交易来调剂和弥补的核心思想,在资金余缺分析中具有重要的分析价值。

5. 资金流量核算各环节的交易内容和核算关系可以通过资金流量表来集中体现。资金流量表主要有标准式、账户式和投入产出式等形式。中国的资金流量表采用标准式。为了分析的目的，还可以编制金融投入产出表或三维金融交易流量表，并建立相应的经济模型。

【思考题与练习题】

5—1　什么叫经济交易？它有哪些基本分类？

5—2　什么是资金流量核算？它有哪些基本模式？

5—3　什么是收入初次分配？初次分配收入的主要形式有哪些？

5—4　国民经济核算中的转移是指什么？它有哪些分类？

5—5　什么是经常转移和资本转移？如何区别经常转移和资本转移？

5—6　简述再分配收入的基本形式。

5—7　什么是收入支配？收入支配核算应注意什么问题？

5—8　什么是最终消费支出和实际最终消费？

5—9　简述资本转移的主要形式。

5—10　试述国民经济总体的非金融交易核算流程。

5—11　简述资金流量平衡表的主要平衡关系。

5—12　资金流量资料有何应用价值？

5—13　假设某地区企业部门有关核算资料如下：当期增加值为5600亿元，其中雇员报酬2600亿元，生产税净额600亿元，固定资本消耗400亿元；当期利息收入20亿元，利息支出70亿元，对股东发放红利共1600亿元，来自其他部门的投资收益400亿元，土地地租净支出10亿元，设备和厂房等租金净支出16亿元，外商企业中的留存收益30亿元。要求：根据上述资料计算该地区企业部门的原始总收入和原始净收入（说明：为简化核算处理，本题中的利息收支均视为“财产收入”项目。这里忽略了企业与金融机构之间的“中介服务费用”对利息收支的影响）。

5—14　假设2018年某地区企业部门有关核算资料如下：当期增加值1800亿元，实际支付给劳动者的工薪和实物报酬600亿元（已扣除社会保险缴款），支付生产税100亿元，获得政府生产补贴2亿元，上缴政府所得税300亿元，支付财产收入（包括分红、利息等）200亿元，支付社会保险缴款10亿元，支付员工困难补助5千万元，获得利息收入15亿元，固定资本消耗100亿元。要求：根据上述资料计算该地区企业部门的总营业盈余、原始总收入、可支配总收入和可支配净收入。

第6章　资产负债核算

国民经济的运行以期初存量作为基本条件和起点，经过本期各种经济交易和其他经济流量的作用，形成期末存量，这同时又构成了下一时期的期初存量和经济运行条件，如此周而复始，循环不已。国民经济核算体系需要完整考察国民经济运行中的各种经济流量和存量。前面三章专门就一定时期内的经济交易系统地组织国民经济流量核算，本章则从资产负债的角度着重考察一定时点上的经济存量状况，并结合其变动情况给予完整的描述，以使经济存量核算与经济流量核算形成一个逻辑致密的有机体系。

§6.1　资产负债核算的有关概念

一、资产负债核算的产生与发展

以国民经济为对象的资产负债存量及其变动核算（一般简称为国民资产负债核算，以区别于企业会计范畴的资产负债核算）产生于20世纪30年代。有关文献显示，美国学者迪金森（H. D. Dickingson）等人曾于1936年在《国民经济资产负债表》一文中最先提出将企业资产负债表技术应用于国民经济的构想。但国民资产负债核算作为一种成熟的核算方法，形成于20世纪60年代。美国耶鲁大学教授、曾任国际收入与财富研究协会主席的雷蒙德·戈德史密斯（R. W. Goldsmith）对此做出了重要贡献。1955年，他在其三卷本的《美国储蓄研究》一书中，分别用现行价格和不变价格估算了美国1896－1949年的国民财富年度数字，并编制了若干年份的国民资产负债表。20世纪60年代初，他又出版了《战后时期的美国国民财富》，并与他人合作完成了《美国资产负债表研究》等著作，不仅将美国国民财富的估算进一步扩展到1958年，而且对其估算结果做了详尽的分析和说明。

此后，更多的学者对此又做了进一步研究，并在完善资产负债存量核算的理论和方法方面取得了若干新的进展。譬如，1964年，肯德里克（J. W. Kendrick）教授组织美国经济研究局财富存量专题小组完成的《国民财富计量》研究报告，对国民财富的估算理论与方法做了系统的阐述；英国剑桥大学的雷维尔（J. Revell）教授则于1967年出版了《国民财富》一书，此后还与他人合作发表了题为《国民资产负债表和国民账户》的研究报告（1971年），开辟了对各部门资产负债估算方法的研究。

在此背景下，以理查德·斯通为首的联合国核算专家们在制订《SNA1968》时，正式将资产负债存量核算纳入国民经济核算体系，这使得SNA真正成为一个既包括经济流量核算、又包括经济存量核算的完整核算体系。但在《SNA1968》中，对于如何将各种经济存量和流量的核算有机地衔接起来，还没有给出一个清晰的框架。为此，1977年联合国补充颁布了一个临时指导性文件——《关于国民经济核算体系的国民和部门资产负债表及协调账户的临时国际指导》，对有关资产负债核算的原则、方法和标准做出更为详尽的说明。直到

《SNA1993》制订和颁布之后，才通过引入资产其他变动账户和建立系统的资产负债变动核算，基本从理论上将各种经济存量和流量核算之间的关系梳理清楚。《SNA2008》则适应经济发展中的新事物、新变化，从资产分类、资产负债存量及其变动等方面进一步完善了资产负债核算。有关问题将在下面给予具体说明。

二、经济存量与资产负债核算

资产负债核算旨在全面描述国民经济总体及其各部门在一定时点上所拥有的有关经济存量的规模和结构。如前所述，所谓存量，泛指现象在一定时点上的数量状况，它有着丰富的内涵。如某个核算或调查时点上的湖泊蓄水量、木材蓄积量、已探明石油或矿产资源储量、商品库存、产成品库存、住户拥有的电视机等耐用消费品数量、银行存款余额或贷款余额，以及某个国家或地区的人口数，等等，这些都属于存量的范畴。与之对应的流量则分别是湖泊水的流入量和流出量、木材砍伐量和生长量、石油或矿物产量、商品或产品销售额、家庭新购置的耐用消费品数量、银行新增的存款额或贷款额，以及某个国家或地区的出生人口数，等等，这些则都属于流量的范畴。从经济分析和经济核算的角度来考虑，它们就是经济存量和经济流量。换句话说，经济存量是指经济主体在某一时点的状况；而经济流量也就是经济主体在一定时期的变化量。

尽管许多经济存量与经济流量之间存在着某种直接对应关系，但诸如雇员报酬、财产收入、生产税和收入税等经济流量并没有在名称上直接对应的经济存量。不过，这一点并不能否定经济存量与流量之间密切的内在联系，只是说这种联系需要从经济循环过程的角度加以把握。它表现为：任何经济存量都是过去时期的各种相关经济流量的沉淀和积累，而任何经济存量的变动则又直接表现为某种经济流量。若用公式来表达这种联系，就有：

$$\text{期初存量}+(\text{期内流入量}-\text{期内流出量})=\text{期末存量} \tag{6-1}$$

$$\text{或：期末存量}-\text{期初存量}=\text{期内流入量}-\text{期内流出量}$$

经济存量和经济流量之间的这种联系和区别，要求我们在开展国民经济核算时，既要使有关的经济存量和流量本身在核算内容、分类方式和核算方法上协调一致，又要使有关经济存量和流量的核算主体的分类尽量保持一致，或者，至少能够相互匹配、相互转换。比如，引起经济存量变动的原因很多，除了前面三章所核算的有关经济交易及其流量是重要影响因素之外，各种非交易的因素及其流量也可能对经济存量产生显著的影响。为使经济存量核算和经济流量核算协调一致，相互衔接，在经济存量和资产负债核算中，就必须全面考虑这两类因素的影响。所以，作为对前述有关经济交易及其流量核算的必要补充，本章还将考察非交易因素及其流量对于经济存量的影响，后者包括各种外生因素（即经济交易系统之外的因素）引起的资产负债数量（数额）变动，以及由于价格、汇率和利率变动等因素引起的资产负债持有损益。

三、经济资产的内容构成

经济存量可以在不同的范围之内加以考察。主要有以下几种类型：以全部资产负债为考察范围；以全部人、财、物力为考察范围；以可持续发展观指导下的更为广泛的财富构成诸要素为考察范围。本章讨论的是基于第一种范围和类型的经济存量核算问题。

SNA是一个以国民经济为整体、旨在全面反映国民经济运行过程及其结果的核算体系，因此，其中心问题是有关“经济现象和过程”的核算。也就是说，除了在环境经济核算体系中有必要将各种环境资产包括进来之外，SNA 的中心框架是以“经济资产”为基础范畴来组织经济存量核算的。

如前所述，经济资产必须满足两个条件：一是机构单位能够对其行使经济所有权，再就是其经济所有者能够通过持有和运用它们获取经济利益，二者缺一不可。显然，根据第一个条件，那些不在任何单位的有效控制之下的实体，如空气、公海等自然资产，都不属于经济资产；相反，当森林、鸟类、鱼类等自然资产实际为某个机构单位所有，并成为其所有者的利益来源时，它们就属于经济资产。而根据第二个条件，住户拥有的耐用消费品则被排除在经济资产之外。

在实际生活中，经济资产种类繁多、来源不同，存在形态也各不一样，为了对其进行核算和分析，本书第 2 章和第 5 章已经给出了有关经济资产和负债的分类体系，这些分类在资金流量核算和资产负债核算之间乃至整个国民核算体系中都是协调一致的。有关经济资产的分类如图 6－1 所示。

- 全部经济资产
  - 非金融资产
    - 生产资产
      - 固定资产
      - 存货
      - 贵重物品
    - 非生产资产
      - 自然资源
      - 合约、租约和许可
      - 购买的商誉与营销资产
  - 金融资产
    - 货币黄金和特别提款权
    - 通货和存款
    - 债务性证券
    - 贷款
    - 股权和投资基金份额
    - 保险、养老金和标准化担保计划
    - 金融衍生工具和雇员股票期权
    - 其他应收应付账款

图 6－1　经济资产分类图

显然，全部经济资产是由各种金融资产和非金融资产构成的，而金融资产通常又是与(金融)负债对应的。为表述方便起见，通常也可用“资产负债”的概念来代替“经济资产”。国民资产负债核算就是关于全部经济资产和负债的存量及其变动情况的系统核算。

§6.2　资产负债存量核算

一、资产负债表的编制

(一)国民资产负债核算中的部门分类

国民经济的资产负债存量核算，不仅要反映一定时点一个国家(或地区)所拥有的资产和负债总规模，而且要揭示其内部的构成和结构比例关系，包括资产负债的种类和结构，以及资产负债的部门占有关系。为实现这一目的，必须采用规范的资产负债项目分类和经济主体分类。有关资产负债的项目分类已如上述。

关于资产负债核算的经济主体分类则应该与资金流量核算保持一致。在资金流量核算中，为了真实地反映国民经济中的收入分配、消费与投资活动，以及与此相伴随的资金运动过程,必须采用在常住机构单位基础上根据经济职能、经济行为等方面的同质性归类所形成的机构部门分类。而资产负债存量核算旨在从存量的角度反映国民经济中各经济主体的基本财务状况、经济行为特征和相互之间的经济联系,它与资金流量核算之间存在着紧密的联系,所以,资产负债存量核算也应该采用一致的机构部门分类。类似于资金流量核算中的情况,为了满足复式记账的要求,以及反映本国各机构部门与国外之间的经济联系,在资产负债存量核算中通常也将"国外"视同为一个机构部门。

(二)资产负债表的基本结构

实施资产负债核算的基本方式是编制资产负债表,包括期初和期末的资产负债表。当然,本期的期初就是上期的期末,本期的期末也就是下期的期初。它们分别描述了一个经济循环周期的起点和终点的资产负债水平和结构。

资产负债表的基本结构如表 6－1(期初)或表 6－2(期末)所示:左方记录各种资产,包括非金融资产和金融资产;右方记录各种负债以及净值。其中,净值(亦称资产净值或资产负债差额)是机构部门或经济总体拥有的全部金融和非金融资产价值减去其全部未偿还负债价值所得之差额。就机构部门而言,净值概括地反映了特定时点可供其支配的金融资源和非金融资源;就经济总体而言,净值就是一国国民财富的价值表现。由于一国国内各常住单位相互持有的金融债权和债务在经济总体层次上恰好彼此抵消,一国的金融资产与负债之差(净金融资产)就反映了该国在特定时点上的"对外净金融资产",所以,国民财富在数额上也等于该国拥有的全部非金融资产与(对外)净金融资产之和。本例中(表 6－1)所描述的就是某国经济总体的期初资产负债表,表中的净值 5090 就表示该国期初的国民财富,显然它等于该国期初的非金融资产 4621 与净金融资产 469(即 8231－7762)之和。同理,在表 6－2 中也存在类似的数量平衡关系。

表 6－1 经济总体期初资产负债表

资产		负债和净值	
非金融资产	4621	金融负债	7762
生产资产	2818	通货和存款	1471
固定资产	2579	债务性证券	1311
存货	114	贷款	1437
贵重物品	125	股权和投资基金份额	2756
非生产资产	1803	保险、养老金和标准化担保计划	471
自然资源	1781	金融衍工具和雇员股票期权	14
合约、租约和许可	22	其他应付账款	302
商誉和营销资产			
金融资产	8231		
货币黄金和特别提款权	770		
通货和存款	1482		
债务性证券	1263		
贷款	1384		
股权和投资基金份额	2614		
保险、养老金和标准化担保计划	470		
金融衍工具和雇员股票期权	21		
其他应收账款	227	净值(国民财富)	5090
合计	12852	合计	12852

表6—2 经济总体期末资产负债表

资产		负债和净值	
非金融资产	5103	金融负债	8267
生产资产	3112	通货和存款	1573
固定资产	2825	债务性证券	1427
存货	146	贷款	1484
贵重物品	141	股权和投资基金份额	2897
非生产资产	1991	保险、养老金和标准化担保计划	520
自然资源	1961	金融衍工具和雇员股票期权	25
合约、租约和许可	30	其他应付账款	341
商誉和营销资产	0		
金融资产	8754		
货币黄金和特别提款权	781		
通货和存款	1571		
债务性证券	1389		
贷款	1462		
股权和投资基金份额	2755		
保险、养老金和标准化担保计划	519		
金融衍工具和雇员股票期权	35		
其他应收账款	242	净值(国民财富)	5590
合计	13857	合计	13857

一般而言,在资产负债表中存在下列平衡关系式:

资产净值=资产总计-负债总计=非金融资产+金融资产-负债 (6—2)
或:国民财富=经济总体的非金融资产+对外净金融资产

需要说明的是,在以往实行MPS的国家,对于“国民财富”和“国民财产”这两个术语有所区别。一般认为,“国民财产”不包含未经人类劳动作用过的自然资源(即有形的非金融非生产资产),而“国民财富”则包括该部分资产。在其他国家的国民核算中则不强调这种区分。为简化概念,下面将不加区分地使用“国民财富”和“国民财产”这两个术语,它们都被用来表示一个经济总体所拥有的全部经济资产总量,亦即全部非金融资产与净金融资产的总和。

(三)资产负债存量的估价方法

要编制出形如表6—1和6—2的资产负债表,主要工作有二:一是准确地界定各种资产负债的界限和范围;二是对各种资产负债存量进行恰当的估价。前面已对资产负债的项目分类及其含义作了详尽的解释,这里我们还须对资产负债存量的估价原则和方法给予适当说明。

1. 资产负债存量的估价原则

为使经济存量核算与前述的经济流量核算相互衔接一致,对于资产负债存量的估价也应遵循“按现行价格估价”的一般原则。在此具体表现为两个要求:

(1)应采用编表日的现行价格对各种资产负债存量进行估价。这种现行价格代表着此刻为得到相应的资产所必须支付的价格(重置价格),它与当初购置资产时所发生的历史成本可能显著不同。由于企业资产负债核算采用历史成本估价,这就意味着它与国民资产负债核算在估价原则上存在显著差异。

(2)对于同一笔资产，交易双方应按同一价格估价。这一估价原则尤其适用于金融资产的情形，因为就大多数金融资产而言(货币黄金除外)，金融债权和金融债务对应存在，作为交易双方，债权人和债务人必须按同一价格估价有关的金融资产和负债。

2. 资产负债存量的主要估价方法

在实践中，为了取得不同类型资产负债存量的现行价格，往往需要采用不同的估价方法。常用的估价方法有：现行市价或销售比较法、永续盘存或重置成本法、物价指数(或汇率)调整法和收益还原法等。下面扼要说明其估价原理。

(1)现行市价法或销售比较法，即采用或参照市场上观察到的相同或类似资产的价格进行估价。具体又分为两种情形：一是在市场上交易的资产或负债，直接以观察到的市场价格估价。如上市交易的股票、房产与地产等，就可以采用这种方法。二是未上市交易的资产或负债，可以参照市场上相同或类似资产的交易价格估价。如通过与类似的已上市证券相比较来确定未上市证券的价格，但考虑到未上市证券的流通性较差，其估价可以稍低一些。

(2)永续盘存或重置成本法，即通过连续不断地记录和计算资产的获得与处置，并辅以必要的价格调整，以期得到资产或负债的重置价格。这种估价方法所得出的有关资产在其有效期(或称寿命期)内某一时点的价格，就相当于现期获得同样资产的价格减去累计摊销后的差额。它通常用于商誉和营销资产等的估价，因为这些资产没有合适的市场参考价格。此外，固定资产的估价也可采用这种方法(SNA 推荐)，即按减去了累计固定资本消耗后的重置成本估价，此时该法也被称作“减记重置成本法”。但应注意，从重置成本中减去的累计固定资本消耗也应该是按重置成本计算的已使用年限的累计折旧额。下面通过一个简化的例子说明永续盘存法在固定资产估价中的应用(有关数据和推算过程见表 6—3)。

表 6—3 根据固定资产流量推算固定资产存量的永续盘存法

行号	指标项目	计量方式	年份（t）							
			1	2	3	4	5	6	7	8
a	固定资本形成总额	原始价格	500	735	848	920	1150	1560	2600	2700
b	固定资产价格指数	定基指数	100	105	106	115	115	120	130	150
c	固定资本形成总额	不变价格	500	700	800	800	1000	1300	2000	1800
d	年末固定资产总存量	不变价格	500	1200	2000	2800	3300	3900	5100	6100
e	固定资本消耗	不变价格	125	300	500	700	825	975	1275	1525
f	固定资本形成净额	不变价格	375	400	300	100	175	325	725	275
g	年末固定资产净存量	不变价格	375	775	1075	1175	1350	1675	2400	2675
h	年末固定资产净存量	重置价格	375	814	1140	1351	1552	2010	3120	4013
k	固定资本消耗	重置价格	125	315	530	805	949	1170	1658	2288
l	重估价后的持有损益	调整数	—	19	8	96	—	68	168	481

注：有关资料引自联合国统计处《关于国民经济核算体系的国民和部门资产负债表及协调账户的临时国际指导》(1977)，第 112 页。该例中假设：第 1 年以前的存量为 0，采用直线折旧法，且固定资产使用年限为 4 年。原表中的 i 和 j 行从略。

在表 6—3 中，a 和 b 两行数据为已知数据。其中，a 行是按历年现行价格(即原始价格)计算的固定资本形成总额，b 行是固定资产的定基价格指数(这里以第 1 年为基年)。为运用永续盘存法，还必须适当确定固定资产的使用年限。本例假定各种固定资产的使用年限均为 4 年。用 t 表示任意年份，则永续盘存法的具体估算程序如下(以第 4 年数据为例说明)：

● 将历年按原始价格计算的固定资本形成总额统一换算为按基年价格(不变价格)计算的固定资本形成总额(c 行)。计算公式为:

$$c_t = a_t \div b_t, \qquad c_4 = 920 \div 115\% = 800$$

● 求按基年价格计算的年末固定资产总存量(d 行)。若忽略由于各种外生因素(如自然灾害、战争等)所引起的固定资产数量变动,就可通过连续累计各年固定资本形成总额的方式得到相应的年末固定资产总存量。因本例假定固定资产的使用年限为 $L=4$ 年,所以就应将连续 4 年按基年价格计算的固定资本形成总额相加。计算公式为:

$$d_t = c_t + c_{t-1} + \cdots + c_{t-L+1}, \qquad d_4 = 800 + 800 + 700 + 500 = 2800$$

● 将各年按基年价格计算的年末固定资产总存量除以固定资产使用年限 L,得到按基年价格计算的固定资本消耗(e 行)。计算公式为:

$$e_t = d_t \div L, \qquad e_4 = 2800 \div 4 = 700$$

● 用基年价格的各年固定资本形成总额减去该年同样价格的固定资本消耗,得到基年价格的固定资本形成净额(f 行)。计算公式为:

$$f_t = c_t - e_t, \qquad f_4 = 800 - 700 = 100$$

● 若忽略各种外生因素所引起的固定资产数量变动,并统一采用基年价格计量,则上年末固定资产净存量加当年固定资本形成净额,就应等于当年末固定资产净存量(g 行)。计算公式为:

$$g_t = g_{t-1} + f_t, \qquad g_4 = 1075 + 100 = 1175$$

● 用基年价格的各年末固定资产净存量乘以相应年份的价格指数,就得到按重置价格计算的各年末固定资产净存量(h 行)。计算公式为:

$$h_t = g_t \times b_t, \qquad h_4 = 1175 \times 115\% = 1351$$

● 用基年价格的各年固定资本消耗乘以相应年份的价格指数,得到按重置价格计算的固定资本消耗(k 行)。计算公式为:

$$k_t = e_t \times b_t, \qquad k_4 = 700 \times 115\% = 805$$

● 若忽略固定资产的外生数量变动,则按重置价格计算的年末固定资产净存量(h 行),应等于同样价格的年初固定资产净存量(h 行上一年数据)加当年固定资本形成总额(a 行),减去当年按重置价格计算的固定资本消耗(k 行),再加上重估价调整后的持有损益(l 行)。计算公式为:

$$h_t = h_{t-1} + a_t - k_t + l_t$$

将上式变形,就可反推出经过重估价调整后的固定资产持有损益(l 行):

$$l_t = (h_t - h_{t-1}) - (a_t - k_t), \qquad l_4 = (1351 - 1140) - (920 - 805) = 96$$

需要说明的是,为简化讨论,在以上的推导和计算过程中,我们都暂时忽略了固定资产外生数量变动因素的影响。在现实经济中,若存在这些因素,就必须将其适当纳入有关公式。这时,对于上面各步骤中的有关核算公式只须做简单的调整即可。设某类固定资产的

外生数量变动为 w,则调整后的公式应为:

$$\begin{cases} d_t = (c_t + c_{t-1} + \cdots + c_{t-L+1}) + w_t \\ g_t = (g_{t-1} + f_t) + w_t \\ h_t = (h_{t-1} + a_t - k_t + l_t) + w_t \\ l_t = (h_t - h_{t-1}) - (a_t - k_t + w_t) \end{cases}$$

由上述过程不难看出,只要基础数据完备,则应用永续盘存法就能够推算出重置价格的期末固定资产净存量,同时还可推算出各期的固定资本消耗和由于价格变动所引起的持有损益。这正是永续盘存法的优点。但在现有的核算基础条件下,除了固定资本形成总额之外,永续盘存法所要求的历年固定资产价格指数(严格说,这里还需要固定资产存量价格指数,而不仅仅是实际编制的固定资产投资价格指数或固定资本形成价格指数)和各类固定资产使用年限等数据目前仍然是较难满足的。正因如此,近年来国内部分学者在借用永续盘存法的思想估算我国的资产净存量时,就不得不借助于各种简化假设或变通处理,这在一定程度上影响到其估算方法的合理性及估计结果的准确性。

(3)物价指数(或汇率)调整法。物价指数调整法就是借助于适当的物价指数调整得到编表时点某种资产(或负债)的现行价格,既可结合前面的永续盘法存加以运用,也可单独应用。汇率调整法则是选用适当的汇率对以外币标价的资产(或负债)进行估价。具体有两种方式:一是以外币资产当初的实际成交价格为基础,用外币汇率变动指数进行调整;二是直接采用核算时点上通行的市场汇率(买入与卖出的中间价)对外币资产进行估价。

(4)收益还原(折现)法,即采用预期未来收益的现值进行估价。对于一些收益不是延迟(如林木)就是分布在一个较长时期内(如地下资产)的资产,比较适合采用这种方法估价。这要求:首先,根据特定类型资产的各种信息对未来收益做出合理的推断;然后,采用合适的折现率将未来收益折现。

3. 各类资产负债的具体估价方法 *

在前述一般估价原则和方法的指导下,如何对各种具体的资产负债项目进行估价,是编制资产负债表的难点之一。下面依据 SNA 的建议,分别对各类资产负债项目的具体估价方法给予简要说明。

(1)生产资产的估价

对于有形固定资产,原则上应按相同技术规格和使用年限的资产在市场中的现行价格进行估价。在实际中,如果无法获得这方面的详细信息,也可采用其他方法估价。最通行的估价方法是:用资产负债表中的期初(或获得新资产之时的)价值减去核算期内(或后续期内)估算的固定资本消耗,加减核算期内资产的重估价因素以及任何其他物量变化的价值。譬如,某些工业厂房和设备、历史纪念物等,如果没有合适的市场购买者价格可以参考,可以采用综合物价指数对其原始购建价值调整而得到一个近似市场价格。役畜、种畜、奶牛等,可以根据特定牙龄的牲畜的现期市场价格(或基本价格)估价。培育的多年生林木,可以按累计资本形成的现期减记价值估价。土地改良价值应该总是等于改良后的价值与未改良或天然状态时的价值之差。

对于知识产权产品(无形固定资产)也要采用适当的现期市场价格或成本价格进行估价。根据合同实施的研发支出应以合同价格进行估价,自行开展的研发则按累计成本进行估价,进而还要考虑截止编表时的价格变化和已产生的固定资本消耗。矿藏勘探和评估应按与其他单位签订的合同金额估价,或者根据自营勘探和评估中发生的成本估价;而过去发生的尚未完全摊销的那部分勘探和评估费,则按现期价格或成本重估价。计算机软件、数据库以及娱乐、文学或艺术原作等,在市场上实际成交的,应按其获得价格估价;自己生产的,应按重估后的现期生产成本扣减累计摊销额后估价,或者按预期未来收益的现值估价。

对于存货,准备用于生产消耗的材料和用品以及准备转售的货物,应按编制资产负债表时的通行购买者价格估价;制成品存货应按编表时的基本价格估价;在制品存货应按编表时制成品的基本价格或生产成本的一定比例估价。

对于贵重物品,鉴于其基本用途是价值贮藏,一般应按编表时实际的或估计的购买价格估价;如果缺乏有组织的市场,也可以按其投保的数额估价。

(2)非生产资产的估价

对于土地,应根据其所处的位置和用途不同,采用相应的现期市场价格估价,其中既不包括土地之上建筑物的价值,也不包括土地改良的价值和所有权转移费用;地下资产(矿藏或能源)由于其所有权不能在市场上经常转手,通常按其商业性开发的预计净收益的现值估价;非培育的生物资源和水资源由于几乎没有可以观察到的市场价格,也要按从中预计获得的未来收益的现值估价。

对于合约、租约和许可,SNA 建议仅当资产价值较大且可认定,并有必须的适当市场价格时才对这些资产进行记录,且其价值应该随着合同剩余期限的缩短而下降。至于购买的商誉和营销资产,应按重估后的获得成本减去累计摊销额后估价。

(3)金融资产(负债)的估价

货币黄金按规范的市场价格或央行定价估价。特别提款权按国际货币基金组织根据一篮子货币每日决定的价格估价。通货按其面值估价。存款和贷款应按债务人根据合同到期时必须偿还给债权人的货币额(包括利息和间接测算的服务费用)估价。债务性证券(不论短期或长期)原则上都应按其现期市场价格估价。股票在有组织的金融市场上交易时,应按其现期市场价格估价;如果没有上市交易,可用多种方法估算其价值,比如,该价值可以是未上市股票曾被交易时的近期交易价格,评估的净资产价值,预测未来收益的现值与类似上市股票的市盈率之比,或依据类似上市股票的价格与账面价值之比对未上市股票的账面价值调整得到的价值(但考虑到未上市股票的适销性和流动性都较差,可以适当下调其估算价值),等等。各种不发行股票的公司或准公司股权,其价值应等于该单位的资产与负债价值之差。各种投资基金(上市或未上市)份额的估价方法与上述股票的估价方法类似。组成保险、养老金和标准化担保计划的各项资产,应按实际的或估算的现期价格估价。各种金融衍生工具应按其实际的市场价格估价,或者采用期权模型等其他方法估价;雇员股票期权应按所授予的权益工具的公允价值估价。商业信用、预付款和其他应收或应付款,应按债务清偿时债务人有义务向债权人支付的金额估价。

(四)编制资产负债表的资料来源*

在系统地了解了国民资产负债核算关于资产负债存量的估价原则和方法之后,我们还有必要对如何搜集国民经济中各部门的资产负债存量数据略加讨论。这实际上是一个编表的资料来源问题。

上面已经提到国民资产负债核算与企业资产负债核算的一些不同点。譬如,前者一般在机构部门和经济总体层次上进行，具有宏观性；而后者则针对每一个企业，属于微观核算。又如，两者的估价原则不同，前者采用现行价格（不论是实际的，还是估算的）估价；后者则按历史成本估价。实际上，两者关于资产负债的分类也不同。国民资产负债核算关于资产负债的分类已如前述，分类的标准首先是资产的性质，其次还考虑各类资产的产生方式、法律特征及金融资产的流动性；而企业资产负债核算关于资产负债的分类主要是着眼于流动性或变现能力，具体分类是：将资产分为流动资产、长期投资、固定资产、在建工程、无形资产、递延资产和其他资产，将负债分为流动负债和长期负债。这说明，虽然绝大多数公司或企业（包括非金融公司和金融公司）都有健全的会计核算基础和完整的资产负债存量数据，但是，要想通过简单汇总各企业现有的资产负债表数据，编制出符合国民核算原则要求的非金融公司部门和金融公司部门的资产负债表，则几乎是不可能的，而是必须对各企业的资产负债数据进行价格调整和重新归类，而后才能使用。至于一些新生的、或规模很小的小企业，如我国的某些私营企业，也可能存在资料不全的问题，这时还需要组织一些专门的调查。

在国民经济中，除了以营利为主要目的的非金融公司和金融公司之外，还有政府单位、居民家庭、为住户服务的非营利机构等其他类型的常住机构单位，它们分别构成政府部门、住户部门和为住户服务的非营利机构部门。然而，从我国的实际情况看，这些单位（尤其是居民家庭）一般都没有像企业那样编制资产负债表，根本就没有完整的资产负债存量数据可供利用。所以，要取得这些部门的资产负债存量数据，尤其需要组织专门的调查，或利用其他相关的调查数据进行推算（如依据城乡住户的抽样调查数据、经济普查数据）。

总之，由于各种资产负债存量形成于不同的年份，而从现实的基础数据来看，仅仅大部分企业具有较为完整的资产负债存量数据，而企业的这种存量数据又是按有关资产负债形成时的价格（历史成本）估价的，分类也不同，必须经过调整后才符合国民资产负债核算的要求，其他机构单位则几乎没有资产负债存量数据可供利用，所以，不论是哪一个部门资产负债表的编制，都是一项技术性强，而且十分琐碎的工作。

二、国民资产负债表

如果我们已经编制出核算时点（期初或期末）国民经济各机构部门的资产负债表，那么，将它们适当地并列起来，就得到部门综合形式的国民资产负债表，如表 6－4 和表 6－5 所示。这种国民资产负债表把各种资产、负债项目和净值放在横行标题位置，而把各经济主体（机构部门、经济总体和国外）依次排列在纵列标题位置，并在每一经济主体下面给出了“借方（资产方或占用方）”和“贷方（负债方或来源方）”两个纵列，分别用于记录“资产”与“负债和净值”。其中，“经济总体”栏是通过简单汇总各机构部门资产负债表中的对应项目得到的；而“国外”栏则用于集中反映特定时点一个国家对外的债权和债务状况，这里将它们列入其中，旨在完整地反映资产负债存量核算的结构特点和平衡关系。

国民资产负债表是一种非常紧凑且重要的核算表式，它集中反映了各机构部门及其总体在特定时点上所拥有的各类资产、负债和净值（财富）的详细情况。如关于住户部门，从表 6－4 和表 6－5 我们可以看出，期初该部门拥有非金融资产 1429 单位，金融资产 3260 单位，负债 189 单位，资产与负债相抵后的净值为 4500（＝1429＋3260－189）单位；到期末，该部门的相应数据都发生了变动，非金融资产为 1545 单位，金融资产为 3465 单位，负债为 205 单位，净值为 4805（＝1545＋3465－205）单位。其他机构部门和经济总体也可作类似的观察。

表 6—4　期初国民资产负债表

项目/部门	非金融公司		金融公司		广义政府		住户		非营利机构		经济总体		国外		合计	
	借方	贷方	借方	贷方	借方	贷方	借方	贷方	借方	贷方	借方	贷方	借方	贷方	借方	贷方
非金融资产	2151		93		789		1429		159		4621				4621	
非金融生产资产	1274		67		497		856		124		2818				2818	
固定资产	1226		52		467		713		121		2579				2579	
存货	43				22		48		1		114				114	
贵重物品	5		15		8		95		2		125				125	
非金融非生产资产	877		26		292		573		35		1803				1803	
自然资源	864		23		286		573		35		1781				1781	
合约、租约和许可	13		3		6						22				22	
商誉和营销资产	0		0		0		0		0		0				0	
金融资产/负债	982	3221	3421	3544	396	687	3260	189	172	121	8231	7762	805	1274	9036	9036
货币黄金和 SDR			690		80						770			770	770	770
通货和存款	382	40		1281	150	102	840	10	110	38	1482	1471	105	116	1587	1587
债务性证券	90	44	950	1053		212	198	2	25		1263	1311	125	77	1388	1388
贷款	50	897	1187		115	328	24	169	8	43	1384	1437	70	17	1454	1454
股权和投资基金份额	280	1987	551	765	12	4	1749		22		2614	2756	345	203	2959	2959
保险、养老金和 SGS	25	12	30	435	20	19	391		4	5	470	471	26	25	496	496
金融衍生工具和 ESO	5	4	13	10	0		3		0		21	14	0	7	21	21
其他应收/应付款	150	237			19	22	55	8	3	35	227	302	134	59	361	361
净值		−88		−30		498		4500		210		5090		−469		4621

注：SDR＝特别提款权；SGS＝标准化担保计划；ESO＝ 雇员股票期权。

表 6—5　期末国民资产负债表

项目/部门	非金融公司		金融公司		广义政府		住户		非营利机构		经济总体		国外		合计	
	借方	贷方	借方	贷方	借方	贷方	借方	贷方	借方	贷方	借方	贷方	借方	贷方	借方	贷方
非金融资产	2451		91		846		1545		170		5103				5103	
非金融生产资产	1469		63		526		923		131		3112				3112	
固定资产	1391		50		490		766		128		2825				2825	
存货	70		0		23		52		1		146				146	
贵重物品	8		13		13		105		2		141				141	
非金融非生产资产	982		28		320		622		39		1991				1991	
自然资源	965		24		312		621		39		1961				1961	
合约、租约和许可	17		4		8		1		0		30				30	
商誉和营销资产	0		0		0		0		0		0				0	
金融资产/负债	1075	3378	3651	3768	387	789	3465	205	176	127	8754	8267	859	1346	9613	9613
货币黄金和 SDR			700		81						781		1	782	782	782
通货和存款	421	40	10	1346	124	139	904	10	112	38	1571	1573	116	114	1687	1687
债务性证券	100	51	1046	1117	4	257	214	2	25	0	1389	1427	138	100	1527	1527
贷款	69	918	1240	0	118	337	27	180	8	49	1462	1484	74	52	1536	1536
股权和投资基金份额	297	2087	595	804	15	6	1825	0	23	0	2755	2897	360	218	3115	3115
保险、养老金和 SGS	26	12	38	483	21	19	430	1	4	5	519	520	26	25	545	545
金融衍生工具和 ESO	8	7	21	18	0	0	6	0	0	0	35	25	0	10	35	35
其他应收/应付款	154	263	1	0	24	31	59	12	4	35	242	341	144	45	386	386
净值		148		−26		444		4805		219		5590		−487		5103

注：SDR＝特别提款权；SGS＝标准化担保计划；ESO＝ 雇员股票期权。

对于国民资产负债表，除了上述基本的资产负债存量信息之外，我们还应注意以下比较重要的平衡关系或数量特征：

1. 国民财富与各机构部门净值的合计平衡关系

经济总体栏的净值就是国内各机构部门净值的合计，也即一国的国民财富也可以通过把国内各机构部门的净值相加得到(注意，此处不含国外)：

国民财富＝国内各机构部门的净值之和　　(6—3)

在上例中，有：

期初:5090＝－88－30＋498＋4500＋210

期末:5590＝ 148－26＋444＋4805＋219

2. 经济总体的内部债权债务和净金融资产的数量关系

国内各机构单位或部门相互持有的金融债权与债务在经济总体层次上必然相互抵消；但由于货币黄金没有对应的负债，本国金融资产合计与负债合计两者之差并不恰好等于对外净债权，其差额就是本国所拥有的货币黄金总额。也即有：

常住单位相互持有的债权之和＝常住单位相互承担的债务之和　　(6—4)

本国净金融资产＝对外净债权＋本国拥有的货币黄金总额　　(6—5)

以表 6－4 中的期初数据为例:在本国的 8231 单位金融资产中，内部债权为 6957(＝8231－1274)单位；而在本国的 7762 单位金融负债中，内部债务也为 6957(＝7762－805)单位。可见，它们两者总是相等的。进一步看，期初本国的净金融资产为 469(＝8231－7762)单位，而本国的对外净债权也为 469(＝1274－805)单位，这两者之所以恰好相等，只是因为该例中设定期初本国所拥有的货币黄金存量为零。

3. 债权类资产与负债的总计平衡关系

在关于经济总体和国外的"总计"栏中，除含有货币黄金的这一行之外，其他债权类型的金融资产总计与负债总计都是恒等的，其原因就在于债权与债务总是对等地发生。

4. 有关国外的资产负债记录特点

非常住单位拥有的生产资产与本国的国民核算无直接关系(这与交易流量中的资本形成类似)，故在表 6－4 和表 6－5 的"国外"栏目中不会出现生产资产的数据(无定义或恒为零)。非生产资产的情况与此类似。特别地，如果非常住单位与常住单位之间发生了土地买卖这样的交易行为，在国民核算中，还要求首先将参与交易的非常住单位视为一个"虚拟的常住单位"，再对它记录一笔对外的债权或债务交易数据。由于这些原因，国外的非金融资产都与本国无关，故其存量数据在资产负债表的"国外"栏目中无须反映。

类似地，对于国外持有的货币黄金，因为与本国无直接关系，也无须反映其存量。但是，如果在核算期内本国和他国之间发生了货币黄金的交易(如用于国际收支结算)，则必须记录相应的金融交易流量，但仍然无须对国外记录有关货币黄金的期末存量(也是因为它们与本国的国民核算无直接关系)。但对于本国持有的特别提款权，依据新修订的 SNA2008 和 BPM6，要作为"基金组织成员国的整体负债"记录在"国外"的负债方。

总之，在国民资产负债表的“国外”栏中，不会出现非金融资产和货币黄金的存量数据（也无须就此考察“期初存量＋期内流入量－期内流出量＝期末存量”这样的平衡关系式），只会出现债权类金融资产、负债和净值的存量数据，且国外的资产净值就等于它对本国的债权与负债之差（如表6－4和表6－5所示）。这与经济总体和各机构部门的资产负债表有着显著不同的数据特征。

需要说明的是，在联合国的《SNA1993》和《SNA2008》中，资产负债核算采用了另一种被称为“综合经济账户”的形式（详见第8章），与形如表6－4和表6－5的“国民资产负债表”的不同之处仅在于：它不是在各机构部门、经济总体和国外之下分列借方（资产方）和贷方（负债方），而是将所有机构部门、经济总体和国外的资产负债数据对称地分列在左右两侧（借方数据统一并列在左侧，贷方数据统一并列在右侧）。这种表式结构与SNA的整个账户体系完全一致。应该说，这种改变仅仅是形式上的，两者并无本质差别。

三、三维金融资产和负债表＊

上述的国民资产负债表系统地记录了每一机构部门为筹集资金而发生的金融负债类型和该部门已获得的金融资产类型。这些信息对于分析和识别净借入部门用来弥补其资金短缺的金融工具，以及净贷出部门用来配置其富余资源的金融工具，无疑都是非常有用的。然而，在很多情况下，人们还希望更深入地了解债权人部门和债务人部门之间的直接金融联系。譬如，政府部门不仅想知道在弥补赤字时它所采用的负债类型，还想知道哪个或哪些部门（甚至国外）提供了资金。又如，对于金融公司来说，它们不仅想知道所获得的金融资产的类型，还想知道这些资产是对哪些部门持有的债权。此外，常有必要分析一个机构部门内部各子部门之间的金融联系（如中央银行与各存款机构之间的金融资产和负债关系）或跨部门的金融联系（如国有银行与国有非金融企业之间的金融资产和负债关系）。上述这些问题都可以归结为“谁对谁通过何种金融工具持有金融资产（承担负债）”。可是，上述的国民资产负债表还回答不了这一问题，它仅仅为分析人员提供了二维的信息。为此，可采用类似上一章中编制中“三维金融交易流量表”的方式，编制有关金融资产和负债存量的三维分析表。

“三维金融资产和负债表”也由两大部分组成。其一如表6－6的左侧和中间部分所示，用于记录各机构部门（含国外）按资产类型和债务人机构部门交叉分类的金融资产存量，在表的左侧顶端横向排列持有资产的机构部门，在表的中间纵向排列各种资产类型，并对每一种资产按债务人所属机构部门进行了分解，该部分可以称为“三维金融资产表”。其二如表6－6的右侧和中间部分所示，用于记录各机构部门（含国外）按负债类型和债权人机构部门交叉分类的金融负债存量，在表的右侧顶端横向排列按机构部门划分的债务承担者，在表的中间纵向排列各种负债类型，并对每一种负债按债权人所属机构部门进行了分解，该部分可以称为“三维金融负债表”。

通过表6－6不难看出，三维金融资产和负债表实际上也是由多个“部门×部门”型的矩阵（每种类型的金融工具各有一个这样的矩阵）组合构成的，也可以通过类似于编制“三维金融交易流量表”的方式逐步实施。

四、资产负债存量数据的分析应用＊

国民资产负债核算提供了一个国家及其各部门丰富的经济存量数据，对于人们认识国

表 6－6　三维金融资产和负债表

金融资产持有者										金融工具类型和债务/债权人分类	金融负债承担者									
国外	非营利机构	住户	政府	非金融公司	金融公司 合计	金融公司 保险公司	金融公司 非银行机构	金融公司 商业银行	金融公司 中央银行		金融公司 中央银行	金融公司 商业银行	金融公司 非银行机构	金融公司 保险公司	金融公司 合计	非金融公司	政府	住户	非营利机构	国外
										1. 货币黄金和特别提款权										
										2. 通货和存款 (1)常住者 (2)非常住者										
										3. 债务性证券 a. 短期 (1)非金融公司 (2)金融公司 (3)政府 (4)住户 (5)非营利机构 (6)国外 b. 长期(分组同上)										
										4. 贷款 a. 短期(分组同上) b. 长期(分组同上)										
										……										

注:限于篇幅,本表中间一栏仅列示部分金融工具和相应的机构部门分类。

情国力,并结合其他社会经济统计数据开展深入的经济分析,具有重要意义。一般说,可从下述几个方面开发利用国民资产负债存量数据:

(一)资产负债总量分析

所谓资产负债总量分析,主要是利用国民资产负债表考察一个国家(或地区)的资产、负债和净值(国民财富)的总量规模、人均国民财富水平,从存量的角度反映一个国家(或地区)的经济实力及其发展变化。

以表 6－4 和表 6－5 的数据为例,该经济总体期初拥有非金融资产 4621 单位,金融资产 8231 单位,负债 7762 单位,期初国民财富为 5090 单位;到期末时,该经济总体拥有非金融资产 5103 单位,金融资产 8754 单位,负债 8267 单位,期末国民财富总计为 5590 单位;按现价计算,从期初到期末该经济总体的国民财富净增加了 500 单位,增长速度为 9.82%。

(二)资产负债结构分析

利用国民资产负债表,既可以考察资产负债的内部结构,也可以分析其部门分布情况,通过纵向和横向对比发现存在的问题。

1. 资产负债的内部结构分析

这种分析主要考察：在全部经济资产中，非金融资产和金融资产的比重及变动；在全部非金融资产中，生产资产和非生产资产的比重及变动；在全部生产资产中，固定资产、存货及贵重物品的比重及变动；在全部非生产资产中，自然资源、合约、租约和许可以及商誉和营销资产的比重及变动；在全部金融资产中，各种金融工具所占比重及变动，等等。而且，这种分析既可以站在经济总体的层次上进行，也可以针对某一个机构部门。

以表6－4和表6－5的数据为例，可以计算该经济总体的金融资产总额与国民财富之比，期初为1.6171（＝8231/5090），期末下降为1.5660（＝8754/5590）。该指标也叫金融相关率（FIR），最早由R. W. 戈德史密斯提出。依据R. W. 戈德史密斯在《金融结构与金融发展》一书中对35个国家近200年金融发展资料所作的实证分析，金融发展与经济增长之间存在显著的正相关关系，而且金融资产的增长一般比国民财富的增长更为迅速。现在人们一般都把该指标作为衡量一个国家金融发展水平的重要指标。

再如，利用表6－4和表6－5的数据，结合当时的经济形势，还可分析该经济总体的存货水平是否正常，揭示其中可能存在的问题；或分析该经济总体的金融结构是以直接融资为主，还是以间接融资为主，与其经济发展水平是否适应。

2. 资产负债的部门分布情况分析

这种分析主要考察：在经济总体的各种资产、负债和净值（国民财富）中，各机构部门所占份额及其变动；在某一机构部门内部，各子部门占有的资产、负债和净值及其变动。如关于住户部门，可以考察城镇居民家庭和农村居民家庭各占有多少资产、负债和净值；关于非金融公司部门，可以考察国有企业和非国有企业各占有多少资产、负债和净值；关于金融公司部门，可以考察商业银行、证券公司、保险公司等各种金融公司各占有多少资产、负债和净值。

如以表6－5的数据为例，我们可以计算出：在期末的全部国民财富中，非金融公司部门、金融公司部门、政府部门、住户部门、为住户服务的非营利机构部门各自所占的份额分别为2.65％（＝148/5590）、－0.47％（＝－26/5590）、7.94％（＝444/5590）、85.96％（＝4805/5590）、3.92％（＝219/5590），可见该经济体的财富大多集中于住户部门，而金融部门的财富积累几近于零（实际为负数）；而在期末的金融资产总额（未清偿金融工具总额）中，非金融公司部门、金融公司部门、政府部门、住户部门、为住户服务的非营利机构部门各自所占的份额分别为12.28％（＝1075/8754）、41.71％（＝3651/8754）、4.42％（＝387/8754）、39.58％（＝3465/8754）、2.01％（＝176/8754）。从中我们不难发现，两者的部门分布差异很大，其中：住户部门占有的国民财富最多，政府部门次之；而金融公司部门和住户部门则拥有大部分的金融资产。究其原因，这是与各机构部门的经济职能和经济行为密切相关的。如金融公司，尽管该部门所占有的国民财富较少，但它是全社会的金融中介，因此，无论是它所拥有的金融资产规模还是负债规模，所占份额都很大（后者占该经济总体的45.58％）。

当然，仅就表6－4和表6－5的数据而言，由于它们只提供了经济总体和各机构部门的资产负债存量数据，这种分析还不可能深入到各部门内部。

（三）基于存量数据的资金余缺分析

同资金流量核算相似，利用国民资产负债核算的存量数据，也可以对一定时点经济总体和各机构部门的资金余缺状况进行分析。这种分析是通过比较经济总体或每个部门一定时点的金融资产总额与金融负债总额（或净值与非金融资产总额）实现的。如果某部门或经济总体的金融资产总额大于金融负债总额,则该部门或经济总体资金剩余;如果某部门或经济总体的金融资产总额小于金融负债总额,则该部门或经济总体资金短缺;如果某部门或经济总体的金融资产总额等于金融负债总额,则该部门或经济总体资金平衡。若是通过比较某部门或经济总体一定时点的净值(或国民财富)与其非金融资产总额的大小来判断其资金余缺状况,那么存在如下关系:如果某部门或经济总体的净值(或国民财富)大于其非金融资产总额,则该部门或经济总体资金剩余;如果某部门或经济总体的净值(或国民财富)小于其非金融资产总额,则该部门或经济总体资金短缺;如果某部门或经济总体的净值(或国民财富)等于其非金融资产总额,则该部门或经济总体资金平衡。

以表 6－4 和表 6－5 的数据为例,该经济总体中各机构部门的资金余缺状况从期初到期末没有发生实质变化,其中:非金融公司和政府部门均表现为显著的资金短缺,而住户部门则表现为显著的资金剩余;至于金融公司和为住户服务的非营利机构部门,它们的资金状况是分别略有短缺或剩余;整个经济总体的资金状况表现为资金剩余。

最后需要指出的是,利用国民资产负债核算的存量数据进行资金余缺分析,所得结论可能与利用资金流量核算所得到的结论不完全一致。这是因为,一个是基于各期累积的存量数据,另一个则是基于本核算期的流量数据;而且,一个原本资金短缺的部门,可以通过资金流量状况的改善,逐步演变为资金剩余的部门;反之,一个原本资金剩余的部门,也可能由于资金流量状况的恶化,逐步演变为资金短缺的部门。所以,从这个意义上讲,基于流量和存量的两种资金余缺分析是相互补充的,最好是将它们结合起来。

(四)基于存量数据的资金流向分析

根据上述资金余缺的分析结论,我们已经可以初步判断社会资金的流向,也即从资金剩余的部门流向资金短缺的部门。但是,有时人们可能更想知道,某部门究竟是如何调剂资金余缺的?换言之,它的富余资金究竟以何种金融工具提供给了哪些部门?或者,它的资金缺口究竟是通过何种金融工具从哪些部门筹措资金得以弥补的?形如表 6－6 的三维金融资产和负债表,无疑可为这方面的分析提供较为详细的信息。当然,这里的分析仍然是基于存量数据,所得结论与反映当期资金流量和流向的三维金融交易分析表可能也会有所出入。如果将两者结合起来,联系当期的经济形势变化,就可以说明更多的问题。

§6.3　资产负债变动核算

一、资产负债变动的原因

在上节的案例分析中我们注意到,无论经济总体还是各机构部门,它们的资产负债存量从期初到期末都发生了一定的变动。那么,这种变动是如何引起的?怎样对这种变动进行系统的核算?本节将回答这些问题。

从一定时期来看,可能导致资产负债存量发生变动的原因有很多。但我们总是可以将其归入下列四类中的某一类:

(1)由于各种非金融交易而引致的非金融资产的变动;

(2)由于各种金融交易而引致的金融资产或负债的变动;

(3)由于战争、自然灾害和资源发现等非交易因素而引致的资产或负债的数量变动;

(4)由于价格波动而引致的资产或负债的持有损益。

上面的(1)(2)两项与当期的经济交易(积累交易)有关。这些交易具体包括:资本转移,固定资产的获得和处置,固定资本消耗,土地改良,非生产资产所有权转移费用,存货的获得和处置,贵重物品的获得和处置,土地及其他非生产非金融资产的获得和处置,以及各种金融交易。值得注意的是,经常交易的最后结余(正的净储蓄)构成积累的资金来源,最终将被用于金融或非金融投资;而经常交易的赤字(负的净储蓄)最终也要通过金融交易来弥补。因此,"储蓄"实际上集中体现了各种经常交易对资产、负债和净值的间接影响,也可视为积累过程的初始来源。由于各种积累交易所引起的资金运动也属于资金流量核算的范畴,在第5章中已经作了详细的讨论,这里不再赘述。

上面的(3)(4)两项与当期的经济交易无关,包括了各种非交易因素所引致的资产、负债和净值的变动,一般称之为"其他经济流量(非交易流量)"。具体说,第(3)项仅指各种外生因素或意外事件所引起的资产负债的数量(数额)变动,与资产负债的价格变动无关,主要包括:战争和自然灾害造成的资产毁损,自然资源的经济发现,历史文化遗产首次被发现或承认,无偿没收或分类变化等引起的资产负债数量的变动,黄金的货币化或非货币化,等等。第(4)项则仅指纯粹由于资产负债项目的价格(包括汇率和利率等)变动所引起的资产负债经济价值的变动,而与资产负债的任何数量变动无关。为区别起见,一般把第(3)项叫做资产负债的"外生数量变动",而把第(4)项叫做资产负债的"持有损益"。由于它们会引起资产负债的变动,这与"积累交易"非常相似,所以,SNA也将其统称为"其他积累流量(登录)"。

资产负债变动核算旨在对一定时期资产负债存量的各种变动进行系统描述。显然,这里不仅需要反映各种积累交易所引起的资产负债变动,而且需要对资产负债的各种"外生数量变动"和"持有损益"给予足够重视。下面对资产负债"外生数量变动"和"持有损益"的具体核算方法再作补充说明。

二、资产负债外生数量变动核算

关于资产负债的各种外生数量变动,由于它们彼此之间没有任何的联系,故其核算方法较为简单,只须搜集各种外生数量变动的资料,并对资产负债存量作出相应的调整即可。所以,关键是弄清究竟有哪些外生因素(或意外事件)可能导致资产、负债及净值的数量变动。SNA1993将这些外生因素划分为九类,而SNA2008则将其归纳为三大类:一是非交易因素引致的资产出现和消失,二是外部事件对资产价值的影响,三是分类变化。

(一)非交易因素引致的资产出现和消失

在该大类下,比较典型的有以下几种类别:

1. 非生产资产的经济出现

非生产资产不是生产过程创造的产物,而是在自然界中出现,或以生产活动以外的方式产生。因此,所有非生产资产的出现都不应记入资本形成,而应作为外生变动处理。具体说,非生产资产的经济出现包括:可开采地下资源量的增加,如发现新的可开采矿藏;非培育生物资源的自然生长,也即作为经济资产的自然林木、鱼类等非培育生物资源不受任何机构单位的直接控制和影响的生长;非经济自然资源向经济资产的转移,如荒地首次被确定所有权并用于经济目的、原始森林首次被用于商业开发;经济用途变化引起的非生产资产的质量变化,如从耕地变为建筑物的地基所引起的资产总量的额外增加。此外,合约、租约和许可在订立时,或者商誉和营销资产在交易时,也应先记录为出售方非生产资产的经济出现,然后才记录为交易双方非生产资产的获得和处置。

2. 生产资产的经济出现

该项仅指贵重物品和历史纪念物首次被发现或承认、还未记入资产负债表的部分。由于它们不属于本期的生产成果,所以也不应记入本期的资本形成。

3. 非生产资产的经济消失

这包括:作为经济资产的自然资源的耗减;由于经济用途变化引起的非生产资产的质量变化,如土地用途变化引起的土地价值减少;经济活动引起的土地、水资源和其他自然资源的退化;购买的商誉和营销资产的注销和摊销,以及订立的合约、租约和许可的解除,等等。

(二)外部事件对资产价值的影响

在该大类下,比较典型的有以下几种类别:

1. 巨灾损失

这里涉及的巨灾是指可能毁灭所有类型资产的各种自然或社会的大灾难,如地震、海啸、干旱、洪涝、火山爆发、特大风暴和森林大火,以及战争和暴乱等,其结果一般都会造成经济资产的重大损失。如洪灾和风灾造成的土地质量恶化、旱灾或蝗灾造成的培育性生物资源(培育资产)破坏、地震造成的设备、建筑物或贵重物品毁坏、自然灾害或政治事件造成的通货或无记名证券的损毁,等等。

2. 无偿没收

这是指政府或其他机构单位强行占有另一机构单位(包括非常住单位)的资产而不予补偿或不予充分补偿的行为。值得注意的是,与经过司法或准司法程序裁决的"罚款"不同,这里的"无偿没收"不属于强制性的经常转移;与得到债权人和债务人双方认可的"债务取消"不同,这里的"无偿没收"不属于资本转移。无偿没收可能造成各种金融或非金融资产的外生数量变动。

3. 未另分类的非金融资产物量的其他变动

比较常见的有:由于意外的淘汰、破损等原因造成的固定资产的提前报废;固定资本消耗中未考虑到的固定资产的退化,如酸雨对建筑物外表或车辆的影响所造成的固定资产价值的下降;生产设施在完工或投入经济使用前的废弃;由火灾、偷盗或虫灾造成的存货异常损失;仍在生产中使用但其价值已完全注销的资产的估算价值。

4. 未另分类的金融资产和负债的其他物量变动

比较典型的有:债权人对坏账的注销(这里不包括经债务人和债权人双方同意的债务取消,仅指在债务人破产等情况下,债权人意识到某笔债权将无法收回而不得不注销的坏账)。

(三)分类引起的结构变化

这里包括两种情形:一是部门分类引起的结构变化,即某机构单位从一部门重新划归到另一部门,或某部门的内部组成结构发生改变(如公司被兼并)所引起的资产负债变动;二是资产和负债分类引起的结构变化,这一般是指分类前后的价值并未发生改变的部分,如黄金的货币化或非货币化、土地用途的变化等。但土地用途改变所引起的价值增减,应作为质量变化反映在非生产资产的经济出现或消失项下,而不是包含在这里。

三、资产负债价格变动与持有损益核算 *

前已指出,以 SNA 为代表的国民核算采用现行价格核算所有的经济流量和经济存量。

换言之,对于经济交易,要采用交易发生时的市场价格估价;对于资产和负债,则应按编制资产负债表时的市场价格或重置价格估价。依据这一估价原则,必然导致这样的核算结果:从期初到期末,任何价格的变动都会引起有关资产或负债的价值量发生增减变动,从而给其持有者带来一定的收益或损失。这种纯粹由于资产负债的价格水平和价格结构变化而给其持有者带来的收益或损失,就是持有损益。具体说,当一笔特定资产的价值增加或者一笔特定负债的价值减少时,都可以给其持有者带来相应的持有收益;而当一笔特定资产的价值减少或者一笔特定负债的价值增加时,则会给其持有者带来相应的持有损失。归根到底,有关资产或负债的持有损益是以它们各自对净值变动的影响来判断的,增加净值即为收益,减少净值则为损失。所以,对于负债的损益,要按照与资产的损益相反的方向去理解。

为了经济分析的需要,还可以按照引起持有损益的价格变动是实际价格变动、平均价格变动还是相对价格变动,进一步区分三种不同的持有损益,它们分别是:名义持有损益、中性持有损益和实际持有损益。

(一)名义持有损益及其计算

名义持有损益(Nominal Holding Gains)是由于资产或负债的实际价格变动而给其持有者带来的正的或负的收益。这里的价格既可以是市场价格,也可以是市场利率或汇率;而价格的变动不涉及资产或负债的任何数量或质量上的改变。原则上,核算期内任何一段时间持有的资产或负债都可以产生名义持有损益。名义持有损益的计算方法有两种:一是直接法,二是间接法。

在讨论名义持有损益的计算或估算公式之前,有必要适当区分四种不同情形下所产生的名义持有损益:(1)在整个核算期内都持有的资产(或负债,下同)所产生的名义持有损益,它等于期末资产负债表中的价值减去期初资产负债表中的价值。(2)在核算期内获得或出现并一直持有到期末的资产所产生的名义持有损益,它等于期末资产负债表中的相应价值减去其获得或出现时的价值。(3)期初持有而在核算期内处置或消失的资产所产生的名义持有损益,它等于其处置或消失时的价值减去期初资产负债表中的相应价值。(4)在核算期内获得或出现,又在期内处置或消失了的资产所产生的名义持有损益,它等于该资产的处置价值减去其获得价值。以上,期初和期末的资产价值分别按编表时的价格估价;资产的处置价值按处置时的价格估价,获得价值按获得时的价格估价。

1. 直接法

这种方法是直接根据上述名义持有损益所包含的内容计算全部的名义持有损益。设 q_t 和 p_t 分别表示核算期内 $t(=0,1,\cdots,n)$ 时刻(具体可为核算期内的各月末或任一天)某类资产的持有数量和价格,则 $d_t=q_t-q_{t-1}(t=1,\cdots,n)$ 就表示 t 时刻相对于前一时刻的资产数量变动,且这种变动一部分是由经济交易所引起,其余部分则是由外生数量变动因素所造成。有关符号的直观意义可由图 6－2 给予描述。

$$
\begin{array}{llllll}
\text{数量}: q_0 & \xrightarrow{+d_1} q_1 & \xrightarrow{+d_2} q_2 & \xrightarrow{+d_3} q_3 \cdots q_{n-1} & \xrightarrow{+d_n} q_n \\
\text{价格}: p_0 & \quad\ \ p_1 & \quad\ \ p_2 & \quad\ \ p_3 \cdots p_{n-1} & \quad\ \ p_n
\end{array}
$$

图 6－2 核算期内的资产物量和价格变动图示

根据以上分析,可以分别测定四种情况下的持有损益:

(1)在整个核算期内都持有的那部分资产(设其数量为 q'_0)所产生的名义持有损益为:

$$(p_n - p_0)q'_0 \tag{6-6}$$

(2)在期内时刻 t 获得或出现并持有到期末的那部分资产所产生的名义持有损益为:

$$(p_n - p_t)d_t, \qquad d_t > 0 \tag{6-7}$$

(3)期初持有但在期内某时刻 t 处置或消失的那部分资产(设其数量为 q''_0)所产生的名义持有损益为:

$$(p_t - p_0)q''_0 = (p_n - p_0)q''_0 + (p_n - p_t)d_t, \qquad d_t = -q''_0 < 0 \tag{6-8}$$

(4)在期内某时刻 t_1 获得或出现,又在另一时刻 $t_2(t_2 > t_1)$ 处置或消失的资产的名义持有损益为:

$$(p_n - p_{t_1})d_{t_1} + (p_n - p_{t_2})d_{t_2}, \qquad d_{t_1} > 0, \qquad d_{t_2} = -d_{t_1} < 0 \tag{6-9}$$

综合以上,我们将该类资产在核算期内的数量变化次数推广到任意的 n 次,就可以导出按直接法计算该类资产的名义持有损益 G 的一般公式:

$$G = (p_n - p_0)q_0 + \sum_{t=1}^{n}(p_n - p_t)d_t, \qquad q_0 = q'_0 + q''_0 \tag{6-10}$$

按直接法计算名义持有损益,需要具备关于各种资产的获得、处置和其他变动的时间、数量及相应价格的完整资料。但在实践中往往难以满足这些要求。

2. 间接法

间接法又称为剩余法,它是利用衔接期初与期末资产负债表、经济交易、外生数量变动和名义持有损益的如下基本恒等式导出的:

$$\begin{matrix}\text{期初资}\\\text{产价值}\end{matrix} + \begin{matrix}\text{交易引致资产}\\\text{数量变动价值}\end{matrix} + \begin{matrix}\text{资产外生数}\\\text{量变动价值}\end{matrix} + \begin{matrix}\text{资产名义}\\\text{持有损益}\end{matrix} = \begin{matrix}\text{期末资}\\\text{产价值}\end{matrix} \tag{6-11}$$

若将期末资产价值减去期初资产价值,再从所得差额中减去所有交易和外生数量变动的价值总和,即可求得名义持有损益 G。用公式表示就是:

$$\begin{matrix}\text{资产名义}\\\text{持有损益}\end{matrix} = \left(\begin{matrix}\text{期末资}\\\text{产价值}\end{matrix} - \begin{matrix}\text{期初资}\\\text{产价值}\end{matrix}\right) - \left(\begin{matrix}\text{交易引致资产}\\\text{数量变动价值}\end{matrix} + \begin{matrix}\text{资产外生数}\\\text{量变动价值}\end{matrix}\right)$$

$$G = (p_n q_n - p_0 q_0) - \sum_{t=1}^{n} p_t d_t \tag{6-12}$$

式中,$p_0 q_0$ 和 $p_n q_n$ 分别是期初和期末的资产价值,$\sum p_t d_t$ 则是核算期内发生的交易和外生数量变动的价值总和。

容易验证,式(6-12)与式(6-10)是等价的。因为事实上

$$q_n = q_0 + \sum_{t=1}^{n} d_t, \qquad p_n(q_n - q_0) = p_n \sum_{t=1}^{n} d_t \tag{6-13}$$

用式(6-13)替代式(6-10)中的 $p_n \sum d_t$,即可把式(6-10)转化为式(6-12)。

采用间接法计算名义持有损益,关键是要遵守 SNA 的估价原则:关于资产的所有交易或外生数量变动必须按交易或外生数量变动发生时的现行价格估价,而记录在资产负债表

上的资产必须按编表时的重置价格估价。这样，只要掌握核算期内的资产总变动以及交易和外生数量变动的价值总额，就可以求得名义持有损益总额。

（二）中性持有损益及其计算

中性持有损益(Neutral Holding Gains)是假定资产的价格与一般物价水平按同样幅度变化所形成的持有损益。当资产的价格按照与一般物价水平相同的幅度变化时，其实际价值（亦即它能够换取的其他货物和服务的物量）将保持不变，所以，中性持有损益也可以理解为保持资产实际价值不变所需要的持有损益的价值。

为了计算一笔资产的中性持有损益，关键是要选用一种涵盖尽可能多的货物、服务和资产的综合物价指数，以其衡量一般物价水平的变动。较为理想的是采用按最终支出法计算的国内生产总值价格指数，因其涵盖了所有的最终货物和服务。但这种指数的编制周期一般为一年，难以用它衡量短期内一般物价水平的变动。所以，为了计算持有时间很短的资产所产生的中性持有损益，较适宜的做法是采用按月编制的消费价格指数。除此之外，关于中性持有损益计算公式的推导思路，与上述名义持有损益的间接计算法基本一致。

设 I_t 表示以期初（即 $t=0$ 时）为基期的综合物价指数，则 $I_0=1$。假定资产价格按照与一般物价水平变动 I_t 相同的幅度变化，则核算期末持有的资产存量价值将是 $I_n p_0 q_n$；而从期初到期末所发生的交易或外生数量变动的总价值为 $\sum I_t p_0 d_t$。这样，中性持有损益 NG 的计算公式就可以由下式给出：

$$\mathrm{NG}=(I_n p_0 q_n - p_0 q_0) - \sum_{t=1}^{n} I_t p_0 d_t \qquad (6-14)$$

然而，实践中难以准确地计算出 $\sum_{t=1}^{n} I_t p_0 d_t$，因为它需要每天交易量的数据和相应的价格指数，而不是简单地计算整个核算期的交易总值。故还有必要给予适当估算。方法是，先计算整个核算期内某种资产价格的相对变动系数 K：

$$K_n=\frac{I_n}{I_0}\div\frac{p_n}{p_0}=\frac{I_n p_0}{p_n} \qquad (6-15)$$

更为一般地，还可设定不同时间段上该种资产价格的相对变动系数为：

$$K_t=\frac{I_t}{I_0}\div\frac{p_t}{p_0}=\frac{I_t p_0}{p_t},\qquad t=0,1,\cdots,n \qquad (6-16)$$

从而，式(6－14)就可变为：

$$\mathrm{NG}\approx(K_n p_n q_n - p_0 q_0) - \sum_{t=1}^{n} K_t p_t d_t \qquad (6-17)$$

假定资产价格相对变动系数 $K_t(t=0,1,\cdots,n)$ 在整个核算期内是大体均匀地作等比变化的，就可用 $\sqrt{K_n}$ 作为核算期内任何时刻价格相对变动系数的代表值做近似计算，于是得到中性持有损益的一个估计值：

$$\mathrm{NG}\approx(K_n p_n q_n - p_0 q_0) - \sqrt{K_n}\sum_{t=1}^{n} p_t d_t \qquad (6-18)$$

按式(6－18)估算中性持有损益的特点是，只需在估算名义持有损益的式(6－12)基础上多

计算一个 K_n 值。

(三)实际持有损益及其计算

实际持有损益(Real Holding Gains)是由资产价格的相对变动引起的。换言之,当一笔资产的价格相对于一般物价水平提高时,该资产的持有者就会获得实际持有收益;反之,当一笔资产的价格相对于一般物价水平下降时,将会给其持有者带来实际持有损失。而资产相对价格的提高(或下降),将直接导致它所能换取的货物、服务或其他资产的数量较过去增加(或减少)。所以,实际持有损益同时也衡量了资产持有者实际购买力的变化。它的大小或正负不同,必然会对有关资产持有者的经济行为产生程度不同的影响。正因如此,有人建议将实际持有损益与现期收入融合,以得到一个更全面地衡量收入的指标。另外,一个单位在各种资产和负债上的实际持有损益的代数和还是影响其实际净值(有别于账面的净值)变动的重要原因之一。这些都表明,实际持有损益是一个比名义持有损益和中性持有损益更为重要的经济分析指标。

资产的实际持有损益就等于其名义持有损益与中性持有损益之差。因此,在已计算出名义持有损益 G 和中性持有损益 NG 之后,马上就可以求出实际持有损益 RG。实际持有损益的精确公式由上述的式(6－12)减去式(6－14)得到:

$$\mathrm{RG}=\mathrm{G}-\mathrm{NG}=(1-K_n)p_nq_n-\sum_{t=1}^{n}(1-K_t)p_td_t \qquad (6-19)$$

实际持有损益的近似估计式则由上述的式(6－12)减去式(6－18)得到:

$$\mathrm{RG}\approx(1-K_n)p_nq_n-(1-\sqrt{K_n})\sum_{t=1}^{n}p_td_t \qquad (6-20)$$

(四)特殊情形下的名义、中性和实际持有损益

以上介绍了在一般情形下如何计算三种持有损益。实际上,在某些特殊情形下,我们可以直接把握有关持有损益的大小或正负符号,或者对其作出简捷的估算。分述如下:

(1)当整个核算期的一般物价水平保持稳定即不升不降时,中性持有损益必为零,从而名义持有损益就是实际持有损益,两者都由相对价格变动引起。

(2)当一笔资产的价格相对于一般物价水平保持不变,即 $K=1$ 时,实际持有损益为零,从而名义持有损益就等于中性持有损益,两者的大小及正负符号完全取决于一般物价水平的变动方向和变动幅度。

(3)具有固定货币价值的资产和负债,如现金、存款、贷款、预付款等,其价格(面值)是不变的,因而其名义持有损益恒为零。但是,它们的中性持有损益将随着一般物价水平的升降而增减,故其实际持有损益也会随之变化;且不论一般物价水平怎么变,这些资产的实际持有损益与中性持有损益总是相反数。

(4)当存在通货膨胀时,具有固定货币价值的资产和负债的中性持有损益一定是正数,因而其实际持有损益一定是负数。这对于债务人一方来说,意味着实际净值的提高;而对于债权人一方来说,则意味着实际净值的下降。所以,这时实际上隐含着一笔实际购买力从债权人手中转移到了债务人手中。

(5)当假定资产的价格和数量在整个核算期内都以线性方式均匀变化时,我们还可以根据资产负债表的数据,对三种持有损益作出简捷的估算。具体方法如下。

设 $\bar{p}$ 和 $\bar{q}$ 分别表示某种资产在整个核算期内的平均价格和平均持有量，则依据上述的均匀变化假定，下式成立：

$$\bar{p}=\frac{p_0+p_n}{2}, \qquad \bar{q}=\frac{q_0+q_n}{2}$$

进而，核算期内由交易和外生数量变动引起的资产变动可表为 $\bar{p}(q_n-q_0)$，名义持有损益可表为 $G=\bar{q}(p_n-p_0)$，两者之和恰好等于该种资产价值的总变动 $(p_nq_n-p_0q_0)$。此时，该种资产的中性持有损益为：

$$NG=(I_np_0-p_0)\bar{q}=(I_n-1)p_0\bar{q}$$

式中，I_n 为核算期末的一般物价指数。于是，实际持有损益为：

$$RG=G-NG=\bar{q}(p_n-p_0)-(I_n-1)p_0\bar{q}=(\frac{p_n}{p_0}-I_n)p_0\bar{q}$$

显然，上述估算结果的准确性取决于关于资产价格和数量变动假设的真实性。一般情况是，资产价格的变动相对平稳，而资产数量的变动却可能出现较大波动。所以，必须注意这种简捷估算法的适用条件。

四、资产负债表的动态衔接

至此，我们对核算期内由于各种经济交易、外生数量变动和价格变动所引起的资产负债变动分别作了核算。为了更为概括地反映在整个核算期内各种资产负债存量的总变动，以便在期初资产负债表和期末资产负债表之间建立起更为直观的联系，还须引入一张重要的核算表——资产负债变动表。

资产负债变动表的基本结构如表 6－7 所示，左方按经济资产的主要分类列示资产的总变动；右方相应地列示负债的总变动和净值的总变动，并按引起净值变动的原因对其进行分组。

表 6－7　经济总体资产负债变动表

资　　产		负债和净值	
资产总变动	1005	负债总变动	505
非金融资产	482	净值总变动	500
生产资产	294	储蓄和净资本转移	202
非生产资产	188	资产外生数量变动	10
金融资产	523	名义持有损益	288
		中性持有损益	208
		实际持有损益	80
合　计	1005	合　计	1005

从表 6－7 可以看出，核算期内经济总体的资产总变动 1005 减去负债总变动 505，正好是净值总变动 500 单位。而净值变动又等于储蓄和净资本转移、资产外生数量变动和名义持有损益分别引起的净值变动之和。如果要求计算实际净值变动，只需把储蓄和净资本转移、资产外生数量变动和实际持有损益分别引起的净值变动相加即可。这些核算关系不仅

表 6—8　综合国民资产负债变动表

项目/部门	非金融公司		金融公司		广义政府		住户		非营利机构		经济总体		国外		合计	
	借方	贷方	借方	贷方	借方	贷方	借方	贷方	借方	贷方	借方	贷方	借方	贷方	借方	贷方
非金融资产总变动	300		−2		57		116		11		482				482	
非金融生产资产	195		−4		29		67		7		294				294	
固定资产	165		−2		23		53		7		246				246	
存货	27		0		1		4		0		32				32	
贵重物品	3		−2		5		10		0		16				16	
非金融非生产资产	105		2		28		49		4		188				188	
自然资源	101		1		26		48		4		180				180	
合约、租约和许可	4		1		2		1		0		8				8	
商誉和营销资产	0		0		0		0		0		0				0	
金融资产/负债总变动	93	157	230	224	−9	102	205	16	4	6	523	505	54	72	577	577
货币黄金和 SDR			10		1						11		1	12	12	12
通货和存款	39	0	10	65	−26	37	64	0	2	0	89	102	11	−2	100	100
债务性证券	10	7	96	64	4	45	16	0	0	0	126	116	13	23	139	139
贷款	19	21	53	0	3	9	3	11	0	6	78	47	4	35	82	82
股权和投资基金份额	17	100	44	39	3	2	76	0	1	0	141	141	15	15	156	156
保险、养老金和 SGS	1	0	8	48	1	0	39	1	0	0	49	49	0	0	49	49
金融衍生工具和 ESO	3	3	8	8	0	0	3	0	0	0	14	11	0	3	14	14
其他应收/应付款	4	26	1	0	5	9	4	4	1	0	15	39	10	−14	25	25
净值总变动		236		4		−54		305		9		500		−18		482
储蓄和资本转移		88		−5		−90		210		−1		202		−10		192
资产物量其他变动		14		−1		−2		−1		0		10				10
名义持有损益		134		10		38		96		10		288		−8		280
中性持有损益		82		6		27		87		6		208		−10		198
实际持有损益		52		4		11		9		4		80		2		82

注：SDR＝特别提款权；SGS＝标准化担保计划；ESO＝ 雇员股票期权。

对于经济总体成立，对于每一个机构单位或机构部门也是成立的。

与存量核算类似，为系统地反映各部门从期初到期末的资产、负债及净值的总变动，还需要编制如表 6－8 所示的国民资产负债综合变动表。它是把经济总体各部门和国外的资产负债变动表并列在一起而得到的。这张表正好把表 6－4 和表 6－5 中经济总体各部门和国外的期初、期末资产负债表衔接起来。以住户部门为例，非金融资产期初为 1429，加本期变动 116，变为期末的 1545 单位；金融资产期初为 3260，加本期变动 205，变为期末的 3465 单位；负债期初为 189，加本期变动 16，得到期末的 205 单位；净值期初为 4500，加本期变动 305，正好是期末的 4805 单位。关于其他部门和经济总体，可以作类似的解释。

为了更好地观察和分析每一机构部门（或经济总体）期末存量与期初存量之间的动态衔接关系，《SNA1993》和《SNA2008》还提供了一种特殊形式的表格（见 SNA2008，表 13.2“经济总体的资产负债账户”）。

表 6－9　经济总体期初和期末资产负债表的动态衔接

资产、负债和净值	期初资产负债	各种因素引起的资产、负债和净值变动					期末资产负债
		经济交易	外生数量变动	价格变动			
				名义持有损益	中性持有损益	实际持有损益	
非金融资产	4621	192	10	280	198	82	5103
生产资产	2818	175	－7	126	121	5	3112
固定资产	2579	137	－2	111	111	0	2825
存货	114	28	－3	7	4	3	146
贵重物品	125	10	－2	8	6	2	141
非生产资产	1803	17	17	154	77	77	1991
自然资源	1781	17	11	152	76	76	1961
合约、租约和许可	22	0	6	2	1	1	30
商誉和营销资产	0	0	0	0	0	0	0
金融资产	8231	436	3	84	136	－52	8754
货币黄金和 SDR	770	－1	0	12	16	－4	781
通货和存款	1482	89	0	0	30	－30	1571
债务性证券	1263	86	0	40	25	15	1389
贷款	1384	78	0	0	28	－28	1462
股权和投资基金份额	2614	107	2	32	26	6	2755
保险、养老金和 SGS	470	48	1	0	7	－7	519
金融衍生工具和 ESO	21	14	0	0	0	0	35
其他应收/应付账款	227	15	0	0	4	－4	242
负　债	7762	426	3	76	126	－50	8267
通货和存款	1471	102	0	0	30	－30	1573
债务性证券	1311	74	0	42	26	16	1427
贷款	1437	47	0	0	29	－29	1484
股权和投资基金份额	2756	105	2	34	28	6	2897
保险、养老金和 SGS	471	48	1	0	7	－7	520
金融衍生工具和 ESO	14	11	0	0	0	0	25
其他应收/应付账款	302	39	0	0	6	－6	341
净　值	5090	202	10	288	208	80	5590

注：SDR＝特别提款权；SGS＝标准化担保计划；ESO＝ 雇员股票期权。

表6－9就是通过这种形式描述资产、负债和净值从期初到期末的总变动。该表的纵列标题依次是“期初资产负债表”、“各种因素引起的资产、负债和净值变动”和“期末资产负债表”；而横行标题则依次是关于资产和负债的详细分类以及净值。当然，表6－9仅仅是一张简化表，旨在说明基本结构。实际编制此表时，关于资产和负债的分类可以非常之详细。另外，该表只能按每一机构部门（或经济总体）分别来编制（表中数据以经济总体为例），而不适合将各机构部门并列在一起加以描述。

一般而言，核算期期末的国民资产负债状况是期内各种经济交易、外生数量变动和价格变动共同作用的结果。如果我们已知期初的资产负债表和期内的各种经济交易流量、外生变动流量和价格变动情况，就可以依据经济存量与经济流量之间的一般核算关系编制出期末的资产负债表。但由于各类资产负债的形成方式和变化特点不尽相同，期末资产负债表上相应指标的计算公式也会稍有差异。下面分别给出若干关系式：

（一）非金融资产

1. 生产资产

（1）固定资产

$$\text{期末固定资产} = \text{期初固定资产} + \text{固定资产形成净额} + \text{固定资产外生数量变动} + \text{固定资产持有损益}$$

（2）存货

$$\text{期末存货} = \text{期初存货} + \text{存货净获得} + \text{存货外生数量变动} + \text{存货持有损益}$$

（3）贵重物品

$$\text{期末贵重物品} = \text{期初贵重物品} + \text{贵重物品净获得} + \text{贵重物品外生数量变动} + \text{贵重物品持有损益}$$

2. 非生产资产

$$\text{期末非生产资产} = \text{期初非生产资产} + \text{非生产资产净获得} + \text{非生产资产外生数量变动} + \text{非生产资产持有损益}$$

（二）金融资产与负债

1. 金融资产

$$\text{期末金融资产} = \text{期初金融资产} + \text{金融资产净获得} + \text{金融资产外生数量变动} + \text{金融资产持有损益}$$

2. 金融负债

$$\text{期末负债} = \text{期初负债} + \text{负债净发生} + \text{负债外生数量变动} + \text{负债持有损益}$$

（三）净值

$$\text{期末净值} = \text{期初净值} + \text{储蓄和资本转移引致的净值变动} + \text{外生数量变动引致的净值变动} + \text{重估价引致的净值变动}$$

利用以上各式，辅以表6－8和表6－9中的数据，就可以分别观察到每一机构部门（或经济总体）期初和期末资产负债表之间的动态衔接关系。

【本章小结】

1. 资产负债核算旨在全面反映各机构部门和经济总体在一定时点上所拥有的资产负债存量的总规模及其结构状况。它对经济资产的分类标准和分类方法作了明确的规定。

2. 资产负债核算通过两方面的核算表式来实现：一是关于期初和期末资产负债存量的核算表式；二是关于期内资产负债变动的核算表式。它们都建立在一个基本的核算平衡式基础之上，即：资产总计＝负债总计＋净值。

3. 资产负债存量核算要求对各种资产负债采用核算时点的重置价格估价，并采用资产负债表作为主要的表现形式。国民资产负债表旨在提供一定时点各机构部门和经济总体完整的资产负债存量数据。此外，三维金融资产和负债表还能够回答“谁对谁通过何种金融工具持有金融资产（承担负债）”这类问题，为经济分析和政策制订提供有关资金运动更深入的信息。

4. 资产负债变动核算包括对经济交易和非交易因素引起的各种资产负债变动的核算。它是为资产负债存量核算服务的，以使经济存量核算和经济流量核算形成一个有机整体。资产负债变动表是其主要核算表式。通过资产负债变动表及其他辅助表式，可以实现期初和期末资产负债表的动态衔接。

5. 资产负债变动核算将经济流量核算从“交易”范围扩展到了“非交易”范围。其中，有关交易（积累交易）流量的核算已在资金流量核算中涉及，故本章以较多篇幅介绍了有关非交易流量的核算。后者包括外生数量变动核算和价格变动核算。价格变动所引起的资产负债增减称为持有损益，包括“名义持有损益”、“实际持有损益”和“中性持有损益”。

6. 国民经济各部门的资产负债净值之和就是国民财富，它在数额上也等于该国拥有的全部非金融资产与对外净金融资产之和。

【思考题与练习题】

6—1　什么是经济存量和经济流量？简述两者之间的关系。

6—2　简述SNA关于生产资产、非生产资产和金融资产的详细分类。

6—3　什么是国民资产负债核算？简述国民资产负债核算与企业资产负债核算的区别和联系。

6—4　什么是国民财富？试写出其计算公式。

6—5　对各种资产负债存量进行估价时应遵循哪些原则？

6—6　在实践中为了取得各种类型资产负债存量的现行价格常常采用哪些估价方法？

6—7　简述资产负债表和国民资产负债表的基本结构。

6—8　为何“一国金融资产总计与该国负债总计之差，必然表现为该国对国外的净金融资产”？

6—9　为何“本国金融资产总计与负债总计之差（即对外净金融资产）并不刚好等于国外对本国的负债净额”？

6—10　简述三维金融资产和负债表的基本结构。

6—11　从一定时期来看可能导致资产负债存量发生变动的原因有哪些？

6—12　简述引起资产负债数量发生变动的各种外生因素。

6—13　什么是持有损益？什么是名义持有损益、中性持有损益和实际持有损益？

6—14　为什么说实际持有损益是一个比名义持有损益和中性持有损益更重要的经济分析指标？

6—15　简述资产负债变动表的基本结构。

6—16　简述期初和期末资产负债表之间的动态衔接关系。

6—17　资产负债存量核算数据可用于哪些方面的经济分析？

6—18　在资金流量表中，可以通过“净金融投资”或“净贷出(储蓄投资差)”指标来判断一个部门的资金余缺情况。请问：在资产负债表中，怎样观察和判断一个部门的资金余缺？这与资金流量表所说明的问题有何异同？

6—19　已知某地区的固定资产投资如下资料(表6—10)：

表6—10　永续盘存法计算表　　单位：亿元

符号	指标项目	计价方式	年份(t)							
			1	2	3	4	5	6	7	8
a	固定资本形成总额	原始价格	600	840	1060	1265	1380	1800	2340	3000
b	固定资产价格指数	定基指数	100	105	106	115	115	120	130	150
c	固定资本形成总额	不变价格								
d	年末固定资产总存量	不变价格								
e	固定资本消耗	不变价格								
f	固定资本形成净额	不变价格								
g	年末固定资产净存量	不变价格								
h	年末固定资产净存量	重置价格								
i	年末固定资产总存量	重置价格								

设第1年以前的存量和流量均为零；固定资产的使用年限为5年，按“直线法”计提折旧。据此：(1)求各年末按重置价格计算的固定资产净存量；(2)求各年末按重置价格计算的固定资产总存量；(3)试讨论：按不变价格计算的各年固定资本形成总额与固定资本形成净额、年末固定资产总存量与净存量之间存在何种关系？

6—20　已知某国有如下简化的期末国民资产负债表(表6—11)：

表6—11　期末国民资产负债表　　单位：万亿元

项目＼部门	非金融公司		金融公司		政府		住户		为住户服务非营利机构		国外	
	借方	贷方	借方	贷方	借方	贷方	借方	贷方	借方	贷方	借方	贷方
	(1)	(2)	(3)	(4)	(5)	(6)	(7)	(8)	(9)	(10)	(11)	(12)
非金融资产	4264		116		1318		2346		280		0	
生产资产	2546		82		822		1408		212			
非生产资产	1718		34		496		938		68		0	
金融资产/负债	782	1578	3042	2936	416	690	1614	258	164	120	504	310
净值		3468		222		1044		3702		324		194

试分别计算:(1)该国拥有多少非金融资产?(2)该国对国外的净金融资产是多少?(3)该国的国民财富是多少?(4)该国的金融相关率是多少?

6—21 仍以上题数据为例,试回答:(1)该国期末拥有多少货币黄金?(2)如果剔除该国拥有的货币黄金数额,期末该国处于净债权还是净负债状态?(3)期末哪些部门资金剩余,哪些部门资金短缺?

6—22 已知某国有如下简化的国民资产负债表(表6—12):

表6—12 国民资产负债表 单位:万亿元

项目＼部门	非金融公司		金融公司		政府		住户		为住户服务非营利机构		国外	
	借方	贷方	借方	贷方	借方	贷方	借方	贷方	借方	贷方	借方	贷方
	(1)	(2)	(3)	(4)	(5)	(6)	(7)	(8)	(9)	(10)	(11)	(12)
非金融资产	852		84		264		590		56		0	
生产资产	?		76		164		402		42			
非生产资产	342		8		100		188		14		0	
金融资产/负债	156	316	608	586	?	128	202	52	32	24	100	62
净值		692		106		274		?		64		38

要求:(1)填充表中所缺数据(带有“?”处);(2)计算该国的国民财富;(3)分析该国国民财富的部门分布情况;(4)判断哪些部门资金剩余,哪些部门资金短缺;(5)判断该国资金剩余还是短缺。

6—23 已知某非金融部门的如下资料(单位:万元),试据以编制该部门的期初资产负债表、资产负债变动表和期末资产负债表。

(1)期初存量:非金融资产2000,通货和存款300,证券400,其他金融资产300,长期贷款800,商业票据600,其他负债400;

(2)期内流量:非金融投资200,通货和存款1680,证券160,其他金融资产200,长期贷款1160,其他负债160;

(3)重估价资料:非金融资产+220,证券+200。

第 7 章　国际收支与国际头寸核算

当今世界经济一体化进程明显加快，各国之间的经济联系日益频繁和密切。与此相适应，旨在系统反映一国对外经济往来和对外经济关系的国际收支核算已成为各国国民经济核算的重要组成部分。本章拟从对外经济交易流量（国际收支）和对外资产负债存量（国际投资头寸）及其变动两个角度，就国际收支核算的有关理论与方法做一系统介绍。需要注意的是，国际收支核算既有其相对独立性，也与前面各章的核算内容有着紧密联系。

§7.1　对外经济核算及其相关领域

一、对外经济交易和对外投资头寸

在前面的章节中，我们已经了解到，国民经济核算的任务就是要对一国国民经济运行的整个过程以及运行的条件和结果进行系统的统计描述。而在开放经济条件下，一国经济往往同其他国家存在各种经济联系。所以，为明确界定哪些经济活动属于本国经济总体的经济活动，哪些经济活动则属于国外的经济活动，SNA 引入了常住单位和非常住单位的概念，并把一国的经济总体界定为全部常住单位的集合，而把同本国的常住单位有经济联系的非常住单位的集合作为“国外”。与 SNA 的上述规定一致，这里的对外经济核算就是要对一国的常住单位与非常住单位之间的各种经济往来，以及由此产生的对外债权和债务关系进行系统的核算。具体讲，包括对外经济交易的核算和对外投资头寸的核算两个方面。

所谓对外经济交易，是指一国的常住单位与非常住单位之间发生的各种经济交易。譬如，在生产阶段，常住单位可能向非常住单位购买原材料、机器设备或某些服务，又把自己所生产的产品出售给非常住单位，这些构成了货物或服务的进出口。在收入分配阶段，常住单位可能向属于非常住居民的外籍雇员支付一定的雇员报酬，也可能向外商、外国政府等支付借款利息或其他财产收入，或者向受灾的非常住居民提供无偿援助，等等；反过来，常住单位也可能从非常住单位那里得到上述类似的收入或转移。在积累阶段，常住单位与非常住单位之间尤其可能有着密切的金融或资本往来。在国际货币基金组织制订的《国际收支和国际投资头寸手册》中，有关对外经济交易的核算是通过编制国际收支平衡表实现的，因此通常也叫做国际收支核算。

所谓对外投资头寸，是指一定时点（如期初、期末）一国的常住单位拥有的对外资产存量、对外负债存量以及净头寸。其中，净头寸是对外资产存量与对外负债存量的差额，相当于资产负债核算中的净值（或资产净值）概念。一个国家一定时点的对外投资头寸是其长期参与国际经济往来、特别是国际投资交易的累积结果。因为每个时期发生在常住单位与非常住单位之间的各种对外经济交易都会直接或间接地引起彼此间的资产和负债存量发生改变；除此之外，汇率的波动等一些其他因素也会导致一国的对外资产和负债存量发生改变。

在国际货币基金组织制订的《国际收支和国际投资头寸手册》中，有关对外投资头寸及其变动的核算是通过编制国际投资头寸表实现的，因此通常也叫做国际投资头寸核算(简称国际头寸核算)。

国际头寸核算属于存量核算的范畴，而国际收支核算则属于交易流量核算的范畴，但两者之间存在着紧密的联系。因为对外经济交易通常是导致一国对外投资头寸发生变化的最主要的原因。正因如此，在国际货币基金组织的《国际收支和国际投资头寸手册》中，两者被有机地结合在一起，形成一个相对独立的、完整的对外经济核算系统；"国际收支流量核算"和"国际投资头寸核算"一起也常被理解为广义的国际收支核算(狭义的国际收支核算则仅指"国际收支流量核算")。本章的内容正是基于广义的国际收支核算概念来安排的。

需要指出的是，目前世界各国广泛采用的对外经济核算方法有两种，除了由国际货币基金组织制订并在其成员国范围内执行的《国际收支和国际投资头寸手册》外，还可以在SNA的框架下借助于"国外账户"来系统地反映发生在本国与国外之间的各种货物和服务交易、收入分配交易、资本及金融交易，以及各种外生变化、持有损益和对外资产负债存量。有关国外账户的组成、形式和具体的核算方法，留待第8章说明；本章着重对《国际收支和国际投资头寸手册》中的"国际收支流量核算"和"国际投资头寸核算"分别加以介绍。

二、国际收支核算与资金流量核算

一般而言，国际收支是指一国在对外经济交易中所形成的相关经济收支。然而，有关国际收支的概念经历了一个逐渐演变和深化的过程，在不同的历史时期或对于不同的分析问题，人们曾经在不同的意义上使用这一概念。比如，在国与国之间的经济交往仅限于货物贸易的年代，人们认为国际收支就是对外贸易收支。后来，随着国际交往的加深和日趋多样化，人们又一度把国际收支理解为外汇收支。但这一认识仍然是不准确的，因为尽管在国际收支中经常需要使用外汇，但外汇收支与反映对外经济交易的国际收支之间并不是等同的关系，两者的不同之处在于：国际收支不一定表现为外汇收支(如易货贸易、债务抵销等)，外汇收支也不一定反映国际收支(如常住单位之间也存在外汇收支)。

作为一个严格的核算概念，国际收支是指一个经济总体在一定时期内与世界其他国家(地区)之间由于各种经济交易而发生的收入和支付，而不论这种国际经济交易是否伴随着外汇的收支，也不论这种国际经济交易是交换性的还是单方面转移。很显然，这一概念包含了两个基本规定：

一是关于核算主体的规定。国际收支只反映一国常住单位与非常住单位之间的经济往来。非常住单位可以是另一国家的企业、居民户、政府机构等，也可以是某个国际组织或机构。常住单位之间的经济往来完全是该国的"内部收支"，非常住单位之间的经济往来对该国而言则是纯粹的"外部收支"，它们都不属于该国的国际收支范畴。这是国民核算主体原则的要求。

二是关于核算内容的规定。国际收支只包括常住单位与非常住单位之间的经济交易所形成的流量。非交易性质的对外经济往来、价格和汇率的波动等也会引起相应的经济变化，形成相应的非交易经济流量，甚至可能会对一国的国际头寸和国际支付地位产生显著影响，却不属于国际收支的范畴。

可见,这样定义国际收支,相对于曾经使用的“对外贸易收支”、“外汇收支”等概念,更有助于就一定时期内一国的对外经济交易进行全面、系统的核算。

国际收支核算从产生、发展到不断完善,有一个相对独立的发展过程。但这并不妨碍它与国民经济核算体系的其他部分相互结合和协调一致。事实上,从国民经济核算体系的角度看,国际收支核算与国民经济核算体系的其他部分存在广泛的联系,国际收支核算的很多内容在前面几章的学习中早就有所涉及。譬如,在国内生产总值核算和投入产出核算中我们考察过产品的进出口,在国民收入核算中我们考察过对外的收入分配,在资金流量核算中还进一步考察了对外的资本转移和各种金融往来。其中,尤以资金流量核算涉及的对外经济交易最多,与国际收支核算的关系也更为紧密。比如,以宽口径的资金流量核算为例,其中所涉及的产品进出口、对外的劳动报酬收支和财产收入收支、对外的各种经常转移收支、对外的资本转移和非生产非金融资产交易、对外的各种金融交易等资金流量都属于国际收支的范畴。资金流量核算之所以将这些国际收支涵盖在内,主要是为了完整地反映在一定时期国内各机构部门全部的资金运动过程和资金的来源与去向,同时也是国民经济核算的系统原则和平衡原则所内在要求的。

然而,尽管如此,国际收支核算子系统的建立仍然有其特殊的价值。这是因为:一方面,它以更为系统的形式概括了国际收支的全部内容,其核算目的与其他核算有所不同;另一方面,它不仅表现了国际间交易流量的水平和构成,而且还以适当方式反映了一国的国际收支平衡状况,可为宏观经济管理和分析提供重要的数据基础。

三、国际头寸核算与资产负债核算

在上一章中我们已经了解到,资产负债核算是关于经济存量的核算,也就是要对国民经济及其各部门在某一时点的全部经济存量进行系统的核算。而且在核算中我们注意到,在开放经济条件下国民经济各部门都或多或少地拥有一些对国外的资产和负债(即国际头寸)。正因如此,在汇总计算一国的国民财富时,我们必须把该国对国外的净金融资产也包括在内。

既然这里的国际头寸核算也属于存量核算的范畴,那么,它与资产负债核算是一种什么关系?应该说,国际头寸核算与资产负债核算的关系,就如同上面说明的国际收支核算与资金流量核算的关系,尽管在资产负债核算中也涉及一国常住单位的各种对外资产和负债存量,但其主要目的是全面地核算国民经济各部门在一定时点的经济存量,其对各种对外资产和负债的分类也要服从和服务于这一目的;而国际头寸核算则侧重对一定时点一国的常住单位所拥有的对外资产存量、对外负债存量以及净头寸进行详细的核算,体现一个国家在特定时点上的对外债权债务关系。因此,将国际头寸单列出来进行系统的核算,不仅有助于完善一国的资产负债存量核算,而且可以在对外资产和负债的分类等方面有所不同,以服从和服务于国际经济分析和政策制订的需要。作为广义国际收支核算的重要组成部分,国际头寸核算子系统的建立和完善同样有其特殊的分析价值。

§7.2 对外经济交易与国际收支核算

前已指出，国际收支核算就是关于对外经济交易的核算，它与资金流量核算的联系非常紧密。所以，从某种意义上也可以说，国际收支核算就是关于对外经济交易的资金流量核算。然而，由于其分析领域和目的的特殊性，在具体核算框架和方法上国际收支核算又有着不同于一般资金流量核算的特点。本节专门讨论其核算和分析方法。

一、国际收支及其账户分类

有关国际收支的基本概念、核算主体和核算内容前面已经说明。简而言之，国际收支是指发生在常住单位与非常住单位之间的各种经济交易。这些交易与国内交易类似，也可以分为两种：一种是"有偿交易"，另一种是"无偿转移"。所谓"有偿交易"指的是以等价交换或对等支付为基础的交易，其收支流量是双向的、对等的；而"无偿转移"则是单向的、不存在任何对等支付的交易。前者如国际间的货物和服务交易、证券交易、资金借贷，后者如国际间的援助或捐赠、支付国际组织的会费等。但是，在国际收支中，不包括非常住单位自身的、与常住单位毫无关系的各种经济活动，如生产、消费、资本形成等。所以，国际收支核算的交易分类与国民经济核算的一般交易分类既有相似的地方，又不尽相同。

具体讲，在国际收支核算中，对各种国际收支是按账户的形式分门别类组织核算的，账户的分类也就是交易的分类。譬如，在国际货币基金组织制订的《国际收支和国际投资头寸手册(第六版)》即 BPM6 中，各种国际收支被分别记入三大账户：一是经常账户，二是资本账户，三是金融账户。其中，经常账户记录货物和服务进出口，以及收入分配交易等各种经常项目，具体又分为"货物和服务账户"、"收入初次分配账户"和"收入再分配账户"三个子账户；资本账户记录资本转移和非生产非金融资产的买卖等资本项目，金融账户记录直接投资、证券投资、金融衍生工具和雇员股票期权、其他投资和储备资产增减等金融项目，两者共同构成对外积累交易账户。有关国际收支核算的账户分类与编码如图 7—1 所示。

国际收支账户
- 1.经常账户
  - A.货物和服务账户
    - a.货物账户(下分 3 类)
    - b.服务账户(下分 12 类)
  - B.初次分配账户
    - (1)雇员报酬账户
    - (2)投资收益账户
    - (3)其他原始收入账户
  - C.再分配账户
    - (1)政府的经常转移账户
    - (2)其他部门的经常转移账户
- 积累账户(即资本和金融账户)
  - 2.资 本 账 户
    - (1)非生产非金融资产交易账户
    - (2)资本转移账户
  - 3.金 融 账 户
    - (1)直接投资账户
    - (2)证券投资账户
    - (3)金融衍生工具和雇员股票期权
    - (4)其他投资账户
    - (5)储备资产账户

图 7—1 国际收支核算的交易或账户分类

显然，国际收支核算关于经常项目(账户)和资本项目(账户)的分类与资金流量核算基本一致，只是国际收支核算所涉及的有关交易项目较为特殊、更为单纯而已。两者的差别主要还是表现在金融交易(账户)的分类上。

与资金流量核算比较，国际收支核算中的金融交易分类也要适当考虑金融工具的差别，但更为强调交易目的和功能方面的差别，在 BPM6 中分为五大类(见图 7－1，这称为金融交易或金融项目的“功能分类”)。以“直接投资”为例，其中就包括了许多以持有企业的股票或股权等形式而进行的投资；但它与后面的“证券投资”在性质上又有根本的区别。又如“储备资产”，其中除了“货币黄金和特别提款权”这类特殊的金融资产而外，还包括由货币当局持有的外汇资产和其他可以作为国际支付手段的对外金融资产；在资金流量核算中，它们是被分散记录在各种金融工具类别之中的，难见其系统性。毕竟，国际收支核算与资金流量核算两者的分析作用不尽相同，因此，即便对于同样一些金融交易，也可以采用不完全相同的方式进行分类。

在国际收支(以及国际投资头寸)核算中，除了采用以上金融交易或金融项目的“功能分类”而外，同时也可适当应用金融工具分类，但通常将其简化、归并为以下三类：(1)股权和投资基金份额；(2)债务工具(包括 SDR，通货和存款，债务性证券，保险、养老金和标准化担保计划，其他应收/应付账款)；(3)其他金融资产/负债(包括货币黄金，金融衍生工具和雇员股票期权)。

二、国际收支的记账方法和计量原则

(一)国际收支核算的记账方法

通过将国际收支区分为不同的项目，可以对国际收支进行分门别类的核算，提供详细的国际收支分类数据。但这并不意味着各种国际收支项目之间是相互独立的。事实上，任何一笔对外经济交易都不是只与某个国际收支项目有关，而是同时涉及两个或两个以上的国际收支项目。比如，当一国进口一批货物，并用外汇来支付货款时，一方面表现为本国实际资源的增加(货物的进口)，另一方面则表现为外汇资产的减少。又如，当一国向国外的灾民捐赠一批救济物资时，一方面表现为本国实际资源的减少(货物的出口)，另一方面则意味着本国发生了一笔经常转移支出。为了充分地体现国际收支的这一特点，显然有关国际收支的数据最好按照复式记账的规则来进行记录。为此，在国际收支核算中，每一国际收支项目都设有“贷方”和“借方”。其中，贷方记录收入性经济行为，包括货物和服务的出口、收入的获得、接受转移、金融资产的减少和负债的增加；借方记录支出性经济行为，包括货物和服务的进口、收入的支付、转移支出、金融资产的增加和负债的减少(见表 7－1)。对于每一笔对外经济交易，都必须同时在有关账户的“借方”或“贷方”进行等额的记录，做到“有借有贷，借贷相等”。

在具体运用复式记账规则记录国际收支数据时，还应该注意以下三点：

1. 对于存在对等支付关系的交易(有偿交易)，直接按实际交易的支付内容进行对等记录。例如：

表 7—1　国际收支账户的借贷记录

账　户	借　方	贷　方
经常账户	1. 从国外进口货物和服务 2. 常住者去国外旅游 3. 常住者在国外的直接购买 4. 对非常住者支付投资收益 5. 对非常住者支付的经常转移	向国外出口货物和服务 非常住者在本国旅游 非常住者在本国的直接购买 自非常住者获得投资收益 自非常住者获得的经常转移
资本账户和金融账户	6. 对非常住者支付的资本转移 7. 对外短期或长期资产的增加 8. 对外短期或长期负债的减少 9. 储备资产的增加	自非常住者获得的资本转移 对外短期或长期资产的减少 对外短期或长期负债的增加 储备资产的减少

(1)若某国的常住单位出口一批货物，首先应在经常账户中的货物账户的贷方记录一笔“出口”；至于借方记录什么、记录在哪里，就要看具体交易的内容和方式了。如果出口货物的购买方是以外汇现钞支付的货款，就在其他投资账户的借方记录“外汇资产增加”；如果出口方直接将货款存入了国外银行，就在其他投资账户的借方记录“银行存款增加”；如果购货方尚未付款，而是开具短期票据延期支付，就在其他投资账户的借方记录“应收货款增加”；如果是易货贸易，就在货物贸易账户的借方再记录一笔“进口”；而如果该批出口货物被用于抵偿一笔债务(贷款)，则就应该在其他投资账户的借方记录“接受贷款减少”。

(2)若某国境内的外商独资企业获得一笔投资收益，首先应在经常账户中的收入账户的借方记录“应付投资收益”；贷方记录依具体交易而定。如果该笔收益已被外商以外汇形式提取，就在其他投资账户的贷方记录“外汇资产减少”；如果该笔收益已被存入本国银行，就在其他投资账户的贷方记录“非常住单位存款(对外负债)增加”；如果该笔收益并未提取，而是仍然留在原外商企业中，作为追加投资，就在直接投资账户中的引进外资账户的贷方记录“外商再投资收益的增加”。

2. 对于不存在对等支付关系的交易(无偿转移)，一方面按实际交易的内容或结果在有关账户上给予记录，同时在“经常转移账户”或“资本转移账户”上进行对应记录。后两类账户就是专门为了记录单向的无偿转移而设置的。例如：

(1)若某国的常住居民由国外获得一笔外汇汇款，就在其他投资账户的借方记录“外汇资产增加”，并在经常转移账户的贷方记录“侨汇收入”。

(2)若某国向国外援助一批赈灾物资，就在货物贸易账户上记录“出口”，并在经常转移账户上记录“援外物资”。

(3)若某国取消一笔其他国家所欠的债务(贷款)，就在其他投资账户的贷方记录“对外贷款减少”，并在资本转移账户的借方记录“减免国外的债务”。

3. 对于只存在一个交易者的特殊交易(如由于移民而引起的财产变化)，其复式记账方式与上类似：一方面按现金转移或实物转移的具体内容在有关账户上进行记录，另一方面在“资本转移账户”上进行对等记录。

依据复式记账原理，如果没有统计误差，全部国际收支的借方总额与贷方总额应该是恒等的。这种平衡关系既是我们组织核算的方法论基础，也是我们进行经济分析的重要依据之一。

（二）国际收支核算的计量原则

在国际收支核算中，也遵循着国民经济核算的一般计量原则。同时，还要考虑对外经济往来和国际收支核算本身的具体特点。

1. 国际收支的计价原则

国际收支核算也要求采用核算期的实际市场价格进行有关交易的估价。这种市场价格是直接影响到特定交易的实际支付流量的价格，它允许同样数量的交易物在不同情况下采用不同的价格。因此，现行的实际市场价格不应简单地等同于市场报价、国际价格和指导性的管理价格等，后面这些价格形式不一定就是实际交易时所采用的市场价格，不能反映实际形成的支付流量。

在实践中，对于易货贸易、跨国公司与其国外子公司或分支机构之间的交易、非市场性的货物或服务交易等，可以参照类似交易的市场价格（报价或实际价格）进行估价。此外，对一些特殊交易项目还可以运用“收益还原”等方法来进行近似估价。

就货物贸易而言，常见的市场价格有：“离岸价格（起运港船上交货价格，简记为 FOB）”和“到岸价格（成本加保险费和运费价格，简记为 CIF）”，以及“成本加运费价格（简记为 C&F ）”等。在各国的海关统计中，为了反映实际进、出口岸的货物总值，一般按离岸价格计算出口，而按到岸价格计算进口。但在国民核算中，这样估价存在着两个问题：(1)估价标准不统一，同样的商品（货物）在出口时采用离岸价格估价，在进口时又采用到岸价格估价，这就相对地高估了进口而低估了出口，对于货物贸易的收支平衡分析显然不利。(2)分类概念不清楚，采用到岸价格计算进口，实际上就将一部分运输和保险服务的内容包含到了货物贸易之中，这对于服务贸易的收支平衡分析显然也不合理。而且针对进口物资的运输和保险服务既可能由国外的运输和保险企业提供，也可能由国内的运输和保险企业提供，在性质上前者属于服务的进口，后者则属于国内交易（常住单位之间的交易）。因此，在国际收支核算和其他涉及国际收支的国民经济核算中，货物的进、出口原则上都应该统一按“离岸价格”进行估价。

当然，在国民核算中，货物交易与服务交易的区分并非总是绝对的，因为在按离岸价格计算的出口货物总值中，也会包含一些运输、搬运和保险费用；不过，这些服务活动在核算上被看成是常住单位之间互相提供的，因而不作为国际收支中的服务贸易。

2. 国际收支的记录时间原则

在对外经济往来中，一项交易可能涉及几种既相关又不同（或不完全相同）的时间概念。如在货物贸易中，就分别有签约时间、交货时间、货物装运时间、海关结关时间、银行结算时间，等等。这里也有一个核算资料记录时间的选择问题。

国际收支交易的记录时间原则上仍然应该遵循“权责发生制”，也即在有关的经济价值产生、转换、交换、转移或消失时进行记录。例如，货物的进出口应在其所有权发生变更时记录；服务的进出口应在实际耗费时（一般与服务的生产时间一致）记录；利息、股息在其应付时记录；直接投资中的收益再投资，应在用赚取的收益进行投资的时间记录；由一方支付给另一方的税收、罚款等经常转移，应在该项应付的负债发生时记录；资本转移应在资产的所有权被注销时记录；金融债权债务的发生，应在其权利义务发生时（亦即债权人和债务人确立债权债务关系，并分别在各自有关的账目上登记的时间）记录。总之，应在交易项目的所有权在常住单位和非常住单位之间发生变更时记录有关的核算资料。在这里，所有权的变更可以表现在法律形式上，也可以表现在实物或者实际的控制权、占有权上。国民经济核算和宏观经济分析特别强调,一项交易的经济属性应该高于其法律形式,因而在实际运用"权责发生制"规则时,还需要根据具体交易情况灵活掌握。

3. 国际收支的记账单位原则

与国内的经济交易不同,对外经济交易通常是以各种不同的货币单位来计量和表示的,所以,国际收支核算必须首先将其换算成统一的货币记账单位,然后才能通过汇总、整理各种各样的交易资料,进行全面综合的核算。原则上,当把以各种不同的货币单位记录的国际收支转换成某种统一的记账单位时,应采用有关的交易发生时通行的市场汇率,并且取购买汇率和销售汇率的中间值;在没有这样的汇率时,也应以最近时期的中间汇率替代。

在实践中,各国在确定其国际收支核算的货币记账单位时通常有两种方式:一是选用本国货币作为记账单位;二是选用某种汇率较为稳定且为多数交易所采用的外币(所谓"关键货币")作为记账单位,如中国目前采用美元作为国际收支核算的记账单位,而欧盟各国则采用欧元作为其国际收支核算的记账单位。为了便于汇总和比较分析,国际货币基金组织还采用一定方式将不同记账单位的各国国际收支资料换算成统一的关键货币,或某种通用的"标准记账单位"。

三、国际收支平衡表的结构和内容

(一)国际收支平衡表的基本结构

国际收支平衡表是系统描述国民经济总体在一定时期内全部对外经济交易流量的统计平衡表,也是国际货币基金组织规定其成员国必须参照由其颁布的《国际收支和国际投资头寸手册》逐期编制、并向基金组织定期报送的一张平衡表。下面关于国际收支平衡表的内容,将主要参照国际货币基金组织颁布的 BPM6 加以介绍,其简化表式如表 7－2 所示。

不难看出,表 7－2 的主栏(横标目)依次列示的是经过适当分类的国际收支诸账户和诸项目。如前所述,所有国际收支项目被分成了经常项目、资本项目和金融项目三大类,并分别记录在经常账户、资本账户和金融账户中。该表的宾栏(纵标目)所列示的则是账户的借方、贷方和相应的差额。它们与主栏(横标目)所列示的各种国际收支项目交叉,分别用于记录一定时期一国在各种国际收支项目上的收入、支出和收支差额等。

(二)国际收支平衡表的主要内容

一般说,国际收支平衡表各部分的主要核算内容如下:

1. 货物和服务账户

(1)货物的进出口,是指常住单位与非常住单位之间的买卖交易、易货交易或赠与交易等。一般情形下,货物进出口需要跨越国境或通过海关。但是,这里仍然有两种例外:一是跨越国境或海关的货物不一定都属于进出口,二是货物进出口也不一定都会跨越国境或海关。前者如过境的货物、运输设备或其他设备,进出某国仅供展览用的货物,在某国与其驻外大使馆(或军事基地等其他领土飞地)之间进出的货物,等等,它们都不涉及常住单位与非常住单位之间的交易,因而不属于进出口;后者如常住单位拥有的各种运输工具和远洋打捞船队在国外直接购买并在国外或国际水域、空域内消费掉的货物,以及常住单位拥有的其他离岸设施(如在国际水域作业的石油钻井或天然气平台)在国外购买并就地消费掉的货物,它们都涉及了常住单位与非常住单位之间的交易,因而尽管没有经过口岸,仍然必须作为进出口处理。可见,国际收支核算中的货物进出口与海关统计中的货物进出口是有所不同的。

表 7—2 国际收支平衡表(简表)

国际收支	金额		
	借方	贷方	差额
	①	②	③=②−①
1 经常账户	**594**	**607**	**13**
1.A 货物和服务	**499**	**540**	**41**
1.A.a 货物	392	462	70
1.A.a.1 一般货物	370	439	
1.A.a.2 用于转口贸易的货物	22	21	
1.A.a.3 商品黄金	0	2	
1.A.b 服务	107	78	−29
1.A.b.1 加工服务	10	5	
1.A.b.2 维护和维修服务	2	1	
1.A.b.3 运输	9	8	
1.A.b.4 旅行	30	23	
1.A.b.5 建设	3	2	
1.A.b.6 保险和养老金服务	4	5	
1.A.b.7 金融服务	10	4	
1.A.b.8 知识产权使用服务	4	2	
1.A.b.9 电信、计算机和信息服务	14	7	
1.A.b.10 其他商业服务	6	7	
1.A.b.11 个人、文化和娱乐服务	8	9	
1.A.b.12 别处未涵盖的政府货物和服务	7	5	
1.B 收入初次分配	**40**	**50**	**10**
1.B.1 雇员报酬	2	6	
1.B.2 投资收益	38	44	
1.B.3 其他原始收入	0	0	
1.C 收入再分配	**55**	**17**	**−38**
1.C.1 政府部门	20	7	
1.C.2 其他部门	35	10	
1.C.3 养老金权益变化调整	0	0	
2 资本账户	**4**	**1**	**−3**
2.1 非生产非金融资产的获得和处置	0	0	
2.2 资本转移	4	1	
非金融账户:净贷出(+)或净借入(−)			**10**
3 金融账户:净金融投资(+)或净负债(−)	**57**	**47**	**−10**
3.1 直接投资	**8**	**11**	**3**
3.1.1 股权和投资基金份额	10	3	
3.1.2 债务工具	−2	8	
3.2 证券投资	**18**	**14**	**−4**
3.2.1 股权和投资基金份额	4	9	
3.2.2 债务证券	14	5	
3.3 金融衍生工具和雇员股票期权	**3**	**0**	**−3**
3.4 其他投资	**20**	**22**	**2**
3.5 储备资产	**8**	**—**	**−8**

(2)服务的进出口,是指发生在常住单位与非常住单位之间的服务的提供和享用。从性质上讲,服务与货物的进出口需要适当加以区分,但这种区别并不是绝对的。一方面,货物的进出口中通常可能包含一些服务的因素,如将货物运抵出口国港口的运输和保险服务等;另一方面,出于实际的考虑,服务的进出口中有时又不得不包含部分货物的因素,如旅客运输中提供的食品和饮料,或者外国游客在国内市场上购买的货物。不过,服务贸易不包括所谓"劳务输出(或输入)",后者没有被纳入"国内生产"的范畴,因而不能作为服务贸易处理,有关的收入和支出必须作为分配项目来处理。

对外服务贸易的领域十分广阔,其内容也越来越丰富。在现行的国际收支核算标准(BPM6)中,服务被进一步划分为12种类型(详见表7-2)。

2. 收入初次分配(原始收入)账户

(1)雇员报酬,是指常住单位得自(或支付给)非常住单位的各种工资、薪金和其他福利,既包括货币报酬,也包括实物报酬。

(2)投资收益,这属于财产收入,具体表现为利息、股息、红利和其他投资收益。投资收益产生于对外拥有的各种金融资产或对外承担的各种金融负债,按其形成来源可以分为直接投资收益、证券投资收益和其他投资收益。投资收益即便被用于再投资,也仍然要先在收入账户中记录投资收益的获得或支付,然后在金融账户中记录相应的再投资。

(3)其他原始收入,包括对外的生产税(增值税、进口税、出口税和补贴),以及地租等初次分配收支。

3. 收入再分配(经常转移)账户

(1)政府经常转移,是指政府之间、政府与国际组织之间以及政府与其他非常住单位之间的各种经常转移,包括:对战争或自然灾害的援助和捐赠,政府对国际组织的定期缴款和国际组织对政府的定期转移,所得税和财产税的收缴,社会保险的缴款和付款,经过裁决的各种罚款,等等。

(2)其他部门经常转移,是指个人、企业、非政府机构或团体之间,以及非政府常住单位与国外政府或国际组织之间的各种经常转移,包括:无偿援助和捐赠,侨汇,所得税和财产税的支付,社会保险的缴款和付款,罚款和博彩收支,等等。这些项目中的许多与政府经常转移中的相应项目非常类似,只是参与交易的主体略有不同而已。

政府转移与其他部门转移的区别是:前一种转移的提供者和接受者通常都是政府机构或国际组织,后一种转移的提供者和接受者通常都是非政府部门的机构单位。但是,如果一种转移的提供者和接受者中有一方是政府机构或国际组织,另一方是其他类型的机构单位,则该种转移究竟属于政府转移还是其他部门转移,应该由参与交易的常住单位的类型来确定。换言之,凡是本国政府提供的转移(无论其接受者是否政府机构或国际组织)或接受的转移(亦无论其提供者是否政府机构或国际组织),都属于国际收支核算的政府转移;而凡是本国非政府机构单位提供的转移(无论其接受者是否民间机构单位)或接受的转移(亦无论其提供者是否民间机构单位),都属于国际收支核算的其他部门转移。

4. 资本账户

(1)非生产非金融资产获得和处置。该类项目一般包括土地、地下资产等自然资源,以及合约、租约、许可、商誉和营销资产等非生产无形资产。但由于土地的拥有者已被界定为所在国的常住经济单位,因而国际收支核算只须考虑其他非生产资产的买卖活动。

(2)资本转移,包括政府部门或非政府部门之间的投资捐赠、债务减免、未保险严重事故的赔偿(如石油泄漏赔款等)和其他以积累为目的、与积累有关的无偿转移。这些转移都是发生在常住单位和非常住单位之间的,它们可以是现金转移,也可以是实物转移。此外,资本转移还包括由于移民而引起的财产变化:常住居民移居国外引起财产的减少,非常住居民移居本国则引起财产的增加。严格说,这种转移并非发生在两个交易者之间(常住单位和非常住单位之间),只是由于同一经济单位常住身份的变化(常住单位变为非常住单位,或非常住单位变为常住单位)所引起的财产变化,因而是一种"特殊的交易"。

5. 金融账户

(1)直接投资,是以参与企业管理或控制企业管理权为特征的一类投资活动。直接投资者通过对企业经营施加有效影响有可能获得丰厚的回报,因而投资者的利益是同所投资的企业长期联系在一起的。在国际收支核算中,只考虑跨国的(即发生在常住单位与非常住单位之间的)直接投资交易,具体包括:跨国设立全资企业或对其注入新的资金,跨国设立子公司、联营公司和其他分支机构或对其注入新的资金,以参股方式拥有国外某公司10%以上(含10%)的普通股股权或投票权,等等。

(2)证券投资,包括在各种股本证券和债务证券上所作的金融投资,前者如各种普通股、优先股和股权证等,后者如各种中长期公司债券、国库券、可转让债务工具等。与直接投资不同的是,证券投资者不以参与企业管理或掌握企业管理权为其投资的主要目的,通常也不能对企业经营实施有效的影响;两者具有不同的功能,因而需要分别考察。在国际收支核算中,为了适当区分在股本证券上进行的投资究竟是直接投资还是证券投资,通常采用前述的"10%标准",即以参股方式拥有国外某公司10%以上(含10%)的普通股或投票权者为直接投资,不足此数者则为证券投资。

证券投资与直接投资的区分有时又是相对的,在一定条件下,两者也可以相互转化。例如,某常住单位原来(上一个核算期)的对外投资持有股权不足10%,这属于证券投资;以后通过追加新的投资,达到或超过了10%的标准,则新追加的投资就属于直接投资了。至于原来进行的那部分证券投资,也要通过相应的再分类处理,重新调整为直接投资(这本身不属于国际收支核算的内容,而是一种非交易性质的外生变化),并在国际投资头寸核算中纳入直接投资的存量。

(3)金融衍生工具(除储备资产外)和雇员股票期权。该类别与资金流量核算中相应类别的内容基本相同,只是此处不包括纳入储备资产管理的金融衍生工具。

(4)其他投资,这是一个剩余项目,包括除直接投资、证券投资、金融衍生工具和雇员股票期权(以及后面将要说明的在储备资产上的投资)以外的所有金融交易的内容。该类交易可能涉及各种金融工具,主要有:特别提款权负债、流通货币(货币当局以外的常住单位所持有的外币或非常住单位所持有的本币)、各种存款(可转让存款和不可转让、但可在短期内承兑的存款)、各种贷款(包括贸易信贷、抵押贷款、回购协议、融资租赁、使用基金组织的信贷或贷款、各种预收或预付款项等),以及其他债权或债务(如在非货币性国际组织中认缴的股本金和各种应收、应付款项等)。

(5)储备资产,是由一国货币当局(央行、外汇管理局或联邦储备委员会等)拥有或控制、并可直接或间接用于平衡其国际收支的对外金融资产。具体包括各种金融工具的储备资产:货币黄金、特别提款权、在国际货币基金组织的储备头寸(向基金组织认缴的份额和对基金组织的贷款)、各种外汇资产(通货、存款和有价证券),以及其他具有高度流动性的对外债权。储备资产具有以下特征:首先,它是由中央银行或政府部门持有或控制的金融资产;其次,作为金融债权(此处忽略单方面的金融资产),它应该是对非常住单位持有的;最后,它还必须是具有高度流动性(变现性或可兑换性),因而能够随时用于平衡国际收支差额的对外金融资产。储备资产的多寡在一定程度上反映了一国的国际金融地位。

6. 国际收支表的账面平衡和误差调整

根据复式记账原理,表7—2中的国际收支借方(国际支付)总计和贷方(国际收入)总计应该是相互平衡的。但是,实际编制国际收支平衡表时,对于一定时期发生的各种国际收支往往不是逐笔记录的,而是从宏观上分别搜集各个项目的数据资料,如从海关搜集有关货物进出口的资料,从旅游部门搜集有关国际旅游服务的资料,从银行等部门搜集有关金融项目的资料,等等,而这些资料往往都是汇总过的总额数据,它们在统计口径、记录时间、估价方法、换算汇率等方面不可避免地会与前述国际收支核算的一般原则要求有出入或不一致,因此,实际计算出的国际收支借、贷总额通常难以恰好相等。所以,世界各国在实际编制国际收支平衡表时,往往需要通过在表的主栏中设置"误差与遗漏"项目才能实现账面平衡。为简单计,表7—2的数例中假定误差与遗漏为零。

四、国际收支平衡表的分析应用*

国际收支平衡表是国际收支核算的重要工具和表现形式。它集中反映了一国对外经济交易的规模和结构。通过对国际收支平衡表有关资料进行全面深入的分析,可以评价一国的国际经济地位及其参与国际经济竞争的能力,发现问题,找出症结,寻求对策,为国家的宏观经济管理与调控提供重要的决策依据。下面以中国2012年的国际收支平衡表为例(见表7—3),说明有关分析方法。

由表7—3可知,中国的国际收支平衡表与国际货币基金组织制订的核算标准(BPM5)在内容、结构和方法等方面基本一致,但结合中国的实际核算基础和分析需要作了适当简化或变通处理。主要表现在:在表的主栏中,将"储备资产"从资本和金融项目中单列出来,这样,中国国际收支平衡表的金融项目所记录的内容仅限于除官方储备资产之外的对外金融交易。

关于国际收支平衡表的常规分析,包括总量和结构分析、差额分析以及动态分析三个方面。

(一)国际收支总量及其结构分析

该项分析主要通过国际收支平衡表借方总额和贷方总额的水平,考察对外经济交易实际达到的总规模;通过各类对外交易的流量水平,考察国际收支的结构特征;通过国际收支诸指标之间以及国际收支指标与其他国民经济核算指标的对比,考察宏观经济运行的内在联系,等等。有关后一方面的内容,常见的分析方式有:通过商品进出口总额与国内生产总值的对比,考察国民经济生产成果与对外贸易关系的紧密程度(即外贸依存度);类似地,还可以分别计算外贸进口依存度和出口依存度指标,以及其他的国际收支依存度指标。再者,通过储备资产存量与外贸进口总额的对比,还可以研究储备资产存量对于稳定一国国际收支状况和国际金融地位的保证程度。一般认为,某一时点上较为适宜的储备资产存量,应该保持在近期内连续3～4个月累计进口额的水平,这样,才能在应付某些特殊情况时提供必要的清偿手段。

表 7—3 2012 年中国国际收支平衡表 单位:万美元

项目	差 额	贷 方	借 方
一、经常项目	19313915	245992560	226678645
A. 货物和服务	23184488	224831698	201647210
a. 货物	32159481	205688656	173529175
b. 服务	—8974993	19143042	28118035
B. 收益	—4213943	16044149	20258092
1. 职工报酬	1527756	1706562	178806
2. 投资收益	—5741699	14337587	20079286
C. 经常转移	343370	5116713	4773343
1. 各级政府	—309772	86340	396112
2. 其他部门	653142	5030373	4377231
二、资本和金融项目	—1681649	137832172	139513821
A. 资本项目	427228	454979	27751
B. 金融项目	—2108877	137377193	139486071
1. 直接投资	19111998	30788666	11676668
1.1 中国在外直接投资	—6235496	2335394	8570890
1.2 外国在华直接投资	25347494	28453272	3105778
2. 证券投资	4777927	8294148	3516221
2.1 资产	—639066	2366884	3005951
2.1.1 股本证券	202924	1198400	995477
2.1.2 债务证券	—841990	1168484	2010474
2.2 负债	5416994	5927264	510270
2.2.1 股本证券	2990270	3484652	494382
2.2.2 债务证券	2426724	2442612	15888
3. 其他投资	—25998803	98294379	124293182
3.1 资产	—23160044	14016801	37176845
3.1.1 贸易信贷	—6181200	41000	6222200
3.1.2 贷款	—6533211	2438478	8971688
3.1.3 货币和存款	—10470957	10265852	20736809
3.1.4 其他资产	25324	1271471	1246148
3.2 负债	—2838759	84277578	87116337
3.2.1 贸易信贷	4232600	5030000	797400
3.2.2 贷款	—1678433	64798144	66476577
3.2.3 货币和存款	—5937603	13394120	19331722
3.2.4 其他负债	544676	1055314	510638
三、储备资产	—9655157	1355103	11010260
3.1 货币黄金			
3.2 特别提款权	50535	69464	18929
3.3 在基金组织的储备头寸	161593	161593	
3.4 外汇	—9867285	1124046	10991331
3.5 其他债权			
四、净误差与遗漏	—7977109		7977109

资料来源:《中国统计年鉴 2013》。为简化起见,该表作了压缩处理。

以表 7－3 的数据为例，2012 年中国的货物和服务出口总计为 224831697 万美元，进口总计为 201647210 万美元，分别占当年经常账户收入、支出的 91.40％和 88.96％。其中，货物出口为 205688656 万美元，货物进口为 173529175 万美元，分别占当年经常账户收入、支出的 83.62％和 76.55％；而服务出口为 19143042 万美元，服务进口为 28118035 万美元，两者分别仅占当年经常账户收入、支出的 7.78％和 12.40％。这说明，货物和服务贸易占中国经常账户的绝大比重，其中又以货物贸易为主，而服务贸易的规模则相对较小，特别是服务出口仅相当于同期货物出口的约 1/10。

如果将货物的进出口与当年的国内生产总值联系起来，考察中国的经济发展与对外贸易关系的紧密程度，即计算外贸依存度，那么我们注意到，2005－2012 年中国的外贸依存度不论按何种口径计算都呈下降的趋势（见表 7－4）。这与国际金融危机对全球经济的冲击有关，同时也反映出为了规避国际经济不景气的消极影响，中国的经济发展开始更加注重内需的拉动（与第 3 章中表 3－13 的分析结论一致）。然而，需要注意的是，中国的外贸依存度可能存在一些“虚高”的成分。比如，2005 年中国按货物进出口总额计算的外贸依存度高达 63.2％，而在金融危机最严重的 2009 年则急剧下降到 44.2％，下降了 19 个百分点，下降幅度达 30％，主要的原因就在于：在中国的货物进出口中加工贸易占有较大的比重，而依据 1993SNA 的建议，加工贸易中的来料价值和产品交货价值被分别统计为货物的进口和出口，这无疑会加大中国的外贸依存度；而一旦国际经济形势恶化，加工贸易减少，外贸依存度又会随之大幅下降①。所以，关于中国外贸依存度的高低，需要辩证地认识。

表 7－4　2005－2012 年中国的货物进出口、GDP 及外贸依存度

指　　标	2005 年	2008 年	2009 年	2010 年	2011 年	2012 年
货物进出口总额（亿元）	116921.8	179921.5	150648.1	201722.1	236402.0	244160.2
出口总额	62648.1	100394.9	82029.7	107022.8	123240.6	129359.3
进口总额	54273.7	79526.5	68618.4	94699.3	113161.4	114801.0
进出口差额	8374.4	20868.4	13411.3	12323.5	10079.2	14558.3
国内生产总值（亿元）	184937.4	314045.4	340902.8	401512.8	473104.0	518942.1
外贸依存度（％）						
按货物进出口总额计算	63.2	57.3	44.2	50.2	50.0	47.0
按货物出口总额计算	33.9	32.0	24.1	26.7	26.0	24.9
按货物进口总额计算	29.3	25.3	20.1	23.6	23.9	22.1
按货物进出口差额计算	4.5	6.6	3.9	3.1	2.1	2.8

此外，从表 7－3 我们还可看出，2012 年中国从国外得到的投资收益达 14337586 万美元，对国外支付的投资收益达 20079286 万美元，分别在中国的收益账户中占绝大比重。政府的经常转移收入和支出分别为 86340 万美元、396112 万美元，后者是前者的 4 倍多；而民间（其他部门）的经常转移规模更大，收入和支出分别为 5030373 万美元、4377231 万美元。

① SNA2008 建议，加工贸易中的来料价值和产品交货价值不作为货物的进口和出口处理，仅核算当事国出口和进口的“加工服务”。可以预期，一旦 SNA2008 的这一建议付诸实施，中国的外贸依存度将会更加真实。

类似地,我们也可以对资本和金融项目的总量及其结构进行分析。2012 年中国资本和金融项目的贷方数字为 137832172 万美元,借方数字为 139513821 万美元,其中资本项目在贷、借两方所占比重都不到 1%,而金融项目则占 99%以上。深入分析,在金融项目中又以短期贷款在贷、借两方所占比重最大,分别占金融项目贷方和借方数额的 43.2%和 44.5%;其次是直接投资(主要是外国在华直接投资);再次是货币和存款、证券投资、长期贷款等。

(二)国际收支差额及其平衡分析

从国际收支平衡表的结构及其编制原理,我们已经知道,国际收支平衡表的"平衡"是建立在复式记账原理基础上的,是指借方总计与贷方总计相互平衡。也就是说,这种平衡本质上属于核算的平衡。至于国际收支本身,则往往是不平衡的。所以,为了对一国的国际收支平衡状况进行分析,我们还需要在国际收支平衡表的基础上计算各种国际收支差额。

首先,对于国际收支平衡表中的每一账户(或交易项目),可以用贷方数字减去借方数字,计算其"差额"指标。一般地,当该差额为正数时,表示收大于支(顺差);当该差额为负数时,则表示支大于收(逆差);而当借贷方数额相等时,差额为零,表示收支平衡。并且,每一账户下各交易项目的差额之和等于该账户的总差额;某一部分的差额之和则与其余部分的差额之和互为相反数(绝对值相等,符号相反)。例如:

货物和服务差额=货物(有形)贸易差额+服务(无形)贸易差额 (7—1)

经常账户差额=货物和服务差额+收入初次分配差额+收入再分配差额 (7—2)

金融账户差额=直接投资差额+证券投资差额+金融衍生工具和雇员股票期权差额+其他投资差额+储备资产变动差额 (7—3)

经常账户差额+资本账户差额+金融账户差额=零(忽略误差因素) (7—4)
或:经常账户差额=-(资本账户差额+金融账户差额)

理解这种平衡结构,对于分析问题是有用的。但有一点需引起注意,就储备资产账户而言,差额为正(顺差)意味着储备资产的净减少,差额为负(逆差)则意味着储备资产的净增加(这由差额的定义所决定)。

仍以表 7—3 的数据为例,2012 年中国货物贸易的顺差达 32159481 万美元,占当年经常账户顺差 19313915 万美元的 166.51%;而服务贸易为逆差,绝对额为 8974993 万美元。分项来看,造成中国服务贸易逆差的主要根源又在于运输、旅游、保险服务、专有权利使用费和特许费等几项的逆差太大。这说明,中国目前的经常项目仍以货物贸易为主;服务贸易则不仅规模小,而且在国际市场缺乏竞争力。

此外,从表 7—3 我们还可以看出,2012 年中国的投资收益账户出现了较大的逆差,绝对额为 5741699 万美元;而职工报酬账户的顺差较小,仅为 1527756 万美元,致使收益账户整体表现为逆差。政府间的经常转移规模虽小,但为逆差;民间的经常转移规模较大,且为较大的顺差,以至于经常转移账户整体也为顺差。

类似地,我们还可以对表 7—3 的资本和金融账户、储备资产账户的差额分别进行分析,这里从略。

其次,为了更为概括地评价一个国家在一定时期内的国际收支状况是好还是坏,我们还可以在国际收支平衡表各种国际收支项目差额的基础上,计算一些较为综合的国际收支差额。其具体做法是，首先在国际收支平衡表中任意地画一条水平线，把纵向排列的所有国际收支项目一分为二，位于水平线上的项目称为线上项目，位于水平线下的项目称为线下项目；然后就线上项目计算总差额（也就是把水平线上的各项目差额相加）。显然，在国际收支平衡表中我们可以画出很多这样的水平线，从而可以计算出很多这样的总差额；并且这条水平线划得越低，位于线上的项目就越多，所计算出来的总差额的概括性就越强。

通常，线上项目被认为是自主性交易项目，即一国主动采取的交易；而线下项目被认为是调节性交易项目，是为了给线上项目融资而发生的交易。既然划线的位置可以依据分析的需要而灵活确定，可见关于国际收支中自主性交易与调节性交易的区分又是相对的。我们只需对各种对外经济交易依其自主性程度进行适当的分类和排序，从而显示出一定的层次性，然后在表中的适当项目之下划一条水平线，线上的部分就是自主性项目，其差额（如果存在）必定可由线下项目的相反差额来弥补、调节或抵销。表 7—5 就是这样建立的一个国际收支平衡分析表[①]，最后一列的“线上差额（累计栏）”显示了国际收支分析中一些常用的差额指标。

表 7—5 国际收支差额分析的结构

<table>
<tr><td colspan="3" rowspan="2"></td><td>借 方</td><td>贷 方</td><td>差 额</td><td>线 上 差 额</td></tr>
<tr><td>①</td><td>②</td><td>③=②-①</td><td>④=逐行累计③</td></tr>
<tr><td rowspan="4">经常账户</td><td rowspan="2">货物和服务账户</td><td>货 物</td><td>货物进口</td><td>货物出口</td><td>有形贸易差额</td><td>有形贸易差额</td></tr>
<tr><td>服 务</td><td>服务进口</td><td>服务出口</td><td>无形贸易差额</td><td>有形和无形贸易差额</td></tr>
<tr><td colspan="2">收入初次分配账户</td><td rowspan="2">支 出</td><td rowspan="2">收 入</td><td rowspan="2">初次分配和
经常转移差额</td><td rowspan="2">经 常 差 额</td></tr>
<tr><td colspan="2">收入再分配账户</td></tr>
<tr><td rowspan="7">资本和金融账户</td><td colspan="2">资本账户</td><td>提供转移
购买资产</td><td>获得转移
出售资产</td><td>资本往来差额</td><td>净贷出或净借入</td></tr>
<tr><td rowspan="6">金融账户</td><td>直接投资</td><td rowspan="3">增资产
减负债</td><td rowspan="3">增负债
减资产</td><td rowspan="3">长 期 金 融
交 易 差 额</td><td rowspan="3">基 本 差 额</td></tr>
<tr><td>长期证券投资</td></tr>
<tr><td>其他长期投资</td></tr>
<tr><td>短期证券投资</td><td rowspan="2">增资产
减负债</td><td rowspan="2">增负债
减资产</td><td rowspan="2">短 期 金 融
交 易 差 额</td><td rowspan="2">国际收支总差额</td></tr>
<tr><td>其他短期投资</td></tr>
<tr><td>储备资产</td><td>增资产</td><td>减资产</td><td>储备变动差额</td><td>零（借贷总量平衡）</td></tr>
</table>

在表 7—5 的各项线上差额中，“有形贸易差额”、“有形和无形贸易差额”以及“经常差额”的意义不言自明。一般而言，有形贸易差额是国际收支经常项目中比重最大的一项，对一国的国际收支平衡状况常常起到关键性的作用。经常差额又是衡量一国对外经济往来实力和国际收支状况的基本指标，它从根本上决定了国际收支差额的总体态势。经常差额必须通过资本和金融交易的差额来予以调剂或弥补。

进一步引入资本转移和非金融非生产资产买卖等交易内容，累计得到的线上差额就是“对外净贷出（或净借入）”。该指标的经济意义与资金流量核算中的有关概念相同，即表明

① 参阅杨灿：《国民核算与分析通论》，中国统计出版社，2005 年，第 222 页。

一国在整个非金融交易中的资金余缺情况。这一资金余缺只能通过对外的金融交易差额来予以调剂或弥补。

“基本差额”是全部对外经常交易、资本交易和长期金融交易的累计差额，反映各种较为稳定的基本因素在近期内对一国国际收支平衡状况的综合影响。为此，需要对证券投资和其他金融投资按期限长短进行适当划分，通常采用的标准是以一年为期限：时间不足一年的为短期投资，达到或超过一年的则为长期投资。基本差额的平衡方式无非有两种：一是灵活运用金融政策工具，通过短期融资手段调剂差额；再就是增减储备资产，最终实现核算上的差额平衡。

“国际收支总差额”是国际收支差额的最为概括的度量，也是最终需要由储备资产变动给予调节的各种自主性交易的总差额。它集中反映了全部国际收支交易实际是否平衡以及失衡的状况和程度。“国际收支总差额”与储备资产变动差额在数值上存在“大小相等、符号相反”的关系。当“国际收支总差额”为正，也即国际收支整体表现为顺差时，储备资产变动差额为负；而当“国际收支总差额”为负，也即国际收支整体表现为逆差时，储备资产变动差额为正。所以，正如上文已指出的，对于储备资产变动差额，其正负符号背后的经济意义应从反面去理解。

作为实例，依据表 7－3 的资料，我们不难计算出 2012 年中国的各种国际收支差额指标（见表 7－6）。

表 7－6　2012 年中国国际收支差额分析表　　单位：万美元

<table>
<tr><td colspan="3" rowspan="2"></td><td>借　方</td><td>贷　方</td><td>差　额</td><td>线上差额</td></tr>
<tr><td>①</td><td>②</td><td>③＝②－①</td><td>④＝③逐行累计</td></tr>
<tr><td rowspan="4">经常账户</td><td rowspan="2">货物和服务账户</td><td>货　物</td><td>173529175</td><td>205688656</td><td>32159481</td><td>32159481</td></tr>
<tr><td>服　务</td><td>28118035</td><td>19143042</td><td>－8974993</td><td>23184488</td></tr>
<tr><td colspan="2">收入初次分配账户</td><td>20258092</td><td>16044149</td><td>－4213943</td><td rowspan="2">19313915</td></tr>
<tr><td colspan="2">收入再分配账户</td><td>4773343</td><td>5116713</td><td>343370</td></tr>
<tr><td rowspan="6">资本和金融账户</td><td colspan="2">资本账户</td><td>27751</td><td>454979</td><td>427228</td><td>19741143</td></tr>
<tr><td rowspan="5">金融账户</td><td>直接投资</td><td>11676668</td><td>30788666</td><td>19111998</td><td rowspan="3">38046943</td></tr>
<tr><td>长期证券投资</td><td>3093422</td><td>7525239</td><td>4431817</td></tr>
<tr><td>其他长期投资</td><td>11231258</td><td>5993242</td><td>－5238015</td></tr>
<tr><td>短期证券投资</td><td>422798</td><td>768909</td><td>346111</td><td rowspan="2">17632266</td></tr>
<tr><td>其他短期投资</td><td>113061925</td><td>92301137</td><td>－20760788</td></tr>
<tr><td colspan="3">误差与遗漏</td><td>7977109</td><td></td><td>－7977109</td><td>9655157</td></tr>
<tr><td colspan="3">储备资产</td><td>11010260</td><td>1355103</td><td>－9655157</td><td></td></tr>
</table>

注：(1)表中“长期证券投资”为原表中的“2.1.1 股本证券”、“2.1.2.1（中）长期债券”、“2.2.1 股本证券”和“2.2.2.1（中）长期债券”等项之和；“短期证券投资”则为“证券投资账户”的“2.1.2.2 货币市场工具”和“2.2.2.2 货币市场工具”两项之和。(2)“其他长期投资”为原表中的“其他投资账户”（资产或负债交易）下的“长期贸易信贷”、“长期贷款”和“其他长期资产/负债”之和；“其他短期投资”则为“其他投资账户”下的“短期贸易信贷”、“短期贷款”、“其他短期资产/负债”及“货币和存款”等项之和。(3)为便于对国际收支总差额进行误差调整，表中的“金融账户”不含“储备资产”子账户。

由表7—6可知,2012年中国在货物贸易上有32159481万美元的顺差,而在服务贸易上则有8974993万美元的逆差,整个经常账户上拥有19313915万美元的顺差。中国从国外得到净转移资本427228万美元,在长期金融交易中又净流入资金18305800万美元,基本差额下的顺差已达38046943万美元;再通过短期融资方式净流出资金20414677万美元,应使得全部国际收支交易拥有17632266万美元的顺差。但考虑到误差因素并做适当调整,实际的国际收支总差额仅为9655157万美元,这一顺差最终使得中国的储备资产净增相同的数额。

这里需要注意的是,在实际分析中,整个国际收支出现顺差不一定是好事,反过来,出现逆差也不一定就是坏事。如果连续多年的顺差主要是由经常交易盈余构成的,就表明该国的国际收支状况具有非常坚实的经济基础,是以它所具备的对外经济实力作为主要支撑点的。而倘若该国的对外经常交易出现重大赤字,主要通过对外大量举债的方式来进行弥补,即使平衡了国际收支,甚或在短期内形成了一定数额的总顺差,这种国际收支地位仍然是不稳固的;一旦对外债务纷纷到期,必须偿还而又缺乏必要的资金实力,就有可能陷入国际支付的困境,甚至引发金融危机。

(三)国际收支的动态分析

在连续编制出不同年份国际收支平衡表的基础上,通过动态对比,可以观察国际收支在总量、结构和差额等方面的变动情况,进而探寻其影响因素,研究其变动趋势或规律,分析国际收支政策的实际效果,以便为未来的宏观经济管理与调控提供基础和依据。

比如,前面我们已经注意到,2012年中国的投资收益账户表现为逆差,高达5741699万美元,这在中国持有大量的美国国债、中资企业逐渐走向海外的情况下是少见的。那么,这是由当年的一些偶然因素造成的,还是预示着中国的投资收益账户已出现某种新的情况?我们查阅以前年份中国的国际收支平衡表,发现2002、2003、2004年中国的投资收益账户均为逆差,但逆差的绝对额在逐年变小,至2005年已变为顺差,然后这一态势一直保持到2010年。但是,在2009年投资收益的顺差达到创纪录的3612436万美元之后,2010年下滑至1819895万美元,2011年则已变为逆差2681798万美元,2012年逆差进一步扩大为5741699万美元。这说明,中国的投资收益账户具有某种阶段性特征,而这种阶段性特征又极有可能与中国的对外资产负债规模及其构成方面的变化有着紧密的联系。

§7.3 对外资产负债与国际头寸核算

一、国际头寸核算的内容和形式

前已指出,所谓国际投资头寸,是指一个国家的常住单位在一定时点(如期初、期末)所拥有的各种对外资产存量、对外负债存量以及净头寸。其中,净头寸是对外资产存量与对外负债存量的差额,相当于资产负债核算中的净值(或资产净值)概念。一个国家在一定时点拥有的对外投资头寸是其长期参与国际经济往来、特别是国际投资交易的累积结果。因为每个时期发生在常住单位与非常住单位之间的各种对外经济交易都会直接或间接地引起彼此间的资产和负债存量发生改变;除此之外,汇率的波动、价格的变化,以及黄金的货币化和非货币化、分类变化、自然灾害、无偿没收等一些其他因素也会导致一国的对外资产和负债存量发生改变。开展国际头寸核算，就是要对一定时点一国的常住单位所拥有的各种对外资产存量、对外负债存量和净头寸，以及在核算期内由于各种原因所引起的对外资产、对外负债以及净头寸的变化进行详细的核算，反映一个国家在特定时点上的对外债权债务关系以及在一定时期内所发生的增减变化，以服务于国际经济分析和政策制订的需要。

显然，国际头寸核算与国际收支核算是紧密联系、互相补充的关系，换言之，它们共同完成了对外经济领域的存量和流量核算。在上一节，我们通过国际收支平衡表对一国在一定时期内所发生的各种国际收支活动进行了核算。本节我们将以此为基础，对国际头寸核算再作一个概要的介绍。

从国际范围看，作为对外经济核算的重要组成部分，国际头寸核算主要采取两种表现形式：一是采取平衡表的形式，也就是借助于《国际收支和国际投资头寸手册》中的国际投资头寸表；二是采取账户的形式，也即借助于 SNA 的国外资产负债账户。这里仅对前者给予扼要介绍，后者则留待下一章再作说明。

二、国际投资头寸表

国际投资头寸表用于记录一定时点一个国家的对外资产和负债状况，以及一定时期内由于交易、价格变动、汇率变动和其他因素所引起的对外资产和负债的变动情况。与一般的资产负债表一样，国际投资头寸表也分别有期初表、期末表和变期内动表。其统计原则和前述各核算子系统一致，对于各种对外资产和负债存量，应按编表时点的市场价格估价；对于各种交易（也即国际收支）所引起的对外资产和负债变动，应与国际收支平衡表在数额上保持一致；对于价格变动、汇率变动所引起的对外资产和负债的持有损益，以及其他外生因素（如自然灾害、无偿没收、特别提款权的分配和撤销）所引起的对外资产负债数量变动，也要给予合理的估算。

综合了期初、期末和期内变动的国际投资头寸表的基本结构如表 7－7 所示。从中我们可以看出，该表的横行标目是关于国际投资的分类，分为两部分：前半部分是关于对外资产的分类，后半部分是关于对外负债的分类。而且这种分类与国际收支平衡表中关于金融账户或金融交易的分类完全一致，即首先按其功能的不同将各种国际投资归为五类：直接投资、证券投资、金融衍生工具和雇员股票期权、其他投资，以及储备资产；然后再按主要金融工具进行细分（参见上节中的说明）。如果有必要，还可以对各种金融工具按机构部门分类作更为详细的列示。

在国际投资头寸表的纵栏标目位置，顺次排列的是“期初头寸”、“各种因素（交易、价格变动、汇率变动、其他调整）引起的头寸变动”和“期末头寸”，用于在各个横行与这些纵栏交叉的位置，分别记录一个国家期初拥有的国际头寸、本期各种原因引起的头寸变动，以及到期末为止的国际头寸。

表 7—7 国际投资头寸表

	期初头寸	各种因素引起的头寸变动				期末头寸
		交易	价格变动	汇率变动	其他调整	
一、对外资产						
1 对外直接投资						
1.1 股权和投资基金份额						
1.2 债务工具						
2 证券投资						
2.1 股权和投资基金份额						
2.2 债务证券						
3 金融衍生工具和雇员股票期权						
4 其他投资						
4.1 其他股权						
4.2 通货和存款						
4.3 贷款						
4.4 保险、养老金和标准化担保计划						
4.5 贸易信贷和预付/预收款						
4.6 其他应收/应付款						
4.7 特别提款权(负债)						
5 储备资产						
5.1 货币黄金						
5.2 特别提款权						
5.3 在 IMF 的储备头寸						
5.4 其他储备资产						
二、对外负债						
1 国外在本国的直接投资						
1.1 股权和投资基金份额						
1.2 债务工具						
2 证券投资						
2.1 股权和投资基金份额						
2.2 债务证券						
3 金融衍生工具和雇员股票期权						
4 其他投资						
4.1 其他股权						
4.2 通货和存款						
4.3 贷款						
4.4 保险、养老金和标准化担保计划						
4.5 贸易信贷和预付/预收款						
4.6 其他应收/应付款						
4.7 特别提款权						

注:特别提款权资产是储备资产,特别提款权负债是其他投资。

在国际投资头寸表中,各指标之间存在如下数量平衡关系:

$$
\begin{cases}
\text{对外资产} = \text{本国在国外的直接投资} + \text{证券投资} + \text{金融衍生工具和 ESO} + \text{其他投资} + \text{储备资产} \\
\text{对外负债} = \text{国外在本国的直接投资} + \text{证券投资} + \text{金融衍生工具和 ESO} + \text{其他投资} \\
\text{净头寸} = \text{对外资产} - \text{对外负债}
\end{cases}
$$

$$
\begin{cases}
\text{期初对外资产} + \text{交易和非交易因素引起的对外资产变化} = \text{期末对外资产} \\
\text{期初对外负债} + \text{交易和非交易因素引起的对外负债变化} = \text{期末对外负债} \\
\text{期初净头寸} + \text{交易和非交易因素引起的对外资产变化} - \text{交易和非交易因素引起的对外负债变化} = \text{期末净头寸}
\end{cases}
$$

显然,在这样一种结构安排下,国际投资头寸表确实能够对一国在特定时点上利用国际投资和自身向外投资的情况以及在一定时期内的国际头寸增减变动情况提供系统的描述。

三、国际头寸核算数据的分析应用 *

国际头寸核算提供了一个国家在特定时点(期初和期末)的对外资产负债存量数据,以及从期初到期末由于各种原因所导致的增减变动情况。利用这些数据可以开展一些重要的经济分析。下面以中国的国际投资头寸表为例(见表 7—8),对国际头寸核算数据的分析方法做一个简要的介绍。

(一)对外净头寸分析

这种分析主要是从一定时点来考察一个国家是处于净债权状态,还是处于净负债状态;并从动态中把握一个国家的国际收支状况是在持续向好,还是有所恶化。从表 7—8 我们可以看出,2008 年末中国的对外净头寸为 14938 亿美元,2011 年末上升为 16884 亿美元,2013 年末则进一步增加到 19716 亿美元,不仅连年处于净债权状态,而且几乎未受到国际金融危机的影响(仅在 2009 年略有减少,该年中国的对外净头寸为 14905 亿美元)。

如果从对外资产和对外负债两方面分析,那么可以发现,从 2008 年末到 2013 年末中国对外资产存量增加了 29801(＝59368－29567)亿美元,而对外负债存量仅增加 25023(＝39652—14629)亿美元,正是由于前者比后者增长更快,5 年之内就使对外净头寸增加了 4778 亿美元。这充分反映了中国国际收支状况不断向好的势头。

那么,中国对外净头寸的这种快速增长主要表现为哪些资产类型呢? 我们进一步就对外净头寸的构成做一分析。资料显示,尽管这几年中国的对外净头寸整体来看呈净债权状态,而且增长较快,但表现出以下几个特点:一是中国的对外净债权主要表现为巨额的储备资产,而直接投资则一直处于净负债状态,证券投资仅在前期处于净债权状态,其他投资也仅在部分年份处于净债权状态;二是对外净头寸的快速增长主要体现为储备资产的快速增长上,而直接投资和证券投资的净负债额均在扩大,其他投资也仅在个别年份对净头寸的增加有所贡献;三是储备资产的绝对额远大于直接投资的净负债额,而证券投资和其他投资的净头寸很小。这让我们联想到上一节关于国际收支提出的一个问题:为什么中国投资收益账户上的顺差在 2009 年达到创纪录的 3612436 万美元之后,2010 年开始减少,并从 2011 年转为逆差? 如果结合这里的分析结论,上述问题就不难解释了。原因在于,尽管这几年中国一直处于净债权状态，但是中国的对外净债权主要表现为巨额的储备资产，而直接投资则一直处于净负债状态，证券投资从2011年开始也处于净负债状态，由于储备资产的收益率远不如外商在华直接投资和证券投资的收益率高，前者所获得的投资收益不足以弥补后二者需要支付的投资收益，最终导致投资收益账户由顺差重新转为逆差。

表7—8　中国国际投资头寸表（年末）　　单位：亿美元

项　　目	2008年	2011年	2012年	2013年
净头寸	14938	16884	18665	19716
A. 资产	29567	47345	52132	59368
1. 对外直接投资	1857	4248	5319	6091
2. 证券投资	2525	2044	2406	2585
2.1 股本证券	214	864	1298	1530
2.2 债务证券	2311	1180	1108	1055
3. 其他投资	5523	8495	10527	11888
3.1 贸易信贷	1102	2769	3387	3990
3.2 贷款	1071	2232	2778	3089
3.3 货币和存款	1529	2942	3906	3772
3.4 其他资产	1821	552	457	1038
4. 储备资产	19662	32558	33879	38804
4.1 货币黄金	169	530	567	408
4.2 特别提款权	12	119	114	112
4.3 在基金组织中的储备头寸	20	98	82	71
4.4 外汇	19460	31811	33116	38213
B. 负债	14629	30461	33467	39652
1. 外国来华直接投资	9155	19069	20680	23475
2. 证券投资	1677	2485	3361	3868
2.1 股本证券	1505	2114	2619	2980
2.2 债务证券	172	371	742	889
3. 其他投资	3796	8907	9426	12309
3.1 贸易信贷	1296	2492	2915	3365
3.2 贷款	1030	3724	3680	5642
3.3 货币和存款	918	2477	2446	3051
3.4 其他负债	552	214	384	252

资料来源：国家外汇管理局网站 http://www.safe.gov.cn。

（二）储备资产规模、构成及变动分析

这种分析主要是考察一定时点一个国家的储备资产规模是否适当，储备资产的构成是否合理，一定时期由于交易（国际收支）、价格变动、汇率变动和其他调整分别引起的储备资产数量变动如何，以便有针对性地调控储备资产的规模，或者改善储备资产的币种结构，既满足国际支付的需要，又能最大限度地发挥储备资产的作用。

首先，我们来分析中国的储备资产规模是否适当、以及储备资产的构成是否合理。在上一节关于国际收支的分析部分我们曾经提到,学术界一般认为,某一时点上较为适宜的储备资产存量应该保持在近期内连续 3~4 个月累计进口额的水平,这样,才能在应付某些特殊情况时提供必要的清偿手段。从表 7-3 我们可以计算出,2012 年中国平均一个季度的进口额为 50411802.5(=201647210/4)万美元;而从表 7-8 我们可以计算出,2012 年中国平均每个时点的储备资产存量为 33218.5(=(32558+33879)/2)亿美元。后者是前者的 6.5 倍多。所以,从满足进口或应付某些特殊情况时的清偿需要来看,中国的储备资产完全可以用"绰绰有余"来形容。

另外,从表 7-8 我们可以看出,中国的储备资产主要是各种外汇储备,货币黄金、特别提款权和在基金组织中的储备头寸的数量都非常有限。但是,表 7-8 没有对中国的外汇储备按币种细分,我们无从分析中国外汇储备的币种结构是否合理。

其次,我们来看中国外汇储备的增减变动情况。表 7-9 给出了中国历年的外汇储备数据。可以看出,改革开放前中国历年的外汇储备数额都很小,从未达到 10 亿美元;但是自 20 世纪 80 年代以来,随着中国对外开放,特别经济总量的不断扩大,中国的外汇储备一跃达到 20 亿美元以上的水平,1990 年末突破 100 亿美元后更是呈迅猛增长之势,1996 年末达到 1000 亿美元,2006 年末甚至突破了 1 万亿美元大关;在国际金融危机期间,中国的外汇储备也未见下降,至 2011 年末已突破 3 万亿美元大关。由此我们不难看出,改革开放政策的确给中国的经济生活带来了翻天覆地的变化。

表 7-9 中国历年外汇储备总表(年末) 单位:亿美元

年 份	外汇储备	年 份	外汇储备	年 份	外汇储备
1952	1.08	1973	-0.81	1994	516.20
1953	0.90	1974	0.00	1995	735.97
1954	0.88	1975	1.83	1996	1050.29
1955	1.80	1976	5.81	1997	1398.90
1956	1.17	1977	9.52	1998	1449.59
1957	1.23	1978	1.67	1999	1546.75
1958	0.70	1979	8.40	2000	1655.74
1959	1.05	1980	-12.96	2001	2121.65
1960	0.46	1981	27.08	2002	2864.07
1961	0.89	1982	69.86	2003	4032.51
1962	0.81	1983	89.01	2004	6099.32
1963	1.19	1984	82.20	2005	8188.72
1964	1.66	1985	26.44	2006	10663.44
1965	1.05	1986	20.72	2007	15282.49
1966	2.11	1987	29.23	2008	19460.30
1967	2.15	1988	33.72	2009	23991.52
1968	2.46	1989	55.50	2010	28473.38
1969	4.83	1990	110.93	2011	31811.48
1970	0.88	1991	217.12	2012	33115.89
1971	0.37	1992	194.43	2013	38213.15
1972	2.36	1993	211.99		

资料来源:国家外汇管理局网站 http://www.safe.gov.cn。

(三)汇率变动对储备资产的影响分析

一个国家储备资产的增减变动,从每个时期来看总可以归结为交易(国际收支)、价格变动、汇率变动和其他调整等方面的原因,其中,国际收支(及由此导致的经常项目上的顺差或逆差、资本和金融项目上的顺差或逆差)无疑是最基本、最主要的原因。但从某一阶段来看,外汇市场上汇率频繁波动的影响可能也是一个不容忽视的因素。因此,分析一定时期的汇率变动对本国储备资产带来的有利或不利影响,对于规避汇率波动对本国储备资产所可能带来的损失,是一件非常有意义的事情。但是,中国的国际投资头寸表仅仅提供了对外净头寸和储备资产的年末存量数据,而对于这些存量的变化到底是由哪些因素造成的,则并没有给我们提供这方面的详细信息。

(四)利用外国直接投资和对国外直接投资的状况分析

一般而言,外国直接投资在给东道国带去资金的同时,也带去了先进技术和管理经验,不仅有利于缓解东道国的资金缺口和外汇缺口,还可以缓解其技术缺口乃至税收缺口,对东道国的经济发展将产生积极的影响。正因如此,很多国家(尤其发展中国家)都希望能够吸引到更多的外国直接投资。反之,随着一个国家经济发展的加速和经济实力的增强,国内企业的技术水平也将随之提高,资金状况也将随之改善,这些企业也有向国外拓展市场、在国外兴办实业的强烈欲望。总之,正常情况下,一个国家在一定时点总有一些外国直接投资,也有对国外的直接投资。利用国际头寸核算所提供的数据,我们可以分析一个国家利用外国直接投资以及对国外直接投资的状况,结合国内外政治经济形势和投资环境的变动,发现其中潜藏的变动规律。

仍以表7—8的数据为例,2008年末中国对外直接投资1857亿美元,2013年末上升为6091亿美元,5年之内年均增长26.82%;而同期外国来华直接投资从9155亿美元上升为23475亿美元,年均增长20.72%;前者比后者高6.1个百分点。这说明,尽管从存量来看中国利用外商直接投资的规模远大于中国对外直接投资的规模,但经历了数十年的改革开放后,随着中国经济实力和国际竞争力的增强,国内企业正在加快走向国际市场,对外直接投资正在快速成长。

(五)国际证券投资分析

随着国际资本市场的发展,证券投资在国际投资中始终占据着重要的地位。利用国际投资头寸核算所提供的数据,可以帮助人们把握其中的规律,实现收益的最大化。

仍以表7—8的数据为例,2011—2013年末外国对中国的证券投资规模分别是同期中国对外证券投资规模的1.22倍、1.40倍和1.50倍。而且,外国对中国的证券投资以股权投资为主(其实质是这部分投资未达到可视为“直接投资”的股权比例);而中国的对外证券投资一直以债券投资为主(比如,持有大量的美国国债),2012年末股权投资的数额才超过债券投资。可见,为了实现投资收益的最大化并有效地分散风险,中国的对外证券投资还需要有一个优化的过程。

(六)国际商业信用与贷款情况分析

随着全球经济一体化进程的加快,国际商品和服务贸易规模的不断扩大,国际商业信用和贷款规模也有扩大的趋势。但国际经济形势变幻莫测,尤其受到许多突发事件的影响,因此,如果对国际商业信用和贷款规模控制不当而增长过快,也会相应增加形成坏账而无法收回的可能性。利用国际头寸核算所提供的相关数据,分析国际商业信用和贷款的规模、期限、地区分布等方面的变动，可以帮助人们及时发现其中可能潜在的风险。

表7－8给我们提供了不同年份国际贸易信贷和贷款等方面的总量数据，从中不难看出，2011－2013年中国的贸易信贷和贷款规模都呈上升的趋势，但前者是资产略大于负债，后者则是负债大于资产。至于国际贸易信贷和贷款的期限、地区分布等方面的信息，表7－8没有提供。所以，从满足分析的需要来看，中国的国际投资头寸表提供的信息还非常有限，还有待进一步细化和完善。

【本章小结】

1. 对外经济核算旨在系统反映一国对外经济往来和对外经济关系，是国民经济核算的重要组成部分。对外经济核算主要通过两种框架进行：一是国际货币基金组织制订并在其成员国范围内执行的《国际收支和国际投资头寸手册》，二是SNA中的国外账户。

2.《国际收支和国际投资头寸手册》中关于一国的对外经济核算主要通过两张平衡表实现：一是国际收支平衡表，二是国际投资头寸表。以国际收支平衡表的编制为核心，形成对外经济交易流量核算（狭义的国际收支核算）；以国际投资头寸表的编制为核心，形成对外资产负债核算。两者一起构成广义的国际收支核算。

3. 狭义的国际收支核算是指关于对外经济交易的核算，它以国际收支平衡表作为主要核算表式，采用复式记账方法对各种国际收支按账户分门别类地进行核算。作为整个经济交易核算的重要组成部分，国际收支核算与资金流量核算联系紧密。在国际收支平衡表的基础上计算各种国际收支差额，可以全面地把握一国的国际收支平衡状况。

4. 国际投资头寸核算以国际投资头寸表作为主要核算表式，旨在反映一个国家在特定时点（期初和期末）的对外资产负债情况，以及从期初到期末由于各种原因所导致的增减变化。国际投资头寸核算既是对外经济核算的重要组成部分，也是资产负债核算的重要内容，将其单列出来主要是便于人们对一个国家在特定时点上的对外经济关系进行全面和深入的分析。

【思考题与练习题】

7－1　什么是对外经济交易和对外投资头寸？

7－2　试区分广义和狭义的国际收支核算。

7－3　什么是国际收支？其基本规定有哪些？

7－4　简述国际收支核算与资金流量核算的关系。

7－5　简述国际头寸核算与资产负债核算的关系。

7－6　国际收支核算应遵循哪些基本原则？

7－7　简述国际货币基金组织推荐的国际收支平衡表的标准表式。

7－8　与标准的国际收支平衡表比较，中国的国际收支平衡表有哪些特点？

7－9　简述国际收支平衡表中经常账户的主要内容。

7－10　简述国际收支平衡表中资本和金融账户的主要内容。

7－11　什么是国际收支中自主性交易与调节性交易？

7－12　什么是国际收支的经常差额、基本差额和总差额？这些差额又是如何调剂的？

7—13 什么是储备资产？储备资产有何特征？国际收支平衡表中储备资产变动差额的正负符号有何经济意义？

7—14 简述国际投资头寸表的核算内容和基本结构。

7—15 简述国际投资头寸表中各指标之间的主要平衡关系。

7—16 国际头寸核算数据可用于哪些方面的经济分析？

7—17 已知某国全年对外经济活动的资料如下：

(1)A国从该国进口360万美元的纺织品。该国将此笔货款存入美联储银行；

(2)该国从B国购入价值7200万美元的机器设备，由该国驻B国的银行机构以美元支票付款；

(3)该国向C国提供16万美元的工业品援助；

(4)该国动用外汇储备120万美元，分别从A国和D国进口小麦；

(5)E国保险公司承包(2)、(4)项商品，该国支付保险费5万美元，付款方式同(2)；

(6)该国租用F国的船只运送(2)、(4)两项商品，运费24万美元，付款方式同(2)；

(7)外国游客在该国旅游，收入为30万美元，增加了该国的外汇储备；

(8)该国在海外的侨胞汇回本国50万美元，增加了该国的外汇储备；

(9)该国对外承包建筑工程60万美元(提供建筑服务)，分别存入所在国银行；

(10)外国在该国直接投资3000万美元的机械设备；

(11)该国向G国出口50万美元农产品，以清偿对G国银行的贷款；

(12)该国在国外发行价值200万美元的10年期债券，该笔款项存入国外银行；

(13)该国向国际货币基金组织借入短期资金60万美元，以增加外汇储备；

(14)据年底核查，该国外汇储备实际增加了140万美元，动用了120万美元。

试根据以上资料，编制该国的国际收支平衡简表(表7—10)。

表7—10 国际收支平衡简表 单位：万美元

项 目	借 方	贷 方
国际收支总额		
经常项目		
货物		
服务		
初次分配		
经常转移		
资本和金融项目		
资本项目		
金融项目		
直接投资		
该国在外国		
外国在该国		
证券投资		
其他投资		
储备资产		
误差与遗漏		

7—18　假设某年我国对外经济活动的资料如下：

(1)法国向我国购买1600万美元的轻纺商品，我方中国银行作为收款人把法方付款存入巴黎银行；

(2)我国自德国购入机械设备，价值21000万美元，由驻柏林的中国银行以美元支票付款；

(3)动用我国外汇储备600万美元，从美国、印度等购入小麦等粮食产品；

(4)因(2)、(3)两项进口须付英国轮船公司运费150万美元，付款方式同(2)；

(5)波兰保险公司承保(2)、(3)项商品，我国支付保险费30万美元，付款方式同(2)；

(6)加拿大人在中国旅游，花费50万美元，增加了我国外汇储备；

(7)我国对埃及、尼日利亚等国输出劳务，获得外汇收入2000万美元，存入所在国银行；

(8)我国向柬埔寨等国提供100万美元的工业品援助；

(9)海外华侨汇回300万美元，增加了国家外汇储备；

(10)我国在日本发行10年期的债券，价值1000万美元，该款存在日本东京的银行；

(11)港、澳、台地区在上海直接投资价值10000万美元机械设备；

(12)我国从国际货币基金组织借入短期资金1500万美元，以增加我国外汇储备；

(13)我国向美国出口300万美元初级产品，以清偿对美国银行的短期贷款；

(14)年底经核查，我国外汇储备实际动用了620万美元，即减少620万美元。

要求：将上述资料按编制国际收支平衡表的原理和规则，分别记入有关项目的借方和贷方，编制国际收支平衡表，并仿照本章的表7—5和表7—6进行国际收支差额分析。

7—19　依据表7—2的资料(假设：长期证券投资的借方数字为3单位，贷方数字为7单位；其他长期投资的借方数字为6单位，贷方数字为8单位)，试仿照表7—6计算各种国际收支差额指标，并对计算结果作适当的解释。

7—20　已知某国有如下简化的国际投资头寸表(表7—11)：

表7—11　国际投资头寸表　　单位：亿美元

	期初头寸	由以下因素引起的头寸变动				期末头寸
		交易	价格变动	汇率变动	其他调整	
一、资产						
1. 本国在国外的直接投资	143	15	2	3	—1	162
2. 证券投资	65	21	?	6	0	96
3. 其他投资	18	3	0	1	0	22
4. 储备资产	160	14	—1	?	0	168
二、负债						
1. 外国在本国的直接投资	285	17	8	6	—2	314
2. 证券投资	32	4	—2	5	0	39
3. 其他投资	80	11	0	2	0	93

要求：(1)填充表中所缺数据(带有"?"处)；(2)计算该国期初和期末的对外净头寸。

7—21　已知某国有如下简化的国际投资头寸表(表7—12)：

表 7—12 国际投资头寸表　　单位:亿美元

	期初头寸	由以下因素引起的头寸变动				期末头寸
		交易	价格变动	汇率变动	其他调整	
一、资产						
1. 本国在国外的直接投资	429	45	6	9	−3	486
2. 证券投资	195	63	12	18	0	288
3. 其他投资	54	9	0	3	0	66
4. 储备资产	480	42	−3	−15	0	504
二、负债						
1. 外国在本国的直接投资	855	51	24	18	−6	942
2. 证券投资	96	12	−6	15	0	117
3. 其他投资	240	33	0	6	0	279

另知该国期初和期末的非金融资产分别为 17630 亿美元和 18940 亿美元,期初和期末的内部债权或债务(即常住单位之间的债权或债务)分别为 10510 和 12900 亿美元。要求:(1)计算该国期初和期末的对外净头寸;(2)计算该国期初和期末的国民财富;(3)计算该国期初的金融资产总额和期末的负债总额;(4)计算该国期初和期末的金融相关率。

第 8 章　国民经济整体核算——账户体系

前面各章系统讲述了国民经济五大核算的理论、方法及其分析应用，本章则是以账户形式系统地组织国民经济五大核算和其他方面的核算资料，通过复式簿记方法使相关数据之间形成严密的衔接对应关系与合理的逻辑结构，旨在提高国民经济核算方法的科学性以及核算数据的一致性。

§8.1　国民账户的特点和种类

一、国民账户与企业账户的异同

在国民经济核算中，账户的应用具有极为重要的科学价值。以 SNA 为代表的现代国民经济核算体系就是一种通过账户形式概括和描述宏观经济数量水平及数量关系的核算系统，它所运用的账户形式无疑是从企业会计核算中借鉴和引申过来的。自然，国民经济账户与企业会计账户两者在形式上非常相似：两者都由借方（资金运用）和贷方（资金来源）两个部位组成，账户安排都是左借右贷，对经济交易和事项的登录也都要运用“有借有贷、借贷相等”的复式簿记规则，等等。但仅仅注意到这些相似之处，还不足以从根本上把握国民账户体系的基本结构和编制原理，有必要进一步认识国民经济账户与企业会计账户之间的主要差异①。

（一）账户主体的差异

国民经济账户与企业会计账户之间的第一个重要差异就是账户主体不同。所谓“账户主体”就是账户所要反映的经济交易或经济事项的具体承担者。

就企业会计核算而言，其账户主体就是从事生产经营或其他经济活动的个别机构单位。而国民经济核算则有所不同：其账户主体可以是国民经济各机构单位（其中还包括不能作为企业会计账户主体的住户单位）、各机构部门和经济总体，以及与本国发生经济往来和经济关系的非常住单位及其集合体即“国外”。这表明，企业会计核算是从个别资金运动的角度考虑问题的，而国民经济核算则是从整个社会资金运动的角度观察问题的。正是基于这种差异，使得国民经济账户与企业会计账户之间又呈现出下面的种种特征。

（二）账户设置的差异

账户的基本作用就在于对有关核算对象（交易和事项等）的各个组成部分进行科学的归类。每种账户都描述了经济活动的某个特定方面。为了完整反映有关经济活动的全貌，就不仅需要设置单个的账户，而且需要将一系列互有联系的账户结合成“账户体系”。就此而言，任何经济账户都是成体系的；但账户体系的具体设置方式却会随考察范围和对象的不同

---

①　参阅杨灿：《国民账户与企业账户之比较研究》，厦门大学学报（哲社版），1993(4)。

而不同。

在企业会计核算中，为了全面描述个别资金在经营过程中的运动情况及其结果，通常需要设置一套能够完整反映机构单位内部财务状况的企业会计账户体系，其内容包括有关各种资产与负债的账户，以及有关营运的成本（费用）和收入（成果）的账户等。这样就能够适当体现个别资金循环的方式和特点。

但在国民经济核算中，为了系统地反映全部社会资金的运动的条件、过程和结果，所需设置的账户体系就必然有别于企业会计核算。显然，关于社会资金运动的核算应该考虑下面的问题：从纵向来看，它必须反映国民经济的生产、分配和使用诸环节的数量状况及其数量关系；从横向来看，又必须反映国民经济各部门的数量状况及其数量关系，以及经济总体与国外之间的经济联系；从国民经济运行全过程来看，它还必须反映主要经济活动的条件、过程和结果，也即全面反映各种经济存量与经济流量的规模、构成及其相互联系。国民账户体系应该概括反映社会资金运动的所有这些方面，因此，其账户体系的内容就更为丰富，结构也更为复杂。

例如，为了反映国民经济运行各环节的情况，就必须分别设置生产账户、收入分配账户、收入支配账户、资本账户和金融账户等；如果要反映经济运行的条件和结果，就必须设置期初和期末的资产负债存量账户。而且，不仅要对整个经济总体设置这些账户，还要对各机构部门和国外设置相应的账户（后详）。

（三）复式簿记的差异

账户体系的基本特征就是其中各账户之间勾连环结，能以系统的形式提供完整的核算资料。为此，在记录经济交易和事项的过程中，就必须遵循和运用复式簿记规则。就此而言，企业会计账户和国民经济账户概莫能外。但在两种账户体系中，复式簿记规则的实现方式却并不完全相同。

在两种账户体系中，借贷记账符号的意义类似。在企业会计账户中，"借方"表示资产或资金占用项目的增加及其余额，以及负债或资金来源项目的减少；"贷方"则表示负债或资金来源项目的增加及其余额，以及资产或资金占用项目的减少。在国民经济账户中，"借方"与"贷方"被用来分别表示支出与收入、贷出与借入、资金运用与来源等流量，以及资产与负债存量；此外还可以分别表示投入与产出、供给与需求、进口与出口等。相对而言，借贷记账符号的含义在国民账户中显得更为丰富一些。

值得注意的是，在两种账户体系中，实现复式簿记的方式有着显著不同。一般而言，在企业会计账户中，我们透过复式簿记看到的只是个别资金运动对于作为账户主体的某个交易者（机构单位）经济状况的影响，通常不必在账户中反映与之交易的另一方的有关经济状况。在国民经济账户中，则还应通过复式簿记适当反映出有关交易者之间的经济联系。

以某零售商业企业向居民（住户）出售消费品这一经济交易为例，其复式记录在分部门的账户系统中就具体表现为：

企 业 部 门 账 户	住 户 部 门 账 户
借：现金或存款增加①	借：消费支出③
贷：消费品销售②	贷：现金或存款减少④

这项交易涉及两个主体的四项账户记录，它们之间两两对应，形成了错综复杂的借贷对应关系：一是企业的销售与收入的对应关系（①与②）；二是居民的消费与支付的对应关系（③与

④);三是居民与企业之间购销商品的对应关系(②与③);四是企业与居民之间收付货款的对应关系(①与④)。

可见,国民经济账户中所运用的乃是一种更为系统的复式簿记方法,它既包含同一交易主体的两个不同账户科目上的“垂直”复式记账,也包含两个不同交易主体之间的“水平”复式记账,这种双重的复式记账就是所谓的“四式记账”。复式或四式记账规则构成全部国民经济账户平衡的基础,能够有效地保证整个核算结构的逻辑一致性,同时,也使得这一账户体系能够适当地表现出社会再生产各环节、各要素以及国民经济各部门之间的有机联系。

当然,在实践中,国民核算不可能苛求企业会计提供符合“四式记账”规则的核算资料,通常也不能直接对企业会计账户资料进行简单的分类和汇总。而是借助于各机构单位或部门既有的各种核算资料(包括会计、统计和其他业务核算资料),辅之以专门调查(如农产量调查和居民家计调查等)搜集的有关数据,在对核算期的各种流量和存量进行适当分类和汇总计算的基础上,根据它们的经济性质和相互联系,确定其在国民账户中的记录方法和对应关系,从而在宏观的、综合的层面上最终实现复式或四式簿记规则。

(四)账户平衡的差异

企业会计账户和国民经济账户都是依据“复式”簿记规则记录有关核算数据的,因此,两者都能保持某种账户平衡关系,形成勾连环结的账户体系,借以保证经济核算的严密性和科学性。但在企业账户和国民账户之间,上述平衡关系的具体内容仍然有所不同。

企业会计账户的平衡起点是期初全部账户的借方余额合计(资产存量)与贷方余额合计(负债和净值存量)的恒等;复式簿记保证了期内全部账户的借、贷两方的发生额(流量)合计也是平衡的;进而,根据账户余额与发生额之间的关系,必然有期末全部账户借、贷方余额合计的恒等。简言之,借助于复式簿记规则建立起来的企业会计账户的平衡关系,实质上就是全部账户的期初余额、期内发生额与期末余额的借、贷总量平衡。但在个别的企业会计账户中(会计平衡报表除外),无论就余额或发生额而言,并未体现出“借方合计=贷方合计”的平衡关系。用会计学的术语说,这些账户通常是“未结清”的。

国民经济账户是以统计平衡表为基础,借鉴会计学的复式簿记方法而设计的,因此,它能够兼具两者的一些特点。国民账户既要保持整个体系的借、贷总量平衡(外部平衡),又要保持每个账户本身的借、贷平衡(内部平衡,此处撇开统计误差因素)。这与一般的企业会计账户和单式统计平衡表都是有区别的。

国民账户的平衡结构根植于国民经济运动的内在统一性。国民账户的外部平衡是通过特有的复式(四式)簿记技术实现的,它除了保持全部账户借、贷方的流量或存量总计平衡之外,还从根本上保证了国民经济核算体系平衡原则(三方等价)的实现,这在方法论上无疑是一个重大进步。至于国民账户的内部平衡关系,则表达了一些分析上极为重要的经济方程式。尤其在国民账户中专门设立的“平衡项”(如增加值、原始收入、可支配收入、储蓄、净贷出或净金融投资等),大多是一些意义显著的经济指标,据以得到的综合数据在宏观经济分析中占有极为重要的地位。

综上所述,国民账户在主体性质、设计方式、复式簿记和平衡关系等方面都具有不同于企业账户的特征。当然,除了认识国民经济账户与企业会计账户的这些差异之外,仍然需要强调它们之间的联系。尤其值得注意的是:(1)会计账户作为微观经济核算的主要形式,应该为国民经济账户的编制提供必要资料,满足宏观层次的核算需要;(2)国民经济账户的编制也应该适应企业核算的基础条件，并为之提供有效指导；(3)国民经济账户与企业会计账户应该在相关的核算内容和技术方法上尽可能地互相衔接、协调一致，从而使微观层次与宏观层次的经济核算紧密、有机地结合起来。

二、国民经济账户的基本种类

国民经济账户是依据国民经济运行的条件、过程和结果及其各环节的特点来设置的，这与企业会计账户有着显著不同。为了从纵、横两个方向考察国民经济的数量状况，必须对国民经济运行的各环节和构成经济总体的各部门分别设置必要的账户；为了形成一个完整的、平衡的账户体系，还必须将“国外”作为特殊的部门纳入国民经济账户的主体范围，其地位恰好与经济总体及其各部门相对应。

(一)流量账户与存量账户

从整体上看，一个相对完备的国民账户体系包括流量账户和存量账户两大部分。其基本种类如图 8—1 所示。以下扼要说明各类账户的基本核算内容。

- 流量账户
  - 产品(货物和服务)账户
  - 经常账户
    - 生产账户
    - 收入分配账户
      - 初次分配账户
      - 再分配账户
    - 收入支配账户
  - 积累账户
    - 资本账户
    - 金融账户
    - 调整账户(非交易流量账户)
      - 外生数量变动账户
      - 持有损益账户
- 存量账户
  - 期初资产负债表
  - (资产负债变动表)
  - 期末资产负债表

图 8—1　国民经济账户的基本种类

1. 经济流量账户

国民经济核算中的流量账户部分需要分别设置产品(货物和服务)账户、生产账户、收入分配账户、收入支配(使用)账户和积累账户，它们实际上涵盖了生产、分配、消费和积累等领域的各种经济活动或经济变动。

产品账户主要反映各种产品(货物和服务)的供给来源和使用去向，生产账户则反映国民经济各部门的投入和产出等情况。生产账户是全部流量账户的起点，也是投入产出核算的基础。

收入分配账户主要反映国民经济各部门在初次分配和再分配过程中的各种收入和支出情况，以及由此形成的原始收入和可支配收入的水平。该类账户既是连接生产账户与使用账户的中间环节，也是资金流量核算的基础之一。

收入支配(可支配收入使用)账户集中反映国民经济有关部门的可支配收入使用情况，即在消费和储蓄之间的支配情况。设置收入支配账户的直接目的在于，通过对储蓄形成过程的核算,将经常交易与积累交易(以及其他非交易流量)区分开来。收入支配账户与上述的生产账户、分配账户一起构成国民经济的"经常账户",而收入支配账户中的储蓄指标则是区分和连接经常账户与积累账户的枢纽。

积累账户主要反映国民经济各部门在资本交易和金融交易过程中的各种资金来源和资金运用情况,以及由于各种非交易因素引起的资产和负债的变动情况。该类账户既是关于核算期内全部经济流量核算的终结,同时,它又与收入分配账户、收入支配账户等共同构成资金流量核算的基础。

以上,除产品(货物和服务)账户而外,其他各种流量账户可归为经常账户与积累账户两大类。判断一个账户是否属于积累账户的依据是:其核算内容是否直接影响到资产、负债或净值的变动。显然,资本账户、金融账户、资产负债外生数量变动账户和持有损益账户都属于积累账户,因为它们分别反映了储蓄和资本转移、资本形成和其他非金融投资、各种金融交易以及非交易因素对资产、负债或净值的直接影响。而生产账户、收入分配账户和收入支配(使用)账户则属于经常账户,因为它们所反映的各种交易只是影响到收入、消费和储蓄,并不直接影响资产、负债或净值。产品(货物和服务)账户比较特殊,它既涉及经常交易的内容(如产出、消费和净出口),也涉及积累交易的内容(如资本形成),故不便简单地归入经常账户或积累账户,需要作为单独的一类。

全部流量账户又可分为交易流量账户和非交易流量账户。前者反映有关经济交易的情况及其影响,包括积累账户中的资本账户和金融账户,以及产品账户、生产账户、收入分配账户和收入支配(使用)账户;后者则反映各种非交易因素(即外生数量变动因素和价格变动因素)对资产和负债的影响,包括资产负债外生数量变动账户和持有损益账户,非交易流量账户通常称作"调整账户"。与流量账户对应的就是存量账户,在国民核算中主要考虑资产负债存量账户。

2. 资产负债存量及其变动账户

任何经济核算都是流量核算与存量核算的统一。不过在企业会计核算中,资产负债表尽管一直占有举足轻重的地位,它本身却并不是一个账户。换言之,会计账户就是流量账户,它只记录核算期内经济交易或事项的发生额(流量),期末资产负债表上的余额(存量)则是通过归纳期内各有关账户流量之后生成的结果。可以认为,在企业会计核算中,账户的主要作用是提供基础性核算数据,而资产负债表等会计报表的作用则是根据财务分析的要求集中反映大量的账户资料,反映各种流量数据的变化结果。在很大程度上,微观意义上的流量核算其实是为存量核算服务的,或者说,报表是主导,账户则是基础。

在国民核算中,流量和存量的核算与分析均占有重要地位,相对而言,流量核算及其分析的内容或许更为丰富一些,但流量核算与存量核算之间的关系是对等的而不是主从性质的。从方法论的角度说,两方面的基础核算数据都需要通过统一的账户体系来加以规范。因而,有关资产负债的存量账户也应该作为一个重要组成部分纳入国民账户体系。

国民核算中的资产负债账户实质上就是前述的资产负债表。这与企业会计核算中将资产负债表划归"会计报表"而非"会计账户"的惯例是有所不同的,也表明国民经济核算更为强调经济流量核算与经济存量核算之间的统一性,两者既相对独立,又紧密联系、彼此衔接。

国民经济的资产负债表(账户)以经济资产范畴为基础,系统地核算全部资产、负债和净值的存量规模、内部结构及其变动情况。需要强调的是,作为国民账户体系的一个有机组成部分，资产负债变动表(账户)应该全面反映核算期内由于各种原因(交易因素和非交易因素)引起的资产、负债和净值的变动情况，因此，它与流量账户中的积累账户必须保持高度的一致性；或者说，尽管两者组织核算数据的形式可以有所不同，但就说明从期初到期末的资产、负债和净值变动情况的角度看，两者给出的基本结果应该是完全一致的。

（二）部门账户、总体账户和国外账户

国民账户体系中的各种交易者账户(包括流量账户和存量账户)既要对经济总体设置和编制，也要对国民经济各部门设置和编制，同时，还要辅之以必不可少的国外账户，借以完成整个账户体系的内部划分和外部衔接，使得整个账户体系相对完整地包容有关国民经济的总量规模、内部结构和相互关系等方面的核算内容。

部门账户可以分别按机构部门或产业部门编制。基于分析的需要，两种部门账户的设置方式也有所不同。通常，对于机构部门需要设置完整系列的账户，以便全面考察国民经济运行各环节的部门结构，以及部门间的收支流量关系和资产负债关系；而对于产业部门则只须设置简单系列的账户(主要是生产账户和收入形成账户)，主要是为了满足投入产出核算的需要。至于部门划分的程度，原则上可粗可细，主要取决于分析的层次和要求。由于部门分类和部门账户的引入，使国民经济各部门间的内部流量或存量关系得以充分展示，并为建立有关的部门联系分析模型奠定了基础。

理论上，经济总体账户、国外账户的设置方式和内容结构也应该与机构部门账户相同或相似，以便通过统一的形式整合国民经济核算各方面的大量资料。但是，根据国民核算的主体原则，国外账户只须反映与常住单位发生经济交易或存在资产负债关系的那些非常住单位的情况(这部分核算内容相对有限)，而与常住单位无关的经济交易(外部交易)和经济关系(外部资产负债关系)均无须反映。因此，在国民账户体系的统一框架基础上，“国外账户”的内容仍然可以适当简化，诸如国外的投入、产出、GDP、消费和资本形成等，都完全无须在账户中体现，其他内容也只须反映与本国相关的部分。

以《SNA1993》和《SNA2008》为例，其部门账户、总体账户和国外账户的框架结构如表8－1所示。它具有形式整齐划一、内容层次清晰、构成关系明确等特点。据此，以上提到的各类账户都可以通过简单的积木式组合归纳出来，满足不同的分析需要。

表8－1　SNA的账户设置

<table>
<tr><th>序号</th><th>经济总体</th><th>机构部门</th><th>国　外（Ⅴ）</th></tr>
<tr><td>0</td><td>货物和服务账户</td><td>—</td><td rowspan="2">货物和服务账户</td></tr>
<tr><td>Ⅰ</td><td colspan="2">生产账户</td></tr>
<tr><td>Ⅱ</td><td colspan="2">收入分配和支配账户</td><td>原始收入和经常转移账户</td></tr>
<tr><td>Ⅲ</td><td colspan="2">积累账户</td><td>积累账户</td></tr>
<tr><td>Ⅳ</td><td colspan="2">资产负债表</td><td>资产负债表</td></tr>
</table>

（三）交易者账户与交易账户

除了货物和服务账户之外，图8－1中的其他各种账户都可以分别从某个国民经济部门、整个经济总体或国外等交易主体(交易者)的角度加以编制，这样得到的账户属于“交易者账户”。另一方面，对于某个重要的交易项目或资产负债项目，还可以将许多交易主体的有关交易流量或资产负债存量按借贷平衡原理对应地组织起来，这样形成的账户就是“交易账户”。

例如，钢铁生产部门的生产账户是一个交易者账户，它要反映的是该部门在生产产品（钢铁）过程中的各种投入和产出情况；而钢材这种物资的产品账户则是一个典型的交易账户，它要反映的是有关钢材物资的各种供给来源和使用去向的全面情况，其中钢材的供给来源包括本国有关部门（钢铁部门或其他部门）的生产以及从国外的进口，使用去向则包括本国各部门的消耗、积累等使用和向国外的出口。

货物和服务账户是一个重要的交易账户。其他诸如国民经济各部门及其与国外之间发生的雇员报酬的收支、生产税或收入税的收缴、财产收入的收付、经常转移或资本转移的收付、资金的借贷，以及各种资产负债关系等，都可以通过适当的交易账户加以系统归纳和集中描述，这些内容在资金流量表和资产负债表中已经得到部分反映。交易账户一般可以依其涉及的交易性质区分为经常交易账户、积累交易账户以及特定种类的资产（或负债）账户，但货物和服务账户同时涉及经常交易和积累交易两方面的内容，因而具有混合的交易性质。

比较可知，交易账户与交易者账户的差别主要表现在：“交易账户”是针对特定的交易流量或资产负债存量而设置和编制的，旨在反映不同交易者参与同一经济交易所形成的全部收支流量及其总量平衡状况，或者，在同一资产（负债）项目上所形成的借贷关系及其总量平衡状况；“交易者账户”则是针对特定的交易主体（机构单位或基层单位、机构部门或产业部门、经济总体或国外等）设置和编制的，旨在反映同一交易者参与各种（或某类）经济交易的情况或与其他交易者之间的资产负债关系。两类账户的差别，实质上不在于它们是否反映了经济交易的内容，而在于它们怎么反映、从什么角度反映。后面我们还将看到，交易账户与交易者账户的内部结构和平衡特点也有所不同。

在完整的国民账户体系中，交易者账户与交易账户相辅相成，缺一不可。相对而言，交易者账户占有主导地位。但整个账户体系内部的来龙去脉、对应衔接和借贷平衡等核算关系，在很大程度上又是借助于各种交易账户体现出来的，因而它在整个体系中也起到了非常重要的作用。事实上，国民账户体系中的交易账户与交易者账户并不是相互独立或对立的，而是纵横交错、相互隐含的。若将所有交易者账户中的同类交易（或资产、负债）项目适当归纳起来，就可得到相应的交易账户；反之，若将同一交易者的各类交易（或资产、负债）项目适当归纳起来，就可得到相应的交易者账户。这正是本书第1章中所阐述的有关“国民经济”的纵横交错概念在账户体系中的具体表现。

在SNA2008中，不再强调“交易者账户”与“交易账户”的概念和区分。但交易和交易者账户作为两种不同的数据组织形式或数据观察角度是客观存在的，它们共同组成完整的国民账户体系，也为我们分析账户数据提供了两种不同思路。

总之，国民经济账户是一个完备的体系，它包括诸如流量账户和存量账户，交易流量账户和非交易流量账户，部门账户、总体账户和国外账户，经常账户和积累账户，以及交易账户和交易者账户等。该账户体系的独特设置方式使得它能够具备以下作用：(1)概括描述宏观经济的循环过程和平衡关系，以及经济流量与存量的动态衔接；(2)深刻反映国民经济的部门结构、部门联系和对外经济联系；(3)通过国民账户科学地确定关键经济总量（如国内生产总值、国民总收入、国民可支配收入和国民财富等），据此可为宏观经济管理提供重要数据和分析框架。

三、国民账户与五大核算之关系*

如前所述，现代国民核算是一个包括五大核算和其他核算内容的完整体系。国民经济五大核算是针对不同专题而分别组织的宏观核算，其中：国内生产与国民收入核算重点考察国民经济生产、分配和使用过程的基本总量及其相互关系；投入产出核算和资金流量核算分别从技术经济联系和财务收支关系的角度深入考察国民经济部门间流量（包括产品流量和资金流量）；国际收支核算集中考察各种对外经济交易及其收支平衡关系；资产负债核算则从存量的角度全面考察国民经济的各种物力和财力资源状况。国内生产与国民收入核算构成五大核算的核心部分；而其他诸种核算都是围绕着这个核心来进行的，可以看成是它在广度和深度上的进一步拓展、深化、细化或补充。

国民经济五大核算在分析意义上相互联系、相互补充，同时，它们各自在核算内容上又相对独立，在方法上自成一体，其整体结构较为松散，数据之间不太强调严格的借贷对应和核算衔接关系。另一方面，五大核算的内容尽管重要，但它们并没有囊括或穷尽国民核算的全部内容，而只是现阶段根据实际分析需要开发出来的国民核算资料的若干主要部分。由于这些原因，仅有五大核算还难以组成一个完整、平衡、严谨的核算框架和数据系统，因而需要从整体方法论的角度对国民经济各环节、各方面的核算内容在完整、统一的框架内给予必要的规范和一致的处理。在这些方面，国民账户和复式簿记作为非常有效的核算形式和核算工具的意义就更为彰显。

账户方法对于国民经济核算具有显著优越性，通过在相关数据之间建立严密、完整的借贷对应关系，有助于保障整个核算体系的科学性和严谨性。而国民账户一旦被纳入核算框架，它就势必成为整个核算体系的基础结构，能够为满足各种分析需要提供系统、完整的基础数据库。这样将国民经济五大核算等内容置于账户体系的基础之上，具有多方面的优点：首先，有助于提高各种核算之间的协调性和一致性；其次，能够有效地理顺和规范整个核算结构，提高数据质量；同时，还能以五大核算的形式提供宏观经济分析与管理所需要的重要信息。

国民经济五大核算以账户体系为基础，分别围绕不同的分析主题开发核算资料，展开专门研究；而账户方法则为整个核算体系的科学性奠定可靠的基础。应该说，从账户体系到五大核算是研究内容上的进一步概括、提炼、充实和升华，是从基础核算数据过渡到分析性资料并逐步接近核算目标的更高层次的结果。在这种意义上，五大核算表之于国民账户，犹如企业会计报表之于会计账户，两者之间应该是紧密联系的，而不是彼此分隔、游离的。有关国民经济五大核算与国民账户体系（SNA）之间的这种关系，可由第 1 章中的图 1－5 直观说明。

应该注意到，尽管在联合国等的 SNA 中已经全面考虑到适当满足五大核算等方面需要的问题，但 SNA 本身就是一个账户体系，且在历次颁布的 SNA 标准核算文件（包括《SNA1968》、《SNA1993》和《SNA2008》）中并未明确提出“五大核算”的概念。而《中国国民经济核算体系》（包括 1992 年和 2002 年版本）中则包括了有关五大核算的“基本核算表”和“国民经济账户（或经济循环账户）”两大组成部分。尽管在《中国国民经济核算体系（2016）》中根据我国的现实情况暂时取消“国民经济账户”这种核算形式，但《国民账户体系（SNA）》作为一种国际标准，对于世界各国的国民核算仍然具有重要的理论参考价值和实践指导意义，也是世界各国进行国际经济对比的重要基础。因此，我们仍然需要理解国民账户体系的基本结构和编制原理，并适当把握五大核算与账户体系之间的关系①。

§8.2 国民账户体系的编制原理

一、国民账户体系的组成

作为一种国际核算标准的 SNA 在账户设置上强调严密、完整、详尽、规范。整体上看，SNA 的第一层次账户由下列五大部分组成：

- 产品（货物和服务）账户（账户 0）
- 经济总体账户（完整账户序列）。该序列的账户包括：

  账户Ⅰ 生产账户；　　账户Ⅱ 收入分配和支配账户；

  账户Ⅲ 积累账户（含资本账户、金融账户和调整账户，下同）；

  账户Ⅳ 资产负债表（含期初、期末资产负债表和资产负债变动表，下同）
- 机构部门账户（完整账户序列）。该序列的账户包括（同经济总体账户）：

  账户Ⅰ 生产账户；　　账户Ⅱ 收入分配和支配账户；

  账户Ⅲ 积累账户；　　账户Ⅳ 资产负债表
- 产业部门账户（简短账户序列）。该序列的账户仅包括：

  账户Ⅰ 生产账户；　　账户Ⅱ.1.1 收入形成账户（子账户）
- 国外账户（完整账户序列）。该序列的账户包括：

  账户Ⅴ.0 国外货物和服务账户；

  账户Ⅴ.Ⅱ 国外原始收入和经常转移账户；

  账户Ⅴ.Ⅲ 国外积累账户；　账户Ⅴ.Ⅳ 国外资产负债表

其中，产业部门账户的设置旨在满足投入产出核算的需要，与账户体系的其他部分相对独立；有鉴于此，SNA2008 已经取消该部分账户设置，相关核算数据通过产品账户（货物和服务账户）以及专门的供给表和使用表加以组织。

在从宏观角度归纳有关账户的经济流量和存量数据时，SNA 强调要尽量贯彻“加总”和“取总额”的原则（避免过多地采用“合并”和“取净额”的方法），以便提供较为详细的基础核算资料。而对于一些核算内容较为丰富、复杂的账户，还可通过适当细分账户的方式深化核算层次，以便充分揭示有关经济流量或存量的内在关系。

自 20 世纪 90 年代起，中国国民经济核算体系也是参照联合国等的 SNA 制订的，但仍然与 SNA 有所不同。在《中国国民经济核算体系（2002）》中，将国民经济账户分为经济总体账户、机构部门账户和国外账户三大序列，其基本结构与 SNA 大体相似，只是具体设置更为简洁而已。

在本节和本章的以下部分中，我们将以联合国的 SNA 为范本，结合我国的情况，在高度简化的层面上讨论其一般编制原理②，并通过一套具体数字资料来说明该账户体系的完整结构，对有关账户的设计和编制问题给予必要阐释。为便于参阅相关文献，该数例的基本数据

---

① 参阅杨灿：《国民核算与分析通论》，中国统计出版社，2005 年，第 271－272 页。

② 参阅杨灿：《国民经济账户体系的结构原理研究》，厦门大学学报（哲社版），1997(1)。

取自《SNA2008》，且与前面各章中主要核算账表的数据保持一致。

二、产品账户和经常账户

国民核算中的经常账户包括生产账户、收入分配账户和收入支配账户。产品账户具有一定特殊性，它同时包含了经常交易和积累交易的部分内容，故在账户归类上相对独立。理论上说，产品账户和生产账户构成国民经济核算中全部流量账户的起点。

(一)生产账户和产品账户

1. 生产账户

“生产账户”主要反映生产过程的中间消耗、最初投入和产出水平等内容。从生产者的地位看，总产出作为生产过程的成果，记录于该账户的贷方(收方)；生产消耗则作为生产过程的投入，记录于该账户的借方(支方)。总产出与中间消耗之差额就是增加值(最初投入)，增加值扣除固定资本消耗(折旧)后的余额即为净增加值。增加值或净增加值构成了生产账户的核算平衡项，同时，它们也是宏观经济分析的重要数据，因为：从常住生产者的角度考察，国民经济所有部门生产账户的增加值或净增加值之和即为国内生产总值(GDP)或国内生产净值(NDP)。原则上，每个经济部门的生产账户都应该具备形如表8－2的基本结构(不同部门的生产账户在细节上可以略有差异)。

表8－2 生产账户

中间消耗	总产出
增加值	
固定资本消耗	
净增加值	

总投入 ＝ 总产出

为了排除产品税因素对产出水平的影响，SNA在生产账户中分别列示按基本价格计量的总产出与产品税净额①；进而又将总产出划分为市场产出和非市场产出，以便研究其内部结构。表8－3给出的是经济总体的生产账户。

表8－3 数例：经济总体生产账户

中间消耗	1883	总产出(基本价格)	3604
		市场产出	3077
国内生产总值	1854	自用的产出	147
固定资本消耗	222	其他非市场产出	380
国内生产净值	1632	产品税净额	133

2. 产品账户

“产品账户(货物和服务账户)”的核算内容与生产账户有所不同：它主要反映货物和服务的供给来源与使用去向及其平衡关系。作为一个交易账户，该账户的特点是(见表

① 基本价格(产出)＝生产者价格(产出)－产品税净额。在下一章中，将具体说明有关的计价标准问题。

8—4):产品的各种来源(国内生产和自国外进口)记录于账户的借方,产品的各种使用(本国消耗、消费、投资和对国外出口)记录于账户的贷方。根据有关指标的核算定义,如果没有统计误差,该账户自身必然平衡,不存在专门的平衡项。换言之,任何一种产品只要有其供给来源,就必然有其使用去向(反之亦然),两方面的总量应该是恒等的。这也是交易账户与交易者账户的一个重要差别。

表 8—4　货物和服务账户

总产出	中间消耗
	最终消费
	资本形成总额
货物和服务进口	货物和服务出口

商品来源合计　=　商品使用合计

该类账户可以按产品类别设置,也可以从整个经济总体的角度,对所有的产品综合编制。表 8—5 就是整个经济总体的货物和服务综合账户。

表 8—5　数例:经济总体货物和服务账户

总产出(基本价格)	3604	中间消耗	1883
市场产出	3077	最终消费	1399
自用的产出	147	个人消费支出(实际个人消费)	1230
其他非市场产出	380	公共消费支出(实际公共消费)	169
产品税净额	133	资本形成总额	414
		固定资本形成总额	376
		存货变动	28
		贵重物品净获得	10
货物和服务进口	499	货物和服务出口	540
货物进口	392	货物出口	462
服务进口	107	服务出口	78

3. 生产账户与产品账户的关系

应该注意到,上述的生产账户可以按国民经济部门设置和编制,借以反映国民经济生产流量的部门构成;但产品账户却无法这样做,它通常只能按产品类别设置和编制。因为这里存在着如下的复杂情况:同一部门可能生产不同种类的产品;同一类产品又可能由不同的部门生产和提供,而且可以满足不同部门在不同经济用途(消耗、消费、投资或出口等)方面的需要。考虑到这样的客观事实,故从每个生产部门(尤其是机构部门)的角度就无法完全获知其生产的产品在不同经济用途之间分配的实际情况。譬如,电力厂和煤矿坑口电站的产品都是电力,一旦它们并网供电,就再也分不出电力部门(或煤炭部门)的发电量中有多少被用于生产消耗,又有多少被用于生活消费了;通常,只有对全社会(所有部门)提供的有关产品,才能够进行这种经济用途的划分。正因如此,生产账户与产品账户互有分工,需要分别编制。

然而,如果我们从整个国民经济的高度来概括所有部门的生产账户或所有种类的产品账户，这样得到的某些总括性指标是完全相同的。不难看出，经济总体中"所有部门"的总产出和中间消耗分别与"所有货物和服务"的总产出和中间使用在数量上对应相等。这表明，在最为概括的层面上，整个经济总体的生产账户和产品账户可以归并为一个高度简化的综合账户，其一般结构如表 8－6 所示。读者可以试着将表 8－3 和表 8－5 的数据合编为这种形式。

表 8－6 经济总体生产和产品账户

总产出	最终消费
减：中间消耗	资本形成总额
	货物和服务净出口
	货物和服务出口
国内生产总值(GDP)	减：货物和服务进口

总之，生产账户反映生产过程的投入与产出关系，产品账户则反映各种货物和服务的来源与使用情况。通常，在一个较为详尽细致的核算体系中，产品账户与生产账户需要分别编制；而在一个较为简括或高度综合的核算体系中，产品账户与生产账户也可以合并起来编制。例如，由美国商务部经济分析局编制的"国民收入与生产账户"就采用了后一种账户框架。

（二）收入分配和支配账户

收入分配和支配账户全面描述国民经济的收入初次分配、收入再分配以及收入支配（可支配收入使用）过程。

1. 收入初次分配账户

SNA 的收入初次分配账户包括收入形成账户和原始收入（初始收入）分配账户。

"收入形成账户"上接各有关部门的生产账户，其作用是从各种要素成本（生产费用）支付来源的角度观察原始收入的基本形成过程（见表 8－7）。该账户的平衡项一般是营业盈余（即扣除固定资本消耗后的净营业盈余）。但在 SNA 中，根据住户部门的实际核算特点，则是以"混合收入"指标作为该部门收入形成账户的平衡项（下面为了说明方便，对这两种平衡项将不做严格区分）。

表 8－7 收入形成账户

雇员报酬	增加值
生产税净额	固定资本消耗
固定资本消耗	净增加值
营业盈余	

该账户的初始项目（贷方的第一个来源项目）和终结项目（平衡项）既可采用包含固定资本消耗的"总额"（总增加值或总营业盈余），也可采用扣除了固定资本消耗的"净额"（净增加值或净营业盈余），这两种方式容易相互转换，因而是基本等效的（以下的收入分配账户、收入支配账户和资本账户等类此）。采用何者可视具体需要，也可两者并列。表 8－8 就是经济总体的收入形成账户。

表 8—8 数例：经济总体收入形成账户

雇员报酬	1150	国内生产总值	1854
工资和薪金	950	固定资本消耗	222
雇主社会缴款	200	国内生产净值	1632
生产税净额	191		
生产税和进出口税	235		
减：政府补贴	—44		
总营业盈余和总混合收入	513		
固定资本消耗	222		
净营业盈余和净混合收入	291		

由于国民收入分配是收、支过程的统一，既要观察其来源，也要观察其去向，故收入形成账户属于收入分配的子账户。但另一方面，要素收入的支付也可从生产费用（最初投入）的角度观察，因而，并不排除收入形成账户与生产账户也可以合并起来编制。在《中国国民经济核算体系(2002)》中，就曾按后一种方式设置“生产账户”（见表 8—9）。

表 8—9 中国国民核算体系中的生产账户

增加值	总产出
劳动者报酬	减：中间消耗
生产税净额	
固定资本消耗	
营业盈余	

“原始收入（初始收入）分配账户”进一步核算国民经济各部门通过有关初次分配途径获得的各种原始收入（见表 8—10）。在初次分配过程中，收入通常是以雇员报酬、生产税、政府补贴和财产收入等形式在有关各部门之间流动的。例如，雇员报酬是从各生产部门支付给住户部门的，因而，它首先必须作为支出项目出现在各有关生产部门收入形成账户的借方，然后再作为收入项目出现在住户部门原始收入分配账户的贷方。财产收入则有所不同，它在收入形成账户中尚未出现，故必须记录于支付部门的原始收入分配账户的借方，或收入部门的原始收入分配账户的贷方。

表 8—10 原始收入分配账户

应付财产收入	固定资本消耗
	营业盈余
原始总收入	雇员报酬
固定资本消耗	生产税净额
原始净收入	应收财产收入

如果说，收入形成账户反映了由生产成果所形成的初次分配基本来源，原始收入分配账

户就反映了增加值各要素的实际分配去向，以及财产收入分配的收支情况。经济总体的原始收入分配账户如表8－11所示，其平衡项显示了初次分配的结果即国民总收入，它是各机构部门的原始总收入之和。

表8－11　数例：经济总体原始收入分配账户

应付财产收入	391	总营业盈余和总混合收入	513
		固定资本消耗	222
		净营业盈余和净混合收入	291
		雇员报酬	1154
		工资和薪金	954
		雇主社会缴款	200
		生产税净额	191
国民总收入	1864	生产税和进出口税	235
固定资本消耗	222	减：政府补贴	－44
国民净收入	1642	应收财产收入	397

为了更为实际地显示各机构部门在核算期的"盈利"情况，SNA还将原始收入分配账户进一步划分为业主收入账户和其他原始收入分配账户。这里所谓"业主收入"是指金融和非金融公司部门的营业盈余加上所有应收的财产收入，再减去它们在各种债务、土地和其他有形非生产资产上应付的财产收入（应付利息和地租）之后，可望归那些拥有产权的业主们得到的收入。通常，在经济总体的层面上，营业盈余与业主收入差别不大，但对于相关机构部门则可能存在某种程度的差异。为简化枝节问题，这两个子账户此处均从略。

在上述收入初次分配账户中，营业盈余和固定资本消耗两个项目的记录方式较为特殊。它们本身并不直接形成企业或部门间的收支流量，而只是从同一经济主体的某个账户转入另一个账户：营业盈余是从有关生产部门的收入形成账户转入同一部门的原始收入分配账户，作为初次分配的来源之一，它将影响到原始总收入的形成；固定资本消耗也是从有关生产部门的收入形成账户转入同一部门的原始收入分配账户，但下面还要依次转入收入再分配账户、收入支配账户和资本账户等，作为不同环节的资金来源分别影响到原始总收入、可支配总收入、总储蓄和资本形成总额。

2. 收入再分配账户

"收入再分配账户"上接各有关部门的收入初次分配（原始收入形成）账户，专门核算国民经济各部门通过再分配途径获得和支付的各种派生收入，包括收入税和其他非税经常转移。这些派生收入在各部门之间流动，并分别在相应部门的收入再分配账户的借方或贷方出现（见表8－12）。收入再分配账户的平衡项显示了整个分配过程的最终结果即国民可支配总收入，它是各机构部门的可支配总收入之和。

表 8－12 收入再分配账户

经常性转移支付	原始总收入
应付所得税、财产税等经常税	固定资本消耗
应付社会缴款和社会福利	原始净收入
其他应付经常转移	经常性转移收入
可支配总收入	应收所得税、财产税等经常税
固定资本消耗	应收社会缴款和社会福利
可支配净收入	其他应收经常转移

SNA 的经济总体收入再分配账户如表 8－13 所示。该账户中的“净社会缴款”是指各种实际或虚拟社会缴款减去社会保险服务费之后的差额，后者（社会保险服务费）属于住户对社会保险服务的消费支出、而不是收入再分配。

表 8－13 数例：经济总体收入再分配账户

应付所得税、财产税等经常税	212	国民总收入	1864
应付净社会缴款	333	固定资本消耗	222
各种社会缴款	339	国民净收入	1642
减：社会保险计划服务费	6	应收所得税、财产税等经常税	213
应付社会福利 *	384	应收净社会缴款	333
其他应付经常转移	283	各种社会缴款	339
国民可支配总收入	1826	减：社会保险计划服务费	6
固定资本消耗	222	应收社会福利 *	384
国民可支配净收入	1604	其他应收经常转移	244

* 不含政府和为住户服务的非营利机构部门对住户的实物社会转移

但 SNA 的“收入再分配账户”只反映现金转移形式的收入再分配流量，至于那些由政府部门或非营利机构部门付款购买并直接提供给住户的货物和服务（即现期实物社会转移）则须在专门设置的“实物再分配账户”中反映，后者可作为有关收入和消费的核算与分析的一种有益补充。有关“实物社会转移”的概念在前面第 5 章中已经提及，亦可参阅相关文献，此处从略。

3. 收入支配账户

“收入支配（可支配收入使用）账户”反映国民经济各部门有无消费、消费多少，各部门的可支配收入减去消费支出的余额就是其储蓄（见表 8－14）。尽管该账户的内容和结构非常简单，但从经济分析的角度看，它可以将收入的使用过程一分为二，也即将其区分为经常性使用（消费支出）和积累性使用（投资支出）。该账户的平衡项即“储蓄”指标在国民账户体系也处于一个特殊的位置，它不仅平衡了收入支配账户，而且也是所有经常账户的最终平衡项（也即平衡了全部经常交易的借方与贷方）。

表 8－14 收入支配账户

消费支出	可支配总收入
总储蓄	固定资本消耗
固定资本消耗	可支配净收入
净储蓄	

实际上，并非每个国民经济部门都有消费。在国民经济核算中，能够成为消费核算主体的通常只有住户部门、非营利机构部门和政府部门三者。前者是个人消费的主体；后者虽然不是实际消费的主体，而是政府公共服务的生产者和提供者，但由于政府服务作为"公共物品"大多无法确定具体的使用者，故在核算上，一般都将有关政府服务全部作为公共消费品处理，而将政府部门视为公共消费的"核算主体"；非营利机构部门的情况与政府有几分类似。因此，除了住户、政府和非营利机构部门以外，其他部门都不可能成为实际上的或核算上的消费主体，其消费支出恒为零，其可支配收入恒等于储蓄；故它们的收入支配账户只具有形式上的意义，其作用就在于：借此可以在统一的形式下考察各部门的账户结构和账户关系。

经济总体的可支配收入使用账户如表 8－15 所示，其中"养老金权益变化调整"项目已在第 5 章的资金流量表中涉及[①]。此外，为了分别对"最终消费支出"和"实际最终消费"进行核算，SNA 还设置了一个"调整后可支配收入使用账户"（此处从略），以便与"实物再分配账户"相匹配，但最后得到的平衡项（总储蓄或净储蓄）与这里的"可支配收入使用账户"完全相同。

表 8－15 数例：经济总体可支配收入使用账户

最终消费支出	1399	国民可支配总收入	1826
个人消费支出	1230	固定资本消耗	222
公共消费支出	169	国民可支配净收入	1604
养老金权益变化调整	11	养老金权益变化调整	11
总储蓄	427		
固定资本消耗	222		
净储蓄	205		

容易看出，与生产账户类似，上述四个收入分配和支配账户中的平衡项（营业盈余、原始收入、可支配收入和储蓄等）多为宏观经济分析中不可缺少的关键数据。其中，原始总（净）收入处于初次分配与再分配账户的分界点，可支配总（净）收入处于收入分配与支配账户的分界点，总（净）储蓄则是连接经常账户与积累账户的枢纽。经济总体各部门的原始总（净）收入之和，就是人们熟知的国民总（净）收入；此外，由收入再分配账户和收入支配账户的平衡项，还可以分别综合得到国民可支配总（净）收入和国民总（净）储蓄等重要指标。

进一步地，若从整个国民经济总体的角度合并各部门的收入分配和支配账户，则各常住单位彼此之间发生的初次分配和再分配收支流量都将作为内部交易流量相互抵销，从而，真正能够影响到经济总体在各阶段上分配结果（收入总规模）的只是对外分配净流量（净流入或净流

① 有关内容可参阅《SNA2008》，第 9.20 至 9.25 段。

出)。因此,必要时可将经济总体的收入分配和支配账户归并起来,这样得到的"经济总体收支账户(即收入分配与支配账户)"的一般结构如表 8－16 所示。读者可利用以上数据试编该账户。

表 8－16　国民经济收支账户

国民消费支出	国内生产总值(GDP) 固定资本消耗 国内生产净值(NDP) 得自国外的要素收入净额
	国民总收入(GNI) 其中:国民净收入(NNI) 得自国外的经常转移净额
国民总储蓄 其中:国民净储蓄	国民可支配总收入(GNDI) 其中:国民可支配净收入(NNDI)

三、积累交易和其他积累流量账户

与上述的各种经常账户不同,"积累账户"是专门为反映投资过程中的资金来源和运用情况以及资产负债的相应变动情况而设立的,包括反映积累交易情况的"资本账户"和"金融账户",以及反映非交易因素所引起的资产负债变动情况的"调整账户"。

(一)资本账户

"资本账户"核算有关非金融积累交易的内容,包括有关储蓄、资本转移和非金融投资方面的全面情况(见表 8－17)。作为全部经常交易差额的净储蓄首先构成积累的主要自有资金来源,资本转移的获得与支付又可能改变自有资金的数额;各种非金融投资及其资金余缺情况则是该账户的重点核算内容。

表 8－17　资本账户

非金融投资 资本形成净额 固定资本形成总额 减:固定资本消耗 存货变动 贵重物品的净获得 非金融非生产资产净获得 净贷出(净借入)	净储蓄 应收资本转移 减:应付资本转移
	储蓄和资本转移引致的净值变动

为直接得到资本形成净额,并便于观察经济交易因素对资产负债表中非金融资产变动的影响,该账户的借贷两方同时扣除了固定资本消耗,这样,总储蓄变成净储蓄,固定资本形成总额也可调整为固定资本形成净额。另一方面,为便于观察经济交易因素对资产负债表中净值变动的影响,应付资本转移从账户借方移到贷方,据此计算贷方各项的代数和,就得到"储蓄和资本转移引致的净值变动"。但该合计数并不是该账户的平衡项,资本账户的真正平衡项是"净贷出(净借入)",它表明所论交易主体在从事非金融投资方面的资金余缺状况:资金来源(储蓄与资本转移净额之和)大于非金融投资时必有净贷出;而资金来源小于非

金融投资时必有净借入。表8—18列示了经济总体的资本账户。

表8—18　数例:经济总体资本账户

资本形成净额	192	净储蓄	205
固定资本形成总额	376	应收资本转移	62
减:固定资本消耗	−222	减:应付资本转移	−65
存货变动	28	储蓄和资本转移引致的净值变动	202
贵重物品净获得	10		
非金融非生产资产净获得	0		
净贷出(净借入)	10		

(二)金融账户

金融账户的结构相对简单,但内容却非常丰富(见表8—19)。其借方反映各种金融资产的净增加,贷方反映各种负债的净增加,账户的平衡项是净金融投资(净金融负债)。净金融投资必然来源于资本账户的净贷出,净金融负债则必然运用于弥补资本账户的净借入。可见,该账户以相同于资本账户的平衡项(净贷出)结束了全部经济交易的核算。

表8—19　金融账户

金融资产净增加	金融负债净增加
金融资产增加	金融负债增加
减:金融资产减少	减:金融负债减少
	净金融投资

表8—20是经济总体的金融账户,为充分反映金融市场和金融交易的规模和结构,其中既包含常住单位之间的内部金融交易流量,也包含常住单位与非常住单位之间的对外金融交易流量,其数据汇总通常并不采用"合并"法。

表8—20　数例:经济总体金融账户

金融资产净获得	436	金融负债净发生	426
货币黄金和特别提款权	−1	通货和存款	102
通货和存款	89	债务性证券	74
债务性证券	86	贷款	47
贷款	78	股权和投资基金份额	105
股权和投资基金份额	107	保险、养老金和标准化担保计划	48
保险、养老金和标准化担保计划	48	金融衍生工具和雇员股票期权	11
金融衍生工具和雇员股票期权	14	其他应付账款	39
其他应收账款	15	净金融投资	10

由此可见,资本账户的平衡项与金融账户的平衡项实质上是同一指标,或者说,一项指标同时平衡了两个账户(资本账户和金融账户);只是由于观察角度不同,它们才以不同形式出现于两个账户的不同部位中。这一点正是理解资本账户与金融账户之关系以及整个积累

交易核算的关键。显然,资本账户和金融账户一旦合并为一个完整的积累交易账户(见表8—21),原有的两个账户平衡项(净贷出与净金融投资)就会相互抵销,也即全部积累交易的资金来源与资金运用在总量上相互平衡(这里不考虑统计误差)。

表 8—21　资本和金融账户

应付资本转移	净储蓄
非金融投资	应收资本转移
资本形成总额	金融负债增加
固定资本形成总额	金融资产减少
减:固定资本消耗	
存货变动	
贵重物品的净获得	
非生产非金融资产的净获得	
金融资产增加	
金融负债减少	
资金运用合计 =	资金来源合计

不难看出,金融账户事实上构成了关于交易核算的所有账户的一个合理终结,也即从交易流量的角度完成了从生产、分配到使用这一流程的核算循环。若将账户体系中所有其他非金融交易的借、贷方差额层层累积起来,最终必将与金融交易的差额相对应,其代数和恒为零,从而达成各交易环节核算的整体平衡(见表 8—22)。另一方面,由于金融账户本身概括反映了国民经济运行中举足轻重的金融流量,故在整个账户体系中也具有不可忽视的特殊意义。

表 8—22　国民经济诸环节核算的衔接平衡

核算环节	交易内容	交易差额	累计差额
生　　产	总产出和中间消耗	增加值	增加值
初次分配	初次分配收支	初次分配收支差	原始收入
再分配	再分配收支	再分配收支差	可支配收入
支　　配	消费支出	—(消费支出)	储蓄
资　　本	资本转移和非金融投资	资本转移净获得—非金融投资	净贷出
金　　融	金融资产和负债增减变动	净金融负债	零

注:表中各环节的“交易差额”均被定义为:有关账户的贷方交易总额减去借方交易总额。

(三)其他积累流量账户(调整账户)

为了衔接期初与期末的资产负债存量,积累账户还应反映各种非交易因素引起的资产负债变动,这就需要设置相应的“调整账户”。

调整账户实际上包括两个子账户:“外生数量变动账户”(即资产负债其他物量变动账户)核算各种资产和负债由于非交易因素而引起的数额变动(假定价格不变),这些外生数量变动主要有：有关生产资产和非生产资产的经济出现、非生产资产的经济消失，巨灾或战争损失，无偿没收，无法回收的坏账注销，以及部门分类与结构的变化或资产与负债的分类变化(如黄金的货币化和非货币化)等。“名义持有损益账户(重估价账户)”则专门核算各种资产和负债由于个别价格的变动和有关的重估价而形成的名义持有损益。这两个子账户分别以相应因素引致的净值变动作为其平衡项(见表 8—23)。

表 8—23 调 整 账 户

非金融资产外生数量变动	金融负债外生数量变动
生产资产外生数量变动	
非生产资产外生数量变动	
金融资产外生数量变动	外生数量变动引致的净值变动
非金融资产名义持有损益	金融负债名义持有损益
生产资产名义持有损益	
非生产资产名义持有损益	
金融资产名义持有损益	名义持有损益引致的净值变动

经济总体的资产负债其他物量变动账户如表 8—24 所示。为便于分析，可将有关数据按变动原因进行分类。经济总体的重估价账户如表 8—25 所示，为进行持有损益分析，还可将其分解为中性持有损益和实际持有损益两个子账户，此处从略。

表 8—24 数例：经济总体外生数量变动(资产负债其他物量变动)账户

非金融资产	10	金融负债	3
生产资产	−7	通货和存款	0
固定资产	−2	债务性证券	0
存货	−3	贷款	0
贵重物品	−2	股权和投资基金份额	2
非生产资产	17	保险、养老金和标准化担保计划	1
自然资源	11	金融衍生工具和雇员股票期权	0
合约、租约和许可	6	其他应付账款	0
商誉和营销资产	0		
金融资产	3		
货币黄金和特别提款权	0		
通货和存款	0		
债务性证券	0		
贷款	0		
股权和投资基金份额	2		
保险、养老金和标准化担保计划	1		
金融衍生工具和雇员股票期权	0	资产(负债)其他物量变动引致的净值变动	10
其他应收账款	0		

表 8—25 数例:经济总体重估价账户

非金融资产	280	金融负债	76
生产资产	126	通货和存款	0
固定资产	111	债务性证券	42
存货	7	贷款	0
贵重物品	8	股权和投资基金份额	34
非生产资产	154	保险、养老金和标准化担保计划	0
自然资源	152	金融衍生工具和雇员股票期权	0
合约、租约和许可	2	其他应付账款	0
商誉和营销资产	0		
金融资产	84		
货币黄金和特别提款权	12		
通货和存款	0		
债务性证券	40		
贷款	0		
股权和投资基金份额	32		
保险、养老金和标准化担保计划	0		
金融衍生工具和雇员股票期权	0		
其他应收账款	0	名义持有损益引致的净值变动	288

四、存量账户和国外账户

(一)资产负债账户

资产负债账户包括三个子账户,即期初资产负债表、期末资产负债表和资产负债变动表(见表 8—26),每个子账户都是总量平衡的。其中,资产负债变动表综合反映了各种交易和非交易因素所引起的有关资产、负债和净值的总变动,它实际上是对三个积累子账户(资本、金融和调整账户)中有关资产负债变动的所有数据进行归纳的结果,其作用在于将期初资产负债表直接过渡到期末资产负债表,使不同核算时点的存量数据彼此衔接,也是研究资产负债变动及其成因的重要依据。

表 8—26 资 产 负 债 表

期初非金融资产	期初负债
生产资产	
非生产资产	
期初金融资产	期初净值
非金融资产总变动	负债总变动
生产资产	净值总变动
非生产资产	储蓄和资本转移引致的净值变动
金融资产总变动	外生数量变动引致的净值变动
	名义持有损益引致的净值变动
期末非金融资产	期末负债
生产资产	
非生产资产	
期末金融资产	期末净值

在国民账户体系中，资产负债表首先是分部门编制的，综合各部门的资产负债表就得到经济总体的资产负债表。与金融账户相类似，在综合国内各部门之间(或常住经济单位内部)的金融资产与对应的负债存量时，为了反映金融市场和资产负债的总体规模，保存较为完整的基础核算数据，通常也是采用“加总”的方法来处理那些内部的金融资产与负债存量。当然，这并不排除在专门进行有关国民财富的核算与分析时，也可以运用“合并”的方法将内部金融资产与负债存量相互抵销。采用“加总”方法编制的经济总体资产负债表如表8－27、表8－28和表8－29所示。

表8－27 数例:经济总体期初资产负债表

项目	金额	项目	金额
非金融资产	4621	金融负债	7762
生产资产	2818	通货和存款	1471
固定资产	2579	债务性证券	1311
存货	114	贷款	1437
贵重物品	125	股权和投资基金份额	2756
非生产资产	1803	保险、养老金和标准化担保计划	471
自然资源	1781	金融衍生工具和雇员股票期权	14
合约、租约和许可	22	其他应付账款	302
商誉和营销资产	0		
金融资产	8231		
货币黄金和特别提款权	770		
通货和存款	1482		
债务性证券	1263		
贷款	1384		
股权和投资基金份额	2614		
保险、养老金和标准化担保计划	470		
金融衍生工具和雇员股票期权	21		
其他应收账款	227	净值	5090

表8－28 数例:经济总体资产负债变动表

项目	金额	项目	金额
非金融资产	482	金融负债	505
生产资产	294	通货和存款	102
固定资产	246	债务性证券	116
存货	32	贷款	47
贵重物品	16	股权和投资基金份额	141
非生产资产	188	保险、养老金和标准化担保计划	49
自然资源	180	金融衍生工具和雇员股票期权	11
合约、租约和许可	8	其他应付账款	39
商誉和营销资产	0		
金融资产	523		
货币黄金和特别提款权	11		
通货和存款	89		
债务性证券	126		
贷款	78		
股权和投资基金份额	141	净值变动	500
保险、养老金和标准化担保计划	49	储蓄和资本转移引致	202
金融衍生工具和雇员股票期权	14	其他物量变动引致	10
其他应收账款	15	名义持有损益引致	288

表 8—29 数例:经济总体期末资产负债表

项目	数值	项目	数值
非金融资产	5103	金融负债	8267
生产资产	3112	通货和存款	1573
固定资产	2825	债务性证券	1427
存货	146	贷款	1484
贵重物品	141	股权和投资基金份额	2897
非生产资产	1991	保险、养老金和标准化担保计划	520
自然资源	1961	金融衍生工具和雇员股票期权	25
合约、租约和许可	30	其他应付账款	341
商誉和营销资产	0		
金融资产	8754		
货币黄金和特别提款权	781		
通货和存款	1571		
债务性证券	1389		
贷款	1462		
股权和投资基金份额	2755		
保险、养老金和标准化担保计划	519		
金融衍生工具和雇员股票期权	35		
其他应收账款	242	净值	5590

(二)国外账户

在开放型的国民经济环境下,上述的产品账户、经常账户、积累账户和资产负债表还不能构成一个完备的核算框架,必须通过适当设置国外账户才能实现复式簿记意义上的整体核算平衡。

"国外账户"旨在全面描述一国与国外(即常住单位与非常住单位之间)的所有经济往来和经济关系,它既是整个国民经济平衡核算结构中不可或缺的部分,也是概括反映一国的国际收支平衡和国际投资头寸的重要工具。

依据国民核算的主体原则和账户体系的平衡要求,国外账户的主体必须是"国外",也即与本国发生经济往来或经济关系的所有非常住单位的集合。因此,该账户的贷方所反映的是国外的资金来源(本国的资金运用);借方所反映的则是国外的资金运用(本国的资金来源)。换言之,其借贷方向与国际收支平衡表以及国际投资头寸表正好互为镜像。

国外账户的基本构成与经济总体账户及机构部门账户相仿,也有一个完整序列,主要包括货物和服务、收入分配等经常账户,资本、金融和调整等积累账户,以及期初、期末资产负债表和资产负债变动表。在一国的国民账户体系中,由于根本无须核算国外的生产、消费和绝大部分非金融投资,也无须核算国外的非金融资产存量,因而,国外账户的实际内容相对简单一些。

1. 国外的交易流量账户

为了便于观察国外账户的基本内容和结构,可将其不同性质的交易项目适当归类后列示如表 8—30。显然,表中的贸易差额(此处包括有形的货物贸易和无形的服务贸易差额)平衡了国外的货物和服务账户，经常差额平衡了国外的全部经常账户，净贷出和净金融投资则分别平衡了国外的资本账户和金融账户。金融账户同样成为整个对外交易流量账户的终结。理论上说，国外金融账户上“对本国的净金融投资（或净金融负债）”必然表现为经济总体金融账户上的“净金融负债（或净金融投资）”，两者是相反数（符号相反，绝对值相等）。

表 8—30 国外账户（交易流量部分）

自本国进口的货物和服务 对本国的贸易差额	对本国出口的货物和服务
对本国的应付分配性收入 经常差额	对本国的贸易差额 自本国的应收分配性收入
对本国的应付资本转移 自本国净获得的非生产非金融资产 对本国的净贷出	经常差额 自本国的应收资本转移
对本国的金融资产净增加 　金融资产增加 　减：金融资产减少	对本国的金融负债净增加 　金融负债增加 　减：金融负债减少 对本国的净金融投资

国外货物和服务账户（见表 8—31）反映全部货物和服务的进、出口及其贸易差额情况，它与经济总体的货物和服务账户相对应，两者之间存在借贷关系。

表 8—31 数例：国外货物和服务账户

本国货物和服务出口	540	本国货物和服务进口	499
货物出口	462	货物进口	392
服务出口	78	服务进口	107
国外货物和服务贸易差额	－41		

国外原始收入和经常转移账户（见表 8—32）囊括了初次分配和再分配过程中的全部对外交易项目，账户平衡项涉及国际收支平衡分析中至关重要的“经常差额”。但国外的经常顺差就是本国的经常逆差，反之，国外的经常逆差则是本国的经常顺差，它们两者也是相反数。

表 8—32 数例：国外原始收入和经常转移账户

雇员报酬	6	国外货物和服务贸易差额	－41
生产税净额	0	雇员报酬	2
应付财产收入	44	生产税净额	0
应付所得税、财产税等经常税	1	应收财产收入	38
净社会缴款	0	应收所得税、财产税等经常税	0
社会福利	0	净社会缴款	0
其他经常转移	16	社会福利	0
养老金权益变化调整	0	其他经常转移	55
国外经常差额	－13	养老金权益变化调整	0

国外积累账户也包括资本账户、金融账户和调整账户三类。前两者是对外的积累交易账户,其中,资本账户(见表8—33)的借方内容十分简单,金融账户(见表8—34)则与经济总体金融账户的结构相同。

表8—33 数例:国外资本账户

非生产非金融资产净获得	0	国外经常差额	—13
		应收资本转移	4
		减:应付资本转移	—1
净贷出	—10	储蓄和资本转移引致的净值变动	—10

表8—34 数例:国外金融账户

金融资产净获得	47	金融负债净发生	57
货币黄金和特别提款权	1	货币黄金和特别提款权	0
通货和存款	11	通货和存款	—2
债务性证券	9	债务性证券	21
贷款	4	贷款	35
股权和投资基金份额	12	股权和投资基金份额	14
保险、养老金和标准化担保计划	0	保险、养老金和标准化担保计划	0
金融衍生工具和雇员股票期权	0	金融衍生工具和雇员股票期权	3
其他应收账款	10	其他应付账款	—14
		净金融投资	—10

2. 国外的其他账户

国外的其他账户(包括非交易流量账户即调整账户、期初和期末资产负债表以及资产负债变动表)与本国的有关账户结构大体相似,只是项目内容较为简单而已。譬如,对于国外的非金融资产项目,就无须考虑其资源发现、灾害损失和自然消失等大部分外生数量变动(无偿没收和分类变动除外),也无须考虑因价格变动而引起的持有损益,更无须考虑其非金融资产的存量。之所以如此,是因为这些经济变化或经济存量均未与本国发生核算上的对应关系。

国外调整账户也分为国外资产负债其他物量变动账户和国外重估价账户,见表8—35和表8—36。国外账户一般无须核算非金融资产的交易和存量,但在特殊情况下,该类资产的外生数量变动仍然可能发生。国外账户中的非金融资产外生数量变动可能是指:对专利、软件和艺术品原作等无形固定资产(知识产权产品)的无偿没收,以及伴随着领土吞并而发生的对土地和地下资产等的无偿没收,等等。不过其数额一般都非常之小,以至于可以忽略不计。

表 8—35 数例:国外资产(负债)其他物量变动账户

非金融资产	0	金融负债	0
生产资产	0	货币黄金和特别提款权	0
非生产资产	0	通货和存款	0
自然资源	0	债务性证券	0
合约、租约和许可	0	贷款	0
商誉和营销资产	0	股权和投资基金份额	0
金融资产	0	保险、养老金和标准化担保计划	0
货币黄金和特别提款权	0	金融衍生工具和雇员股票期权	0
通货和存款	0	其他应付账款	0
债务性证券	0		
贷款	0		
股权和投资基金份额	0		
保险、养老金和标准化担保计划	0		
金融衍生工具和雇员股票期权	0	资产(负债)其他物量变动引致的净值变动	0
其他应收账款	0		

表 8—36 数例:国外重估价账户

金融资产	7	金融负债	15
货币黄金和特别提款权	0	货币黄金和特别提款权	12
通货和存款	0	通货和存款	0
债务性证券	4	债务性证券	2
贷款	0	贷款	0
股权和投资基金份额	3	股权和投资基金份额	1
保险、养老金和标准化担保计划	0	保险、养老金和标准化担保计划	0
金融衍生工具和雇员股票期权	0	金融衍生工具和雇员股票期权	
其他应收账款	0	其他应付账款	0
		名义持有损益引致的净值变动	—8

国外资产负债表也包括期初资产负债表、资产负债变动表和期末资产负债表,见表8—37、表8—38和表8—39。值得注意的是,尽管国外的期初、期末资产负债表中均未包括非金融资产的内容,但在国外资产负债变动表中却必须纳入有关非金融资产外生数量变动的内容(例中小到近似为零),这表明后者除了衔接存量账户之外,仍然有着某种相对独立的意义。

表 8—37　数例:国外期初资产负债表

金融资产	805	金融负债	1274
货币黄金和特别提款权		货币黄金和特别提款权	770
通货和存款	105	通货和存款	116
债务性证券	125	债务性证券	77
贷款	70	贷款	17
股权和投资基金份额	345	股权和投资基金份额	203
保险、养老金和标准化担保计划	26	保险、养老金和标准化担保计划	25
金融衍生工具和雇员股票期权	0	金融衍生工具和雇员股票期权	7
其他应收账款	134	其他应付账款	59
		净值	—469

表 8—38　数例:国外资产负债变动表

非金融资产	0	金融负债	72
生产资产	0	货币黄金和特别提款权	12
非生产资产	0	通货和存款	—2
自然资源	0	债务性证券	23
合约、租约和许可	0	贷款	35
商誉和营销资产	0	股权和投资基金份额	15
金融资产	54	保险、养老金和标准化担保计划	0
货币黄金和特别提款权	1	金融衍生工具和雇员股票期权	3
通货和存款	11	其他应收账款	—14
债务性证券	13		
贷款	4		
股权和投资基金份额	15	净值变动	—18
保险、养老金和标准化担保计划	0	储蓄和资本转移引致	—10
金融衍生工具和雇员股票期权	0	其他物量变动引致	0
其他应收账款	10	名义持有损益引致	—8

表 8—39　数例:国外期末资产负债表

金融资产	859	金融负债	1346
货币黄金和特别提款权	1	货币黄金和特别提款权	782
通货和存款	116	通货和存款	114
债务性证券	138	债务性证券	100
贷款	74	贷款	52
股权和投资基金份额	360	股权和投资基金份额	218
保险、养老金和标准化担保计划	26	保险、养老金和标准化担保计划	25
金融衍生工具和雇员股票期权	0	金融衍生工具和雇员股票期权	10
其他应收账款	144	其他应收账款	45
		净值	—487

§8.3 国民账户体系的总括描述形式

一、综合经济账户

相对于单式平衡表而言，依据复式簿记规则建立起来的国民账户体系的优越性是显而易见的。然而，诚如SNA的主要设计者之一理查德·斯通所指出过的："国民账户的普通形式……有两点不足：一是每个项目都必须记下两次，二是只要不是在既小且简单的系统中，就难以立即找到其内部联系。"[①]为此，还需要某种更为简捷、严谨的国民账户表现形式。综合经济账户就是一种较好的核算和描述形式。

综合经济账户（又称经济账户总表）旨在对国民核算中的机构部门账户、经济总体账户、国外账户和交易账户等进行总括性描述，借以充分展示包括流量核算和存量核算在内的国民账户体系的全貌。其基本框架如表8－40所示[②]。该表将所有账户的资金运用、资产变动和资产存量等项目都列在借方（左方），而将所有账户的资金来源、负债变动、负债存量和净值等项目都列在贷方（右方），以此提供一整套有关各机构部门、经济总体和国外的核算数据。

上一节中，我们在描述国民账户体系时，只列举了基本的账户框架以及经济总体账户和国外账户。若要完整地罗列各个机构部门的账户数据，那样不仅篇幅浩繁，而且不胜其烦；但若采用综合经济账户的形式来描述，情况就完全不同了。作为一个具体数例，我们将《SNA2008》中的有关账户资料整理成综合经济账户的形式（见表8－41至表8－43）。循着收付式账户的基本结构和逻辑线索，仔细阅读这些表格，不仅可以对各个机构部门的账户情况有所了解，而且有助于全面地把握各部门之间、经济总体与国外之间的核算关系，更为深刻、透彻地理解国民账户体系的整体结构。

综合经济账户这种核算形式能够将整个国民账户体系融为一体，通过账户项目的适当排列和借贷对应来反映账户体系内部的勾稽关系，并借以归纳和简化账户体系的表达方式。在综合经济账户中，同一账户项目在借、贷两方分别从属于两个不同账户，彼此又在总量上保持平衡。例如，表8－41中的"雇员报酬"，它既是收入形成账户的借方项目，又是原始收入分配的贷方项目，且借贷两方的合计数都是1156单位。又如，同一表中的"最终消费支出"，它既是收入支配账户的借方项目，又是产品（货物和服务）账户的贷方项目，且借贷两方的合计数都是1399单位。显然，由于设置并引入了产品（货物和服务）账户，该表中的借贷总量平衡关系比前面的资金流量表来得更为完整。

实质上，正如前面第2章中介绍过的，综合经济账户不过是一组并列式的账户平衡表，而一般账户则是收付式的账户平衡表。尽管综合经济账户能够非常直观地表达出账户之间的衔接对应和整体平衡关系，因而在应用和操作上具有较为简捷便利的优点，然而，它只是

① 参阅R. 斯通和G. 斯通：《国民收入与支出》，上海译文出版社中译本，1988年，第65页。

② 在形如表8－40的综合经济账户中，借、贷两方可按"从中间向两侧"的对称方式依次排列产品（货物和服务）账户、各机构部门账户、经济总体账户、国外账户以及全部账户的合计栏，也可按"从左到右"的相同方式排列以上所有账户栏目。前者是SNA1993采用的方式，后者则是SNA2008采用的方式。两者并无实质差异或优劣之分，为解读方便起见，本书仍然采用前一种方式。

表 8—40　综合经济账户

<table>
<tr><th rowspan="2"></th><th rowspan="2">合计</th><th rowspan="2">国外</th><th colspan="5">经济总体和机构部门账户</th><th rowspan="2">产品账户</th><th rowspan="2">账户项目</th><th rowspan="2">产品账户</th><th colspan="5">经济总体和机构部门账户</th><th rowspan="2">国外</th><th rowspan="2">合计</th><th rowspan="2"></th></tr>
<tr><th>总体</th><th>部门 n</th><th>…</th><th>部门 2</th><th>部门 1</th><th>部门 1</th><th>部门 2</th><th>…</th><th>部门 n</th><th>总体</th></tr>
<tr><td>经常账户</td><td></td><td></td><td></td><td></td><td></td><td></td><td></td><td></td><td rowspan="2">交易和流量项目</td><td></td><td></td><td></td><td></td><td></td><td></td><td></td><td></td><td>经常账户</td></tr>
<tr><td>积累账户</td><td></td><td></td><td></td><td></td><td></td><td></td><td></td><td></td><td></td><td></td><td></td><td></td><td></td><td></td><td></td><td></td><td>积累账户</td></tr>
<tr><td>资产负债表</td><td></td><td></td><td></td><td></td><td></td><td></td><td></td><td></td><td>资产负债项目</td><td></td><td></td><td></td><td></td><td></td><td></td><td></td><td></td><td>资产负债表</td></tr>
</table>

表 8－41 综合经济账户(经常账户部分)

账户	合计	国外	经济总体	非营利机构	住户	广义政府	金融公司	非金融公司	货物和服务	账户项目	货物和服务	非金融公司	金融公司	广义政府	住户	非营利机构	经济总体	国外	合计	账户
生产账户	499								499	货物服务进口								499	499	生产账户
	540	540								货物服务出口	540								540	
	3604								3604	总产出(基本价格)		2808	146	348	270	32	3604		3604	
	133								133	产品税净额							133		133	
	1883		1883	17	115	222	52	1477		中间消耗	1883								1883	
	1813	－41	1854	15	155	126	94	1331		增加值＊或GDP/国外贸易差额		1331	94	126	155	15	1854	－41	1813	收入形成账户
	222		222	3	23	27	12	157		固定资本消耗		157	12	27	23	3	222		222	
	1591	－41	1632	12	132	99	82	1174		净增加值或NDP/国外贸易差额		1174	82	99	132	12	1632	－41	1591	
收入形成账户	1156	6	1150	11	11	98	44	986		雇员报酬					1154		1154	2	1156	原始收入分配账户
	191		191							生产税净额＊＊				191			191		191	
	133		133							产品税净额＊＊				133			133		133	
	58		58	1	－1	1	4	53		其他生产税净额				58			58		58	
	513		513	3	145	27	46	292		总营业盈余及总混合收入		292	46	27	145	3	513		513	
	291		291	0	122	0	34	135		净营业盈余及净混合收入		135	34	0	122	0	291		291	
原始收入分配	435	44	391	6	41	42	168	134		财产收入		96	149	22	123	7	397	38	435	
	1864		1864	4	1381	198	27	254		原始总收入或GNI		254	27	198	1381	4	1864		1864	收入再分配账户
	1642		1642	1	1358	171	15	97		原始净收入或NNI		97	15	171	1358	1	1642		1642	
收入再分配账户	213	1	212	0	178	0	10	24		所得税、财产税等经常税				213			213	0	213	
	333	C	333		333					净社会缴款		66	213	50	0	5	333	0	333	
	339		339		339					各种社会缴款		68	216	51	0	5	339	0	339	
	6	0	6		6					社会保险计划服务费(减)		2	3	1			6	0	6	
	384	0	384	5	0	112	205	62		实物社会转移以外的社会福利					384		384	0	384	
	332	0	332	5	0	60	205	62		社会保障(保险)福利					332		332		332	
	52		52			52				社会援助(救济)现金福利					52		52		52	
	299	16	283	2	71	136	62	12		其他经常转移		6	62	104	36	36	244	55	299	
	1826		1826	37	1219	317	25	228		可支配总收入或GNDI		228	25	317	1219	37	1826		1826	收入支配账民
	1604		1604	34	1196	290	13	71		可支配净收入或NNDI		71	13	290	1196	34	1604		1604	
收入支配账户	1399		1399	32	1015	352				最终消费支出	1399								1399	
	1230		1230	31	1015	184				个人消费支出	1230								1230	
	169		169	1		168				公共消费支出	169								169	
	11	0	11	0		0	11	0		养老金权益变化调整					11		11	0	11	
	427		427	5	215	－35	14	228		总储蓄/国外经常项目差额										
	192	－13	205	2	192	－62	2	71		净储蓄/国外经常项目差额										

＊ 此处各部门的增加值不含产品税净额，也即为“基本价格的增加值”。GDP＝各部门基本价格增加值之和＋产品税净额＝各部门市场价格增加值之和。

＊＊ 限于基础数据来源，本表不列示各机构部门支付的产品税净额和生产税净额，仅列示他生产税净额。

表 8—42　综合经济账户(积累账户部分)

	合计	国外	经济总体	非营利机构	住户	广义政府	金融公司	非金融公司	货物和服务	账户项目	货物和服务	非金融公司	金融公司	广义政府	住户	非营利机构	经济总体	国外	合计
资本账户										净储蓄/国外经常项目差额		71	2	−62	192	2	205	−13	192
	192		192	2	32	11	−4	151		资本形成净额	192								192
	376		376	5	48	35	8	280		固定资本形成总额	376								376
	−222		−222	−3	−23	−27	−12	−157		固定资本消耗(减)	−222								−222
	28		28	0	2	0	0	26		存货变动	28								28
	10		10	0	5	3	0	2		贵重物品的获得减处置	10								10
	0		0	1	4	2	0	−7		非生产资产获得减处置									
	0		0	1	3	2	0	−6		自然资源获得减处置									
	0		0	0	1	0	0	−1		合约、租约和许可获得减处置									
	0	0	0				0	0		商誉和营销资产购买减销售									
										应收资本转移		33	0	6	23	0	62	4	66
										应付资本转移		−16	−7	−34	−5	−3	−65	−1	−66
										储蓄和资本转移引致的净值变动		88	−5	−90	210	−1	202	−10	192
	0	−10	10	−4	174	−103	−1	−56		净贷出/净金融投资		−56	−1	−103	174	−4	10	−10	0
金融账户	483	47	436	2	189	−10	172	83		金融资产净获得/负债净发生		139	173	93	15	6	426	57	483
	0	1	−1				−1			货币黄金和特别提款权									
	100	11	89	2	64	−26	10	39		通货和存款			65	37			102	−2	100
	95	9	86	−1	10	4	66	7		债务性证券		6	30	38	0	0	74	21	95
	82	4	78	0	3	3	53	19		贷款		21	0	9	11	6	47	35	82
	119	12	107	0	66	3	28	10		股权和投资基金份额		83	22				105	14	119
	48	0	48	0	39	1	7	1		保险、养老金和标准化担保计划			48	0			48	0	48
	14	0	14	0	3	0	8	3		金融衍生工具和雇员股票期权		3	8	0	0	0	11	3	14
	25	10	15	1	4	5	1	4		其他应收/应付款		26	0	9	4	0	39	−14	25
调整账户	13		13	0	0	0	−1	14		资产/负债外生物量变动		0	0	2	1	0	3		3
	10		10	0	0	0	−2	12		非金融资产									
	−7		−7	0	0	−3	−2	−2		非金融生产资产									
	−2		−2			−3		1		固定资产									
	−3		−3					−3		存货									
	−2		−2				−2			贵重物品									
	17		17	0	0	3	0	14		非金融非生产资产									
	3		3	0	0	0	1	2		金融资产/负债		0	0	2	1	0	3		3
										外生物量变动引致的净值变动		14	−1	−2	−1	0	10		10
	371	7	364	10	96	45	61	152		资产/负债名义持有损益		18	51	7	0	0	76	15	91
	280		280	8	80	44	4	144		非金融资产									
	126		126	5	35	21	2	63		非金融生产资产									
	111		111	5	28	18	2	58		固定资产									
	7		7		2	1		4		存货									
	8		8		5	2		1		贵重物品									
	154		154	3	45	23	2	81		非金融非生产资产									
	91	7	84	2	16	1	57	8		金融资产/负债		18	51	7	0	0	76	15	91
										名义持有损益引致的净值变动		134	10	38	96	10	288	−8	280

表 8－43 综合经济账户(资产负债表部分)

	合计	国外	经济总体	非营利机构	住户	广义政府	金融公司	非金融公司	账户 项目	非金融公司	金融公司	广义政府	住户	非营利机构	经济总体	国外	合计	
期初资产负债表	4621		4621	159	1429	789	93	2151	非金融资产/净值	－88	－30	498	4500	210	5090	－469	4621	期初资产负债表
	2818		2818	124	856	497	67	1274	非金融生产资产									
	2579		2579	121	713	467	52	1226	固定资产									
	114		114	1	48	22		43	存货									
	125		125	2	95	8	15	5	贵重物品									
	1803		1803	35	573	292	26	877	非金融非生产资产									
	1781		1781	35	573	286	23	864	自然资源									
	22		22			6	3	13	合约、租约和许可									
									商誉和营销资产									
	9036	805	8231	172	3260	396	3421	982	金融资产/负债	3221	3544	687	189	121	7762	1274	9036	
	770		770			80	690		货币黄金和特别提款权							770	770	
	1587	105	1482	110	840	150		382	通货和存款	40	1281	102	10	38	1471	116	1587	
	1388	125	1263	25	198		950	90	债务性证券	44	1053	212	2		1311	77	1388	
	1454	70	1384	8	24	115	1187	50	贷款	897		328	169	43	1437	17	1454	
	2959	345	2614	22	1749	12	551	280	股权和投资基金份额	1987	765	4			2756	203	2959	
	496	26	470	4	391	20	30	25	保险、养老金和标准化担保计划	12	435	19		5	471	25	496	
	21	0	21	0	3	0	13	5	金融衍生工具和雇员股票期权	4	10				14	7	21	
	361	134	227	3	55	19		150	其他应收/应付款	237		22	8	35	302	59	361	
资产负债变动表	482		482	11	116	57	－2	300	非金融资产/净值总变动	236	4	－54	305	9	500	－18	482	资产负债变动表
	294		294	7	67	29	－4	195	非金融生产资产									
	246		246	7	53	23	－2	165	固定资产									
	32		32	0	4	1	0	27	存货									
	16		16	0	10	5	－2	3	贵重物品									
	188		188	4	49	28	2	105	非金融非生产资产									
	180		180	4	48	26	1	101	自然资源									
	8		8	0	1	2	1	4	合约、租约和许可									
	0		0	0	0	0	0	0	商誉和营销资产									
	577	54	523	4	205	－9	230	93	金融资产/负债总变动	157	224	102	16	6	505	72	577	
	12	1	11	0	0	1	10	0	货币黄金和特别提款权							12	12	
	100	11	89	2	64	－26	10	39	通货和存款	0	65	37	0	0	102	－2	100	
	139	13	126	0	16	4	96	10	债务性证券	7	64	45	0	0	116	23	139	
	82	4	78	0	3	3	53	19	贷款	21	0	9	11	6	47	35	82	
	156	15	141	1	76	3	44	17	股权和投资基金份额	100	39	2	0	0	141	15	156	
	49	0	49	0	39	1	8	[illegible]	保险、养老金和标准化担保计划	0	48	0	1	0	49	0	49	
	14	0	14	0	3	0	8	3	金融衍生工具和雇员股票期权	3	8	0	0	0	11	3	14	
	25	10	15	1	4	5	1	4	其他应收/应付款	26	0	9	4	0	39	－14	25	
期末资产负债表	5103		5103	170	1545	846	91	2451	非金融资产/净值	148	－26	444	4805	219	5590	－487	5103	期末资产负债表
	3112		3112	131	923	526	63	1469	非金融生产资产									
	2825		2825	128	766	490	50	1391	固定资产									
	146		146	1	52	23	0	70	存货									
	141		141	2	105	13	13	8	贵重物品									
	1991		1991	39	622	320	28	982	非金融非生产资产									
	1961		1961	39	621	312	24	965	自然资源									
	30		30	0	1	8	4	17	合约、租约和许可									
	0		0	0	0	0	0	0	商誉和营销资产									
	9613	859	8754	176	3465	387	3651	1075	金融资产/负债	3378	3768	789	205	127	8267	1346	9613	
	782	1	781	0	0	81	700	0	货币黄金和特别提款权							782	782	
	1687	116	1571	112	904	124	10	421	通货和存款	40	1346	139	10	38	1573	114	1687	
	1527	138	1389	25	214	4	1046	100	债务性证券	51	1117	257	2	0	1427	100	1527	
	1536	74	1462	8	27	118	1240	69	贷款	918	0	337	180	49	1484	52	1536	
	3115	360	2755	23	1825	15	595	297	股权和投资基金份额	2087	804	6	0	0	2897	218	3115	
	545	26	519	4	430	21	38	26	保险、养老金和标准化担保计划	12	483	19	1	5	520	25	545	
	35	0	35	0	6	0	21	8	金融衍生工具和雇员股票期权	7	18	0	0	0	25	10	35	
	386	144	242	4	59	24	1	154	其他应收/应付款	263	0	31	12	35	341	45	386	

简化了记账符号和账户数据的表现方式，并没有简化基本的记账程序。有鉴于此，第2章中介绍过矩阵表可以发挥其独特的功用。在SNA的描述方法体系中，除了收付式账户和并列式账户(综合经济账户)之外，矩阵式账户(国民核算矩阵)也占有一席之地。

二、国民核算矩阵*

国民核算矩阵(NAM)或社会核算矩阵(SAM)就是用矩阵式平衡表组织的国民账户体系。这种核算形式的出现与投入产出分析被引入国民核算体系有很大关系，在某种程度上就是投入产出表的一种拓展应用。自20世纪60年代起，在联合国和世界银行等国际组织的关注和推动之下，众多专家学者对这种宏观经济核算形式产生了浓厚兴趣，形成了一个专门研究分支，其应用已从国民经济核算扩展到了社会人口统计和环境经济分析等诸多重要领域。

(一)国民核算矩阵的结构特点

国民核算矩阵的一些基本特点在第2章中已经有所涉及。概括地说，它是一个行列纵横交错、行数与列数相等，且对应排列、整体平衡的棋盘式表格。矩阵表的行、列方向恰好可以用来表示账户的贷方与借方两个部位，因而，一个账户就可以很方便地用矩阵表中的一对行列来代表；对交易者账户而言，矩阵表的纵列表示账户的借方(支方)，横行表示账户的贷方(收方)，这个规则称作“行贷列借”。国民核算矩阵中一项登录的含义由其所处的行、列位置来规定，并由此获得两重含义：它既是一个账户的借方项目，同时又是另一账户的贷方项目。这样，当我们解读国民核算矩阵中某个表值的具体含义时，就必须考虑其所处的行列位置。国民核算矩阵值的这种位置规定使其成为连接各有关账户的有效手段(在复式记账的意义上)，我们只要适当地组织和排列这些账户，就能合乎逻辑地表达不同账户之间的有机联系以及整个体系的内在结构。因此，相对于普通的收付式账户，国民核算矩阵既能简化记账程序，又能突出诸账户间的逻辑关联性。

在构造(或变换)一个国民核算矩阵时，应该注意到它与普通的账户具有一些类似之处。譬如，把国民核算矩阵中的一个账户项目(T_{ij})移到关于主对角线对称的另一位置(如果这种移动是有意义的)，那么只须改变一下原来项目的符号即可($T_{ji}=-T_{ij}$)，这相当于把一个项目从账户的左方移到同一账户的右方(或者相反)；这时，正的借方项目就变成了负的贷方项目，而正的贷方项目则变成了负的借方项目。此外，在国民核算矩阵的主对角线上出现的某个元素，就相当于那些在同一账户的两边同时出现的项目；在需要简化账户数据的场合，这些元素通常是可以相互抵销掉的。

国民核算矩阵还具有便于扩充、分解和归并的长处。在国民核算矩阵中，我们可以对有关账户或项目进行适当的分解、归并和扩充，而不致影响其基本核算结构的完整性和一致性。这样，就能够通过不同的方式得到详略程度或细节内容各各不同的国民核算矩阵，譬如，把一个小矩阵扩展为一个大矩阵，或者，把一个大矩阵简括为一个小矩阵，等等。可见，一个高度浓缩的小矩阵中的元素，实际上代表了适当展开的大矩阵中的某个子阵；该子阵又能够非常集中地给出有关某一指标或某一领域的重要分析数据。这种描述形式无疑为资料的表达和运用提供了更多灵活性。用SNA设计者的话来说：这使得我们既能宏观地鸟瞰森林，同时又能适当地保留树木①。

① 参阅联合国统计处：《国民经济核算体系(SNA1968)》，中国财政经济出版社中译本，1982年，第17页，第1.24段。

国民核算矩阵的另一个独特功用，就是基于它的模块化的数据组织形式，便于进行各个领域的宏观经济分析，尤其是经济建模分析。正因如此，NAM(或 SAM)在经济分析实践中获得了很多重要的应用。

(二)国民核算矩阵的设计与编制[①]

下面通过逐步拓展和分解的方式，说明设计和编制国民核算矩阵的主要问题。首先，从最简单的五账户国民经济核算体系开始。五个账户分别是有关经济总体的生产、分配、支配和积累四个流量账户，以及一个国外账户。在第 2 章的表 2—11 中，我们已经列举了有关这些账户的最简洁的 5 阶国民核算矩阵，其基本的数据结构则可由表 8—44 加以描述。

表 8—44 五大账户的国民核算矩阵

	1. 生产	2. 分配	3. 支配	4. 积累	5. 国外
1. 生产			总消费	资本形成总额	出 口
2. 分配	增加值或 GDP				得自国外的原始收入和经常转移
3. 支配		可支配总收入或 GNDI			
4. 积累			总储蓄		得自国外的资本转移和借入资金
5. 国外	进 口	对外支付的原始收入和经常转移		对外支付的资本转移和贷出资金	

实际上，在表 2—11 和表 8—44 中，由于尚未区分生产账户与产品账户，也未引入部门分类，故国民经济诸账户均未考虑部门间的内部流量循环(包括中间消耗流量、收入分配流量、资本转移流量和金融流量等)，而只反映了本国与国外之间的外部流量循环以及再生产各环节之间的总量循环；此外，也没有单独显示固定资本消耗及其对增加值(GDP)、可支配收入、储蓄和资本形成等指标的影响。显然，这还只是一种高度简化的处理方式。但是，由于国民核算矩阵所独具的便于扩充和分解的长处，有关的细节问题都可以在已有的表式框架基础上逐步地给予补充。随着国民核算矩阵的适当展开，其中蕴涵着丰富经济内容的部门间流量将被发掘出来；国民核算矩阵还为充分表达这些部门间流量提供了极为简洁有效的形式，也为运用经济数学模型和现代计算手段处理国民核算资料提供了基础和便利。

倘若我们将各种部门间经济流量引入上述的 5 阶国民核算矩阵中，这并不会影响到矩阵表中原有数据的表达。再将期初和期末的资产负债表也引入账户体系，结果就会增添两对行、列，得到 7 阶的国民核算矩阵(见表 8—45)；同时，在相应的位置上增加有关期初与期末资产、负债和净值的 8 个存量项目。

现在，我们引用 SNA 有关账户的数据，按这种表式结构编制出相应的国民核算矩阵(见表 8—46)。应该说，这样的国民核算矩阵在内容结构上已经大体完备了。不过，由于在该表的积累账户中，没有区分资本交易和金融交易，也没有反映出非交易因素引起的资产和负债

① 本书该部分中的“国民核算矩阵”系参考《SNA1968》等专门核算文献加以重新设计、改造和完善。若需引用，请注明出处。

的变动(即调整账户的有关内容),因而仍然无法适当体现期初与期末之间的资产、负债和净值的核算衔接关系。此外,对于生产账户、分配账户和国外账户的表达也过于简略。因而,需要在细分有关账户的基础上,对国民核算矩阵做进一步的扩充。

表 8—45 七账户国民核算矩阵

	1. 期初存量	2. 生产	3. 收入分配	4. 收入支配	5. 积累	6. 国外	7. 期末存量
1. 期初存量					本国期初非金融资产和金融资产	国外期初金融资产	
2. 生产		中间消耗		总消费	资本形成总额	出口	
3. 收入分配		GDP	常住单位间的收入分配流量			得自国外的初分配和再分配收入	
4. 收入支配			GNDI				
5. 积累	本国期初负债和净值			总储蓄	常住单位间的资本转移和金融交易	得自国外的资本转移和借入资金	本国期末负债和净值
6. 国外	国外期初负债和净值	进口	对外支付的初分配和再分配收入		对外支付的资本转移和贷出资金		国外期末负债和净值
7. 期末存量					本国期末非金融资产和金融资产	国外期末金融资产	

表 8—46 七账户国民核算矩阵的数例

	1. 期初存量	2. 生产	3. 收入分配	4. 收入支配	5. 积累	6. 国外	7. 期末存量
1. 期初存量					12852	805	
2. 生产		(1883)		1399	414	540	
3. 收入分配		1854	(2849)			67	
4. 收入支配			1826				
5. 积累	12852			427	(440)	48	13857
6. 国外	805	499	95		61		859
7. 期末存量					13857	859	

倘若我们对上述的 7 阶国民核算矩阵施行必要的变换处理:首先,将生产账户划分为产品账户和生产账户;其次,将分配账户划分为初次分配账户和再分配账户;再次,将积累账户划分为资本账户、金融账户,并补充反映非交易因素影响内容的调整账户;最后,将国外账户划分为四个账户,即国外经常账户、资本账户、金融账户和调整账户。这样,就得到一个扩展

表 8—47　扩展的国民核算矩阵

		1	2	3	4	5	6	7	8	9	10	11	12	13
期初	1							非金融资产	金融资产			国外金融资产		
产品	2			中间消耗			总消费	资本形成总额		出口				
生产	3		总产出（基本价格）											
初次分配	4		产品税净额	GDP（基本价格）	常住单位间初分配流量					得自国外的要素收入				
再分配	5				GNI	常住单位间再分配流量				得自国外的经常转移				
收入支配	6					GNDI								
资本	7	净值					总储蓄	减：固定资本消耗 常住单位间的资本转移			得自国外资本转移		净值的调整	净值
金融	8	负债						净贷出或净借入	常住单位间的金融交易			对外债务净增加	负债的调整	负债
国外 经常	9		进口		对外支付要素收入	对外支付经营转移								
国外 资本	10	国外净值						对外支付资本转移		国外经常差额			国外净值的调整	国外净值
国外 金融	11	国外负债							对外债权净增加		国外的净借入或净贷出		国外负债的调整	国外负债
调整	12							非金融资产的调整	金融资产的调整		国外非金融资产的调整	国外金融资产的调整		
期末	13							非金融资产	金融资产			国外金融资产		

的13阶国民核算矩阵(见表8—47)。除了增加矩阵表的行列之外,容易看出,账户分解的另一个结果是显示了一些重要的平衡项,如经济总体的国民总收入(GNI)和净贷出,以及国外的经常差额和净借入等。

在表8—47中,我们之所以要将经济总体的调整账户和国外的调整账户都从积累账户中拿出来,再一并安排在专门反映交易流量账户内容的方框之外,也是考虑到这些账户所描述的资产负债外生数量变动和持有损益与其他积累账户之间不存在借贷对应关系,故采用了类似于处理资产负债存量的方式。这样做,一则节省了表格的篇幅,再者也便于在表中直接观察期初与期末之间的资产负债变动、衔接关系。总的说,在这样构造的国民核算矩阵中,有关经济交易的各种流量账户都被安排在第2至11行与第2至11列交叉部分的方框之内(表中以粗线突出显示),其中的每一非空元素既是所在列账户的借方项目,又是所在行账户的贷方项目,它们具有双重含义。而方框之外的资产负债调整项目或存量项目,尽管也是按“行贷列借”的规则来安排的,但它们与所在行(或列)的资本、金融账户之间并不存在借贷对应关系,只是借用了这些行列中的空余位置,因而需要相对独立地加以理解。

现在,我们可以依照表8—47的账户安排方式,引用SNA有关账户的数据编制出相应的国民核算矩阵(见表8—48)。

表8—48　扩展的国民核算矩阵数例

			1	2	3	4	5	6	7	8	9	10	11	12	13
期　初		1							4621	8231			805		
产　品		2			1883			1399	414		540				
生　产		3		3604											
初分配		4		133	1721	1692					50				
再分配		5				1864	1157				17				
支　配		6					1826								
资　本		7	5090					427	−222 61			1		298	5590
金　融		8	7762						10	379			47	79	8267
国外	经常	9		499		40	55								
	资本	10	−469						4		−13			−8	−487
	金融	11	1274							57		−10		15	1346
调　整		12							290	87		0	7		
期　末		13							5103	8754			859		

在形如表8—48的国民核算矩阵中,有关经济交易的诸账户(包括经济总体账户和国外账户)无疑构成了全表的核心部分,其中的每项数据都可以按“行贷列借”的规则作双重理解;循着这种纵横交错的流向线,我们可以顺次地观察国民经济领域内的各种交易和流量循环过程,以及由此形成的多样而又复杂的核算关系。但是,该表的其余部分(调整账户和存量账户)由于采用了特殊的安排方式,故在核算形式上并不具备非常严谨的特点;尽管如此,它却能够将有关资产负债流量与存量的衔接关系既简洁又直观地表达出来。譬如,对于经

济总体，容易看出：

(1)有关非金融资产的存量及其变动的全部资料都包含在第7列中，其核算关系为：

期末非金融资产(5103)＝期初非金融资产(4621)＋非金融投资净额(192)＋非交易因素引致的非金融资产净增加(290)　　(8—1)

(2)有关金融资产的存量及其变动的全部资料都包含在第8列中，其核算关系为：

期末金融资产(8754)＝期初金融资产(8231)＋国内金融交易流量(379)＋对外金融资产净增加(57)＋非交易引致的金融资产净增加(87)　　(8—2)

(3)有关金融负债的存量及其变动的全部资料都包含在第8行中，其核算关系为：

期末负债(8267)＝期初负债(7762)＋国内金融交易流量(379)＋对外负债净增加(47)＋非交易引致的负债净增加(79)　　(8—3)

(4)有关净值的存量及其变动的资料则主要包含在第7行中，其核算关系为：

期末净值(5590)＝期初净值(5090)＋储蓄和资本转移引致的净值变动(202)＋非交易因素引致的净值变动(298)　　(8—4)

就国外而言，其期初与期末的资产、负债和净值之间自然也存在类似核算关系。

以上述的13阶国民核算矩阵为基础，如果进一步将机构部门分类引入各交易者账户，再对各环节的交易适当划分和列示主要项目内容，就可以得到更为详细的国民核算矩阵，借此可以完整展现国民账户体系的全貌。作为举例，这里我们利用《SNA2008》中的账户数据给出一张58阶的国民核算矩阵（见插页之表8—49）。该表的各个非空元素（或子阵）的内容[①]，还可以借助于符号方法给予更为明确的定义。现在，我们记 T_{ij} 为国民核算矩阵中位于第 i 行第 j 列上的元素，$T_{ij} \sim T_{ks}$ 为从左上角元素 T_{ij} 到右下角元素 T_{ks} 所围成的矩阵（或向量），则表8—49中有关矩阵、向量或元素的具体指标含义可以描述如下：

(1)交易流量账户项目

$T_{3,2} \sim T_{7,2}$　机构部门的总产出（基本价格）

$T_{10,2}$　经济总体（所有货物和服务）的产品税净额

$T_{2,3} \sim T_{2,7}$　机构部门的中间消耗

$T_{2,30} \sim T_{2,32}$　机构部门的最终消费支出

$T_{2,35} \sim T_{2,39}$　机构部门的资本形成总额

$T_{53,2}$　货物和服务进口

$T_{2,53}$　货物和服务出口

$T_{8,3} \sim T_{11,7}$　机构部门的总增加值（基本价格）

$T_{13,8} \sim T_{17,11}$　机构部门获得的财产收入以外的初次分配收入

$T_{13,12} \sim T_{17,12}$　机构部门获得的财产收入

$T_{12,13} \sim T_{12,17}$　机构部门支付的财产收入

$T_{22,13} \sim T_{26,17}$　机构部门的原始总收入

$T_{53,12}$ 和 $T_{53,9} \sim T_{53,10}$　国外获得的财产收入和其他初次分配收入

$T_{12,53}$ 和 $T_{9,53} \sim T_{10,53}$　国外支付的财产收入和其他初次分配收入

$T_{22,18} \sim T_{26,21}$　机构部门获得的经常转移

① 矩阵表中的“非空元素”是指具有适当经济定义的元素，其取值可能为零。

$T_{18,22} \sim T_{21,26}$　机构部门支付的经常转移

$T_{28,22} \sim T_{32,26}$　机构部门的可支配总收入

$T_{53,18} \sim T_{53,21}$　国外获得的经常转移

$T_{18,53} \sim T_{21,53}$　国外支付的经常转移

$T_{31,27}$和$T_{27,28} \sim T_{27,32}$　机构部门的养老金权益变化调整

$T_{53,27}$和$T_{27,53}$　国外的养老金权益变化调整

$T_{35,28} \sim T_{39,32}$　机构部门的总储蓄

$T_{54,53}$　国外的经常差额

$T_{35,33} \sim T_{39,33}$　机构部门获得的资本转移

$T_{35,34} \sim T_{39,34}$　机构部门处置的非生产非金融资产(可移项到贷方)

$T_{33,35} \sim T_{33,39}$　机构部门支付的资本转移

$T_{34,35} \sim T_{34,39}$　机构部门获得的非生产非金融资产(或净获得)

$T_{35,35} \sim T_{39,39}$　机构部门的固定资本消耗

$T_{48,35} \sim T_{52,39}$　机构部门的净贷出(净借入)

$T_{54,33}$　国外获得的资本转移

$T_{54,34}$　国外处置的非生产非金融资产(可移项到贷方)

$T_{33,54}$　国外支付的资本转移

$T_{34,54}$　国外获得的非生产非金融资产

$T_{55,54}$　国外的净贷出(净借入)

$T_{48,41} \sim T_{52,47}$　机构部门的负债净发生

$T_{40,48} \sim T_{47,52}$　机构部门的金融资产净获得

$T_{55,41} \sim T_{55,47}$　国外的负债净发生

$T_{40,55} \sim T_{47,55}$　国外的金融资产净获得

(2)非交易流量账户项目

$T_{56,35} \sim T_{56,39}$　机构部门的非金融资产外生数量变动

$T_{56,48} \sim T_{56,52}$　机构部门的金融资产外生数量变动

$T_{35,56} \sim T_{39,56}$　外生数量变动对机构部门净值的影响

$T_{48,56} \sim T_{52,56}$　机构部门的负债外生数量变动

$T_{56,54}$　国外的非金融资产外生数量变动

$T_{56,55}$　国外的金融资产外生数量变动

$T_{54,56}$　外生数量变动对国外净值的影响

$T_{55,56}$　国外的负债外生数量变动

$T_{57,35} \sim T_{57,39}$　机构部门的非金融资产持有损益

$T_{57,48} \sim T_{57,52}$　机构部门的金融资产持有损益

$T_{35,57} \sim T_{39,57}$　持有损益对机构部门净值的影响

$T_{48,57} \sim T_{52,57}$　机构部门的负债持有损益

$T_{57,55}$　国外的金融资产持有损益

$T_{54,57}$　持有损益对国外净值的影响

$T_{55,57}$　国外的负债持有损益

(3)存量账户项目

$T_{1,35} \sim T_{1,39}$　机构部门的期初非金融资产

$T_{1,48}\sim T_{1,52}$ 机构部门的期初金融资产

$T_{35,1}\sim T_{39,1}$ 机构部门的期初净值

$T_{48,1}\sim T_{52,1}$ 机构部门的期初负债

$T_{1,55}$ 国外的期初金融资产

$T_{54,1}$ 国外的期初净值

$T_{55,1}$ 国外的期初负债

$T_{58,35}\sim T_{58,39}$ 机构部门的期末非金融资产

$T_{58,48}\sim T_{58,52}$ 机构部门的期末金融资产

$T_{35,58}\sim T_{39,58}$ 机构部门的期末净值

$T_{48,58}\sim T_{52,58}$ 机构部门的期末负债

$T_{58,55}$ 国外的期末金融资产

$T_{54,58}$ 国外的期末净值

$T_{55,58}$ 国外的期末负债

(三)国民核算矩阵的解读方式

在国民核算矩阵内部,客观上存在着一定的流向线,这是由经济交易的性质、核算分析的框架和要求所共同决定的。当我们解读一张具体的国民核算矩阵时,也必须循着同样的路径进行。通常,应该首先观察有关经济交易的诸账户,然后观察调整账户和期初、期末资产负债表。

整体上看,有关经济交易的诸账户(粗线方框内)的一般解读顺序应该是"从左上角到右下角"。而对于每一类账户,其解读顺序通常是"先来源,后运用",其中:货物和服务交易账户是先纵列(货物和服务的来源)、后横行(货物和服务的运用);其他交易者账户则多为先横行(收入或资金的来源)、后纵列(收入或资金的运用)。只有金融账户是个例外,其解读顺序是先资金运用,后资金来源,也即先纵列、后横行。循着这样的路径,我们可以顺次观察到:货物和服务的生产和进口,以及货物和服务用于中间消耗、最终消费、资本形成和出口的情况;机构部门和国外的初次分配收入、初次分配支出,以及机构部门的原始总收入;机构部门和国外的再分配收入、再分配支出,以及机构部门的可支配总收入;各有关机构部门的最终消费支出和养老金权益变化调整,以及所有机构部门的总储蓄和国外的经常交易差额;机构部门和国外的净储蓄、应收资本转移、应付资本转移、资本形成净额、有关非生产非金融资产的买卖以及净贷出(或净借入);机构部门和国外的金融资产净获得、金融负债净发生以及净金融投资(或净金融负债)。至此,我们对整个经济交易体系的核算数据已经了然于胸。

不难看出,相对于没有划分机构部门和交易项目的国民核算矩阵来说,表 8—49 中突出显示了各机构部门之间的产品流量、分配流量和金融流量等,而这些内容在经济总体账户层次的矩阵表中,通常是无法适当加以表达的。

在表 8—49 中,交易账户的有关内容也获得了充分而又概括的展示。除了"货物和服务账户"(第 2 行和第 2 列)之外,还有"雇员报酬"(第 9 行和第 9 列)、"生产税净额"(第 10 行和第 10 列)、"财产收入"(第 12 行和第 12 列)等初分配交易账户,"收入税"(第 18 行和第 18 列)、"社会净缴款"和"社会福利"(第 19、20 行和第 19、20 列)等再分配交易账户,以及"资本转移"(第 33 行和第 33 列)、"通货和存款"(第 41 行和第 41 列)、"债务性证券"(第 42 行和第 42 列)、"贷款"(第 43 行和第 43 列),以及"股权和投资基金份额"(第 44 行和第 44 列)等

积累交易账户。通过这些交易账户,可以对所有机构部门和国外在特定方面的交易情况,以及有关资金流量的来龙去脉,进行全面、深入的考察。

诚然,如同任何一种核算方法或描述形式一样,国民核算矩阵也不可能是尽善尽美的。对于一个高度简化的国民核算矩阵,其中某些元素的位置定义不是自明的,必须借助于专门的说明和特殊的定义,这常会使得一个外观十分简单的国民核算矩阵所概括的内容变得较为隐晦难解。对于一个详细分解的国民核算矩阵,其项目含义的清晰性和单纯性程度相对较高,但其篇幅又将以几何方式迅速膨胀,且表中的数据分布极为稀疏,填满率(即矩阵表中非空元素个数所占的比率)很低。此外,国民核算矩阵在设计和构造方面的技术要求也较高,需要兼顾账户体系的逻辑结构以及表达的明确性和简洁性等要求。倘若设计不当,就会显得繁复累赘。因此,可以说,国民核算矩阵是一种直观精简但却并非通俗易懂的核算形式。

总之,国民经济核算的形式和方法是多种多样的,每种方法都有其特点和局限性,因此,各种有效的方法之间不应是互斥、而应是互补的。将账户、账户总表和矩阵表等诸种形式有机地结合起来,可以为国民经济核算提供一套更为完备的方法体系。

三、若干基本核算恒等式

在国民经济核算中,除了收付式账户、综合经济账户(账户总表)和矩阵式账户(国民核算矩阵)等诸种形式之外,还可以采用经济方程或核算恒等式直接表述有关指标及其关系。这类恒等式在前面各章大多都曾经涉及,其中较为重要且常用者可以归纳如下:

(1)国内生产总值(GDP)=国内总产出-中间消耗

(2)GDP=国民总消费+资本形成总额+货物和服务出口-货物和服务进口

(3)国民总收入(GNI)=GDP+得自国外的雇员报酬、财产收入和生产税净额-对外支付的雇员报酬、财产收入和生产税净额

(4)国民可支配总收入(GNDI)=GNI+得自国外的经常转移(再分配收入)-对外支付的经常转移(再分配支付)

(5)GNDI=国民总消费+国民总储蓄

(6)国内生产净值(NDP)=GDP-固定资本消耗

国民净收入(NNI)=GNI-固定资本消耗

国民可支配净收入(NNDI)=GNDI-固定资本消耗

国民净储蓄=国民总储蓄-固定资本消耗

资本形成净额=资本形成总额-固定资本消耗

(7)经济交易引致的国民财富(净值)变动=国民净储蓄+得自国外的资本转移-对外支付的资本转移

(8)国民净储蓄+得自国外的资本转移-对外支付的资本转移=资本形成净额+非生产非金融资产净获得+净贷出

(9)净贷出(或净借入)=净金融投资(或净金融负债)

(10)期初(期末)非金融资产+期初(期末)金融资产-期初(期末)负债=期初(期末)净值

(11)期末非金融资产=期初非金融资产+资本形成净额+非生产非金融资产净获得+非金融资产的外生数量变动+非金融资产的持有损益

(12)期末金融资产=期初金融资产+金融资产净获得+金融资产的外生数量变动+金融资产的持有损益

(13)期末负债＝期初负债＋负债净发生＋负债的外生数量变动＋负债的持有损益

(14)期末净值＝期初净值＋储蓄和资本转移引致的净值变动＋资产和负债的外生数量变动引致的净值变动＋资产和负债的持有损益引致的净值变动

(15)货物和服务净出口＋得自国外的要素收入净额＋得自国外的经常转移净额＋得自国外的资本转移净额－非生产非金融资产净获得＝对外净金融投资(净金融负债)

(16)对外净金融投资(净金融负债)＋对外金融资产的外生数量变动＋对外金融资产的持有损益－对外负债的外生数量变动－对外负债的持有损益＝对外净金融资产(净头寸)的变动

了解并掌握这些核算恒等式,对于完整、透彻地理解国民经济核算的体系结构和方法原理,正确运用有关指标进行宏观经济分析,无疑都会有极大裨益。

【本章小结】

1. 本章概述国民账户体系的基本结构和编制原理。国民账户的设置方式和构成种类,各类账户的内容结构、编制特点和相互关系,国民核算和国民账户中的各种重要经济指标及其核算关系,以及收付式账户和综合经济账户两种基本账户形式,这些都是本章的重点。同时,也要适当理解和掌握国民经济账户与企业会计账户的异同、账户体系与五大核算之间的关系,以及矩阵式国民账户(国民核算矩阵)的特点和功能。

2. 以SNA为代表的现代国民核算体系是一种通过账户形式概括描述宏观经济数量水平及数量关系的核算系统。国民经济账户与企业会计账户有许多相似之处,但在账户主体、账户设置、复式簿记和账户平衡等方面又存在显著差异。这些差异根源于宏观核算与微观核算的内容、范围和目的的不同。但两者又是互有联系的,需要相互协调。

3. 国民账户体系包括经济流量账户和经济存量账户、交易流量账户和非交易流量账户、交易账户和交易者账户、经常账户和积累账户,以及机构部门账户、经济总体账户和国外账户等。这些账户各有特点,在核算领域和分析功能上互有分工,同时又相互衔接、相互补充,构成一个完整的账户体系。

4. 收付式账户和综合经济账户是编制国民账户的两种主要形式。前者便于具体详尽地展示有关账户资料,后者则便于概括各类账户的全面情况,从整体上把握账户间的关系。两者各有特点,在国民账户编制中需要结合运用。

5. 国民核算矩阵具有与收付式账户和综合经济账户不同的特点和功能,它在账户体系中起着辅助作用,同时也是对国民核算数据进行开发应用的一种有效形式。

6. 在国民核算中涉及各种重要的经济指标,国民账户体系将这些经济指标组织成一个逻辑一致的完整体系,借此系统地描述国民经济运行的条件、过程和结果。掌握有关指标的经济内涵和核算关系,有助于深化对国民经济核算体系的整体认识,并正确运用有关指标进行宏观经济分析。

【思考题与练习题】

8—1　国民经济账户与企业会计账户之间有何差异？又有何联系？在实践中,国民经济账户能否直接根据企业会计账户的资料来进行编制,为什么？

8—2　为了从纵、横两个方面考察国民经济的数量状况，应该设置哪些主要的国民账户？各类账户的基本核算内容是什么？

8—3　国民账户的设置方式决定了它能够具有哪些基本作用？

8—4　怎样正确认识国民账户体系与五大核算表之间的关系？

8—5　在国民账户体系中，划分经常账户与积累账户的依据是什么？它们各自包括哪些子账户？

8—6　为什么资产负债的“外生数量变动”和“持有损益”也属于积累账户的核算内容？

8—7　举例说明：什么是“交易者账户”和“交易账户”，两者的平衡方式有何不同？能否说，交易账户是专门反映经济交易情况的，而交易者账户则不反映这些情况？

8—8　产品账户与生产账户在内容结构上有何区别？在一个较为详细的国民账户体系中，为何两种账户要分别编制？

8—9　试依据复式记账法的要求，说明设置产品账户对于整个国民账户体系平衡的意义。

8—10　“产品账户”是不是一个经常账户或积累账户，为什么？据此说明，是否所有的交易流量账户都能够区分为经常账户与积累账户？

8—11　收入分配账户包含哪些子账户？它们的初始项和平衡项分别是什么？所核算的经济交易主要有哪些内容？

8—12　在收入初次分配账户中，“收入形成账户”与“原始收入分配账户”是何种关系？

8—13　收入支配(使用)账户的初始项和平衡项分别是什么？设置该账户主要起到什么作用？该账户是否对于所有机构部门都有实际意义？

8—14　从核算的角度看，储蓄是一种什么性质的“差额”指标？它受哪些因素影响，与哪些账户有关？

8—15　积累账户包含哪些子账户？它们所核算的经济交易或经济流量分别是什么？它们各自的平衡项又分别是什么？

8—16　试依据资本账户的平衡项(净贷出或净借入)与金融账户的平衡项(净金融投资或净金融负债)之间的关系，说明金融账户在经济交易流量核算中所处的地位。

8—17　资产负债变动表是不是存量账户？它与积累诸账户之间有何联系，又有何区别？

8—18　在国民账户体系中，为何必须设置国外账户？与经济总体账户和机构部门账户相比，它有何特点？

8—19　在表现国民账户资料时，综合经济账户与普通的收付式账户有何不同之处？国民核算矩阵与综合经济账户又有何不同之处？

8—20　观察本章给出的有关账户资料与第5章的“国民经济资金流量表”(表5—2)，比较并说明两者有何关系？

8—21　利用本章给出的有关账户资料(假设当年该国储备资产的借方发生额为8单位)，试编制一份简明“国际收支平衡表”，并扼要分析其国际收支平衡状况。

8—22　利用本章给出的有关账户资料，试编制一个关于“财产收入”项目的交易账户，并对其收支关系和平衡状况进行简要分析。

8—23　已知某时期经济总体的下列统计资料(单位：亿元)：

(1)基本价格总产出8700，产品税净额549，中间消耗3576；

(2)个人消费支出2868,公共消费支出845;

(3)固定资本形成总额1583(其中固定资本消耗339),存货净增加167,贵重物品净获得15;

(4)货物和服务出口总额686,货物和服务进口总额491;

(5)经济总体支付的雇员报酬3913,得自国外的雇员报酬6;

(6)经济总体支付的生产税净额682(其中,支付国外的生产税净额2);

(7)经济总体支付的财产收入465(其中,支付国外的财产收入30),得自国外的财产收入5;

(8)经济总体的经常转移收入858(其中,得自国外的经常转移16),支付国外的经常转移8;

(9)得自国外的资本转移1,支付国外的资本转移2;

(10)经济总体的非生产非金融资产净购买2;

(11)经济总体的金融资产净增加3782(其中,对外金融资产净增加782);

(12)经济总体的负债净增加3603(其中,对外负债净增加603)。

试分别编制:(1)货物和服务账户;(2)经济总体的生产账户、收入形成账户、原始收入分配账户、收入再分配账户、收入支配账户、资本账户和金融账户;(3)国外的经常账户、资本账户和金融账户。

8—24 将上题编制的有关账户数据适当归纳,浓缩为五个账户的简化“国民核算矩阵”,其中应包括生产账户、分配账户、支配账户、积累账户和国外账户。

8—25 已知某经济总体的货物和服务净出口为410单位,得自国外的要素收入和经常转移净额为20单位,对外支付的资本转移净额为5单位,非生产非金融资产净获得为10单位。试求该经济总体的净贷出(即对外净金融投资)。

8—26 已知期初某国非金融资产存量为9922亿元,其中生产资产为6047亿元,非生产资产为3875亿元;金融资产为6792亿元,金融负债为6298亿元。又知当期固定资本形成和库存增加为289亿元,非生产资产的物量变化为193亿元,金融资产净获得为730亿元,金融负债净发生为677亿元。假定价格未发生变化,试据此编制期初、期末资产负债表和资产负债变动表。

8—27 已知某国立足于国外编制的原始收入和经常转移账户如下(表8—50):

表8—50 国外原始收入和经常转移账户 单位:亿美元

借方		贷方	
雇员报酬	6	国外的货物和服务贸易差额	−57
生产税净额	0	雇员报酬	4
应付财产收入	53	生产税净额	2
经常转移支出	40	应收财产收入	49
国外经常差额	−48	经常转移收入	53
合计	51	合计	51

另知该国的GDP为1884亿美元。试根据上述资料计算该国的国民总收入、国民可支配总收入。

第 9 章　国民经济价格核算与分析

前面各章分别叙述国民核算的基本框架和方法原理，重点介绍五大核算和账户体系，进而还要考虑怎样利用既有的核算数据进行各种经济对比，以便为宏观分析和决策管理提供更为翔实的数据和方法支持。国民核算数据的对比分析一般包括不同时间的动态对比和不同空间的横向对比问题，它们是国民核算向分析领域的自然延伸。这两类对比分析中都会涉及有关价格的问题，本章分别介绍这两方面的内容。有关国民核算和宏观经济分析的其他扩展领域和相关问题，则留待在下一章中专门讨论。

§9.1　国民核算的计价和对比问题

一、计价标准和计价方式

国民核算涉及各种经济流量和存量，其中大多数是以货币单位计量的价值指标。核算价值指标就有计价(估价)标准和方式两方面的问题。在这里，所谓“计价标准”是指按什么样的价格构成来计算有关指标，通常有完全价格和不完全价格两类标准；而所谓“计价方式”则是指按什么样的时间规定来确定价格水平，通常有现行价格、原始价格(历史成本)和不变(可比)价格三种方式。

国民核算中的基本计价原则就是尽可能按核算期现行市场价格对有关经济流量和存量进行统一估价。但是，根据国民核算和经济分析的具体问题和要求，对于不同核算环节和不同经济指标，往往还需要运用适当的计价标准或计价方式。经济指标的计价标准和方式不同，得到的指标值及其分析意义也会有所不同。因此，计价问题也是国民核算与分析中必须考虑的重要问题之一。

关于计价标准和计价方式，前面各章结合具体核算内容已经有所涉及。这里再补充讨论有关计价标准的几个基本概念及其应用问题。对于计价方式的问题，则可结合经济动态对比和横向对比加以说明。

二、主要计价标准及其应用领域

(一)有关计价标准的基本概念

经济分析表明，商品的价值是由中间消耗(或劳动对象转移价值)c_2、固定资本消耗(或劳动手段转移价值)c_1、雇员报酬 v，以及生产税净额和营业盈余 m 等要素构成的。其中，$c_1+c_2=c$ 又称为生产资料转移价值，而 c_1+v+m 则称为增加值。

在国民经济核算中，商品的完全价格包括价值构成的所有三个组成部分，即$(c+v+m)$；而不完全价格则不包括其中的 m 或 m 的某一部分。它们各自又有不同的具体计价标准，形成不同的价格范畴。

1. 成本价格

它是生产单位产品所直接支付的中间消耗、固定资本消耗和雇员报酬之和，即$(c+v)$，不包括作为生产税和营业盈余的m，属于不完全价格。在国民经济核算中，对于特殊部门或领域（如政府服务或居民自有住房服务）的产出可以采用成本价格进行计价。

2. 基本价格和要素价格

(1)基本价格。它是生产单位产品所直接和间接支付的固定资本消耗、雇员报酬、营业盈余以及产品税之外的其他生产税净额的总和。这里的间接支付是指通过中间消耗的传递关系而累积起来的各次间接支付的类似要素。

例如，生产一吨铁，冶炼企业需要支付一定数额的固定资本消耗、雇员报酬、营业盈余和其他生产税净额，此外，在生产一吨铁所直接消耗的各种产品（如矿石、焦炭、电力和石灰石等）的价值中，显然也包括了一定数量的固定资本消耗、雇员报酬、营业盈余和其他生产税净额的支付（第一次间接支付）；更进一步看，通过这些中间投入物而间接消耗的其他产品也含有类似的支付（第二次间接支付），如此等等。这样，一吨铁的基本价格，就是各有关生产环节上的相应支付项目的总和。也即有：

$$\begin{matrix}\text{基本价格}\\\text{(理论值)}\end{matrix}=\begin{matrix}\text{直接支付的固定资本消}\\\text{耗、雇员报酬、营业盈}\\\text{余和其他生产税净额}\end{matrix}+\sum\begin{pmatrix}\text{间接支付的固定资本消}\\\text{耗、雇员报酬、营业盈}\\\text{余和其他生产税净额}\end{pmatrix} \tag{9-1}$$

理论上说，这个无限延续的价值构成级数应该是收敛的。如果具备必要的资料，运用投入产出方法就能够精确地计算出真实的基本价格。但实践中，通常采用以下简化方法来计算基本价格的近似值：

$$\begin{matrix}\text{基本价格}\\\text{(近似值)}\end{matrix}=\begin{matrix}\text{直接支付的固定资本消耗、雇员报}\\\text{酬、营业盈余和其他生产税净额}\end{matrix}+\text{中间消耗} \tag{9-2}$$

这里的有关项目只对产品生产的最后一个环节进行计算。这样得到的基本价格"近似值"与"理论值"之差，就是通过各次中间消耗累积起来的产品税净额。基本价格的主要分析作用就在于，尽可能地排除生产税（产品税）因素对于价格水平及其结构的影响。

(2)要素价格。如果进一步从基本价格中扣除直接和间接支付的其他生产税净额，就得到不含任何生产税因素的"要素价格"。其作用与基本价格类似，但在分析意义上更为纯粹一些。

$$\begin{matrix}\text{要素价格}\\\text{(理论值)}\end{matrix}=\begin{matrix}\text{基本价格}\\\text{(理论值)}\end{matrix}-\begin{matrix}\text{直接和间接支付的}\\\text{其他生产税净额}\end{matrix} \tag{9-3}$$

$$\begin{matrix}\text{要素价格}\\\text{(近似值)}\end{matrix}=\begin{matrix}\text{基本价格}\\\text{(近似值)}\end{matrix}-\begin{matrix}\text{直接支付的其}\\\text{他生产税净额}\end{matrix} \tag{9-4}$$

3. 生产者价格和购买者价格

(1)生产者价格。生产者价格也就是产品的完全市场价格，其价值构成就是$(c+v+m)$，其价格水平则取决于产品生产过程中的总投入费用。生产者价格的定义式及其与近似的基本价格和要素价格之间的关系是：

$$\begin{matrix}\text{生产者}\\\text{价格}\end{matrix}=\begin{matrix}\text{单位产品}\\\text{增加值}\end{matrix}+\begin{matrix}\text{中间}\\\text{消耗}\end{matrix}=\begin{matrix}\text{基本价格}\\\text{(近似值)}\end{matrix}+\begin{matrix}\text{产品税}\\\text{净额}\end{matrix}=\begin{matrix}\text{要素价格}\\\text{(近似值)}\end{matrix}+\begin{matrix}\text{生产税}\\\text{净额}\end{matrix} \tag{9-5}$$

从分析的角度看，生产者价格就是生产单位产品所直接和间接支付的最初投入费用（即

固定资本消耗、雇员报酬、营业盈余和生产税净额)的总和,即:

$$\text{生产者价格} = \text{增加值} + \text{中间消耗} = \text{直接支付的最初投入费用} + \text{间接支付的最初投入费用之和} \quad (9-6)$$

(2)购买者价格。与生产者价格类似,购买者价格也是产品的完全市场价格。但前者是从生产者角度来观察的市场价格,后者则是从商品购买者或使用者的角度来观察的市场价格。相对于生产者价格,购买者价格还包含商品流通过程中的商业和运输等流通费用,即有:

$$\text{购买者价格} = \text{生产者价格} + \text{商业运输等流通费用(差价)} \quad (9-7)$$

值得注意的是,购买者价格和生产者价格虽然水平不同,但两者都属于商品的完全市场价格,其价值构成都是$(c+v+m)$。因为,构成商业和运输等费用的无非也就是c、v和m这样一些价值要素,它们追加到被流通的商品价格之上,只是增加了c、v和m的数量,并未改变价值要素的基本构成。

(二)各种计价标准的相互关系和应用领域

归纳起来,以上讨论的五种计价标准的相互关系是:

购买者价格－商品流通费用＝生产者价格

生产者价格－产品税净额＝基本价格(近似值)

基本价格(近似值)－其他生产税净额＝要素价格(近似值)

要素价格(近似值)－营业盈余＝成本价格

其中,生产者价格和购买者价格属于完全市场价格,而基本价格、要素价格和成本价格则属于不完全价格范畴。这些计价标准既相互区别、又相互联系,在国民核算和分析中需要适当地结合运用。

在国民经济核算中,计价标准的选择与核算的内容、结构和分析要求有关。采用何种计价标准,对于保证核算结构的合理性和分析结论的一致性都具有实际意义。譬如,在进行投入产出核算时,如果采用生产者价格,则由于针对不同的商品生产者往往存在着税收政策和税率水平的差异,这就会在相当程度上扭曲现实经济生活中各部门之间在投入产出方面的技术经济联系;而如果采用购买者价格,这种扭曲的程度还会由于不同购买者在使用同种商品时支付商业运输费用的不同而更为加剧。因此,SNA建议以基本价格或要素价格作为投入产出核算的计价基础。但在进行国内生产总值核算时,若采用生产法计算指标,就必须按生产者价格计量产出、按购买者价格计量投入;若采用使用法(支出法)计算指标,却必须按购买者价格(对于货物的出口和进口则统一采用离岸价格)加以计量。

三、国民经济对比分析的基本问题

(一)物量比较与价格分析

在逐期编制的各种国民经济价值总量(流量和存量)形成的时间序列中,其动态变化通常受到物量和价格两个因素变动的影响。显然,简单地观察或比较这些价值总量的动态,其分析结论往往是笼统和不确切的,这就需要制订和运用有关的指数方法,专门考察价值总量中的物量因素或价格因素的变动及其影响。

一般而言，对于价值总量的比较分析可以区分为“物量比较”和“价格分析”：前者考察价值总量中有关物量因素的综合变动程度，后者则探究经济总量中价格因素的综合变动程度。为了进行物量比较，需要排除价值总量中价格因素变动的影响；而另一方面，价格水平的变动本身也是经济分析中的一个重要课题。所以，物量比较与价格分析往往又是相互联系、互为补充的。

对价值总量进行物量比较或价格比较的前提之一是将其分解为物量因素和价格因素。就大部分的经济总量来说，这种数量分解是能够做到的，比如，对于有关生产、消费和资本形成等方面的价值总量，我们可以分解出产品产量和产品价格、消费品数量和消费品价格、投资品数量和投资品价格等。但对于收入分配等领域的一些价值总量，如雇员报酬或其中的奖金收入、生产税和收入税等，则难以明确地将其分解为物量因素和价格因素。因此，在国民经济核算中，一般不直接进行这种分解，当需要对其进行动态比较时，可以利用其他有关资料，并根据一定的假设进行分析。

（二）动态对比与空间对比

经济指标不仅需要在不同时间上进行“动态对比”，而且往往还需要在同一时间上进行“空间对比”或“横向对比”。空间对比中最为重要的是“国际（经济）对比”，所要比较的通常是国内生产总值或人均国内生产总值，以及人均收入或人均消费水平等综合指标。

一般说，动态考察与空间对比都要反映经济现象的数量对比关系，都可以分别进行“物量比较”或“价格分析”，但它们具体说明的问题又是有所不同的：动态考察说明经济现象的发展变化过程及其规律性，空间对比则说明经济现象的地域差异状况及其结构规律性。两者之间既有共性又有不同。一般说，空间对比的方法是由动态比较发展而来的，但空间对比的特殊性又对方法本身提出新的要求，需要给予适当的发展或改造。尤其是各国经济指标的国际对比，由于常常涉及货币形式和货币购买力等方面的问题，因而面临特殊困难，必须通过适当的方法加以解决。有关问题将在本章最后一节说明。

（三）国民核算指数

1. 国民核算指数及其特点

统计指数是对经济指标进行价格分析和物量比较的有效工具，它在国民核算中也获得了广泛应用。但与一般经济指数相比，国民核算指数具有以下两个特点：(1)在内容构成上，国民核算指数不是单一的指数，而是由一系列既相互区别、又相互关联的指数所组成的体系，即“国民核算指数体系”；通过这一指数体系，可以对国民核算诸指标进行多侧面的比较研究。(2)在编制分析上，国民核算指数不是孤立的指数，各种指数之间不仅在内容上相互关联，而且在数量上也必须保持相互协调、协调一致；在运用指数方法进行比较分析时，应该适当考虑各种核算指标之间的数量平衡关系，保证其分析结论的内在一致性。

一个相对完备的国民核算指数体系应该包括下面一些内容：关于投入和产出的价格或物量指数（如中间投入指数、总产出指数、GDP 指数和 PPI 等），关于消费、投资和进出口等环节的价格或物量指数（如 CPI、固定资产投资价格指数、XMPI 等和相应的各种物量指数），以及各种国际对比价格或物量指数等。理论上说，国民经济核算的价格分析和物量比较不仅限于流量方面，还应包括存量方面，而且，从整个国民核算体系的角度考虑，流量与存量的估价与分析方法又应该是相互衔接、相互适应的。但经济存量的价格分析和物量比较至今仍然是一个极为困难的领域，怎样制订出一套较为合理的核算与分析方法，还有许多问题尚待研究。

通过编制各种指数,使大量、丰富的国民经济核算资料转化为动态可比或国际可比的形式,无疑是一件极有意义的工作。从这个角度说,国民核算体系的指数化是其理论、方法和实践发展的客观需要和必然趋势。实现国民经济核算体系的指数化,还将对国民经济核算资料的开发应用,对经济指数的理论和实践产生非常积极的影响,赋予经济分析和指数方法以新的内容与活力。

2. 国民核算中应用的基本指数公式

如前所述,为了进行指数分析,一般须将国民核算中的价值总量分解为价格和物量两个因素。下面,我们记物量因素为 q,价格因素为 p,上标 t 表示相应的时期($t=0$ 为基期,$t=1$ 为现期、计算期或报告期),则基期的价值总量为 $\sum p^0q^0$,现期的价值总量为 $\sum p^1q^1$,反映价值总量变动的"总值指数(价值指数)"为:

$$V=\frac{\sum p^1q^1}{\sum p^0q^0} \tag{9—8}$$

依据指数编制原理,为考察总值中某个因素(物量或价格)的综合变动程度,只须将另一个因素固定起来,就得到一般形式的物量指数和价格指数:

$$Q^{1/0}=\frac{\sum pq^1}{\sum pq^0},\qquad P^{1/0}=\frac{\sum p^1q}{\sum p^0q} \tag{9—9}$$

式中的固定因素 p 或 q,就是相应指数的"同度量因素(权数)",它们可以按不同方式加以确定。当同度量因素取为基期水平时,给出如下的拉氏物量指数和拉氏价格指数:

$$Q_{\mathrm{L}}^{1/0}=\frac{\sum p^0q^1}{\sum p^0q^0},\qquad P_{\mathrm{L}}^{1/0}=\frac{\sum p^1q^0}{\sum p^0q^0} \tag{9—10}$$

而当同度量因素取为现期水平时,则给出如下的帕氏物量指数和帕氏价格指数:

$$Q_{\mathrm{P}}^{1/0}=\frac{\sum p^1q^1}{\sum p^1q^0},\qquad P_{\mathrm{P}}^{1/0}=\frac{\sum p^1q^1}{\sum p^0q^1} \tag{9—11}$$

显然,在拉氏指数、帕氏指数和总值指数之间,存在着如下的指数体系:

$$V=Q_{\mathrm{L}}\cdot P_{\mathrm{P}}=Q_{\mathrm{P}}\cdot P_{\mathrm{L}} \tag{9—12}$$

这表明:一个总值指数可以分解为拉氏物量指数与帕氏价格指数的乘积,也可以分解为帕氏物量指数与拉氏价格指数的乘积。利用这些关系,我们可以就总值的变动进行必要的因素分析,还可据以进行指数的推算。例如,由已知的总值指数和帕氏价格指数,可以推算出相应的拉氏物量指数;相反,由已知的总值指数和拉氏价格指数,也可以推算出相应的帕氏物量指数。这样通过一定的指数体系推算出来的因素指数,称作已知指数的"暗含指数"。在上例中,给出帕氏价格指数,就暗含了拉氏物量指数,或者说,帕氏价格指数的暗含指数就是拉氏物量指数。

在考察价值总量中的物量水平及其变动程度时,我们可以直接计算不变价格的价值量

$\sum p^0 q^1$，或者直接编制物量指数 Q；也可以用现期的价值总量 $\sum p^1 q^1$ 除以适当的价格指数 P，求得按不变价格计算的现期总值 $\sum p^0 q^1$，或者，用总值指数 V 除以适当的价格指数，求得所需的物量指数 Q。两类方法的分析目标是相似的，但具体操作过程有所不同。后一类方法的作用在于消除价格变动对总值或其变动的影响，这在核算分析上称作“价格折算（或缩减）法”，用来作为除数的价格指数也称作“折算（缩减）指数”。要正确地运用价格折算（缩减）法，首先就应该弄清各种指数之间的暗含关系，明确一定形式的折算（缩减）指数将会暗含什么样的物量指数，这种暗含的物量指数又是否能够满足我们的分析要求，这样才能适当保证分析结论的合理性。

3. 基本指数公式的改造和检验

上述拉氏指数和帕氏指数是两种基本的指数公式。但在实际应用中，即使对于同样现象的资料，两种公式通常也会给出不同的计算结果（差异大小因具体资料而异，不排除甚至给出完全相反的结论），这是由于不同的指数加权（同度量因素选取）方式引起的。为了调和这种偏差，往往需要对基本指数公式加以改造，常见的方法就是对不同指数或其权数计算某种形式的平均数，即进行指数的“交叉”处理。一种做法是对指数的不同权数（同度量因素）计算平均数，即进行指数的“权交叉”，其代表性公式是如下的埃奇沃斯指数（F. Y. Edgeworth）：

$$Q_{\mathrm{E}}^{1/0}=\frac{\sum q^1(p^0+p^1)}{\sum q^0(p^0+p^1)}, \qquad P_{\mathrm{E}}^{1/0}=\frac{\sum p^1(q^0+q^1)}{\sum p^0(q^0+q^1)} \tag{9-13}$$

另一种做法则是对不同的指数公式计算平均数，即进行指数的“型交叉”，其著名的代表性公式就是拉氏指数与帕氏指数的简单几何平均数：

$$Q_{\mathrm{F}}^{1/0}=\sqrt{\frac{\sum p^0 q^1}{\sum p^0 q^0}\cdot\frac{\sum p^1 q^1}{\sum p^1 q^0}}, \qquad P_{\mathrm{F}}^{1/0}=\sqrt{\frac{\sum p^1 q^0}{\sum p^0 q^0}\cdot\frac{\sum p^1 q^1}{\sum p^0 q^1}} \tag{9-14}$$

该指数经美国著名经济学家和指数理论家费雪（Irving Fisher）作了大量比较研究，确证其优良性质，被其命名为“理想公式”。

诸如此类的指数公式还有很多。为了检验各种指数的计算特点和分析性质，有时还需要进行一些数学检验。其中较为常见的检验方法有三种：

（1）时间（基位）互换检验。该检验要求：将指数的基期和现期互换位置之后得到的指数，应该与原指数互为倒数，或者，两者的乘积应该等于1，即

$$I^{1/0}=1/I^{0/1} \quad \text{或} \quad I^{1/0}\cdot I^{0/1}=1 \tag{9-15}$$

式中，符号 I 代表按相同方式编制的价格指数或物量指数。

该检验对于空间指数的编制尤其具有实际分析意义。例如，当我们比较A、B两个地区的物价水平时，倘若A地区比B地区的物价水平高出25%，也即A比B的价格指数为125%，那么反过来，B地区比A地区的物价水平就应该低20%，也即B比A的价格指数应为80%，互换对比基准之后的两个指数互为倒数（80%＝1/125%），乘积等于1（＝125%×80%），这就是基位互换检验的要求。一种指数公式如果不符合该检验要求，用来编制空间指数，进行地区或国际对比分析，就存在严重缺陷。这在选择指数公式时应该慎重考虑。

(2)因素互换检验。该检验要求:将指数中的物量因素与价格因素互换位置之后得到的两个因素指数(物量指数和价格指数),它们的乘积应该等于相应的总值指数,即

$$Q^{1/0} \cdot P^{1/0} = V^{1/0} \tag{9-16}$$

该检验的直观分析意义在于强调物量指数与价格指数在编制公式和分析结论上的一致性,这从因素分析的角度看具有一定合理性。但过于看重两个指数在公式构造上的同一性,这个要求是十分苛严的,许多重要的指数公式都不能通过该项检验。因此,只有在十分必要的情况下,这一检验的要求才会被严格地考虑,而在其他多数情况下,则是以变通的方式加以处理。

(3)循环检验。该检验要求:根据同型公式编制的多个相互衔接的环比指数,它们的循环乘积应该等于1,即

$$I^{1/0} \cdot I^{2/1} \cdot I^{3/2} \cdots I^{N/(N-1)} \cdot I^{0/N} = 1 \tag{9-17}$$

或者,要求环比指数的连乘积等于相应的定基指数:

$$I^{1/0} \cdot I^{2/1} \cdot I^{3/2} \cdots I^{N/(N-1)} = I^{N/0} \tag{9-18}$$

事实上,一个指数公式如果满足式(9－18),则必满足式(9－17),且必满足时间(基位)互换检验的要求。

循环检验无论对于动态指数或者空间指数的编制都具有实际分析意义。就动态指数而言,循环检验对于将逐期变动分析与长期动态分析统一起来是有意义的;就空间指数而言,循环检验要求不同国家或地区之间的对比结果具有可传递性(也即任何两个国家或地区之间直接对比的结果,应该与通过第三者间接对比的结果相一致),这对于三个以上国家或地区的"多边对比"很有意义,甚至可以说是必须满足的基本要求。

当然,以上三大检验并非在任何情况下都必须满足。只有在十分必要的情况下,才需要根据实际分析的要求适当地考虑其中的有关检验。事实上,在前面提到的几种指数公式中,只有两个能够满足部分检验要求,即:理想指数满足基位互换检验和因素互换检验,但不满足循环检验;埃奇沃斯指数只满足基位互换检验,不满足因素互换检验和循环检验。因而,这两个指数对于某些分析问题很有应用价值。另一方面,尽管拉氏指数和帕氏指数并不满足以上三大检验中的任何一种,但其公式构造简单,经济意义明确,编制资料容易获取,计算方法也十分便捷,故在国民核算和经济分析中仍然有着广泛的应用。

§9.2 总产出和GDP指数的编制原理

一、总产出指数的编制方法

总产出是国民经济核算的基础性指标,也是企业经济统计中的重要指标之一。从整个经济总体的角度看,所有常住单位的总产出之和就是国内总产出,进而还可以划分为各产业、各部门的总产出。为了观察总产出的动态和趋势,需要编制各种总产出指数,包括总产出物量指数、价格指数以及相应的总值指数。从指数法的角度看,国内总产出、部门总产出和企业总产出指数的编制原理是共通的。

总产出的总值指数就是现期总产出与基期总产出的直接对比，即：

$$V=\frac{\sum p^t q^t}{\sum p^0 q^0}$$

式中，q 为各种产品的总产量，p 为相应的单位产品价格，$t(=1,2,\cdots)$ 为不同的报告期（现期），$\sum$ 为对各种产品求和。总产出的价值量变化受产量和价格两个因素的影响，因而，实际分析需要编制有关的物量指数和价格指数。

总产出物量指数的编制方法较为简单，一般采用形如式（9－10）的拉氏物量指数，它显然暗含了一个帕氏价格指数：

$$Q_L^{t/0}=\frac{\sum p^0 q^t}{\sum p^0 q^0}, \qquad \frac{\sum p^t q^t}{\sum p^0 q^0} : \frac{\sum p^0 q^t}{\sum p^0 q^0}=\frac{\sum p^t q^t}{\sum p^0 q^t}=P_P^{t/0}$$

容易看出，上面的物量指数是在基期价格水平和价格结构的基础上，考察总产出物量的综合变动程度。这类产品物量指数反映的是：在消除了价格变动的影响之后，产出物量的实际增减变动程度，因而，通常也简称为“生产指数”①。而相应的价格指数则是在现期产量水平和产量结构的基础上，考察总产出价格的综合变动程度。

在实际应用中，可将上面三种指数结合起来，综合分析总产出的变动情况，我们用一个简化的例子加以说明。表 9－1 的前三栏中给出了两个年份国民经济及其各产业的有关产出资料，据此可以计算总产出的各种指数，并据以进行总产出变动的因素分析。

表 9－1　总产出指数计算表　　单位：百亿元

项目	总产出			总产出指数（%）		
	按上年价格计算的上年产出	按当年价格计算的当年产出	按上年价格计算的当年产出	总值指数	物量指数	价格指数
	（1）	（2）	（3）	（4）	（5）	（6）
总　　计	825	980	889	119	108	110
第一产业	190	220	200	116	105	110
第二产业	415	500	463	120	112	108
第三产业	220	260	226	118	102	115

根据表 9－1 中第（1）（2）（3）栏的资料，容易计算出关于总产出的总值指数、物量指数和价格指数分别为：

$$V=\frac{980}{825}=119\%, \qquad Q_L=\frac{889}{825}=108\%, \qquad P_P=\frac{980}{889}=110\%$$

可见，就所考察的资料而言，总产出增长 19%是产量增长 8%和价格上涨 10%两方面综合作用的结果，由于产量增长使产出增加 64 百亿元，又由于价格上涨使产出增加 91 百亿元，从

① 生产指数可以指总产出的物量指数，也可以是指增加值或 GDP 的物量指数。后者在下一节中加以讨论。

而使得总产出共增加155百亿元。

在国民核算实践中,生产指数需要连续编制,且通常是首先编制各时期的环比指数。为了进行长期趋势分析,往往还需将逐期对比的环比指数与固定基期的定基指数联系起来加以考察,这在理论上要求所采用的指数公式符合前述的循环检验。但用拉氏公式编制的生产指数并不满足这一检验,故需采用变通的方法,即以环比指数的连乘积(连锁指数)代替相应的定基指数进行分析。

中国过去长期采用统一的不变价格编制产出物量指数。其方法要点是:首先对各种产品分别规定全国统一的价格标准(该标准一经确定就可使用多年),再据此逐级计算各企业、各部门、各地区乃至全国的不变价格产出指标,将不同时期相同不变价标准的产出直接加以对比,就得到相应的产出物量指数(生产指数)。不变价格方法的主要优点是标准统一,便于资料层层汇总,避免价格频繁变化所引起的编制困难,且编制出来的指数能够满足循环检验的要求。但这一方法也存在严重的不足:无论是按不变价格层层计算所有产出的工作量,还是制订全国统一的不变价格标准,其工作量都十分浩繁;且随着实际价格水平和价格结构的变化,不变价格标准每隔数年还需要重新修订。

鉴于上述实际情况,中国的产出物量指数编制工作现已逐步转为采用价格指数间接推算的方法:首先,由各级综合统计部门分别编制各地区、各部门乃至全国的产出价格指数,在编制这些价格指数时,一般依据帕氏公式,并运用代表性价格选样和加权的方法,借以简化编制工作,提高编制质量;然后,通过价格缩减方式推算出暗含的基期价格(也称作不变价)产出或产出物量指数。当需要做长期动态考察时,则可适当利用连锁指数方法。这样,就能够适当兼顾分析需要和操作可能,大大提高指数编制效率和实际分析效果。

二、GDP指数的构造原理

(一)GDP指数的两种编制思路

国内生产总值(GDP)是最为重要的宏观经济统计指标。显然,有关GDP动态的物量、价格和总值指数,也是最为重要的国民核算指数。与总产出指数相比,GDP指数在编制方法上较为复杂一些。

前已说明,国内生产总值指标可以从生产、分配和使用三个环节加以计算。但从指数分析的角度考虑,由于各种分配流量(如资本消耗、劳动报酬、生产税净额和营业盈余等)很难直接分解为物量因素和价格因素,因此,这有关GDP的指数编制通常只涉及生产和使用两个环节。

$$
\begin{aligned}
GDP &= \sum(\text{各部门总产出}-\text{中间消耗}) \\
&= \text{总消费}+\text{资本形成总额}+(\text{货物和服务出口}-\text{货物和服务进口})
\end{aligned}
$$

理论上说,在GDP的时间序列中,将上述各构成部分的价格因素固定起来就可得到不变价GDP,再通过对比就可得到GDP物量指数;而若上述各构成部分的物量因素固定起来并进行对比,就可得到GDP价格指数。

应该注意到,与考察总产出动态时的情形有所不同:当我们分别从生产和使用角度考察国内生产总值的内部构成时,两者之间存在一个重要差异:各部门创造的增加值通常并不等于其实际提供的最终产品数额(尽管在理论上,所有部门创造的增加值与所有部门提供的最终产品总额恒等)。因此,从生产角度编制国内生产总值指数与从使用角度编制国内生产总值指数，这两者具有不能相互替代的分析作用：前者说明国内生产总值中各部门的贡献份额及其动态；后者则说明国内生产总值中各种最终产品占有的份额及其动态。

（二）GDP 生产指数的构造原理

我们首先说明生产指数编制的有关问题。任何一种指数在经济内容上是否合理，主要取决于它是否正确地选择了“指数化指标”（即指数所要反映其变动的那个经济因素）。这一问题在生产指数的编制中尤为突出。下面我们据此讨论构造 GDP 生产指数的两种常用方法。

1. 单缩法（单折算法）

该方法的要点是：根据生产法 GDP 的基本核算式，首先利用帕氏公式分别构造关于总产出和中间消耗的下述价格指数：

$$P_P=\frac{\sum p^t q^t}{\sum p^0 q^t}, \qquad Z_P=\frac{\sum z^t q^t}{\sum z^0 q^t} \tag{9-19}$$

式中，q 和 p 仍为各种产品的总产量和单位产品价格，z 为单位产品的中间消耗额。分别用上述两个价格指数去除相应的现价总值（总产出和中间消耗）或总值指数（总产出指数和中间消耗指数），就得到相应的不变价总值或拉氏物量指数：

$$\sum p^t q^t : P_P=\sum p^0 q^t, \qquad \sum z^t q^t : Z_P=\sum z^0 q^t \tag{9-20}$$

$$\frac{\sum p^t q^t}{\sum p^0 q^0} : P_P=\frac{\sum p^0 q^t}{\sum p^0 q^0}=Q_L, \qquad \frac{\sum z^t q^t}{\sum z^0 q^0} : Z_P=\frac{\sum z^0 q^t}{\sum z^0 q^0}=Q'_L \tag{9-21}$$

将上面两个拉氏物量指数的分子、分母对应相减后再对比，即得到如下拉氏形式的 GDP 物量指数：

$$Q''_L=\frac{\sum p^0 q^t-\sum z^0 q^t}{\sum p^0 q^0-\sum z^0 q^0}=\frac{\sum (p^0-z^0)\,q^t}{\sum (p^0-z^0)\,q^0}=\frac{\sum r^0 q^t}{\sum r^0 q^0} \tag{9-22}$$

其中，r 为单位产品的“增加值价格”。注意以上三个拉氏物量指数的指数化指标相同，但同度量因素（权数）各不相同，故在指数符号上作了适当区分。

表面上看，该指数似乎已经将与产出有关的两个价格因素（p 和 z）都固定起来了，消除了价格因素对 GDP 变动的影响。但实质上，却只是运用单一的增加值价格（r）作为同度量因素构造的拉氏物量指数，它的指数化指标仍然是总产出物量 q。因而，与其说是一个 GDP 物量指数，不如说是以“增加值价格”作为同度量因素的总产出物量指数。由于上述方法只对指数中的增加值价格 r 进行了价格缩减，并没有真正对总产出和中间消耗各自的价格变化分别进行必要的调整，故被称作编制 GDP 生产指数的“单缩法（单折算法）”。

在实践中，单缩法常常采用更为简单的形式，即直接采用总产出价格指数或其他有关价格指数来调整现价 GDP 或 GDP 总值指数。该方法的实质决定了它难以真实地刻画出 GDP 的物量动态。只有在极为特殊的假定条件下，才能够给出比较接近实际的结果。

2. 双缩法（双折算法）

与单缩法（单折算法）有所不同，该方法的要点是：根据生产法 GDP 的基本核算式，首先利用帕氏公式分别构造关于总产出和中间消耗的下述价格指数：

$$P_{P}=\frac{\sum p^{t}q^{t}}{\sum p^{0}q^{t}},\qquad K_{P}=\frac{\sum k^{t}s^{t}}{\sum k^{0}s^{t}} \tag{9-23}$$

其中，s 为生产过程中对各有关产品的中间消耗量，k 为单位消耗品的价格，其他符号同前。注意这里的第二个价格指数与式(9－19)的因素分解方式完全不同。现在，分别用上述两个价格指数去除相应的现价总值(总产出和中间消耗)或总值指数(总产出指数和中间消耗指数)，也可得到相应的不变价总值或拉氏物量指数：

$$\sum p^{t}q^{t}:P_{P}=\sum p^{0}q^{t},\qquad \sum k^{t}s^{t}:K_{P}=\sum k^{0}s^{t} \tag{9-24}$$

$$\frac{\sum p^{t}q^{t}}{\sum p^{0}q^{0}}:P_{P}=\frac{\sum p^{0}q^{t}}{\sum p^{0}q^{0}}=Q_{L},\qquad \frac{\sum k^{t}s^{t}}{\sum k^{0}s^{0}}:K_{P}=\frac{\sum k_{0}s^{t}}{\sum k^{0}s^{0}}=S_{L} \tag{9-25}$$

再将上面两个拉氏物量指数的分子、分母对应相减，对比即得：

$$(Q,S)_{L}=\frac{\sum p^{0}q^{t}-\sum k^{0}s^{t}}{\sum p^{0}q^{0}-\sum k^{0}s^{0}} \tag{9-26}$$

这就是按生产法思路构造的真实的 GDP 物量指数(拉氏形式)。由于这里同时考虑了产出和消耗的价格缩减，故称作双缩法(双折算法)的 GDP 物量指数。

理论分析表明，在编制 GDP 生产指数的两种方法中，双缩法比之单缩法更为科学。关键就在于：双缩法适当地分别缩减了产出和消耗中的价格因素，其物量指数的指数化指标具有更为合理的经济内涵。因此，双缩法应该成为编制 GDP 生产指数的主要方法，在可能情况下应尽量采用。当然，在核算实践中，由于受到资料条件的限制，往往无法分别编制双缩法所要求的两个价格指数，此时，有限制地运用单缩法也是允许的。但仍然需要明确其近似性质。

(三)GDP 使用指数的构造原理

相对于 GDP 生产指数而言，GDP 使用指数的编制就简单多了。从最终产品使用的角度看，各期现价 GDP 等于全部消费品、用于资本形成的投资品、出口品和进口品的数量与相应价格乘积的代数和，即：

$$\mathrm{GDP}^{t}=\sum p^{t}f^{t};\qquad V_{\mathrm{GDP}}=\mathrm{GDP}^{t}\div\mathrm{GDP}^{0} \tag{9-27}$$

式中，f 和 p 分别为各种最终产品的数量和价格(注意此处应为相应的购买者价格)。

依据指数分析原理，固定价格因素可以构造出物量指数，而固定物量因素就可以构造出价格指数。遵循一般惯例，GDP 物量指数采用拉氏公式，相应价格指数则采用帕氏公式，它们两者互为暗含关系：

$$F_{L}=\frac{\sum p^{0}f^{t}}{\sum p^{0}f^{0}},\qquad P'_{P}=\frac{V_{\mathrm{GDP}}}{F_{L}}=\frac{\sum p^{t}f^{t}}{\sum p^{0}f^{t}} \tag{9-28}$$

这里，GDP 物量指数中所采用的指数化指标是最终产品数量 f，与生产指数的指数化指标

(产出物量 q 和中间消耗物量 s)完全不同;GDP 价格指数中所采用的指数化指标是最终产品价格 p,与总产出价格指数的指数化指标相似,但同度量因素(权数)的性质存在差别,故在指数符号上作了适当区分。

三、GDP 指数的实际编制方法

在核算实践中,上述从生产法和使用法两种思路制订的 GDP 物量指数既可以直接编制,也可以先编制相应的价格指数,再用价格指数缩减相应的总值指数,间接给出暗含的 GDP 物量指数。我国的国民核算中就是采用后一种方式。

由指数的暗含关系可知,为了导出形如式(9-26)的双缩法 GDP 物量指数,所需要的价格指数为:

$$\frac{\sum p^t q^t - \sum k^t s^t}{\sum p^0 q^0 - \sum k^0 s^0} : (Q,S)_{\mathrm{L}} = \frac{\sum p^t q^t - \sum k^t s^t}{\sum p^0 q^t - \sum k^0 s^t} = (P,K)_{\mathrm{P}} \tag{9-29}$$

显然,这是一个帕氏形式的双缩法 GDP 价格指数。至于按使用法思路构造的 GDP 物量指数和价格指数则在上面已经给出。利用这些价格指数进行缩减,就可得到相应的不变价 GDP 或 GDP 物量指数。

应该注意到,生产法和使用法两种思路的 GDP 指数虽然公式构造、分析角度和数据条件都不同,但在理论上,两者给出的结果能够保持整体的一致性,也即有:

$$(Q,S)_{\mathrm{L}} = \frac{\sum p^0 q^t - \sum k^0 s^t}{\sum p^0 q^0 - \sum k^0 s^0} = \frac{\sum p^0 f^t}{\sum p^0 f^0} = F_{\mathrm{L}} \tag{9-30}$$

$$(P,K)_{\mathrm{P}} = \frac{\sum p^t q^t - \sum k^t s^t}{\sum p^0 q^t - \sum k^0 s^t} = \frac{\sum p^t f^t}{\sum p^0 f^t} = P'_{\mathrm{P}} \tag{9-31}$$

然而实际核算时,由于两种思路的物量(或价格)指数的数据采编方式不同,操作过程不同,尤其是运用了不同的代表性价格资料,等等,通常会引起一定的误差,因此,需要从统计上进行误差平衡。

此外,以上有关 GDP 的生产价格总指数和使用价格总指数都是在编制分类价格指数的基础上进行的。对于生产价格指数,依据“双缩法”原理的基本编制过程是:首先,搜集各部门、各产业的现行价格总产出、中间消耗和增加值数据;其次,编制各部门、各产业的总产出和中间消耗价格指数;然后,推算各部门、各产业的基期价格总产出、中间消耗和增加值;最后,就可以利用帕氏公式编制出国民经济总体的总产出价格指数、中间消耗价格指数和 GDP 价格指数。对于使用价格指数,其基本编制过程则是:首先,按最终产品的经济用途搜集现行价格的消费、投资和进出口数据;其次,分别编制各类最终产品的价格指数;然后,推算基期价格的消费、投资和进出口数额;最后,利用帕氏公式编制出 GDP 使用价格指数。

下面,我们试通过一个例子说明两种 GDP 价格指数的编制过程。在表 9-2 中,左半部分为生产价格指数的编制资料和计算结果,右半部分为使用价格指数的编制资料和计算结果。其中,用常规字体排出的数据为国民经济核算能够直接提供的第一手基础资料(各种现行价格的核算资料)，用斜体字排出的数据为通过进一步采编、计算得到的分类指数，其他数据(用粗黑体数字排出者)则为在上面两步的基础上逐次推算出来的有关结果。

表 9—2 国民经济综合价格指数计算表 单位：百亿元

国内生产										最终使用			
项目	总产出			中间消耗			GDP 或增加值			项目	按当年价格	按上年价格	价格指数(%)
	按当年价格	按上年价格	价格指数(%)	按当年价格	按上年价格	价格指数(%)	按当年价格	按上年价格	价格指数(%)				
甲	(1)	(2)	(3)	(4)	(5)	(6)	(7)	(8)	(9)	乙	(10)	(11)	(12)
总　计	980	**889**	**110**	570	**514**	**111**	410	**375**	**109**	总　计	410	**375**	**109**
第一产业	220	**200**	*110*	110	**101**	*109*	110	**99**	**111**	总消费	330	**295**	*112*
第二产业	500	**463**	*108*	340	**304**	*112*	160	**159**	**101**	总投资	60	**56**	*108*
第三产业	260	**226**	*115*	120	**109**	*110*	140	**117**	**120**	净出口	20	**24**	*83*

本例中，归纳表 9—2 中各栏数据的推算步骤，可得到编制 GDP 生产价格总指数所运用的公式和基本运算过程是：

$$(P,K)_{\mathrm{P}}=\frac{\sum p^1q^1-\sum k^1s^1}{\sum p^0q^1-\sum k^0s^1}=\frac{(220+500+260)-(110+340+120)}{\left(\frac{220}{1.10}+\frac{500}{1.08}+\frac{260}{1.15}\right)-\left(\frac{110}{1.09}+\frac{340}{1.12}+\frac{120}{1.10}\right)}$$

$$=\frac{980-570}{889-514}=\frac{410}{375}=109\%$$

而编制 GDP 使用价格总指数所运用的公式和基本运算过程则是：

$$P'_{\mathrm{P}}=\frac{\sum p^1f^1}{\sum p^0f^1}=\frac{330+60+20}{\frac{330}{1.12}+\frac{60}{1.08}+\frac{20}{0.83}}=\frac{410}{375}=109\%$$

由于该例中的数据是设定的，不存在统计误差，因而生产价格指数与使用价格指数的计算结果相同。

在国民核算实践中，通常难以获得双缩法所要求的各种价格指数，故在不变价 GDP 和 GDP 物量指数编制中需要采用适当的变通处理方式：凡是具备对应价格指数的现价总值，均采用适当的缩减法(双缩法、单缩法或一般缩减法)计算不变价增加值或不变价最终支出；对于没有对应价格指数的现价总值，尽可能利用分析意义相近的价格指数进行缩减；在没有适当价格指数可资利用的场合，则可采用趋势外推等方法推算剔除了价格变动影响的不变价总值数据。这也是中国核算实践中采用的方法，其有关情况可以归纳如表 9—3。

表 9—3 中国的不变价 GDP 计算方法

<table>
<tr><th colspan="2">不变价 GDP 构成内容</th><th>方 法</th><th>方法说明</th></tr>
<tr><td rowspan="8">生产法</td><td>农业不变价增加值</td><td>双缩法</td><td>分别采用农产品价格指数和农业生产资料价格指数</td></tr>
<tr><td>工业不变价增加值</td><td>单缩法</td><td>采用工业品出厂价格指数</td></tr>
<tr><td>建筑业不变价增加值</td><td>单缩法</td><td>采用固定资产投资价格指数中的建安工程价格指数</td></tr>
<tr><td>交通运输和邮政业不变价增加值</td><td>外推法</td><td>以反映行业趋势的客(货)运周转量等速度指标乘以基期不变价增加值,推算核算期不变价增加值</td></tr>
<tr><td>批零商业和住宿餐饮业不变价增加值</td><td>单缩法</td><td>采用商品零售价格指数</td></tr>
<tr><td>金融业不变价增加值</td><td>单缩法</td><td>采用居民消费价格指数和固定资产投资价格指数两者的加权平均数</td></tr>
<tr><td>房地产业不变价增加值</td><td>单缩法</td><td>采用固定资产投资价格指数和房地产价格指数缩减折旧和净增加值</td></tr>
<tr><td>其他服务业不变价增加值</td><td>单缩法</td><td>采用居民消费价格指数或适当的类指数</td></tr>
<tr><td rowspan="6">使用法</td><td>不变价居民消费</td><td>缩减法</td><td>采用细分类的居民消费价格指数缩减相应各类消费支出</td></tr>
<tr><td>不变价政府消费</td><td>缩减法</td><td>采用城市居民消费价格、居民消费服务价格指数和商品零售价格指数分别缩减政府消费支出中的工资支出、服务支出和货物支出</td></tr>
<tr><td>不变价资本形成总额</td><td></td><td>采用固定资产投资价格指数缩减现价资本形成总额</td></tr>
<tr><td rowspan="2">不变价存货变动</td><td>直接法</td><td>直接按基期价格计算存货总值(部分农业)</td></tr>
<tr><td>缩减法</td><td>分别采用生产资料出厂价格指数、生活资料出厂价格指数、农副产品收购价格指数等(其他产业部门)</td></tr>
<tr><td>不变价货物和服务净出口</td><td>缩减法</td><td>采用出口货物价格指数和进口货物价格指数分别缩减现价出口额和进口额</td></tr>
</table>

§9.3 经济水平的国际对比方法*

一、国际经济对比与货币购买力

对宏观经济的关键指标进行科学的国际对比,借以考察各国的发展水平和经济实力,找出差距,发现问题,这是国民经济核算资料开发运用的一个重要方面。要进行某项经济指标的国际对比,就必须通过适当的调整或换算方法,使其在指标的经济内容和货币形式两方面都具有可比性。解决前一方面的问题,主要通过搜集相应的指标资料,并就可能存在的内容或口径的差异给予必要的调整即可。随着 SNA 在世界范围内的推广,各国国民经济核算资料的国际可比性已经大大提高,解决有关问题也具备了较好的基础。但在国际对比中,货币形式的差异问题却是普遍存在的,解决起来也有相当难度。

过去,在国际经济对比中,人们习惯采用的简便方法是:通过不同货币之间的汇率换算有关国家的经济指标,并据以进行物量水平或价格水平的国际对比。然而,这种方法却暗含着一个很强的假定,即"购买力平价说"成立并实际决定着各国之间的汇率关系。

购买力平价说(Theory of Purchasing Power Parity)是20世纪20年代由瑞典经济学家古斯塔夫·卡塞尔(G. Cassel)提出的一种"汇率决定理论"[①]。根据这一理论:两国货币的兑换比率即"汇率",应该取决于它们在各自的发行国内所具有的实际购买力,也即取决于两国的市场物价水平。由此可以推论,两国物价水平的相对比率决定着"均衡汇率(即购买力平价)",而物价水平的变化则导致汇率的相应变化。

如果上述理论成立,在国际对比中就完全可以通过汇率换算达成经济指标在货币形式和实际购买力方面的可比性。但是,作为汇率决定理论的"购买力平价说"在现实经济生活中却面临着一系列问题。

首先,汇率及其波动固然与货币购买力或物价水平有关,但主要还是受国际市场上货币购买力和物价水平的影响,而与各国国内市场物价水平的联系相对并不显著。

其次,各国之间的经济往来远远不限于商品贸易,还包括各种国际资本往来或金融交易,后一方面的情况对汇率的形成和波动亦有非常显著的影响,但却不属于货币购买力分析的范畴。

再次,汇率的形成与波动不仅受到国际市场上各种客观情况的制约,而且还受诸多心理因素和政策因素的影响。例如,外汇供需双方常常着眼于未来收益的期望来评价某种货币的币值,这里就有一个汇兑心理因素的影响;而许多国家则更多地把汇率的调整作为增强本国产品的国际竞争能力和平衡国际收支的工具来运用,这里又有一个政策因素的影响问题。

最后,购买力平价说以各国之间自由通商、各种货币自由兑换、市场汇率自由浮动为前提,但现实情况并非如此。当今世界各国由于经济水平和社会制度的差异,或明或暗的贸易壁垒和外汇限制比比皆是,尤其一些国家实行严格的官方汇率制度,其结果,使得货币汇率与其实际购买力相去甚远。

综上所述,汇率形成的影响因素可以是有关货币的实际购买力比例(购买力平价),也可以是与之无关的其他因素。也就是说,上述的"汇率换算法"至多只能表面地解决各国指标在货币单位上的可比性问题,不足以正确测定和评价各国的实际经济水平。这一点,已为大量的经验研究所证实。尽管一些研究机构也曾试图对简单汇率换算法进行局部的修补和改进[②],以便避免短期汇率波动的不利影响,但方法本身的性质就决定了它的根本性缺陷。因此,在国际经济对比中,需要制订和运用较之"汇率换算法"更为复杂的分析工具。

由于国际经济对比所涉及的主要指标通常具有复杂的内容构成(如多种货物和服务),并受到物量和价格两个因素的共同影响,故其对比方法一般可以归结为一类经济指数问题。若能通过适当方式构造和编制出所需的国际对比指数(物量指数或价格指数),就能够消除存在于不同货币形式的有关指标之中的不可比因素,得到适当的物量对比或价格分析结果。

---

① 参阅《新帕尔格雷夫经济学大辞典》第3卷中的"购买力平价"条目,经济科学出版社中译本,1996年,第1149—1158页。

② 例如,著名的世界银行"图表集法",就是以经过通货膨胀(或通货紧缩)调整后的连续三年移动平均汇率,作为比较各国人均GDP时的换算基础。

二、双边对比和多边对比问题

经济指数的理论和方法发端于动态指数，横向指数（空间指数）可以视为动态指数方法在国际对比或地区对比中的应用。不过，国际对比指数在方法上既是动态指数的延伸，同时在某些方面也包含了若干重要的发展。由于研究对象的特殊性，这里必然会产生一些需要专门研究和解决的指数理论问题。

国际经济对比依其比较对象（国家）的多少分为“双边对比”和“多边对比”，前者只涉及两个被比较的国家，后者则涉及多个（三个或三个以上）被比较的国家。由于国际经济联系本质上是多方面的，故多边对比问题具有更为重要的意义，但双边对比常常又构成多边对比的基础。

根据国际对比的特点，要求相应的国际对比经济指数应该具备一些基本性质。主要有：

（一）双边对称性（不变性）

由于国际对比指数所考察的各个国家之间原则上可以互为比较基准，因而有理由要求互换基准后的指数结论彼此协调一致。换言之，即要求指数编制结果不因对比基准的变化而发生实质性变化，它们应该具有空间上的“对称反演性”。这一要求对于双边对比指数和多边对比指数都是适用的。从指数性质的角度看，该要求可以归结为满足基位互换检验。

（二）多边传递性

这个要求只适用于多边对比问题。其分析意义在于：任何两个国家之间直接比较的结果都应与通过其他国家间接比较的结果相吻合，也即互相链接的一系列双边对比指数之间应该具有“连续传递性”。从指数性质的角度看，该要求可以归结为满足循环检验。

国际经济对比中的价格比较问题通常可以运用价格指数方法解决，而物量比较问题则可以直接编制物量指数，也可以通过编制国际对比价格指数或购买力指数，用以调整各国经济指标使其成为可比。两类方法各有特点。

三、国际对比指数的编制程序

运用经济指数方法进行国际对比，一般必须遵循以下程序：

（一）确定对比的国家和对比的指标

对比国家和对比指标都是根据分析要求来确定的。如联合国主持的国际对比涉及世界上许多主要国家，我国也参加了联合国的多边对比，并曾先后进行过中美、中日等形式的双边对比。为了反映有关国家的整体经济水平和实力，对比指标通常选取宏观经济分析中最重要的 GDP 或人均 GDP。当然，根据实际分析的特殊需要，也可以选取工业生产、农业生产、居民消费等指标，进行专门领域的国际对比。

（二）选定需要比较的“一篮子”商品

即确定具体的货物和服务种类。在进行 GDP 的国际对比时，通常是从使用角度将其依次划分为若干个支出大类、中类、小类和细类，再分别确定适当数目的商品集团作为“基本分类”，这构成国际对比的基础。在联合国组织的 GDP 国际对比中，这种“基本分类”的数目多达 200 个左右。例如，在联合国等 2011 基准年的国际比较项目（ICP）中，就采用了如图 9－1 所示的 GDP 支出分类。

GDP支出构成(共155项基本分类)
- 居民消费支出(110项)
- 政府个人消费支出(21项)
- 政府公共消费支出(5项)
- 非营利机构消费支出(1项)
- 固定资本形成总额(12项)
- 存货变动和贵重物品净获得(4项)
- 货物和服务净出口(2项)

图9—1 联合国等国际比较项目的GDP支出分类

图9—1中的有关类别可以逐步细分。如居民消费支出可分为:食品、饮料和烟草,服装和鞋帽,房租、燃料和水电,家具和家用设备,医疗和保健,交通和通讯,以及教育和娱乐等。其中的“食品、饮料和烟草”中类还可以划分为“食品”、“饮料”和“烟草”等小类,“食品”小类又进一步划分为“谷物和面包”、“肉类”和“鱼类”等细类。然后,再从“谷物和面包”细类中确定“稻米”、“面粉和其他谷物”、“面包”、“其他烘制食品”、“面食品”以及“其他谷物制品”等基本分类。

(三)搜集并整理有关国家的各种对比资料

这里首先是有关对比国家的GDP及其分类数据;其次,还包括各种商品(货物和服务)的价格和数量资料。为了搜集具体货物或服务的价格和数量资料,必须从上述各“基本分类”中分别抽选一定数目的代表品种或代表规格品,通过市场调查获得实际数据(如联合国等的2011年国际比较项目共需搜集1300余项货物和服务代表规格品的数据)。然后,还要逐层计算各类商品的平均价格或平均价比,这里通常采用加权平均的方法;若没有适当的权数资料,则可采用简单几何平均法。又若一些国家不能搜集到完整的代表商品资料,就需要利用有关的经济计量模型和方法进行推算。常用的方法有“国家产品虚拟法(CPDM)”等。

(四)编制所需要的国际对比指数

以上步骤完成之后,国际对比就归结为有关指数的编制方法问题。这里可以分别考虑运用物量指数或价格指数进行国际对比分析。在制订和运用国际对比指数方法时,必须充分考虑并适当满足前述的有关分析要求。

四、国际对比指数的编制方法

(一)双边国际对比指数的编制方法

双边国际对比指数应该满足对称性要求,也即对比的结论不会因对比基准国的选择不同而发生实质性变化。很明显,拉氏指数和帕氏指数都不能满足上述要求。因此,双边国际对比一般采用“理想指数”公式来编制:

$$Q_F^{a/b}=\sqrt{\frac{\sum_i p_i^b q_i^a}{\sum_i p_i^b q_i^b}\cdot\frac{\sum_i p_i^a q_i^a}{\sum_i p_i^a q_i^b}},\qquad P_F^{a/b}=\sqrt{\frac{\sum_i p_i^a q_i^b}{\sum_i p_i^b q_i^b}\cdot\frac{\sum_i p_i^a q_i^a}{\sum_i p_i^b q_i^a}}\qquad(9-32)$$

式中,q_i^t和$p_i^t(i=1,2,\cdots,n;t=a,b)$分别表示$t$国第$i$种商品的数量和价格,$Q_F^{a/b}$和$P_F^{a/b}$则分别为$a$国以$b$国为对比基准的物量指数和价格指数。

由于理想指数满足基位互换检验和因素互换检验,从双边国际对比的对称性要求来看,该公式是可以接受的，而且，由物量指数和价格指数分别给出的具体分析结论能够保持相互一致，也即有：$Q_F^{a/b}P_F^{a/b}=V^{a/b}$。

在双边对比中，还可以考虑如下形式的埃奇沃斯指数：

$$Q_E^{a/b}=\frac{\sum_i (p_i^a+p_i^b)q_i^a}{\sum_i (p_i^a+p_i^b)q_i^b},\qquad P_E^{a/b}=\frac{\sum_i p_i^a(q_i^a+q_i^b)}{\sum_i p_i^b(q_i^a+q_i^b)} \tag{9-33}$$

但其分析性质不如理想指数(不符合因素互换检验)。且在计算物量指数中的平均价格时，还须通过汇率统一换算不同货币单位的价格，这也在一定程度上受到汇率的影响。埃奇沃斯价格指数则不存在后一方面的问题。

(二)多边国际对比指数的编制方法

有别于双边对比的情形，编制多边国际对比指数必须同时满足对称性要求和传递性要求。理论上已经证明：指数的对称性是其具有传递性的必要条件。因此，多边对比指数构造的关键问题就在于能否通过循环检验。

编制多边国际对比指数存在着两种不同思路：一是“直接对比”，即通过将两个有关国家的数据直接进行对比编制出所需的指数。另一种则是“桥式对比”，即以其他某个国家作为共同的媒介进行两两对比，然后通过将间接对比结果桥接起来的方式构造出所需的指数。用公式来表达桥式对比，即：

$$I^{a/b}=I^{a/t}\cdot I^{t/b}\quad 或\quad I^{a/b}=I^{a/t}\div I^{b/t} \tag{9-34}$$

一般而言，直接对比与桥式对比各自给出的结果常常并不相同，除非所采用的指数公式能够符合循环检验。

1. 拓广的埃奇沃斯指数方法

多边国际对比中也可以考虑埃奇沃斯价格指数方法，这时需要采用以下“拓广形式的埃奇沃斯价格指数”：

$$P_E^{a/b}=\frac{\sum_i p_i^a\bar{q}_i}{\sum_i p_i^b\bar{q}_i}\qquad 其中：\bar{q}_i=\frac{1}{m}\sum_{t=1}^{m}q_i^t \tag{9-35}$$

在这里，q_i^t和 $p_i^t(i=1,2,\cdots,n;t=1,2,\cdots,m)$分别表示 t 国第 i 种商品的数量和价格，$P_E^{a/b}$则为 a 国与 b 国(基准国)对比的价格指数。

这种拓广形式的埃奇沃斯价格指数本身满足对称性和传递性要求，但是，它所暗含的物量指数(V/P_E)却只具有对称性，不具有传递性。与相应的双边对比指数一样，它们也不能满足因素互换检验。

2. EKS 指数方法

这种指数方法是 1964 年由三位匈牙利学者 Ö. Éltetō、P. Köves 和 B. Szule 共同创制的，现通常取三人姓氏的首字母合写，将其命名为 EKS 指数(又依其谐音称为“X 指数”)。它被广泛用于国际经济对比，其价格指数的公式为：

$$P_{EKS}^{a/b}=\sqrt[m]{\prod_{t=1}^{m}P_F^{a/t}P_F^{t/b}}=\sqrt[m]{(P_F^{a/b})^2\prod_{t\neq a,b}P_F^{a/t}P_F^{t/b}} \tag{9-36}$$

$$\text{其中：}P_{\mathrm{F}}^{s/k}=\sqrt{\frac{\sum_i p_i^s q_i^k}{\sum_i p_i^k q_i^k}\cdot\frac{\sum_i p_i^s q_i^s}{\sum_i p_i^k q_i^s}}$$

直观上看，EKS 指数仍然是以理想指数为基础的，它通过遍历所有国家的方式计算各种可能的“桥式”对比指数，然后通过几何平均得到所需的多边对比指数。该指数能够同时满足基位互换检验、循环检验和因素互换检验，具有十分优良的分析性质。

仿照以上 EKS 价格指数的形式，还可构造出相应的 EKS 物量指数公式：

$$Q_{\mathrm{EKS}}^{a/b}=\sqrt[m]{\prod_{t=1}^{m}Q_{\mathrm{F}}^{a/t}Q_{\mathrm{F}}^{t/b}}=\sqrt[m]{(Q_{\mathrm{F}}^{a/b})^2\prod_{t\neq a,b}Q_{\mathrm{F}}^{a/t}Q_{\mathrm{F}}^{t/b}} \tag{9-37}$$

$$\text{其中：}Q_{\mathrm{F}}^{s/k}=\sqrt{\frac{\sum_i p_i^k q_i^s}{\sum_i p_i^k q_i^k}\cdot\frac{\sum_i p_i^s q_i^s}{\sum_i p_i^s q_i^k}}$$

根据实际的资料条件，该物量指数既可以独立地编制，也可以作为 EKS 价格指数的暗含指数推算出来（该指数的分析性质保证了这一点成立）。

根据上式，要编制多边的 EKS 指数，须首先计算出 m 个国家的 $m(m-1)$ 个 F 型双边指数（另有 m 个恒为 1 的自身对比指数，处于相应矩阵的主对角线上），即 $m(m-1)/2$ 个指数对（互为倒数的两个指数视为一对），从而构成一个完整的双边对比理想指数矩阵。以价格指数为例，其结构如下：

$$\mathbf{P}_{\mathrm{F}}=\begin{pmatrix}P_{\mathrm{F}}^{1/1} & P_{\mathrm{F}}^{1/2} & \cdots & P_{\mathrm{F}}^{1/m}\\ P_{\mathrm{F}}^{2/1} & P_{\mathrm{F}}^{2/2} & \cdots & P_{\mathrm{F}}^{2/m}\\ \vdots & \vdots & \ddots & \vdots\\ P_{\mathrm{F}}^{m/1} & P_{\mathrm{F}}^{m/2} & \cdots & P_{\mathrm{F}}^{m/m}\end{pmatrix} \tag{9-38}$$

式中，$P_{\mathrm{F}}^{t/t}\equiv 1\ (t=1,\cdots,m)$。若要计算 a 国相对于 b 国的 EKS 价格指数，则由式(9－36)可知：只须将 $\mathbf{P}_{\mathrm{F}}$ 矩阵的第 a 行各元素与第 b 列各元素对应相乘，再将其结果连乘起来后开 m 次方根即可。若记所有可能对比方式的 EKS 指数为下述矩阵：

$$\mathbf{X}=(P_{\mathrm{EKS}}^{a/b})_{m\times m} \tag{9-39}$$

则对矩阵 $\mathbf{P}_{\mathrm{F}}$ 和 $\mathbf{P'}_{\mathrm{F}}$（此为 $\mathbf{P}_{\mathrm{F}}$ 的转置矩阵）简单运用 Excel 函数就能求出 EKS 指数矩阵 $\mathbf{X}$。可见，只要具备了完整的计算双边理想指数的数据，借助于常用计算工具编制 EKS 指数并非难事。

但在实践中，上述完整的双边对比理想指数矩阵 **F** 并不是总能得到满足，因为部分国家有时会缺少可比的代表规格产品。此时可以考虑采用适当的变通方法加以推算，此处从略。

五、国际比较项目和 PPP 方法

自 1968 年起，联合国、世界银行和美国宾夕法尼亚大学等共同发起了著名的“国际比较项目（International Comparative Project，或 International Comparative Program，简记为 ICP）”。此后该项目大约每隔 6 年调查一次，并发布有关比较结果，吸引了越来越多国家的

关注和参与。中国也加入了以 2011 年为调查基准年的第 8 轮国际比较，该轮 ICP 共有经合组织和欧盟、亚太地区、非洲地区、独联体、拉美地区、西亚地区、加勒比海地区以及太平洋岛国等 8 大区域的 199 个国家和地区参加，覆盖世界人口的 98%，其影响力和重要性由此可见一斑。

国际比较项目(ICP)对多边指数的桥式对比方法作出了新的改进，形成了一种"以平均价格为对比基准"的指数编制新方案。其基本特点表现为：在价格指数的构造中，不再是以某个国家的物价水平，而是以某种平均性质的理论价格作为各国共同的比较基准；这样，通过使所有各国的物价水平分别与之两两对比，就可以桥接出所需要的各种多边价格指数。但这里遇到的一个关键问题就是：怎样以统一的货币单位适当估计出各种商品的国际平均价格，而又不受汇率水平影响。

该问题已被基利(R. G. Geary，1958)和卡米斯(S. H. Khamis，1967)两人共同解决。"基利-卡米斯方法"的巧妙之处在于：为了计算作为固定比较基准的国际平均价格，不必再通过汇率换算去调整各国的国内价格，而是通过所要测算的价格指数(购买力平价)本身进行调整。这样，作为固定比较基准的国际平均价格就成了不受汇率水平影响的"内生因素"，从而避免了汇率换算可能导致的方法缺陷，只是相应的指数构造却更其复杂了。对于所论问题，这一方法给出的指数公式取决于一个$(n+m)$元的联立方程组，它就是在联合国的"国际比较项目"中被广泛引用的下述基利-卡米斯公式(即 GK 指数公式)：

$$\mathrm{PPP}^a=\frac{\sum_{i=1}^{n} p_i^a q_i^a}{\sum_{i=1}^{n} \pi_i\, q_i^a} \quad 其中：\pi_i=\frac{\sum_{t=1}^{m} \frac{p_i^t}{\mathrm{PPP}^t} q_i^t}{\sum_{t=1}^{m} q_i^t} \tag{9-40}$$

式中，各类商品的国际平均价格 π 是以理论上虚构的"国际美元"作为货币单位来计量的。这样得到的价格指数就表明各国的一般物价水平相对于国际平均价格水平的比率，实质上也就是"国际美元"关于各对比国货币的购买力平价。具体地说，若通过计算得到 a 国(如美国)和 b 国(如英国)各自的价格指数分别为 PPP^a 和 PPP^b，则据以进行两国之间的对比，得到：

$$R=\mathrm{PPP}^a \div \mathrm{PPP}^b$$

这就应该代表两国以各自的货币单位(美元与英镑)计量的价格水平之比。换言之，美元与英镑之间的购买力平价(均衡汇率)就应该是：R 美元＝1 英镑。

不过，以上我们讨论的还只是 PPP 的理论公式。在 ICP 的实践中，考虑到资料的可得性条件，对有关指数公式的具体计算作了进一步的变通处理。有关具体问题从略①。

观察和分析表明，基利-卡米斯价格指数具有以下特性：

(1)它以某种国际平均价格作为指数的共同比较基准。我们只须用该价格指数去除各国的实际 GDP，就可换算出按基准货币单位和国际平均价格度量的指标值，也即有：

$$\frac{\sum_{i=1}^{n} p_i^a q_i^a}{\mathrm{PPP}^a}=\sum_{i=1}^{n} \pi_i\, q_i^a \tag{9-41}$$

① 参阅杨灿：《国民核算与分析通论》，中国统计出版社，2005 年，第 379－380 页。

在此,货币单位的转换和货币购买力(一般物价价格水平)的调整可同时完成。

(2)这种固定比较基准形式的价格指数并不包含任何两个国家之间的直接对比,只有通过桥接方式才能实现间接的价格或购买力对比。也即:

$$\mathrm{PPP}^{a/b}=\frac{\mathrm{PPP}^{a}}{\mathrm{PPP}^{b}}=\frac{\sum_{i=1}^{n}p_i^a q_i^a}{\sum_{i=1}^{n}\pi_i\, q_i^a}\div\frac{\sum_{i=1}^{n}p_i^b q_i^b}{\sum_{i=1}^{n}\pi_i\, q_i^b} \tag{9-42}$$

不难看出,这些指数比较的结果既反映了两国之间价格或购买力水平的差异,也包含了它们各自的GDP使用结构的影响,这在价格和购买力分析中至少是不纯粹的。

(3)上述固定比较基准的指数构造形式,一方面可以回避价格分析本身的对称性和传递性问题(不过它们在形式上仍然是对称的、可传递的),而且与其互补的下述物量指数:

$$\frac{\sum_{i}p_i^a q_i^a}{\sum_{i}p_i^b q_i^b}\div\mathrm{PPP}^{a/b}=\frac{\sum_{i}\pi_i\, q_i^a}{\sum_{i}\pi_i\, q_i^b} \tag{9-43}$$

也都具有严格的对称性和传递性。

综上所述,在多边国际对比中,物量比较首选的指数公式应为GK指数和EKS指数,它们都满足对称性和传递性要求;所不同的是,后者具有因素互换性。此外,在GK指数中,国际平均价格是各国同类商品价格的加权平均,通常发达国家的权数大于发展中国家的权数,计算结果就容易偏向发达国家的价格水平和价格结构,从而可能在一定程度上扭曲国际对比的结果,这就是所谓的"格申克龙效应(Gershenkron Effect)"。相对而言,EKS指数就不存在这个问题。多边价格比较则可以考虑EKS价格指数和埃奇沃斯价格指数,它们都具有对称性和传递性。在双边国际对比中,除了上述有关指数仍可应用外,"理想指数"无论对于物量比较或价格分析都是较为适合的。

在不同国家、不同区域或不同国际组织所进行的实际对比中,往往采用了不完全相同的指数公式。例如,在联合国等的ICP中采用的是GK公式,而在经济合作与发展组织(OECD)成员国的国际对比中则采用EKS公式。

当然,国际经济对比是一个十分复杂的领域,除了上述的指数方法问题之外,还存在着其他方面的问题。如对比商品的同质性和代表性问题、价格和物量资料的搜集方法问题,等等。它们对于改善国际对比和分析的效果也是很重要的,值得给予充分重视。

顺带说明,本章的大部分指数计算问题均可调用以下的Excel函数实现:

- 数组求和:SUM(array)
- 将两个数组对应相乘后求和:SUMPRODUCT(array1, array2)
- 求数据的算术平均或几何平均:AVERAGE(number1,number2,…);GEOMEAN(number1,number2,.…)

以上计算的结果都是标量。

【本章小结】

1. 国民核算中的价值量指标都存在计价标准和计价方式问题。计价标准是指按什么价格构成来计算有关指标，主要有成本价格、基本价格和要素价格，以及生产者价格和购买者价格等。计价方式则是指按什么时间规定来确定价格水平，通常有现行价格、原始价格和不变(可比)价格等。国民核算的基本计价原则是按核算期现行市场价格对有关经济流量和存量进行统一估价，同时，还要对不同核算环节的经济指标运用适当的计价标准。

2. 国民经济价值总量经常需要进行有关物量和价格的动态对比和空间对比。动态对比和空间对比的方法既相似又相异。空间对比中最为重要的是“国际(经济)对比”，所要比较的通常是国内生产总值或人均国内生产总值等综合指标。统计指数是对经济指标进行物量比较和价格分析的有效工具。国民核算指数体系由一系列指数组成，各种指数之间不仅在内容上相互关联，而且在数量上必须保持协调一致，此外还应满足若干分析性质的要求。

3. GDP指数(包括物量指数和价格指数)是国民核算中最重要的指数，可以分别从生产和使用两个不同角度编制。从生产角度编制GDP指数的方法有双缩法和单缩法，前者更为科学严谨，后者较为简便易行，在可能情况下应尽量采用前者。从使用角度编制GDP指数则没有单缩法与双缩法之分，其编制原理与总产出指数类似。生产法和使用法的GDP物量指数既可以直接编制，也可以先编制相应的价格指数，再间接给出暗含的GDP物量指数。理论上，生产法与使用法GDP指数应相等，但实际核算通常存在统计误差。

4. 国际对比依其比较对象(国家)的多少分为双边对比和多边对比。由于涉及货币形式和货币购买力的问题，因而面临特殊困难。汇率换算无法真实地测定和评价各国的实际经济水平，故在国际对比中还需要制订和运用更为严谨复杂的分析工具。根据双边国际对比的对称性要求，一般采用“理想指数”或“埃奇沃斯指数”公式；根据多边国际对比的传递性要求，则可以考虑采用EKS指数、GK指数(PPP法)或拓广的埃奇沃斯指数。EKS指数和GK指数都具有较为优良的分析性质。

【思考题与练习题】

9—1 什么是国民经济核算的“计价标准”和“计价方式”问题？它们各有哪些具体表现形式？

9—2 试比较国民经济核算中各种计价标准之间的差异。

9—3 什么是产品的“基本价格”和“要素价格”？它们在国民经济核算和分析中的主要作用是什么？

9—4 产品的市场价格有哪两种形式？它们之间的共性和差别是什么？

9—5 为什么在投入产出核算中，需要采用基本价格或要素价格计量各部门的产出和使用，而在国内生产总值核算中，却要采用市场价格(生产者或购买者价格)计算有关指标？

9—6 在国民经济核算中，价值总量指标的动态变化受到哪两类因素的影响？“价格分析”和“物量比较”有何区别，又有何联系？

9—7 同一般经济指数相比，国民核算指数具有哪些特点？国民核算指数体系主要包括哪些内容？

9—8 什么是拉氏指数和帕氏指数？它们与总值指数之间可能存在何种形式的数量关系？怎样利用这些关系进行有关价值总量指标的动态分析？

9—9 拉氏指数和帕氏指数是国民核算指数的基本形式。以这两种指数为基础，还可以派生出哪些较重要的指数？

9—10 什么是“价格缩减(价格折算)”？其作用是什么？

9—11 关于指数的主要检验有哪三种？在国民经济核算中，是否每个指数公式都必须符合这三种检验？

9—12 采用“汇率法”进行国际经济对比有哪些不足？

9—13 试述国际对比指数的编制程序。

9—14 双边国际对比和多边国际对比中常用的指数方法有哪几种？它们分别具有何种分析性质？

9—15 国际经济对比指数应该具有哪些性质？

9—16 什么是总产出指数？它具体包括哪几种指数，这些指数彼此之间存在何种关系？

9—17 当总产出物量指数是采用拉氏公式编制时，它所暗含的价格指数具有何种形式？当用拉氏公式的总产出价格指数去紧缩相应的总值指数时，得到的总产出物量指数又具有何种形式？

9—18 有了总产出指数，为何还需要编制国内生产总值指数？它们分别说明什么问题？

9—19 什么是GDP生产指数和GDP使用指数？它们所依据的核算关系式分别是什么？

9—20 用“单缩法”编制GDP生产指数主要存在什么缺陷？“双缩法”与“单缩法”的具体差异表现在什么地方？

9—21 给出有关四种产品生产情况的资料如下表(表9—4)。要求：(1)用拉氏公式编制四种产品的产量总指数和价格总指数；(2)再用帕氏公式编制四种产品的产量总指数和价格总指数；(3)比较两种公式编制出来的产量总指数和价格总指数的差异。计算结果精确到0.01%。

表9—4 有关四种产品的生产情况资料

产品种类	计量单位	产品产量		产品价格(元)	
		基期	计算期	基期	计算期
A产品	吨	600	750	170	180
B产品	台	250	300	210	255
C产品	件	340	450	112	120
D产品	公斤	170	200	250	300

9—22 依据上题的资料，试分别采用埃奇沃斯公式和理想公式编制产量指数；然后，与拉氏指数和帕氏指数的结果进行比较，看看它们之间有什么关系。计算结果精确到0.01%。

9—23 给出国民经济三大产业的有关总产出资料如下表(表9—5)。试据以计算关于总产出的总值指数、物量指数和价格指数(填入表中空格)，并进行总产出变动的因素分析。计算结果精确到0.01%。

表 9—5　国民经济三大产业的产出资料　　单位:百亿元

项目	总产出			总产出指数(%)		
	上年产出按上年价格计算	当年产出按当年价格计算	当年产出按上年价格计算	总值指数	物量指数	价格指数
	(1)	(2)	(3)	(4)	(5)	(6)
总　计	1125	1270	1190			
第一产业	250	280	264			
第二产业	515	570	536			
第三产业	360	420	390			

9—24　给出国民经济三大产业的有关产出、消耗和最终使用资料如下表(表 9—6)。试据以计算有关的基期价格总值指标和价格指数,填入表中空格。计算结果精确到百亿元或 1%。

表 9—6　国民经济三大产业的产出、消耗和最终使用资料　　单位:百亿元

国内生产										最终使用			
项目	总产出			中间消耗			GDP或增加值			项目	按当年价格	按上年价格	价格指数(%)
	按当年价格	按上年价格	价格指数(%)	按当年价格	按上年价格	价格指数(%)	按当年价格	按上年价格	价格指数(%)				
甲	(1)	(2)	(3)	(4)	(5)	(6)	(7)	(8)	(9)	乙	(10)	(11)	(12)
总　计	1040			570						总　计	470		
第一产业	230		107	110		106				总消费	335		106
第二产业	510		104	340		110				总投资	105		91
第三产业	300		107	120		112				净出口	30		88

9—25　设某地区国民经济核算资料如下表所示(表 9—7),试据以编制其地区 GDP 价格指数(计算结果精确到 0.01%)。

表 9—7　国民经济核算资料

	现价总产出(亿元)	总产出价格指数(%)	现价中间投入(亿元)	中间投入价格指数(%)
第一产业	1675	113	1089	118
第二产业	2851	116	1981	120
第三产业	1087	117	747	118
合　计	5613	—	3817	—

9—26　已知某国上年总产出和中间消耗分别为 1500 百亿元和 700 百亿元,本年相关

资料如下表所示(表 9—8),试编制该国的 GDP 物量指数和价格指数。

表 9—8 国民经济三大产业的产出和消耗资料

项　目	总产出		中间消耗	
	按当年价格(百亿元)	价格指数(%)	按当年价格(百亿元)	价格指数(%)
第一产业	560	106	250	105
第二产业	860	115	400	112
第三产业	400	110	150	111

9—27 已知某国基期 GDP 为 1350 百亿元,报告期有关宏观经济统计数据如下表所示(表 9—9)。试据以编制有关 GDP 指数,并对其变动进行因素分析。

表 9—9 某国支出法 GDP 核算资料

项　目	报告期现价金额(百亿元)	价格指数(%)
国内生产总值	3074	
居民消费支出	1992	205.36
政府消费支出	650	222.60
国内总投资	415	212.82
净出口	17	58.62

9—28 给出某产业部门的如下产出和消耗资料如下表(表 9—10 和表 9—11),试编制该产业部门的总产出物量指数,以及"单缩法"和"双缩法"的增加值物量指数。

表 9—10 各种产品的生产和消耗情况

产品	产量		产品价格		单位产品中间消耗		单位产品增加值	
	q^0	q^1	p^0	p^1	z^0	z^1	r^0	r^1
A	12	21	30	35	20	22	10	13
B	8	10	56	60	29	30	27	30
C	15	14	87	84	55	50	32	34

表 9—11 各种中间投入的数量和价格

消耗品	消耗数量		消耗品价格	
	s^0	s^1	k^0	k^1
D	20	15	30	32
E	29	36	13	12
F	16	25	20	22

第 10 章　国民经济扩展核算与分析

本章内容涉及国民核算和宏观经济分析的其他扩展领域，主要包括人口资源、经济活动人口和人力资本核算，环境经济核算体系，以及可持续发展的各种综合测度方法等，讨论了这些领域内的若干重要概念、指标体系、核算方法和相关分析问题。这些内容不仅扩充了国民核算体系的考察领域，同时也强调了国民核算方法在宏观经济分析中的重要应用，显示了当代宏观核算领域的若干理论进展和未来发展方向。

§10.1　人口资源和人力资本核算

一、人口资源核算

人既是社会经济活动的主体，又是其宿体，人口现象与经济现象之间必然存在着紧密的联系。人口资源核算在国民经济核算中也占有重要地位，它主要包括三部分内容：人口总量核算、人口构成核算和人口变动核算。

(一)人口总量核算

1. 人口数和平均人口数

"人口数"是指居住在某一国家或地区的全部人口总数。作为一个时点指标(存量)，它所说明的是特定时点上的人口规模。例如，中国 2010 年第六次人口普查的全国总人口数为 137054 万人，这个数据说明了在第六次人口普查的标准时点上(北京时间 2010 年 11 月 1 日 0 时)中国的人口规模(包括大陆和港澳台人口)[①]。

平均人口数是综合反映某一时期内人口总量一般水平的综合指标。平均人口数与有关时期指标如产量、产值等进行对比，可以得到人均产量、人均产值指标。平均人口数的一种比较精确的计算方法是，将一定时期内每天的人口数相加后除以相应的日历天数。但实际上，人口数即便在一天之内也是变动着的，而且难以取得每天的人口数字。因此，一般需要假设考察期内人口数均匀变动，以便计算平均人口数的近似值：若已知某一时期内间隔相等的若干时点的人口数，可按"首末折半法"的序时平均公式计算平均人口数；若只掌握期初和期末的人口数，则可将两者简单算术平均计算平均人口数。例如，2016 年末，中国的人口总数为 138271 万人，2017 年末的人口总数为 139008 万人[②]，用简单算术平均法计算，则 2017 年的全国平均人口数为 138639.5 万人。

2. 常住人口、现住人口和户籍人口

在人口统计学意义上，人口数一般有常住人口和现住人口两种统计口径。在我国，由于居民户籍管理体制的原因，还有重要的户籍人口统计。

---

① 数据来源：中华人民共和国国家统计局《2010 年第六次全国人口普查主要数据公报(第一号)》，2011 年 4 月 28 日。

② 数据来源：中华人民共和国国家统计局《中国统计年鉴 2018》，中国统计出版社，2018 年。

我国的"户籍人口"是指我国公民依照《中华人民共和国户口登记条例》,已在其经常居住地的公安户籍管理机关登记了常住户口的人。这类人口不论是否外出或外出时间长短,均为户口所在地区的户籍人口。户籍人口数一般通过公安户籍管理部门的经常性统计报表取得。

"现住人口(现有人口)"一般是指在调查时点上实际居住于某国或某地区的全部人口。它不考虑调查对象的户籍登记地归属和在实际居住地居住时间的长短。也就是说,现住人口不包括在调查时点上离开当地的户籍人口,却包括在调查时点上实际居住于当地的非户籍人口。这是现住人口与户籍人口的差别。

"常住人口"一般是指截止调查时点已在某国或某地区实际居住一定时间的全部人口。目前我国人口普查和抽样调查中使用的常住人口范畴具体包括:(1)常住户籍人口,即除离开本地半年以上(不包括在国外工作或学习的人)的全部常住本地的户籍人口;(2)外来人口,即在本地居住半年以上的外地户籍人口,或调查时点在本地居住且离开户籍所在地半年以上的人口;(3)持有"口袋户口"的人口,即调查时在本地居住且在任何地方都没有登记常住户口者(如持有户口迁移证、出生证、退伍证、劳改劳教释放证等而尚未办理常住户口的人口)。

常住人口与现住人口的差别则表现在对暂时流动人口的不同处理上:前者不受暂时流入、流出人口的影响;后者则包括暂时流入人口、不包括暂时流出人口。只要掌握了暂时性流动人口的有关资料,两种指标之间就可以相互换算:

$$\text{现住人口}=\text{常住人口}-\text{暂时流出人口}+\text{暂时流入人口},\quad \text{常住人口}=\text{现住人口}+\text{暂时流出人口}-\text{暂时流入人口} \tag{10-1}$$

以上三种不同口径的人口数指标可以相互结合,在社会经济管理和分析中发挥不同的作用。例如,人口统计学中一般采用常住人口标准进行人口状况的分析。从经济分析的角度看,常住人口与相应国家或地区的生产、分配、消费等经济活动关系更为紧密,故在国民核算和分析中用途较广。然而,某个地区的城市建设、商品供应、商业网点布局、各种服务机构和有关设施、交通条件和管理等诸多方面,又与现住人口的规模直接相关,所以这类指标也是政府经济管理部门比较重视的考察指标。

(二)人口结构核算

对人口资源进行分组考察,可以深入研究人口的结构特征。

1. 人口的性别与年龄结构

性别和年龄是人的两个自然属性,也是最基本的人口结构标志。

人口性别构成(简称性别比)是指男性人口数与女性人口数的比例,通常以女性人口数为 100 表示。性别比既受人口再生产自然属性的影响,也受社会经济、环境、文化等社会因素的影响。性别比正常与否,不仅直接影响着人口再生产的方式,而且对社会经济的发展也将产生长远的影响。第六次全国人口普查结果显示,在中国 31 个省、自治区、直辖市和现役军人的人口中,男性人口数为 68685 万人,占总人口的 51.27%;女性人口数为 65287 万人,占总人口的 48.73%。性别比为 105.2[①]。

人口年龄构成是指一个国家(或地区)在某一时点上各类年龄组人口在其总人口中所占的比重,通常用百分比表示。人口的年龄要按实足年龄计算。实践中,由于研究的目的不

① 数据来源:中华人民共和国国家统计局《2010 年第六次全国人口普查主要数据公报(第一号)》,2011 年 4 月 28 日。

同，应用不同的年龄分组方法。例如，按保健和入学年龄分组，包括：乳儿组(1周岁以下的婴儿)，幼儿组(1周岁至3周岁的幼儿)，学龄前儿童组(4至6岁的儿童)，学龄组(7岁至18岁的青少年)。根据中国现行的劳动法规，劳动适龄人口是以男性16～59岁、女性16～54岁为划分标准。中国宪法规定，年满18岁的公民有选举权和被选举权，因此18岁及以上的公民列为选民组。国际标准则规定，15～49岁的妇女为育龄妇女人口组。

人口年龄构成可以反映总人口中育龄人口与非育龄人口、劳动适龄人口与非劳动适龄人口、少年儿童人口与老年人口等的比例关系，对人口再生产、社会经济发展、社会负担以及军力资源等也有重要影响。如果在总人口中劳动适龄人口比重大，有利于人口再生产和经济再生产，社会负担也较轻。研究人口年龄构成可为调整失衡的人口年龄结构(如老龄化问题等)提供科学依据。

2. 人口的经济和社会结构

为了从社会经济属性方面研究人口结构，可以采用多种标志对人口总量进行分类。常用的分类主要有以下几种：(1)按家庭主要就业者所从事工作的行业性质划分为农业人口和非农业人口，前者包括从事农、林、牧、副、渔业生产的劳动者及其所赡养人员，后者则为其他所有人口；(2)按参与经济活动的能力划分为经济活动人口与非经济活动人口；(3)按经济地位和收入来源划分为雇主、雇员、自营劳动者以及财产收入和转移收入接受者；(4)按种族血统划分为不同民族的人口；(5)按文化水平划为文盲、半文盲和非文盲；(6)按受教育程度划为未接受正规教育者与受过初等、中等、高等教育者，等等。从国民经济核算的角度看，其中"经济活动人口"与"非经济活动人口"的划分尤其重要，有关概念留待后面详细讨论。

人口的经济和社会结构对于研究劳动力资源问题、收入分配问题、消费水平和生活质量问题以及人口素质问题等，都具有十分重要的意义。

3. 人口的地区分布和人口密度

人口地区分布核算主要有：一是按行政或经济区域将人口分组；二是按居住地将人口划分为城镇(市)人口和非城镇(市)人口。前者可为研究地区社会经济问题和地区间的比较提供基础；后者则可为研究城乡差别、城市化问题等提供支持。国际上通用的反映现代化水平的人口城市化指标，就是用城镇(市)人口和总人口的比重来表示的。

人口密度指标，是说明平均每平方公里区域内居住的人口数。计算公式为：

$$人口密度=\frac{人口数}{土地面积} \tag{10-2}$$

计算一个国家或地区的人口密度时，人口数应包括该国或该地的全部人口，一般采用常住人口，土地面积则应包括其领土范围内的全部陆地面积和水域面积。

人口密度指标表明一个国家或一个地区人口分布的稠密程度或稀少程度。它可以用来说明不同地区经济发展和人口地理分布的特征，还可以作为制订交通运输、学校、医院、娱乐休闲、商业等计划的依据。

(三)人口变动核算

人口变动有两类：一是人口的自然变动，二是人口的迁移变动。

1. 人口的自然变动。它是指由于出生和死亡所引起的人口数量的增加和减少。核算指标有：

(1)出生人数,即在一定时期(如1个月、1年等)内出生后有生命现象的婴儿总数。

(2)死亡人数,即在一定时期(如1个月、1年等)内,由于疾病、事故等原因而失去生命的全部人数。死亡人数应该与出生人数的统计口径保持一致,也即只包括曾经被统计在出生人数中的死亡人数。

全年的出生(死亡)人数与该年平均人口数之比,就是出生(死亡)率。

(3)人口自然增长率。根据全年的出生人数、死亡人数和年平均人口数,或出生率、死亡率指标,可以计算人口自然增长率:

$$\begin{aligned}\text{人口自然增长率}(‰) &= \frac{\text{全年出生人数}-\text{全年死亡人数}}{\text{年平均人口数}}\times 1000‰ \\ &= \text{出生率}(‰)-\text{死亡率}(‰)\end{aligned} \tag{10—3}$$

人口自然增长率是综合反映各种自然原因引起的人口变动的统计指标。

2. 人口的迁移(机械)变动。它是指一个国家或地区由于人口的迁入、迁出所引起的人口数量的增加或减少。人口迁移分为国内迁移和国际迁移。国内迁移(国内各地区之间的人口迁入和迁出)只影响地区的人口数,不影响全国人口总数;国际迁移(国与国之间的迁入和迁出)影响有关国家的人口数,但不影响世界人口总数。

人口的迁移变动主要通过以下指标加以统计:

$$\text{迁入(出)率} = \frac{\text{全年迁入(出)人口数}}{\text{年平均人口数}} \tag{10—4}$$

$$\text{总迁移率} = \frac{\text{全年迁入数}+\text{全年迁出数}}{\text{年平均人口数}} = \text{迁入率}+\text{迁出率} \tag{10—5}$$

$$\text{净迁移率} = \frac{\text{全年迁入数}-\text{全年迁出数}}{\text{年平均人口数}} = \text{迁入率}-\text{迁出率} \tag{10—6}$$

这里的总迁移率和净迁移率都是综合反映人口迁移变动的统计指标。但前者表明人口流动的总规模和总强度,后者则表明因人口迁移而引起的人口数量变化情况,两者的分析作用有所不同。

二、经济活动人口与劳动力资源核算

(一)经济活动人口与劳动力

人力资源实物量的综合测度就是经济活动人口。依据国际劳工组织(ILO)的有关决议以及联合国SNA和SSDS(社会人口统计体系)的定义,经济活动人口(具有经济活动能力的人口)是指达到法定劳动年龄、从事或正在寻求有报酬工作的人口数。该定义的基本内涵是:具有劳动能力(以是否达到法定劳动年龄为基本界定依据),正在社会生产体系中从事或谋求有报酬的工作。据此,未达到法定劳动年龄的人口,已达到法定劳动年龄但不具备或丧失劳动能力的人口,达到法定劳动年龄且具有劳动能力却没有就业要求的人口,以及某些游离于社会生产体系之外的自食其力的劳动者(如原始部落的人群),这些都不属于经济活动人口的范畴。

经济活动人口与劳动适龄人口是两个既紧密联系,又相互区别的概念。劳动适龄人口包括经济活动人口,且大部分都属于经济活动人口,但已丧失劳动能力或没有就业愿望的劳动适龄人口则应排除在外。

中国现行统计制度规定，经济活动人口是指在16周岁及以上，有劳动能力，参加或要求参加社会经济活动的人口。包括就业人员和失业人员。这与上述国际规范基本一致(但仍有差异)。而我国过去长期沿用的“劳动力资源”指标则与“经济活动人口”之间存在着差别，主要是：家务劳动者和在校学生都被包含在劳动力范畴之内，而现役军人却被排除在外。

从人口总量中除去经济活动人口之后，余下的部分就是“非经济活动人口”，即没有从事、也不要求从事有报酬工作的全部人口。主要包括：家务劳动者、在校学生、离退休人员和养老金享受者、未加入“社会生产体系”的自食其力人口，以及其他被赡养的人口。经济与非经济活动人口的关系如图10—1所示。

- 全部人口
  - 经济活动人口
    - 就业人口
    - 失业人口
  - 非经济活动人口
    - 家务劳动者
    - 在校学生
    - 退休金或养老金享受者
    - 丧失劳动能力者
    - 非“生产”的自食其力人口
    - 其他被赡养人口

图10—1　经济活动人口与非经济活动人口的关系

(二)劳动力的就业与失业核算

1. 就业人口与失业人口

为了考察劳动力就业状况，必须适当界定“就业人口”与“失业人口”。理论上说，“就业人口”是指那些达到法定劳动年龄、正在为工资或利润等报酬而从事工作的经济活动人口；余下的那部分经济活动人口就是“失业人口”。例如，我国现行统计制度规定，就业人员是指在16周岁及以上、从事一定社会劳动并取得劳动报酬或经营收入的人员。相对而言，经济活动人口核算的难点在于“失业人口”的核算。

理论上说，所谓“失业人口”就是指具有劳动能力和从事有报酬工作的意愿而又未能如愿的那部分劳动适龄人口。非劳动适龄人口、丧失劳动能力或不希望就业的劳动适龄人口，以及自我雇佣的个体经营者，他们都不属于失业的范畴。但迄今为止，世界各国的失业定义和统计标准仍然存在较大差异。国际劳工组织曾将失业标准界定为：(1)没有工作，既没有被雇用也没有自谋职业；(2)目前可以工作，即具有劳动能力；(3)愿意并正在寻找工作。也即失业必须同时符合三个条件：一是没有工作，二是能够到岗，三是积极寻找工作。但每个国家在实际执行这些标准时往往存在着不同的解释，并根据本国的具体情况给出相应的失业定义。例如，美国规定，劳动者在一周之内从事有报酬的工作不足1小时者视为失业；而我国劳动部门则规定，有劳动能力和劳动意愿的劳动者在一个月内从事有报酬的劳动不足15个工作日就为失业。因此，在进行失业状况的国际对比时，就需要按照某种统一的标准对有关国家的失业数据行调整，据此进行比较才有实际意义，不宜直接进行简单的对比。

从构成上看，失业人口具体包括以下几类：(1)以前从未工作过的待业人员，如尚未找到合适工作的毕业学生；(2)由于就业合同到期或临时中止而失去工作职位且有求职愿望和劳动能力的人员；(3)由于其他原因失去有报酬的工作且有求职愿望和劳动能力的人员。应该注意的是，以上人员不论是否领取了政府或有关部门发放的失业救济和补贴，都属于失业人口。

在我国，由于农村幅员辽阔，农业人口比重极大，且农业生产大多属于农民自主经营的类型，农村劳动力与农业生产资料通常处于自然结合的状态，在这里，就业与失业并没有明显的界限，区分起来非常困难。因而，我国的就业（失业）核算目前主要限于城镇范围，所采用的指标是“城镇登记失业人员”，具体是指有非农业户口、在一定的劳动年龄内（16 周岁至退休年龄）、有劳动能力，无业而要求就业，并已在当地就业服务机构进行求职登记的人员。应该注意到，“登记失业”还不是完整的“失业”概念，据此得到的失业指标在分析上也有一定的局限性。

2. 劳动力就业状况的统计分析

（1）劳动力就业水平分析。为了考察人力资源的利用情况，常常需要计算就业人口和失业人口的相对水平指标，即：

$$\text{就业（失业）率}=\frac{\text{就业（失业）人口}}{\text{经济活动人口}}\times 100\% \tag{10-7}$$

$$\text{就业率}+\text{失业率}=100\% \tag{10-8}$$

世界上多数国家是通过登记失业或调查失业两种方式得到本国具体的失业率数据。登记失业率是根据在劳动就业机构登记的失业人数计算的失业率；而调查失业率则是劳动就业当局定期对样本家庭进行调查而获得的失业率。一些国家同时采用这两个失业率指标，我国则主要采用登记失业率，且目前只统计城镇失业率。这是我国官方唯一每年公布的失业率数据，由国家统计局与人力资源和社会保障部共同计算和发布。我国城镇登记失业率的计算方法是：

$$\begin{matrix}\text{城镇登记}\\\text{失业率（\%）}\end{matrix}=\frac{\text{城镇登记失业人数}}{\text{城镇实际就业人口}+\text{城镇登记失业人数}}\times 100\% \tag{10-9}$$

式中，为了保持指标分子、分母的可比性，“城镇实际就业人口”须作如下定义：

$$\begin{aligned}\begin{matrix}\text{城镇实际}\\\text{就业人口}\end{matrix}=&\left(\begin{matrix}\text{城镇单位}\\\text{就业人员}\end{matrix}-\begin{matrix}\text{使用的农}\\\text{村劳动力}\end{matrix}-\begin{matrix}\text{聘用的离}\\\text{退休人员}\end{matrix}-\begin{matrix}\text{聘用的港澳台}\\\text{及外方人员}\end{matrix}\right)\\&+\begin{matrix}\text{城镇单位中}\\\text{不在岗员工}\end{matrix}+\begin{matrix}\text{城镇私}\\\text{营业主}\end{matrix}+\begin{matrix}\text{城\quad 镇}\\\text{个体户}\end{matrix}+\begin{matrix}\text{城镇私营企业及}\\\text{个体就业人员}\end{matrix}\end{aligned} \tag{10-10}$$

就业率和失业率的实际水平不仅反映了人力资源和生产潜力的发掘情况，而且直接关系到全体国民的收入水平和生活质量，以及社会和政治的稳定，是国民经济宏观管理的重要考察指标。

（2）劳动力就业结构分析。劳动力的就业结构主要包括产业（行业）结构和职业结构：前者反映就业劳动力在国民经济三大产业或行业部门的分布情况，后者则反映就业劳动力在不同职业岗位上的分布情况。如果存在同一劳动力同时在一个以上的产业或行业中担任一个以上的职业，实践中就按其从事的主要产业、行业或职业来进行分类。

就业人口按产业和行业分组的具体类别可参照第 2 章的有关部门分类。职业分组的主要类别则有：（1）各类专业技术人员；（2）管理人员（包括各级政府机关、党团组织、企事业单位等的负责人）；（3）办事人员和有关人员；（4）商业工作人员；（5）农林牧渔劳动者；（6）货物生产工人、运输工人和有关人员；(7)其他服务人员；(8)不便分类的其他就业人员。在具备必要资料的条件下，还可以编制就业人口的“产业(或行业)×职业矩阵”，详细描述劳动力在各种产业(行业)和职业中的分布状况。

此外，就业人口和失业人口还可以根据研究的任务和分析目的，按年龄、性别、受教育程度、经济类型、城乡和地区等进行分组。

(3)劳动力就业变动分析。就业人口的变动受多种因素的影响。导致就业人口减少的主要因素有：原有就业人员的离休、退休和退职，原有就业人员因合同到期或中止而失去工作，以及就业人员的出国、就学或伤亡等；导致就业人口增加的主要因素则有：来自失业人口的再就业人员，来自各类学校毕业生的新就业人员，以及从国外迁入的就业人员等。此外，原有就业人员在各地区、各部门、各种职业之间的流动，也会引起就业人口的结构变化。

三、人力资本核算 *

(一)人力资本的概念

人力资本是关于人所拥有的科学知识、经验技能、体力和健康，以及获取未来收入的能力等素质的综合测度。一般认为，人力资本是通过投资于人的营养和保健、教育和培训，以及择业过程中所发生的人事成本和迁徙等费用而逐渐形成的，是资本化的人力资源价值。人力资本是经济增长的一种重要资源，也是可持续发展的重要因素，可以减少贫穷和不公平。

人力资本理论的创立者是美国著名经济学家舒尔茨(T. W. Schultz)。他在1960年美国经济学年会上发表了题为“论人力资本投资”的演说，开创了人力资本研究的新领域，并由此而荣获1979年诺贝尔经济学奖。

舒尔茨的人力资本理论有五个要点：(1)人力资本存在于人的身上，表现为知识、技能、体力(健康状况)价值的总和。(2)人力资本是投资形成的，投资渠道有营养及医疗保健费用、学校教育和在职人员培训费用，以及择业过程中所发生的人事成本和迁徙费用。(3)人力资本投资是经济增长的主要源泉。(4)人力资本投资是效益最佳(回报率最高)的投资。(5)人力资本投资的消费部分实质上是耐用性的，在这方面甚至超过了物质的耐用性消费品。经济合作与发展组织(OECD)对人力资本的定义为“人力资本是个人拥有的能够创造个人、社会和经济福祉的知识、技能、能力和素质”①。

(二)人力资本存量的核算方法

人力资本理论一旦被引入国民经济核算体系，就引起一系列的相应变化：一是消费与投资两者的界限会有所变化，原来作为经常性消费支出的教育培训费用、购买图书开支、营养保健开支和择业成本等，都需要考虑逐步作为人力资本投资计入投资指标(广义投资)；二是与消费、投资相对应的储蓄的定义和计算方式也会相应变化，随着消费计算口径的缩小，储蓄(真实储蓄)将会扩大；三是由此得到的人力资本测度势必进入宏观层面的资本和财富范畴，构成新国民财富(广义国民财富)的一个重要组成部分②。目前，这种变化趋势已经日益明显。在有关

① OECD (2001), *The Well-Being of Nations: The Role of Human and Social Capital*, 2001, OECD, Paris. 第18页。

② 参阅杨灿：《可持续发展框架内的储蓄与财富核算问题》，统计研究，2001(3)。

经济增长因素的核算与分析中，人力资本的作用与贡献问题已成为重要的研究内容。

理论上，人力资本的存量取决于历年积累下来的教育、培训、营养和保健等投资费用扣除人力资本消耗（折旧）之后的余额，或体现为它在未来若干时期所能提供的累计经济收益的贴现额。对人力资本进行核算的难点在于：怎样对其进行适当的货币化计量和价值量核算。

国际上最早对人力资源进行大规模实际测算的是世界银行。世界银行曾采用未来收入现值余额法测度人力资本存量价值，该方法的基本原理是：首先计算社会人口在平均剩余生存年限中所能创造（赚取）的未来收入贴现值，再从中减去人造资产和土地等自然资源的价值，即得人力资本存量价值。这里的未来收入贴现值可由今后各年的国民净收入（或国内生产净值等）贴现得到。这种测算方法带有一定的实验性质，开启了许多后续的研究进程。

目前，国内外学者用于人力资本测度的主要方法是成本法、收入法和教育指标法。成本法和收入法是从价值角度来测算人力资本存量，基于人力资本的形成主要源自教育、培训以及工作的变动和人口迁移（变动工作和迁移有助于实现人力资本的潜在价值）、生育和抚养孩子也可以提高未来的人力资本的见解，认为和物质资本一样，可以从两个方面来测量人力资本的价值：(1)人力资本存量等于初始的存量加上总投资减去折旧；(2)人力资本存量等于个体在其整个生命周期中收入流的净现值。前者为人力资本核算的成本法，后者为收入法。教育指标法则是从实物量角度测算人力资本存量的方法，基于国民文化素质或基于教育成果来估算人力资本存量水平。以下简要介绍这些方法。

1. 成本法。成本法是从人力资本投资的角度，依据人力资本形成过程中的累积的投入来确定人力资本当前价值的方法。其核心思想是：人力资本价值等于花费在人身上的有关支出的总和。其前提假设在于人们所拥有的知识的多少和能力的大小，即人力资本价值的多少，取决于为了获取这些知识和能力所花费的投资，这些投资就构成了形成人力资本的成本。舒尔茨提出人力资本理论时指出人力资本是通过投资而形成的有用能力。为了获得这种有用的能力，人们必须承担费用、花费时间，通过这种投资行为所获得的有用能力就构成了人力资本。其他的许多研究人力资本理论的学者在定义人力资本时也都强调了人力资本是由教育支出、医疗保健、在职培训以及迁移支出等构成的。这些理论为核算人力资本成本法提供了理论依据。

人力资本价值存量采用永续盘存法估算，公式表示为：

$$\mathrm{HCS}_t=(1-\delta)\mathrm{HCS}_{t-1}+\mathrm{PHC}_t \qquad (10-11)$$

式中，HCS_t 和 HCS_{t-1} 分别表示本期和上期的人力资本价值存量，δ 为折旧率，PHC_t 为以固定价格计算的本期人力资本投资额。

2. 收入法。采用收入法核算资本存量价值的基本思路，是以个人预期生命期的终生收入采用一定的折现率折算成的现值来衡量其人力资本水平。采用终生收入而不是当前收入来度量人力资本的一个重要原因，是因为这样能够更加准确合理地反映出教育、健康等长期投资对人力资本积累的重要作用。Jorgenson 和 Fraumeni 的终生收入法（简称 J-F 收入法）是人力资本价值衡量中广泛应用的方法。J-F 法主要通过生存率、升学率和就业率来估计预期未来收入。在估算未来的收入现值时，还需要考虑劳动收入增长率和折现率。J-F 法估计收入流量时，采用倒推的方式，利用退休年龄 60 岁人口的终生收入计算 59 岁人口的终生收入，再计算 58 岁，以此类推，一直计算到 0 岁。对于因在校而没有参加工作的学生人群，计算的是其毕业后的预期终生收入。采用收入法核算人力资本存量必须具备三个条件：一是掌握所核算的人力资本对象所能获得收入的生命周期的长度；二是整个生命周期的货币收入量；三是折现率的标准。

3. 教育指标法。教育存量法的基本思想是：教育形成的知识构成了人力资本的核心内容，教育的成就越大，人力资本的投入通常也越多；国民的受教育程度越高，人力资本的存量也越大。估算的基本方法是采用劳动者所受教育的年限或是学历层次不同来表示人力资本存量的数量差别。其主要依据是正规学校受教育水平是形成人力资本的重要形式，而且教育年限水平比较容易测量。具体而言，教育存量法可以从不同的角度来进行度量，主要方法有：一是受教育年数总和，二是劳动者的平均受教育年限。

(1)受教育年数总和法。其一般计算公式为：

$$H_t = \sum_{i=1}^{5} h_i L_{it} \tag{10-12}$$

式中，H_t 代表 t 年的人力资本水平(受教育年数总和)，L_{it} 代表 t 年已完成第 i 个层次教育的人口数，h_i 代表完成第 i 个教育层次的年限(如完成初中教育层次的年限为 9 年)，$i(=1,2,3,4,5)$ 分别代表不同的学历层次：文盲、小学文化程度、初中文化程度、高中文化程度和大学文化程度(包括大专、大学及以上)。

(2)平均受教育年限法。鉴于受教育年数总和是一个总量指标，在很大程度上取决于受教育人口基数的大小，影响其横向可比性，故可改用以下的平均受教育年限指标。其一般计算公式为：

$$H_t = \sum_{i=1}^{5} h_i l_{it} \tag{10-13}$$

式中，H_t 代表 t 年的人力资本存量(平均受教育年限)，l_{it} 代表 t 年已完成第 i 层次教育的人口比重，h_i 仍代表完成各层次教育的受教育年限。

采用接受教育的年限或平均年限来表示人力资本存量水平的高低，这种方法简便易行。但是这些方法带有某种假定，即从小学、中学到大学，每接受 1 年的在校教育，其人力资本就增加 1 个单位。这里没有考虑到不同层次教育的程度差别，忽视了教育的知识累积效应，也忽略了学前教育和在职教育，这是其不足之处，需要适当改进。

§10.2 环境经济核算体系(SEEA)*

一、SNA 与环境经济核算体系(SEEA)

可持续发展理念的提倡和普及是 20 世纪 80 年代后期以来人类发展观的最重要进步。在 1987 年世界环境与发展委员会题为《我们共同未来》的报告中，对"可持续发展"的基本含义作了精辟的阐述和概括，它是指"既满足当代人需要，又不对后代人满足其需要的能力构成危害的发展"。它要求在共同性和公正性原则下，同时实现经济发展、社会发展和生态环境的可持续性。适应这一需要，联合国与欧盟、经合组织、国际货币基金组织以及世界银行共同制订了《SNA1993》。其创新与发展主要表现在：以经济核算为中心，建立环境核算卫星

(附属)账表体系;增加对人类福利的影响要素的核算与分析;强调对非正规经济的核算。

以《SNA1993》为基础,近年来联合国等重要国际组织以及许多国家纷纷建立环境与经济综合核算体系,作为经济、自然资源与环境政策和管理的基础。其中较有代表性者有:联合国的《环境与经济综合核算体系(System of Integrated Environmental and Economic Accounting,SEEA)》、欧盟统计局的《欧洲环境经济信息采集体系(European System for the Collection of Economic Information on the Environment,SERIEE)》和《欧洲森林环境与经济综合核算框架(The European Framework Integrated Environmental and Economic Accounting for Forests,IEEAF)》,以及荷兰统计局的《包括环境账户的国民核算矩阵(National Accounting Matrix including Environmental Accounts,NAMEA)》等。其中,SEEA 在原有国民账户体系的基础上,建立涵盖各种自然资源与环境生态领域的卫星账表,吸收各种核算体系的优点,因此,受到世界各国的高度关注,采用该体系的国家也最多。

SEEA 是由联合国邀请统计、会计、经济和环境等相关领域学者组成的专家组经过多年努力而研制出来的绿色国民核算体系。自联合国 1993 年首次公布 SEEA 核算手册(即《SEEA1993》)后,引起社会各界的巨大反响,许多国家以它为指南编制本国的环境与经济综合核算体系,也有一些学者提出改进建议。因此,联合国统计署(UNSD)于 1997 年委托 1993 年成立的"环境与自然资源核算伦敦小组"①负责发展和完善 SEEA。经过几年的不懈努力,伦敦小组于 2003 年完成修正版 SEEA(即 SEEA2003),并由联合国、欧盟、国际货币基金组织、OECD 和世界银行等五大国际组织正式作为"国民经济核算手册"出版。

二、从 SEEA1993 到 SEEA2003

SEEA1993 的产生缘于人们认识到自然资源和环境并非取之不尽、用之不竭的资产,各种社会经济活动使用资源和环境也不应被视为"免费"的。与此同时,各种社会经济活动对资源和环境也会产生相应的效应,如温室气体排放等,对生态环境会产生影响。SEEA1993 的特征在于以卫星账表的方式将有关自然资源和环境的账表与传统的国民账户连接起来,主要讨论环境与经济综合核算体系的基本概念、框架结构、资源耗减和环境降级的估算方法,并着重将有关核算结果应用于调整传统的国民经济核算指标。SEEA1993 的五个主要模块如表 10-1 所示。

SEEA1993 颁布后,许多发达国家和发展中国家纷纷据以编制本国的环境与经济综合核算体系。2000 年,由联合国统计署设立的专家组(内罗毕小组)依据 SEEA1993 完成了《综合环境与经济核算体系——操作手册》(Integrated Environmental and Economic Accounting-An Operational Manual),提供编制环境与经济综合核算体系的详细步骤,并阐述各账表在制订环境政策方面的作用。

由于对 SEEA1993 的框架和方法尚没有达成一致的结论,因此,联合国统计署将其视为一个临时(Interim)版本。1997 年,联合国统计委员会(UNSC)要求伦敦小组与联合国统计署合作对 SEEA1993 进行修订。他们于 1998 年提出 SEEA 修订大纲,并于 1999 年 11 月至

① London Group 为欧洲、美国、加拿大、澳大利亚、日本等发达国家与国际组织的统计部门于 1993 年成立的非正式绿色国民经济核算专业组织,其目的在于交流有关绿色国民经济核算的理论与实务知识。自 1994 年起每年举办论坛,其各阶段成果发布网址为 http://www.statcan.ca/citygrp/London/London.htm 。

表 10－1 SEEA1993 的模块

模块	功能	备注
Ⅰ	为 SEEA 的基本核算体系，是根据 SNA 的概念，将 SNA 供给、使用和资本账户加以适当调整并加入相关资料而成。能够详细地表现出与环境相关的经济活动	其他未影响环境或未被环境影响的活动，仅表现在加总层次
Ⅱ	并未修正 SNA 的概念，而是遵循 SNA 的概念，将与环境相关者自国民经济账户中分解出来，亦即从模块Ⅰ的供给和使用表及非金融资产账户出发，将防止和减少环境破坏的环保活动列入特别为这些账户而做的分类表中，也就是环保活动分类表	模块Ⅱ描述的内容已包括在传统国民经济账户中，但并未分别标明流量和存量
Ⅲ	为环境一经济相互关系的实物资料且包含货币账表的连接，亦即结合了物质/能量平衡及自然资源账表的概念，呈现出实物账表及 SEEA 模块Ⅳ货币账表的对应关系	
Ⅳ	有关评估自然资源价值及其使用所投入成本的不同方法：(1)市场估价法(Ⅳ1)；(2)维护成本估价法(Ⅳ2)；(3)或有估价法及相关需求面估价法(Ⅳ3)	
Ⅴ	为 SNA 生产范围的延伸，与住户生产的分析及其对环境、人类福祉的影响有关	

2002 年 1 月期间先后形成了数个不同版本的 SEEA 修订草案，2003 年 3 月联合国统计委员会会议通过其最终草案，即 SEEA2003。

SEEA2003 涵盖了 SEEA1993 的已有内容，修正了其中的一些不足，同时还整合了其他各种核算体系的优点。与 SEEA1993 比较，SEEA2003 对于环境与经济综合核算体系提供了更为一致的看法，针对有关环境经济核算的一些争议问题和理论质疑，给予了系统、深入的理论剖析，并依据经济学原理详细阐述了资源耗减和环境降级的衡量方法；同时，更重视经济发展、资源耗减与环境降级的政策分析。SEEA2003 包含的四个主要模块如表 10－2 所示。

表 10－2 SEEA2003 的模块

模块	功能
Ⅰ	流量账表：包括实物流量账表和混合型流量账表(实物与货币流量账表)，探讨资源对于环境吸收的投入与产出的实物流量，并与经济体中货物和服务的生产相关联。其中利用许多环境资料编算，并要求使用最严格的核算标准，即要求尽可能地依赖国民经济核算体系(SNA)的传统、定义、分类作整理
Ⅱ	环境保护支出和环境相关交易：根据目前经济账户的状况，辨别出与优良环境管理相关的要素，即加强 SNA 的拆解，以便于找出和环境直接相关的货币交易。相关内容包括环境保护活动，自然资源管理与利用活动，对环境有益的活动，天灾患害最小化活动的相关支出和环境税、环境补贴等
Ⅲ	资产账表：此账表用于了解各种环境资源在核算期间的存量及其变动，包括实物资产账表和货币资产账表
Ⅳ	环境调整总账表：为探讨配合经济体对环境的影响，必须进行的各项加总项目调整，调整内容包括：考察如何将自然资产消耗并入国民经济账户，探讨如何在卫星账表中描述环境保护相关支出，讨论扩充国民经济账户以显示资源耗减与环境降级的可能含义

SEEA2003 将国民经济账户中与环境相关的存量和流量分离出来，并通过引入环境影响成本和效益来衡量经过环境调整后的收入和产出指标。它主要具有以下特色：

(1)环境账表并不直接纳入 SNA 体系，而是依其功能将环境货物和服务分类，并以卫星账表形式表现。

(2)将环保活动与一般的经济活动区分开来，不能以价值评估的环境资源以清单方式开列，同时辅以实物数量估算(这些项目包括不可再生的自然资源，如石油和土地等)。

(3)以维护成本法(Maintenance Cost Method)估计环境降级，以增加值法估计资源耗减。

(4)其目标并非改变现行的 SNA 核心结构，而是建立自然资源与环境指标的统计资料库，借以探寻 GDP 与资源、环境可持续性之间的关系，将资源耗减和环境降级从国内生产净值(NDP)中扣除，得到新的修正指标——经环境调整的国内生产净值(EDP)。

此外，SEEA2003 不仅介绍核算理论，也是实际编制有关账表的操作手册，其中提供了许多国家的实际编制经验，并设有专章探讨如何将环境账表应用于政策分析。

SEEA 以“资源耗减”、“环境降级”和“防御性支出”三大议题为重心衡量环境的可持续性。其中，防御性支出是以环境保护支出为主，有关资料可以从国民账户中辨识产生。而资源耗减和环境降级则因环境货物难以通过市场直接进行交易，没有相应的市场资料，只能以估价的方式进行测算。

有关资源耗减的估算，SEEA2003 中特别强调，估算的目的不在于准确地测算耗减值，而是要有助于制订减少耗减的政策，其估算方法主要有净现值法、净价格法或使用者成本法。至于环境降级的评估则有两类方法：一是基于成本的定价方法(维护成本法)；二是基于损害的定价方法(损害评估法)。前者是指要使得环境质量恶化的现状能恢复到未受损时相同的福利水准，预期所需投入资源的机会成本；后者则是针对过度滥用环境的吸污纳垢功能所造成的损害进行估计。在 SEEA2003 中，对有关估价方法给予了更为深入、详尽的探讨。

三、SEEA2012 的中心框架

由于 SEEA2003 没有被作为一种国际统计标准正式通过，面对社会经济发展对环境和环境经济信息的持续需求，为使 SEEA 成为国际公认的环境经济核算统计标准，2007 年联合国第 38 届统计年会商定启动修订 SEEA2003 工作。然而在 SEEA2003 修订过程中，专家们对某些 SEEA2003 中的内容仍然很难达成一致意见，特别是对环境退化实物量和价值量估算方面。因此，联合国统计委员会决定分两步对 SEEA 进行修订，先就那些已经在国际范围内达成共识的一般性问题进行修订，制定中心框架；第二步对那些短时间内无法达成一致的问题以及需要继续研究和讨论的问题再进一步开发研究。《2012 年环境经济核算体系：中心框架》(SEEA2012)是第一步修订工作的成果，第二步的工作领域侧重于从生态系统视角进行环境核算，成果发布在《SEEA 试验性生态系统核算》中。2012 年联合国第 43 届统计委员会会议通过了 SEEA2012，并提升为环境经济核算体系的第一个国际统计标准。2014 年，SEEA2012 在联合国、欧盟委员会、联合国粮农组织、经济合作与发展组织、国际货币基金组织和世界银行共同主持下向全世界正式发布。

SEEA2012 是一部用于理解环境与经济之间交互作用的多目标概念框架，提供了国际公认的环境经济核算的概念和定义，是收集环境和环境经济信息综合统计数据、开发一致且可比的

统计指标、测度可持续发展进程的有力工具。SEEA2012评估的环境资产范围以《SNA2008》资产范围为准，即包括可再生和不可再生自然资源及土地。对SNA范围以外的自然资源和土地资产及相关流量进行全面评估，仍然是未来SEEA修订时将寻求解决的问题。

SEEA2012将经济环境存量和流量信息编排并整合在一系列表格和账户中，具体包括的表格和账户有：(1)实物型供给使用表和价值型供给使用表，显示自然资源投入、产品和残余物流量；(2)针对各项环境资产的实物型和价值型资产账户，显示核算期期初和期末的环境资产存量及其在此期间内的存量变化；(3)一套经济账户序列，显示经耗减调整后的各经济总量；(4)功能账户，记录用于环境目的的各种交易和其他经济活动信息。此外还可以将这些表格和账户与相关就业、人口和社会信息挂起钩来，扩展对这些数据的分析。

SEEA2012测算的主要领域涵盖了三个方面：

1. 实物流量测算。实物流量测算的重点之一是利用实物单位记录进入和退出经济活动总体的物质和能源流量，以及经济活动总体内部的物质和能源流量，即记录经济体内部、经济与环境之间的物质与能源实物流量。大体而言，从环境进入经济活动总体的流量(例如矿产、木材、鱼类和水的流量)，作为自然投入统计。经济活动总体内部的流量(包括固定资产存量的增加量)，作为产品流量记录。从经济活动总体进入环境的流量(例如固体废物、废气排放和水回归流量)，则作为残余物统计。

实物流量记入投入产出实物型供给使用表，它是SNA投入产出价值型供给使用表的扩展。在投入产出实物型供给使用表中，记录从环境到经济活动总体、经济活动总体内部以及从经济总体进入环境的全部实物流量。由于各种实物流量有不同的使用价值和计量单位，无法直接加总，SEEA2012着重于阐述了三个重要的环境子系统，能源、水和物质的实物型供给使用表的编制标准。

2. 环境资产测算。经济体对自然资源投入的利用，会导致产生这些资源投入的环境资产存量发生变化。环境资产虽然是自然形成的，但有许多种类的环境资产会因为经济活动而发生不同程度的转型。SEEA2012对环境资产分别编制实物型资产账户和价值型资产账户，侧重于为所有经济活动提供物质和空间的各项环境组成成分，例如矿产和能源、木材资源、水资源和土地的测算，这样可以显示企业和住户将环境资产作为自然资源投入直接用于经济活动所产生的物质收益。但对于间接使用环境资产所产生的非物质性收益(例如因水净化、碳存储和减轻洪灾影响等生态系统服务而产生的收益)在SEEA中心框架中未进行测算，相关内容发布在《SEEA试验性生态系统核算》中。

3. 与环境有关的经济活动的测算。与环境有关的经济活动，包括环境保护和资源管理支出，以及环境货物和服务生产，比如削减空气污染的各种设备的生产。利用SNA核算框架，可以在所谓功能账户(例如环境保护支出账户)中单独确认和显示这些为环境目的而从事的经济活动。

此外，SEEA2012还对税收、补贴、赠款和租金等与环境有关的经济活动产生的交易进行测算，从而更全面地审视了经济的环境方面影响。这些交易被记入序列经济账户和功能账户(例如环境保护支出账户)之中。

四、经环境调整的国内生产净值(EDP)

经环境调整的国内生产净值(Environmentally Adjusted Domestic Product，EDP，俗称

绿色 GDP)是 SEEA 的核心指标之一。与 SNA 相比，SEEA 所作的最重要修正就是扩大了资产和消耗的范围。在 SNA 的中心框架中，只有当自然资产为某个机构单位所拥有，其所有者可以因此而获得经济利益时，它才被包括在资产范围内，这是经济资产的两个基本规定。但 SEEA 的资产范围扩展到了所有非生产的自然资产，即除了非生产经济资产而外，还包括其他环境资产。后者虽然不完全符合经济资产的定义，但难免受到经济活动的种种影响（且其负面影响有着愈演愈烈的趋势）。SEEA 要反映这种影响及其程度，一方面，就必须将其纳入资产范围；另一方面，还必须适当衡量其使用或消耗（耗减、降级和转移等）的情况。SEEA 的基本框架如表 10—3 所示。

表 10—3　SEEA 的基本框架

		经济活动					环绕生态
		生产	国外	最终消费	经济资产		非生产环绕资产
					生产资产	非生产资产	
		1	2	3	4	5	6
期初资产	1				$K0_{p.ec}$	$K0_{np.ec}$	
产品供给	2	P	M				
产品使用	3	C_i	X	C	I_g		
固定资产消耗	4	CFC			—CFC		
国内生产净值	5	NDP	$X-M$	C	I		
非生产资产使用	6	U_{np}				$-U_{np.ec}$	$-U_{np.env}$
非生产资产积累	7					$I_{np.ec}$	$-I_{np.env}$
环境调整指标	8	EDP	$X-M$	C	$A_{p.ec}$	$A_{np.ec}$	$-A_{np.env}$
资产持有损益	9				$R_{p.ec}$	$R_{np.ec}$	
资产外生变动	10				$V_{p.ec}$	$V_{np.ec}$	
期末资产	11				$K1_{p.ec}$	$K1_{np.ec}$	

注：本表引自《SNA1993》的表 21.6。表中第 6—8 行部分带有负号的项目，表示通常记录的是数量减少。

表 10—3 中阴影部分的元素是 SNA 中的流量和存量。包括第 1 列中的产出(P)、中间消耗(C_i)、固定资本消耗(CFC)和国内生产净值(NDP)；第 2 列中的出口(X)、进口(M)和净出口($X-M$)；第 3 列中的最终消费(C)；第 4 列中的生产资产期初存量($K0_{p.ec}$)，资本形成总额(I_g)、固定资本消耗(CFC)和资本形成净额(I)，生产资产的持有损益($R_{p.ec}$)、外生物量变动($V_{p.ec}$)和期末存量($K1_{p.ec}$)；以及第 5 列中的非生产经济资产期初存量($K0_{np.ec}$)、持有损益($R_{np.ec}$)、外生物量变动($V_{np.ec}$)和期末存量($K1_{np.ec}$)。

表 10—3 中非阴影部分的元素是 SEEA 的扩充，旨在以资源环境成本弥补和修正 SNA 的概念。这些扩充元素可分为两类：第一类反映经济活动对未纳入 SNA 经济资产范围的诸如空气、水和原始森林等环境资产的影响，这类元素被列入非生产环境资产一列（第 6 列）中，包括非生产环境资产的使用($U_{np.env}$)、非生产环境资产向非生产经济资产的转移($I_{np.env}$)，以及作为这两者之和的非生产环境资产的总变动($A_{np.env}=I_{np.env}+U_{np.env}$，表中各

项均取负号,即通常为减少)。第二类元素反映经济活动对已纳入 SNA 经济资产范围的非生产资产的影响,包括第 5 列中非生产经济资产的使用($U_{np.ec}$)、由于非生产环境资产向非生产经济资产转移所引致的后者的增加($I_{np.ec}=I_{np.env}$),以及这两者相抵之后的非生产经济资产的净积累($A_{np.ec}=I_{np.ec}-U_{np.ec}$)。

综合以上两类扩充元素,就得到 SEEA 的主要调整指标,包括:第 6 行中的全部非生产资产的使用($U_{np}=U_{np.ec}+U_{np.env}=A_{np.env}-A_{np.ec}$),即资源耗减和环境降级之和;这里注意,括号中的后一等式成立,是因为第 7 行中的全部非生产资产的积累恒为零($I_{np.ec}-I_{np.env}=0$),也即非生产环境资产与非生产经济资产之间的转移并不会引起非生产资产总量的变化。第 8 行中的 $A_{p.ec}$ 就是生产资产的净积累(即资本形成净额 I),该行还给出了 SEEA 最为核心的一个宏观经济调整总量,即“经环境调整的国内生产净值(EDP)”。为便于从整体上把握其内在结构关系,我们试将其与 SNA 的相关指标设计作一比较。

在 SNA 的中心框架内,有关产品的供给与使用、国内总产出和国内生产净值的核算恒等式为:

$$P+M=C_i+C+I_g+X \tag{10-14}$$

$$P=C_i+C+I_g+(X-M)\quad,\quad I_g=I+\mathrm{CFC} \tag{10-15}$$

$$\mathrm{NDP}=P-(C_i+\mathrm{CFC})=C+I+(X-M) \tag{10-16}$$

在 SEEA 的扩充元素以价值量表示的基础上,则有

$$\mathrm{EDP}+A_{np.env}=C+(A_{p.ec}+A_{np.ec})+(X-M) \tag{10-17}$$

$$\begin{aligned}\mathrm{EDP}&=C+(A_{p.ec}+A_{np.ec}-A_{np.env})+(X-M)\\&=C+(I-U_{np})+(X-M)\\&=\mathrm{NDP}-U_{np}\end{aligned} \tag{10-18}$$

可见,将全部非生产资产的使用($U_{np}=U_{np.ec}+U_{np.env}$)作为附加费用(消耗)纳入生产成本就得到了经环境调整的国内生产净值(EDP)。而资源耗减和环境降级的估价则是其核算难点。一般说,经环境调整的国内生产净值小于未经调整的国内生产净值。至于非生产环境资产与非生产经济资产之间的转移,既不会影响全部非生产资产的总量,也不会影响 EDP。在将 NDP 调整为 EDP 的同时,SEEA 还引入了一个新的净积累指标,用以调整原来的资本形成净额,即 $A_{p.ec}+(A_{np.ec}-A_{np.env})=I-U_{np}$,它反映了全部非金融的经济资产和非经济自然资产在扣除资本消耗、资源耗减和环境降级之后的净积累水平。

在 SEEA 的上述扩充元素中,非生产经济资产的使用($U_{np.ec}$)包括属于经济资产范围的矿物的耗减、森林的采伐,以及水土流失、酸雨等对森林和农田的生产率的影响等。非生产环境资产的使用($U_{np.env}$)包括对未受经济控制的海洋和河流中的鱼类、水产的过度捕捞,对未计入经济资产的原始森林的砍伐和野生动物的猎取,废弃物排放对水、空气、鱼类和原始森林的影响,以及其他经济活动(农业、运输、旅游和娱乐等)对生态系统和生存环境的影响。至于非生产环境资产向非生产经济资产的转移($I_{np.env}$ 和 $I_{np.ec}$,两者是此消彼长的关系),则包括土地(荒地等)向经济使用的转移,原始森林转变成林场或农田,已探明矿藏被纳入经济资产,以及天然鱼类资源转变为受控经济资源,等等。

在 SEEA 的框架中,主要运用自然资源核算方法、货币核算方法和福利核算方法。自然

资源核算方法注重描述非生产经济或环境资产的平衡情况,这种情况反映在表10—3的第5列和第6列中。货币核算方法主要考虑资源耗减问题,注重EDP和U_{np}的计算,这方面的内容反映在表10—3的第1列中。福利核算方法探讨的是经环境调整的国民收入,该收入反映免费得到的环境服务实物转移和所遭受的损害,但上述的SEEA中心框架还没有反映这方面的内容。

在SEEA中,货币核算方法所涉及的范围比自然资源核算方法窄。例如,非经济环境资产的使用($U_{np.env}$),自然资源核算方法既反映这类资产的耗减,也反映它的退化,而货币核算方法主要反映其耗减,较难反映其退化。

§10.3 发展水平测度与新国民财富核算*

经济社会发展水平和能力的测度问题是一个人们普遍关注的热点问题。早在20世纪70年代初,美国著名经济学家诺德豪斯和托宾就提出过修正国民经济核算中GNP等指标的倡议,因为这些指标无法反映国民福利水平。两位学者试图扩展国民经济核算,首先纳入休闲、地下经济、非市场的生产成果等,同时删除无益的产出如国防与通勤成本,再减去污染造成的损害,得到"经济福利指标"(Measure of Economic Welfare,MEW)。由此引发了人们对改革宏观经济综合指标和发展水平测度的高度关注。其后的研究则远远超出少数学者的个人兴趣,吸引了许多官方统计机构和重要国际机构的参与,并与可持续发展的战略要求紧密结合,取得了显著的成果。

一、人类发展指数

自1990年起,联合国发展计划署(UNDP)每年都委托一个专家组编撰《人类发展报告》(Human Development Report),其中,以人类发展指数(Human Development Index,HDI)方法对世界各国的人类发展情况进行统计评估、排序和比较,探究与全球有关的重大问题。由各国政界、学术界和民间团体构成的世界范围的咨询网络则为其提供基础数据、方法理念和政策分析的实践舞台。人类发展指数以人均收入、人类资源发展和基本需求等作为人类进步的度量基础,兼及诸如人类自由、尊严和权利等因素的评估,旨在全面描述人类本身在社会发展中所扮演的角色、所处的地位和所起到的作用。

与传统上用人均GDP指标反映一个国家的经济发展的方法不同,人类发展指数包含了三个方面的变量,它们分别是:人口寿命、教育和人均GDP。实际上,这三类变量分别从人类生存状况、文化水平和物质富裕程度三方面反映了一国平均的发展程度,而对它们综合之后计算的人类发展指数则更为全面地反映了该国人的发展和社会进步的程度。

具体而言,人类发展指数包括三项基础指标:(1)出生人口的预期寿命,用于衡量一个国家或地区的总体健康状况。(2)成人综合识字率(占该项指标的2/3权重)和三级教育入学率(占该项指标的1/3权重),用于衡量一个国家或地区的人口受教育水平。(3)以PPP法测算的现价人均GDP,用于衡量一个国家或地区的经济水平。设第k个国家或地区各项指标的取值为$x_{ik}(i=1,2,3)$,为了得到单项指标的评价值,一般可用以下的功效系数公式计算其个体指数:

$$第\ i\ 项指标的个体指数=\frac{x_{ik}-x_{i,\min}}{x_{i,\max}-x_{i,\min}},\quad i=1,2,3 \tag{10-19}$$

式中，$x_{i,\min}$ 为所有国家(或地区)在第 i 项指标上的最小值，$x_{i,\max}$ 为所有国家(或地区)在第 i 项指标上的最大值。若进一步对上述个体指数进行加权平均，就得到人类发展总指数。由此可见，人类发展指数实质上就是通过一系列的相对数来综合反映某个国家或地区经济社会发展一般水平的指标。若某国或地区的人类发展指数高于 0.80，属于高发展水平；若在 0.50～0.79 之间，属于中等发展水平；若低于 0.50，就是低发展水平。

需要说明的是，在人类发展指数中，人均 GDP 指数是用购买力平价(PPP)方法计算的。这是因为各国货币之间的汇率不完全反映其实际购买力水平。采用按购买力平价调整后的人均 GDP 计算指数，就是要反映不同国家人民生活水平上的实际差异。而且，这种经过调整后计算的人均 GDP 指数，在人类发展指数中实际上代表着人类健康、寿命、知识之外的所有方面，或者说是与社会经济发展有关的各个方面。

多年来，UNDP 的人类发展指数已在世界各国逐步获得广泛认可。人类发展指数是反映各国人类发展情况的最为概括的指标。要更加深入和全面地了解人类发展的情况，还需要使用分类更细的指标和指标体系来反映社会经济发展的各个方面。为反映各国的现状和实现这些目标中可能遇到的各种问题，2003 年《人类发展报告》使用了包含 8 大类 20 小类的人类发展指标体系。8 个大类分别是：(1)监测人类发展，扩大人们的选择；(2)通向健康生活；(3)获得知识；(4)提高生活水平所需要的资源；(5)未来发展的储备；(6)保护个人安全；(7)男女平等；(8)人类发展与劳动权利。

可见，人类发展涵盖了比经济发展更为广泛的内容。但从总体上看，人类发展指数更为重视的还是经济增长、教育和人民健康这三个主要领域。应该指出的是，这三个领域的发展，实现的方式是不同的，经济增长主要是通过生产过程来实现；而教育的发展尽管可能有多种渠道，但主要的还是依靠政府的支持；人民健康的基本保障，也需要政府的支持和社会保障制度的建立和完善，而进一步的改善才是居民自己的事情。这说明，政府在改善人类发展方面，扮演着重要角色。

二、新国民财富的概念

古典经济学家亚当·斯密认为，在解释不同国家——甚至自然资源禀赋条件相似的国家——之间的巨大财富差异现象时，劳动力及其技术水平具有根本的重要性。斯密在《国富论》的开篇中就写道："一国国民每年的劳动，本来就是供给他们每年消费用的一切生活必需品和舒适品的源泉。"在斯密看来，丰饶的自然资源固然十分重要，但同时他也强调了人力因素的重要性。实际上，他认为："无论一个国家的土壤、气候或领土面积如何，它的国民每年的供给(产出)究竟是丰富还是匮乏"，这从根本上取决于它的人力资源——"劳动力的熟练、技巧和判断力"。

亚当·斯密在 200 多年前的这些深刻见解至今仍然成立。人们对国家财富的分析表明，生产资产(人造资产)的存量和自然资源的存量都是国家财富的重要组成部分，然而，人力资源以及个人与社会的组织方式则是决定国家财富的最重要的因素。衡量国家财富的标准与可持续发展有着紧密的联系。布伦特兰委员会将可持续发展定义为能够满足后代人的需求，但人们越来越认识到这种需求可能无法进行跨国度和跨时期的比较。可持续发展的一种新解释则更为强调维护和增强各国人民所具有的发展机会和能力。从这个观点出发,把注意力从经济活动的流量(如GDP等)转向人造资产、环境资源、人力资源和社会资本的存量就显得十分自然且必要了。财富的存量是这种机会和能力的基础,同时,可持续发展在本质上就是创造和保持财富的过程。这便是世界银行努力推广新国民财富核算方法的主要动机之一。

世界银行在20世纪90年代开展的新国民财富核算建立在这样的理念基础上:在发展进程中,一个国家有三种主要类型的天赋在起作用,即自然资源、原始劳动力和社会资本;其中,社会资本是一国文化传统和历史经验发展的结果。这些天赋加上历史上累积起来的生产资本和人力资本,代表着发展进程的起点①。新国民财富观拓展了SNA从非金融资产和国外净金融资产来考察一国国民财富的传统观点,明确地将环境因素、社会因素和人力因素包括在考察范围内。新国民财富的组成部分有:(1)生产资本(生产资产),包括机械设备、建筑物和城市用地(含基础设施)等;(2)自然资本,包括不可再生资源,如石油、天然气、煤和矿产资源、耕地等,以及可再生资源如草原、林地和自然保护区等;(3)无形资本,包括人力资本(含原始劳动力和熟练劳动力)、正规和非正规制度(含社会资本和管理)、对外净金融资产。

从1995年开始,世界银行每隔五年进行一次新国民财富估算。世界银行发布的数据揭示了一个颇具新意的现实:在财富构成的三项来源中,无形资本在实际财富构成中出人意料地占了很大比重。如表10-4所示,从1995年和2005年世界100多个国家的新国民财富跨时期数据来看,有形的生产资本和自然资本所占比重呈下降趋势,无形资本所占比重呈现上升趋势,且大大超过人造资本和自然资源所占比重。收入水平越高的国家,无形资本所占的比重越高,高收入经合组织国家,无形资本所占比重超过80%。

表10-4 按资本类型和收入分组的财富水平(1995年和2005年)

年份	指标	收入分组				
		低收入	中低收入	中高收入	高收入OECD国家	全世界
1995	总财富(10亿美元)	2447	33950	36794	421641	504548
	人均财富(美元)	5290	11330	73540	478445	103311
	无形资本(%)	48	45	68	80	76
	生产资本(%)	12	21	17	18	18
	自然资本(%)	41	34	15	2	6
2005	总财富(10亿美元)	3597	58023	47183	551964	673583
	人均财富(美元)	6138	16903	81354	588315	120475
	无形资本(%)	57	51	69	81	77
	生产资本(%)	13	24	16	17	18
	自然资本(%)	30	25	15	2	6

数据来源:世界银行:《变化中的国家财富——对可持续发展能力的测量》,王海昉等译,新华出版社,2013年,第9页。(表中不包括高收入石油出口国的数据)。

① 世界银行:《扩展衡量财富的手段——环境可持续性发展指标》,张坤明等译,中国环境科学出版社1998年,第51页。

新国民财富的概念反映了人类对增长方式认识的飞跃。新国民财富观把评价重点放在财富的主要来源上以及如何保持财富上，突出了自然资源的保护、人力资本、社会资本的建设等对一个国家经济长期、健康、稳定、持续发展的重要性。这种把社会、经济、环境综合起来考虑的财富观，与其说是对当前经济实力的评估，不如说是对一国经济未来发展潜力的评估。因此，可以认为，新国民财富核算方式融入了二战以后数十年对世界各国发展的经验与教训的思考，与可持续发展战略是一致的。借助于新国民财富及其指标体系的分析，在生产资本增加之后，还要看资源消耗了多少，两者相抵是否净增长。只有在国民财富的综合增长率为正时，才能说这个国家的财富真正增加了。

三、新国民财富核算方法

将社会资本和管理因素作为国民财富的构成部分纳入核算范围是一项重大创新。在世界银行出版的《扩展衡量财富的手段——环境可持续性发展》一书中指出：目前，人们已经认识到，自然资本、生产资本和人力资本只是部分地决定着经济增长的过程，因为它们忽略了经济活动参与者之间的相互影响以及把它们组织起来从而产生增长和发展的途径。这个被遗漏的纽带就是社会资本①。由于社会资本的表现形式与自然资本、生产资本和人力资本有很大的异质性，它在社会生产过程中起的作用，长期以来被经济学家们所忽视。所以虽然有关社会资本及其要素的概念已经被提出了很长时间，但直到近年，它才找到进入国民经济分析的途径。与其相关的是那些涉及制度作用的经济学文献，它们至少可以上溯到 20 世纪 20 年代。近年来，对于制度的关注又在“新制度经济学”的著作中得到了复兴。在政治学、社会学和人类学文献中，社会资本通常是指一系列的规范、网络和组织，人们通过它们才得以接近权力和资源，而决策和政策也要通过它们才得以形成。经济学家对社会资本在经济增长中的贡献问题已经越来越关注。在微观经济水平上，这主要通过社会资本改善市场的功能而得以实现；而在宏观水平上，制度、法律框架和政府在生产组织中的作用都可以通过社会资本来对宏观经济运行情况发挥影响。

此外，社会资本的异质性还表现在其产权归属与自然资本、生产资本、人力资本也有很大的不同。自然资本、生产资本、人力资本是可以明确其产权归属于某一个个人、某一企事业单位或者某一级政府单位的资产，而社会资本则是一种产权不能归属于某一个个人或某一家企事业、行政单位所有，而只能是归属于一国或一定区域范围公众共同拥有的资产。

目前，理论界对社会资本的定义有多种，其中，最完备的定义包括了社会环境和政治环境，它们能使规范得以发展并使社会结构得以成型。这种观点还包括了更正规的制度关系和结构，诸如政府、政治制度、法律规范、司法系统，以及公民和政治自由等。这种制度对经济发展的速度和模式都具有重要的影响。从经济统计学的角度看，世界银行的新国民财富核算方法给人们提供了一种全新的思维方式，以便研究各个国家如何组织、利用自己的资源和财富，如何进行人力资本投资，等等。

从社会资本形成和发展来看，它与生产资本、人力资本的形成和发展存在的共同点是：社会资本同样是由过去和现在人类社会的人力、物力、财力不断投入、积累而形成的。由于

① 世界银行：《扩展衡量财富的手段：环境可持续性发展指标》，张坤明等译，中国环境科学出版社 1998 年，第 141 页。

人们对社会资本的概念定义、范围界定存在多种不同的见解，导致其核算对象不清，造成直接准确地进行核算在目前尚无法攻克的难点。世界银行在进行新国民财富估算时，采用了自上而下与自下而上相结合的方法，对无形资本存量价值按照“剩余法”进行估算。首先，估算出总财富价值，再分别估算自然资本、生产资本存量价值，从总财富价值中扣除自然资本、生产资本价值，从而得出无形资本剩余，即包含人力资本、社会资本和管理的存量价值。具体估算方法如下：

1. 估算财富总量。根据萨缪尔森(Samuelson，1961 年)提出的观点：“对于福利衡量的唯一有效的方法是计算财富的量而不是计算收入的量。”而欧文・费雪(Irving Fisher，1906 年)早就指出，当前财富应该等于未来消费的现值[①]。也即不同种类资产价值之和(总财富)等于未来消费的现值。基于这样的财富和福利关系的理论认识，通过测算未来年份的消费额，按照一定的贴现率计算在 t 年的净现值，即可估算出 t 年的总财富。估算公式如下[②]：

$$W_t=\int_t^{\infty} C_{(s)}e^{-r(s-t)}ds \qquad (10-20)$$

式中，W_t 为 t 年财富总量，$C_{(s)}$ 为 s 年消费额，r 为社会投资收益率。根据拉姆齐模型对利率形式的假定，社会投资收益率可以表示为：$r=\rho+\eta\frac{\dot{C}}{C}$，这里的 ρ 为纯时间偏好利率，η 为关于消费的效用弹性。假设 $\eta=1$，且消费以恒定速率增长时，则有：

$$\frac{\dot{C}}{C}=r-\rho\text{，即：}\dot{C}_{(t)}=C_{(t)}(r-\rho) \qquad (10-21)$$

两边同时对 t 积分可得：$C_{(t)}=e^{(r-\rho)t}C_{(0)}$，所以，$C_{(s)}=e^{(r-\rho)(s-t)}C_{(t)}$，将 $C_{(s)}$ 代入式(10－20)中，则得：

$$W_t=\int_t^{\infty} e^{(r-\rho)(s-t)}C_{(t)}e^{-r(s-t)}ds=\int_t^{\infty} C_{(t)}e^{-\rho(s-t)}ds \qquad (10-22)$$

该式表明，t 年的总财富是 t 年的消费额与纯时间偏好利率 ρ 的一个函数。

2. 估算自然资本、生产资本价值。自然资本存量价值基于实物量数据和自然资源地租，采用净现值法(NPV)法估算；生产资本存量价值利用历史投资数据，采用永续盘存法(PIM)估算。

3. 估算无形资本价值。利用公式(10－22)求得的总财富价值 W_t，减去自然资本、生产资本存量价值，所得剩余为无形资本存量价值。

【本章小结】

1. 人口资源与经济现象之间存在着紧密联系。国民经济核算需要从人口总量、人口结

① 转引自世界银行：《国民财富在哪里——绿色财富核算的理论方法政策》，蒋洪强等译，中国环境科学出版社 2006 年，第 14 页。

② 参阅世界银行：《国民财富在哪里——绿色财富核算的理论方法政策》，蒋洪强等译，中国环境科学出版社 2006 年，第 125－126 页。

构和人口变动三个方面展开人口资源统计。

2. 人力资源涉及全部人口资源中实际参与或可能参与社会生产活动的部分。人力资源的实物量就是经济活动人口，它与劳动适龄人口既有联系又有区别。经济活动人口按其就业状况分为就业人口和失业人口。人力资本是关于人所拥有的科学知识、经验技能、体力和健康，以及获取未来收入的能力。人力资本引入国民经济核算，会引起消费、储蓄、投资和财富等一系列指标范畴的相应变化。人力资本测度的主要方法有成本法、收入法、教育指标法。成本法和收入法是从价值角度来测算人力资本存量，基于人力资本的形成主要源自教育、培训以及工作的变动和人口迁移(变动工作和迁移有助于实现人力资本的潜在价值)、生育和抚养孩子也可以提高未来的人力资本的见解，认为和物质资本一样，可以从两个方面来测量人力资本的价值：(1)人力资本存量等于初始的存量加上总投资减去折旧；(2)人力资本存量等于个体在其整个生命周期中收入流的净现值。前者为人力资本核算的成本法，后者为收入法。教育指标法是从实物量角度测算人力资本存量的方法，基于国民文化素质或基于教育成果来估算人力资本存量水平。

3. 可持续发展是指既能满足当代人需要、又不对后代人满足其需要的能力构成危害的发展。SNA 和 SEEA 在原有国民核算体系的基础上，建立涵盖各种自然资源与环境生态领域的卫星账户，核算 EDP，较好地适应了可持续发展观的需要，但有关绿色国民经济核算的理论和方法仍在逐步发展和完善中。

4. 经济社会发展水平和能力的测度问题是宏观经济统计分析的一个重要问题。新国民财富概念从创造和保持财富的角度体现了可持续发展的基本要求，它把注意力从 GDP 等经济活动流量转向人造资产、环境资源、人力资本和社会资本的存量，扩展了国民财富的概念范围和分析功能。类似的综合测度还有人类发展指数和经济福利指标等。

5. 新国民财富观拓展了国民账户体系(SNA)从非金融资产和国外净金融资产来考察一国国民财富的传统观点，明确地将环境因素、社会因素和人力因素包括在考察范围内。新国民财富的组成部分有：(1)生产资本(生产资产)，包括机械设备、建筑物和城市用地(含基础设施)等；(2)自然资本，包括不可再生资源，如石油、天然气、煤和矿产资源、耕地等，以及可再生资源如草原、林地和自然保护区等；(3)无形资本，包括人力资本(含原始劳动力和熟练劳动力)、正规和非正规制度(含社会资本和管理)、国外净金融资产。

6. 新国民财富估算采用自上而下与自下而上相结合的方法。首先，估算出总财富价值，再分别估算自然资本、生产资本存量价值，从总财富价值中扣除自然资本、生产资本价值，从而得出无形资本剩余，即包含人力资本、社会资本和管理存量价值。

【思考题】

10—1 解释下列名词或指标概念：人口资源，经济活动人口，人力资本和社会资本，新国民财富和人类发展指数，环境经济核算体系(SEEA)，经环境调整的国内生产净值(EDP)。

10—2 简述常住人口、现住人口和户籍人口的指标概念，并比较它们的相互关系。

10—3 经济活动人口与劳动适龄人口两者有何联系和区别？

10—4 我国官方公布的失业率是如何计算的？用这个指标对我国的失业状况进行分析时应注意哪些问题？

10—5　为何说将人力资本引入国民经济核算,就会引起消费、储蓄、投资和财富等一系列指标范畴的相应变化?

10—6　简述人力资本存量核算的三种主要方法,即成本法、收入法和教育指标法的设计原理。

10—7　简述GDP指标的不足和EDP指标的设计原理。

10—8　SEEA和EDP核算的主要难点是什么?

10—9　EDP可以替代GDP,SEEA否定了传统的SNA。——这种说法对吗?试谈谈你的看法。

10—10　结合第6章第2节的有关内容,谈谈传统国民财富与新国民财富的区别何在?后者是如何体现可持续发展战略要求的?新国民财富各组成部分体现了怎样的变动趋势?

10—11　简述新国民财富的总财富估算公式的理论依据和设计原理。

10—12　新国民财富中的无形资本包括了哪些具体内容,其核算难点何在?

参考文献

一、标准、方案和制度

[1]经互会统计合作常设委员会.编制国民经济经济统计平衡表的基本方法原则(MPS1984)[J].北京:北京统计/河北统计联合增刊,1987(2/3):1－116.

[2]国际货币基金组织统计部.国际收支手册(BPM5)[M].华盛顿:国际货币基金组织,1993.

[3]国际货币基金组织统计部.国际收支手册第五版补编:衍生金融工具[M].华盛顿:国际货币基金组织,2000.

[4]国际货币基金组织统计部.国际收支和国际投资头寸手册(BPM6)[M].华盛顿:国际货币基金组织,2009.

[5]国际货币基金组织统计部.货币金融统计手册(Monetary and Financial Statistics Manual, MFS2000)[M].华盛顿:国际货币基金组织,2000.

[6]国际货币基金组织统计部.货币金融统计编制指南(Monetary and Financial Statistics Compilation Guide,MFS2008)[M].华盛顿:国际货币基金组织,2008.

[7]国际货币基金组织统计部.货币金融统计手册和编制指南(Monetary and Financial Statistics Manual and Compilation Guide,MFS2016)[M].华盛顿:国际货币基金组织,2017.

[8]国际货币基金组织统计部.政府财政统计手册(Government Finance Statistics Manual,GFS2001)[M].华盛顿:国际货币基金组织,2001.

[9]国际货币基金组织统计部.政府财政统计手册(Government Finance Statistics Manual,GFS2014)[M].华盛顿:国际货币基金组织,2014.

[10]国际劳工组织,国际货币基金组织,联合国,等.消费者价格指数手册:理论与实践(Consumer Price Index Manual: Theory and Practice)[M].华盛顿:国际货币基金组织,2004.

[11]国际劳工组织,国际货币基金组织,联合国,等.消费者价格指数手册:理论与实践[M].北京:中国财政经济出版社,2008.

[12]国际劳工组织,国际货币基金组织,联合国,等.生产者价格指数手册:理论与实践(Producer Price Index Manual: Theory and Practice)[M].华盛顿:国际货币基金组织,2004.

[13]国际劳工组织,国际货币基金组织,联合国,等.出口和进口价格指数手册:理论与实践(Export and Import Price Index Manual: Theory and Practice)[M].华盛顿:国际货币基金组织,2009.

[14]联合国经济和社会事务部统计署.国民经济核算体系(SNA1968)[M].北京:中国财政经济出版社,1982.

[15]联合国秘书处.国民经济核算体系(SNA 修订草稿,1991)[M].北京:国家统计局印行,1992.

[16]联合国,世界银行,国际货币基金组织,等.国民经济核算体系(SNA1993)[M].北京:中国统计出版社,1995.

[17]联合国,世界银行,国际货币基金组织,等.2008 年国民账户体系(SNA2008)[M].北京:中国统计出版社,2012.

[18]联合国经济和社会事务部统计署.国民经济经济平衡表体系的基本原理(MPS1971)[M].北京:中国财政经济出版社,1981.

[19]联合国经济和社会事务部统计署.国民经济核算体系与国民经济经济平衡表体系比较(SNA & MPS,1977)[M].北京:中国财政经济出版社,1981.

[20]联合国,世界银行,国际货币基金组织,等.综合环境经济核算(SEEA2003)[M].纽约:联合国,2003.

[21]联合国,世界银行,国际货币基金组织,等.环境经济核算体系——中心框架(SEEA2012)[M].纽约:联合国,2014.

[22]联合国经济和社会事务部统计署.投入产出表和分析(1973)[M].北京:中国社会科学出版社,1981.

[23]联合国经济和社会事务部统计署.投入产出表编制和分析手册(Handbook of Input-Output Tables:Compilation and Analysis)[M].纽约:联合国,1999.

[24]联合国经济和社会事务部统计署.供给、使用和投入产出表及其扩展与应用手册(Handbook on Supply, Use and Input-Output Tables with Extensions and Applications)[M].纽约:联合国,2018.

[25]联合国,经济合作与发展组织,世界旅游组织,等.旅游卫星账户:建议的方法框架(TSA)[M].纽约:联合国,2008.

[26]联合国经济和社会事务部统计署.所有经济活动的国际标准产业分类(International Standard Industrial Classification of All Economic Activities,ISIC,Rev. 4)[M].纽约:联合国,2008.

[27]联合国环境与发展大会.21世纪议程(1992)[M].北京:中国环境科学出版社,1993.

[28]世界银行.测度世界经济的实际规模:国际比较项目的框架、方法论和结果(Measuring the Real Size of the World Economy: The Framework, Methodology, and Results of the International Comparison Program-ICP)[M].华盛顿:世界银行,2013.

[29]世界银行.国民财富在哪里——绿色财富核算的理论、方法、政策[M].北京:中国环境科学出版社,2006.

[30]世界银行环境局,J.迪克逊.扩展衡量财富的手段——环境可持续发展指标[M].北京:中国环境科学出版社,1998.

[31]欧盟,经济合作与发展组织.购买力平价方法论手册(Eurostat-OECD Methodological Manual on Purchasing Power Parities)[M/OL].卢森堡:欧盟出版局,2012.

[32]中国国家统计局,国家质检总局,国家标准委.GB/T 4754—2002 国民经济行业分类[S].北京:中国标准出版社,2002.

[33]中国国家统计局,国家质检总局,国家标准委.GB/T 4754—2011 国民经济行业分类[S].北京:中国标准出版社,2011.

[34]中国国家统计局,国家质检总局,国家标准委.GB/T 4754—2017 国民经济行业分类[S].北京:中国标准出版社,2017.

[35]中国国家统计局.三次产业划分规定[EB/OL].北京:国家统计局,2012.(2013—01—14).[2019—07—01].http://www.stats.gov.cn/tjsj/tjbz/201301/t20130114_8675.html.

[36]中国国家统计局.关于修订《三次产业划分规定(2012)》的通知[EB/OL].北京:国家统计局,2018—03—23.(2018—03—27).[2019—07—01].http://www.stats.gov.cn/tjsj/tjbz/201804/t20180402_1591379.html.

[37]中国国家统计局.中国国民经济核算体系(1992,试行方案)[M].北京:国家统计局印行,1991.

[38]中国国家统计局.中国国民经济核算体系(2002)[M].北京:中国统计出版社,2003.

[39]中国国家统计局.中国国民经济核算体系(2016)[M].北京:中国统计出版社,2017.

[40]中国国务院.中国21世纪议程——中国21世纪人口、环境与发展白皮书[M].北京:中国环境科学出版社,1994.

[41]中国财政部.企业会计准则[M].北京:经济科学出版社,2006.

二、专著、教材和辞书

[42]阿克利 G.宏观经济理论[M].上海:上海译文出版社,1981.

[43]陈锡康,杨翠红.投入产出技术[M].北京:科学出版社,2011.

[44]董承章,王守祯.投入产出学[M].北京:中国统计出版社,2012.

[45]蒋萍,许宪春.国民经济核算理论与中国实践[M].北京:中国人民大学出版社,2014.

[46]李阳,张晓晶,常欣,等.中国国家资产负债表2018[M].北京:中国社会科学出版社,2018.

[47]列昂节夫 W.1919—1939年美国经济结构(均衡分析的经验应用)[M].北京:商务印书馆,1993.

[48]列昂节夫 W.投入产出经济学(增订本)[M].北京:中国统计出版社,1990.

[49]刘起运,陈璋,苏汝劼.投入产出分析[M].北京:中国人民大学出版社,2006.

[50]密尔涅克 W.投入—产出分析基础理论[M].北京:中国社会科学出版社,1980.

[51]欧考纳 R,亨利 E W.投入产出分析及其应用[M].北京:清华大学出版社,1984.

[52]钱伯海.国民经济综合平衡统计学[M].北京:中国财政经济出版社,1982.

[53]钱伯海.国民经济统计学[M].北京:中国财政经济出版社,1991.

[54]钱伯海,郑菊生,颜日初.国民经济统计学(全国统计教材编审委员会"八五"规划教材)[M].北京:中国统计出版社,1995.

[55]钱伯海,杨灿,朱启贵,等.国民核算与宏观经济分析[M].北京:中国统计出版社,1998.

[56]钱伯海,杨缅昆,杨灿.国民经济统计学(普通高等教育"九五"国家级重点教材)[M].北京:中国统计出版社,2000.

[57]钱伯海.国民经济核算原理[M].北京:中国经济出版社,2002.

[58]乔根森 D W,兰德菲尔德 J S,诺德豪斯 W D.宏观经济核算的前言问题——国民经济账户的新设计[M].北京:北京大学出版社,2013.

[59]斯通 R,斯通 G.国民收入与支出[M].上海:上海译文出版社,1988.

[60]滕亚 T.投入产出分析经济学[M].北京:经济管理出版社,2012.

[61]熊彼特 J.经济分析史(共3卷)[M].北京:商务印书馆,1991,1992,1994.

[62]许宪春.中国国民经济核算体系改革与发展(修订版)[M].北京:经济科学出版社,1999.

[63]阎达五.社会会计[M].北京:中国财政经济出版社,1989.

[64]杨灿.宏观经济核算论[M].北京:中国统计出版社,1996.

[65]杨灿.国民核算与分析通论(厦门大学统计学系列丛书)[M].北京:中国统计出版社,2005.

[66]杨灿.国民经济统计学(经济与管理类统计学系列教材)[M].2版.北京:科学出版社,2015.

[67]杨灿.国民经济统计学(经济与管理类统计学系列教材)[M].北京:科学出版社,2008.

[68]杨灿,周国富.国民经济核算教程(全国统计教材编审委员会"十二五"规划教材)[M].北京:中国统计出版社,2015.

[69]杨灿,周国富.国民经济核算教程(全国统计教材编审委员会"十一五"规划教材)[M].北京:中国统计出版社,2008.

[70]杨灿,彭勇,庞东,等.中国经济与金融周期的统计研究(厦门大学统计学系列丛书)[M].北京:中

国统计出版社,2010.

[71]伊特韦尔 J.新帕尔格雷夫经济学大辞典(共4卷)[M].北京:经济科学出版社,1996.

[72]钟契夫,陈锡康,刘起运.投入产出分析[M].北京:中国财政经济出版社,1993.

三、统计年鉴和相关数据资源

[73]张亚雄,齐舒畅.2002、2007年中国区域间投入产出表[M].北京:中国统计出版社,2012.

[74]中国国家统计局.中国统计年鉴[M].北京:中国统计出版社,历年.

[75]中国国家统计局国民经济核算司.中国1992年实物型投入产出表[M].北京:中国统计出版社,1996.

[76]中国国家统计局国民经济核算司.1997、2002、2007、2012年中国投入产出表[M].北京:中国统计出版社,2000,2006,2010,2015.

[77]中国国家统计局国民经济核算司.2002、2007、2012年中国地区投入产出表[M].北京:中国统计出版社,2008,2011,2015.

[78]历年中国"国民经济核算"数据资源(来自中国国家统计局网站)[DB/0L].[2019-07-01].http://data.stats.gov.cn/easyquery.htm?cn=C01.

[79]历年中国"投入产出表"数据资源(含一级部门或二级部门分类数据,来自中国国家统计局网站)[DB/0L].[2019-09-20].http://data.stats.gov.cn/ifnormal.htm?u=/files/html/quickSearch/trcc/trcc01.html&h=740.

[80]历年中国"投入产出表"数据资源(来自中国投入产出学会网站)[DB/0L].[2019-07-01].http://www.stats.gov.cn/ztjc/tjzdgg/trccxh/zlxz/trccb/201701/t20170113_1453448.html.